北京市高等教育精品教材
北京大学优秀教材

北京大学地理科学丛书

土地评价与管理

（第三版）

蒙吉军　编著

国家理科基础科学研究和教学人才培养基地（地理学）建设教材

科学出版社
北　京

内 容 简 介

本书由“土地调查”“土地评价”和“土地管理”三篇内容组成。“土地调查”在介绍土地资源形成要素之后，介绍了土地资源类型及其划分、土地资源调查及现状评价；“土地评价”在介绍土地评价概论之后，依次介绍了土地潜力评价、土地适宜性评价、土地经济评价、土地生态评价和土地可持续性评价；“土地管理”主要围绕土地制度、土地利用规划及土地行政管理等内容展开。与国内同类教材相比，本书具有体系合理、内容紧跟学科发展前沿和土地管理的最新进展等特点。

本书可作为高等院校地理学、土地资源管理、城乡规划、资源环境等专业的本科生和研究生教材，也可供相关研究机构和政府管理部门从事土地资源调查、区域开发、国土整治、城乡规划等研究的技术人员参考。

图书在版编目（CIP）数据

土地评价与管理 / 蒙吉军编著. — 3 版. —北京：科学出版社，2019.7
（北京大学地理科学丛书）
ISBN 978-7-03-061851-1

Ⅰ. ①土… Ⅱ. ①蒙… Ⅲ. ①土地评价－高等学校－教材②土地管理－高等学校－教材 Ⅳ.①F301

中国版本图书馆 CIP 数据核字（2019）第 142981 号

责任编辑：文 杨 郑欣虹 / 责任校对：何艳萍
责任印制：赵 博 / 封面设计：迷底书装

科学出版社 出版
北京东黄城根北街 16 号
邮政编码：100717
http://www.sciencep.com

三河市春园印刷有限公司印刷
科学出版社发行 各地新华书店经销
*
2005 年 9 月第 一 版 开本：787×1092 1/16
2011 年 6 月第 二 版 印张：24 1/4
2019 年 7 月第 三 版 字数：575 000
2024 年 12 月第二十八次印刷

定价：59.00 元
（如有印装质量问题，我社负责调换）

《北京大学地理科学丛书》序

正如所有现象都在时间中存在而有其历史一样，所有现象也在空间中存在而有其地理，地理和历史是我们了解世界不可或缺的两个重要视角。以人类环境、人地关系和空间相互作用为主要研究对象的地理学，是一门包容自然科学、人文社会科学和工程技术科学的综合性学科，已建立了相当完整而独特的学科体系。钱学森院士倡导建立地理科学体系，认为地理科学是与自然科学、社会科学、数学科学、系统科学、思维科学、人体科学、文艺理论、军事科学、行为科学相并列的科学部门，将地理学推向了一个新的境界。

地理学的研究与教学涉及从环境变化到社会矛盾的广阔领域，其价值源自地理学对地球表层特征、结构与演化的研究，对自然与人文现象在不同地方和区域空间相互作用的过程及其影响的研究。处理这些问题虽远远超出任何一门学科的能力与见识，但这些问题都包含着地理学的基本方面。

对认识和解决当今世界许多关键的问题，例如经济增长、环境退化、全球变化、城市和区域发展、民族矛盾、全球化与本土化、人类健康、全民教育等，地理学都做出了特殊的贡献。地理学对于科学发展观的树立，对于统筹人与自然、统筹城乡发展、统筹区域发展、统筹经济与社会发展、统筹全球化与中国特色思想的普及，起到了独特的作用。它在满足国家社会经济发展对科学技术的若干重大需求上，已经发挥并将继续发挥越来越重要的作用。

当前人类面临的许多重大问题还没有得到根本解决，这与我们认识上的缺陷有很大关系，其中包括地理认识的缺陷。无论在全球尺度、国家尺度、区域尺度，还是地方尺度和个体尺度，对许多问题的决策过程尚不能充分驾驭地理复杂性，存在一些“地理空白”，这使得在达到经济繁荣和环境可持续的双重目标方面，乃至在个人健康发展方面，都可能要付出高昂的代价。

因此，加强地理研究和教育，提高地理学者自身、决策者以至广大民众的地理学认识和能力，是摆在地理学界面前的一项崇高职责，任重道远。北京大学的地理学工作群体也义不容辞。

北京大学的地理学可以追溯到 19 世纪末京师大学堂设立的地理教学计划，可惜由于诸多原因，这个计划未能实施。1929 年清华大学成立地理学系，后因增加地质学研究与教学而改名为地学系。抗日战争期间，北大、清华、南开三校合称西南联合大学，北大地质学系与清华地学系合并，并增设气象学研究与教学，称地质地理气象学系。抗日战争胜利后，恢复了北京大学、清华大学、南开大学。并在清华设地学系、气象学系，地学系下设地质组和地理组。1952 年全国院系调整，由清华大学地学系地理组和燕京大学部分教员联合成立北京大学地质地理系。先设自然地理学专业，1955 年、1956 年、1994 年、1997 年相继设立地貌学、经济地理学、环境学、地图学与地理信息系统专业，成为国内地理专业和方向、硕士点、博士点和重点学科最多的地理系。1978 年国家改革开放之始，北京大学撤销地质地理学系，分别成立地质学系和地理学系。1984 年北京大学以地理系遥感教研室为基础成立了遥感技术与应用研究所（1994 年易名遥感与地理信息系统研究所），1988 年地理系为了充分体现为国家社会经济发展服务的工作实质和适应招生的需要，采用双名法，在国内称“城市与环境学系”，在国际上称 Department of Geography，并逐步形成了人文地理（人文地理、历史地理、城市规划、区域经济）—自然地理（综合自然地理、环境地学、地貌与第四纪）—地理信息科学“三足鼎立”的格局，发展欣欣向荣。

“北大是常为新的”，北大的地理学也是常为新的。顺应科学发展和社会需要，北大地理学在不同历史时期相继率先开拓出综合自然地理、城市规划、环境保护、遥感等重要方向。进入 21 世纪，北京大学进行院系调整，原地理系主体进入了环境学院，形成资源环境与地理学系、城市与区域规划系、生态学系、历史地理研究所四个研究和教学实体，遥感和地理信息系统进入了地球与空间科学学院。北大地理学科在新的组织框架下，以地理科学研究中心为纽带，继续高举地理学大旗，促进北京大学地理科学整体水平的提高，推动北大地理学与国内外同仁的学术交流与合作，为建成一流的地理学教学与科研基地而努力。

作为实现上述目标的一种途径，我们与科学出版社合作推出《北京大学地理科学丛书》，至今已陆续出版了多部著作，并且一再重印，表明它确实符合学界和社会的需求，并逐步形成了自己的品牌。我们将继续把这件很有意义的事情做得更大，做得更好。兼收并蓄是北大的传统，我们欢迎国内外同仁也能加盟。

北京大学地理科学研究中心

2004 年 6 月 5 日

第二版序

“土能生万物，地可发千祥”，土地的价值，先民早有认知。今天，土地作为重要资源和发展基础乃至社会问题的焦点，地位更显突出。社会实践对科研和教学提出了迫切的需求，土地研究方兴未艾。其实，此类学问可上溯到2000多年前的《管子·地员篇》，但当时尚未形成系统的“科学”。北京大学早在20世纪70年代就在国内率先提出“土地科学”的框架，开设了“土地科学原理”课程，1995年还成立了北京大学土地科学中心，多年来一直在教学和科研实践中努力建立土地科学体系。

“土地评价与管理”作为土地科学的一个重要部分，是由著名地理学家林超教授、陈传康教授等倡导，于20世纪80年代设立的北京大学相关专业本科生必修课程，经多年教学实践，课程渐趋成熟，遂成本书。

坊间所见同类教材或专著，大多将土地评价和土地管理分别成书，而此书合二为一，乃一大特色。我认为这有其充分的合理性，因为无“评价”就无从“管理”，而无“管理”则“评价”无用。当然，土地评价有其相对独立的意义，因为它已涉及很多基础科学问题，这就成为本书的又一大特色，是北京大学研究型大学的性质使然。因此，本书阐述了若干科学前沿问题，诸如全球变化背景下土地科学发展的趋势、土地利用/覆被变化、土地质量指标体系、土地可持续利用、土地生态评价，等等。

该书作者蒙吉军副教授是近年崭露头角的优秀青年地理学工作者，他自1999年以品学兼优的业绩毕业留校后，接手“土地评价与管理”这门课程，倾注了大量的心血，博采众长，并十分注重理论和实践的紧密结合，及时跟踪相关领域的前沿和热点，如土地资源调查与分类、土地利用变化、土地可持续利用、土地生态综合评价、土地分等定级、土地制度改革等内容。他已为北京大学十余届同学讲授该课程，受到了欢迎和好评，课程内容也在与学生的教学相长中得到改进。该书是他教学经验的总结，也是他科研成果的展示。作为他的博士研究生导师，我很欣喜地看到“青胜于蓝”，是为序。

土地研究错综复杂，该书难免存在疏漏之处。例如，土地使用者角度的管理，即土地经营管理，是土地管理中的大端，也应该是土地评价的重要应用领域，但该书尚未全面顾及。当然，凡事很难求全，“人之生有涯，而知无涯”，我们既穿上“红舞鞋”，就注定要在一条不断从“不知”到“知之”的不归路上走下去。

蔡运龙

2011年3月3日于燕园

前　　言

近年来，随着人口数量的急剧增加和科学技术的飞速发展，土地资源的可持续利用已经成为世界各国普遍关注的重要问题之一。从学科的角度而言，对土地的研究已形成一门崭新的学科——土地科学（Land Science），而土地评价（land evaluation）和土地管理（land management）的研究正是土地科学研究的核心内容之一。早在 1949 年，国际地理联合会（International Geographical Union，IGU）就专门成立了世界土地利用调查专业委员会，研究土地利用问题。20 世纪 80 年代以来，国际科学理事会（International Council for Science，ICSU）、国际社会科学理事会（International Social Science Council，ISSC）等提出的全球合作研究计划，如“国际地圈-生物圈计划”（international geosphere-biosphere programme，IGBP）及“全球环境变化中的人文因素计划”（international human dimensions programme on global environmental change，IHDP），相继发起的对“土地利用/覆被变化”（land use and land cover change，LUCC）“全球土地计划”（global land project，GLP）的研究，关注对土地系统变化、变化的后果及土地可持续性的综合分析和模拟。2014 年，由 ICSU 和 ISSC 发起的“未来地球”（future earth）计划，综合研究“动态星球、全球可持续发展和可持续发展转变的实施”。在一系列国际重大研究计划的推动下，近 40 年来，土地系统的研究获得了前所未有的发展。

土地评价是评估土地潜力和适宜性的过程。这一研究，既是一个理论问题，又是一个实践问题。前者通过探讨土地评价的原则、指标体系和模型方法，建立土地评价的方法体系，完善和丰富土地科学的理论，指导土地评价的实践工作；后者通过揭示区域土地的生产潜力和土地的适宜性，为因地制宜合理利用土地、编制土地利用规划和国土规划提供科学依据。近几十年来，国际上土地资源研究发展迅速，美国、英国、澳大利亚、加拿大、荷兰、俄罗斯、联合国粮食及农业组织（Food and Agriculture Organization，FAO）已建立了各自的土地评价体系，并在不同的区域进行着广泛的应用和实践。在中国，土地资源评价研究被列为国家《1979—1985 年全国科学技术发展规划纲要》重点科学技术项目的第一项。近 40 多年来，完成了《中国 1∶100 万土地资源图》为代表的系列图编制和“中国土地资源生产能力与人口承载量研究”，取得了一系列的重要成果。几次大规模的土壤普查、农业自然条件及资源调查、土地资源调查的结果，为土地评价研究提供了大量的数据和图件资料。尤其是《农用地质量分等规程》（GB/T 28407—2012）和《城镇土地分等定级规程》（GB/T 18507—2014）的颁布，进一步规范了城乡土地资源的质量评价工作。

土地是非常重要的自然资源，对土地资源的管理历来都受到社会各界的普遍关注。尤其是对于人地关系异常紧张的中国来说，随着改革开放以来经济的快速发展，耕地资源持续减少，人们对土地资源的管理更是给予了极大的关注。中国的土地管理虽已有悠久的历史，但作为一门独立的学科来研究，始于 20 世纪 50 年代中期开展的土地利用规划实践。随着 20 世纪 60 年代社会主义土地公有制的建立，尤其是 20 世纪 80 年代后中国在城市土地使用制度、集体土地使用制度以及国家土地管理体制方面进行了不断改革。为加强土地管理，维护土地制度，保护、开发、利用土地资源，切实保护耕地，促进社会经济的可持续发展，1986 年颁布了《土地管理法》。之后随着社会经济的发展，又于 1988 年、1998 年和 2004 年相继修订。同时，1980 年以来中国先后开展了以重点发展农业为目标、加强耕地保护以及土地用途管制为核心的三轮土地利用规划，并实施最为严格的土地用途管制制度，在土地资源管理中发挥了重要的作用。

“土地评价与管理”（land evaluation and management）长期以来都是北京大学本科生的专业必修课，著名地理学家林超教授、陈传康教授、蔡运龙教授都曾讲授过该门课程。教育部设立的“自然地理与资源环境”“人文地理与城乡规划”和“土地资源管理”本科专业中，“土地评价与管理”更是这些专业的核心课程。但由于不同性质院校专业的差异，尤其是目前的教材或专著大多将土地评价和土地管理分割开来分别成书，不尽适用于本课程的教学需求。基于此，在北京大学多年教学经验的基础上，本教材将“土地调查”“土地评价”与“土地管理”内容紧密结合在一起。土地调查部分，在简述土地资源形成要素之后，介绍了土地资源类型及其划分、土地资源调查与现状评价；在土地评价部分，简述土地评价研究的一般问题后，依次介绍了土地潜力评价、土地适宜性评价、土地经济评价、土地生态评价和土地利用可持续性评价；在土地管理部分，介绍了土地制度后，重点阐述了土地利用规划的基本理论，主要介绍了土地总体规划和土地专项规划，最后介绍了土地行政管理的主要内容。此外，本教材结合全球变化背景下土地学科发展的趋势和我国土地管理制度改革进程，将土地系统变化、土地生态评价、土地持续利用、土地制度改革等内容也及时展现在大家面前。

本教材编写过程中，参考了傅伯杰教授的专著《土地评价的理论与实践》（1990 年）、倪绍祥教授编写的《土地类型与土地评价概论》（第三版）（2009 年）、周生路教授编写的《土地评价学》（2006 年）、吴次芳教授编写的《土地科学导论》（1995 年）和《土地资源调查与评价》（2008 年）、王万茂教授等编写的《土地利用规划学》（2013 年）、王宝铭教授编写的《城乡土地评价》（1996 年）、曲福田编写的《土地行政管理》（2002 年）和作者编写的《综合自然地理学》（第二版）（2011 年）。另外，还引用了北京大学蔡运龙教授的部分成果，并得到了蔡教授的指导。此外，因篇幅所限，书末仅列出一些主要参考文献，对于那些在本教材中引用过但未列出文献资料的作者，表示深深的歉意。

本教材出版过程中，北京大学城市与环境学院研究生李枫、郭力仁、江颂和朱丽君多次协助校正书稿。本教材在 2001 年就由北京大学教材科作为校内教材印刷，北京大学教材科的郑国芳老师给予了极大的帮助。另外，本书第一版（2005）出版得到国家理科基础科学研究和教学人才培养基地（地理学）资助。在此，一并表示诚挚的谢意！

本教材在北京大学相关专业教学中已经使用近 20 届，2006 年被评为北京高等教育精品教材，2016 年被评为北京大学优秀教材。但因作者个人能力有限，不足之处在所难免，恳请各位师长和同行朋友们不吝指正！

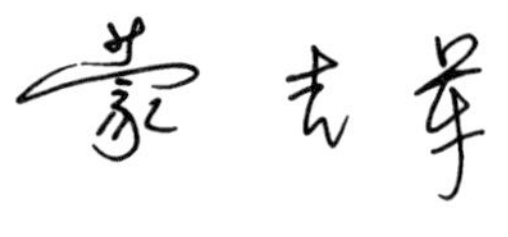

2018 年 11 月于燕园

目　　录

下篇　土地管理

绪　论

第一节　土地的概念

（一）土地概念的根源

古人云“有土斯有人，万物土中生”，威廉·配第（William Petty，1623—1687）说过“劳动是财富之父，土地是财富之母”[①]。诸如此类的格言明确而生动地表达了人类与土地之间的深刻联系。

“地者，万物之本源，诸生之根苑也”（《管子校正》卷十四）。土地（land）的概念源于劳动者对地理环境的综合认识。人类开拓地理环境必然接触一些具体的地段，在这些地段上，自然特征在很小范围内即可发生变化，在较大范围内更是千差万别。在这些地段上人们从事农业活动或工程建设绝不仅是与某一自然要素打交道，而是与该地段自然环境的综合特征打交道。例如，农业生产不能只根据土壤特点来安排作物的种植，还应考虑地貌部位及其所决定的水热条件、地下水深度、排水条件等对作物生长的影响。在进行城市规划和工程建设时，不能只注意地基的承载力，还要综合考虑影响建筑物采暖、通风、照度的小气候条件，以及决定地基承载力的岩性、土质和排水条件，决定工程处理措施和工程病害的坡度、地面破碎程度和外力地貌过程，影响建筑物周围绿化的生态条件等。正是在实践中，人们逐渐认识到要搞好生产和建设不能只关注区域或地段的某一自然要素的特点，而应该考虑自然环境的综合情况，于是形成了对土地的综合认识。尽管这种认识最初是朴素的，却是现代土地科学概念的思想基础。

（二）土地的科学概念

关于“土”和“地”二字，《说文解字》（公元121年，东汉许慎）早有解释。“土者，吐也，即吐生万物之意”，并把“土”字分解为植物地上部分（茎、叶）、表土层、植物地下部分（根）和底土层四个层次。“地”由“土”和“也”两字复合而成，与天对称，指地球的地。作为科学的土地概念，古今中外各有其说，至今还没有一个严格的定义。但可以认为人们对其实质的认识已臻明确，列举几个代表性的论点。

澳大利亚联邦科学与工业研究组织的学者克里斯钦（C.S.Christian）和斯图尔特（G.A.

---

① 马克思，恩格斯.《马克思恩格斯全集》第23卷. 中共中央马克思恩格斯列宁斯大林著作编译局. 北京：人民出版社，1972：57.

Stewart）在《综合考察方法论》（1964 年）中指出：“土地是指地表及所有它对人类生存和成就有关的重要特征”“必须考虑土地是地表的一个立体垂直剖面，从空中环境直到地下的地质层，并包括动植物群体及过去和现在与土地相联系的人类活动”。

1972 年，FAO 在荷兰瓦格宁根召开的土地评价专家会议文件《土地与景观的概念及定义》中指出：“土地包括地球特定地域表面及其以上和以下的大气、土壤、基础地质、水文和植被，它还包含这一地域范围内过去和目前人类活动的种种结果，以及动物就它们对目前和未来人类利用土地所施加的重要影响”。1976 年，FAO 在颁布的《土地评价纲要》（*A Framework for Land Evaluation*）中进一步指出：“土地是一个区域，其特点包括该区域垂直向上和向下的生物圈的全部合理稳定的或可预测的周期性属性，包括大气、土壤和下伏地质、生物圈的属性，以及过去和现在的人类活动的结果”。

赵松乔等（1979）认为，“‘土地’是一个综合自然地理概念，它是地表某一地段包括地质、地貌、气候、水文、土壤、植被等多种自然因素在内的自然综合体。每个自然因素在整个自然地理环境中以及农、牧、林业生产中，各有其重要作用，但只有全部自然因素的综合作用才是最重要的。‘土地’的性质，也取决于全部组成要素的综合特点，而不从属于其中任何一个单独要素。陆圈、气圈和生物圈相互接触的边界——大致从植被的冠层向下到土壤的母质层，是各种自然过程最活跃的场所，有人称为‘活动层’，这也就是‘土地’的核心部分”。林超等（1980）认为，“土地是由其相应的相互作用的各种自然地理成分（地质、地貌、气候、水文、土壤、植被等）组成的自然地域综合体，是地球表层历史发展的产物”。石玉林（1982）指出，“作为农业自然资源的土地是一个自然综合体，它是由气候、地貌、岩石、土壤、植物和水文等组成的一个垂直剖面，并且也是人类过去与现在生产劳动的产物”。李孝芳（1989）则指出，“土地是地球表面一定范围内，由岩石、地貌、气候、水文、动植物（包括微生物）等各要素相互联系、相互作用的自然综合体。这个综合体受人类过去和现在长期活动的影响，所以说土地是人类生活和生产劳动的空间。无论从农业生产、工矿业开发，还是城市建设等方面来说，土地都是生产的基本资料，人类生存不可缺少的条件之一”。

可以看出，中国地理学家普遍认为，土地是一个综合自然地理概念，它是地表某一地段包括地貌、岩石、气候、水文、土壤、植被等全部自然地理要素在内的自然综合体（natural complex），还包括过去和现在人类活动对自然环境的作用（图 0-1）。

土地的特征是各构成因素相互作用、相互制约的结果，而不从属于其中任何一个因素。赵松乔用函数形式表征出了土地的概念

$$L=f(n, e, s, t) \tag{0-1}$$

式中：L 为土地；n 为自然因素；e 为经济因素；s 为制度因素；t 为时间因素。因此，土地是自然、经济、社会的历史综合体，其概念可用图 0-2 表示。

目前，土地科学中大致有不同渊源的三个学派：①景观生态学派。源于地植物学，认为植被是土地全部因素综合作用的充分而可靠的反映，故以生物群落为主体来研究土地。②地貌处境学派。源于自然地理学或地文学，认为地貌和基质决定了土地的形态特征和物质基础，从而影响到其他土地要素的性质和形成发展，因而特别重视研究地貌和地表组成物质。③土地农学派。源于土壤学，认为土壤是联系土地的有机要素和无机要素的中心环节，是结合全部土地组成成分的枢纽；土壤肥力是最重要、最直接的土地生产力要素，决定着土地质量的高低，所以在土地研究中以土壤为核心。

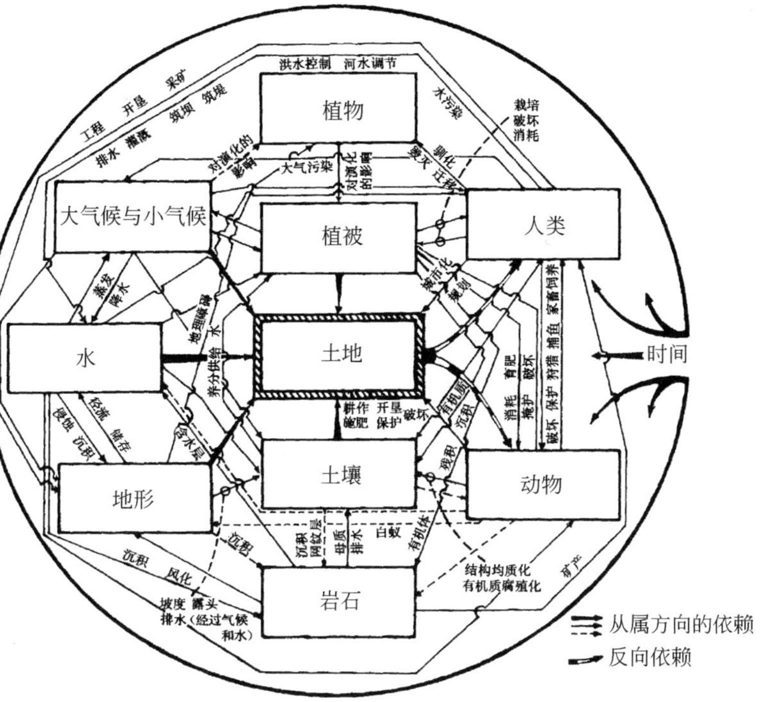

图 0-1　土地——自然综合体（Naneh and Lieberman，2001）

（三）土地概念的不同理解

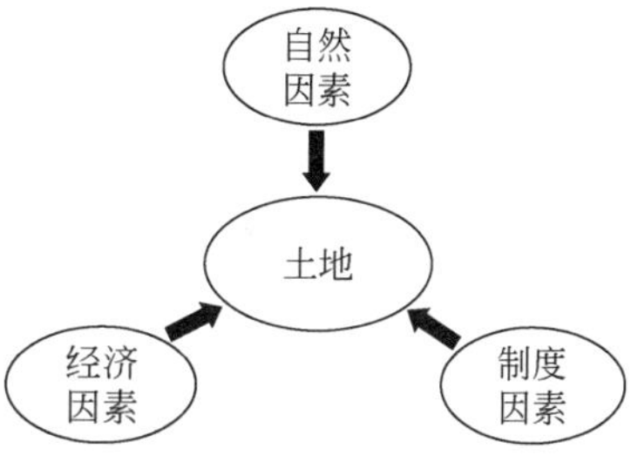

图 0-2　土地概念示意图

由于土地是由自然因素、社会因素和制度因素共同作用下形成的具有多要素、多功能性、立体化的综合体，因此除地理学外，经济学、法学、生态学等都从自己学科出发，对土地概念进行了界定。

1. 经济学的土地概念

经济学的土地概念比较宽泛。马克思（Karl Marx，1818—1883）在《资本论》第一卷中指出："土地是指未经人的协助而自然存在的一切劳动对象，作为一切活动的一般空间基础，在农业中是主要的生产资料"。英国经济学家马歇尔（A.Marshall，1842—1924）指出："土地是指大自然为了帮助人类，在陆地、海上、空气、光和热各方面所赠予的物质和力量"。美国土地经济学家伊利（R.T.Ely，1854—1943）认为："经济学家所使用的土地是指自然的各种力量或自然资源，不单指土地表面，还包括地面以上和以下的一切物质"。按照经济学观点，土地属于商品，具有一般商品所具有的使用价值和交换价值，可进行商品流通；但土地又是特殊的商品，具有非劳动产品和劳动产品的两重性，其价格不是价值的货币表现，而是资本化的地租。

2. 法学的土地概念

肯特（Kent）从法律概念上对土地的定义是："土地不仅包括地面或土壤，而且也包括附着于土地的任何东西，不管是自然长成的，如树、草和木，或者是人工造成的，如房屋以及其他建筑物。包括了地上和地下的所有东西”。从法学观点来看，凡占有某块土地者，其所有权可能管辖的范围应当包括地表、地下及地上附着的一切自然物和自然力。按照土地法学的观点，土地是社会关系和经济关系的综合体，包括土地占有、使用、收益、处分等经济关系，也包括在土地调查、开发、利用、整治、保护中发生的各种社会关系。当土地体现某种经济关系时，土地是一种不动产，可作为长期信用的担保品或抵押品。谁占有土地，即具有对它的权利，就等于具有物质财富、具有资本，所有者就可凭借对土地的所有权获得收益。

3. 生态学的土地概念

生态学是研究生物与其环境之间相互关系的科学。从生态学观点看，土地是由生物、气候、地貌、土壤、水文以及人类活动等组成的土地生态系统。在这个土地生态系统中，生物群落是核心，气候、地貌、土壤、水文等因素构成其环境，生物与环境之间相互影响、相互制约，并在一定时期内处于相对稳定的动态平衡状态。土地生态系统具有能量固定与转换以及物质循环的功能。由于空间分异规律的制约，地球表层形成了各种类型的土地生态系统，可从区域上或类型上理解，如湖泊、沼泽、山地、陆地、海洋生态系统，以及森林、灌丛、草地生态系统；也可以是自然或人工生态系统，后者如农田生态系统和城镇生态系统等。土地生态系统具有不同的空间尺度，陆地生态系统的变化对全球变化产生重要的影响。

第二节　土地的性质

土地是自然界的一种特殊客体，概括起来，它具有以下性质。

1. 土地具有自然综合性

土地的自然综合性主要取决于各组成成分及它们之间相互作用的性质和特点。从农业生产角度而言，把土地看作综合体毋庸置疑。因为气候、土壤、地貌、植物、动物、水文等自然要素均对农业生产施加一定的影响，但这些影响不是孤立的，而是彼此联系、相互制约的，换句话说，农业生产并不仅仅受某一因素的影响，还取决于它们之间的相互联系和相互结合。城市建设和工程建设也一样，不应该只考虑地基的承载力，还应考虑小气候条件、地貌部位、地貌过程以及地表和地下的水分状况。实际上，土地的综合概念正是在这类生产实践过程中逐步形成和发展起来的。

2. 土地具有空间尺度性

在陆地表面，每一块土地均占据着特定的三维空间。垂直方向上，土地处于岩石圈、大气圈和生物圈相互接触的边界。大致下始自土壤的母质层和植被的根系层，向上至植被的冠层，这是各种自然过程（包括物理、化学和生物过程）以及人类活动与地理环境的相互作用最活跃的场所。水平方向上，土地面积有大小之别，在空间分布上也有一定的地域组合关系。此外，受地理纬度、海陆分布、地形地貌等的影响，土地的空间分布具有显著的区域性。

3. 土地具有动态演替性

某地段的土地特征只反映了某一瞬间的特定状况。原因在于地表水热条件、地貌过程、土壤和动植物群体等都是随时间而变化的。同时，植物和微生物的生长、繁育和死亡，土壤的冻结与融化，河水的泛滥，土地的淹没和土壤水文状况，土壤营养元素的积聚与淋失无不带有季节变化的特点，导致土地的性质也呈节律性变化的特征。此外，人类活动的影响，如垦殖、放牧、城市化过程等，都对土地的动态演替产生了重要影响。

4. 土地具有利用价值性

土地具有一定的生产能力，即可生产人类需要的粮食、木材、畜产品、水产品、工业原料等。土地生产力（land productivity）按其性质可分为自然生产力和劳动生产力两种。前者是自然形成的，即土地资源本身的性质，不同性质的土地，适应于不同的植物和动物生长繁殖；后者是人工施加影响形成的，即人类生产技术水平，主要表现为对限制因素的克服、改造能力和土地利用的集约程度，本质是如何有效地利用光、温条件，调节和控制水分与营养元素。因此，土地生产力的高低取决于土地本身的性质与人类的技术水平和管理水平。

5. 土地具有社会经济性

土地的社会经济属性指通过人类的社会经济活动赋予土地的特性，如土地权属、民族构成、生活习俗、传统的土地利用方式、经济发展水平、区位条件、交通状况、土地利用政策等。这些特性虽不直接决定土地的质量特征，却在很大程度上决定土地利用方式、生产成本和利用价值等，因而成为土地评价中必须考虑的因素。

6. 土地具有永续利用性

土地是可更新性资源。作为自然的产物，在土地农业利用中，土壤养分和水分虽不断地被植物吸收、消耗，但通过施肥、灌溉、耕作等措施，可以不断地得到恢复和补充，从而使土壤肥力处于周而复始的动态平衡之中。在非农利用中，土地发挥了承载性的功能，其利用也不会随着时间的流逝而消失。

此外，土地还具有位置的固定性、面积的有限性、自然和经济两重性、质量的区域差异性、利用的不可逆性、功能的相对永久性和准商品性等特征，此处就不一一赘述。

第三节 土地的功能

土地是人类生存的载体和活动空间，是人类一切生产和生活活动的场所。马克思曾经指出“土地是一切生产和生存的基础”[①]，“一切财富的源泉”[②]。土地之所以能够成为人类赖以生存的基础，成为人类不可缺少的资源，就在于它具有特殊的功能。作为自然资源的土地，除了传统的提供粮食外，还兼具了生态、社会、政治、美学等多功能性。具体来说，土地功能（land function）表现在以下几个方面。

1. 生产性功能

土地具有一定的生产力，在不产生永久性破坏和退化的情况下，可以生产出人类需要的某种植物产品和动物产品。土地生产力的高低，即能生产什么？生产多少？或者能提供什么样的产品？提供多少？主要取决于土地的自然生产力和劳动生产力。耕地、林地、园地、草地、淡水养殖地及滩涂养殖都是人类利用和发挥土地生产性功能的结果。

2. 承载性功能

土地是万物的安身之所。不论是生命物质，还是非生命物质，没有土地，万物将无容身之地，正如古人云“皮之不存，毛将焉附”。在工业、建筑业、交通运输业中，土地被当

① 马克思，恩格斯.《马克思恩格斯全集》第2卷. 中共中央马克思恩格斯列宁斯大林著作编译局. 北京：人民出版社，1972：109.
② 马克思，恩格斯.《马克思恩格斯全集》第23卷. 中共中央马克思恩格斯列宁斯大林著作编译局. 北京：人民出版社，1972：553.

作地基、场所、空间的操作基础来发挥作用，就是土地具有负载的功能。

3. 原料性功能

在矿区、砖场、盐田，土地主要提供生产原料，土地是作为原料地而发挥作用的。因此，在矿产用地评价中，土地自身的岩石类型、矿物组成、品位高低、埋藏深度、储量大小等都是土地质量高低的评价指标。

4. 观赏性功能

某些土地类型，自然或人文景观、特殊地貌、地势险峻、水流异常、建筑景观等，如秀丽的群山、浩瀚的大海、奔腾的江河、飞泻的瀑布、无垠的沃野，是人们观赏、旅游、休闲、度假的理想场所。旅游地的开发和建设是人们利用土地观赏性功能的结果。

5. 储蓄和增值性功能

土地不但是自然资源，而且是主要的资产，即土地资产，随着土地需求不断扩大和供给日益稀缺矛盾的加剧，土地价格呈上升趋势。因此，投资于土地，能获得储蓄和增值的功效。

因此，人们应合理地开发、利用和改造土地的不同功能，使其为人类的生活、生产和生态提供服务。土地评价是对土地功能的综合评价，是全面地认识土地功能的过程，为合理利用和管理土地资源提供科学依据。

第四节　土地与相关概念辨析

1. 土地与土壤的区别

早在 19 世纪，道库恰耶夫（Докуцаев，1846—1903）就已指出：土壤（soil）是自然界的一面镜子，但它仍不能与土地概念等同。从发生学观点看，气候、地貌、母质、生物等是土壤形成的因子，土壤只是反映了这些因素的综合作用，并且只是这些因素相互作用的特征产物。土地则是一定地段内全部自然因素（包括土壤在内）作为其组成部分，并通过这些组分的相互作用构成一个整体，从而具有综合自然特征。从相互关系看，土壤是土地的一个重要组成要素。从本质特征看，土壤的本质是肥力，即为植物生长提供和协调营养条件及环境条件的能力；而土地的本质特征是生产力，是在特定的管理制度下，对某种用途的生产能力。从形态结构看，土壤处于地球风化壳的疏松表层，由覆盖层（O）、淋溶层（A）、淀积层（B）、母质层（C）、基岩（R）等组成；而土地是由地上层、地表层和地下层组成的立体垂直剖面，土壤只是其地表层的一部分。

2. 土地与生态系统的区别

生态系统（ecosystem）是指特定地段中全部生物（生物群落）和物理环境相互作用的统一体，由于系统内部能量的流动形成了一定的营养结构、生物多样性和物质循环。1935 年，英国生态学家坦斯利（A. G. Tansley）最早提出了“生态系统”的术语，用来表示任何等级的生态单位中的生物和其环境的综合体，反映了自然界生物和非生物之间的密切联系的思想。一个完全的生态系统由非生物物质、生产者有机体、消费者有机体和分解者有机体四部分组成。生态系统以生物群落为中心，以直接影响生物群落的各环境因素的整体作为生境，并不涉及环境的间接影响因素，如地貌部位、根系层下的岩性和潜水条件及间接的气候条件等（统称处境）。处境是决定生境特征分异的一个重要因素。生物群落、生境、处境三者相结合，构成比生态系统更高一级的系统——自然地理系统。土地是自然地理系统的低级单位，它在具体地段的表现可称为土地系统。

3. 土地与土地资源的区别

土地资源（land resources）是指在当前和可预见将来的技术经济条件下，能直接为人类生产和生活所用，并能产生效益的土地，如耕地、林地、草地、城镇建设用地等。沙漠、戈壁、裸岩、荒草地、盐碱地等，因在现实的经济技术条件下，难以利用或未利用，则称为“未利用地”，不在土地资源之列。土地资源是人类生存的基本资料和劳动对象，具有质和量两个内容。在其利用过程中，可能需要采取不同类别和不同程度的改造措施。另外，土地资源具有一定的时空性，即在不同地区和不同历史时期的技术经济条件下，所包含的内容可能不一致。例如，大面积沼泽因渍水难以治理，在小农经济时期不适宜农业利用，不能视为农业土地资源；但在已具备治理和开发技术条件的现代社会，即为农业土地资源。由此，有学者认为土地资源包括土地的自然属性和经济属性两个方面。可以看出，土地资源与土地概念的关系，是部分与全体的关系。目前，由于人们还很难判断哪些土地是绝对不能利用和创造财富的，所以土地和土地资源两个词经常相互通用。

4. 土地与土地资产的区别

土地资产（land asset）是指能够被人类使用、占有并且作为生产资料的土地资源，体现了土地的经济属性、社会属性和法律属性。作为自然物的土地，本身没有价值。土地资产概念的提出，是因为土地不仅是社会进行物质生产的重要自然资源，还是一笔巨大的资产。土地面积的有限性和稀缺性使土地经营垄断成为可能，从而使土地所有者凭借对土地的所有权可以定期从土地使用者中获取地租（绝对地租）。由于土地是人类劳动或投入的载体，凝聚了大量的人类劳动成果，并提高人类的劳动生产率，从而产生超额利润（级差地租Ⅱ），因此，当土地被垄断与所有权、使用权进入流通领域被让渡时，必然要求从经济上得到补偿，进而取得价格形态。土地有了价格，就能被当作商品进入交换与流通阶段，并通过交换与流通进入生产过程。在生产、流通、交换的不断运行中，地租或地价能够得到保存和增加，土地作为资产的职能便得到体现和发挥。可见，土地资产强调土地具有特殊商品性的属性，可进入商品流通领域进行流转，强调土地的不动产特性以及具有明显的产权内涵。

5. 土地与国土的区别

国土（territory）是一个包含有政治学、经济学、自然科学和技术科学意义的综合概念，具有狭义和广义的两个概念。狭义的“国土”指主权国家管辖下的领土（包括地面和地下）、领海和领空的政治地域概念，包括一个国家的全部疆域，属于空间的范畴。国土作为一个国家和人民的立足点、生活场所和生产基地，是主权国家赖以存在和发展的物质基础。国土主权具有不可分割的整体性，不能容忍别国侵犯。广义的“国土”概念还包括国家所拥有的一切资源，主要指自然资源（如土地、水、生物、矿产、海洋、气候和风景资源等），也包括人口、劳动力等社会资源。国土资源的开发利用不仅受自然规律制约，还受一定社会制度下的经济规律支配。合理开发利用国土资源，在于谋求最佳的经济效益、生态效益和社会效益，使社会经济与人口、资源、环境之间协调发展，从而建立起一个生产发展、生态平衡和生活舒适的国土环境。由此看出，国土是人和自然环境之间密切联系的综合体现，是以地理环境为基础，以人为主体的矛盾统一体，具有自然和社会的双重属性。土地资源是国土资源的重要组成部分。

6. 土地与景观的区别

景观（landscape），公众含义是指描述一定区域由自然、人文以及它们共同构成的整体景象（即视觉效果），常用风景、风光、景象、景色等术语描述。在景观生态学中，认为景观是一个由不同土地单元镶嵌组成，且有明显视觉特征的地理实体；它处于生态系统之上，大地理区域之下的中间尺度，兼具经济价值、生态价值和美学价值（肖笃宁，1996）。在地理学中，由于不同学派或学者在认识和理解角度上的差别，景观出现了同词多义的现象，概括起来有：①地理学的综合概念，景观被看作地理综合体，包括自然景观和文化景观两部分；②自然地理学的综合概念，景观等同于一般意义上的自然综合体，不同任何等级单位发生联系；③自然地理学的区域概念，景观被视为区域单位，相当于自然区划等级单位系统中的下限单位，也称为自然地理区；④自然地理学的类型概念，景观被理解为具有分类含义的自然综合体，类似于生物学中“种”的概念，可用于任何地域分类单位。可以看出，景观的内涵和外延要更加广泛，从某种意义上，可以把土地作为景观的组成要素。

第五节 土地科学

据荷兰瓦格宁根收藏科技文献检索，土地科学最早于1972年出现，距今只有40多年的历史。但土地科学取得的成就令人瞩目，土地调查、土地利用、土地评价、土地经济、土地生态、土地制度、土地规划、土地管理、土地监测、地产经营、土地政策等众多理论与应用成果已在社会经济发展中发挥了重要的作用。

（一）研究内容

土地问题是伴随着人类的产生而出现，并随着人类社会的发展而不断向广度和深度进化的。它不仅涉及土地的自然组成、结构和功能演化过程，还涉及经济、技术和人类活动的影响，而且与人口增长、资源短缺、环境变化和区域发展问题密切联系。当人类面对“只有一个地球”（Only One Earth）和“我们共同的未来”（Our Common Future）时，土地资源的结构与配置、土地与发展的关系协调、当代与后代的历史公平就受到了广泛关注，土地问题日益趋向综合化和复杂化，并成为自然、社会和经济要素相互耦合的结果。

从历史观来看，当新石器时期人类有意识地把种子撒向土地时，人类便开始利用土地。之后无论是农业社会、工业社会，还是后工业社会，土地科学研究的问题都是以土地利用为主线而展开的。具体地说，无论是我国古代的井田制、屯田制、占田制、均田制，还是现今的土地承包和土地流转；无论是西北与东北的屯垦，还是珠江三角洲各种“基塘”的形成，土地利用始终处于核心地位。可以说，人类文明的发展，一直建立在土地利用的基本问题之上。

从发展观来看，国家、区域的可持续发展，不仅有赖于土地资源的持续供给能力，而且有赖于土地资源在生产、生活和生态功能之间的协调与权衡，更有赖于区域土地系统的自组织能力的不断提高。人类的生存与发展，始终都无法离开对土地资源的开发利用。土地利用研究是推动土地科学研究的内在动力。

因此，土地科学的研究对象是由生态系统和社会系统通过土地利用和管理耦合而成的土地系统（land system）。土地科学不仅要研究土地的自然生态属性，也要研究土地的社会经济属性，关注土地资源的形成、数量、质量、空间分布及动态变化；土地科学研究既要把握土地开发、利用、整治和保护过程中的自然演替规律，又要探讨土地经济价值、土地关系调整等社会经济规律，关注土地利用过程中土地与人之间的相互影响及时间变化；土地科学研究既要协调人地关系，解决人地矛盾，又要探讨土地管理体制、机制和法制的构建，关注以土地为介质的人与人之间的关系及其变化。

（二）学科性质

土地科学是一门研究土地利用及其形成、演化和管理活动规律性的科学，具有如下学科性质（吴次芳和叶艳妹，2002）。

1. 浓厚的系统科学性质

土地概念的提出是建立在系统论基础上的，土地科学也正是在系统论的支持下，由自然科学与社会科学相互渗透而形成的。整体性和系统性始终在土地科学的各个环节研究中得到充分的体现。

2. 鲜明的公共管理学色彩

土地科学关注土地资源在部门和产业之间的配置，关注土地利用的空间布局，还关注土地资源的代际分配。所有这些问题都是公共或社会问题，是公共管理学的重要组成部分。由于市场对土地资源的配置常常具有失灵的一面，因而强调政府对土地开发、利用和保护的作用。尤其是土地产权构建、地价调控、土地收益分配等均需要政府的介入。

3. 明显的时空尺度性

土地系统具有明显的时空尺度。时间尺度在静态上表现为规模、格局和效益，在动态上表现为演变、交替和发展；空间特征表现为面积大小、分布范围、地理区位等，在尺度上可分为全球、国家、区域、景观、农场、地方和地块等层次。

4. 综合性应用学科

土地科学是在地理学、土壤学、生态学、经济学、管理学等学科基础上发展形成的，具有明显的综合性。而土地的开发、利用、整治和保护等都要面向生产实践，所以总体上看是应用性学科。

（三）学科属性

土地既有自然生态属性，又有社会经济属性，就使得土地科学领域内既有侧重于自然科学的分支学科，也有侧重于社会科学的分支学科。关于土地科学的学科属性，不同的学者有其不同的表述。土地科学的研究对象决定了土地科学的性质是自然科学和社会科学相交叉的综合性学科（尤文郁，1991）。土地科学的研究必须从土地两重性出发，它是一门跨学科的综合性学科，既包括基础研究，也包括应用性研究（胡星池和蒋建明，1991）。土地科学是在现代科学综合的基础上形成的，是自然科学、社会科学和现代横断科学有机结合的产物，是不同性质的多门学科大交叉形成的，具有社会科学性质的边缘科学（王万茂，2011）。土地科学是介于自然科学、工程科学与社会科学之间的综合性交叉学科（吴次芳，2014）。土地科学是在现代学科综合基础上，由自然科学、社会科学和工程技术科学交叉形成的综合性学科和应用性学科（林坚和刘文，2015）。

可以看出，土地自然属性和社会属性兼备的两重性，决定了土地科学是一门自然科学和社会科学交叉的综合性科学。尽管在表述上不同学者有所不同，但对土地科学的这一学科性质的揭示基本上是共同的。

（四）学科体系

进入 20 世纪 80 年代以后，随着社会经济发展的客观需要和自然科学与社会科学不断交叉发展，土地科学得到了迅速发展并逐步形成了一个较为完善的学科体系（图 0-3）。

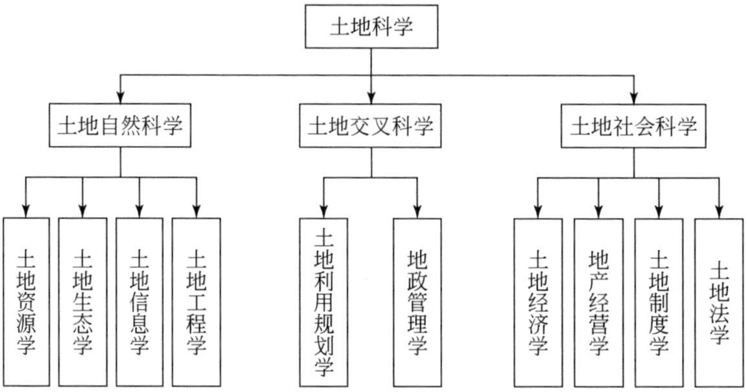

图 0-3　土地科学学科体系框架图（吴次芳和叶艳妹，1995）

土地自然科学包括土地资源学（land resources science）、土地生态学（land ecology）、土地信息学（land information）和土地工程学（land engineering）。土地资源学研究土地资源构成要素与类型划分、调查与评价，以及承载力分析的理论和方法。土地生态学研究土地生态系统的能量流、物质流和价值流等的相互作用和转化，以及从生态学角度研究土地利用优化与调控的理论和方法。土地信息学研究土地信息获取、分析、处理、存储与表达的理论、方法和技术。土地工程学研究土地开发、利用、保护和治理过程中各种工程的设计理论和施工技术。

土地社会科学包括土地经济学（land economics）、地产经营学（land management）、土地制度学（land institutions）和土地法学（land law）。土地经济学研究人与土地，以及土地利用中人与人之间的经济关系及其协调。地产经营学研究地产投资、开发、出让、转让、出租、抵押等经济活动的理论和实践。土地制度学研究人类社会发展过程中土地制度，包括土地所有制、土地使用制和国家土地管理制度。土地法学从法学的角度研究调整土地关系的各种法律，规范土地利用中人与人、人与地的关系。

土地交叉科学包括土地利用规划学（land use planning）和地政管理学（land registry administration）等。土地利用规划学研究土地资源在国民经济各用地部门之间优化配置的理论、方法和技术，以及编制土地利用规划的原则、方法、步骤，以实现用地结构和用地规模合理化，用地空间布局科学化。地政管理学是从管理学的角度研究对土地资源和土地资产的管理及协调问题，以实现地籍、地权、地用、地价、地税等的科学行政管理。

第六节　土地评价与土地管理研究的意义

土地评价是一项高度综合性的研究工作，通过地理学、农学、林学、城乡规划、城市建设、交通运输等应用性学科的有机结合，对土地的内在特征及其利用性能做出透彻的了解，揭示土地生产潜力，明确限制危害，评定适宜性程度，是合理进行土地开发、利用、治理和保护的基础。因此，开展土地评价研究不仅有利于地理学与上述应用性学科研究的深化，而且有利于这些相关学科之间的交流与渗透。另外，土地评价具有鲜明的实践意义。因为农林牧业布局、城乡规划与建设、工矿交通、军事活动等必须因地制宜地利用土地，根据不同的土地性质做出不同利用的选择，土地评价研究正好满足了这一要求。因此，包括中国在内的世界上许多国家，都将土地评价研究作为国土空间整治、区域发展规划和土地利用规划以及土地资源管理等的重要依据。

近年来，由于人口急剧增长、资源不断耗竭、环境日益恶化，人口、资源、环境与发展（population，resource，environment，development，PRED）成为影响“未来地球”可持续发展的主要因素。土地资源是社会经济可持续发展的重要基础。尤其是土地资源日益稀缺，使得城市建设、耕地保护与生态安全之间的矛盾愈加尖锐。开展土地管理方面的研究和实践应用，科学、合理、高效地利用土地资源，实现土地资源的可持续利用，将发挥重要的指导作用。随着社会经济发快速发展，科学技术水平日益提高，资源管理发挥着越来越重要的作用。土地作为国家重要的自然资源，更需要国家综合运用行政、经济、法律和技术方法，为维护国家的土地所有制，提高土地利用的生态、经济和社会效益，调整土地利用关系，监督土地利用，而进行计划、组织、控制等综合性管理活动。因此，从土地管理的视角，使有限的土地资源满足社会经济日益发展的需求，实现区域土地资源优化配置，促进土地可持续利用，成为土地科学研究的一个重要分支学科。

复习思考题

1. 如何理解土地的概念和内涵？
2. 土地的功能和性质分别是什么？
3. 辨析土地与土壤、生态系统、国土、景观等概念的异同。
4. 论述土地科学的研究内容和学科体系。
5. 论述土地评价与管理研究的意义。

上篇　土地调查

土地资源（land resources）是人类赖以生存和发展的基础，是最基本的自然资源。在农业生产中，土地不仅是劳动对象，还是重要的生产资料，没有土地就没有农、林、牧、渔等农业生产；在城市化发展过程中，土地作为基地、场所、操作空间、立地条件来发挥承载的功能，是工业、建筑业、交通运输等行业的重要生产资料。作为自然资源的土地，除了提供食物和空间场所外，还兼具了生态、社会、政治、美学等多种功能。

土地分类是土地资源调查、土地资源评价和土地利用规划的前期工作。土地分类的对象可以是土地系统，也可以是土地系统的组成部分。目前，由于方法论的分歧，基于土地分类产生了土地自然分类、土地资源分类和土地利用分类等不同的认识。关于分类的标准，有些偏重于形式分类，以人类对土地利用改造的形式进行分类；有些侧重于功能分类，以土地利用地域单元的功能或用途进行分类；有些则采用综合分类，模糊了形式和功能的区分，代之以土地覆被进行分类。随着遥感技术的发展和计算机技术的广泛应用，对土地资源分类已由早期野外调查发展为遥感影像分析解译，土地分类系统也由基于野外调查的土地利用分类向基于遥感数据的土地覆被分类转变。20 世纪 80 年代《中国 1∶100 万土地类型图》和《中国 1∶100 万土地利用图》的工作大大推动了我国土地资源分类的研究。1984 年以来，相继出现了若干国家土地利用分类系统，在国家土地资源调查、管理中发挥了重要作用。

土地调查是国家为了系统掌握不同土地资源的类型、质量、分布情况所采取的一项重要的基础性工作，是土地资源利用、评价、规划和管理等的前期工作。土地调查有不同的类型。按调查内容的不同，分为土地利用现状调查、地籍调查和土地条件调查；按调查比例尺和精度的不同，分为土地资源概查和土地资源详查；按调查期限的不同，又可分为土地资源普查和土地资源变更调查。由于土地资源调查成果的比例尺和调查精度不同，常采用野外调查基本方法、常规仪器测图方法和现代遥感调查方法等。1984 年，我国发布《土地利用现状调查技术规程》，进行了第一次土地资源调查，历时 20 年，首次查清了全国土地资源的基本情况；2007 年，根据《第二次全国土地调查技术规程》进行了第二次土地资源调查，历时 3 年，首次建立了集“影像-图形-地类-面积-权属”于一体的土地资源数据库。

基于土地调查数据，进行土地利用现状评价，是编制区域土地利用规划的基础和起点。通过对区域各种土地利用类型、土地利用的数量结构、空间格局和动态变化，土地开发利用程度、集约度和经济效果，以及土地利用的生态环境效应进行评价，分析土地利用的动态变化趋势，发现土地利用中存在的问题，进而提出改善土地利用的建议，以及提高土地利用效率的途径。

本篇主要从土地资源形成要素、土地资源类型及其划分和土地资源调查与现状评价等内容来阐述土地资源调查的主要内容。

第一章 土地资源形成要素

土地资源是人类赖以生存和发展的基础，是最基本的自然资源。在农业生产中，土地不仅是劳动对象，还是重要的生产资料，没有土地就没有农、林、牧、渔等农业生产。在城市化发展过程中，土地作为基地、场所、操作空间、立地条件来发挥承载的功能，是工业、建筑业、交通运输等行业的重要生产资料。作为自然、经济、社会综合体的土地资源，在其形成和演变过程中，各要素以不同的形式、从不同方面影响着土地资源的特性。土地质量的优劣与构成土地的全部自然因素和社会经济因素有关。因此，研究土地资源，既要从整体出发研究土地资源的综合特性，又要研究构成土地资源的各个要素。

第一节　土地资源形成要素与农业利用

一、气候因素

气候是土地资源的重要形成因素。光、热、水与气在空间的差异和时间上的变化，深刻影响着土地资源的利用方式，并使土地资源具有强烈的地域性。在气候因素中，光、热和水等对农作物的生长和发育起着非常重要的作用，它们不仅影响农作物的类型和土地利用方式，而且也左右着农业生产中所采用的农业措施和科学技术的应用。

(一) 光能条件

光能是绿色植物进行光合作用和生物运动发展的主要能源。光能主要包括太阳辐射（solar radiation）和日照（sunshine）两个方面。

太阳辐射常用辐射总量表示，是直接辐射和散射辐射的总和。太阳辐射总量较大，但能被土地系统中绿色植物利用的一般小于 2%，平均仅 0.4%。中国年太阳辐射总量为 355～1003kJ/cm^2，东部平原区一般为 502～544kJ/cm^2，西北地区一般为 586～670kJ/cm^2，青藏高原高达 670～837kJ/cm^2，四川盆地则小于 419kJ/cm^2。不同作物对太阳辐射量的需要差异很大，一般情况下，强光照有利于植物的生殖生长，如棉花和谷类等；而弱光照有利于植物的营养生长，如茶叶、人参和竹等。新疆地区太阳辐射较强，所以生产的作物千粒重大，棉花纤维长，瓜果糖分含量高。太阳辐射量随纬度和季节变化较大，导致土地资源类型空间分布具有鲜明的地带性规律，也造成了土地利用方式的多样性。

日照是农作物生长发育的基本条件，常用日照时数来表示。日照时数分为可照时数和实照时数。可照时数相当于日出至日落时间间隔，其时间长短随纬度和季节变化而变化。实照时数受云雾、降水、大气透明度和地形等的影响，需在可照时数中扣除云雾遮挡时间。两者的百分比称为日照百分率，可表征天气的阴晴状况。日照时数的长短直接影响作物光合产量的多少。另外，不同农作物对日照时数的感应各异，如油菜、小麦、大麦和豌豆等，需经过一段较长的白天和较短的黑夜才能开花和结实，称为长日照作物；而玉米、棉花和水稻等，需经过一段较长的黑夜和较短的白天方能开花和结实，称为短日照作物。因此，日照也成为影响土地资源利用的重要指标。

根据光能条件地域变化特点，可将中国分为五个光能分布区（表 1-1）。

表 1-1 中国光能分布类型区

类型	太阳辐射总量 /[kcal/（cm^2·a）]	全年日照时数/h	主要分布区
1	160～200	3200～3300	西藏大部、新疆东南部、青海西部和宁夏与甘肃北部
2	140～160	3000～3200	内蒙古、宁夏南部、甘肃中部、青海东部、西藏东南部、新疆南部、河北西北部和山西北部
3	120～140	2200～3000	山东、河南、云南、辽宁、吉林、新疆北部、陕西北部、山西南部、甘肃东南部、广东南部、河北东南部
4	100～120	1400～2200	湖北、湖南、广西、江西、浙江、福建北部、安徽南部、广东北部、陕西南部
5	80～100	1000～1400	贵州、四川大部门地区

注：1cal=4.1868J。

（二）热量条件

热量主要来源于太阳辐射。农作物的生长发育要在一定的温度下进行，而且需要达到一定数量的积温（accumulating temperature）才能完成其生育阶段获得产量。热量不足或某一阶段温度过高与过低都会导致减产乃至颗粒无收。热量与光和水条件配合好，则土地资源的潜力将会得到很好的发挥。

常用的积温指标有活动积温、有效积温和负积温等。活动积温（一般简称积温），为一年中日平均气温的大于某一临界温度值总和，如≥0℃的活动积温和≥10℃的活动积温等。某种作物完成某一生长发育阶段或完成全部生长发育过程，所需的积温为一相对固定值。有效积温是扣除生物学下限温度（冷害）和上限温度（热害）后，对作物生长发育有效的那部分温度的总和，其热量条件与作物生长发育更趋一致。负积温则表示冬季 0℃以下的日平均温度的累加，表示严寒程度，用于分析越冬作物冻害。最常用的指标为日平均气温≥10℃的活动积温，常作为衡量土地资源对作物热量条件是否适宜的基本指标。≥10℃积温与农作物适宜性关系密切（表 1-2）。

表 1-2 积温与宜种作物的关系

≥10℃积温/℃	宜种作物
＜1000	基本上无农作物栽培（不能成熟）
1000～1500	早熟品种的土豆、大麦、燕麦、荞麦和叶菜类蔬菜

续表

≥10℃积温/℃	宜种作物
1500～2000	土豆、大麦、小麦、燕麦、油菜、胡麻、豌豆、蚕豆、荞麦和各种喜凉作物
2000～2500	特早熟水稻、早熟玉米、中早熟谷子、早熟高粱、早熟大豆、甜菜、各种喜凉作物
2500～3000	早熟水稻，中晚熟品种的玉米、高粱、谷子和大豆、甜菜、向日葵、各种喜凉作物及各种蔬菜
3000～3500	特早熟陆地棉、花生、早中熟水稻、甘薯、芝麻、中温作物、喜凉作物和各种蔬菜
3500～4000	早中熟陆地棉、中晚熟水稻、甘薯、芝麻、各种中温作物和喜凉作物及蔬菜
4000～4500	中熟陆地棉和晚熟水稻，各种喜温作物、中温作物、喜凉作物和蔬菜
4500～7500	中晚熟陆地棉和双季连作稻，各种喜温作物、中温作物和喜凉作物
＞7500	水稻可一年三熟，玉米、甘薯可冬种

中国的≥10℃活动积温自北部的寒温带到南部的热带逐渐增多，为 1500～10000℃。活动积温与熟制有直接的关系，作物从一年一熟制到两年三熟、一年两熟和一年三熟等（表 1-3）。下列几条大于等于 10℃积温等值线具有特殊的意义。

表 1-3 中国活动积温与作物熟制的关系

≥10℃积温/℃	热量带	熟制	典型地区	典型作物
＜1600	寒温带	一年一熟	大兴安岭北部	马铃薯和荞麦
1600～3400	温带	一年一熟	长城一线以北	玉米和大豆
3400～4500	暖温带	两年三熟或一年一熟	长城一线以南	玉米、冬小麦、大豆、甘薯、棉花、苹果和梨
4500～5300	北亚热带	一年两熟	秦岭—淮河以南，长江以北	水稻、小麦和棉花
5300～6500	中亚热带	一年两熟或三熟	长江以南，南岭以北	双季稻、稻麦两熟、茶、柑橘
6500～8000	南亚热带	一年三熟	南岭以南，雷州半岛以北	双季稻、香蕉、甘蔗、菠萝、龙眼和荔枝
＞8000	热带	一年三熟	西双版纳、海南岛、台湾南部和南海诸岛	橡胶、咖啡和椰子

（1）大兴安岭北麓 1600℃等值线，该线以南适宜耐寒和喜凉作物生长，可一年一熟。

（2）长城一线约 3400℃等值线，该线为冬小麦生长的北界，以南可两年三熟或一年一熟。

（3）秦岭—淮河一线约 4500℃等值线，该线以南可一年两熟。

（4）南岭一线约 6500℃等值线，该线以南可一年三熟。

以上四条积温等值线基本决定了中国土地利用方式的宏观格局。

日均温≥0℃的持续期和≥5℃的持续期及≥15℃的持续期也常用来表示温度状况，它们在安排土地上农作物的种植时期和类型等方面有重要意义。在一般情况下，日平均气温大于 0℃时，土壤开始解冻，田间作业开始，所以日平均气温≥0℃的时期称为农耕期。在温带地区，日均温≥5℃的日期，几乎与越冬作物和大多数林木的复苏相符合，所以日均温≥5℃的持续期称为生长期。日均温≥15℃的持续期则称为栽培喜温作物（花生和棉花等）的适宜生长期。

另外，无霜期（frost-free period）与多年极端低温等也是衡量热量状况的重要指标。无霜期是每年终霜期与初霜期之间的无霜天数。一般说来，无霜期为 100 天，农作物生长受严格限制；100～130 天，可以种植喜凉作物。中国东北的三江平原到黄淮海平原地区，无霜期可达 180～200 天，洞庭湖区 250～300 天，南岭以南则可大于 300 天，西双版纳、广东沿海及海南岛则全年无霜。多年极端低温可分杀伤性低温和抑制性低温等，其对农作物的影响与极端低温出现的频率和持续时间长短等有关，也与小气候条件有关，特别是在一些过渡性地区（如亚热带和寒温带等），对这种气候条件要特别加以注意和研究。

（三）降水条件

降水是农业生产用水的主要来源，区域降水的多少，降水季节的分配、降水强度、降水变率等都直接影响土地资源的生产潜力和土地的利用方式。表征降水特征的常用变量有降水量、降水强度和降水变率。一般来说，在相同的降水量条件下，降水强度越大，越容易引发水土流失和洪涝灾害；在相同的年均降水量条件下，降水变率越大，则洪涝灾害越频繁，作物生产的稳定性越低。我们经常用降水量、湿润指数（moisture index）或干燥度（aridity）来衡量区域的降水多少。

中国的400mm和800mm等降水量线对土地资源分布和土地利用格局产生了重要影响。400mm 等降水量线北起大兴安岭，经通辽、张北、呼和浩特、榆林、兰州、玉树和那曲至日喀则附近，是半湿润区与半干旱区的分界线。此线以西以北，降水量较少，气候由半干旱区向西逐渐过渡到降水量 200mm 以下的干旱荒漠区，此区域没有灌溉就没有农业，是中国主要的牧区；此线以东以南，属于季风区，降水量较充沛，光、热和水配合较好，为湿润和半湿润区，是中国主要的旱作农业区。800mm 等降水量线位置大致为秦岭—淮河一线，也是长江和黄河两大流域的分界线，此线以北是华北地区和东北地区，降水量相对较少，土壤的矿质淋溶适中，旱作农业发达；此线以南的华东地区和华南地区，降水量丰沛，土壤往往偏酸性，以水田农业为主。

湿润指数与干燥度互为倒数。湿润指数为年降水量与年蒸发量之比。一般来说，湿润指数＞1.0，为湿润地区，种植旱作物较为稳定；湿润指数 0.5～1.0，为半湿润地区，种植旱作物基本稳定；湿润指数 0.2～0.5，为半干旱地区，种植旱作物不稳定；湿润指数＜0.2，为干旱地区，没有灌溉就没有农业。对于后两个地区，稳定的农业生产均需灌溉条件来保障。

因此，基于水热条件的空间差异，我国农牧业的生产格局大致可分为四个基本区域：以水田为主的南方水田农业区、以旱地为主的北方旱作农业区、以干旱草原和荒漠草原为主的甘新牧业区、以高原和高山草地为主的青藏高寒牧业区。

二、地形因素

地形对中小范围内水热状况的再分配和物质的迁移起着重要的作用，在很大程度上决定着土地资源的利用、农业措施的实施、土地改良的方法和土地资源开发的方向。

（一）地貌类型

山地、丘陵、平原、高原、盆地等不同的地貌类型在土地质量性状方面差别显著。一般来说，山地和丘陵土层较薄，土地质量较差，对农业生产的限制性较大；平原地区土层深厚，地形平坦，水源充足，土地质量较好，是重要的农业生产区。例如，华北平原、长江中下游平原、成都平原、东北平原等都是我国重要的粮食生产基地。高原和盆地由于内部构造和自然条件的特殊性，其土地资源也明显不同于其他地貌条件的土地资源。

（二）海拔

海拔主要影响土地的水热条件，决定土地利用类型。从理论上讲，海拔每升高 100m，气温降低 0.6℃。降水量则随海拔增高而增加，但一定高度往上又趋减少。海拔不同，土壤、植被、作物的生长季长短等也有明显差异，从而影响土地质量和生产率，形成土地资源类型的垂直分异和土地利用方式的垂直分异特征。例如，位于南美洲西岸的安第斯山，随着海拔的增加，依次出现了热带咖啡带、温带谷物带、原始森林带、高山草地带和永久积雪带。

（三）地面坡度

坡度对土地质量有很大的影响，它直接影响农业机械化生产和建设用地的适宜性，同时对排灌、农机具的应用和土壤侵蚀都产生直接影响。根据农业利用和采取的农业措施，坡度可做如下划分（表 1-4）。

表 1-4 坡度类型与农业利用

坡度	坡度类型	农业利用及其措施
<3°	极缓坡	条件良好，基本无侵蚀危害，十分适宜农业，可使用大型农业机械
3°～5°	缓坡	适宜农用，一般可机械化耕作，农业耕作要采取水保措施
5°～15°	中坡	适宜农用，耕地一般修梯田，必须采取水保措施；一些国家把 15° 作为耕地上限
15°～25°	微陡坡	可用于农业或林业，但必须具有工程和林业水保措施；我国多把 25° 作为种植业的上限
25°～35°	陡坡	只能用于林业，易产生重力侵蚀
>35°	极陡坡	只能用于林业，极易产生崩塌和滑坡等

不同土地利用的临界坡度不同（表 1-5）。

表 1-5 不同土地利用的临界坡度（库克和多恩坎普，1974）

临界坡度/%	土地利用
1	国际机场跑道
2	铁路客货运主干线；商用卡车装满货物无速度限制；地方机场跑道；翻耕和耕作无限制；<2%，在开发中要考虑洪涝和排水问题
4	主干公路
5	除草和播种机械；土壤侵蚀开始成为问题；>5%，土地开发（建筑）困难；住房和道路；对一般开发而言坡度过大；密集野营和野餐区域
9	铁路的最大坡度界限
10	重型农业机械；大型工业企业厂址
15	地点开发；标准轮式拖拉机
20	双向翻耕；联合收割机操作；房基地构筑
25	等高农业耕作；载重拖车；娱乐小径

（四）地面坡向

坡向对土地质量也有一定的影响，通过制约光照、温度和湿度因素间接地影响土地对作物的适种性和生长发育。一般来说，阳坡日照时数多，温度较高，但水分蒸发强烈；阴坡则相反。另外，同一山体，迎风坡的降水量大于背风坡，背风坡还经常遭受焚风效应，导致农作物空秕减产。因此，要根据坡向来种植喜阴或喜阳的作物，以及喜湿或耐旱的作物。

三、土壤因素

土壤是土地资源的重要组成部分，位于土地的上部，富含有机质和腐殖质，能够提供和协调植物生长需要的水分、养分、气体和热量。土壤质量的优劣对农业土地资源的质量起着至关重要的作用（表 1-6）。

表 1-6　土壤性质对土地质量的影响

土壤性质	对土地质量的影响
土壤质地和砾石量	耕性，水分有效性，排水与通透性，肥力，水蚀和风蚀危害，土壤渗透性，可灌溉性，根系可生长性
可见的巨砾或岩石露头	耕性，水分有效性
土层深度	水分有效性，耕性，根系可生长性
土壤结构（含硬盘、结壳和紧实度）	风蚀和水蚀危害，根系可生长性，水分有效性
有机质与根系分布	水分有效性，风蚀和水蚀危害，耕性
pH、$CaCO_3$ 或石膏含量	土壤肥力，土壤碱性
黏土矿物性质	水蚀危害，耕性
化学分析性质（如 N、P、K 或毒素含量）	肥力（养分有效性），毒性
土壤渗透性	排水和通透性，水分有效性，可灌溉性
有效水容量	水分有效性
渗入或径流	水蚀危害
土壤盐渍度	土壤肥力和毒性
土壤母质	肥力（养分有效性）或毒性

土壤类型、有效土层厚度、土壤质地、土体构成、障碍层次、有机质和各种营养元素的数量及酸碱度等对土地资源特性、适宜性和生产力有很大的影响。土壤类型可以综合地反映土壤的肥力水平和自然生产力。有效土层是植物根系能自由伸展的土层厚度，对于多年生作物来说，最佳土层厚度为 150cm 以上，临界厚度约 75cm。土壤质地是土粒组成的体现，直接影响植物根系生长发育及水分与养分的吸附和释放。土壤肥力是指土壤能够供应和协调植物生长发育所必需的水肥气热和其他生活因素的能力。不同作物进行正常的生命活动都需要适宜的酸碱度（表 1-7）。

表 1-7　土壤酸碱度与作物的适宜性

土壤酸碱度	pH	适宜栽培作物
强酸性土	＜4.5	一般作物难以生长
酸性土	4.5～5.5	茶、油菜、大麦和荞麦
微酸性土	5.5～6.5	一般作物可以生长
中性土	6.5～7.5	一般作物均宜生长

续表

土壤酸碱度	pH	适宜栽培作物
微碱性土	7.5～8.0	一般作物均可生长
碱性土	8.0～9.0	田菁、棉花和高粱
强碱性土	＞9.0	一般作物难以生长

中国土壤类型多样。东部湿润地区，太阳辐射导致的热量地带性差异是土壤地带性分异的主要原因，由南向北依次为砖红壤、砖红壤性红壤、红壤和黄壤、黄棕壤、棕壤、暗棕壤和漂灰土等类型。北部暖温带和温带地区，距海远近导致的水热分布的差异是土壤经度地带性分异的主要原因。温带地区自东向西依次分布着暗棕壤、黑土、灰黑土、黑钙土、栗钙土、棕钙土、灰漠土和灰棕漠土等类型；而在暖温带地区，自东向西则依次分布着棕壤、褐土、黑垆土、灰钙土和棕漠土等类型（图 1-1）。

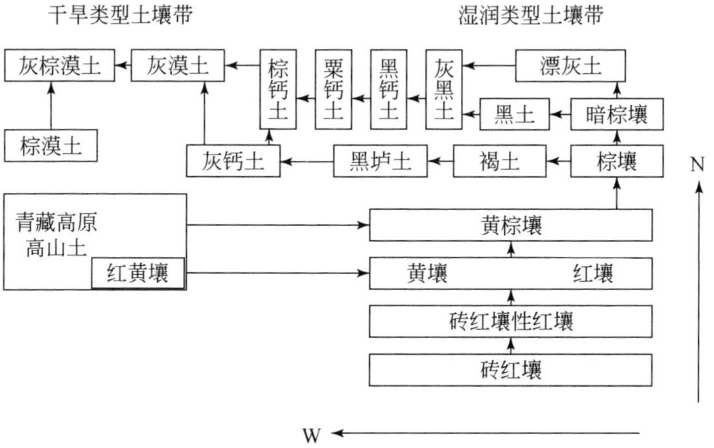

图 1-1　中国土壤空间分布规律（中国地理学会，1981）

四、水文及水文地质因素

（一）水文因素

土地资源的水文因素主要指地表水状况，是影响土地质量和开发潜力的重要因素之一。水文状况不仅影响生活，而且影响土地生产力。区域水资源的数量、水系的空间分布和水利灌溉设施的建设直接关系到水资源对人类生活和农业生产的供给能力和保障程度。除水资源的数量外，水文状况还包括水的质量，水污染将直接影响土地质量，危及人类健康、食物安全乃至土地系统的稳定性。

（二）水文地质因素

水文地质因素主要指地下水状况。区域地下水的埋深、矿化度大小、补给与排泄状况都对土地资源开发产生重要影响。地下水位过高，往往造成渍水和沼泽化；地下水位过低又可能导致水量不足。地下水矿化度过高，土地利用受到诸多限制，而且常常造成土地盐渍化。

（三）排水条件

与土地评价关系更直接的是排水状况。在降水量多且较均匀，以及地势较平坦的地区，土地评价必须考虑排水状况。不同排水状况等级对土地质量的影响分为以下情况。

（1）排水过度。土壤质地粗，有效水容量小，仅在大雨期间或其以后才出现水分饱和。过量水分很快流失。地下水位明显低于土体。

（2）排水良好。90cm 内的任何土层很少出现水分饱和。

（3）排水中等良好。大雨之后，上部 90cm 内的土层内部分水饱和，50cm 内的土层水分饱和时间较短。

（4）排水不良。50cm 以上有部分土壤的水分饱和期可长达几个月。

（5）排水差。50cm 内土壤的水饱和期在 6 个月以上，但 25cm 以上在生长季的大部分时间内不饱和。

（6）排水极差。25cm 以内的土壤有一部分水分饱和期超过 6 个月。在 60cm 内的土壤的某些部分出现永久性积水。

（四）土壤有效水容量

土壤有效水容量是评定土壤水分状况的重要指标，是指有效土层厚度内可供植被利用的土壤水分含量，通常为田间持水量和凋萎含水量之间的水量，反映了土壤保水性能。一般来说，可根据土壤质地和土层厚度推算土壤有效水容量。例如，假定土壤质地为壤土，每 10cm 土层内的有效水容量为 17mm，有效土层厚度为 35cm，那么其总有效水容量约为 59.5mm。这种方法比较简便，如果土壤质地与土壤有效水容量之间的关系得以揭示，计算结果可以满足土地评价要求。

五、植被因素

植被既是土地资源的形成要素，又是农业生产直接利用的对象，因此它具有双重属性。区域植被群落组成、覆盖度及有用植物的数量和生产力，在某种程度上指示了土地质量和当地对植物生长的适宜性。

（一）植被类型

植被对土地利用的影响主要体现在植被类型和植物生产力等方面。同一区域，种植小麦和玉米的产量差别显著，例如，西北黑河中游农业绿洲小麦平均亩产（1 亩≈666.67m^2）为 400kg，玉米亩产则达 800kg，种植玉米的生产力水平是小麦的 2 倍。不同作物的遗传特性、进化因素、生理生化特点和形态特征等直接影响光合作用的过程和速率，导致最终产量的差别。另外，不同的植被类型对于土地利用也有着不同的意义，农作物是农业生产的核心，森林是林业之本，牧草是畜牧业之基础。

（二）植被功能

植被状况对土地资源的特性也产生重要影响。通过植物生长过程，可选择吸收、富集土壤中的营养元素，使有限的矿质营养元素发挥无限的营养作用，使土地生产力长久不衰，并不断得到更新。另外，植被具有重要的生态调节服务功能，尤其是在植被覆盖度好的区域，植被可以起到涵养水源、减少土壤侵蚀的作用。因此，改变土地上的植被往往会使土地资源的某些属性发生变化。

六、社会经济因素

社会经济因素对土地资源的形成、演化具有非常重要的影响，且其对土地演变速度的改变远远超过了自然演化过程。人类活动可使土地生产力在较短时间内发生巨大的改变。例如，通过改良土地和平整土地，改变土地原来的地形地貌；通过农田基本设施建设，改善灌排条件；通过施用化肥和有机肥，改变土地系统中物质和能量的循环等。与土地资源关系较为密切的社会经济因素主要有社会发展程度、人口与社会需要、区位与交通条件、生产和管理水平等。

（一）社会发展程度

在不同的社会发展阶段，人们对土地利用的程度、类型及效果均有很大的差别。人类进入农业文明时期，只是使用简单的工具开垦土地，种植农作物和养殖牲畜是主要的土地利用方式；进入工业文明时期，社会生产力水平大大提高，土地利用的广度和深度大大加强，尤其是城市化进程加快，工业用地、矿业用地、交通运输用地和住宅用地等大大增加；现代信息化时代的到来，土地利用的类型和程度已发生了深刻的变化，房地产、商业、金融和休闲观光等用地类型明显增加，更加重视土地的节约集约利用。

（二）人口与社会需要

人口与社会需要是区域土地利用的内在驱动力。人口对土地利用的影响，主要表现在土地利用的空间分异上。不同的区域和人口数量会导致土地利用方式和程度的不同。社会经济发展对土地资源的需求也是影响土地利用变化的主要原因，尤其是在工业化和城市化过程中，建设用地的大量需求直接导致了耕地的大量流失。

（三）区位与交通条件

土地区位与交通条件是非常重要的社会经济因素，包括土地与城镇中心的距离和相对位置、与主要道路交通的相对关系等。对于农业土地来说，区位条件是决定土地利用方向、集约利用程度和土地生产力的重要因素，如德国农业经济学家杜能所揭示的农业土地利用圈层模式。交通条件则对规模开发农业产品和提高商品流通发挥重要的作用。

（四）生产和管理水平

农业生产和管理水平也对土地利用状况有重要影响。农业机械化装备的完善、化肥的投入、农田水利设施的改进和科学技术水平的提高（如生物技术、基因工程、作物栽培、喷灌滴灌等），大规模改变了自然环境条件，使之更加适宜于植物的生长和发育，对提高土地生产力都起到了重要作用。

在土地农业利用评价中，常用的土地属性如表 1-8 所示。

表 1-8　土地农业利用评价所需资料（麦克雷和伯恩翰，1986）

要素	性质	资料收集方法	有关的土地质量
气象与气候	温度	M、S、DF	霜冻危害和温度状况（生长季长度等）；水分有效性；蒸发蒸腾
	降雨	M、S、DF	水蚀危险；暴露程度；洪涝灾害；水分有效性
	净辐射	S、DF	蒸发蒸腾
	雹或雪	S、DF	气候灾害
	蒸发	S、DF	蒸发蒸腾
地形与地貌	海拔	R、M、DF	气候因素（温度、生长季、雨量和暴露程度）
	坡度、坡长	R	耕作难易程度；局地易通行性；水蚀危害；土木工程因子；可灌性
	地貌部位	R、M、DF	气候因素（温度状况、暴露程度和霜冻危害）；耕作难易程度；水蚀危害、风蚀危害及盐碱度或养分有效性；排水；土木工程因子；洪涝危险
水文	地下水埋深	M、DF	水分有效性；排水和通透性；土木工程因子
	是否有泉水	R、DF、R	耕作难易性；土木工程因子
	洪涝频率	DF	洪涝危害；土木工程因子
土壤	土壤质地和含石量	M、DL、DF	耕性；水分有效性；排水与通透性；肥力；水蚀危害；风蚀危害；土壤渗透性；可灌溉性；根系生长性
	可见的巨砾或岩石露头	R、M、DF	耕性；水分有效性
	土壤深度	M、DF	水分有效性；耕性；根系生长性
	土壤结构	R、M、DF、DL	风蚀危害；水蚀危害；根系生长性；水分有效性
	有机质与根系分布	M、DF、DL	水分有效性；风蚀危害；水蚀危害；耕性
	pH 和 $CaCO_3$ 或石膏	M、DF、DL	土壤肥力；土壤碱性
	黏土矿物性质	M、DL	水蚀危害；耕作
	化学性质	DL	肥力（即养分有效性）；毒性
	土壤渗透性	M、DF、DL	排水和通透性；水分有效性；可灌溉性
	有效水容量	DL	水分有效性
	渗入或径流	DF、S	水蚀危害
	土壤盐渍度	DL	适宜作物类型
	土壤颜色和锈斑	M、DF、R	排水和通透性
	土壤母质	M、DF	肥力（即养分有效性，包括养分缺乏和毒性）

注：R 为遥感；M 为地形图；DF 为野外观察；DL 为实验室测定；S 为定位点资料。

第二节　土地资源形成要素与城市用地发展

一、自然环境条件

城市作为一定区域范围内的政治、经济和文化中心，是一种复杂的人文地理环境。由于城市存在于自然地理环境之中，自然环境条件与城市的形成发展关系至为密切，它既为城市居民提供必需的生存条件，又对城市的形态和城市职能发挥相当大的作用。构成自然环境的地质、地貌、水文和气候等因素，均在不同程度和不同范围以不同方式影响着城市土地利用特点和城市发展。

（一）地质条件

土地是城市各项工程建设的承载体。地层的地质构造、土层堆积状况和组成物质等因素的不同造成的地基承载力的差别，对城市用地选择、建设项目分布及工程建设的经济性有着重要的影响（表 1-9）。地基承载力的差别直接决定建筑地段的适宜性和限制性。对地基承载力的要求，一般工业建筑为 15～20t/m^2，一层民用建筑为 5～7t/m^2，四层以上要大于 20t/m^2。1913 年，加拿大特朗斯康谷仓失衡倾倒就是一个典型的例子，由于设计荷载超过地基土的抗剪强度，地基强度被破坏而发生了整体滑动。

表 1-9　自然地基构成与地基承载力

地基类别	碎石（中密）	角砾（中密）	黏土（固态）	粗砂、中砂（中密）	细砂（中密稍湿）	细砂（湿、中密）	大孔土	沿海淤泥	泥炭
承载力/（t/m^2）	40～70	30～50	25～50	24～34	16～22	12～16	15～25	4～10	1～5

城市用地选择还需考虑岩溶、滑坡、崩塌、冲沟和地震等地质灾害对建筑的危害和防治，以及采矿造成的地面沉陷对城市建设的影响。要确定滑坡地带与稳定用地的边界，分析冲沟的分布、坡度及活动状况。在冲沟发育地带，水土流失给工程建设带来更大的困难，需采取相应的措施，如对地表水导流或通过绿化和修筑护坡工程等，防治水土流失造成的破坏。2009 年 5 月，兰州市九州开发区石峡口小区发生山体滑坡，崩塌的 20000m^3 黄土将小区内一居民楼两个单元的楼体全部摧毁。该滑坡的形成，主要是由于地质环境条件复杂，新构造运动强烈，地形起伏高差近 100m，坡度 40° 左右，山体主要由疏松的黄土和破碎的变质片岩组成，且该地段有活动断裂带分布，使山体结构更加破碎，稳定性差，易发生滑坡和坍塌等地质灾害。另外，降雨也是该次滑坡的诱因之一。

此外，避免在强震区建设城市。在可能发生较强地震的地区，要确定建设区的地震烈度，以便制定各项建设工程的设防标准。城市规划时，要按照用地的设计烈度、地质地形情况和强震区的位置，安排相宜的城市设施。同时，矿藏分布及开采也会影响城市用地，因为矿藏开采所形成的地下采空区会波及地面，导致地面塌陷，给地面建筑和设施带来危害。

一般来说，地质构造（如断层）、工程地质和地基承载力等是城市用地评价的重要影响因素。

（二）地貌条件

不同的地貌条件影响城市规划布局、平面结构、空间布局、道路走向、工程建设和建筑组合等。由于城市需占有较大地域空间，因此大多数城市选址在平原、河谷、缓丘和盆地等地势平缓的地貌形态上。平原地区，拥有广阔而平坦的土地空间，一般对城市发展的障碍因素较少；山区，由于地质、地形和气候较为复杂，在用地组织和工程建设方面往往难度较大，增加了建筑成本；地势起伏和缓的丘陵地区，恰当地选择用地，通过因地制宜的规划，可以产生良好的建设效果；河谷地带，城市基本都是沿着河谷呈狭长状分布，如兰州和天水等城市。

高程和坡度影响工业、交通和城市建设用地布局，土地开发利用的难易程度，以及建筑成本。地面高程和用地间的高差，是用地竖向规划、地面排水和防洪设计的依据。为利于地表水汇集、排除，在平地应有不小于0.3%的坡度。坡度的大小对道路的选线、纵坡的确定及土石方工程量的影响尤为明显。城市各项设施建设对用地坡度有一定要求(表1-10)。当坡度为 2%～5%，布置建筑物要沿水平阶梯，不可横越等高线。坡向则通过制约光照和温度等影响建筑物的微环境，故应合理布置建筑和绿地等设施，如阳坡建楼，以获得良好日照等。此外，微波通信、电视广播和雷达设备等对地形均有一定的要求。

表1-10　城市各项建设用地的适用坡度

建设项目	工业	居住建筑	城市主要道路	城市次要道路	铁路站场	对外主要公路	机场用地	绿地
坡度/%	0.5～2	0.3～10	0.3～6	0.3～8	0～0.25	0.4～3	0.5～1	可大可小

一般来说，地形、海拔和坡度等是区域城市用地评价的重要因素。

（三）水文及水文地质条件

江河湖泊等水体不但可作为城市水源，而且在水运交通、调节气候、稀释污水和美化环境等方面也会发挥作用。同时，某些水文条件也可能给城市带来不利影响，如洪水威胁、水流对沿岸的冲刷以及河床泥沙淤积等。一般来说，滨海临河等条件被认为是城市发展的优越区位，如我国的长江三角洲城市群、珠江三角洲城市群以及环渤海城市群的兴起，均与此有直接的关系。水体分布还影响城市形态和城市地域结构，如跨越江河或海峡的城市，大多形成两个或多个市中心；滨海滨湖的城市，大多在陆域一侧呈扇形展开。

水文地质条件主要是地下水状况。地下水常常成为城市用水的重要水源。地下水的埋藏条件（包括上层滞水、潜水厚度、矿化度、硬度、水温及水的流动状态等）对城市用水和建筑工程的适用性有重要影响。同时，城市建设还需考虑地下水位下降造成的地面沉降和污染源对地下水污染等危害的防治。

一般来说，水系分布、地下水埋深和水污染状况及温泉出露与洪涝灾害频率等是区域城市用地评价的重要水文因素。

（四）气候条件

城市气候除受因大气环流和海陆位置不同形成的大气候控制外，还存在地方气候和小气候的特点。影响城市建设的气象因素包括太阳辐射、风向、温度、湿度和降水等方面。太阳辐射的强度和日照率是确定建筑的日照标准、间距、朝向及热工设计的依据。风向对城市规划与建设的防风、通风、工程抗风设计和环境保护等有多方面影响，一般用风向与风速两个量来表示。工业有害气体对下风侧的影响用污染系数（风向频率/平均风速）来表示。为了避免大气污染，尤其是对生活居住区的危害，需考虑城市全年盛行风向和风频，注意将工业区布置于盛行风的下风向。

另外，城市建设使得大气下垫面被不透水表面所代替，产生城市内外热力差异，出现某些特有的城市气候现象，如热岛效应、城市风和上空逆温层等。在规划布局时，应重视绿化和水面对气温的调节作用。此外，降水与湿度对城市排水和防洪有重大影响。

二、城市用地建设条件

城市土地利用除受自然环境条件的制约外，还受城市用地建设条件的社会、经济和技术等人为条件的影响。城市用地建设条件指组成城市各项物质要素的现状、近期内建设或改进的可能，以及服务水平与质量。与自然环境条件评价相比，城市用地的建设条件更强调人为因素的影响。下面将从影响城市用地发展的一般因素和区域因素两个方面，分析建设条件的影响。

（一）城市用地发展的一般因素

城市用地发展的一般因素主要包括城市区位、城市集聚规模、城市基础设施、科教文卫状况、城市用地需求、对外开放程度、城市产业结构和政策因素等，主要用来揭示不同城市之间土地社会经济要素的差别。

（1）城市区位。城市区位即城市与周围地区的相互关系及其对外联系的通达性。作为一定地域的政治经济中心，城市总是与其辐射地区保持密切的社会经济联系。对外联系强度在很大程度上取决于交通运输条件，并且便捷的交通网络可以缩短物品流通的时间，减少原料和产品的运输成本。

（2）城市集聚规模。由于城市各产业之间与各社会群体之间存在相互依存和相互补充的特点，当人口和产业在城市集聚到一定程度时，便可形成规模生产和经营，产生集聚效益。另外，城市本身是劳动力市场和产品消费市场。一般来说，城市规模越大，越易形成完备的城市设施和大型商业购物中心，吸引更多的流动人口，在金融、流通和消费领域中也易产生更大的集聚效益。

（3）城市基础设施。城市的能源、水源、交通、通信、环境、绿化和防灾等系统，是城市生存与发展和土地开发利用不可缺少的基础设施。基础设施的完善程度和水平反映了城市土地物化劳动投入强度的大小，进而影响城市社会经济活动的运转效率。一般来说，基础设施越完备，城市经济运转效率越高，投入土地资本的收益也相应提高。

（4）科教文卫状况。城市文化内涵的高低影响城市的人居环境。科研水平和技术力量对城镇土地利用效益具有重要作用。例如，作为国家科技文化中心的北京，拥有大批高等院校及科研单位，在科研力量与人才队伍方面的城市竞争力突出。另外，城市的景观生态和环境质量条件等，对于提升城市土地资源质量也产生重要影响。

（5）城市用地需求。城市用地需求反映了城市潜在的消费用地和生产用地的需求，直接表明城市用地的需求主要是人均住宅面积和人均道路面积等，人均储蓄额和人均财政收入反映了城市用地潜力。城市化的过程是大量农业土地转化为城市用地的过程。由于土地属于紧缺的不可再生的资源，城市用地潜力实际上取决于郊区土地资源的数量和人口密度。

（6）对外开放程度。城市的对外开放程度直接影响城市吸引外部技术和资金与学习国外先进管理经验的能力，外部力量的注入给城市带来很大的竞争力。

（7）城市产业结构。由于不同的行业，其用地产出效率不同；同时，由于行业特点不同，土地利用的集约性也有巨大的差异。因此，城市产业结构对土地利用效率产生重要的影响。

（8）政策因素。国家宏观区域和城市发展政策直接影响基本建设投资导向。城市不仅是区域经济中心，而且是政治中心。不同行政等级的城市享受不同的社会经济待遇。一般来说，城市行政等级越高，获得的建设资金越多，城市基础设施水平也越高，在一定程度上影响城市的土地利用效率。通常，政策因素的影响可用城市土地投入强度来表示。

（二）城市用地发展的区域因素

城市是一个复杂的人工系统，其内设施众多，是人们生活和各种经济活动最为集中的场所。但在城市内部不同区域之间，繁华程度、道路交通条件、城市设施条件、环境状况及人口状况均存在巨大差异。这些区域因素直接影响了城市内部不同区域之间土地利用的差异。

（1）繁华程度。城市中某些对人口流动和物质能量交换具有集聚作用的特殊地段，往往会形成城市结节点。由于结节点上人口流动频繁和物质能量信息交换频频发生，各种政治经济文化活动便以此为中心展开。因此，大小不同的城市结节点成为城市不同层次和等级的繁华中心。在这些繁华中心，人口、物质、能量和信息交流等高度集中，便产生了集聚效应和集聚利益，也使得繁华中心比城市其他地域更具吸引力。繁华程度可以通过人口密度和商业繁华程度等指标来衡量。商业繁华程度可以用商业服务规模近似代表繁华中心规模；以服务吸引半径代表繁华影响范围；以商业服务业吸引力随距离的衰减值即商业服务繁华影响度代表土地繁华程度。

（2）道路交通条件。道路交通条件反映了城市内部某特定区域与外界进行物质、能量、人员和信息等交流的方便程度及快捷程度。其便捷程度，一方面影响人流和物流的移动成本；另一方面影响所处区域与其他区域相接触、进行社会经济和技术交流的频率、机会、便利程度和潜力。其实质反映了城市内部不同区域的经济区位，它对城市土地质量的好坏与土地利用效益和土地价值的高低产生直接影响。此外，道路交通条件还影响聚集效益与城市结节点的产生和扩大等。通常，可将道路交通条件分为对外交通便利度、道路通达度、公交便捷度和路网密度等因素。

（3）城市设施条件。城市设施条件是发挥城市多功能的物质基础，是城市生产和居民生活必不可少的条件。城市生活设施包括给水、排水、供电、电信、热力和煤气等与生活或生产基本条件有关的设施；城市公共设施包括与日常生活密切相关的中小学、诊所、医院、菜场、邮电所和银行储蓄所等；城市文体设施包括影剧院、俱乐部、体育馆场与游乐园等文化和体育设施。城市设施条件直接影响城市土地的经济区位，对于提高城市土地利用效益和城市土地价值具有重要作用。通常，从生活设施完善度、公共设施完备度和文体设施影响度等三个因素来进行分析。

（4）环境状况。随着社会的进步和生活质量的提高，城市区域环境质量对经济活动和居民生活的影响越来越受人们关注。另外，人们在选择城市用地时，总是希望以投入最少的资金而获得较大的效益。自然条件的优劣，如地形改造、防洪、降低地下水位、控制侵蚀和冲沟的形成及防止滑坡等自然条件的改造，会增加用地的工程准备投入。通常，从环境优劣度、绿地覆盖率和自然条件优劣度等因素来进行评价。

（5）人口状况。人口是城市系统中最活跃的因素，对城市生产经济活动、土地利用和土地区位条件等都会产生重大影响。商业服务中心的形成、城市基础设施和服务设施的配套，都受制于人口数量的规模。一般来说，人口规模和人口密度能够提高城市土地利用程度，提升土地经济区位，提高土地利用效益。但人口过度集聚也会带来交通拥堵、环境质量变差和市容市貌混乱等负面效应。通常，人口状况包括人口数量（如人口总量、人口密度等）、人口结构（如性别结构、年龄结构等）和人口素质（如受教育程度、技能水平等）等各个方面。

复习思考题

1. 举例说明土地组成要素与土地农业利用的关系。
2. 从中国光、热、水、土以及地貌特征，阐述土地资源区域分异的特点。
3. 举例说明地质、水文及气候条件对于城市建设用地选择的影响。
4. 举例说明一般因素和区域因素对于城市用地选择的影响。

第二章 土地资源类型及其划分

土地资源分类（land resource classification）是土地科学的基本任务和重要内容之一，也是土地资源调查与评价、土地资产评估和土地利用规划的基础和前期性工作。土地资源分类的对象是土地系统，可以是对土地系统整体的分类，也可以是对土地系统组成部分的分类。

第一节 土 地 系 统

一、土地系统的概念

地球系统（earth system）是由大气圈、水圈、生物圈（包括人类）和陆圈（岩石圈、地幔、地核）组成的有机整体。地球表层系统（earth surface system）是生物圈与地球相互作用的复合物质系统，与周围的地球圈层的其他部分存在物质能量交换关系，是一个开放的复杂巨系统，具有特定功能的有机整体，这个系统从属于更大的地球系统。

土地系统（land system）是指一定地域空间范围内，若干相互作用、相互依赖的土地要素和人类活动有规律地组合而形成的具有特定结构和功能的有机整体，属于典型的自然-经济-社会复合系统。任何一种土地系统，都表现为自然、经济、社会的输入和环境经济的产出，对系统内外产生有益或有害的影响。在土地系统内，生物与环境之间通过物质流、能量流和信息流的交换而形成具有一定结构、功能和自我调节能力的自然生态系统。人类社会经济活动的介入则使土地系统在进行自然生产力更新的同时，也进行社会经济生产力的更新，形成了完整的土地生产力系统。因此，土地系统可以看作是生态系统和社会系统的耦合，土地利用和管理则是联系生态系统和社会系统的纽带（图 2-1）。

二、土地系统的构成

（一）土地系统的要素

在土地系统中，自然、经济和社会各要素之间呈现复杂的时空过程。一般情况下，把土地系统的组成要素分为自然要素、经济要素和社会要素。

（1）自然要素。气候、土壤、地形、水文和植被等自然要素是土地系统维系的基础，各自然要素的不同组合形成了不同的自然综合体——土地类型单元，进一步影响土地利用的潜力和适宜性。自然要素的差异是划分土地利用类型的主要依据之一。土地利用与自然

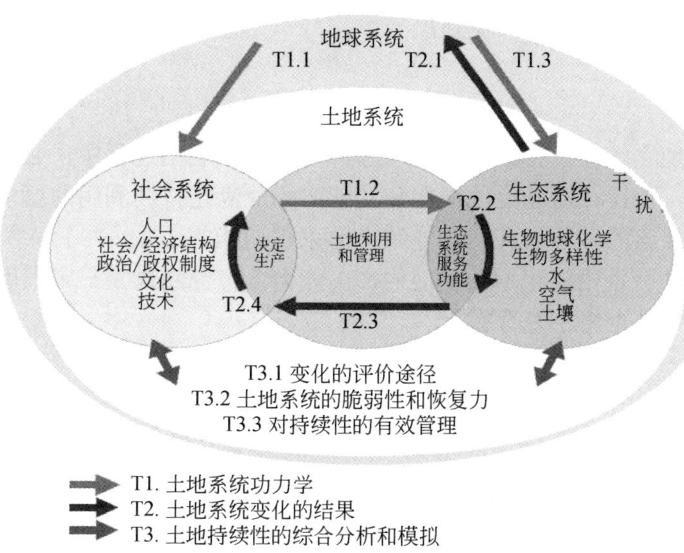

图 2-1 土地系统的构成（GLP，2004）

环境中的物质和能量交换相关，如水分和养分的循环、能量交换、生物多样性的变化和物种种群的变化等。

（2）经济要素。土地利用过程是一个经济行为。从经济学的观点出发，土地产出一定要大于投入。在市场经济条件下，还要考虑比较经济利益、边际效益和经济区位等因素的影响。影响土地利用的经济因素主要有土地制度体系、土地价格体系、经济发展水平、经营管理水平、交通运输条件、商业网点分布和区域城镇体系等众多内容。

（3）社会要素。人口与民族、社会习惯、国家政策、管理体制、文化教育以及土地权属等社会因素对土地利用目标的实现也具有重要意义。其中，关键因素有人口数量与质量、土地权属、土地政策、公众参与和政府协调等。

（二）土地系统的状态

从自然、社会、经济、技术、管理、体制和政策等方面，根据土地系统的压力变量、状态变量和响应变量来提取相应的信息，就能够对土地系统的行为进行定量化、具体化和区域化的描述。近年来，“压力-状态-响应”逻辑框架被广泛应用于土地系统的行为表现，从人为活动对土地资源造成的压力，压力对土地质量的影响，社会对这些变化的响应，这样一个因果关系，提取相关指标来描述土地系统的变化。

三、土地系统的目标

土地系统的总目标是不断提高综合效益，以经济效益为前提，并与生态效益和社会效益共同发展的效益系统。具体来说，包括以下几个方面。

（一）经济有效性

经济有效性是指人类合理利用土地资源以获得经济的发展。在土地资源总量和经济供给有限的制约下，提高经济效益是人类发展的基本目标，也是土地系统的基本要求。但土地系统经济发展追求的不是目标最大，而是目标有效。因此，对土地资源的经济索取要有节制，应当以挖潜为主，进行集约化利用。

（二）生态安全性

生态安全是土地系统得以持续的保障。因此，在土地利用过程中，必须保护生态系统及其自然资源基础，保持相对稳定的结构和功能，才能满足持续利用的要求，否则，一旦结构破坏或对环境要素的破坏就会直接导致土地系统功能的退化。尽管人类在土地利用过程中，通过采取各种有效措施来增加土地的产出能力，但当超过了一定限度，生态安全遭到破坏，则经济有效性也将不复存在。

（三）系统协调性

土地系统及其各子系统均有一定的自我调节机制，以保持结构与功能的稳定性，但这种调节能力是有限的，表现为系统内部承受能力存在阈值，如土地资源总量、水资源量、可再生生物资源的自我更新能力、土壤环境容量、矿产资源开采适宜度、城市建筑容量和人口集聚程度等。土地系统要求各子系统和要素的开发利用规模等都应保持在合理的阈值范围内。

（四）结构适宜性

任何土地系统都存在一种最佳的系统结构。此结构的土地系统功能发挥最好；反之，如果结构比例失调，就会导致系统功能退化。结构适宜性主要包括：生态功能的植物资源与经济功能的植物资源的比例适宜、植物和动物之间的比例适宜、土地资源开发和基础建设用地之间的比例适宜、土地资源供给与市场需求之间的比例适宜、土地开发规模与区域经济能力间的比例适宜等。

第二节　土地资源分类的基本理论

一、土地分类的概念

（一）土地分类

中国各地劳动人民根据长期以来对土地的综合认识，对所在区域划分出一些自然特点相似的各种土地类型。例如，黄土高原所划分的塬、梁、峁、川；河北省井陉盆地所划分的坪（黄土台地）、梁（长条状石质丘陵）、涧（黄土平底冲沟）、川（河谷阶地）；东北地区所划分的坨子、甸子、泡子；珠江三角洲划分的田（可以种水稻的耕地）、地（不种水稻的耕地）和山或半山（山地和丘陵），实质上都是土地类型。

土地分类是土地类型的划分，按照一定分类标志（或指标），将性质上有差别的土地单元划分为若干类型。由于地理环境的空间异质性特征，在一个区域范围内土地个体单位数量众多，一般不可能对它们进行逐个研究。通常的做法是将土地个体单位按质的共同性或相似性做不同程度的抽象概括与归并，就会发现它们分属不同的土地分类级别。一般来说，分类级别越低，分类标志的共同性或相似性越多；分类级别越高，分类标志的共同性或相似性越少。目前，国内外对土地分类持有不同的观点，在方法论方面也存在一定的分歧，如土地自然分类、土地资源分类和土地利用分类等。

（二）土地自然分类

土地类型是各种自然因素相互作用形成的自然综合体，是土地自然状态的反映，划分时主要考虑自然属性的差异性。土地自然分类是综合自然地理学在局地尺度研究的深化，主要用于土地类型调查和制图。最具代表性的就是苏联的景观学派和欧美的土地系统学派，如美国林业局的多级生态分类系统、加拿大的生态土地分类系统、澳大利亚联邦科学和工业研究组织的土地分级系统、荷兰国际航测与地学研究所的土地分级系统均属于土地自然分类系统。土地自然分类中，高级分类以水热状况和地带性植被群落为分类指标，次级分类以中等地貌形态为分类指标，低级分类以土壤类型为分类指标。

（三）土地资源分类

土地资源是人类的生产资料和劳动对象。土地资源分类是根据土地资源的属性及其组合形式的不同而划分的一系列各具特点、又相互区别的土地单元。进行土地资源分类，便于掌握国家和区域各类土地资源的数量和质量、利用结构和分布格局，分析土地利用程度和存在问题，为土地管理和土地利用规划提供科学依据。土地资源类型的划分既要考虑其相关的自然要素及其组合特性，又要考虑其相关的社会经济特性。一般来说，由于对土地资源的生产与经济性比较看重，所以进行分类时采用单一的应用类型较多。目前，土地资源类型划分多采用地形分类和土地利用类型分类，如将土地资源分为平原、盆地、高原、山地和丘陵等，显示了土地利用的自然基础，以及土地生产潜力划分和土地适宜性划分等。

（四）土地利用分类

土地利用类型是基于一定土地类型，经过人类长期开发利用而形成的具有特定土地用途和利用方式的地域单位。它们在地域上不一定连片，可重复出现。土地利用类型是进行土地资源调查与评价的基本单元。土地利用分类是按照土地用途和土地利用方式对土地进行的分类。因此，应考虑各区域土地利用方式和经济状态的差异性和共同性，区别差异性，归纳共同性，建立能反映不同区域土地生产利用差异性的分类系统。土地用途是对农村或城镇土地利用按主要用途所做的划分。例如，农村可划分为耕地、林地和草地，或旱作农业、灌溉农业、草地、林业或游乐业；城镇可以划分为商业金融用地和工业仓储用地等。土地利用方式是比土地用途描述或规定更为详细具体的分类，是在土地利用大类划分基础上的细分。中国 1984 年颁布的《土地利用现状调查技术规程》和 2007 年颁布的《第二次全国土地调查技术规程》中，对土地利用现状分类的标准，主要依据土地的用途、经营特点、利用方式和覆盖特征。在理解土地利用分类的内涵时，需要区分下面两组概念。

（1）土地覆被（land cover）与土地利用。土地覆被是指地表的物理性状。采取传统的野外调查或现代遥感技术，均可对土地覆被进行识别。土地覆被的概念不仅适用于乡村，也适用于城市。在许多情况下，根据土地覆被的性状即可对城乡土地利用类型予以识别。如一片麦田表明它是耕地，一个特有形式的建筑物表明它是居住用地等。然而，并非一切土地覆被都能直接地、明显地指示土地利用类型。例如，荒草地或植物分布区，可以用作食草牲畜低度利用的牧草地，也可用作人们的休养地或野生动物保护区，仅从野外观察或遥感不一定能迅速确定其类型。又如，从某种类型的建筑物，也未必都能迅速准确地判断其土地利用类型是住宅用地，还是商业用地。

（2）土地多功能利用和土地综合利用。土地多功能利用是指同一块土地有两种以上的用途，每种用途各有其投入、要求和生产。例如，一个自然保护区，同时也是娱乐的场地。土地综合利用是指一块土地有两种以上的用途，不同种类的用途可能在时间序列上有先后（如作物连作、轮作、套作、间作等①），或者在同一经营单位内的不同地块上同时进行。另外，土地组合利用也属此类，如在毛乌素沙地有一种畜牧经营方式，雨季在高地上放牧，旱季在季节性受淹的低地上放牧，两者进行组合利用。

二、土地资源分类的理论基础

土地资源分类是对土地资源地域差异的划分，划分时必须以土地资源的地域分异规律为依据。因此，土地资源的地域分异规律是土地资源分类的理论基础。

（一）水平地域分异规律

水平地域分异规律是地带性分异和非地带性分异的结合。地带性分异的直接结果是造成热力分带，在其基础上，各自然要素（气候、水文、土壤、地貌和生物等）也有地带性的性质，并导致土地类型的地带性分化。例如，在湿润气候条件下从低纬度到高纬度，依次可观察到：热带雨林地带—亚热带森林地带—常绿阔叶林带—针阔混交林地带—针叶林地带—冻原地带-冰雪地带等。反映在土地利用上，如在农业、林业、牧业、渔业生产，作物、果木种类，耕作制度和熟制等方面也有很大差别。非地带性规律是海陆分布的差异造成大陆东西岸和内陆水热条件及其组合的不同，进而导致各自然要素和土地类型的地域分异，并影响土地利用。中国温带、暖温带从东向西依次出现的湿润地区、半湿润地区、半干旱地区和干旱地区就是非地带性的表现。

（二）垂直地域分异规律

由于不同海拔的空气密度不同，吸收热量大小不同，因而在山地随着海拔的上升，从山麓到山顶年平均气温逐渐降低，生长周期逐渐缩短，同时在一定海拔范围内随着降水量的增加，风速加大，辐射增强，土壤性质也发生相应变化。在以上因素的综合作用下，植被表现为与等高线大致平行的条带状更替。如珠穆朗玛峰南坡，从低到高依次出现：山地季雨林带—山地常绿阔叶林带—山地暗针叶林带—山地灌丛带—亚高山草甸带—高山寒冻风化带，经雪线再往上就是冰雪带。通常，只要山地有足够的相对高度，就会自下而上出现垂直带的分异。垂直地域分异也会导致土地类型的差别及土地利用方式和特点的差别。

（三）地方性分异规律

地方性分异主要是局部因素引起的小范围的地域分异规律性。引起地方性分异的局部因素主要是地貌的差别、小气候的差别、岩性土质排水条件的差别以及人类活动的影响。地方性分异有系列性、微域性及坡向性三种规律。系列性是指由于地方地形的影响，自然地理要素及自然综合体按确定方向从高到低或从低到高有规律地依次更替的现象。微域性

---

① 连作：在同一块耕地上前后两季都种植相同种类的作物。
轮作：前后两季种植不同的作物或相邻两年内种植不同的复种方式。
套作：在前作物收获前半个月左右，将后作物播种于前作物的行间的种植方法。
间作：在同一田地上于同一季节内，把生育季节相近、生育期基本相同的两种或两种以上的作物，成行或成带地相间种植。

是受小地形和成土母质的影响，在小范围内最简单的自然地理单元既重复出现、又相互更替或呈斑点状相间分布的现象。坡向性分异反映了阳坡与阴坡、迎风坡与背风坡由于小气候的不同，不同坡向水文、植被及土壤状况的差别。此外，人类活动也是引起地方性分异的主要原因，如造成了农田、道路、矿山、水库、工厂和港口等。

（四）城乡分异规律

城乡分异是人类活动造成的地方性分异现象之一，又是现代土地利用分异中最普遍而深刻的分异规律。城市化的发展，不仅造成人口向城市集中，而且造成土地利用在农业和非农业上的分异，乡村土地利用因距城市远近不同而产生分异。1826年，杜能（J.H.Thünnen，1783—1850）提出的农业区位论，揭示了中心城市对周围土地利用空间分异影响的基本规律。中心城市周围，在自然、交通和技术条件相同的情况下，不同地方对中心城市距离远近所带来的运费差，决定不同地方农产品纯收益的大小。纯收益成为市场距离的函数。按这种方式，形成以城市为中心，由内向外呈同心圆状的6个农业用地带：第一圈为自由农业地带，生产易腐的蔬菜及鲜奶等食品；第二圈为林业带，为城市提供烧柴及木料；第三至第五圈都是以生产谷物为主，但集约化程度逐渐降低的农耕带；第六圈为粗放畜牧业带，最外围为未耕的荒野。1964年，阿兰索（W.Alonso）提出用“竞标地租”来解释各类土地利用类型在城市空间内部的分布模式。在完全自由竞争的市场机制下，城市各种活动对土地的使用必然展开激烈的竞争，并通过土地供给，以土地需求的市场价格变化和自身能从土地上获得的经济利益来决定各自活动的最佳区位，以至形成地租和地价随距市中心距离的增大逐渐降低，城市土地利用呈商业区、住宅区和工业区的同心圆分布规律。

三、土地资源类型划分的原则

土地利用类型的划分，是认识土地利用的开始，也是调整土地利用结构和充分合理利用土地资源的一项基础工作。为了土地利用分类的科学与合理，划分时须遵循以下原则。

（一）现状特征原则

土地利用现状是人类长期利用和改造土地的结果和形式，全面记录和反映了土地利用本身的内在自然特征以及土地利用之间的差异。一般按照土地利用现状形式分为：耕地、林地、草地、水域、建筑、开阔地、石山、冰川和沙漠等，并按形式继续分为亚类。因此，土地利用现状特征是划分土地利用类型的一项综合性指标。

（二）地域差异原则

影响土地利用的条件与区域的自然、社会、经济及技术水平直接相关。区域差异的客观存在决定了在划分土地利用类型时，一定要遵循土地利用的地域差异性。根据各区域土地利用的特点，制定分类的指标并加以划分，据此反映优势利用类型，体现区域土地利用的特点。但为了土地利用数据的通用和可比，必须保持全国统一的土地利用分类系统。在此前提下，为体现区域土地利用的特色，可适当增减土地利用分类的类别。

（三）尺度差异原则

土地利用类型划分，常因区域范围大小不同而异。一般来说，在进行全国性土地利用分类时，重点放在农、林、牧用地的分类上，尽管涉及城市用地，但通常也只归为一类；而在进行城镇土地利用分类时，则需进行更细的分类，如商业金融用地、工业用地、居住用地、道路用地和绿化用地等。

（四）适用协调原则

土地利用分类不单是为了识别土地资源利用的现状，更重要的是为土地资源管理提供基础。因此，土地利用分类要突出土地利用的功能、利用程度的差别和加强利用的可能性等，把土地利用现状分类与因地制宜利用土地资源结合起来，使类型划分更具有生产适用性。此外，在满足土地管理需要的前提下，土地利用分类要保持连续性，尽可能与原有体系衔接和协调，并且尽可能与其他部门的相关分类系统及国际惯例保持一致。

（五）科学系统原则

土地利用类型的划分就是归并相似性，区别差异性，从大到小或从高到低，逐级划分，形成一个上下联系和逻辑分明的科学系统。分类方法要具备一定层次等级的系统性，反映土地利用的从属关系及逻辑性。例如，首先将土地分为已利用土地和未利用土地两类。其次，在已利用土地中，根据国民经济主要部门分出农业用地、牧业用地、林业用地、工矿用地、交通用地和城镇建筑用地等。再次，在每一部门用地中根据利用方式和利用方向分出第三层，如耕地可根据水利条件和地形条件再分。最后，还可根据耕作制度和作物组合等分出第四层。

四、土地资源分类的基本方法

目前，对土地资源分类的方法还没有系统的归纳和说明。土地资源分类的中心任务是通过对各种土地单位的类群归并，拟订出土地分类系统。因此，下面主要介绍拟定土地资源分类系统的四种方法。

（一）顺序法

所谓顺序法，就是按种、属和科的分类顺序直接列出土地分类系统。例如，在一个地区进行某一级土地单元（如相和限区或地方）的分类，可以先划分出所有的土地单元个体，然后将这些土地单元个体，按某种分类指标归并成若干个土地单元种，在此基础上还可做更高层次的类群归并。这种方法的优点是系统性和逻辑性强，缺点是主观性较强，而且工作量太大。采用这种方法，要在短时间内完成较大范围的土地分类难度较大。因此，除非在特殊情况下，这种方法很少被采用。

（二）两列指标网格法

两列指标网格法主要用于相的分类，有时也用于限区的分类。具体做法是：用纵坐标表示地貌类型，自上而下依次列出从高到低的地貌类型，横坐标表示植被和土壤类型，自左至右依次列出旱生至湿生和干燥至湿润类型。纵横两列的交叉构成一个网格，便成了土地分类系统。对网格图进行整理，很容易获得相应的土地单元分类系统。两列指标网格法虽然显得有些机械，但是能清楚地表示各分类级别及各类型在分类上的从属关系，简单明了，便于阅读。因此，如果相关资料齐全，对于分析土地组成要素之间的关系和拟订土地分类系统来说，这不失为一种可行的办法。其缺点是不利于了解组成土地单位各成分的特征及其相互关系。

（三）路线考察法

路线考察法是在研究区范围内选定几条代表性考察路线进行实地考察。在考察中，绘制若干个可表示出个体土地单位的综合剖面图，以分析这些土地单位的各组成因素的特征和它们之间的相互关系，以及不同土地单位之间的空间组合规律。在此基础上，将几个综合剖面加以对比，从而对土地单位进行分类。然后从线推面，就可获得整个研究区的土地分类系统。这种方法与前两种方法的分类原则基本一致，也简便易行。其缺点是不够精确，而且要求分类者具有丰富的经验和较强的野外工作能力。

以上三种土地分类方法统称为景观法。主要依据土地的各组成要素在各具体土地地段的结合方式及作用强弱的不同，形成外部形态和内在特征各异的土地个体，再依据一定的原则划分这些土地个体，并进行类群归并。但由于分类指标的选定和分类系统的拟订，在很大程度上依赖于研究人员的经验，因此难免带有某种程度的主观随意性。

（四）参数法

随着3S［GIS（地理信息系统）、RS（遥感）、GNSS（全球导航卫星系统）］技术的普遍应用，建立在对海拔、相对高度、坡度和水文网密度等分类指标的等级化基础上的参数法也得到广泛应用。参数法要求选择对分类目的意义重大的若干个属性作为分类标志，并以这些属性的数量值为依据来进行土地分类。参数法是一种比较客观的方法，测量的参数越多，客观性就越强。参数法具有定量特点，便于做数量比较，也便于计算机处理。然而，参数法是根据预先选定的特征值作为分类的指标值，如果这些指标值划分不恰当，必将给分类结果带来不利影响。而且，参数的选择及属性参数等级界线值的确定，仍然要依据研究者的经验，所以往往还要利用景观法来构筑抽样框架。

20世纪90年代以来，遥感技术的发展为土地资源分类提供了新的思路。基于遥感光谱信息、统计信息和纹理特征等数据信息，结合地面调查，建立土地分类模型，可以克服传统方法的缺点，同时具有分类面积大、精度高、现势性好和动态性强等优势，大大提高了土地分类的效率，现已被自然资源和测绘等部门普遍采用。

五、土地资源分类体系

土地资源分类体系是指按照统一的原则和分类标志，将土地单元划分为具有从属关系鲜明的和一定等级结构的系统。目前，由于应用目的不同，形成了不同的分类系统，大致可归纳为基础分类体系、应用基础分类体系和应用分类体系三大体系。

（一）基础分类体系

基础分类体系是基于理论研究而建立的分类系统，特点是理论性强。把土地资源作为一个具有特定发生过程和形态特征的自然综合体，并以整个自然综合体的发生过程和形态为基础，也就是把土地资源的全部属性之间的复杂相互作用综合为一个整体，并根据整体特点的相似性和差异性进行分类。由于这种分类主要以成因和形态为标准，在划分上主要依据自然地理因素的组合和特点。此方法又称土地自然分类系统，对于认识同类土地资源的共同综合特征，不同类土地资源综合特征的差异，以及各类土地资源之间的内在联系，揭示土地资源的发生、演化、属性和分异规律十分重要。1985 年完成的《中国 1∶100 万土地类型图》分类系统即属此类。

（二）应用基础分类体系

土地资源的应用基础分类主要是针对土地利用的特定目的，满足实际需要的分类，并选择特定目的和关系密切的土地资源属性（包括自然属性和社会经济属性）作为分类依据。这类分类应用较广，如按土地利用现状分类（如 1983 年完成的《中国 1∶100 万土地利用图》分类系统），按土地适宜农业利用的分类（如 1985 年完成的《中国 1∶100 万土地资源图》分类系统），按特定目的的土地资源分类都属于这一类。应用基础分类是了解土地生产利用性能的有效工具，在连接土地与生产利用之间起到一个桥梁作用。

（三）应用分类体系

应用分类可以直接用于土地资源管理部门的土地整理、土地规划和土地管理等，从而起到土地分类直接为国民经济建设服务的作用。应用分类表现了土地的生产利用属性，如城镇土地分等定级、土地改良类型、灌溉适宜性等级分类、适宜林地等级分类和耕地资源等级分类等。

第三节　土地资源分类系统

目前，关于土地资源的分类系统，既有土地利用分类体系，又有土地资源/土地覆被分类体系；还有土地利用类型与土地资源/土地覆被类型相结合的综合分类体系。关于分类的标准，有些偏重于形式分类，以人类对土地利用改造的形式进行分类；有些侧重于功能分类，以土地利用地域单元的功能或用途进行分类；有些则采用综合分类，模糊了形式和功能的区分，代之以土地覆被进行分类。

一、国外土地利用/覆被分类系统

国外早期土地利用研究大多是基于野外调查编制土地利用图。第二次世界大战以后，航空影像开始广泛用于区域土地调查与制图，人们开始探讨利用遥感资料进行大范围土地利用/覆被制图的可行性，发展适用于遥感数据特点的土地分类系统及分类方法。20 世纪 70 年代，卫星遥感技术开始应用于大范围土地资源调查。20 世纪 90 年代，卫星遥感在全球和区域尺度土地利用/覆被研究方面取得了突破性进展，出现了一系列具有统一分类标准的全球土地覆被产品，如美国地质调查局（United States Geological Survey，USGS）为 IGBP 建立的 IGBP-DISCover 数据集等。可以看出，随着遥感技术的发展和计算机技术的规范应用，对土地利用的研究已由早期的野外调查发展为基于遥感影像的分析解译，土地分类系统也由基于野外调查的土地利用分类向基于遥感数据的土地覆被分类转变。

（一）IGBP/UMD 全球土地覆被分类系统

随着全球环境研究对土地覆被信息需求的增多，以及全球高时间分辨率遥感数据的获取，1992 年 IGBP 开始利用 NOAA-AVHRR 遥感数据，采用非监督分类和分类后校正的方法，用全年 12 个月（1992 年 4 月～1993 年 3 月）NDVI 最大值的合成数据，将全球各大洲土地覆被类型划分为 17 个类别（表 2-1）。在此基础上，美国马里兰大学（university of the Maryland，UMD）也以 1992～1993 年的 NOAA-AVHRR 遥感数据为基础，采用监督分类树的方法，用由 AVHRR 5 个波段和 NDVI 计算而得的 41 个指数，针对全球区域建立了 14 个类别的 UMD 分类系统。UMD 分类系统与 IGBP 分类系统大体一致，只是去除了永久湿地、农田与自然植被镶嵌体和冰雪这三个类别，可以说其是一种简化的 IGBP 分类系统。

表 2-1　IGBP 土地覆被分类系统

编码	类型	含义
1	常绿针叶林	覆盖度>60%和高度超过 2m，且常年绿色，针状叶片的乔木林地
2	常绿阔叶林	覆盖度>60%和高度超过 2m，且常年绿色，且有较宽叶片的乔木林地
3	落叶针叶林	覆盖度>60%和高度超过 2m，且有一定的落叶周期，针状叶片的乔木林地
4	落叶阔叶林	覆盖度>60%和高度超过 2m，且有一定的落叶周期，具有较宽叶片的乔木林地
5	混交林	前四种森林类型的镶嵌体，且每种类型的覆盖度不超过 60%
6	郁闭灌木林	覆盖度>60%，高度低于 2m，常绿或落叶的木本植被用地
7	稀疏灌木林	覆盖度在 10%～60%，高度低于 2m，常绿或落叶的木本植被用地
8	有木草地	森林覆盖度在 30%～60%，高度超过 2m，和草本植被或其他林下植被系统组成的混合用地类型
9	稀树草原	森林覆盖度在 10%～30%，高度超过 2m，和草本植被或其他林下植被系统组成的混合用地类型
10	草地	由草本植被类型覆盖，森林和灌木覆盖度小于 10%
11	永久湿地	常年或经常覆盖着水（淡水、半咸水或咸水）与草本或木本植被的广阔区域，是介于陆地和水体之间的过渡带
12	农田	指由农作物覆盖，包括作物收割后的裸露土地；永久的本农作物可归类于合适的林地或者灌木覆盖类型
13	城镇与建成区	被建筑物覆盖的土地类型
14	农田与自然植被镶嵌体	指由农田、乔木、灌木和草地组成的混合用地类型，且任何一种类型的覆盖度不超过 60%
15	冰雪	指常年由积雪或者冰覆盖的土地类型
16	裸地	指裸地、沙地、岩石，植被覆盖度不超过 10%
17	水体	海洋、湖泊、水库和河流，可以是淡水或咸水

目前，以 MODIS 遥感数据为基础的全球土地覆盖产品（MOD12）也采用了 IGBP 分类系统，该产品利用 2000～2001 年的 1km TERRA/MODIS 数据，采用决策树和人工神经网络方法分类得到。为提高分类结果的适用性，各个大洲的分类独立进行。IGBP 土地覆被分类系统更多地反映了土地覆被中地表的生理参数特征，体现了植被状况在土地覆被中的重要性，由于分类结果对应着定量化的物理指标，因此分类相对简单，但灵活性和兼容性较差。

（二）FAO/UNEP 土地分类系统

1993 年，FAO 和联合国环境规划署（United Nations Environment Programme，UNEP）提出了土地覆被分类体系讨论框架：内地水域、木本沼泽、裸地、森林和林地、灌木群落、矮灌群落、草地、耕地及建设用地共 9 个一级类型。1997 年，正式提出了土地覆被分类系统（land cover classification system，LCCS）。该分类系统主要分两个阶段：一是二分法分类阶段，定义了 8 个主要的土地覆被类型（图 2-2）；二是模块化的分层分类阶段，在第一步的基础上，使用预先定义的分类标准，得到进一步的分类（表 2-2）。该系统内部构成具有灵活性，适合在全球所有的气候区域及环境条件下应用，与现存的各类土地覆被分类系统具有兼容性，使获取的土地利用/覆被数据能够满足在不同尺度上的协调化及标准化需要，使数据信息能有效地适用于广泛的应用领域和满足更多的用户需求，最终达到对土地利用/覆被数据进行比较和相关分析的目的。

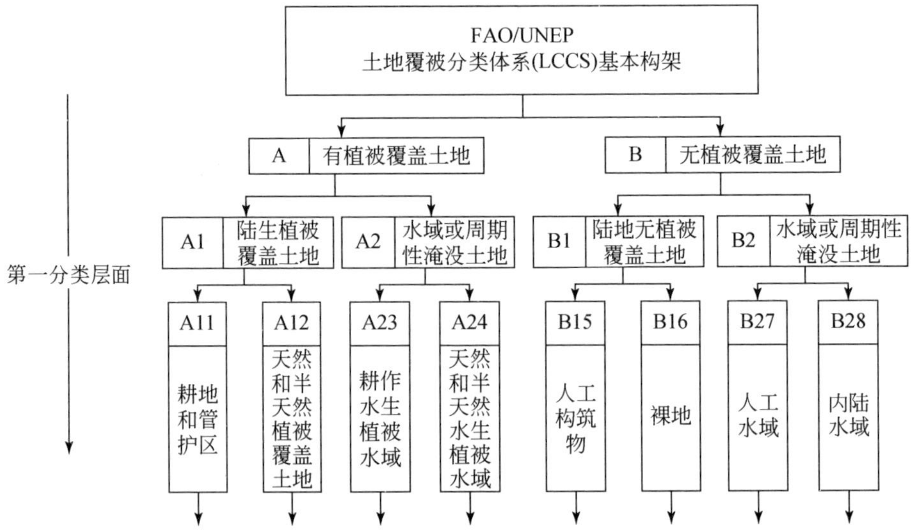

图 2-2 LCCS 第一分类层面（FAO/UNEP，1997）

LCCS 分类系统具有以下特点：①能够考虑分类指标，并能够涵盖所有的可能组合，这是其基本特征。②根据土地覆被指标、环境特征和特定的技术属性，能够清楚地区分不同土地覆被类型，不至于模糊类型间的界线。③具有一个纯粹的层级体系，在 8 个土地覆被大类之间以及进一步的细分时都需要一组新指标来确定，用的指标越多，其分类越细。只要按照层级体系和给定的指标划分，任何掌握这种分类的人都会得到相同的结果。④适用于各种制图比例尺，比例尺越小分类层次越高。⑤适用于从应用遥感信息源到更深入详细的野外调查，调查越详细，分类的层级越多。

（三）英国土地利用分类

英国是最早在系统调查基础上编制全国性土地利用图的典范。1931～1939 年，由著名地理学家斯坦普（L.D.Stamp）主持、全国各地志愿者参加，英国进行了第一次土地利用调查，拟订了世界上最早的土地利用调查分类系统（FLUS）。土地利用分类有 9 个大类：①森林和林地；②牧草地、草场和永久草地；③可耕地或耕地、休耕地和轮作草地，以供应市场为目的的菜地；④荒地、灌木和地势崎岖的草场；⑤庭院和特殊用地；⑥果园；⑦苗圃；⑧非农业生产用地；⑨池塘、湖泊和水库。受第二次世界大战的影响，其成果直到 1948 年才得以发表。

表 2-2 耕地和管护区（A11）的续分（FAO/UNEP，1997）

<table>
<tr><th colspan="3">Ⅰ级</th><th colspan="4">Ⅱ级</th><th colspan="2">Ⅲ级</th></tr>
<tr><td rowspan="4">A. 按主要作物生命形式</td><td>树木</td><td rowspan="2">阔叶、针叶、常绿、落叶</td><td rowspan="7">C. 按作物组合</td><td colspan="3">单个作物</td><td rowspan="3">D. 耕作形式——水源保护形式</td><td>雨育</td></tr>
<tr><td>灌木</td><td rowspan="5">复合作物</td><td rowspan="4">单个作物连种</td><td>树木</td><td>淤灌</td></tr>
<tr><td rowspan="2">草木</td><td>可食</td><td>灌木</td><td>灌溉</td></tr>
<tr><td>非可食</td><td>陆生草木</td><td rowspan="3">D.耕作形式——耕作期长短</td><td>刀耕火种</td></tr>
<tr><td rowspan="3">A. 按管护区形式</td><td rowspan="3">城市生长区</td><td>树木</td><td>水生草木</td><td>休闲期</td></tr>
<tr><td>灌木丛</td><td colspan="2">两种作物连种</td><td>永久耕作</td></tr>
<tr><td>草地</td><td colspan="3"></td><td rowspan="7">S. 按作物类型——食物作物</td><td>谷物</td></tr>
<tr><td rowspan="3">B. 按空间特征——地块大小</td><td rowspan="2">大、中地块</td><td>大地块</td><td rowspan="11" colspan="4"></td><td>块根和茎根作物</td></tr>
<tr><td>中地块</td><td>籽实和蔬菜作物</td></tr>
<tr><td colspan="2">小地块</td><td>水果和干果作物</td></tr>
<tr><td rowspan="8">B. 按空间特征——分布形式</td><td>连续分布</td><td rowspan="8"></td><td>饲料作物</td></tr>
<tr><td>分散分布</td><td>饮料作物</td></tr>
<tr><td rowspan="6">岛状分布</td><td>其他作物</td></tr>
<tr><td rowspan="5">S. 按作物类型——非食物作物</td><td>工业原料作物</td></tr>
<tr><td>用材作物</td></tr>
<tr><td>生物涵养作物</td></tr>
<tr><td>纤维和建筑材料作物</td></tr>
<tr><td>其他作物</td></tr>
</table>

英国土地利用调查的成功，引起了世界各国的重视。1949 年，在里斯本召开的第 16 届国际地理大会决议在国际地理联合会（IGU）下设立世界土地利用调查专业委员会，推进世界各国 1∶100 万土地利用图的编制。世界土地利用调查的分类为 9 类：①居民点和非农业用地；②园艺用地；③木本和其他多年生作物用地；④栽培作物用地；⑤改良的永久性牧场；⑥未经改良的牧草地；⑦林地；⑧沼泽；⑨非生产性用地。但因世界各国的土地利用情况千差万别，难以拟定全世界普遍适用的土地利用分类标准，最后只有少数国土面积较小的国家进行了试点调查与制图。

1960 年，英国进行了第二次土地利用调查，重新制订了新的土地利用分类系统（SLUS），增加了非农用地的一些类型，将斯坦普的 9 类增加至 13 类。一级分类系统是：①居民点（包括居住用地和商业用地）；②工业用地；③交通运输用地；④弃耕地；⑤开阔的空间；⑥牧草地；⑦可耕地；⑧以供应市场为目的的菜地；⑨果园；⑩林地；⑪荒地和崎岖的山地；⑫水域和沼泽；⑬不生长植物的裸露地。

20 世纪 60 年代末，在英国的带动下，20 多个欧洲国家合作，共同编制了 1∶250 万全欧土地利用图，包括农业用地、草地、果园、林地、荒地和建筑用地 6 大类 22 小类。1985 年，欧洲共同体为加强各成员国环境和自然资源的管理，启动了环境信息协作计划（Coordination of Information on the Environment，CORINE），其中的土地覆被项目将土地覆被类别划分为人工表面、农业用地、林地和半自然用地、湿地、水体 5 个一级类，下分 15

个二级类和 44 个三级类（表 2-3）。

表 2-3 CORINE 土地覆被分类系统

一级类		二级类（编码+类型名）
编码	类型名	
1	人工表面	11 城镇建筑物，12 工业、商业和交通运输用地，13 矿山、垃圾场和建筑工地，14 人工非农业用地
2	农业用地	21 耕地，22 多年生作物，23 牧场，24 其他农业用地
3	林地和半自然用地	31 林地，32 灌木或草本植物，33 少植被或无植被覆盖的空地
4	湿地	41 内陆湿地，42 沿海湿地
5	水体	51 内陆水体，52 海水

（四）美国土地利用分类

1922 年，由 S.Carl 领导的密歇根州土地经济调查开创了美国小区域土地利用综合考察的先例。1925 年，W.D. Jones 和 V.C. Finch 根据土地的自然条件和经济利用状况，采用分数号码法填制土地利用图，将土地利用类型划分为一般农业用地、畜牧业用地、商品农业用地、兼营农业用地、自给农业用地、森林用地、娱乐区、农村、城市和工矿区等 10 类。由于调查以农业为主，所以农业用地划分详细。1933 年开始的田纳西河流域总体规划也是利用这一方法完成土地利用调查与制图的。

20 世纪 60 年代，随着城市化大发展，美国土地利用状况发生了巨大的变化。一方面，美国政府为了保护自然资源与环境，防治自然灾害，进行区域规划，需要了解土地利用的实际情况；另一方面，遥感和自动化制图等新技术开始发展与应用，可便捷高效地开展土地利用调查和制图。美国应用遥感影像资料解译组织进行了全国 1∶20 万土地利用图编制工作。其土地利用分类体系的第一、第二层次类型为：①城市与建筑用地（包括居住、商业与服务业、工业、运输与公用事业、工业与商业混合、城市与建筑混合及其他城市与建筑用地）；②农业用地（包括耕地与草场、果园菜园、圈定牧场和其他农业用地）；③草地（包括草丛草地、灌丛和混合草地）；④林地（包括落叶林、常绿林和混合林地）；⑤水域（包括河流与运河、湖泊、水库、海湾与河口）；⑥湿地（包括生长森林的湿地、无林湿地）；⑦荒地（包括干盐滩、海滩、其他沙滩、石骨裸露地、露天矿坑、改变利用中的地区及混合荒地）；⑧苔原（包括灌木与灌丛苔原、草丛苔原、秃地苔原、湿苔原及混合苔原）；⑨永久积雪与冰（包括常年雪原和冰川）。由于采用了遥感影像判读地物，主要依据土地利用的表现形式，而非土地利用的实际活动，因此，并未能完全把土地利用和土地覆被区别开来。

随着 1972 年美国发射世界上第一颗地球资源卫星“陆地卫星 1 号”，美国地质调查局（USGS）1976 年利用高轨道飞行数据对 Anderson 等提出的分类系统进行了验证和评估，发展了一套适用于遥感数据的土地覆被分类系统（表 2-4）。该分类系统由 4 个层次构成：一级分类和二级分类适用于全国或全州范围，其中一级分类是根据当时的卫星遥感影像（Landsat/ERTS）可以直接目视判读的地物，包括城镇或建成区、农业用地、草地、林地、水体、湿地、荒地、苔原及冰川或永久积雪 9 类；二级分类是根据比例尺小于 1∶8 万的航空影像可以判读的地物，分为 37 个类别。

表 2-4 美国地质调查局土地覆被分类系统

一级分类		二级分类（编码+类型名）
编码	类型名	
1	城镇或建成区	11 住宅用地，12 商服用地，13 工业用地，14 交通、通信和公共设施用地，15 工商综合体，16 城镇或建成区混合体，17 其他城镇或建成区
2	农业用地	21 农田和牧场，22 果园、园林、葡萄园、苗圃和园艺用地，23 圈养场，24 其他农用地
3	草地	31 草本草地，32 灌木和灌丛草地，33 混合草地
4	林地	41 落叶林地，42 常绿林地，43 混合林地
5	水体	51 河流和沟渠，52 湖泊，53 水库，54 海湾和河口
6	湿地	61 有林地覆盖的湿地，62 无林地覆盖的湿地
7	荒地	71 干旱盐碱地，72 海滩，73 沙地（不包括海滩），74 裸岩，75 露天矿、采石场和采砂场，76 过渡带，77 混合荒地
8	苔原	81 灌木与灌丛苔原，82 草本苔原，83 裸地苔原，84 湿苔原，85 混合苔原
9	冰川或永久积雪	91 永久积雪，92 冰川

该分类系统层次清晰，三级、四级分类具有较好的弹性，易于根据特定要求制定灵活机动的次级分类体系。但该分类系统在一级分类层次上既考虑土地利用状况又兼顾土地自然生态背景，使得次级类别间的关系过于复杂且易于混淆。在高一级层次中采用两种不同的划分依据，必将使得下一级层次的分类存在许多类别交叉与混淆的情况，如灌溉水渠依据土地被利用的方式划分属于农业用地，而依据土地资源生态背景来划分则属于水域，因此该系统不利于次级层次的分类。

1992 年，美国利用 Landsat5-TM 数据建立国家土地覆被数据库 NLCD1992（National Land Cover Database），采用了 21 类土地覆被分类方案（表 2-5）。

表 2-5 NLCD1992 土地覆被分类系统

编码	类型名	编码	类型名
11	开阔水域	51	灌丛
12	永久冰川/积雪	61	果园/葡萄园/其他
21	低密度住宅区	71	草地/草本植被
22	高密度住宅区	81	牧场/草场
23	商业/工业/交通	82	条播作物
31	裸岩/沙地/裸土	83	小粒谷类作物
32	采石场/采矿场/采沙场	84	休耕地
33	过渡带	85	城市/休闲绿地
41	落叶林	91	有林湿地
42	针叶林	92	自然生草本湿地
43	混交林		

二、中国土地利用分类系统

中国的土地分类研究历史悠久。早在2500年前的《周礼》一书中就把全国的土地分为山林（生长树木的山地）、川泽（江河湖泽之地）、陵丘（比较低缓的起伏之地，介于山地和平原之间）、坟衍（比平原稍高的蔓坡地，现在称岗地）、原隰（冲积平原，低湿的地方）五大类。公元前3世纪春秋战国时期的《管子·地员篇》又进一步对全国的土地做了系统的划分和评价：首先根据地势高低和地貌形态的巨大差别把土地划分为渎田（大平原）、丘陵和山地三大类，然后又按地表组成物质和中小地貌形态及其他自然特征的差异细分为25个土地亚类，同时还依据各土地的土壤肥力以及对农、林业的适宜程度把土地分为上、中、下三等，这是世界上最早的土地分类和分等系统。

我国以近代科学理论和方法研究土地利用问题始于20世纪30年代。胡焕庸等在20世纪30年代初就进行过比较系统的土地利用调查研究。当时的土地利用调查与制图以地区性野外调查为主。中国最早的土地利用分类系统是由金陵大学农学院J.L.Buck（卜凯）教授在1937年出版的*Land Use in China*中提出的。但分类偏重农业，体系尚欠完善。中国科学的土地利用分类系统最早当数任美锷20世纪40年代初在贵州遵义进行土地利用调查时采用的土地利用综合分类系统，将土地利用分类分为水田、旱地、森林、道路与房屋、荒地及其他用地等6个大类，但分类系统相对简单。1949年后，中国影响深刻和应用广泛的分类系统有以下几个。

（一）《中国1∶100万土地类型图》分类系统

受苏联景观类型学派的观点以及植被和土壤分类方法的影响，以赵松乔为代表的中国科学院地理研究所主持制定的《中国1∶100万土地类型图》（1985年）分类系统中，把全国土地类型分为三个级别：土地纲、土地类和土地型（表2-6）。

表2-6 《中国1∶100万土地类型图》分类系统

土地纲	土地类	土地型/个
A	湿润赤道带	
	A_1 岛礁	
B	湿润热带	
	B_1 岛礁	2
	B_2 滩涂	5
	B_3 低湿河湖洼地	3
	B_4 海积平地（沿海由海潮作用而形成的平原）	3
	B_5 冲积平原（由河湖冲积淤积而成的平原）	2
	B_6 沟谷河川与平坝地	11
	B_7 台阶地	6
	B_8 丘陵地（相对高度＜200m）	9
	B_9 低山地（海拔500～1000m，相对高度＞200m）	7
	B_{10} 中山地（海拔1000～2500m）	8
C	湿润南亚热带	
	C_1 滩涂（潮间带）	5
	C_2 低湿河湖洼地	3
	C_3 海积平地	3
	C_4 冲积平地	4
	C_5 沟谷河川与平坝地	10
	C_6 岗台地	7
	C_7 丘陵地	7
	C_8 低山地	5
	C_9 中山地	5

续表

土地纲	土地类	土地型/个	土地纲	土地类	土地型/个
D	湿润中亚热带			F_{10} 低山地（海拔 400～1000m，相对高差 200～500m）	9
	D_1 滩涂（潮间带）	4		F_{11} 中山地（海拔 1000～2500m，相对高度＞500m）	7
	D_2 低湿河湖洼地	4		F_{12} 高山地（有亚高山草甸带出现）	1
	D_3 海积平地	3	G	湿润半湿润温带	
	D_4 冲积平地	5		G_1 低湿河湖洼地	6
	D_5 沟谷河川与平坝地	14		G_2 盐碱低平地	3
	D_6 岗台地	10		G_3 草甸低平地	6
	D_7 丘陵地	13		G_4（冲积）平地	8
	D_8 低山地（海拔 400～1000m，相对高差＞200m）	17		G_5（冲积）高平地	8
	D_9 中山地（海拔大于 900m）	12		G_6 漫岗地	5
	D_{10} 高山地	3		G_7 沟谷地	4
	D_{11} 极高山	3		G_8 丘陵地	7
E	湿润北亚热带			G_9 低山地	8
	E_1 滩涂（潮间带）	4		G_{10} 熔岩高原	3
	E_2 低湿河湖洼地	4		G_{11} 中山地	6
	E_3 海积平地	3		G_{12} 高山	1
	E_4 冲积平原	9	H	湿润寒温带	
	E_5 沟谷河川地	5		H_1 低湿洼地	2
	E_6 岗台地	7		H_2 低平地	2
	E_7 丘陵地	11		H_3 针叶林灰化土低山地	4
	E_8 低山地	6	I	黄土高原	
	E_9 中山地	6		I_1 黄土冲积平地	7
	E_{10} 高山地	2		I_2 黄土川地	3
F	湿润半湿润暖温带			I_3 黄土沟谷地	5
	F_1 滩涂地（潮间带）	5		I_4 黄土台塬地	4
	F_2 低湿河湖洼地	7		I_5 黄土塬地	4
	F_3 海积平地	6		I_6 黄土梁地	5
	F_4 冲积平地	11		I_7 黄土峁地	3
	F_5 冲积洪积倾斜平地	7		I_8 黄土涧地	2
	F_6 沙地	3		I_9 石质丘岗地	6
	F_7 沟谷河川地	5		I_{10} 黄土丘陵地	2
	F_8 岗台地（相对高度 10～30m）	4		I_{11} 低山地	17
	F_9 丘陵地（海拔＜400m，相对高度 50～200m）	8		I_{12} 中山地	9

续表

土地纲	土地类	土地型/个	土地纲	土地类	土地型/个
J	半干旱温带草原			K_4 戈壁	5
	J_1 低湿滩地	7		K_5 沙漠	3
	J_2 盐碱滩地	6		K_6 低山丘陵地	7
	J_3 沟谷地	3		K_7 中山地	8
	J_4 干滩地	5		K_8 高山地	6
	J_5 沙地	4		K_9 极高山地	3
	J_6 平地	5	L	青藏高原	
	J_7 岗坡地	9		L_1 河湖滩地及低湿地	4
	J_8 丘陵地	9		L_2 干谷地	2
	J_9 低山地	8		L_3 平地	9
	J_{10} 中山地	5		L_4 台地	7
K	干旱温带暖温带荒漠			L_5 低中山	10
	K_1 滩地	13		L_6 高山地	8
	K_2 绿洲	2		L_7 极高山	3
	K_3 土质平地	14			

1. 土地纲

中国自然条件复杂，形成的土地类型千差万别，首先按照水热条件组合类型把全国分为 12 个土地纲，划分的主要指标是≥10℃积温、干燥度、无霜期及熟制（青藏高原和黄土高原主要根据地貌条件），用大写英文字母 A、B、C 等表示，即湿润赤道带（A）、湿润热带（B）、湿润南亚热带（C）、湿润中亚热带（D）、湿润北亚热带（E）、湿润半湿润暖温带（F）、湿润半湿润温带（G）、湿润寒温带（H）、黄土高原（I）、半干旱温带草原（J）、干旱温带荒漠（K）和青藏高原（L）。这些类型是研究土地的形成、特性、结构和分类的基础，是进行土地类型划分的出发点。

2. 土地类

土地类在土地纲内划分，主要根据引起土地类型分异的大、中地貌类型进行划分，山区以垂直地带划分。主要类型有高中山、中山、低山、丘陵、高平地（岗、台地）、平地（川地、沟谷地）、低湿地（沼泽、滩涂）等，全国土地共分为 106 个土地类。用代表土地纲的英文字母右下角加阿拉伯数字表示。

3. 土地型

土地型在土地类之下划分，依据引起次一级土地类型分异的小地貌以及土壤和植物群系划分，山地垂直带中，则相当于同一的土地类（或亚类）和植被型（或亚型）。全国土地共分为 538 个土地型。在英文字母右上角加阿拉伯数字表示，如 A^3_2，这是其基本单元。

（二）《中国 1∶100 万土地利用图》分类系统

20 世纪 80 年代，由中国科学院地理研究所吴传钧主持，按照统一制图规范组织全国

41 个单位、历时 9 年协作完成的《中国 1∶100 万土地利用图》，是我国第一套全面而系统地反映全国土地利用现状特征及其分布规律的大型专题图集，也是历次土地利用调查中规模最大的一次。其土地利用分类采用了三级分类：第一级主要根据国民经济部门构成分为 10 个类型；第二级主要根据土地利用条件和经营方式分为 42 个类型；第三级主要根据地形条件和利用特点分为 35 个类型，例如，

一级	二级	三级
耕地	水田	平地水田、梯田
	水浇地	平地水浇地、梯地
	旱地	平地旱地、坡旱地
	菜地	

第一级的 10 个类型如下。

（1）耕地：水田（平地水田、梯田）、水浇地（平地水浇地、梯地）、旱地（平地旱地、坡旱地）、菜地。

（2）园地：果园、茶园、桑园、热带作物、基塘。

（3）林地：用材林（针叶林、阔叶林、混交林、竹林、迹地）、经济林（木本粮油、柞场）、疏林地、薪炭林及灌丛、防护林地。

（4）牧草地：人工及改良草地、天然草地（草甸草地、草甸草原草地、干草原草地、荒漠草地、高寒荒漠草地、高山亚高山草甸草地、草山草坡、河湖海滨及低洼草地）。

（5）水域和湿地：河流、运河、灌排总灌渠、湖泊、水库、滩涂、珊瑚礁、养殖场、沼泽地、芦苇地。

（6）城镇用地：大城市、中小城市、城镇。

（7）工矿用地：工矿区、盐场。

（8）交通用地：铁路、公路、海港、机场。

（9）特殊用地：自然保护区、旅游地。

（10）其他用地：冰川永久雪地、沙地、沙漠、戈壁、盐碱地、裸露地。

与同期国外土地利用分类系统相比，该分类系统分类详细，层次清楚，较好地反映了我国土地利用特征及空间分布规律。

（三）国家土地利用分类系统

1. 土地利用现状分类系统

20 世纪 80 年代，中国开展了全面的土地调查，调查工作以县为单位，旨在查清全国各种土地利用类型的面积、分布和利用状况，为制订国民经济计划和有关政策，进行农业区划和规划，因地制宜地指导农业生产，建立土地统计和登记制度，以及全面管理土地等项工作服务。1984 年 9 月，由全国农业区划委员会颁布了《土地利用现状调查技术规程》。该规程中的分类系统，主要依据土地的用途、经营特点、利用方式和覆盖特征等因素分为两级：第一级是根据国民经济各部门用地构成或者是土地在国民经济中所起的作用来划分的，包括耕地、园地、林地、牧草地、居民点及工矿业用地、交通用地、水域、未利用地等共 8 类；第二级主要以土地利用过程中的经营方式为依据划分，共 46 类，并采用统一编码（附录一）。在国内各地，结合当地情况，制订了适宜于本地的第三和第四级分类，有些地区如天津，在第二级分类中删去了本市没有的地类（望天田、茶园、橡胶园、湖泊

和冰川）。

第一级的 8 个类型如下。

（1）耕地：11 灌溉水田、12 望天田、13 水浇地、14 旱地、15 菜地。

（2）园地：21 果园、22 桑园、23 茶园、24 橡胶园、25 其他园地。

（3）林地：31 有林地、32 灌木林、33 疏林地、34 未成林造林地、35 迹地、36 苗圃。

（4）牧草地：41 天然草地、42 改良草地、43 人工草地。

（5）居民点及工矿用地：51 城镇、52 农村居民点、53 独立工矿用地、54 盐田、55 特殊用地。

（6）交通用地：61 铁路、62 分路、63 农村道路、64 民用机场、65 港口、码头。

（7）水域：71 河流水面、72 湖泊水面、73 水库水面、74 坑塘水面、75 苇地、76 滩涂、77 沟渠、78 水工建筑物、79 冰川及永久积雪。

（8）未利用地：81 荒草地、82 盐碱地、83 沼泽地、84 沙地、85 裸土地、86 裸岩、石砾地、87 田坎、88 其他。

该分类系统以土地的生产力作为主要划分依据，局限于为土地利用调查与农业区划服务，尤其强调农业用地的详细分类，对非农用地，如城镇用地，则缺乏深入细致的研究。从 1984 年颁布开始一直到 2001 年，我国土地资源详查和土地资源变更调查均采用了该土地利用现状分类系统。

2. 城镇用地分类系统

随着我国社会经济的迅速发展与城市化进程的加快，城镇用地规模越来越大。为满足城镇地籍调查的要求，国家土地管理局于 1989 年发布，又于 1993 年修订了《城镇地籍调查规程》，制定了城镇土地分类及其含义。按照土地用途的差异，将城镇土地分为商业及金融业用地、工业仓储用地、市政用地、公共建设用地、住宅用地、交通用地、特殊用地、水域用地、农用地和其他用地等 10 个一级类，24 个二级类。

为了科学地编制城市规划，做到合理地利用城市土地，建设部 1991 年颁布了《城市用地分类与规划建设用地标准》（GBJ137—1990），依据土地使用的主要性质，对城市用地分类采用了三个层次的分类体系，一级层次分为 R 居住用地、C 公共设施用地、M 工业用地、W 仓储用地、T 对外交通用地、S 道路广场用地、U 市政公用设施用地、G 绿地、D、特殊用地及 E 水域和其他用地 10 个大类，之下续分 46 个中类、73 个小类。每类用地的内涵都有明确的范围，可操作性强。另外，该标准除对所有用地进行划分外，还提出了城市建设总用地的人均指标及居住用地、工业用地、道路广场用地和绿地的用地标准；对规划建设用地的结构也提出了参考指标。

2010 年，中华人民共和国住房和城乡建设部进一步颁布了《城市用地分类与规划建设用地标准》（GB50137—2011）（附录二）。增加城乡用地分类体系，调整城市建设用地分类体系；尽量与《土地利用现状分类》（GB/T 21010—2007）衔接，并充分对接《土地管理法》中的农用地、建设用地和未利用地“三大类”用地，以利于城乡规划在基础用地调查时可高效参照土地利用现状调查资料。

H 建设用地

H1 城乡居民点建设用地：H11 城市建设用地、H12 镇建设用地、H13 乡建设用地、H14 村庄建设用地

H2 区域交通设施用地：H21 铁路用地、H22 公路用地、H23 港口用地、H24 机场用

地、H25 管道运输用地

H3 区域公用设施用地

H4 特殊用地：H41 军事用地、H42 安保用地

H5 采矿用地

H6 其他建设用地

E 非建设用地

E1 水域：E11 自然水域、E12 水库、E13 坑塘沟渠

E2 农林用地

E3 其他非建设用地

R 居住用地

R1 一类居住用地：R11 住宅用地、R12 服务设施用地

R2 二类居住用地：R20 保障性住宅用地、R21 住宅用地、R22 服务设施用地

R3 三类居住用地：R31 住宅用地、R32 服务设施用地

A 公共管理与公共服务设施用地

A1 行政办公用地

A2 文化设施用地：A21 图书展览设施用地、A22 文化活动设施用地

A3 教育科研用地：A31 高等院校用地、A32 中等专业学校用地、A33 中小学用地、A34 特殊教育用地、A35 科研用地

A4 体育用地：A41 体育场馆用地、A42 体育训练用地

A5 医疗卫生用地：A51 医院用地、A52 卫生防疫用地、A53 特殊医疗用地、A54 其他医疗卫生用地

A6 社会福利设施用地

A7 文物古迹用地

A8 外事用地

A9 宗教设施用地

B 商业服务业设施用地

B1 商业用地：B11 零售商业用地、B12 批发市场用地、B13 餐饮业用地、B14 旅馆用地

B2 商务用地：B21 金融保险业用地、B22 艺术传媒产业用地、B23 其他商务用地

B3 娱乐康体用地：B31 娱乐用地、B32 康体用地

B4 公用设施营业网点用地：B41 加油加气站用地、B42 其他公用设施营业网点用地

B5 其他服务设施用地

M 工业用地

M1 一类工业用地

M2 二类工业用地

M3 三类工业用地

W 物流仓储用地

W1 一类物流仓储用地

W2 二类物流仓储用地

W3 三类物流仓储用地

S 道路与交通设施用地

S1 城市道路用地

S2 轨道交通线路用地

S3 交通枢纽用地

S4 交通场站用地：S41 公共交通场站用地、S42 社会停车场用地

S5 其他交通设施用地

U 公用设施用地

U1 供应设施用地：U11 供水用地、U12 供电用地、U13 供燃气用地、U14 供热用地、U15 通信用地、U16 广播电视用地

U2 环境设施用地：U21 排水用地、U22 环卫用地

U3 安全设施用地：U31 消防用地、U32 防洪用地

U9 其他公用设施用地

G 绿地与广场用地

G1 公园绿地

G2 防护绿地

G3 广场用地

3. 全国土地分类系统

由于上述两个土地分类系统采用了两套标准，难以把城乡用地统一起来，所以 1998 年国土资源部成立后，为实施全国土地和城乡地政统一管理，严格限制农用地转为建设用地，控制建设用地总量，对耕地实行特殊保护，在上述两个土地利用分类系统的基础上，于 2001 年制定了《全国土地分类（试行）》（附录三）。该系统采用三级分类，其中一级类分为农用地、建设用地和未利用地 3 类；二级类分为耕地、园地、林地、牧草地、其他农用地、商服用地、工矿仓储用地、公用设施用地、公共建筑用地、住宅用地、交通运输用地、水利设施用地、特殊用地、未利用土地和其他土地共 15 类；三级类分为 71 类。《全国土地分类（试行）》标准依据土地利用的功能对建设用地进行了细致划分，同时通过调整、增设一些新地类，使其更能适应社会经济发展带来的用地类型的变化，提高了科学性和实用性。

为实现土地分类的继承性和可操作性，国土资源部 2002 年进一步制定了《全国土地分类（过渡时期适用）》（附录四）。但是，作为国土资源部颁发的标准，仅能保证国土资源部内部分类标准的统一，与其他相关部门土地分类体系的划分标准、地类含义不尽一致，容易造成统计重复，无法真正实现调查成果的共享。

4. 《土地利用现状分类》国家标准

2007 年，国务院开展第二次全国土地调查。为保证土地资源分类标准的统一，避免各部门因土地分类不一致引起的统计重复、数据矛盾和难以分析应用等问题，实施全国土地和城乡地政统一管理，中华人民共和国国家质量监督检验检疫总局和中国国家标准化管理委员会联合发布了《土地利用现状分类》（GB/T 21010—2007）国家标准，标志着我国土地利用现状分类第一次拥有了全国统一的国家标准。2017 年 11 月 1 日，中华人民共和国国家质量监督检验检疫总局和中国国家标准化管理委员会进一步发布了修订后的国家标准《土地利用现状分类》（GB/T 21010—2017）（附录五）。对城市建设用地分类内容进行细化，与住房和城乡建设部《城市用地分类与规划建设用地标准》（GB 50137—2011）基本建立了

“一对一”或“多对一”对应关系，与《湿地分类》（GB/T 24708—2009）相衔接，最大限度避免了部门数据由于分类及统计口径差别造成的数据冲突。该分类系统分为两个层次：一级类的设定主要以土地用途、利用方式和经营特点为依据，包括耕地、园地、林地等 12 个类别；二级类的设定是以自然属性、覆盖特征、用途和经营目的等土地利用差异为依据，分 73 个二级类，尽可能使土地利用现状分类与统计部门和业务生产部门的名称、概念和含义相一致，以便各部门使用和相互衔接。

一级类的 12 个类别如下。

（1）耕地：水田、水浇地、旱地。

（2）园地：果园、茶园、橡胶园、其他园地。

（3）林地：乔木林地、竹林地、红树林地、森林沼泽、灌木林地、灌丛沼泽、其他林地。

（4）草地：天然牧草地、沼泽草地、人工牧草地、其他草地。

（5）商服用地：零售商业用地、批发市场用地、餐饮用地、旅馆用地、商务金融用地、娱乐用地、其他商服用地。

（6）工矿仓储用地：工业用地、采矿用地、盐田、仓储用地。

（7）住宅用地：城镇住宅用地、农村宅基地。

（8）公共管理与公共服务用地：机关团体用地、新闻出版用地、教育用地、科研用地、医疗卫生用地、社会福利用地、文化设施用地、体育用地、公共设施用地、公园与绿地。

（9）特殊用地：军事设施用地、使领馆用地、监教场所用地、宗教用地、殡葬用地、风景名胜设施用地。

（10）交通运输用地：铁路用地、轨道交通用地、公路用地、城镇村道路用地、交通服务场站用地、农村道路、机场用地、港口码头用地、管道运输用地。

（11）水域及水利设施用地：河流水面、湖泊水面、水库水面、坑塘水面、沿海滩涂、内陆滩涂、沟渠、沼泽地、水工建筑用地、冰川及永久积雪。

（12）其他土地：空闲地、设施农用地、田坎、盐碱地、沙地、裸土地、裸岩石砾地。

《土地利用现状分类》国家标准的特点：①区分“类型”和“区域”，按照类型的唯一性进行划分，不依据“区域”确定“类型”；②按照土地用途、经营特点、利用方式和覆盖特征四个主要指标进行分类，一级类主要按土地用途进行划分，二级类按经营特点、利用方式和覆盖特征进行续分，采用的指标具有唯一性；③体现城乡一体化原则，按照统一的指标，城乡土地同时划分，实现了土地分类的“全覆盖”；④该分类系统既能与各部门使用的分类相衔接，又能够与以往的土地分类进行有效衔接，不至于造成土地基本信息“断档”。

复习思考题

1. 何谓土地系统？其组成要素有哪些？
2. 何谓土地分类？有哪些类型？
3. 土地资源分类的原则是什么？
4. 土地资源分类的基本方法有哪些？
5. 简述土地资源分类的理论基础。
6. 《土地利用现状分类》国家标准土地利用分类体系，各类型的内涵是什么？

第三章 土地资源调查与现状评价

第一节　土地资源调查

一、土地资源调查的概念与类型

（一）土地资源调查的概念

土地资源调查是国家为了系统掌握不同土地资源的类型、质量和分布情况所采取的一项重要基础性工作，是土地资源利用、评价、规划和管理等的前期工作。其目的是要查清各类土地的数量、质量、属性、空间分布、随时间的动态变化规律和构成要素的特性及其它们之间的相互联系和相互作用。近年来，随着“3S”技术的广泛应用，土地资源调查的速度和精度都得到了大大提高。

（二）土地资源调查的类型

按调查内容的不同，土地资源调查大致可以分为土地利用现状调查、地籍调查和土地条件调查三个方面。土地利用现状调查主要按土地利用分类，调查各类用地的分布、面积和利用状况。地籍调查是对土地使用者和土地所有者的土地位置、权属、界线和面积等基本情况进行的调查。土地条件调查可分为以土地的土壤、植被、地貌、气象、水文和水文地质等自然条件为主要对象的土地质量自然性状调查和以土地投入产出、收益、交通、位置和社会经济条件为主要对象的土地社会经济因素调查。

按调查比例尺和精度的不同，土地资源调查可分为概查和详查。土地资源概查多采用中和小比例尺基础图件，土地资源分类较粗，调查精度要求较低。如为摸清我国土地资源状况，1979 年农业部开展全国第二次土壤普查，结合土壤普查以县为单位进行了土地资源调查。因调查中 2/3 的县采用了 1∶2.5 万～1∶5 万的比例尺，故称此次调查为土地资源概查。土地资源概查一般先通过路线调查和典型抽样调查，再根据规律利用地形图和卫片资料进行制图和量算各类土地面积概数。由于比例尺较小，成果只能用于较大范围土地利用宏观决策，不能用于地籍管理和土地利用规划设计等精度要求较高的土地管理工作。土地资源详查多采用大比例尺基础图件，土地资源分类较细，调查精度要求较高。如 1984～1995 年，我国开展的第一次全国土地调查，在农区采用了 1∶1 万基础地形图，林区为 1∶2.5 万～1∶5 万，牧区为 1∶5 万～1∶10 万，完成以村为单位建立土地统计登记。

按调查期限，土地资源调查又可分为普查和变更调查。土地资源普查是指为查清土地资源的数量、质量、分布及其利用状况，按照全国发布的统一的调查规程、统一的调查时点和统一的调查进度进行的土地资源的量测、分析和评价工作。如我国 2007～2009 年开展的第二次全国土地调查，2006 年国务院下发了《国务院关于开展第二次全国土地调查的通知》（国发〔2006〕38 号），2007 年国土资源部颁布了《第二次全国土地调查技术规程》（TD/T 1014—2007），从 2007 年 1 月开始，历时 3 年，调查成果统一到 2009 年 10 月 31 日同一时点。2013 年 12 月 30 日，国务院公布调查主要数据成果。土地变更调查是县级土地资源管理部门，根据上级下发的土地利用现状数据库和遥感影像数据，对土地利用现状、土地权属及行政区划变化进行外业实地调查，并据此修改土地利用现状图、量算变更面积和统计汇总土地利用现势数据库。土地变更调查每年都要进行，是保证土地利用现状调查成果现势性和准确性的必要手段，同时也是土地统计数据的重要来源。

二、中国土地资源调查回顾

我国的土地资源调查可追溯到古代。土地调查的主要目的是农业赋税，调查内容较少，主要调查耕地及其面积，调查方法简单，主要是丈量登记。到了民国时期，土地资源调查的对象除耕地之外，其他用地类型也开始涉及，并开始采用三角测量和平板仪等近代测量技术，出现了航空摄影测量的方法。

1949 年后，我国土地资源调查的工作大幅增加。20 世纪 50 年代初期，为获得全国土地资源的数据，将填发土地证与清理土地的工作结合起来，采取“自报公议、重点抽丈”的方法，逐层上报汇总，获得全国土地资源数据。1951～1955 年，财政部颁布了《农业税查田定产工作实施纲要》，组织了查田定产工作。要求省级以下政府基于土地改革的田赋材料，结合抽丈或普丈，编造土地清册，逐层统计土地面积。该项工作是我国较系统和规模较大的地籍清理工作。基本对平地进行了清丈，山区的坡地则按播种量、用工量或产量进行估计。同时，全国统一了以“市亩”为计量单位。1958～1966 年，在全国范围内开展了第一次土壤普查，以土壤农业性状为基础，并提出了全国第一个农业土壤分类系统，完成了全国 1∶400 万土壤图、土地利用现状图、土壤改良分区图、土壤养分图和全国土壤志。1979～1985 年，农业部开展了全国第二次土壤普查，以成土条件、成土过程及其属性为土壤分类依据，采用土类、亚类、土属、土种、变种 5 级分类，分级完成不同比例尺的土壤制图（全国 1∶100 万，各省区 1∶50 万～1∶100 万，各地市区 1∶10 万～1∶20 万，各县 1∶5 万），并编绘相应的土壤类型图、土壤资源利用图、土壤养分图和土壤改良分区图。调查结合土壤普查以县为单位进行了土地资源调查。

1978 年，全国科学大会提出以土地资源为首的农业资源调查课题。1979 年，国务院成立了全国农业资源和农业区划委员会，随后设立土地资源专业组，着手土地资源调查的准备工作。之后，我国相继完成了两次大规模的全国性土地调查，第三次全国土地调查也于 2017 年正式启动。

（一）第一次全国土地调查

1980 年试点，1984 年发布《土地利用现状调查技术规程》后，我国开始了第一次土地资源调查，直到 1995 年全面完成县级调查工作，1998 年和 1999 年分别完成省级调查成果的国家验收和国家级汇总。此次调查由国务院统一部署，全国土地管理部门动员 200 多万人，耗资十几亿元，以县为单位统一组织力量，将调查成果统一到1996年10月31日上，从准备到结束，历时20年。覆盖了除香港、澳门、台湾等外的土地，首次查清了全国土地资源的情况，形成了《中国土地资源》、《中国土地资源调查技术》、《中国土地资源调查数据集》和全国1∶50万、1∶250万、1∶450万土地利用挂图等国家级成果。

（二）第二次全国土地调查

2006年，按照《国务院关于开展第二次全国土地调查的通知》，从2007年1月，国家展开第二次土地资源调查，历时3年，将成果统一到2009年10月31日同一时点。根据《第二次全国土地调查技术规程》，其主要任务包括：对于农村土地，查清每块土地的地类、位置、范围、面积分布和权属等情况；对于城镇土地，掌握每宗土地的界址、范围、界线、数量和用途；对于基本农田调查，将基本农田保护地块（区块）落实到土地利用现状图上，并登记上证且造册；建设土地调查数据库，实现调查信息的互联共享。在调查的基础上，建立土地资源变化信息的统计、监测与快速更新机制，实现土地资源信息的社会化服务，满足经济社会发展、土地宏观调控及国土资源管理的需要。

（三）第三次全国土地调查

2018年初，国务院发布了《第三次全国土地调查总体方案》，对第三次全国土地调查的目的和意义、主要任务、技术路线与方法、主要成果及组织实施等做出明确规定。第三次土地调查时间是2018～2020年，以2019年12月31日为标准时点。调查目标是在第二次全国土地调查成果的基础上，全面细化和完善全国土地利用基础数据，满足生态文明建设、空间规划编制、自然资源管理体制改革和统一确权登记等各项工作的需要。主要任务是在第二次全国土地调查成果的基础上，按照国家统一标准，在全国范围内利用遥感、测绘、地理信息和互联网等技术，统筹利用现有资料，查清各类土地的所有权和使用权状况。相比第二次全国土地调查，第三次全国土地调查内容更广、精度更高、评价更深。

三、土地资源调查的目的和任务

（一）土地资源调查的目的

土地资源调查是获取区域土地资源数据的重要手段，是进行土地资源评价和土地利用规划的基础和前提，也是制定国民经济和社会发展各项规划的重要依据。我国《第三次全国土地调查总体方案》（2018）明确指出，其目的是全面查清全国范围内的土地利用现状和土地资源变化情况，掌握真实的土地基础数据，完善土地调查、监测、统计和登记制度，实现土地资源信息的社会化服务，满足生态文明建设、空间规划编制和自然资源管理的需要。

（二）土地资源调查的任务

开展土地资源调查，需查清土地资源的数量和结构、土地资源的质量和特性、土地资源的权属和分布及土地利用的问题和成因。第二次全国土地调查，主要任务包括：①开展农村土地调查，查清全国农村各类土地的利用状况；②开展城镇土地调查，掌握城市建成区、县城所在地建制镇的城镇土地状况；③开展基本农田状况调查，查清全国基本农田状况；④建设土地调查数据库，实现调查信息的互联共享。在调查的基础上，建立土地资源变化信息的调查统计、及时监测与快速更新机制。

1. 农村土地调查

农村土地调查是指对城市、建制镇以外的土地进行调查。农村土地调查是第二次全国土地调查的重点任务。按照调查内容，农村土地调查分为农村土地利用现状调查和农村土地权属调查两部分。

（1）农村土地利用现状调查。以 1∶1 万比例尺为主，以县区为基本单位，按照统一的土地调查技术标准，以正射影像图为基础，实地调查城镇以外的每块土地的地类、位置、范围、面积和分布等利用状况，查清全国耕地、园地、草地、林地和农村居民点等各类土地的分布和利用现状。

（2）农村土地权属调查。农村土地权属调查主要是查清农村集体土地所有权和公路、铁路、河流以及农、林、牧、渔场（含部队、劳改农场及使用的土地）等国有土地的使用权状况。充分利用土地调查成果，加快推进土地登记发证，完成农村集体土地所有权登记发证工作。

2. 城镇土地调查

城镇土地调查是指对城镇范围以内的土地开展大比例尺调查。依据地籍调查技术规程，充分利用已有的地籍调查成果，查清城镇内部建设用地的使用权状况，确定城镇内部每宗土地的界址、范围、界线、数量和用途等。通过汇总分析，掌握工业用地、基础设施用地、金融商业服务用地、房地产用地和开发园区等土地利用状况。

3. 基本农田调查

由各地组织，依据本地区的土地利用总体规划，按照基本农田保护区（块）划定资料，将基本农田保护地块（区块）落实至土地利用现状图上，统计汇总出各级行政区域内基本农田的分布、面积和地类等状况，并登记上证和造册。

4. 土地利用数据库建设

（1）建立四级土地利用数据库。按照土地利用数据库建设标准，以县（区、市）为单位组织开展土地利用数据库建设，对土地利用现状数据、土地权属数据和基本农田等数据进行管理，满足县级日常变更等业务需要；在市级，以市（地、州）为单位，结合市级管理模式，整合各县级土地利用数据库，构建市级土地利用数据库，满足市级国土资源日常管理需求；以省为单位组织，对市级土地利用数据库全面整合，建立省级土地利用数据库，满足省级国土资源管理对土地基础数据的基本需要；在中央一级，借助现有的网络系统，由国家组织建立国家级土地利用数据库，提供对各级土地数据到地块的查询检索、统计汇总、分析输出、及时调用和定期备案等功能。另外，各级数据库之间提供访问和调用接口，满足数据上传、接收、交换、备份、更新维护和日常应用等工作需要。

（2）建立市（县）地籍信息系统。各市（县）按照地籍信息系统建设有关技术标准和要求，以市（县）为单位，组织建立地籍信息系统，对市（县）地籍调查和地籍测量结果的图形数据、宗地属性以及各种表、卡、册等数据信息进行集中管理，并提供编辑录入、查询统计、日常变更、制图输出、登记发证以及办公流程等管理功能，满足日常业务及管理需求。

四、土地资源调查的方法

由于土地资源调查成果的比例尺不同和所要求的调查精度不同，所以调查的方法也不相同。一般来说，有以下三种方法。

（一）野外调查基本方法

野外调查是土地资源调查最基本的方法，也是最重要的环节。通常包括路线考察和典型样点调查两种方法。路线考察的主要任务是了解区域的自然条件、农业生产状况、土地类型及分布和土地利用布局等，摸清土地类型分异的主要因素及分类指标，从而建立恰当的分类系统。通过路线考察，研究土地各组成要素的特点和相互关系、土地类型综合体的特征和影像解释标志，为室内土地类型解译创造条件。选择路线的原则：路线的密度满足任务要求；路线的分布应比较均匀；路线应尽可能穿过各种土地利用类型的分布区。典型样点调查法是在调查用地单位中，选择若干典型的地段展开深入调查，通过采样、拍照等方法对土地构成要素进行重点考察和建立土地利用类型解译标志。

（二）常规仪器测图方法

（1）经纬仪测图。经纬仪是一种根据测角原理设计的测量水平角和竖直角的测量仪器，分为光学经纬仪和电子经纬仪两种，目前最常用的是电子经纬仪。测量时，将经纬仪安置在三脚架上，用垂球或光学对点器将仪器中心对准地面测站点上，用水准器将仪器定平，用望远镜瞄准测量目标，用水平度盘和竖直度盘测定水平角和竖直角。经纬仪测图方便灵活，适应各类地区，但有 5′ 的误差，不满足高精度测图要求，同时也不便于计算机处理。

（2）平板仪测图。平板仪测图是平板仪测量的图解，平板仪测量是用于测绘大比例尺地形图的一种传统方法。在平板仪测量中，水平角用图解法测定，水平距离用钢尺、皮尺、光电测距或图解法测定，在现场按测得的几何元素作图，因此，平板仪测量又称图解测量。由于平板仪测图把测和绘集中于一步完成，节省时间和人力，同时也不需要过多的设备。在地籍测量中，有时用于地籍图和宗地图的绘制。但由于平板仪测图不能以坐标的形式把点位表示出来，不利于测量资料的计算机处理。

（3）全站仪测图。全站仪即全站型电子测距仪，是在野外集光、机和电为一体的高技术测量仪器，是集水平角、垂直角、距离（斜距、平距）和高差测量功能于一体的测绘仪器系统。安置一次仪器就可完成该测站上全部的测量工作。在计算机上通过专门的软件对所采集的数据进行编辑处理，最后输出成图，减轻了测图人员的劳动强度，保证了图件的绘制精度，提高了绘图的效率，使得测量成果能够以数字的形式传输、处理和共享。

（三）现代遥感调查方法

遥感技术及时获取现势地面影像，为土地资源调查和制图提供了主要信息源。我国第二次土地调查在三年的时间内就能完成，得益于首次采用覆盖全国的遥感影像调查底图。第三次土地调查也将采用卫星遥感和信息数据平台共享等技术手段。土地单位是一个自然地域综合体，而航片影像是土地综合自然特征准确而清晰的客观反映。因此，可以根据影像的色调（地物间色调的相对差异）、形状（如稻田、水塘、运动场）、纹理（地物在图形内色调变化频率）和图形（如公路、铁路）等，直接区分出各种土地类型，分析组成土地单位的各自然地理成分的特征及相互关系，这些成分具有相互联系的性质，但每个组成成分在航片上显示的清晰程度不同。因此，可以在地理相关分析的基础上，通过一部分能够直接显示的成分和指标，推断另一部分显示不清晰的成分或指标。

五、土地资源调查的程序

土地资源调查的基本方法是利用大、中比例尺地形图或航片、影像地图，通过外业补测或调绘，将变化的地物界线转绘到地形图或影像地图上，勾绘出土地所有单位和使用单位的界线，并以修绘后的地图作为底图，量算出各类土地面积。将土地面积量算的成果，以乡（或村）为单位，由下而上逐级汇总出各级行政管辖单位的土地总面积及各类土地面积。2007 年，国土资源部颁布了《第二次全国土地调查技术规程》（TD/T 1014—2007）。一般来说，土地资源调查包括以下几个主要步骤。

（一）准备工作

包括方案制定、人员培训、资料收集、仪器设备准备以及调查底图制作等。收集整理分析地区各种专业图件与数字、文字资料、工作底图［包括土地利用现状图、近期地形图、数字高程模型（digital elevation model，DEM）和遥感图件等］，仪器、工具和设备准备包括全站仪、GPS 接收机、钢尺、计算机、外设和软件系统，以及交通运输工具等。

（二）资料分析和外业调查阶段

包括调绘前的准备和外业调绘。对收集到的资料进行分析，了解区域的基本情况，选择代表性路线进行路线勘察，建立土地类型与遥感影像之间的关系，在此基础上制定土地资源分类系统，利用遥感影像等资料对土地资源进行室内预判调查。之后进行外业调查，修正室内判读的错误，调绘或地形图补测，包括土地权属调查、土地利用调查和城镇地籍测量等，修正变化的地物界线、实地丈量线状地物（道路和渠道）的宽度，以及收集与了解近年来土地利用的动态变化等。

（三）室内总结阶段

主要包括转绘、量算面积、编图与图面整饰及成果整理。将外业补测或航片调绘的内容转绘到工作底图上，根据底图量算面积，编制土地利用现状图，编写土地资源调查报告等。可根据不同情况分别采用仪器法、交会法、辐射网络法和方格法等转绘方法，按一定的技术要求把航片的调绘成果转绘到地形图上。量算面积在转绘好的分幅底图上进行。土地利用现状图按行政区编绘，要能正确反映开展调查地区的各类土地的数量和分布，以及行政区划和主要土地使用单位的界线。各类用地要用相应规定的图式和注记表示。县级土地利用现状图的比例尺一般为 1∶2.5 万～1∶10 万；乡级土地利用现状图的比例尺，农区为 1∶1 万，林区、牧区为 1∶2.5 万～1∶10 万，形成土地利用现状图、土地面积统计表和土地调查报告等主要成果。

（四）检查验收和成果应用阶段

包括自检、预检和验收、核查确认等。对调查的成果从精度、质量和方法技术上做全面的检查，保证调查结果的可靠性。外业调绘和补测地物着重检查各种地类的判别、地类界限的精度、现状地物量测和新增地物的补测等。内业工作重点检查转绘精度、面积量算精度和成图质量等。对于验收合格的结果，可直接应用于土地资源评价和规划。

第二节　土地利用现状评价

土地利用现状评价是在土地资源调查的基础上，通过总结区域土地利用的现状特点，对区域各种土地利用类型、土地利用的数量结构、空间结构和动态变化、土地开发利用程度、集约度和经济效果以及土地利用的生态环境效应进行评价分析，它是编制土地利用总体规划的基础和起点。通过研究土地利用的宏观经济、社会和生态效果，分析土地利用的动态变化趋势，发现土地利用中存在的问题，进而提出改善土地利用的建议，以及找到提高土地利用率和土地生产力的途径。

一、土地资源数量及结构分析

（一）土地资源数量分析

土地资源的数量分析，首先是分析已利用土地（如耕地、林地、草地、居民点及工矿用地、交通用地和水域等用地）和未利用地的数量及其占区域土地总面积的比例。其次，掌握各种地貌类型、土壤类型和不同坡度等自然状况下的土地资源的数量。对于土地资源数量，既要用绝对量表示，又要用相对量即人均拥有量来表示。

（1）耕地。着重分析耕地占土地总面积的百分比、耕地内部水田与旱地的比例关系、人均耕地占有量、耕地生产力水平结构、耕地的地域分布、利用差异和制约耕地利用的主要因素等。

（2）园地。主要分析园地所占的百分比、园地内部各种果园、茶园和桑园等的比例及分布、园地生产情况等。

（3）林地。主要分析现有林地面积、宜林地面积、林地的生产情况以及森林覆盖率等。

（4）牧草地。主要分析现有牧草地的面积、分布、产草量、载畜量及发展潜力等。

（5）居民点及工矿用地。主要分析区域居民点及工矿用地的占地面积、比例、空间分布，以及城市用地、小集镇用地、村庄用地、独立工矿用地等各自所占比例。

（6）交通用地。主要分析交通用地占土地总面积的比例、交通用地中各种交通类型用地所占的比例、道路网的密度和路面等级结构及分布等。

（7）水域。分析水域占土地总面积的比例，河流、湖泊和沟渠等各种水面所占比例，可利用的水面面积，已利用的水面面积，水域的空间分布特点等。

（8）未利用地。分析未利用地所占比例，可开发利用的潜力，包括可开发利用的面积、空间分布位置、适宜开发利用的方向及存在的制约因素等。

（二）土地利用数量结构分析

土地利用结构（land use structure）是指各种土地利用类型在某区域内的比例关系和组合方式，它反映了土地资源在国民经济各部门及部门内的分配状况和比例关系。土地利用结构的研究对土地评价有重要意义。一般说来，已形成的土地利用结构是土地评价的出发点，进行土地评价应将重点放在土地利用不合理、用途有争议的土地及各类用地的后备资源上，而对多数合理的土地利用类型，可适当分析其具体土地单元在土地生产力和使用价值上的水平高低。因此，土地利用结构的分析，可帮助人们认识和评价土地利用的合理程度，以便于土地利用问题的分析和土地利用结构的调整。

（1）多样性分析。从土地利用类型的多样性，可了解土地在一定技术条件下其多种可能性是否得到发挥，是否实现了农业的多种经营。可使用吉布斯-马丁公式（Gibbs-Martin equation）

$$\mathrm{GM}=1-\frac{\sum_{i=1}^{n}x_i^2}{(\sum_{i=1}^{n}x_i)^2} \tag{3-1}$$

式中：GM 为多样性指数；x_i 为 i 种土地利用类型的面积；n 为区域内土地利用的类型数。此公式可用于测算地区土地利用结构的多样化程度，GM 越大，土地利用类型越多样。

（2）农业用地与非农业用地的比例。可了解地区农业所处地位和工业化、城市化发展水平。

（3）已利用土地与未利用土地比例。揭示土地开发利用潜力，但这一分析应结合地区土地类型状况，分析未利用土地存在的原因。

（4）农业、林业和牧业用地比例及内部结构。从农林牧用地比例可了解农业多种经营发展程度，从耕地中水田、水浇地和旱地比例可进一步了解种植业内部结构。

（5）水域在土地中的比例及水域内部结构。可反映地区内水域土地状况及水域中河流、湖泊、池塘和水库等的数量和比例，以揭示水域开发利用的潜力。

（6）建设用地内部结构。其结构可反映第二、第三产业发展水平。

（7）土地利用结构与当地自然条件、土地类型做比较。可认识土地利用合理程度。一般来说，平原区以耕地为主，丘陵区以耕地、园地和林地为主，山区多以林牧为主。

（8）土地利用结构与农业产值结构、农村劳力结构比较。认识土地利用结构形成的原因及土地利用的合理程度。

（9）土地质量结构分析。如对耕地园地中高产、中产和低产地的区分，可进一步认识土地利用的潜力。

二、土地利用格局分析

土地类型结构是指某个区域包含哪些土地类型，它们各占多少面积比例。由此可见，土地数量结构实际是指土地类型在质和量上的对比关系。例如，有时人们提到某个地区是“七山一水二分田”，就是这种质和量的对比关系，其中山、水、田是土地类型的“质”，而七、一、二是土地类型的“量”，即面积比例。

（一）土地类型数量结构分析

（1）多度。多度表示某种土地在区域内的相对个体数。可以定量地表示出土地类型在区域内的分布状况，是合理配置适宜于该土地类型的利用方式的依据。计算公式是

$$A_i=\frac{n}{N}\times 100\% \tag{3-2}$$

式中：A_i 为 i 种土地类型的多度；n 为该种土地类型的个数；N 为区域内全部土地类型

的数量。

（2）频度。频度表示某种土地在区域内出现的频率。可以定量地表示土地类型在区域内的分布均匀程度，也是合理配置适宜于该类土地的利用方式的依据。计算公式是

$$P_i = \frac{m_i}{n} \times 100\% \tag{3-3}$$

式中：P_i 为 i 种土地类型在区域内出现的频率；m_i 为土地类型在样方内出现的个数；n 为该区域内的样方数。

（3）面积比。面积比表示各土地类型的面积占区域土地总面积的百分比。面积比精确地表示土地类型在区域内的相对数量，是决定是否在该种土地上建立商品生产基地和确定土地适度经营规模的依据。计算公式是

$$K_i = \frac{a_i}{A} \times 100\% \tag{3-4}$$

式中：K_i 为 i 种土地类型的面积比；a_i 为该种土地类型的面积；A 为区域土地总面积。

（4）重要值。重要值为多度与面积比的综合表示。可以定量地表示土地类型对区域的重要程度，是确定区域土地利用专业化方向的重要依据。计算公式是

$$\mathrm{IVI}_i = A_i + K_i \tag{3-5}$$

式中：IVI_i 为 i 种土地类型的重要值；A_i 为该种土地类型的多度；K_i 为该种土地类型的面积比。

（5）复杂度。复杂度表示一定区域内土地类型在高一级区域内的相对复杂程度或多样化程度。复杂度是确定区域土地利用方式多样化的重要指标。计算公式是

$$\mathrm{CD} = \frac{n}{a} \Big/ \frac{N}{A} \tag{3-6}$$

式中：CD 为区域内土地类型在高一级区域内的相对复杂程度；n 为区域内土地类型数；a 为该区域土地总面积；N 为高一级区域内土地类型数；A 为高一级区域土地总面积。

（6）区位指数。区位指数表示区域内某种土地的区际意义。区位指数若为正值，则表示该种土地有区际意义；反之，则说明不具备区际意义。区位指数也是确定区域土地利用专门化方向和配置商品生产基地的依据。计算公式是

$$\mathrm{LI}_i = K_i - \frac{a_i}{A'} \times 100\% \tag{3-7}$$

式中：LI_i 为第 i 种土地类型的区位指数；K_i 为该种土地类型的面积比；a_i 为该种土地类型的面积；A'为高一级区域土地总面积。

（二）土地利用空间结构分析

土地利用空间结构是指某个区域内，各类土地的空间位置及彼此间组合而形成的一定格局。反映一定地域内特殊的自然环境对人类活动的影响，是人们对当地土地结构认识的积累和对当地土地特点利用改造的结果。土地利用空间结构往往具有明显的地域差异。对土地利用类型在地区内空间分布的分析，可使人们更好地认识土地利用与自然、社会和经济条件的相关性，从而分析土地利用布局的合理性。

（1）水平分异对土地利用的影响。根据区域地带性与非地带性分异规律分析土地利用

的水平分异规律，如中国沿“大兴安岭—张家口—榆林—兰州—青藏高原”一线的东西差异，以及“秦岭—淮河”线和“祁连山—阿尔金山—昆仑山”线将中国东、西部进一步划分成4个基本区域：以旱地为主的北方旱作农业区，以水田为主的南方水田农业区，以干旱草原、荒漠草原为主的甘新牧业区，以高原、高山草地为主的青藏高寒牧业区。

（2）地貌类型对土地利用的影响。地貌类型的不同既控制着非地带性的水平区域差异，造成山区和平原在土地利用方向、效益及结构上的不同，又是山区土地利用存在明显垂直分异的原因。平原地区土地空间结构往往不甚明显；丘陵山区受地形和水系切割的影响，土地利用空间结构则比较鲜明，可根据地形和水系的排列形式加以识别或判断，如带状结构、环状结构、扇形结构和树枝状结构等。

（3）城市对土地利用的影响。农业土地利用具有接近城市而变化的趋势。在中国的大城市，城郊土地利用一般形成以为城市服务为主的方向，近郊是以蔬菜和牛奶为主的鲜活副食品生产基地，远郊在向城市供应肉、禽和蛋等副食的同时发展粮食等农作物。在城市化过程中，城市的扩展和城市活动的干扰等往往对近郊农业土地利用造成重要影响。

（4）土地利用布局形态的多样性。受各地自然、社会和经济条件的影响，各种土地利用类型的空间分布也常具有相应区位，形成有一定规律的组合形式。如长江中游地区，由平原到宽阔谷地、狭窄谷地、坡地，土地类型依次为畈田、垄田、冲田、岗地，土地利用依次出现水田、旱地、园地的更替。

另外，也可用景观异质性特征指数（如景观的破碎度、多样性、优势度和镶嵌性等）来进行土地利用空间格局分析，此处不再赘述。

三、土地利用动态分析

（一）土地利用转移趋势

土地利用转移矩阵分析是进行土地利用动态变化研究的主要方法。根据地图代数方法对任意两期土地利用/覆被图进行空间叠加处理，可以求得由k时期到k+1时期的土地利用变化图C_{ij}，可表现出土地利用变化的类型及其空间分布，公式如下

$$C_{ij} = A_{ij}^{k} \times 100 + A_{ij}^{k+1} \quad (\text{土地利用类型} < 100) \tag{3-8}$$

式中：A_{ij}^{k}和A_{ij}^{k+1}分别为k和k+1时期的土地利用图，据此可求得土地利用类型相互转化的数量关系的原始转移矩阵，构建土地利用变化动态模型，反映不同类型间的转化趋势和速度。通过土地利用转移矩阵，可以看出各类用地在变化期间的去向和来向。

（二）土地利用动态度

（1）单一土地利用动态度。单一土地利用动态度表达了某研究区在一定时间范围内某种土地利用类型的数量变化情况。计算公式是

$$K = \frac{U_{\mathrm{b}} - U_{\mathrm{a}}}{U_{\mathrm{a}}} \times \frac{1}{T} \times 100\% \tag{3-9}$$

式中：K 为研究时段内某一类型土地利用动态度；U_a、U_b 分别为研究期初和末某土地利用类型的数量；T 为研究时段长。

（2）综合土地利用动态度。综合土地利用动态度综合考虑了研究时段内各种土地利用类型间的相互转化，刻画了区域土地利用变化的剧烈程度，便于在不同空间尺度上找出土地利用变化的热点区域，同时对预测未来土地利用变化趋势也有积极作用。计算公式是

$$LC = \frac{\sum_{i=1}^{n} \Delta LU_{i-j}}{2\sum_{i=1}^{n} LU_i} \times \frac{1}{T} \times 100\% \tag{3-10}$$

式中：LC 为研究时段内综合土地利用动态度；LU_i 为监测起始时刻第 i 类土地利用类型的面积；ΔLU_{i-j} 为监测时段内第 i 类土地利用类型转化为非 i 类土地利用类型面积的绝对值；T 为监测时段长度。

（三）土地利用变化区域差异

土地利用相对变化率是一种反映土地利用变化区域差异的指标。某一种特定土地利用类型相对变化率可以表示为

$$R = \frac{|K_a - K_b| \times \dfrac{1}{K_a}}{|C_a - C_b| \times \dfrac{1}{C_a}} \tag{3-11}$$

式中：R 为土地利用相对变化率；K_a 为某区域某一特定土地利用类型研究期初的面积；K_b 为某区域某一特定土地利用类型研究期末的面积；C_a 为全研究区某一特定土地利用类型研究期初的面积；C_b 为全研究区某一特定土地利用类型研究期末的面积。如果某区域某种土地利用类型的相对变化率大于 1，则表示该区域该种土地利用类型变化较全区大。

四、土地利用程度分析

古今中外，土地利用的途径无非有两条：一条是土地利用的广度扩展，不断扩大土地利用面积，提高土地利用率；另一条是向土地利用深度挖潜，增加劳动和科技投入，不断提高土地集约利用程度，提高土地产出率。

（一）土地利用程度分析

土地利用程度是指在当前技术可能性和经济合理性条件下，在土地资源中已开发利用土地所占的比例。衡量土地开发利用常用的指标有：土地利用率、土地农业利用率、土地垦殖率和复种指数、林地利用率和森林覆盖率、牧地利用率和草场载畜量、建设用地率和交通用地率等。

1. 土地利用率

土地利用率（land use index）反映了土地总的利用程度。计算公式如下

$$LUI = \frac{U}{A} \times 100\% \tag{3-12}$$

式中：LUI 为土地利用率；U 为已利用土地面积；A 为土地总面积。中国平均土地利用率为 89.1%。

2. 土地农业利用率

土地农业利用率反映了土地农业利用程度。计算公式如下

$$\mathrm{AUI}=\frac{U_{\mathrm{a}}}{A}\times 100\% \tag{3-13}$$

式中：AUI 为土地农业利用率；U_{a} 为农业用地面积；A 为土地总面积。中国土地农业利用率平均为 72.2%，绝大部分地区在 70%以上，说明农业用地是土地利用的主体。

3. 土地垦殖率和复种指数

垦殖率（cultivation index）反映了土地开垦程度和种植业发展程度。计算公式如下

$$\mathrm{CI}=\frac{F}{A}\times 100\% \tag{3-14}$$

式中：CI 为垦殖率；F 为耕地面积；A 为土地总面积。中国的土地垦殖率为 14.2%，其中，平原地区多在 40%。

复种指数（multi-cropping index）又称耕地复种率，反映了耕地在一年内被重复利用的程度，主要受水热条件制约的作物熟制影响。计算公式如下

$$\mathrm{MCI}=\frac{A_{\mathrm{p}}}{F}\times 100\% \tag{3-15}$$

式中：MCI 为复种指数；A_{p} 为全年农作物总播种面积；F 为耕地面积。我国江南复种指数达 185%～250%，华北地区为 120%～150%，青藏高原和新疆地区在 100%以下。

复种指数的高低，与当地耕作熟制状况有直接联系。因此，有的地区常采用各种熟制的耕地占全部耕地的比例，或间作套种土地占总耕地面积来分析耕地利用程度。

4. 林地利用率和森林覆盖率

林地利用率指有林地面积占宜林地面积的比例。

森林覆盖率（forest coverage）则指有林地占总土地面积的比例。

5. 牧地利用率和草场载畜量

牧地利用率指可利用的草场占天然草场的比例。在天然草场中，一些草场因地处干旱区，缺水或无水而不利于放牧；一些草场地处海拔过高，高寒气候也不利于放牧。

草场载畜量（carrying capacity of pasture land）是指在一定的放牧季节内，在牲畜生长良好的情况下，一定面积的草场所能饲养的最多牲畜。载畜量是草场对牲畜的承载力，其计算是为了使草场在不退化和保持生态平衡条件下充分利用草场资源、获得最大的经济效益。计算公式如下

$$X_{\mathrm{s}}=\frac{S_{\mathrm{g}}\times K_{\mathrm{g}}\times r_{\mathrm{g}}}{d_{\mathrm{s}}} \tag{3-16}$$

式中：X_{s} 为载畜量（羊单位）；S_{g} 为可利用草场面积（hm^2）；K_{g} 为单位面积草场产草量（$\mathrm{kg/hm}^2$）；r_{g} 为利用率（%）；d_{s} 为羊单位食草量（kg）；一般每只羊单位每年需草 1460kg，各类牲畜折合羊单位系数为：羊为 1，猪为 1.2，牛为 9，马为 4，驴为 2，骡为 4，骆驼为 9。

6. 建设用地率和交通用地率

建设用地率通常用建筑密度和容积率来反映。

建筑密度（building density）即建筑覆盖率，指在一定用地范围内，所有建筑物的基底面积与用地面积之比。在一般情况下，平均建筑层数越高，建筑密度越低。计算公式如下

$$BD=\frac{F}{A} \tag{3-17}$$

式中：BD 为建筑密度；F 为建筑物基底面积；A 为用地面积。

容积率（floor area ratio）是建筑总面积与建筑用地面积的比。它是反映城市土地利用情况及其经济性的技术经济指标，也是影响地价的一个重要因素。例如，在 1 万 m^2 的土地上，有 4000m^2 的建筑总面积，其容积率为 0.4。计算公式如下

$$FAR=\frac{B}{A} \tag{3-18}$$

式中：FAR 为容积率；B 为建筑总面积；A 为建筑用地面积。容积率越大，土地利用程度越高，单位地价也越高。

（二）土地利用集约度评价

由于土地供给面积的有限性，要求人们在拓展土地利用范围的同时，重视土地的集约利用。“集约”和“粗放”是两个相对的概念。土地集约利用是指在一定面积的土地上，集中地投入较多的生产资料和活劳动，使用先进的技术和管理方法，以求在较小面积的土地上获得高额产量和收入的一种经营方式。土地利用集约度（intensity of land use）是指人们为提高土地收益在单位面积土地上的投入密集程度。按照生产要素投入的构成不同，土地集约利用分为资金密集型、劳动密集型和技术密集型。

一般来说，土地利用集约度以单位面积土地上劳动力、资金、技术和物资投入等衡量。农业土地集约利用的概念已成共识，所以农业土地集约度常用的衡量指标有：单位面积土地施肥量、单位面积土地用电量、单位面积农机拥有量、机播面积占农田比例及有效灌溉面积占耕地比例等。城市土地利用需考虑城市用地布局、环境保护和生活空间等诸多因素来促进功能提升，不能仅靠追加单位面积投入来增加产出，目前对城市土地集约利用的概念还没有达成共识。但土地集约利用的目的都是提高土地利用率和生产率，获取较高的经济效益、社会效益和环境效益。

在区域土地利用集约度评价时，有人采用土地利用程度、投入强度、利用效率和持续状况四组指标进行评价；也有人采用土地承载力（包括人均用地面积、单位面积已利用土地全社会固定资产投资、农用地复种指数和土地利用率）、集约利用趋势（包括人口与用地弹性系数、人口与建设用地弹性系数、国内生产总值（gross domestic product，GDP）与用地弹性系数、GDP 与建设用地弹性系数）、土地产出效率（包括万元 GDP 用地，万元 GDP 需建设用地，单位面积建设用地第二、第三产业 GDP，单位面积农用地农林牧渔业总产值）和人地协调程度（包括人均耕地面积、人均建设用地面积、人均交通运输用地）等指标来进行评价。

2007 年，国土资源部颁布了《城市土地集约利用潜力评价技术规程（试行）》，用承载力指数、协调度指数、贡献度指数和管理绩效指数来进行城市土地集约利用总体评价，与传统的“投入”、“产出”和“强度”分类方式不同。这种分类体系更加明确地得到每一因素对于土地集约利用程度的影响大小，使评价结果更具实践指导意义（表 3-1）。2010 年，国土资源部又颁布了《开发区土地集约利用评价规程》（TD/T 1029—2010），从土地利用状

况（包括土地利用程度、用地结构状况、土地利用强度）、用地效益（产业用地投入产出效益）和管理绩效（包括土地利用监管绩效和土地供应市场化程度）方面进行综合评价。

表 3-1 城市土地集约利用总体评价相应指数和指标要求（国土资源部，2007）

指数（代码）	分指数（代码）	选择要求	分指数指标（代码）	选择要求
承载力指数（LIUCCI）	人口承载力指数（PCCI）	必选	城乡建设用地人口密度（PCCI1）	必选
			城镇工矿用地城镇人口密度（PCCI2）	备选
	经济承载力指数（ECCI）	必选	地均城乡建设用地固定资产投资（ECCI1）	必选
			地均城镇工矿用地第二、第三产业增加值（ECCI2）	必选
			地均城乡建设用地财政收入（ECCI3）	备选
			地均城镇工矿用地工业产值（ECCI4）	备选
	建设承载力指数（CCCI）	备选	城市综合容积率（CCCI1）	备选
协调度指数（LIUHI）	人口协调度指数（PHI）	必选	人口与城乡建设用地增长弹性系数（PHI1）	必选
	经济协调度指数（EHI）	必选	第二、第三产业增加值与城镇工矿用地增长弹性系数（EHI1）	必选
		必选	财政收入与城乡建设用地增长弹性系数（EHI2）	备选
贡献度指数（LIUCI）	人口贡献度指数（PCI）	必选	人口与城乡建设用地增长贡献度（PCI1）	必选
	经济贡献度指数（ECI）	必选	第二、第三产业增加值与城镇工矿用地增长贡献度（ECI1）	必选
		必选	财政收入与城乡建设用地增长贡献度（ECI2）	备选
管理绩效指数（LIUAPI）	城市用地管理绩效指数（ULAPI）	必选	城市土地开发利用比率（ULAPI1）	必选
			城市批次土地供应比率（ULAPI2）	必选
			城市土地供应市场化比率（ULAPI3）	必选

（三）土地利用经济效果分析

土地是人类生产、生活所必需的物质条件。在农业生产中，土地直接参与农业产品的生产过程；在非农业生产中，土地作为生产基地、生产空间而发挥作用。因此，土地利用效果从土地生产率和经济密度两方面进行衡量。

1. 土地生产率

土地生产率（land productivity）是指土地在现有利用水平（包括投入水平）下的生产能力。一般以一定生产周期中（一年或多年），单位土地面积的产量或产值（包括产值、净产值）指标表示。一个地区土地生产率的高低，除了受光、热、水、土和气等自然因素的制约外，还受到土地集约化水平（包括劳动力、资金、技术）、耕作轮作制度、灌溉施肥制度、土地利用方式以及经营管理水平等社会经济因素的影响。

目前，提高土地生产率的主要途径有两条：一条是根据土地的适宜性（如宜农、宜林、宜牧等），因地制宜地确定土地合理利用方向，充分发挥不同土地类型的优势，做到地尽其利；另一条是不断采用先进科学技术、优良品种、科学管理方法，增加单位土地面积上的人力、财力和物力的投入量，实现土地持续增产和稳产高产。

土地生产率可用实物型（即单位面积产量）和价值型（即单位面积产值）两种方式来表示

$$\mathrm{LP}=\frac{P}{A} \tag{3-19}$$

式中：LP 为土地生产率；P 为产量或产值；A 为土地面积。

根据土地生产率可对各地区产量水平进行比较。例如，中国东部地区土地生产率的空间差异表现为：长江中下游、东南沿海＞华北＞东北。按照土地生产率的高低，还可将耕地分为高产、中产和低产三种类型。但由于各地土地质量和生产条件不同，划分高产、中产、低产田的标准也不一样。另外，根据土地生产率，亦可对园地、林地和牧地进行质量等级划分。

2. 经济密度

经济密度（economic density）是指单位面积土地上经济效益的水平，一般以每平方米土地的产值来表示。通过对各类土地利用效益的比较，总体来看，城镇工矿用地由于产业的高度集聚，单位面积产值可达农用地的 100 余倍。农用地中，淡水养殖的亩产值一般高于农、林、牧用地，园地和耕地的亩产值也较高，林地、牧草地效益较低。根据国家统计局 2016 年数据，全国土地单位面积净产值差异较大：平均值为 13280 元/m^2，耕地为 3886 元/m^2，林地为 175 元/m^2，牧草地为 1357 元/m^2，而城镇和工矿用地则高达 246537 元/m^2。可以看出，城镇和工矿用地单位面积产值约是耕地的 63 倍。

五、土地利用的生态环境效应分析

土地利用常常会引起许多自然现象和生态过程的变化，如大气环境、土壤环境、水环境、生物多样性以及景观格局的变化。因此，土地利用的生态环境效应成为了土地变化研究的主要内容。

土地利用的生态环境效应分析主要是研究土地利用是否充分利用了自然环境条件，是否改善了环境条件。例如，可通过比较自然生态系统的生产潜力和人工生态系统的生产能力，来判断利用自然条件的程度；对比自然生态系统结构与人工生态系统结构，判断是否改善了环境条件等。当然，从某种意义上说，土地质量状况本身就是土地利用生态环境状况的反映。

（一）一般评价分析指标

通常，可通过以下指标进行分析。

（1）水土流失面积指数=水土流失面积/土地总面积。

（2）土地沙化面积指数=土地沙化面积/土地总面积。

（3）土地盐渍化面积指数=土地盐渍化面积/土地总面积。

（4）土壤有机质和 N、P、K 含量。

（5）土壤环境质量指数=污染物实测浓度/污染物评价标准。

（6）受灾面积比率=受灾面积/土地总面积。

（7）中、低产田比率=中、低产田面积/土地总面积。

（8）耕地灌溉率=可灌溉耕地面积/耕地面积。

（9）热量利用率=一年内作物生育期间所需积温/当地全年积温。

（10）林木覆盖率=（有林地面积+灌木林面积+零星树折合面积）/土地总面积。

（二）生态环境状况指数

生态环境状况指数（EI）是环境保护部2015年颁布的《生态环境状况评价技术规范》（HJ 192—2015）中提出的一个指标，可反映区域生态环境的质量状况。它是通过生物丰度指数、植被覆盖指数、水网密度指数、土地胁迫指数、污染负荷指数、环境限制指数和生态环境状况指数来进行综合评价的。

1. 生物丰度指数

通过单位面积上不同生态系统类型在生物物种数量上的差异，间接地反映区域内生物丰度的丰贫程度。计算公式为

$$生物丰度指数=（BI+HQ）/2 \tag{3-20}$$

式中：BI 为生物多样性指数；HQ 为生境质量指数。

$$生物多样性指数=R'_V\times0.2+R'_P\times0.2+D'_E\times0.2+E'_D\times0.2+R'_T\times0.1+(100-E'_I)\times0.1 \tag{3-21}$$

式中：R'_V 为归一化后的野生动物丰富度；R'_P 为归一化后的野生维管束植物丰富度；D'_E 为归一化后的生态系统类型多样性；E'_D 为归一化后的物种特有性；R'_T 为归一化后的受威胁物种的丰富度；E'_I 为归一化后的外来物种入侵度。

$$生境质量指数=A_{bio}\times（0.35\times林地+0.21\times草地+0.28\times水域湿地+0.11\times耕地+0.04\times建设用地+0.01\times未利用地）/区域面积 \tag{3-22}$$

式中：A_{bio} 为生物丰度指数的归一化系数；0.35 为权重，根据《生态环境状况评价技术规范》来确定，余同。

2. 植被覆盖指数

采用遥感方法计算植被覆盖指数。计算公式为

$$植被覆盖指数=\text{NDVI}_{区域均值}=A_{veg}\times\left(\frac{\sum_{i=1}^{m}P_i}{n}\right) \tag{3-23}$$

式中：A_{veg} 为植被覆盖指数的归一化系数；P_i 为遥感影像产品 5～9 月像元 NDVI 月最大值的均值；n 为区域像元数。

3. 水网密度指数

区域内河流总长度、水域面积和水资源量占区域面积的比例，用于反映区域水的丰富程度。计算公式为

$$水网密度指数=[A_{riv}\times河流长度/区域面积+A_{lak}\times水域面积（湖泊、水库、河渠和近海）/区域面积+A_{res}\times水资源量/区域面积]/3 \tag{3-24}$$

式中：A_{riv} 为河流长度的归一化系数；A_{lak} 为湖库面积的归一化系数；A_{res} 为水资源量的归一化系数。

4. 土地胁迫指数

区域内风蚀、水蚀、重力侵蚀、冻融侵蚀和工程侵蚀的面积占区域面积的比例，用于反映区域内土地胁迫程度。计算公式为

$$土地胁迫指数=A_{ero}\times（0.4\times重度侵蚀面积+0.2\times中度侵蚀面积+0.2\times建设用地面积+0.2\times其他土地胁迫）/区域面积 \tag{3-25}$$

式中：A_{ero} 为土地退化指数的归一化系数。

5. 污染负荷指数

区域内受纳污染物负荷，用于反映区域所承受的环境污染压力。计算公式为

污染负荷指数＝0.2×A_{COD}×COD 排放量/区域年降水总量＋0.2×A_{NH_3}×氨氮排放量/区域年降水总量＋0.2×A_{SO_2}×SO_2排放量/区域面积＋0.1×A_{YFC}×烟（粉）尘排放量/区域面积＋0.2×A_{NO_x}×氮氧化物排放量/区域面积＋0.1×A_{sol}×固体废物丢弃量/区域面积 （3-26）

式中：A_{COD}为 COD 的归一化系数；A_{NH_3}为氨氮的归一化系数；A_{SO_2}为SO_2的归一化系数；A_{YFC}为烟（粉）尘的归一化系数；A_{NO_x}为氮氧化物的归一化系数；A_{sol}为固体废物的归一化系数。

6. 环境限制指数

环境限制指数是生态环境状况的约束性指标，指根据区域内出现的严重影响人居生产生活安全的生态破坏和环境污染事项，如重大生态破坏、环境污染和突发环境事件等，对生态环境状况类型进行限制和调节。

7. 生态环境状况指数

生态环境质量指数（EI）＝0.35×生物丰度指数＋0.25×植被覆盖指数＋0.15×水网密度指数＋0.15×（100-土地胁迫指数）＋0.10×（100-污染负荷指数）+环境限制指数 （3-27）

根据表 3-2 和表 3-3 对区域生态环境质量进行状况分级和变化度分级。

表 3-2 生态环境状况分级（环境保护部，2015）

级别	指数值	状态
优	EI≥75	植被覆盖度高，生物多样性丰富，生态系统稳定
良	55≤EI＜75	植被覆盖度较高，生物多样性较丰富，适合人类生活
一般	35≤EI＜55	植被覆盖度中等，生物多样性一般水平，较适合人类生活，但有不适合人类生活的制约性因子出现
较差	20≤EI＜35	植被覆盖较差，严重干旱少雨，物种较少，存在着明显限制人类生活的因素
差	EI＜20	条件较恶劣，人类生活受到限制

表 3-3 生态环境状况变化度分级（环境保护部，2015）

级别	变化值	描述
无明显变化	|ΔEI|＜1	生态环境质量无明显变化
略有变化	1≤|ΔEI|＜3	如果 1≤ΔEI＜3，则生态环境质量略微变好；如果-3＜ΔEI≤-1，则生态环境质量略微变差
明显变化	3≤|ΔEI|＜8	如果 3≤ΔEI＜8，则生态环境质量明显变好；如果-8＜ΔEI≤-3，则生态环境质量明显变差；如果生态环境状况类型发生改变，则生态环境质量明显变化
显著变化	|ΔEI|≥8	如果ΔEI≥8，则生态环境质量显著变好；如果ΔEI≤-8，则生态环境质量显著变差

六、土地利用现状总结

通过土地利用结构、土地利用程度及土地利用生态环境效应分析，总结土地利用特点，

揭示土地利用的基本趋势和存在的问题，是土地利用现状评价的核心。在此基础上，对土地质量做出科学评定，提出调整土地利用结构和布局及提高土地利用经济、生态和社会效益的建议和途径。

（一）土地利用现状特点概括

（1）区域土地利用现状特点。区域可以是行政区域，也可以是自然区域，或者依据评价的对象确定的区域，但不包括城市规划区。区域内以农业用地为主，城市建设用地只占很小的比例。通过对区域土地利用结构、布局、动态变化、开发利用程度、生态环境效应和人地关系等方面的综合分析，并与其他区域对照比较，概括出区域区别于其他区的特殊性。

（2）城市土地利用现状特点。城市规划区范围第二、第三产业高度密集，人口和各种设施高度集聚，以人工生态系统为主的地区，土地利用特点明显不同于农业用地。由于城市土地供给的有限性，要求人们必须节约集约利用。通过对城市用地数量结构、空间布局、功能结构、土地的供给与动态变化和投入产出效益等的分析，概括出城市土地利用的现状特点。

（二）土地利用存在问题的分析

总的来说，所谓土地利用问题就是社会经济发展对土地利用的要求与限制影响土地利用的自然、社会和经济诸因素之间存在的矛盾。

（1）区域土地利用存在的问题。区域土地利用中存在的问题包括：土地利用是否充分，土地利用结构和布局是否合理，土地利用方式是否科学，土地生产力和价值的发挥是否有效，土地开发、利用、整治和保护措施是否持续等。

（2）城市土地利用存在的问题。城市土地利用的问题表现更为突出，主要表现为城市用地规模增长是否正常，城市土地利用结构和布局是否合理，土地利用集约度是否适宜和土地的产出效益是否最佳等方面。

第三节　中国土地资源特点

一、中国土地资源的现状

中国陆域总面积 960 万 km^2。在世界 233 个国家和地区中，中国土地总面积仅次于俄罗斯（1770 万 km^2）和加拿大（997 万 km^2），居世界第三位。目前，中国还是世界第一大人口国（13.9 亿，2017 年）、世界第二大经济体，也是世界第一大农业国和世界第一大粮食产量国。

中国土地资源面积广阔，利用类型多样（表 3-4）。耕地、林地、牧草地面积之和占 71.1%，居主导地位；农业用地中牧草地（30.2%）、林地（26.7%）比例大，耕地（14.2%）次之，园地（1.6%）最少。未利用地（18.9%）多为难开发利用的沙漠、荒漠、裸岩及石砾地、重盐碱地和沼泽地等，而且大部分分布在西北干旱地区和青藏高原，自然条件恶劣，开发难度大。

表 3-4 中国土地资源数量结构

地类	耕地	园地	林地	牧草地	居民点及工矿用地	交通用地	水域及水利设施用地	未利用地	总面积
面积/万 hm^2	13538.5	1481.2	25395.0	28731.4	2873.9	794.2	4269.0	17984.4	95067.6
比例/%	14.2	1.6	26.7	30.2	3.1	0.8	4.5	18.9	100

注：据第二次全国土地调查主要数据成果公报（2013）整理。

二、中国土地资源的空间格局

（一）影响中国土地资源空间格局的因素

（1）地貌三级阶梯的分布格局。中国地貌第一级阶梯为青藏高原，平均海拔在 4000m 以上，高原上山岭宽谷相间，湖泊众多，气候寒冷，难利用地面积大，以高寒草地为主要土地利用类型，有林地集中分布在藏东南—横断山地区；第二级阶梯多为海拔 1000～2000m 高原、盆地，土地利用类型复杂多样；第三级阶梯为海拔 1000m 以下的丘陵和 200m 以下的平原，是中国工农业发达地区。

（2）400mm 和 800mm 年降水量线。受东南季风的影响，我国大陆自东南向西北降水量逐渐减少。其中，大兴安岭西坡—内蒙古高原东南部边缘—黄土高原西部边缘—青藏高原东部边缘一线，为 400mm 年降水量等值线，也是半湿润森林草原与半干旱草原的分界线，形成了中国农区与半农半牧区、牧区的地域分异，造成了中国土地利用最明显的东西差异。此线以西属干旱、半干旱和高寒区，土地面积占国土面积的 45%，而耕地则只占 10%；此线以东属湿润、半湿润自然地区，土地面积占国土的 55%，而耕地则占 90%。秦岭—淮河一线是我国南北分界线，也是 800mm 等降水量线和 1 月平均温度 0℃等值线，此线南北降水和热量的差别，造成了土地利用的南北差别，此线以北有 80%的旱耕地，此线以南则分布有 90%的稻田。

（二）中国土地资源空间格局特点

以 400mm 年降水量线为界，把我国土地资源分为东南部地区和西北部地区。

1. 东南部地区

东南部地区光热水土匹配较好，农业发展历史悠久，城镇密集，人口众多，工农业发达；全国近 90%的耕地和非农用地、80%的林地和 85%的有林地集中在此，是中国工农业用地集中地区；土地利用以农林为主，除东北区外已基本无后备土地资源。

大致以秦岭—淮河 800mm 年降水量线（简称秦淮线）为界，东南部地区秦淮线南北土地资源差异显著。秦淮线以北地区，蒸发多于降水，旱地占绝对优势，水田只占耕地面积的 5.5%，水浇地占 24.6%。除华北平原可以一年两熟外，东北平原和黄土高原多为一年一熟至两年三熟。秦淮线以南地区，降水大于蒸发，以水田为耕地的基本形态，旱地约占 1/3。农作物可以稳定地一年两熟至一年三熟，亚热带代表性的经济林如柑橘、茶叶、油桐、油茶等普遍分布。

2. 西北部地区

西北部地区气候干燥或热量不足，光热水土匹配欠缺，少数民族为主；人口稀少，草原辽阔、畜牧业比例大，绿洲和河谷农业发达，后备土地资源丰富；土地利用以牧业为主，未利用土地占全国的80%，牧草地占全国的90%，发展农牧业尚有很大潜力。

以第一级阶梯边缘的昆仑山—阿尔金山—祁连山为界，西北部地区可分为西北干旱区域和青藏高原高寒区域。其中，西北干旱区域气候干燥，降水稀少，大部为内流区域，水资源极度缺乏。土地利用以草地畜牧业为主，未利用地面积较大，一般是没有灌溉就没有农业。250mm年降水量等值线是干旱与半干旱区的分界，也是旱作农业的西界，在许多地区表现为半农半牧区与纯牧区分异。青藏高寒区域地势高亢、气候寒冷，多数地区热量欠缺。未利用地占2/5，主要是戈壁和寒漠；天然草地占1/2，高寒草地畜牧业是主要的土地利用方式，农业仅见于藏南、青东湖盆和谷地。

三、中国土地资源的特点与问题

（一）土地面积辽阔，类型多样性高

中国领土从53°34′N至3°51′N，南北约跨50个纬度，由寒温带至热带，约70%为温带（占25.9%）、暖温带（占18.5%）和亚热带（约占26%），有优越的热量条件；从73°E附近至135°05′E，东西跨将近62个经度，由太平洋沿岸到欧亚大陆的中心，包括土地面积几乎相等的湿润（占32.2%）、半湿润（占17.8%）与半干旱（占19.2%）、干旱（30.8%）两大地理区域。由于水、热条件组合差异和复杂的地形地貌条件，悠久的农业历史，多样的土地利用方式，形成了中国极其复杂多样的土地资源类型，区域差异明显，为综合发展农、林、牧、副、渔生产提供了有利的条件。

（二）农用地绝对数量大，但人均占有量少

中国现有牧草地约43.1亿亩（2013年），居世界第3位；耕地20.3亿亩，居世界第4位；林地约38.1亿亩，居世界第8位。但人均占有量均很低，草地不及世界平均数的1/2，林地仅为世界平均数的1/5强；耕地人均仅1.52亩，不及世界人均耕地（3.75亩）的40%。农、林、牧用地总和，中国平均每人占有8.1亩，最多也不超过10.1亩，仅为世界的1/4强至1/3。目前，中国人均耕地少于1亩的省级行政单位有7个。在2800多个县级行政单位中，人均耕地低于FAO所确定的0.8亩的警戒线有666个（占23.7%）；低于0.5亩的有463个（占16.5%）。目前，我国有1.49亿亩耕地位于东北、西北地区的林区、草原以及河流湖泊最高洪水位控制线范围内和25°以上陡坡。其中，相当部分需根据国家退耕还林、还草、还湿和耕地休养生息的总体安排做逐步调整；有相当数量耕地受到中、重度污染，大多不宜耕种；还有一定数量的耕地因开矿塌陷或地下水超采造成地表土层破坏，已影响正常耕种。

（三）可利用土地资源少，耕地质量总体偏差

我国的山地、高原和丘陵占土地面积的比例分别为33%、26%和10%（合计占69%）；盆地和平原分别只占19%和12%（合计占31%），在世界领土大国中，山地所占比例最大。同时，我国土地总面积中，沙漠占7.4%，戈壁占5.9%，石质裸岩占4.8%，冰川与永久积

雪占 0.5%，不能利用的土地面积占总面积的 18.9%。同时，我国耕地质量总体偏差。在现有耕地中，一等好地占 40%，中等地占 34%，三等劣地占 22.5%，不宜农耕的占 3.5%；有灌溉设施的耕地仅占 45.1%，无灌溉设施耕地占 54.9%；涝洼地占 4.0%，盐碱地占 6.7%，水土流失地占 6.7%，红壤低产地占 12%，次生潜育性水稻土为 6.7%，各类低产地合计 5.4 亿亩；坡度在 15°～25°的耕地占 7.9%，坡度在 25°以上的耕地（含陡坡耕地和梯田）约占 4.1%，8474 万亩耕地均需逐步实施退耕。

（四）土地开发强度大，耕地后备资源不足

据资料考证，6000 年前中国已有原始农业种植，4000 年前已有相当固定的农业耕作。公元前 221 年人口已达 2000 万，公元 2 年超过 5000 万，1900 年超过 4 亿，现已超过 13 亿。中国历史悠久，人口众多，能够开发利用的土地，基本已被开发利用，甚至有些不宜开发为耕地的地方也出现过度开垦或滥垦现象。目前，我国已利用 771 万 km^2 土地，利用率为 89.1%，其中，农业土地占用率为 72.2%，耕地垦殖率为 14.2%，均高于世界平均水平。未利用地占土地总面积的 18.9%，主要分布在西北干旱区和西南高原。其中，难以利用的沙漠、戈壁、永久积雪、冰川以及裸岩、石砾地等约占未利用土地的 73%。宜耕作开垦的土地仅为 2 亿亩。其中，上海、天津、海南、北京可供开垦的未利用地接近枯竭。我国耕地后备资源严重不足。综合考虑现有耕地数量、人口增长和发展用地需求等因素，耕地保护形势仍然十分严峻。人均耕地少和耕地后备资源不足的基本国情没有改变。

（五）土地资源空间匹配不平衡，土地生产力空间差异显著

由于水热条件的不同和复杂的地形地貌的组合，我国土地资源区域差异显著。东部地区占全国土地面积的 47.6%，但占全国 93%的人口，90%的耕地，88%的林地，72%的水域，90%的居民点、独立工矿和交通用地，95%左右的农业总产值。全国 62%的耕地分布在淮河流域及其以北地区，但该地区水资源只占全国的 20%；长江流域及其以南地区水资源占全国的 80%以上，但耕地只占全国的 30%，由于多为湿润、半湿润地区，水热条件优越，土地自然生产力较高，是中国重要的农区与林区。西部地区虽占全国土地面积的 52.4%，但其中难利用土地占全国总数的 77%，人口则只占全国的 7%。西北内陆光照充足，热量也较丰富，但干旱少雨，沙漠、戈壁和盐碱地面积大，东半部为草原与荒漠草原，西半部为极端干旱的荒漠，无灌溉即无农业，土地自然生产力低。青藏高原大部分海拔在 3000m 以上，日照虽充足，但热量不足，高而寒冷，土地自然生产力亦低，而且不易利用。

（六）城镇化快速发展，耕地被大量占用

1949～1957 年的 9 年间，全国耕地面积净增 2.09 亿亩，主要是几大垦区开荒的结果。从 1958 年开始，全国耕地面积逐年减少。尤其是改革开放以来，受工业化和城镇化迅速发展的影响，农村耕地面积一直呈现减少的趋势。据《中国城市建设统计年鉴》（2014 年）数据显示：1981～2014 年，中国城市建设用地面积由 6720km^2 扩增至 4.99 万 km^2，增长了 5.43 倍，净增长 4.33 万 km^2。1958～1995 年的 38 年间城市化率由 16.25%增加到 29.04%，耕地增减相抵，净减少 2.53 亿亩，平均每年减少 665 万亩。相当于每年减少近 7 个中等县的耕地面积。2001～2008 年，我国城市化率由 37.66%增加到 45.68%，耕地总面积仍呈减少趋势，但降幅有所缓和。与 2001 年相比，2008 年我国耕地总面积减少了 0.883 亿亩。2017

年，我国城市化率达 58.52%，耕地仍然呈减少趋势。据国土资源部公布的《2017 年中国土地矿产海洋资源统计公报》，全国因建设占用、灾毁、生态退耕、农业结构调整等减少耕地面积 517.5 万亩，通过土地整治、农业结构调整等增加耕地面积 402.15 万亩，年内净减少耕地面积 115.35 万亩。近年来，我国建设用地增加虽与经济社会发展要求相适应，但许多地方存在村镇建设用地格局失衡、利用粗放和效率不高等问题，建设用地供需矛盾仍很突出，城市化过程中的生态环境问题也很严峻。因此，坚持最严格的耕地保护制度和节约用地制度，将是今后很长时间内的基本国策。

复习思考题

1. 何谓土地资源调查？主要任务是什么？
2. 土地资源调查的方法有哪些？
3. 如何分析区域土地利用结构？
4. 如何分析区域土地利用程度？
5. 何谓土地开发利用程度？辨析土地利用率、土地垦殖率和复种指数。
6. 何谓土地利用集约度？何谓土地生产率？
7. 如何分析区域土地利用经济效果？
8. 中国土地资源的空间格局特征是什么？
9. 中国土地资源的特点是什么？

中篇　土 地 评 价

土地评价（land evaluation）产生已有2000多年的时间，在中国也有悠久的历史，但科学的土地评价研究仅半个多世纪。近年来，由于人口、资源、环境与发展问题日益突出，基于土地资源合理利用的土地评价得到了广泛关注，并出现了空前活跃的局面。

土地评价又叫土地分等，其最终成果通常是进行土地分等。目前，关于土地评价概念，有不同的认识："当土地作为特定的用途时，对土地的特性进行估计的过程"；"估计土地作为各种用途潜力的过程"。一般来说，土地评价是以不同土地利用为目的，通过分析土地质量与土地用途两者之间的关系，对土地质量高低进行鉴定、分类、评级和估价的过程。土地评价的对象是土地质量，主要依据是土地生产力的高低，但土地生产力的高低又通过土地的适宜性和限制性间接表现出来。所以，土地评价着重通过研究土地的适宜性与限制性因素，来揭示土地质量的好坏。由于研究目的不同，土地评价的研究目标也有所不同，有的侧重于揭示土地潜在的生产能力或土地潜在的利用能力，有的则侧重于揭示土地适宜性的程度或者经济效果的适宜性，有的侧重于揭示土地利用的生态安全性以及可持续性状态等。

早期的土地评价主要用于赋税的目的。20世纪30年代，以合理利用土地为目的的土地评价研究随着土地资源调查在欧美国家发展起来，美国的土地潜力评价系统最具代表性。70年代，以FAO的《土地评价纲要》为代表，明确提出了土地评价为土地利用规划服务的目的。评价结果不仅揭示了土地的生产潜力，而且针对土地用途进行经济效益的比较分析，揭示土地适宜性程度。80年代以来，受全球变化的深刻影响，土地评价紧密围绕全球变化的生态环境效应，以FAO《可持续土地利用评价纲要》为代表，土地生态评价、土地利用持续性评价和土地多功能性评价成为研究的热点领域。纵观国内外土地评价的历史与现状，其发展呈现出综合化、生态化、精准化和定量化的趋势。土地评价已从初期单纯的土地自然生态评价逐步走向土地综合性评价；生态学的关系型范式在土地资源评价中得到广泛应用；小区域、典型地段的工作越来越多，成果实用性越来越强；新的空间方法和模型的广泛应用，增强了土地评价的定量化和科学化。

土地评价是土地资源调查的重要组成部分，土地资源管理的重要依据，也是土地利用规划的重要前提。可以从不同的视角并按不同的需要对土地评价进行分类。按评价目的，可分为土地潜力评价、土地适宜性评价、土地经济评价、土地生态评价和土地利用持续性评价；按评价途径，可分为直接评价和间接评价；按评价方法，可分为定性评价和定量评价；按服务目标，可分为单目标评价和多目标评价。本篇主要从土地潜力评价、土地适宜性评价、土地经济评价、土地生态评价和土地利用持续性评价等方面来阐述主要的土地评价类型。

第四章 土地评价概论

第一节 土地评价的概念

一、土地评价的内涵

土地资源评价又称土地评价（land evaluation），它是在对土地各构成要素及综合体特征认识的基础上，根据特定生产目的或土地用途，对土地属性进行质量鉴定，揭示土地的适宜性程度、生产潜力、经济效益、环境效应，以及确定土地价值的过程。

土地评价又称土地分等，因为土地评价的最终成果通常是进行土地分等。FAO 在 1976 年出版的《土地评价纲要》中将其定义为“当土地作为特定的用途时，对土地的特性进行估计的过程”；D.Dent 和 A.Young 在 1981 年出版的《土壤调查和土地评价》中定义为“估计土地作为各种用途潜力的过程”。因此，土地评价是以不同土地利用为目的，对土地质量高低进行鉴定、分类、评级和估价的过程。

土地评价的实质是对土地生产力高低的鉴定，基本特征是比较土地利用的要求和土地质量的供给（如土壤、气候、植被、地形和水文等）。其中，土地质量的高低可以是土地对一定用途的适宜性的程度，也可以是土地在一定用途时土地生产力的大小或评价的高低等。通过对区域土地自然、经济和社会属性的综合鉴定，将土地按质量差异划分成若干相对等级，以阐明在一定时期内土地在各种利用方式中的质量优劣和价值大小，在此基础上确定土地的最适当和最有利的用途。根据评价目的不同，土地评价可分为土地适宜性评价、土地潜力评价、土地经济评价和土地综合评价等。

二、土地评价的依据

土地评价的主要依据是土地生产力的高低，但土地生产力又通过土地的适宜性和限制性间接表现出来。

（一）土地生产力

土地生产力又称“土地潜力”或“土地生产潜力”，是在一定条件下土地生产出某种植物或植物产品可能达到的最大水平。土地生产力既表明土地的生产能力，又反映出土地质量的好坏。土地除了表现出农业生产力外，也是人类居住和其他社会经济活动的场所，因此非农业生产力同样重要。土地生产力有现实生产力和潜在生产力（理论生产力）之分、自然生产力和社会经济生产力之分，但一般表现为综合生产力。制约土地生产力的因素很多，除土地本身的质量以外，还有是否合理利用、改良和保护土地。

（二）土地适宜性

土地适宜性是指土地在一定条件下对不同用途或作物所提供的生态环境（如气候、土壤、地貌、水文等）的适宜程度。适宜性既与土地利用方式有关，又直接取决于作物的特点、更替及产量等。土地适宜性可分为现有条件下的适宜性和经过改良后的潜在适宜性两类。按适宜用途的广泛程度，一般可分为多宜性、双宜性、单宜性和暂不适宜等。多宜性是指某一块土地同时适用于农业、林业和旅游业等多项用途；单宜性则指土地只适于某种特定用途，如陡坡地仅适于发展林业，水域仅适于发展渔业等。一般来说，土地质量越好，其适宜面就越宽，而质量越差，其适宜面就越窄。由于土地质量的差别，针对同样的用途，可以划分为高度适宜、中等适宜、勉强适宜和不适宜的程度差别。

（三）土地限制性

土地限制性是指土地对某些用途的不适性或局限性，与土地适宜性相对，是限制土地在生产过程中发挥潜力的障碍因素。土地限制性往往通过土地的某些要素对用途的不适宜来反映，如较陡的坡度限制种植业的发展。限制性从土地限制因素反映出了土地质量的优劣。有些限制因素是可改变的，如某些不适宜的土壤条件和水文条件等，称为不稳定的限制因素（或暂时性限制因素）。有些限制因素则不能或难以改变，如大气候条件、大地貌类型等，称为稳定的限制因素（或永久性限制因素）。在土地评价中，要抓住主要限制因素，适当考虑其他限制因素。

第二节　土地评价的目的和任务

一、土地评价的目的

土地评价是土地资源调查的重要组成部分，是制定土地利用规划的必要技术手段，也是土地管理的一项基础性工作。具体来说，体现在以下几个方面。

（一）土地资源调查的重要组成

土地资源调查的基本任务是查清各类土地资源的数量、质量、属性、空间分布状况、随时间的动态变化规律、构成要素的特性及它们之间的相互联系和相互作用。其中，摸清土地资源的质量就是通过土地评价获得的。在土地资源调查中，往往会开展农用地质量分等或城镇土地定级等土地评价工作。

（二）土地利用规划的依据

土地利用规划的作用在于对土地利用做出合理的决定，把用地需求与土地质量协调起来，安排好各种土地用途的数量与空间布局，以取得土地利用最佳的经济效益、社会效益和环境效益。因此，规划必须以对土地质量和土地利用要求两者的了解为依据。土地评价的作用之一就是根据土地利用要求与土地条件比较来确定土地适宜性等级和生产力大小等，揭示土地在各种用途时的质量状况。因此，土地评价是土地利用规划的基础，它提供了有助于规划决策的最客观的依据。

（三）土地资源管理的依据

土地评价不仅揭示了土地的生产潜力和适宜性，而且指出了影响土地质量的主要限制因素。因此，基于土地评价结果，土地改良就会有较高的针对性。根据土地的适宜性和土地改良的经济效益分析，进行成本和收益的比较，确定土地利用的变更和土地改良的决策以及投资水平。此外，土地评价为土地质量动态监测提供了基础数据，便于掌握土地质量等级以及不同土地利用类型的动态变化和规律，为土地资源管理提供依据。

（四）土地税费征收的依据

土地税收标准、征地补偿费以及土地交易价格的确定等，主要依据土地的用途和土地对该用途的适宜等级，或土地在该用途条件下的生产力与价值的大小。土地评价的成果之一则提供了土地对某一用途的适宜等级。因此，通过土地评价能科学地为制定土地税收标准、征地补偿费以及土地交易价格提供基础资料。

二、土地评价的主要任务

（一）指出土地的潜在能力

对于不同的土地利用方式，土地资源的潜在能力表现不同。对农业用地而言，通过土地评价，指出在某种利用条件下土地所具有的潜在生产能力；对城镇用地而言，则要通过土地评价指出某种利用状况下土地所具有的潜在承载能力，或者按照最佳用途的要求，发挥土地资源的集约利用潜力。

（二）阐明土地的适宜性

土地适宜性是指在一定条件下，土地对某种用途的适宜程度。通过土地评价，指出土地针对设定利用方式是否适宜，如果适宜，则要指出适宜性等级，提出土地改良的途径和措施。土地适宜性只是一个相对等级的概念，没有绝对的数量化指标来衡量，这是它与土地利用潜力的不同之处。在土地评价中，经常在土地适宜性研究的基础上评价土地利用的潜力。

（三）揭示土地的利用效率

土地利用效率是指在一定管理水平下，某种土地类型对选定利用方式的综合效益，表现为经济效益、生态效益和社会效益。长期以来，土地评价重视土地质量的经济效益，而忽视生态效益和社会效益的评价。随着土地可持续利用管理思想的深入，生态效益和社会效益日益受到广泛关注。

（四）识别土地利用可持续性

土地可持续利用是指既能满足当代人的需求，又不会对后代满足其需求能力构成危害的土地资源利用方式。意味着土地的数量和质量要满足不断增长的人口和不断提高的生活水平对土地资源的需求。土地是可更新的资源，利用得当则可永续利用；利用不合理则造成土地生产能力部分或全部丧失。对土地利用持续性的评价，关注于土地利用方式是否长久，土地利用的效益是否能持续增长及生态环境是否能不断改善。

当然，不同的土地评价类型具有不同的任务要求。如农用地评价的任务是根据农用地的自然属性和经济属性对农用地的质量优劣进行综合评定，进而分等划级；城镇土地评价的任务则是根据城镇土地的经济和自然两方面的属性及其在社会经济活动中的地位和作用，对城镇土地进行分等划级。

第三节　土地评价的基本单元

土地评价单元是土地评价的最小单位，是由影响土地利用的各土地构成要素所组成的、具有特定土地特性和土地质量的空间实体。从国内外土地评价方法来看，大致有四种土地评价单元：土地类型单位、土壤分类单位、土地利用现状地块和地理格网。

一、以土地类型单位为评价单元

由于土地类型反映了土地的全部自然特征，也考虑了人类活动对土地的影响，因此它不仅能反映出土地和土地利用差异性的自然条件，而且也能体现全部自然要素及人类活动结果的相对一致性和差异性，适合于作为土地评价的基础单位。事实上，国内外的土地评价已越来越多地以土地类型为基础单位。由于土地类型的划分总是联系某一土地分级单位进行的，因此，土地单位的多级性和土地类型的多系列性，决定着土地评价也应针对不同级别的土地类型来展开。但是，由于很多区域现有土地类型图不能满足土地评价的要求，以土地类型单位为评价单元受到了限制。

二、以土壤分类单位为评价单元

以土壤图为基础，把基本制图单元如土种、变种或土系等按其土地利用性能重新组合归类为土地评价单元。最早源于美国土地潜力评价系统，英国也普遍采用。通常将土壤分类系统中的“土系”作为基础评价单位。同一种“土系”不仅具有相同的母质类型，而且土壤剖面性状和表土质地等也基本相同，因此，以“土系”为基础单元进行诸如为耕作、污水排泄处理和管道埋设等与土壤密切相关的土地潜力评价，往往可得到较好的效果，尤其是一些尚未有土地类型图的区域，以此为土地评价的基础单位，不失为一种行之有效的选择。但缺点是该类评价单元缺乏明显的地物界线，与行政界线和地块权属界线不一致，评价结果在土地管理中受到一定限制。

三、以土地利用现状地块作为评价单元

直接利用土地利用现状图的图斑作为土地评价单位是我国常用的方法。按土地利用现状图的基础制图单元，即自然地块、耕作规划单元以及种植地段等划分土地评价单元，实际是以田间末级固定工程（路、渠、沟、林和坎等）所包围的地形、土壤和水利状况基本一致，以生产环境、管理水平和常年产量相近的范围为评价单元。其优点是各地土地利用现状图较为齐全，减少了前期的很多工作量；评价单元的界线与地块界线完全一致，评价结果便于土地利用结构的调整和基层生产单位的应用。但是，土地利用现状地块因受人为影响往往不太稳定。另外，如果一个土地利用现状地块单位内部含有多个不同的土地类型，

评价所需的土地性质尤其是土壤性质的选取就会非常困难。

四、以地理格网作为土地评价单元

地理格网是一种统一和简单的地理空间划分方法。按照一定经纬度或地面距离，将区域连续分割为若干地理格网。划分结果可以是地理经纬网，也可以是一般的任一方格网，如 1km×1km、500m×500m、30m×30m 的格网，每一格网即可作为一个评价单元，其内部土地属性被视为大致相似。该方法的优点是单元划分简单，但土地评价单元的土地性质获取较困难，成果的应用也受到相当程度的限制。

由于各类土地评价单元各有优缺点，在土地评价中，应该根据基础数据、评价目的、评价类别和评价要求等，来决定土地评价采用的基础单元。

第四节 土地评价的原理

土地评价是分析土地质量与土地用途两者之间的关系，研究对象是土地质量和土地用途，研究目标是分析各种可能被考虑的土地用途在一定区域内的适宜性程度。因此，土地评价是一个复杂的系统，必须灵活地应用以下原理。

一、多样性原理

不同的地区具有各自独特的自然和社会条件，土地质量和土地用途都会存在很大的差异，随时间的发展和社会的变化，同一地区的土地质量和土地用途也会发生变化。因此，在进行土地评价时，要针对一定地区某一时期的土地质量和土地用途，确定不同的目标，采用不同的方法，做到具体问题具体分析。特别是在应用其他地区的或以前的土地评价成果时，一定要考虑条件的差异性。

二、综合性原理

构成土地质量的土地性状有很多种，如地貌、气候、土壤、水文和植被等，而这些性状也是由许多因素构成的，例如，气候又包括光照、气温和降水等；土壤又包括土壤有机质含量、土壤质地、土壤酸碱度、土壤水分、土壤养分和碳酸钙含量等。同时，土地的不同性状或不同因素间又是相互作用、相互影响的，例如，气候会影响土壤的水分和温度状况，甚至会影响土壤有机质含量和土壤养分有效性等。因此，土地质量是一个多样因素影响的统一体。另外，土地用途的要求也是多种多样的，例如，花生最适宜的土壤质地是砂土，小麦最适宜的土壤质地是壤土，棉花在坐桃期需要湿润的水分条件，而成熟期需要干燥的水分条件。因此，在分析土地质量和土地用途的要求时，一定要全面地考虑各种因素及其之间的关系，采用综合、全面的分析方法。

三、限制性原理

不同的土地用途在某种土地质量上的适宜程度不同，实质上就是土地用途的限制不同。所谓限制性，是指土地质量不能满足土地用途要求的程度。例如，某种作物在某个生育期需要速效磷达到 30ppm（1ppm 表示 10^{-6}），而实际土壤中只有 10ppm，由于速效磷含量太少，作物吸收不到充足的磷，生长受到限制，一般将作物减产的程度定为限制性的大小。

各限制性因子在决定土地等级的过程中所起的作用大小有别，在限制性因素中，一般只有1或2个因素起主导作用。因此，在土地评价时，重点找出主要的限制因子，分析其与土地用途的关系。但是，必须以综合性原理为基础，先进行综合性分析，再找出限制性因素。

四、系统性原理

土地评价的主要对象是土地利用系统。土地利用系统的产出是由土地利用系统的结构及外部投入决定的。同时，土地利用系统的结构受到土地物质投入（如土壤改良）和土地利用的物质投入（如品种、农药、化肥和劳力等）的影响可能会发生很大的改变，使土地利用系统的结构得到改善，从而可以大幅度地增加产出与投入之比。当然，如果投入不当，也可能使土地利用系统的结构被破坏，例如，山坡上毁林造田造成大量水土流失，使原来生长树林的坡地变成不毛之地。因此，土地评价时应尽量应用系统分析的原理，分析如何改善土地利用系统的结构，获得最理想的产出和投入之比。

五、相对性原理

土地评价的基本任务是揭示区域中土地质量等级的空间分异，即对区域中的土地按其质量高低进行排序。因排序的标准常常是相对的，即使是潜力评价，这种“相对”的意义也很明显，因而评定的土地等级也是相对的。由于不同地区的自然条件和社会经济条件不同，土地质量上存在很大差异，例如，就种植一般农作物而言，太湖平原的土地质量要好于华北平原。为了不同评价地区的实际需要，往往在评价时将本地区内质量最好的土地定为一等地，最差的土地定为末等地，这样处理使不同地区的土地质量等级之间的差异不尽一致，同一等级的土地其实际质量也可能不一样，因此，土地评价的结论是相对一定地区而言的。认识土地评价研究的这一特点，对于在评价过程中进行参评因子分级非常有利。

六、可比性原理

土地评价的结果是所评价的地区土地质量好坏程度的反映，因此，必须具有可比性。要做到这一点，就必须建立统一的评价标准或指标体系。

第五节　土地评价的原则

土地评价的原则是完成评价任务、实现评价目的的准则。FAO在《土地评价纲要》（1976年）中提出的评价原则包括：①将土地利用对土地的要求与土地的质量进行比较。②将土地利用的效益与所需的投入进行比较。③根据研究区的具体情况，因地制宜地进行土地评价。④考虑不同土地利用方式，并做出相互比较。⑤土地评价要以土地的持续利用为前提。英国学者D.Dent和A.Young在1981年出版的《土壤调查和土地评价》中又进一步阐述了这些原则。中国科学院南京土壤研究所提出为大农业服务的土地评价原则是：①土地生产能力是评价的基础；②农、林、牧用地配置是土地评价的依据；③各种因素的综合分析是土地评价的重要环节；④坚持当前与长远、用地与养地相结合是土地评价的出发点。

一般来说，土地评价的原则可概括为以下四个方面。

一、针对性原则

土地评价要针对特定的土地利用方式。不同的土地利用方式，对土地质量的要求各异，如对土壤水分、土壤酸碱度及坡度等条件的要求。土地适宜性或土地等级的高低是对每种用途要求比较而言的。例如，排水困难的冲积泛滥平原是适宜稻田的一等地，但对玉米和小麦等来说就不一定适宜。所以，特定的土地对某种用途好，但对另一种用途就可能不好，土地评价只有针对特定的土地利用种类时才有其确切的意义。当然，在大区域的土地评价工作中，主要考虑土地利用大类，如农业用地、林业用地和牧业用地等，土地用途要求多考虑温度、降水和地形等宏观的土地属性；而随着比例尺的增大，评价精度的提高，则应考虑更加详细的土地利用方式，如作物种类、森林树种和草场类型等，相应土地用途则要考虑土壤条件和水分状况等的影响。

二、多比较原则

比较原则是土地评价最基本和最重要的原则，评价过程中必须坚持多比较的原则。

（一）比较土地利用的需求和土地质量

不同的土地利用类型或利用方式对土地质量有不同的要求。例如，多年生作物要求在根系层内土壤水分终年不小于凋萎点，而一年生作物只需在生长期内根系层水分保持高于凋萎系数的水平即可。同属一年生作物，在发生短期干旱时，高粱的耐旱性要明显高于玉米。因此，土地评价不仅要分析土地质量，而且要考虑土地利用类型的特性，分析作物对土地的要求，比较土地利用的需求和土地质量，只有这样，才能准确地识别土地评价的诊断指标。

（二）比较土地的投入和产出效益

土地只有利用才能显示出其生产潜力。任何土地利用要获得效益就必须有一定的投入，包括物质、劳动力和机械设备的投入等。其中，物质投入就包括种子、化肥、农药和燃料等。产出效益包括物质产品（如农作物、肉类、皮毛、乳制品或木材等）以及社会和环境效益（如废物处理、旅游观光和野生动物保护的价值等）。因此，在土地评价特别是经济评价过程中，必须进行投入和产出分析，成本和效益比较，以获得最佳的土地利用效果。

（三）比较不同的土地利用方式

土地评价不能只限于单宜性评价，应该进行多宜性评价，要考虑不同的土地利用方式，并对它们做出比较。实践表明，如果可能，在一个地区最好同时针对两种或多种土地利用方式进行评价，并对各土地单元针对所选土地利用方式的适宜性或质量高低进行比较，以利于土地利用的择优配置。

三、区域性原则

土地评价是一项区域性和综合性的研究工作，必须因地制宜地考虑工作区域的自然、经济和社会条件。不同的区域，自然条件（如气候、地貌、土壤、水文及植被）和社会经济条件（如经济发展水平、道路交通、劳动力费用与市场状况等）都不相同，必然对土地评价产生一定影响。另外，不同的区域，土地利用方式的提出也必须要考虑区域自然条件和社会经济因素。例如，对于当地居民的饮食习惯以小麦为主且水资源又不丰富的地区，种植水稻就不太符合当地的自然条件和社会习俗。因此，不同区域的土地评价应该有不同的评价依据，选取不同的评价指标，建立不同的土地利用种类，这些都是建立在该区域土地特征与不同土地利用类型比较的基础之上的。只有全面地、综合地分析区域的自然、经济和社会条件，才能客观地对土地做出评价，增强评价成果的科学性和应用价值，以便更好地为土地利用规划服务。

四、可持续性原则

土地评价必须以土地的可持续利用为前提。提出的土地利用方式要有利于保持和提高土地的生产能力，并且要被社会所接受。在土地利用过程中要保护自然资源的潜力和防止土壤与水质等退化。例如，在旱作农业中引入灌溉技术而变为灌溉农业时，对土地灌溉适宜性的评价就必须考虑由灌溉可能引起的沼泽化和次生盐渍化等，否则随着土地利用，土地适宜性不断降低，最后导致生产力下降和土地退化等。另外，有些土地利用方式在短期内可能会有较高的经济效益，但长期利用会导致土壤侵蚀、土地退化和环境污染等问题，由于其可持续性差，评价时也应定为不适宜。

第六节　土地评价的类别

根据土地评价的要求、目的、对象、方法和手段，可将土地评价分为各种类型。

一、按评价目的分类

按评价目的，土地评价可分为土地潜力评价、土地适宜性评价、土地经济评价、土地生态评价和土地利用持续性评价 5 种。

（一）土地潜力评价

土地潜力评价是对土地固有生产力的评价，是一种一般目的的、定性的和综合的大农业评价，并不针对某种土地利用类型而进行，而是从气候和土壤等主要环境因素和自然地理要素相互作用表现出来的综合特征来评价，反映了土地生物生产力的高低和土地的潜在生产力。土地潜力评价又分为两种：土地利用潜力和土地生产潜力。土地利用潜力高的土地，可以期望做多方面的利用，并且允许相当多的行业进行集约利用；土地生产潜力是按照生物产量与土地资源要素的相关原理，根据气候和土壤等因素（如水、热、光、肥等）估算出土地在一定条件下能够生产多少生物量，通过某一作物在不同土地上的生产潜力评价，可知道该作物在哪种土地上产量最高，达到最高要什么条件；通过不同作物在同一土地上的生产潜力评价，可以得到某种土地条件下作物的最佳组合。国际上最具代表性的土地潜力评价系统是美国农业部土壤保持局提出的评价系统。

（二）土地适宜性评价

土地适宜性评价是指评价土地对特定利用类型的适宜性。土地的适宜性程度和限制性程度通常是土地适宜性评价的主要依据。适宜性是指一定土地类型对一种指定用途的合适程度，其评价从某一特定用途出发，将该特定用途要求的条件与评价土地所具有的条件进行比较，来评定土地对该用途的适宜性强度。限制性是指在一定条件下，构成土地质量的某种因素的优劣和多少，限制了土地的某些用途，或影响了用途的适宜程度。在诸限制因素中的主导限制因素是指它对土地生产力的抑制和障碍起主导作用，且制约和支配着其他因素的限制强度。土地适宜性评价就是评定土地对于某种用途是否适宜以及适宜的程度，它是进行土地利用决策、科学地编制土地利用规划的基本依据。国际上最具代表性的土地适宜性评价系统是 FAO 提出的评价系统。

（三）土地经济评价

土地经济评价是从社会和经济的角度出发，利用经济的可比指标，对土地的投入-产出的经济效果进行评定，或对土地适宜性评价和潜力评价结果进行经济上的可行性分析。其实质在于体现在不同自然条件和社会经济条件下，不同质量土地生产消耗量与提供产品的对比关系，或在相同投入量下取得的不同产品量的经济效果。土地经济评价时不仅考虑了土地固有的自然属性的差异，而且也考虑了等量劳动投入下土地的产出效果，在评价时选用了一系列的社会经济指标，结果反映了土地利用的经济效果。

（四）土地生态评价

土地生态评价是在一般土地评价的基础上，选择对环境最有意义的生态特性和生态指标进行补充评价，尤其是关注土地生态价值和生态功能的评价，它直接服务于土地生态设计和土地生态规划。由于土地生态评价开展相对较晚，目前还未形成系统的理论知识和方法体系。近年来，地理学界和生态学界都展开了土地生态系统综合评价研究，从土地生态系统服务功能、土地生态系统安全与风险、土地生态承载力及土地生态系统管理等方面进行了综合研究，最终目标是实现土地资源的可持续利用。

（五）土地利用持续性评价

土地利用持续性评价源于土地适宜性评价，它是对土地适宜性在时间方向的延伸趋势进行的一种判断和评估，是可持续发展思想在土地评价领域的体现。土地利用可持续性是指“获得最高的产量并保护土壤等生产赖以进行的资源，从而维护其永久的生产力”。此概念包括：生产可持续性（为获得最大的可持续产量并使之与不断更新的资源储备保持协调）、经济可持续性（实现稳定状态的经济，需要解决对经济增长的限制和生态系统的经济价值问题）、生态可持续性（生物遗传资源和物种多样性以及生态平衡得到保护和维持）、社会可持续性（保障可持续的土地产品供给，同时还要既能使经济维持下去，又能被社会所接受，土地利用收益分配的公平性至关重要）。国际上最具代表性的土地可持续利用评价系统是 FAO 在 1993 年提出的评价系统。

二、按评价途径分类

按照评价途径，土地评价可分为直接评价和间接评价两类。

（一）直接评价

直接评价是通过试验揭示土地对于某种用途的适宜性或生产潜力。例如，在不同的土地上种植同一种作物，采用相同的农业技术措施，通过观察和测量作物生长状况的差异，根据作物产量的高低评定这些土地的生产潜力高低。直接评价紧密结合生产实践，也是最接近土地评价实质的评价方法。其优点是比较准确和可靠，但严格来说，这种准确和可靠性只限于试验地点和试验区，如果将这类试验方法外推使之代表整个土地评价单位，可能会出现较大的误差。此外，直接评价花费时间较长，而且需要一定的场地、设备和技术人员等，不适于时间紧迫和大区域的土地评价。

（二）间接评价

间接评价就是通过分析土地的各组成要素的属性对土地利用的影响，然后加以综合，去评定土地的等级。其理论依据是气候、土壤和地形等土地组成要素对任何一种土地利用方式的效果均有深刻的影响，而且这些影响是可加以量度或估计的。因此，土地的质量也可通过这些土地组成要素的分析而演绎出来。

三、按评价方法分类

按照评价方法，土地评价可分为定性评价和定量评价两种。

（一）定性评价

定性评价又称“经验法”或“常规法”，是根据土地的自然条件和自然生产力进行评价，评价时只把社会经济技术条件作为背景，用定性的语言描述土地的质量特征，确定土地适宜性或潜力的高低（如最适宜、中等适宜、勉强适宜等或一等地、二等地、三等地等）。其多用于小比例尺大范围的土地评价，属于概略性土地评价，近似于所谓的景观评价，主要通过土地组成要素的定性特征和经验来确定土地的质量特征。极限条件法是定性评价中常用的方法。它源于土地生产力限制率，即土地的等级是由单因子等级最低的因子决定的。在运用一组指标评价土地质量时，用等级最差的指标所指示的等级作为土地质量的等级。

定性评价的优点是充分利用了人们积累的经验，将土地组成要素的特征予以综合，具有一定的灵活性，使之直观地反映土地利用选择的可能性，为宏观决策提供依据；另外，还可反映出土地的自然属性的优劣即土地组成要素的概略性特征，在一般情况下，这些特征是相对稳定的，因此其评价成果的有效期较长。但是，其缺点也显而易见，不同的评价人员根据同一组数据得出的结论可能不同。另外，由于不同地区评价主导因素不同，即使同一地区不同评价因素所起的作用也有差别，定性评价往往难以对此复杂关系做出准确的衡量，导致其评价结果比较概略。

（二）定量评价

定量评价是在定性评价的基础上，对评价指标进行定量化，再根据评价指标与结果之间的关系（一般是通过土地组成要素的质量指标与特定土地利用类型对土地性状要求的比较）来确定土地的质量等级，通常用加（减）法[如罗马尼亚 1962 年起建立的土地评价加（减）法系统]、乘（除）法（如美国 1933 年起建立的斯托利指数分等系统）或者代数法（如迈阿密模型、FAO 模型等）等计算出某块土地能够反映土地质量高低的综合指数，将指数的大小与土地的等级建立联系的条件下，用指数大小对土地进行分等划级。

目前，常用的土地定量评价方法有综合指数法、层次分析法（analytic hierarchy process，

AHP）、回归分析法、聚类分析法、多元分析法和模糊数学方法等。

（1）综合指数法。根据影响评价对象的因素设计指标体系，求取各指标的权重和指标值，对各指标进行无量纲化处理，然后通过某一种加权评分求取评价对象的综合评价值。依据综合评价值的大小，对评价对象进行排序或等级划分。综合指数法的特点是所有评价指标对评价对象而言并非缺一不可，某一指标的不足可以通过其他方面来弥补，其结果能计算出评价对象的综合评价值，并进行排序。

（2）层次分析法。层次分析法是一种定性与定量相结合的决策分析方法。基本原理是将决策的复杂问题看作受多种因素影响的大系统，按照它们之间的隶属关系把这些相互关联、相互制约的因素从高到低构造递阶层次结构，然后请专家、学者和权威人士对同一层次各个因素两两比较重要性，构建判断矩阵，并利用和积法与方根法等方法求取最大特征根及其对应的特征向量，并对判断矩阵的一致性进行检验，最后得到指标权重，进行辅助决策。层次分析法的关键在于建立层次结构和比较矩阵，通过计算得出结果。在土地评价中，这一方法有助于对复杂的多目标和多因素作合理的综合。

（3）回归分析法。影响土地质量、适宜性或生产潜力的各种变量相互依赖和相互制约。一部分变量之间存在某种函数关系，另一部分变量之间的关系则是不确定的，但存在一种可以用相关系数表示的统计关系。例如，在地貌、坡度、土壤和水分条件一致的情况下，研究土壤肥力与作物产量的关系，可采用一元回归方法建立回归模型，并以此确定土壤肥力级和宜农土地的分等。在绝大多数情况下，自变量有多个，因此必须采用多元线性回归方法，建立多元线性回归模型。在土地评价中运用回归分析法，要使诊断因子数量化和生产力指标标准化，再通过诊断因子与土地生产能力的关系确定诊断指标因子，根据土地利用现状与主要诊断因子的组合确定土地适宜类型和土地质量等级，将两者组成一个评价系统，并绘出评价图。

（4）聚类分析法。聚类分析法是一种多元统计分类方法。根据土地诊断指标属性的相似性或亲疏程度，用数学方法逐步对其进行分类，最后可得到一个能反映土地质量各因素之间及因素与评价结果之间亲疏关系的分类系统。聚类分析时，首先应寻求度量土地诊断因子的数据或指标之间相似程度的统计量，然后以统计量为依据，把相似程度大者聚合为同类。

（5）多元分析法。多元分析法是聚类分析与判别分析的综合，分为统计聚类与判别分析两个步骤。在进行统计聚类时，首先要求建立土地质量评价的分类体系，其次对原数据进行标准化转换，然后计算相似性统计指标即距离系数，作聚类谱系图，最后取阈值进行分类。在进行判别分析时，应将研究区分为若干区点，按一定方式对各点的土地质量数据进行线性组合，使之形成一个新变量即判别函数，并使类间均值差与类内均值差之比最小。在这种情况下，判别函数即能显著区分土地质量的类型。

（6）模糊数学方法。模糊数学方法是以隶属函数来表达隶属度，运用模糊变换原理和最大隶属度原则，依据评价对象的具体情况和评价所定的具体目标，通过评判指标的取值、排序，再评价择优的过程。模糊综合评价具有分辨性和可比性强的特点，但存在信息丢失的缺点。在土地评价中，通常选取线性函数计算隶属度。运用这种方法首先应进行单项指标评价，而后取其结果计算权重系数作为综合评价的结果。

定量评价的优点是“量”的概念非常明确，也便于评价出的土地质量进行对比，缺点是土地组成要素的质量指标与土地质量等级在确定对应关系上难免或多或少带有主观性，而且也难以考虑诸因素共同作用下产生的综合效应。

（三）两段法与平行法

仅仅使用定性方法很难满足人们对土地评价的要求，没有定性评价作基础，定量方法又难免出现某种失误。因此，在土地评价中，定性方法和定量方法常常是结合使用的。根据结合的方式，通常又分为两段法和平行法两种（图 4-1）。

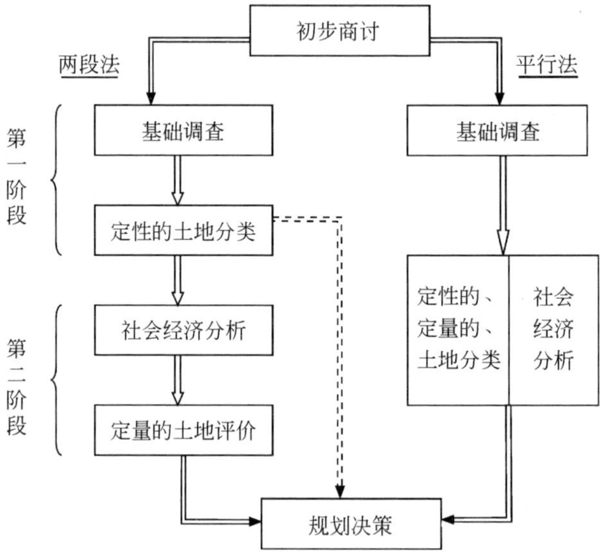

图 4-1　土地评价的两段法和平行法（傅伯杰，1991）

（1）两段法。两段法即把评价工作划分为两个阶段，第一阶段主要通过调查，针对预定的土地利用类型进行土地定性评价，而在第二阶段进行社会经济分析，再完成土地的定量评价。

两段法有以下优点：①鲜明的评价顺序，以自然属性为目标的评价在社会经济分析之前进行，工作显得简单方便。而且可以根据评价目的的要求，决定是否需要进行第二阶段的经济评价。因为实际上，并非所有的土地评价都需要紧接着完成经济评价，特别是大区域的小比例尺的一般性评价，往往不需要继续第二阶段的评价，经济分析通常只作为背景材料。②正是由于经济评价与自然评价是分开的，可以把它们看作两个阶段性成果。后一部分由于经济因素的可变性或易变性，成果的时效性较强。然而，由于自然评价没有受经济因素的干预，这样就单独保留了比较稳定的、时效性长的自然属性评价成果。在经济评价失效之后，为新形势下重新开展经济评价提供了方便，节省了工作量。③便于定量评价。假定土地的经济适宜级是以毛利润或净收入或贴现现金流量分析划界，这就可以极方便地以一定的经济指标将它们的等级区别开来。

（2）平行法。平行法即同时进行某种土地类型的社会经济和自然条件分析及评价，因而可望在较短时间内提交比较精确的成果。

平行法有以下特点：①多适用于小范围大比例尺的评价制图，当土地利用种类的选择性较小时，使用起来尤为方便。②优点在于平行进行过程中，同时收集自然的和经济的资料，并同时相交融地进行分析和评价，可缩短工作时间，在较短的时间内提供较精确的评价成果。但由于经济和自然评价成果统一于一个整体中，受经济因素易变性的影响，成果的时效性也有限。而且一旦失效，不像两段法那样可以保留自然评价那部分，而是整个工作都失去了意义。③评价过程中，由于同时使用自然的和经济的鉴定指标，使本来就相当复杂的评价工作更加复杂化。这种情况，不仅要求各学科紧密配合，还要求业务主持人有高度的综合能力。还因为经济分析往往是针对某种或某几种少数作物，受市场的价格影响很大，有时可能要随市场行情调整土地利用类型，难免无法真正反映土地的适宜性及其真实价值。或许因为这个缘故，平行法在土地评价中的应用不如两段法普遍。

四、按服务目标分类

按照服务目标，土地评价可分为单目标评价和多目标评价两类。

（一）单目标评价

单目标评价是针对某一特定利用目标进行的土地评价，如改良盐碱地为目标的评价，针对单一作物或树种（如橡胶林、柑橘、茶叶等）的土地评价。由于单目标土地评价目标十分明确，因此评价因素的选取和评价指标的确定相应也很具体。正因为此，单目标土地评价有较强的生产实践应用性。在单目标土地评价时要注意两点：①一定要深入研究和准确把握特定土地利用对土地性状的要求；②要抓住对特定土地利用有决定性影响的主导因素或因子，同时又要兼顾一些次要因子，以确保评价的科学性和合理性。

（二）多目标评价

多目标评价也称综合性评价，是指服务目标的范围较宽和适用面较广的土地评价，如大农业用地评价即广义的农业土地资源评价。多目标评价是根据农、林、牧业生产的综合要求和国民经济各部门间合理分配土地利用要求的一种多用途评价，通过评价可以找出该地区的哪一区域对何种用途最为适宜。相对单目标土地评价来说，其评价因素和评价指标的确定一般都比较系统。由于服务面宽，评价具有概略性和综合性，因此比较便于领导机构或业务主管部门进行土地利用决策时采用，并可作为区域土地利用规划的基础。

第七节 土地评价研究历史与趋势

尽管人类社会进程中的一切活动都离不开土地，但人类对土地的认识、利用和改造却是渐进的。正是由于人类社会的需要，推进了土地科学研究的发展，包括土地评价在内的整个土地研究进入了一个全新的、系统的发展阶段。正如恩格斯指出的“科学的产生和发展，从开始便是由生产决定的”。土地评价科学的产生和发展，也严格遵循了这一科学规律。

一、土地评价研究历史

土地评价是土地利用规划和合理利用土地的重要手段，它的产生已有 2000 多年的历史，但是科学的土地评价研究仅有半个多世纪的历史。根据各时期土地评价的特点，可将其分为以下三个阶段。

（一）土地评价的初级阶段

早期的土地评价主要用于赋税的目的，如 10 世纪的拜占庭帝国和 15 世纪的莫斯科公国按土壤好坏将土地分等，以指导生产或作为征收赋税的依据。19 世纪末，俄国著名地理学家道库恰耶夫应政府要求，对俄罗斯黑钙土地区和尼日格勒自治州土壤进行自然历史的鉴定，作为确定土地收入和向农民征收土地税收的基础，并在此基础上出版了《尼日格勒州土地的鉴定材料》，成为世界上最早的土地评价典范。另外，德国在 20 世纪 30 年代提出的土地指数分等，美国 1933 年提出的斯托利指数分级（storie index rating，SIR）和康奈尔系统（cornell system），以及法国财政部 1934 年提出的《农地评价条例》均出于赋税目的。

20 世纪 30 年代，以合理利用土地为目的的土地评价研究随着土地资源调查与土地利用规划首先在美国发展起来。20 世纪 30 年代，由于美国中西部严重的土壤侵蚀和大量的水土流失，很有必要根据自然环境特征，提出合理的土地利用和土地管理措施。于是，基于土地利用不导致环境退化的原则，提出了土地利用潜力分类。最初是以土壤分类为基础，按土壤、坡度、侵蚀类型和侵蚀强度划分了 8 个土地潜力级。其后，美国进行了大范围详细的土壤调查，从 1945 年起编制了一系列土壤图，为完善土地评价奠定了基础。1961 年，美国农业部土壤保持局正式颁布了土地潜力评价系统（LCC），这是世界上第一个较为全面的土地评价系统。其实在此之前，Hoken Smith 于 1949 年在美国土壤学会就发表了“利用土地潜力分级的最近趋势”，总结了前人所做的以土地利用为目的的土地评价，Klingebei 又于 1958 年在该学会发表了“土壤调查解释——潜力级”，提出按照土地集约度将美国土地划分为八个潜力级的思想。LCC 以农业生产为目的，主要从土壤的特征出发来进行土地潜力评价，分潜力级、潜力亚级和潜力单位三级，每个潜力级适于农、林、牧发展的程度不同。该系统客观地反映了各级土地利用的限制性程度，揭示了土地潜在生产力的逐级变化，便于进行所有土地之间的等级比较。该系统自发布以来，不仅在美国，而且在加拿大、英国、印度、中国、巴基斯坦等许多国家得到了广泛应用。

继美国之后，参照美国的系统与方法，加拿大和英国也制定了各自的土地评价系统。加拿大土地清查局的土地潜力分类系统（1963 年）不仅用于农业用地评价，还用于林业、牧业、旅游和自然保护等用地评价。根据对农作物生长的限制性强度，农业土地潜力评价共分为 7 级。该研究的主要成就是土地潜力图的数值化，为加拿大土地数据库的建立提供了大量的数据资料，并可对土地进行多宜性评价，有助于土地利用规划的制定。英国土壤调查局的土地利用潜力分级系统（1969 年）充分利用土壤调查资料，根据土地对农业生产的限制性强度将其分为 7 级，主要目的是将土壤调查的结果提供给农民和土地利用规划者。该系统的特点是各土地质量级的定义比美国土地潜力分级系统更精确，规定了限制性因素值。

总的来说，初级阶段土地评价都是结合土地清查而进行的，评价目的是为土地利用服务。以美国的土地潜力评价系统为代表，评价重点考虑土地自然属性的变化，未涉及社会经济条件和技术因素的变化。评价针对广泛的标准化的土地利用，未能指出土地对特定作物的适宜性和土地的最佳利用方式。

（二）土地评价的发展阶段

20 世纪 70 年代，由于大量的土地资源调查和遥感数据的获取，土地研究开始从土地清查走向土地评价，从一般目的的土地评价过渡到有针对性的专门评价，土地评价研究进一步深化。土地评价工作在世界各地广泛开展，许多国家都发展了自己的土地评价系统，采用了不同的分类和评价体系，因此也很有必要通过国际讨论来达成规范形式。

针对美国农业部土地潜力分类系统的不足，FAO 联合荷兰瓦格宁根农业大学和国际土地垦殖及改良研究所，于 1972 年 10 月在荷兰瓦格宁根举行了国际专家会议，对土地的概念、土地利用类型、土地评价的方法与诊断指标等进行了讨论，并于 1976 年颁布了《土地评价纲要》（*A Framework for Land Evaluation*）。该纲要从土地的适宜性角度出发，分为纲、类、亚类和单元四级，弥补了土地潜力分类系统的不足，反映了土地的适宜程度、限制性因素及改良管理措施。《土地评价纲要》的发布，标志着土地适宜性分类及其评价体系的建立，也大大促进了国际上土地评价的研究，并且在世界各地广泛应用。

1976 年，苏联在 1955 年来大规模的土地资源研究的基础上，颁布了《全苏土地评价方法》。其土地评价的主要目的是确定土地生产能力和农业生产中最有效的利用途径，包括土地评价区划、土壤质量评价和土地经济评价三个部分。思路是以土地评价区划单位为背景，根据土壤特征确定土地评价单元——农业土壤组，然后按照经济指标评价土地质量，将土地的自然特征和利用特征（产量和生产费用）相结合，是一种较为综合的土地评价方法。

1978～1980 年，FAO 又组织了农业生态区（agricultural ecological zone，AEZ）计划的研究，从气候和土壤的生产潜力分析入手进行土地适宜性评价，并在非洲、东南亚和西亚实施应用。这一方法是基于 FAO 和联合国教育、科学及文化组织（United Nations Educational Scientific and Cultural Organization，UNESCO，简称联合国教科文组织）所做的《1∶500 万世界土壤图》，遵照《土地评价纲要》中土地评价的原则进行的。FAO 的农业生态区法提供了确定世界农业土地资源生产潜力的新途径，是一种综合探讨农业规划和发展的方法。它将气候生产潜力和土壤生产潜力相结合，来反映土地用于农业生产的实际潜力，并考虑了对土地的投资水平，在此基础上决定土地的适宜性。这一方法使土地利用与发展的需要相配合，对人口、资源、环境和发展之间的关系进行定量评价，为规划工作者和开发研究人员提供了具有实际意义的报告。

20 世纪 80 年代以来，土地评价的理论与方法不断改进和完善，向着综合化、精确化的方向发展。1981 年，美国农业部土壤保持局提出了“土地评价和立地评价”系统（land evaluation and site assessment，LESA）。其中，土地评价子系统包括土地潜力分类、重要农田鉴定和土壤生产力；立地评价子系统主要是对土壤以外的其他自然和社会经济因素的评价，如土地的分布、位置、适应性和时间性等。两个子系统结合成为一个全面的、综合的土地评价系统，它除了考虑土壤的物理和化学特性外，也反映了经济因素；既考虑了土地管理措施，又考虑了土地税收和法规，具有很强的综合性、精确性和法律性。该系统在伊利诺伊州和华盛顿州应用实践后，便被广泛应用到各州的农地保护评价中。

1983～1985 年，FAO 在《土地评价纲要》的基础上，针对灌溉农业、雨养农业、林业和畜牧业等不同的土地利用类型，详细分析了各种土地利用对土地的要求和土地的质量特性，建立了系统的、全面的土地评价体系，陆续出版了《雨养农业土地评价纲要》（1984）、

《林业土地评价》(1984)、《灌溉农业土地评价和土地分类纲要》(1985)和《牧业土地评价》(1986)等，对土地评价起了明显的促进作用，形成了系统的、全面的土地评价体系，成为土地评价发展历史上重要的里程碑。与此同时，澳大利亚联邦科学与工业研究组织、英国的土地资源开发中心以及荷兰的国际航测与地学研究所等机构在进行土地类型调查与制图时，也开展了大量的土地评价研究，并与土地利用规划结合起来进行。此外，加拿大圭尔夫大学土地评价组致力于把各种特定利用所要求的立地条件、土地现状属性、土地利用目的、对特定地区土地利用效益的估价等内容有机地贯穿起来，提出了综合土地评价的概念。

总之，发展阶段以 FAO 的《土地评价纲要》为代表，明确提出了土地评价为土地利用规划服务的目的。土地评价从一般目的的土地评价转向特殊目的的土地评价，评价结果不仅揭示了土地的生产潜力，更重要的是针对某种土地利用方式来进行，并进行经济效益的分析比较，反映了土地的最佳利用方式、适宜性程度及改良利用的可能性。但该系统仅是一个“纲要”，在进行专项土地评价时，还要对其进行完善和补充。

（三）土地评价的研究现状

20 世纪 90 年代后，随着对全球变化问题的关注，尤其 IGBP 和 IHDP 设立的一系列土地利用土地覆盖变化（land-use and land-cover change，LUCC）研究计划和战略的推进和实施，对区域乃至全球土地利用变化生态环境效应的揭示，土地资源持续性引起了社会各界的极大关注。1993 年，FAO 颁布了《可持续土地利用评价纲要》（Framework for Evaluation Sustainable Land Management，FESLM），确定了土地可持续利用的基本原则、程序和 5 项评价标准，即土地生产性、土地的安全性或稳定性、水土资源保护性、经济可行性和社会接受性，并初步建立了土地可持续利用评价在自然、经济和社会等方面的评价指标。FESLM 的颁布在土地持续利用研究上具有里程碑式的意义，它提出的土地可持续利用评价的基本思想和原则，成为指导各国土地可持续利用管理的纲领。1997 年 8 月，在荷兰恩斯赫德召开“可持续土地利用管理和信息系统国际学术会议”，集中了国际上有关土地可持续利用评价的研究成果。各国专家认为土地利用可持续衡量应当从自然资源、生态环境、社会经济和习俗等方面予以考虑，选择指标应遵循数据的现成性、灵敏性和可量化性，并认为土地可持续利用评价指标有 3 类：环境和技术指标、经济指标和社会指标。

20 世纪 90 年代以来，土地质量指标体系研究已成为土地评价研究的一个新热点。在 WB、FAO、联合国开发计划署（United Nation Development Programme，UNDP）、联合国环境规划署（UNEP）等一些国际组织的倡议与积极推动下，这一研究已经在某些地区开展起来，并且与以往的土地评价的研究成果结合，取得了一些可以借鉴的成果。例如，WB 为热带、亚热带及温带主要农业生态带的人工生态系统（农业及林业）建立土地质量指标体系；加拿大开展的农业土壤健康项目的研究。另外，经济合作与发展组织（Organization for Economic Co-operation and Development，OECD）与联合国环境规划署共同提出的“压力-状态-响应”（PSR）模型，以及欧盟统计局（Eurostat）和欧洲委员会欧洲环境局（European Environment Agency，EEA）建立的“驱动力-压力-状态-影响-响应”（DPSIR）模型，都在区域土地质量评价中发挥了重要作用。

随着景观生态学研究的迅速发展，土地生态评价成为研究的热点。德国、加拿大、捷克等国的土地生态评价得到迅速发展。土地生态评价以土地生态类型为基础，着重生态价值和功能的评价，它直接服务于景观生态设计和景观生态规划。在20世纪70年代，生态系统服务功能成为生态学与生态经济学研究的重要分支。20世纪80年代，随着环境管理目标和环境管理观念的转变，展开了土地生态风险评价及其相伴的生态安全评价研究。在全球生态系统已普遍出现退化的背景下，土地生态系统健康评价成为生态系统研究的一个新领域。1992年，由加拿大生态经济学家Willam Rees等提出了一种衡量人类对自然资源利用程度以及自然界为人类提供的生命支持服务功能的研究方法——土地生态足迹，致力于区域土地生态承载力的研究，探寻能定量衡量国家或地区发展的可持续性指标。

20世纪80年代以来，在全球变化背景下，一系列国际重大研究计划推动了土地评价工作的深入。尤其是IGBP与IHDP的“土地利用/覆被变化”“全球土地计划”等研究，对土地变化的监测、解释和效应展开了深入研究，推动了土地利用的持续性和脆弱性，以及土地生态系统服务功能的研究。2001年，联合国启动了千年生态系统评估（MA）项目，从国家、区域和全球尺度，以生态系统服务核算为核心，对全球生态系统进行综合评估。目前，正在实施的“未来地球（future earth）”计划（2014～2023年）也将可持续性转型作为三大研究主题之一。随着对土地变化和区域生态环境效应研究的不断深入，土地利用变化研究关注从土地利用格局变化转向土地多功能变化及其可持续性的发展方向。2001年，OECD在“多功能性：一个分析框架”中提出了较为完整的农业土地多功能概念及其分析框架，土地多功能性评价成为土地评价的新热点。

总之，现阶段土地评价受到了全球变化背景的深刻影响，在一系列国际组织和国际重大研究计划的推动下，土地评价紧密围绕全球变化的生态环境效应，土地利用持续性评价、土地生态评价和土地多功能性评价成为研究的热点。

二、中国土地评价研究历史

（一）悠久深厚的历史积淀

土地评价在中国有着悠久的历史。在古代，国家为了掌握土地的数量和质量以定贡赋，逐步形成了土地评价体系。早在夏禹（公元前2100多年）时期，土地资源已作为财产进行调查统计。据《禹贡》记载，当时全国疆域划分为九州——冀州、兖州、青州、徐州、扬州、荆州、豫州、梁州和雍州，按各州的土色、质地和水分将土地评为上、中、下三等，每等又分为上、中、下三级，赋税也根据各州农作物的品种、自然资源及特产等划分为三等九级。这是中国最早的为规定赋税而进行的土地评价工作。

公元前3世纪，春秋战国时期的《管子·地员篇》系统地总结了中国人民评价土地资源的经验。按土色、质地、结构、孔隙、有机质和盐碱等肥力因素，并结合地形与水文等条件，对土地生产力进行分等定级，将九州土地分为18类，每类地又分为5种品色，并指出每类土壤所适宜的作物品种。根据土地对农林生产的适宜程度，把18类土地分为上土、中土、下土三等，形成3等18类90物的土地评价系统。这是中国，也是世界上最早的为合理利用土地而进行的土地评价工作。

两汉时期的儒家经典《周礼·地官·大司徒》，明确提出了土地评价的两种体系：一种称“土宜之法”，“以土宜之法，辨十有二土之名物”，即将土地和土壤各分为12种名物，指出适宜的用途和适种的作物；另一种称“土均之法”，“以土均之灋，辨五物九等。制天下之地征，以作民职，以令地贡，以敛财赋，以均齐天下之政”，即把土地分为5物9等，据以征收贡赋。

此后，在漫长的封建时代，中国历代都采取了各种方式管理土地，探索土地资源分类和评价，并作为制定税收的依据。例如，北魏至唐朝中期实行的“均田制”，按人口分配土地，将土地分为露田、桑田、麻田和宅地四种，农民按照规定的授田数额赋税。宋代王安石变法，提出“方田法”，以东西南北各千步见方的土地为一方，并根据地形、土壤颜色和土地肥力的高低将土地分为5等，作为定赋依据；贫瘠、盐碱地及公用的山林、池塘、沟路、坟墓等免予征税。明朝初期，朱元璋着手把全国土地按地权所有逐块丈量，并根据土质分等级核定田赋，编制成“鱼鳞图册”。但总体来说，这些土地分类和评价的工作大多由政府部门负责，没有开展深入的科学研究。

（二）20世纪80年代：逐渐走向系统

1949年后，中国土地评价工作始于1951年财政部组织的查田定产工作。为了厘定农业税率，达到合理负担的目的，用发动群众民主评议、逐级平衡的方法对全国进行土地类别划分和级别评定，以常年产量作为确定农业税的依据，但评定方法过于简单。中国较系统的土地评价工作始于20世纪50年代的荒地调查，采用两种评价体系：一种是农垦部荒地勘测设计院提出的，按水热条件把全国划分为区和副区，在副区下又按开垦措施的难易程度划分4等——不加措施即可开垦的、稍加措施即可开垦的、大加措施才能开垦的、目前尚不能开垦的；另一种是中国科学院综合考察委员会提出的，按荒地的水热条件，将全国分为11个区，反映区城间宜农荒地自然生产力的差别，区下按限制性因素和改良措施的种类分组。这种分类体系有较明确的自然条件指标，但缺乏经济分析。

1978年以后，国外土地评价的理论和方法相继被介绍进来，以合理利用土地为目的的土地评价蓬勃开展起来，大大推动了我国土地评价的研究，也开启了中国系统的土地评价研究工作。20世纪80年代初，以服务农业生产为目的的土地评价工作产生了两个全国性的土地评价体系：一个是由农牧渔业部、农业区划委员会颁布的《全国第二次土壤普查暂行技术规程》，其组织了全国第二次土壤普查工作，提出了对土壤的生产能力进行分级，并制订了8级土地分级标准，基本参照美国农业部土地利用能力分类拟定，分级标准略有修改。另一个是由中国科学院自然资源综合考察委员会拟订的《中国1∶100万土地资源图》分类系统，该系统参照FAO的《土地评价纲要》，结合中国实际，以生态学观点为主的一般目的评价体系。按照水热条件将全国分为11个土地潜力区，区下按对农、林、牧用地的适宜性分为9个土地适宜类，类下分别按农、林、牧分为3个土地质量等，等下按主导限制因素划分土地限制型，形成了“类-等-型”的评价系统。这一系统的提出，推动了中国土地评价研究的迅速发展，尤其是开展了大量单目标土地评价工作，如林业部门的林地立地质量评价、畜牧部门的草场资源评价、城建部门的城市用地评价，以及旅游地、自然保护地的土地评价等。与此同时，由中国科学院地理研究所赵松乔和吴传钧分别主持进行了《中国1∶100万土地类型图》和《中国1∶100万土地利用图》的编制。

在20世纪80年代末，中国科学院自然资源综合考察委员会和国家土地管理局先后开展了“中国土地资源生产能力及人口承载量研究”（1991年）和“中国土地资源的潜在人口支持能力研究”（1994年），将农作物生产潜力计算和土壤质地相结合推算土地生产力。

全国出现了前所未有的土地评价研究热潮，带动了很多区域性的研究。

（三）20世纪90年代：逐渐迈向规范

20世纪80年代初，我国土地资源管理部门也开展了以资源管理为目的的土地评价工作。1984年，农牧渔业部土地管理局在部署全国土地资源详查的同时，在全国组织了13个县开展土地资源评价试点。农业部门还制定了《县级土地评价技术规程》（试行草案），主要以水、热和土等自然条件为评价因素，划分农用地自然生产潜力的级别。国家土地管理局于1986年组织开展了农用地分等定级研究，1989年拟定了《农用土地分等定级规程》（征求意见稿），并在全国组织7个试点县开展分等定级。1993年又出台了《城镇土地估价规程（试行）》。2003年，国土资源部颁布了《农用地分等规程》、《农用地定级规程》和《农用地估价规程》。2012年，以国家标准颁布了《农用地质量分等规程》（GB/T 28407—2012）、《农用地定级规程》（GB/T 28405—2012）、《农用地估价规程》（GB/T 28406—2012）。

20世纪80年代中后期，中国土地评价研究重心已开始从为大农业服务的土地评价转为非农业用地评价，特别是城市土地经济评价发展非常迅速。1980年，原国家土地管理局制订了《城镇土地定级规程（试行）》。2001年，则以国家标准颁布了《城镇土地分等定级规程》（GB/T 18507—2001）和《城镇土地估价规程》（GB/T 18508—2001）。2014年，又进一步进行了修订发布。另外，2007年国土资源部还颁布了《城市土地集约利用潜力评价技术规程（试行）》，有力地推动了城市土地评价的工作。

20世纪90年代以来，土地评价更加重视对自然、经济和社会因素的综合考虑，并采用定性与定量相结合的方法，尤其是针对特定目标或对象的土地适宜性评价得到了更快发展。农业土地评价重视评定土地的生产力水平，农用地分等、定级与估价普遍开展。包括城市土地定级估价及地价动态变化在内的城市土地评价也广泛开展。此外，针对土地退化、土地污染、生态风险、生态安全和土地利用冲突等的土地评价新应用领域不断出现。土地可持续利用评价、土地生态评价和土地多功能性评价等已成为土地评价的热点研究领域。在土地评价中，模糊综合评价法、灰色关联度分析法、人工神经网络模型、遗传算法等新方法不断引入。RS、GIS和GNSS等技术在土地评价中广泛应用。

三、土地评价的研究趋势

近年来，由于全球变化趋势的加剧，人口、资源、环境与发展（PRED）问题的日益突出，基于土地资源合理利用的土地评价受到了各方面的关注，并且出现了空前活跃的局面。纵观国内外土地评价的历史与现状，其发展趋势可以概括为以下四个方面。

（一）综合化

近年来，土地评价已从初期单纯的土地自然生态评价逐步走向土地综合性评价。首先，在土地评价过程中，除考虑土地的自然属性外，还考虑土地利用的经济效果和社会公平，进行土地资源利用的生态环境效应分析。例如，FAO颁布的《可持续土地利用管理评价纲要》（1993年），从生产性、稳定性、保护性、经济可行性和社会可接受性建立了评价标准。此类评价可为土地利用规划和国土规划提供全面的、综合的资料。其次，土地评价还体现了在一定时间和空间尺度下的评价，需要在一定时间期限内和一定空间尺度下进行土地资源评价，从而达到土地资源可持续利用的目的。最后，综合化也表现在针对人口、资源、环境和发展问题，开展土地承载力研究，确定人口增长和经济发展对土地资源的需求和土地系统可能支持的程度。因此，土地评价需要结合土地资源学、地理学、经济学、生态学以及其他相关学科，探讨土地资源的生态、经济和社会属性。

（二）生态化

随着人类活动对自然界扰动强度的不断增大，顺应全球化发展趋势，解决人口、资源与环境之间的矛盾，"生态化"表征为在土地科学领域里出现的一系列重大问题而产生的学术变革和范式转折，也是对传统土地评价研究视角和方法论的创新。土地评价的生态化，表现为生态学的关系型范式在土地资源评价中得到广泛应用，生态（生物）地理过程与地域划分研究在土地评价中的重要性不断提高。土地生态评价着重于土地生态系统的结构、功能及土地生态价值的评价；在一般土地评价的基础上，选择最有意义的若干生态特性进行专项评价；关注人类社会经济过程对土地生态系统的影响评价，以及对土地生态退化、生态健康与恢复、土地生态风险与安全、潜在危险进行评价。

（三）精准化

随着土地评价研究的深化，人们越来越注重评价的科学性和应用价值。土地评价方法从传统侧重定性评价向定量评价过渡，评价对象也日益扩大，并在实践中发挥了重要作用。早期的评价主要结合土地资源清查开展，评价目的是为国家或大区域性的规划服务，评价成果比较粗略。随着土地资源调查工作的深入，各种要素图件和数据资料的完备，土地评价越来越细，成果实用性强。主要表现在小区域、典型地段详细的土地评价工作越来越多，除了分析土地的自然生态及社会经济特征外，特别强调土地利用方式要求的分析，提高了土地评价的精准性和实践价值，并将评价成果以图件和文字的形式直接提供给土地规划者和管理者。另外，随着尺度的变化，影响土地利用的主要因子会不同，田块-农场-流域-区域（或国家）-全球的主要约束因素分别是农业技术-微观经济-生态因子-宏观经济和社会因子-宏观生态因子。FAO 在《可持续土地利用管理评价纲要》中，为土地评价提供了从景观、农场到区域水平尺度的基本思路。

（四）定量化

近年来，随着地理信息数据的获取、处理和模拟方法的完善，土地评价的方法和技术手段也在不断更新。在土地评价中，由于在全球土地资源信息获取上，全球观测网络、遥感和移动数据等发挥了更大的效能，在土地资源信息管理、分析与处理上，网络 GIS、大数据、云计算和人工智能等模型工具对全球尺度土地问题的研究提供了强有力的技术支撑。另外，新的观测方法、空间计量方法、"3S" 技术、多智能体模型、神经网络模型及耦合协调度等数学模型和数据库在土地评价中的应用日益广泛，增强了土地评价的定量化和动态预测性，也使土地评价更加科学化。将土地资源信息系统和模型方法相结合，建立土地资源信息系统中的数据库、模型库和知识库，将土地资源评价、土地资源规划与土地资源利用三者融合起来，从而为土地管理者或使用者提供决策依据。

复习思考题

1. 如何理解土地评价？土地评价的依据是什么？

2. 简述土地评价的目的和任务。
3. 土地评价的基本单位有哪些类型?
4. 土地评价的原理有哪些?
5. 土地评价中应遵循哪些原则?
6. 土地评价有哪些类别?
7. 简述土地评价的研究趋势。

第五章 土地潜力评价

第一节　土地潜力评价的概念

一、土地潜力的内涵

土地潜力（land capability），即土地固有的潜在能力，包括土地生产潜力和土地利用潜力两种类型。土地生产潜力是指在一定经营管理水平下，在光、热、水和土等条件下，由自然要素的限制性所决定的、土地能够提供的最大生物质产量。土地利用潜力则是指“土地利用能力”，是土地在用于农、林、牧业生产或其他方面的潜在能力，是土地自然要素相互作用表现出来的潜在生产能力。一般来说，土地质量越好，土地利用能力越高，可供利用的土地利用类型越多样；反之，则较少。

影响土地生产潜力的因素包括：①环境因素及其对作物的适宜程度（包括太阳辐射、温度、水分、土壤和 CO_2 含量等因子的组合）；②作物遗传特性及其对环境条件的适宜性；③人为管理因素。按照因子的影响层级展开，可以得出不同层次的土地生产潜力：光合生产潜力、光温生产潜力、气候生产潜力、自然生产潜力、经济生产潜力和现实生产力，它们之间的关系如图 5-1 所示。

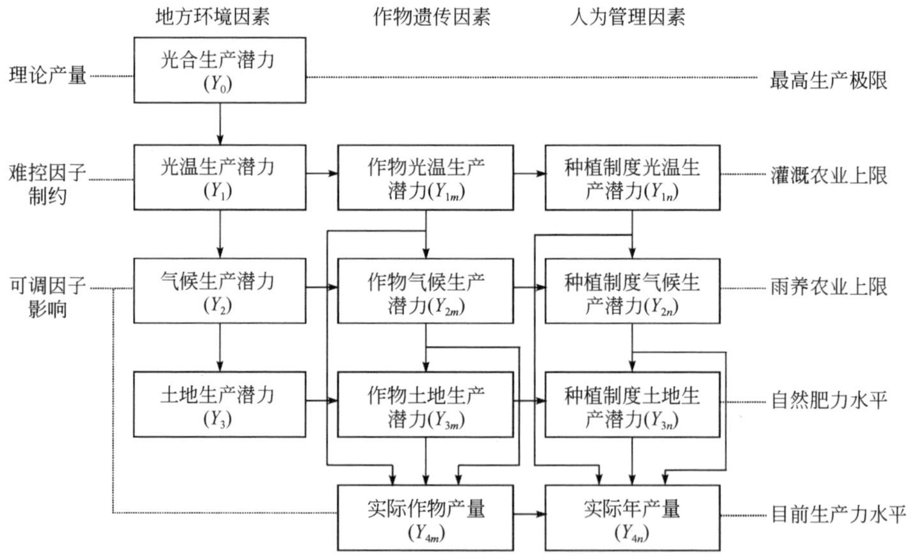

图 5-1　土地生产潜力分析框图（许学工，1998）

目前，“机制法”是应用最为广泛的土地生产潜力计算方法，它根据作物生产力形成的机理，考虑光、温、水和土等自然生态因子，从作物截光特征和光合作用入手，依据作物能量转化及产量形成过程，进行逐步“衰减”估算土地生产潜力，其函数式为

$$\begin{aligned} Y_L &= Q \times f_{(Q)} \times f_{(T)} \times f_{(W)} \times f_{(S)} \\ &= Y_Q \times f_{(T)} \times f_{(W)} \times f_{(S)} \\ &= Y_T \times f_{(W)} \times f_{(S)} \\ &= Y_W \times f_{(S)} \end{aligned} \tag{5-1}$$

式中：Y_L为土地生产潜力；Q为太阳总辐射；$f_{(Q)}$为光合有效系数；Y_Q为光合生产潜力；$f_{(T)}$为温度有效系数；Y_T为光温生产潜力；$f_{(W)}$为水分有效系数；Y_W为气候生产潜力；$f_{(S)}$为土壤有效系数。

（一）光合生产潜力

光合生产潜力是单位时间、单位面积上，在空气中CO_2含量正常，温度、水分、土壤、肥力和农业技术、管理措施均处于最佳状态时，具理想群体结构的高光效植物品种的最大干物质产量。它是理想条件下作物产量的上限，是一理论值，实际上只能作为温室生产的上限。

（二）光温生产潜力

作物对温度有敏感的反应，任何作物都存在最低临界、最适和最高临界生长三基点温度，作物的生长发育尚需要满足一定的积温，否则会延长和缩短生育期，甚至不能完成生长。光温生产潜力就是指水分、土壤肥力和农业技术措施处于最适状态下，由光、温两因子所决定的作物产量，其可以作为大田作物产量上限的近似指标。对光合生产潜力进行温度订正，即得光温生产潜力。

（三）气候生产潜力

气候生产潜力是指当系统中的土壤和作物群体结构等因素均处于最适状态下，作物充分利用自然的气候资源（光、温和降水）所能够产生的有机质。又称光温水生产潜力，其求得需对光温生产潜力进行降水订正。

（四）自然生产潜力

土地是作物生长的基础，其供肥、保水以及质地等性能影响作物的生产能力。土地对土地生产潜力的影响可以归纳为物理性状、化学性状、生态条件以及地形地貌等方面。土地自然生产潜力又称光温水土生产潜力，是指当系统中的作物群体结构和其他管理因素处于最适状态时，作物充分利用自然的气候资源及土地肥力所能够产生的干物质量。其求得需对气候生产潜力进行土地订正。

（五）经济生产潜力

管理因子是土地生产潜力影响因子中唯一的人为因素，体现了人类管理水平对土地生产力的制约和提升。它既包括通过技术手段改造气候和土地因子以使实际生产力接近各级

土地生产潜力；又包括选择合适的种植制度与产品形式等以满足人的需要。种植制度即作物的种植规律，如复种套种、一年几熟、轮作休耕等。土地经济生产潜力是指在气候-土壤生产潜力基础上考虑种植制度和产品形式等因素后土地所能产生的干物质量。土地经济生产潜力是针对人类需要而定义的土地生产能力。

二、土地潜力评价的概念

土地潜力评价（land capacity evaluation），又称土地潜力分类。一般分为土地生产潜力评价和土地利用潜力评价两种类型。土地生产潜力评价是根据气候和土壤等因素，估算出土地在一定条件下能生产多少生物或经济产量，它是一个绝对数量的概念；土地利用潜力评价则依据土地的自然性质（如土壤、气候和地形等）及其对于土地某种持久能力的限制程度，就土地在该种利用方面的潜在能力所作的等级划分。例如，就土地农业利用而言，潜力评价的任务是依据土壤、气候和地形等要素对土地的持久农业利用的限制程度，及由这种限制所决定的作物潜在生产率和耕作方式的可选择性，对土地做出等级划分。

由于影响土地生态系统能量流动与养分循环的主要环境因子是气候和土壤。所以，单要素的土地潜力评价主要集中在气候和土壤两个要素。以气候要素为主的潜力评价，主要是从温度、降水和蒸发等水热条件出发揭示土地的生产潜力；以土壤为主的潜力评价，主要通过土壤的性质推断土地的生产力。但气候潜力评价和土壤潜力评价都是从不同的侧面反映土地的生产潜力，具有片面性和局限性，将二者结合起来进行土地潜力综合评价是目前最好的土地潜力评价方法。

三、土地潜力评价的意义

土地潜力评价是寻求区域“人口-土地-粮食”之间平衡关系的关键，也是实现区域可持续发展的基础。土地潜力研究具有重要的理论和实践意义。

（1）保障国家和区域粮食安全的重要依据。土地生产潜力研究揭示了作物生育规律、产量形成与环境条件相互作用机制，对气候、土壤、作物资源利用程度、潜力、产量限制和影响因素等定量分析，是提高耕地生产力、保障粮食安全的关键。

（2）核算区域土地人口承载力的重要依据。区域土地人口承载力是指在一定的生产力水平下，区域土地资源持续利用于食物生产的能力和所能供养一定营养水平的人口数量。在确定土地生产潜力的基础上，根据一定的生活水平，就能计算出区域内土地能够承载人口的数量。土地人口承载力对制定科学的人口政策和土地资源管理政策具有重要意义。

（3）为制定科学的区域国土规划提供决策依据。土地生产潜力的评价可以作为国家或地区进行农业分区，制定作物产量计划和农业发展规划的重要依据。土地生产潜力的评价，有助于揭示区域农业生产水平可能达到的最大程度，协调主导产业与基础产业的关系，为合理安排农业用地和建设用地，编制土地利用总体规划提供依据。

第二节　以气候要素为主的土地潜力评价

在土地潜力评价中，反映气候要素的主要是水热条件。水热条件是自然地理环境中最活跃的因素，它是地球系统能量的源泉，决定着自然地理环境要素的复合、顶极群落的形成及农业生产的潜在水平和实际水平，在某种程度上，土壤的分布及其自然肥力都与水热条件有关。所以，以气候要素为主的潜力评价都是从温度、降水和蒸发等水热条件出发揭示土地的生产潜力，在进行土壤、地形等相关的订正后，成果可用于土地等级评定。

一、光合生产潜力模型

（一）Loomis-Williams 模型

1963 年，美国学者 R.S.Loomis（卢米斯）和 W.A.Williams（威廉姆斯）利用量子效率等概念进行生物学产量的生产潜力计算，开启了定量研究光合生产潜力的先河。在假设日辐射为 500cal/cm^2、呼吸损失等于光合量的 33%时，利用量子效率概念推出

$$Y=1.538Q \tag{5-2}$$

式中：Y 为生物学产量的生产潜力[kg/（hm^2 • d）]；Q 为总辐射（cal/cm^2）。

（二）黄秉维模型

1981 年，黄秉维院士综合了多方面的研究成果，全面考虑了作物群体对太阳能的利用、反射、漏射、吸收、转化和消耗等多种因素，在最大光能利用率 6.13%的假设下，提出了大致适合作物生长盛期的光合生产潜力公式

$$Y_{\text{p}}=1.845Q \tag{5-3}$$

式中：Y_{p} 为生物产量光合潜力（kg/hm^2）；Q 为太阳辐射（cal/cm^2）。

黄秉维模型按作物全生育期考虑设计，具有相当的精确度，不同作物可以根据生育期的总光照不同加以区别，且从全生育期整体考虑，特别适合于作物总生产潜力的估算，并仅需取太阳总辐射一个参数，容易获取。

光合生产潜力在目前的大田生产还不能达到，只有在植物的生境（如温度、水分和土壤等）得到全面完善的控制条件下，才可能实现，它是作物产量的上限。

上述方法都是用于求算大区域内综合的生物生产量。若要进行某些作物或某一作物的生产力估算，就显得过于粗糙。

二、净初级生产力模型

植被净初级生产力（net primary productivity，NPP）是指绿色植物在单位面积、单位时间内所累积的有机物数量，表现为光合作用固定的有机碳中扣除植物本身呼吸消耗的部分，这一部分用于植被的生长和生殖，也称净第一性生产力。NPP 是土地自然生产力的表征，同时通过调整参数，也可以反映土地自然生产潜力的大小。气候生产力模型主要是通过对实验数据进行统计分析，归纳总结出 NPP 与气候因子的经验公式，然后在其基础上估算出不同气候条件下的土地生产潜力。

（一）迈阿密模型

迈阿密模型（Miami model）是由德国生态学家 H.莱斯（Lieth）根据世界各地作物产量与年均降水量和年均温度的关系，用最小二乘法建立的全球初级生产力模型。由于是在 1971 年美国迈阿密举行的生物学学术会上提出的，故名迈阿密模型。其计算公式为

$$\text{NPP}=\min(Y_t, Y_p) \tag{5-4}$$

$$Y_t = \frac{3000}{1+e^{1.315-0.119t}} \tag{5-5}$$

$$Y_p = \frac{3000}{1-e^{-0.000664p}} \tag{5-6}$$

式中：NPP 为自然净初级生产力；t 为年均温（℃）；p 为年降水量（mm）；Y_t和 Y_p 分别为根据年均温度和年降水量估算的生物生产量[g/（m^2 •a）]；e 为自然对数的底。使用式（5-5）和式（5-6）计算同一地点的生物产量，会出现不同的数值。根据李比希（Liebig）定律（或土地生产力限制律），最小量因子制约生产力水平，因此选用两个生产力数值中的较低值来代表该地植物生产潜力。

（二）桑斯维特纪念模型

实际上植物的生长不仅受温度和降水影响，还受到其他一些气候因子的影响，为此莱斯在桑斯维特的研究基础上，在 1972 年加拿大蒙特利尔举行的第 22 届国际地理大会为纪念桑斯维特的讨论会上提出了计算模型，即桑斯维特纪念模型（Thorthwaite memorial model）。

桑斯维特纪念模型初期称为蒙特利尔模型，是通过蒸散量模拟陆地生物生产量的一种方法，也是把蒸散量和生物生产量这两个参数结合的唯一途径，其计算公式为

$$P=3000[1-e^{-0.0009695（E-20）}] \tag{5-7}$$

式中：P 为生物生产量[g/（m^2 • a）]；E 为年实际蒸散量；e 为自然对数的底。因蒸散量受太阳辐射、温度、降水和风等因子的综合影响，所以它比迈阿密模型更能反映实际情况。

（三）格思纳-莱斯模型

格思纳-莱斯模型（Gessner-Lieth model）是由 F. 格思纳（Gessner）和 H.莱斯提出的，是根据生物生产量与生长期长度之间的相关性来推测产量的一种方法，该模型是一个回归直线方程

$$P=5.17S-157 \tag{5-8}$$

式中：P 为生物生产量；S 为光合作用季节的日数。

（四）CASA 模型

CASA（Carnegie Ames Stanford Approach）模型是一个基于过程的遥感模型，耦合了生态系统生产力和土壤碳、氮通量。CASA 模型中植被净初级生产力主要由植被所吸收的光合有效辐射（APAR）与光能转化率（ε）两个变量来确定

$$\mathrm{NPP}(x, t)=\mathrm{APAR}(x, t)\times\varepsilon(x, t) \tag{5-9}$$

式中：t 为时间；x 为空间位置。

APAR 的确定：植被所吸收的光合有效辐射取决于太阳总辐射和植被对光合有效辐射的吸收比例。用下列公式表示

$$\mathrm{APAR}(x, t)=\mathrm{SOL}(x, t)\times\mathrm{FPAR}(x, t)\times0.5 \tag{5-10}$$

式中：SOL（x, t）为 t 月像元 x 处的太阳总辐射量（MJ/m^2）；FPAR（x, t）为植被层对入射光合有效辐射（PAR）的吸收比例，常数 0.5 为植被所能利用的太阳有效辐射（波长为 0.4～0.7μm）占太阳总辐射的比例。

光能转化率（ε）的确定

$$\varepsilon(x,t)=T_{s_1}(x,t)\times T_{s_2}(x,t)\times W_s(x,t)\times\varepsilon_{\max} \tag{5-11}$$

式中：$T_{s_1}(x, t)$和$T_{s_2}(x, t)$为温度对光能转化率的影响；$W_s(x, t)$为水分胁迫影响系数，反映水分条件的影响；$\varepsilon_{\max}$为理想条件下的最大光能转化率。

$$T_{s_1}(x,t)=0.8+0.02\times T_{\text{opt}}(x,t)-0.0005\times[T_{\text{opt}}(x,t)]^2 \tag{5-12}$$

式中：$T_{\text{opt}}(x, t)$为 x 处第 t 年的归一化差分植被指数（normalized difference vegetation index，NDVI）值最高时的月平均气温，这里可以使用每年 7 月的平均气温。

$$T_{s_2}(x,t)=\frac{1.184\times\{1+\mathrm{e}^{0.3\times[-T_{\text{opt}}(x,t)-10+T(x,t)]}\}}{1+\mathrm{e}^{0.2\times[T_{\text{opt}}(x,t)-10-T(x,t)]}} \tag{5-13}$$

式中：$T(x, t)$为某地当月平均温度。

$$w_\varepsilon(x,t)=0.5+0.5\times E(x,t)/\mathrm{EP}(x,t) \tag{5-14}$$

式中：E（x, t）为 x 区域实际蒸散量（mm）；EP（x, t）为区域潜在蒸散量（mm）。

三、气候因子综合模型

（一）瓦格宁根模型

瓦格宁根模型（Wageningen model）是 20 世纪 60 年代荷兰瓦格宁根大学斯莱波斯（Slabbers）提出的一种估算植物生产力的动态模拟模型。通过模拟作物的光合和呼吸作用，叶和根生长量等因子的日变化以及碳水化合物的变化过程，来模拟在水分和营养充足条件下的作物光温生产力。在计算时综合考虑了作物种类、光合特性、群体叶面积及作物产量形成的动态过程和机理等，这一方法主要适用于小麦、玉米、高粱和苜蓿等作物产量的估算，其特点是比较准确，但适用性狭窄。计算分为以下 6 个步骤。

1. 计算标准作物干物质产量

$$Y_0=F\cdot y_0+(1-F)y_{\mathrm{c}} \tag{5-15}$$

$$F=\frac{R_{\mathrm{se}}-0.5R_{\mathrm{s}}}{0.8R_{\mathrm{se}}} \tag{5-16}$$

式中：Y_0 为标准作物干物质产量；F 为白天的阴天部分（云覆盖度）；R_{se} 为晴天最大入射有效短波辐射[cal/（cm^2 • d）]；R_{s} 为实测入射短波辐射[cal/（cm^2 • d）]；y_0 为生育期间完全阴天时的标准作物干物质产量[kg/（hm^2 • d）]；y_{c} 为生育期间完全晴天时的标准作物干物质产量[kg/（hm^2 • d）]。

2. 按气候影响进行订正

$$\frac{\mathrm{ET_m}}{e_{\mathrm{a}}-e_{\mathrm{d}}} \tag{5-17}$$

式中：$\mathrm{ET_m}$ 为生育期内日平均最大蒸散量（mm/d）；e_{a} 为生育期内平均饱和水汽压；e_{d} 为实际水汽压。

3. 作物种类订正

标准条件下作物干物质产量与苜蓿、玉米、高粱、小麦的干物质产量的关系为经验常数 K，称为作物转换系数。

4. 温度订正

标准作物产量为作物在标准温度下的产量，按作物把总能量的 40%用于自身维持呼吸作用考虑，则在总生长期实际白天温度平均值条件下的作物净产量可用作物各自的温度订正系数 CT 予以修正。

5. 经济系数订正

作物经济价值的不同，收获量在生物量中所占的比例也不同。由于收获量仅是干物质总产量的一部分，用作物的经济产量与生物产量的比值得到经济系数（CH），也称收获系数，如玉米为 0.3，水稻和小麦为 0.35～0.5，甘薯为 0.7。用 CH 订正后才得到经济产量。

6. 作物生长期订正

上述只计算了 1 天的作物生产量，要计算整个生长期（G）的作物生产潜力，应该乘以从作物开始生长到成熟的生长期。对于越冬作物，需扣除日平均气温低于 0℃的时期（休眠期）。

综合上述六个计算过程，其总的计算公式为

$$Y = Y_0 \cdot \frac{\mathrm{ET_m}}{\mathrm{e_a} - \mathrm{e_d}} \cdot K \cdot \mathrm{CT} \cdot \mathrm{CH} \cdot G \tag{5-18}$$

式中：G 为总生长期（d）；Y 为光温生产潜力（$\mathrm{kg/hm^2}$）。

（二）FAO 评价模型

FAO 评价模型又称农业生态区域法，或农业生态地带法，由 J.Doorenbos 和 A.H.Kassam 在 1977 年为 FAO 的农业生态区域项目提出的一种计算作物光温生产潜力的理论方法，也是 FAO 推荐采用的方法。其基本思路与瓦格宁根模型相同，但比瓦格宁根模型适用的作物种类更多，是求算方法中应用较多的方法。根据特定地区的纬度、实际测量的日照持续时间，以及特定作物的生长周期、叶面积指数、生长起始月份、收获月份和全部生长季节的月平均气温，即可得出该地区特定作物的潜在最高产量。其计算过程如下

1. 计算标准作物干物质产量

$$Y_0 = F \cdot y_0 + (1-F)y_c \tag{5-19}$$

$$F = \frac{R_{se} - 0.5R_s}{0.8R_{se}} \tag{5-20}$$

2. 作物种类与生育期间的温度订正

不同作物在不同温度条件下的干物质生产率不同。因此，不同作物在不同环境温度下及处于不同生育期时，按照干物质生产率的不同，需要对标准作物的干物质生产率（y_m）进行订正。y_m 可能大于或小于标准作物假定的 $20\mathrm{kg/(hm^2 \cdot h)}$。

当 $y_m \geqslant 20\mathrm{kg/(hm^2 \cdot h)}$时，

$$Y_0 = F(0.8+0.01y_m)\,y_0 + (1-F)(0.5+0.025y_m)\,y_c \tag{5-21}$$

当 $y_m < 20\mathrm{kg/(hm^2 \cdot h)}$时，

$$Y_0=F\ (0.5+0.025y_m)\ y_0+(1-F)\ (0.05y_m)\ y_c \tag{5-22}$$

3. 叶面积订正

作物的叶面积指数是作物叶片面积的总和相当于叶面投影面积的倍数。在一定的范围内，作物的产量随叶面积指数的增大而提高。但叶面积指数增加到一定的限度后，田间郁闭，光照不足，光合效率减弱，产量反而下降。另外，作物所处生育期不同，叶面积指数值也不同。特定作物叶面积指数的动态变化与作物生育期相关，在整个生育期的中期最大，在生育期的开始或末期较小。对于标准作物而言，可以假定有效叶面积为投影地面积的 5 倍，而当特定作物的叶面积较小时即应进行叶面积订正（CL）。上面计算的 Y_0 为叶面积指数 LAI=5 时的最大干物质产量。在 LAI≥5 时，对 Y_0 的影响不大，但在 LAI<5 时则应进行叶面积订正。

4. 净干物质产量订正

植物在白天进行光合作用积累干物质，晚上则通过呼吸作用消耗干物质，剩余的物质才能用于植物生长，即净干物质的积累。净干物质占总光合产物的比率称为净干物质产量订正系数（CN）。CN 与环境温度密切相关，一般以 20℃为分界点，平均温度>20℃，CN＝0.5；平均温度≤20℃，CN＝0.6。

5. 经济系数订正

作物经济价值不同，主产品在生物量中所占的比例也不同。作物高产品种在良好的管理条件下，收获部分的净重占干物质总产量净重的比率为收获系数（CH），也称经济系数。

6. 作物生长期订正

将上述计算 1 天的作物生产量乘以从作物开始生长到成熟的生长期（G），即可得到整个生长期的作物生产潜力。

综上所述，一种高产的气候适应的作物品种的产量潜力（Y），在 G 天的生长期，无限制条件下是：

当 $y_m \geq 20$kg/（hm^2 • h）时，

$$Y=CL\cdot CN\cdot CH\cdot G\ [F(0.8+0.01y_m)y_0+(1-F)(0.5+0.025y_m)y_c] \tag{5-23}$$

当 $y_m < 20$kg/（hm^2 • h）时，

$$Y=CL\cdot CN\cdot CH\cdot G\ [F(0.5+0.025y_m)y_0+(1-F)(0.05y_m)y_c] \tag{5-24}$$

式中：CL、CN、CH、y_m、y_c、y_0 均可通过查表获得。FAO 出版的《产量与水的关系》（1982）中汇集了各国的研究成果，可供全球性的此类表格查询。

应用上述两种方法，关键是确定系数。尽管已有一些现成系数可供查用，但这些系数均出于国外的试验结果。目前，中国还没有通过系统试验取得数据，所以在应用上受到一定限制或造成一定误差。此外，有关材料提供的数据自身也有差别，如作物的经济系数，一般认为玉米为 0.3，水稻和小麦为 0.35～0.5，甘薯在 0.7 以上，但在不同地区和不同气候条件下，经济系数也是有差别的。另外，叶面积订正系数也有两种差异较大的数据（表 5-1 和表 5-2）。

表 5-1　叶面积订正系数 1（傅伯杰，1991）

LAI	1	2	3	4	≥5
CL	0.2	0.3	0.4	0.45	0.5

表 5-2 叶面积订正系数 2（傅伯杰，1991）

LAI	1	2	3	4	≥5
CL	0.32	0.58	0.78	0.91	1.00

总之，这些方法尽管机制比较合理，但在应用时必须了解可能造成的误差，对计算结果给予客观的评价。

四、农业生产潜力模型

农业生产潜力（agricultural potential productivity）以作物产量为表现形式，作物摄取太阳能和 CO_2 合成干物质，以致最终形成经济产量的高低，主要取决于作物本身的遗传特性和其对环境条件的适应性，人的管理也起相当重要的作用。如果把形成作物产量的“作物-土地-气候”系统按层次步步展开，可得到不同层次的潜力水平。下面以北京大学许学工（1998）在黄河三角洲进行农业生产潜力的研究为例来进一步说明。

（一）光合生产潜力

光合生产潜力是作物产量的理论上限，也反映了绿色植物对太阳辐射能的最高利用率，是土地生产潜力研究的基础。生长期间温度、水分、养分、经营管理和自然灾害等均处于最佳状态。也正是地球上被绿色植物固定的太阳能总量给生命总量规定了一个限度。其数学模型的一般形式为

$$Y_0 = K \cdot A \int_{t_1}^{t_2} \frac{Q_{\mathrm{p}}(\mathrm{t}) \cdot F(\mathrm{t})}{C(1-B)(1-H)} \mathrm{d}t \tag{5-25}$$

式中：Y_0 为光合生产潜力；Q_p 为光合有效辐射；F 为最大光能利用率（据计算，光合有效辐射利用率的最大理论值为 11.4%）；C 为干物质发热量；B 为植物质含水量；H 为植物质含灰分率；A 为经济系数；K 为单位换算系数。

根据黄河三角洲粮食作物的实际情况，将有关数据代入上式，利用气候统计的月平均值计算，可得该区的光合生产潜力 Y_0[kg/（hm^2 • a）]

$$Y_0 = \sum_{n=1}^{12} 1108.88 Q_{\mathrm{P}} \tag{5-26}$$

（二）光温生产潜力

温度是影响光合作用的诸因子中最难以大范围控制的环境因子，对上述光合生产潜力进行温度订正，即得光温生产潜力，其可以作为大田作物产量上限的近似指标。

根据黄河三角洲的情况，6～9 月采用以玉米和水稻为代表的喜温作物温度函数，其他月份采用以小麦为代表的喜凉作物温度函数，即得

$$Y_1 = Y_0 f(T) = \sum_i Y_{0i} T_i \tag{5-27}$$

其中，

$$T=\begin{cases}0 & 当t\leqslant t_1\\ \dfrac{t-t_1}{t_2-t_1} & 当t_1<t<t_2\\ 1 & 当t\geqslant t_2\end{cases} \tag{5-28}$$

式中：Y_1为光温生产潜力；t为月平均气温，t_1为作物光合作用最低温度下限；t_2为最适温度下限。

（三）气候生产潜力

气候生产潜力是指当系统中的土壤和作物群体结构等因素均处于最适状态下，作物充分利用自然的气候资源（光、温和降水）所能够产生的有机质，其求得需对光温生产潜力进行降水订正。

水分对生产潜力的影响是复杂的，它既是作物生长的环境因子，又是直接参与光合作用的原料，植物群体的需水量可用蒸发力（E_0）表示，而在无灌溉条件下，供水量可近似地用降水量（R）表示。由于黄河三角洲地势低平，作物易旱又易涝，故对于旱作物采用龙斯玉（1985）的降水订正函数。对于E_0，采用程天文（1980）根据中国科学院山东禹城实验站大型自动供水蒸发器实测资料对伊万诺夫建立的经验公式修正。由此可以根据气候资料求得降水订正函数（W_i），于是求得气候生产潜力Y_2

$$Y_2=Y_1\int(W)=\sum_i Y_{0i}T_iW_i \tag{5-29}$$

其中，

$$W=\begin{cases}\dfrac{R_i}{E_{0i}} & 当R_i\leqslant E_{0i}\\ 1-\dfrac{R_i-E_{0i}}{3E_{0i}} & 当E_{0i}<R_i<4E_{0i}\\ 0 \quad 当R_i\geqslant 4E_{0i}\end{cases} \tag{5-30}$$

式中：Y_2为气候生产潜力；R_i为月降水量（mm）；E_{0i}为月蒸发量（mm）。

气候生产潜力可作为旱作产量上限的近似指标。

（四）土地生产潜力

按照以上Y_0、Y_1、Y_2的概念类推，土地生产潜力应当是指当系统中的作物群体结构和其他管理因素处于最适状态下，作物充分利用自然的气候资源及土地肥力所能够产生的有机质，其求得需对气候生产潜力进行土地订正。

严格地说，土地生产潜力的意义与上述光合、光温和气候生产潜力有所不同，它不能像气候因素的订正那样以点上测得的数据代表一个范围内面上的情况，订正的结果也不会带有递变性，不能用等值线来表示。不同的土地类型，呈斑块状分布在区域中，其内部机制不同，自然肥力也不同。我们假定质量相同的土地具有同样的自然肥力，采用耕地质量系数法对土地进行分区订正，得出土地生产潜力公式

$$Y_3=Y_2\int(L)=\sum_i Y_{0i}T_iW_iL_i \tag{5-31}$$

$$L = F_1a_1 + F_2a_2 + F_3a_3 \tag{5-32}$$

式中：F_1、F_2和F_3分别为一等、二等和三等地占总耕地的比例；a_1、a_2和a_3分别为一等、二等和三等地的生产力系数，即耕地产量比值。

（五）经济生产潜力

以上估算的Y_0、Y_1、Y_2、Y_3生产潜力分别代表了不同层次的理论产量上限。实际上，在农业生产中要保持植物群体结构在各个阶段均能适宜是极其困难的。叶面积系数决定了植物群体的截光率，直接影响光温生产潜力的发挥，因此必须进行叶面积的订正。由于不同作物，以及同一种作物在不同生育期的最适叶面积系数不同，应结合具体情况进行叶面积订正；另外，作物自身遗传特性属于难以控制的因素，故对叶面积订正应在光温潜力这一步进行，经订正的作物光温生产潜力可以表示为

$$Y_{1\mathrm{m}} = Y_1 \int(G) = \sum_i Y_{0i}T_iG_i \tag{5-33}$$

$$G = l - \mathrm{e}^{-kl} \tag{5-34}$$

式中：l为某一时段最适叶面积系数；k为叶层的消光系数。

在此基础上，作物气候生产潜力（$Y_{2\mathrm{m}}$）和作物土地生产潜力（$Y_{3\mathrm{m}}$）

$$Y_{2\mathrm{m}} = \sum_i Y_{0i}T_iG_iW_i \tag{5-35}$$

$$Y_{3\mathrm{m}} = \sum_i Y_{0i}T_iG_iW_iL_i \tag{5-36}$$

黄河三角洲的主要作物有冬小麦、玉米、大豆、高粱、水稻和棉花等；主要种植制度有“小麦-玉米”一年两熟，“小麦-大豆-春玉米（高粱、杂粮）”两年三熟，个别还有“小麦-水稻”一年两熟等形式，以及各种作物一年一熟。根据作物的经济系数、三基点温度、生育期及最适叶面积系数，可求出各种作物的作物光温生产潜力、作物气候生产潜力和作物土地生产潜力，另外还求出了主要种植制度的三种生产潜力。

（六）农业生产力

土地生产潜力从光合生产潜力→光温生产潜力→气候生产潜力→土地生产潜力，依次考虑温度、水分、土肥条件在农业生物产量形成中的衰减作用，其产量依次减少。土地生产力是土地现实的或在预定时间内达到的生产力水平，它是自然、社会、经济和技术条件等共同作用的结果，土地利用的合理性及技术水平的高低决定着土地生产力与土地生产潜力的差距。在自然条件下，土地生产力低于土地自然生产潜力。随着灌溉条件、耕作施肥技术和保温技术（如地膜覆盖、温室大棚等）的实施，土地生产力可以超过土地自然生产潜力、气候生产潜力，向光温生产潜力逼近。

为了考察土地生产力与生产潜力之间的差距，引入了生产潜力指数（index of potential productivity）（D）的概念

$$D = \frac{\text{光温潜力} - \text{实际产量}}{\text{光温潜力}} \times 100\% = \frac{Y_1 - \overline{Y}}{Y_1} \times 100\% \tag{5-37}$$

由式（5-37）可以看出，D 值越大，表明土地可挖掘的潜力越大，也说明供作物生长

发育的外界条件的组合较差，土地的改造难度较大；D 值越小，则越接近一定水平的光温潜力，也说明条件较好，较适宜。

第三节 以土壤要素为主的土地潜力评价

土壤是作物生长所需养分和水分的供给者，在一定的气候条件下，土壤的性质与作物产量之间有紧密的关系。据此，可通过土壤的性质推断土地的生产力。以土壤为主的土地潜力评价主要有土壤生产力指数模型和土壤潜力率。

一、土壤生产力指数模型

该模型是 FAO 于 1970 年提出的农用土地土壤生产力分级（soil productivity rating）系统，用于评价土地质量的模型，它考虑了土壤的 10 个要素和特性，根据每一要素的特征给出 0～100%的数值，所有要素的几何平均值表示“土壤生产力指数”（index of productivity，IP）。模型如下

$$\mathrm{IP}=\sqrt[10]{F_1 \cdot F_2 \cdot F_3 \cdot F_4 \cdot \mathrm{pH} \cdot P \cdot E \cdot Q \cdot T \cdot G} \tag{5-38}$$

式中：IP 为土壤生产力指数，其他因子如表 5-3 所示。

表 5-3 土壤生产力指数（IP）因子表

宏观方面	具体指标	指标代码
土壤化学性状	土壤有机质含量	F_1
	土壤速效磷含量	F_2
	土壤速效钾含量	F_3
	土壤全氮含量	F_4
土壤物理性状	土壤机械构成	Q
	土壤有效厚度	T
	地面坡度	G
土壤生态条件	土壤酸碱度	pH
	光热条件	P
	水分供应能力	E

该方法的关键是需要建立每一要素详细的评分标准，比较要素特征和评分标准，得出分数值，然后计算土壤生产力指数，根据土壤生产力指数的高低，划分为 5 个等级以表示土地质量的高低。土壤生产力指数越高，则土地对农用而言也就越肥沃，因此，土地的质量也越好。

土壤生产力指数模型在土地生产潜力分析评价中应用较广，但它所涉及的因素过多地考虑土壤因子，而气候因子所占比例较小，采用的计算方法是几何平均，也影响了评价分析的准确性。

二、土壤潜力率

土壤潜力率（soil capability ratio）是美国农业部土壤保持局 1974 年提出来的评价方法，是强调土壤特性的一种土地评价形式。土壤潜力率是根据土壤的相对质量为土地规划者做出合理的土地利用决策而设计的。它以在高水平的经营管理下某一作物的预期产量为依据，综合了土地质量、产量和管理措施，使土壤限制性因素减小到最小限度的相对费用，以及减小持续限制性因素对社会经济和环境的影响造成的费用。土壤潜力率通常是建立在每一土壤单元潜力指数（SPI）的基础上的，是一个土壤的相对适宜性或土壤质量的数量化分级，用下式来表示

$$\mathrm{SPI}=P-(\mathrm{CM}+\mathrm{CL}) \tag{5-39}$$

式中：SPI 为土壤单元潜力指数；P 为根据当地管理水平确定的有关产量的费用指数；CM 为克服或者把土壤限制因素的影响减小的改良措施的费用指数；CL 为由持续影响的限制性因素造成的费用指数。

土壤潜力率计算中，P 可以按在良好经营下的一个特定土壤单元上生长的特定作物产量来计算，用每一土壤单元的作物产量乘以作物的净价格就是该土壤单元预期的年收入费用指数；CM 反映了为维持土壤生产力所必需的保护改良措施的费用，如修筑梯田、挖排水渠和输水道的费用等，将这些改良措施的总费用估算出来并按年分摊，以决定改良措施的年费用；CL 反映了每年用于克服持续性限制因素影响的耕作或措施费用，如每年用于土壤保持的费用、农田带状耕作的费用及夏季休闲地的费用等。

计算出土壤潜力指数后，将其按大小排列，并换算成土壤潜力率的比分 0～100，用于评价土壤质量，最好的土地是 100 分。

第四节　土地潜力综合评价

气候潜力评价和土壤潜力评价从不同的侧面反映了土地的生产潜力，但均存在片面性和局限性，需将两者结合起来表示土地的潜在生产力。土地潜力综合评价，即基于土壤和气候等多要素对土地利用的限制性和限制程度的影响，采用类别系统，将土地归并成若干不同的类别和等级。目前，最有影响的土地潜力综合评价是美国农业部的“土地潜力分类系统”。另外，随着土地评价的综合化和精确化，美国农业部又于 20 世纪 80 年代初提出了“土地评价和立地评价系统”。加拿大莫斯（Moss）等也将气候生产潜力和土壤生产潜力相结合进行土地潜力评价。

一、美国土地潜力分类系统

（一）土地潜力分类系统

美国土地潜力分类（land capability classification，LCC）是世界上最早使用的土地潜力评价系统。当时主要目的是控制土壤侵蚀，土地潜力评价成为控制土壤侵蚀研究项目的一个有机组成部分。1933 年和 1934 年的春季，美国的纽约、波士顿和华盛顿等地区发生了“黑风暴”。这些地区狂风呼啸，尘土翻滚，自西向东形成了东西长 2400km，南北宽 1440km，高 3.4km 的迅速移动的巨大黑色风暴带。风暴所经之处，溪水断流，水井干涸，田地龟裂，

庄稼枯萎，牲畜渴死，千万人流离失所。刮走了大量的农田耕作层土壤，使美国 1/6 的土地荒芜。1935 年美国成立了土壤流失局（后改名为土壤保持局），旨在控制土壤的流失。1940 年后，为了确定在什么地方、哪些土地作为农业利用的潜力等级最高，哪些土地作为农业利用需要保护等问题，在全国范围开始进行土地潜力评价。经过约 20 年的时间，由美国农业部土壤保持局在 1961 年正式发布了土地潜力分类系统。

该系统包括三个等级单位，即潜力级（capability class）、潜力亚级（capability subclass）和潜力单元（capability unit）。它是根据土地对作物生长的自然限制性因素的强弱程度，将土地分成若干个顺序的类别。在潜力分类中，可耕土地是根据土地持续生产一般农作物的潜力与所受到的限制因素来划分的，不宜耕种的土地的分类，还考虑经营不当所引起的土壤破坏的危险性。

1. 潜力级

潜力级是土地潜力分类中最高的等级，根据土地对大田作物或牧草的限制性强度，把所有的土地划分为八个潜力级。Ⅰ～Ⅷ级，土地在利用时受到的限制与破坏是逐级增强的，而作物选择条件逐级减小。其中，Ⅰ～Ⅳ级土地在良好的管理下，可生产适宜农作物，而Ⅴ～Ⅷ级则不能用于耕作（表 5-4）。

表 5-4 土地潜力分级与土地利用程度的关系

限制因素和风险增加（↓）	用途的适宜性和选择自由减小	土地潜力级	土地利用的集约程度增加								
			野生动物	林业	放牧			耕作			
					有限	中等	集约	有限	中等	集约	高度集约
		Ⅰ	■	■	■	■	■	■	■	■	■
		Ⅱ	■	■	■	■	■	■	■	■	
		Ⅲ	■	■	■	■	■	■	■		
		Ⅳ	■	■	■	■	■	■			
		Ⅴ	■	■	■	■	■				
		Ⅵ	■	■	■	■					
		Ⅶ	■	■	■						
		Ⅷ	■								

各主要潜力级的具体含义如下。

Ⅰ级：土地利用几乎没有限制性，可以安全地种植广泛的植物或作草场、天然牧场、林地或作野生动物保护区。土地近于水平，水蚀、风蚀的危险性小，土层厚、排水良好、易于耕作、土壤持水性良好、养分供应十分充足。土地不会遭到洪涝危害。在种植农作物时，只需一般的经营管理就能维持生产能力、土壤肥力和土壤结构。

Ⅱ级：土地利用受到一些限制。因此减少了种植作物选择的余地，或者要有中度的保持措施。土地的限制因素可能包括下列一个或几个：①和缓的坡度；②中等程度的风蚀或水蚀；③土层厚度不够理想；④土壤结构或适耕性稍差；⑤含有轻微至中等程度的盐分，虽易改良，但可能重现；⑥偶然的洪涝危害；⑦虽能通过排水改良，但仍受中等程度的永久性潮湿限制；⑧在土地利用与经营上的轻微气候限制。在农业利用时，Ⅱ级土地可能需要专门的耕作制度、水土保持措施或特殊的耕作方法以保护土壤。例如，土层虽厚但由于是受到中等侵蚀的缓坡地，在用于耕作时需要下列一种或几种综合措施：梯田、带状播种、等高耕作、草田轮作、种植绿肥作物、残茬覆盖、施化肥、有机肥和石灰等。

Ⅲ级：土地受到严格的限制。耕作时水土保持措施常较难施行和维持，受到的限制表现在耕种数量、播种、耕耘与收获的时间和作物选择等方面。限制因素是下列一项或几项作用的结果：①中等坡度；②很易遭受水蚀或风蚀；③频繁洪涝损害作物；④底土透水性很差；⑤潮湿；⑥埋藏浅的基岩、黏土层，限制了根系伸展和水分储存；⑦持水容量低；⑧肥力低且难以改变；⑨中等程度的盐分或钠含量；⑩中等程度的气候限制。

Ⅳ级：对作物的选择有很严格的限制或要求很仔细谨慎的管理，适应于种植两三种常见的作物，且产量很低，一定时期后还可能发生土地退化和产量降低的现象。因此，在作物的选择上有很大的限制，在利用方式上有严格的要求，如要进行休耕、要有十分精细的管理。

Ⅴ级：地势平坦，没有或少有侵蚀的危险，但有其他不可排除的限制因素，如土壤潮湿、经常遭河水漫淹或砾石太多，因此，无法进行农业耕作，但用作草场、牧场、林场或野生动物栖居地，则没有或很少有永久性限制。

Ⅵ级：由于存在严重的限制性和土地退化的危险性，不宜耕作，但经过一定的改良后，可用作牧场，在一定的管理条件下，可作草场、牧场、林地或野生生物保护区。

Ⅶ级：有严重的不可克服的限制性因素，无法将其改良为草场或牧场，而只能作为放牧、林地或野生生物保护区。

Ⅷ级：主要为瘠地、岩石、裸山、沙滩、河流沉积物、尾矿地以及近乎不毛之地的土地，作为牧地、林地都太差，但它们可作为野生动物放养地、水源涵养地、风景游乐地或休养地等。

2. 潜力亚级

土地潜力亚级是潜力级内具有相同的限制因素和危险性的潜力单元的组合。根据限制性因素的种类分为 4 个亚级，分别表示侵蚀（erosion hazards）、水分（wetness）、表层土壤（soil factors）和气候条件（climate）4 种限制性类型。

e 亚级：指侵蚀危害为土地利用中的主要问题，或受侵蚀危害的土地。对现代侵蚀的敏感性及古代侵蚀的损害程度是划分该亚级土地的主要依据。

w 亚级：指水分过多为土地利用中的主要限制因素，或受水分过多危害的土地。土壤排水不良、潮湿、地下水位高和洪涝等是划分该亚级土地的依据。

s 亚级：指根系表土层薄，或者含有大量石块，积水容量低，肥力低，含盐或钠等限制的土地。

c 亚级：指气候（温度和湿度）是土地利用中唯一重要的限制因素，或受其危害的土地。

除气候因素外，侵蚀、水分、表层土壤等限制因素均可予以改良或局部改良。因此，在确定土地潜力亚级时应优先考虑它们，从而根据土地利用的主要限制或危害来决定潜力单元归属 e、w、s。在两种限制因素程度基本相等且可以改造的情况下，则按 e、w、s、c 的顺序划分。例如，在湿润地区的土地潜力评价中，既有过度潮湿的限制，又有根系层的限制，w 亚级要先于 s 亚级来考虑。同样，在土地既有侵蚀危害，又有水分过多的限制时，e 亚级要先于 w 亚级来考虑。又如在有着侵蚀危害与气候限制的半湿润、半干旱地区的土地评价中，e 亚级要先于 c 亚级考虑；而在既有根系层限制又有气候限制时，s 亚级则先于 c 亚级考虑。

3. 潜力单元

土地潜力单元是对于一般农作物和饲料作物的经营管理具有大致相同效应的土地组合。同一潜力单元的土地具有以下特点：①在相同经营管理措施下，可生产相同的农作物、牧草或林木；②在种类相同的植被条件下，要求相同的水土保持措施和经营管理方法；③相近的生产潜力。在相似的经营管理制度下，同一潜力单元内各土地的平均产量的变率不超过 25%。

（二）土地潜力评价规则

（1）归属于某一潜力级的土地，它不仅有相当于这一级的利用潜力，而且具有低于这一级的其他所有潜力级的利用潜力。例如，属于Ⅰ级的土地，不仅可很好地用于农业耕作，而且可很好地用于任何其他利用方式。再如，属于Ⅳ级的土地，适于改良牧草地放牧，同时也适于Ⅴ～Ⅷ级的利用方式。Ⅷ级土地属于例外，只适于娱乐、野生动物保护、水源涵养林或风景观赏等目的（表 5-5）。

表 5-5　土地潜力级的土地利用范围

潜力级	限制性	农业耕作及管理		潜力					
		作物选择	保持措施	耕作	牧草地（改良）	牧草地（天然）	林地	野生动物食物来源和掩蔽地	娱乐、水源涵养或风景观赏
Ⅰ	很少	无限制	不需						
Ⅱ	某些	减少	中等						
Ⅲ	较严重	减少	专门						
Ⅳ	很严重	受限制	特别						
Ⅴ	非侵蚀								
Ⅵ	严重								
Ⅶ	很严重								
Ⅷ	极严重								

（2）潜力级的评定主要依据土地利用的永久限制。如一块土地土层厚度为 10cm，相应的潜力级为Ⅵ级。但是这块土地表面平坦，排水良好，而且不受洪涝危害。即使如此，这块土地的潜力级仍只能评为Ⅵ级。

（3）同一潜力级的土地尽管其限制程度相似，但限制性因素的种类不一定相同，所需的经营管理措施也不一定相同。也就是说，属于同一潜力级的土地，在地形尤其是土壤上可能有较明显的差异。

（4）潜力级的评定主要依据土地的自然要素，而不进行专门的投入产出分析，但需考虑一般性的投入产出，如一块多砾石的土地，可通过清除石砾使其从不适于耕种变为适于，即可提高其潜力级。但从经济上考虑，清除石砾的投入若不能从改良之后的产出上得到补偿，就不能将这块土地的潜力级评为Ⅰ～Ⅳ级。

（5）假定在中等经营管理水平上评定土地的潜力级，即对经营管理水平不作专门考虑。

（6）评价时不考虑市场的远近、道路存在与否及道路的级别。因此，地处偏僻但质量好的土地仍有可能评为Ⅰ级。

（三）土地潜力分类系统的基本特点

潜力和限制性是美国农业部的土地潜力评价系统的两个基本概念。

（1）潜力。评价方案按照事先拟定的假设条件，将土地利用按照利用潜力顺序列出：耕作利用，可以是任何作物，不需任何水土保持措施；有一定限制的耕作利用，在作物的选择上有一定限制，或需采取某种水土保持措施；改良牧草地放牧；天然牧草地放牧，或在同一水平上的林业用地；娱乐，野生动物保护，水源涵养林或风景观赏。在进行土地评价时，按上述先后顺序对土地做出潜力等级评定。

（2）限制性。根据永久限制性进行潜力评价。所谓限制性是指对利用潜力施加不利影响的土地性质。限制性有永久性与暂时性之分。永久限制性是指那些不能轻易排除，至少不能通过小型土地改良排除的不利土地性质，如坡度、土层厚度和洪涝危害等；暂时限制性是指可以通过土地改良措施排除或改善的不利土地性质，如土壤养分含量和程度轻微的排水不畅等。

二、美国土地评价和立地评价

土地潜力分类系统虽然简单明了，便于应用，但也暴露了不少弊端和不足。鉴于此，美国农业部土壤保持局于 1981 年提出了“土地评价和立地评价”（LESA）系统。该系统是为规划工作者和资源管理人员做出合理的土地利用决策而制定的，土地评价子系统和立地评价子系统有机结合，主要用于农业目的的土地评价。

（一）土地评价子系统

土地评价子系统包括土地潜力分级、重要农田鉴定和土壤生产力三者。

（1）土地潜力分级就是上述的“土地潜力分类”系统，根据土壤对大田作物或牧草的限制性强度将土地分为八个等级，然后在潜力级内部根据限制性因素的种类分为四个亚级，分别表示侵蚀、水涝、表层土壤和气候条件等限制类型。

（2）重要农田鉴定是按照对生产粮食、精饲料、草料和油料作物的适宜性对土地进行评价。一般只标出一等农地或由州、地方政府标志的“重要”农地。一等农地能量和基金消耗最低，产量最高，对环境损害最小，即生态系统合理，经济系统有利。

（3）土壤生产力就是上述的“土壤潜力率”，表示特种农业用途的土壤的相对质量。

三者都能分别表示土地质量的高低、土地适宜性的程度和限制性的强度。但是，为了更精确地测定土地对农业生产的价值，在土地评价时，需要将三者结合起来，集中优点，克服弱点。例如，土地潜力分级考虑了土地的自然特征，指出了限制性因素及其强度，并没有考虑克服这些限制性因素的费用，而土壤生产力则考虑了生产费用和作物产量。同样，重要农田分类并没有指出产量、成本和限制性因素，但它反映出该农田是最好的耕地。

通过在伊利诺伊州迪卡布县的具体实施，选取 7 个样地，拟定为宜农土地，然后对每一个样地进行土地潜力分级、重要农田分级和土壤生产力分析，三者结合综合评价，最后求出每一个样地的相对值（表 5-6）。相对值为 0～100，数值越大表明土地适宜性越高。土地评价的相对值有助于规划工作者和土地利用人员识别出一个地区内最适于农业的土地，将这一数值与立地评价数值结合起来就能用于评价一块农田是否建议转化为非农业利用。

表 5-6 伊利诺伊州迪卡布县区域土地评价

农业组	土地潜力级	重要农田等级	土壤潜力指数	相对值
1	I	一等	95～100	100
2	II	一等	95～100	94
3	I	一等	94	88
4	II	一等	90～94	84
5	II	一等	80～89	81
6	II	一等	70～79	75
7	II	一等	69	44

（二）立地评价子系统

虽然土地评价子系统的相对值对作为特定农业用途的土壤相对质量是一个良好的指标，但这一数值没有考虑地理位置的影响、市场距离、邻近的土地利用、农业区划以及其他决定土地适宜性所要考虑的因素。立地评价主要用于除土壤以外的其他自然和社会经济因素的评价，所考虑的通常是那些与土地利用有密切联系的因素，如土地的分布、位置、适应性和时间性等 7 个方面。

评价过程中，对每个特征都要提出结合实际的评分标准，按 0～10 分来分级，适宜农业利用的最佳条件定为 10 分，最不适宜农业利用的特征因素赋值为 0 分。最后将立地的特征分数相加求得该立地评价分数的总和。一般情况下，有利于继续保持农业利用的立地特征，获得高特征分数，而有利于转化为非农业利用的立地特征，获得低特征分数。

在完成土地评价和立地评价后，要将两个子系统的等级比分结合起来，结合的方法有多种。一般用平均的土地评价等级加上两倍的立地评价等级得出该立地适宜性评价的总分。

三、加拿大莫斯（Moss）土地潜力评价

1982 年，加拿大圭尔夫大学莫斯（M.R.Moss）将气候生产潜力和土壤生产潜力相结合，建立数学模型，进行土地潜力评价，应用于加拿大安大略省。评价时以加拿大生态土地分类单位的生态区作为土地评价单元，首先从实际蒸散量与净第一性生产力的关系方程中得出各主要区域的潜在净第一性生产力，然后根据土壤特性求出土壤潜力，并对净第一性生产力进行修正。步骤如下。

（一）潜在净第一性生产力

根据桑斯维特纪念模型，得出潜在净第一性生产力

$$\mathrm{NPP}=3000[1-\mathrm{e}^{-0.0009695(E-20)}] \tag{5-40}$$

式中：NPP 为净第一性生产力[$\mathrm{g/(m^2 \cdot a)}$]；E 为实际年蒸散量（mm）。

（二）土壤特性指数

$$PI = \frac{1}{100}\sum_{i=1}^{n} A_i V_i \qquad (5\text{-}41)$$

式中：PI 为生态区的平均土壤特性指数；n 为土壤类型数；A_i 为 i 类土壤所占面积的百分比；V_i 为 i 类土壤等级值。

（三）平均潜在净第一性生产力

$$ANPP = \frac{1}{100}\sum_{j=i}^{m} A_j^* V_j^* \qquad (5\text{-}42)$$

式中：ANPP 为生态区的平均潜在净第一性生产力[g/（m^2 • a）]；m 为生态区内 NPP 值的等级个数；A_j^*为每一个 NPP 值等级所包含面积占生态区总面积的百分比；V_j^*为每一等级 NPP 值的中间值。

（四）修正潜在净第一性生产力

$$ANPP^* = ANPP \cdot PI \qquad (5\text{-}43)$$

式中：$ANPP^*$为修正潜在净第一性生产力。

莫斯将气候生产潜力与土壤生产潜力相结合，客观地反映了土地的生产潜力。但由于模型只考虑了实际年蒸散量和土壤类型两个主要因素，对其他因素则不予考虑，即将复杂的生物生长过程简单化，属于简单的数学模型，因此，其评价结果虽然精确，但准确性却受到了质疑。

四、中国的土地潜力评价系统

从 20 世纪 70 年代起，中国陆续开展了很多土地潜力评价的研究，但这些研究都或多或少地借鉴了美国农业部土地潜力评价系统的某些做法。例如，在评价中多注重土地对于农、林、牧业生产潜力的高低，据此划分土地的潜力等级。下面，列举三个评价系统作扼要说明。

（一）毛乌素沙区土地潜力评价

1962～1963 年，北京大学陈传康等对毛乌素沙区的土地资源进行分等评价，其实质上是一种潜力评价。评价以土地类型为基本单元，在把土地类型分为 8 大类 27 小类的基础上，根据水土特征及其对农、林、牧、副、渔业的适宜性与限制性、土地利用现状、采取一定措施后土地好转的可能性、利用水利设施的可能性（干旱土地类型进行井灌以后土地质量将有所提高），以及区位关系等标准，把土地划分为五等，各等土地的划分和特征如下。

（1）一等地。水土条件良好，是当地的主要农业基地。包括东南部外流河谷的阶地和滩地，具有农业开垦条件的寸草滩（草甸）和引灌条件的干滩地，以及少量可井灌的梁地和干滩地等。

一等地总面积为 2369km^2，占全区土地面积的 5.99%。集中于东南部和南部，呈斑点状和条带状分布于沙地中，具有荒漠中“绿洲”的外貌。此外，在八里河灌区、柠条梁、靖边附近的几片干滩地分布面积也较大。

一等地面积虽小，但水土条件良好，生产潜力较高，是建设稳产高产基本农田的主要土地。进行适当的土壤改良、田间工程和施肥是提高其生产力的重要措施，但应注意防止风沙危害。

（2）二等地。土壤条件较好，但水分过少或过多，为优良牧场。部分地区可开垦为较好耕地。包括未复沙的梁地、冷蒿巴拉、马兰寸草滩、柳湾、东部的草甸淡栗钙土干滩地等。

二等地总面积为 3277km^2，占全区面积的 8.28%。其中水分过少的梁地和冷蒿巴拉主要分布于中西部梁地和干滩地上，水分过多的马兰寸草滩和柳湾主要分布于中东部。

二等地面积也不大，但土地生产潜力仍较高。由于利用不合理，略有退化表现。例如，梁地和冷蒿巴拉的沙化，草场质量下降，柳湾的破坏，马兰寸草滩的盐渍化等。因此，迫切需要进行合理利用规划，有条件处还要采取适当改良措施，以保持和恢复土地生产力。例如，对于牧业用地，重要的问题是合理使用草场，防止退化；对于农业用地，水利条件较好的圪桄地和二阴子地应建设基本农田，水利条件较差的梁地和冷蒿巴拉应逐步退耕还牧。柳湾须注意保护，防止退化为各种沙地。

（3）三等地。部分土壤条件尚好，但水分过多或过少。部分水分条件好，但土壤肥力不足，或有一定程度的盐渍化。这类土地为主要牧场，部分已开垦为耕地，但产量不高。包括芨芨草滩、一般的干滩地、各种固定巴拉、具有一定开垦条件的白刺堆巴拉，以及具有修建梯田条件的黄土丘陵等土地类型。

三等地总面积为 14371km^2，占全区土地面积的 36.3%。除黄土丘陵外主要分布于该区中西部，是该区最主要的畜牧业生产基地。由于过度放牧，草场严重退化，生产力大大降低。大部分三等地的合理利用方向是作为牧场。

（4）四等地。水、土条件都较差，为该区次要牧场。包括半固定巴拉、湿滩地、稀疏流沙、半固定白刺堆巴拉和密集的固定白刺堆巴拉、残丘、盐生植被滩地、侵蚀严重的黄土丘陵等土地类型。

四等地总面积为 7012km^2，占全区土地面积的 17.7%。其中，残丘和侵蚀严重的黄土丘陵分布于该区中南部；半固定巴拉分布甚广，但以中部为多；湿滩地、稀疏流沙在北部较多；白刺堆巴拉和盐生植被滩地主要分布于西南部和中西部的一些盐碱湖周围。

四等地生产力不高，主要用作放羊牧场，部分兼作骆驼牧场。为提高土地生产力，必须注意保护植被，已垦半固定巴拉必须退耕还牧。此外，湿滩地和稀疏流沙可放牧马，二阴子地可适当开垦，但须注意防沙和排涝。

（5）五等地。受流沙和盐碱危害，自然条件不利于农牧。包括梁地流沙、湿滩地密集流沙，以及盐碱光板地、严重风蚀地面和裸露河床等。

五等地总面积 12544km^2，占全区土地面积的 31.73%。其中，以各种流沙所占面积最大。大部分五等地没有生产利用价值，只有湿滩地密集流沙的丘间低地夏季为放牛牧场，冬季为放羊牧场，但生产力不高。部分有水源的流沙，经过引水拉沙后，可开辟为耕地，适于水旱轮作。中东部流沙（包括干、湿滩地流沙，黄土梁流沙）都有造林条件，可营造固沙林以及燃料和肥料林。

可以看出，毛乌素沙区优良耕地和牧场（一等地和二等地）所占面积虽然不大，但生产力高，应作为重点利用土地。如采取适当改良措施，投资收益较大且回收也快。三等地和四等地是该区主要生产用地，但生产力不高，必须采取各种土壤改良措施，改变利用不合理的状况，以提高生产力。五等地不仅本身不利于农牧业利用，而且对邻近土地有一定的危害，如流沙埋压和风沙危害等，应封沙育草，促进恢复天然植被。

（二）呼伦贝尔地区的土地潜力评价系统

20 世纪 70 年代中期，由中国科学院地理研究所在内蒙古呼伦贝尔地区拟定的土地潜力评价系统，可视为中国土地潜力评级的先导性工作。

首先，按土地对于农、林、牧各业利用的可能性分成四大等级。

甲——适于农、林、牧多种利用的土地；

乙——不宜农用，但可牧用的土地；

丙——不宜农用，但可林用的土地；

丁——农、林、牧利用价值均不高的土地。

其次，在大等级内，按土地对某种利用的适宜程度划分潜力级。在某些潜力级内，再按所需采取的改良措施作进一步划分。例如，太平庄乡的土地潜力等级系统为如下。

Ⅰ——不需专门改良即可农用的土地；

Ⅱ——稍加改良即可农用的土地；

$Ⅱ_1$——需采取水土保持措施；

$Ⅱ_2$——需采取简易排涝措施；

$Ⅱ_3$——需清除灌丛并采取水土保持措施；

Ⅲ——采取较大防洪排涝工程措施可以农用的土地；

Ⅳ——适宜牧用的土地；

Ⅴ——适宜林用的土地。

由此可见，该系统尽管比较简单，但与美国农业部的潜力评价系统有类似之处，也体现农→林→牧这种土地利用的先后次序。

（三）东北地区《1∶100 万土地资源图》的土地潜力评价系统

20 世纪 70 年代后期，中国科学院自然资源综合考察委员会在东北地区编制《1∶100 万土地资源图》所采用的系统，与美国农业部的潜力评价系统有许多相似之处。

首先，按照土地对农业、林业、牧业的适宜与否分为五个等级：宜农林牧、宜林牧、宜牧、宜林和暂不宜农林牧利用的土地（表 5-7）。然后，分别按农业、林业、牧业的适宜程度各分为最适宜、一般适宜和临界适宜三种情况。另外，为了减少排列组合的数量，并适当突出宜农土地，在宜农林牧的土地中，按农业的适宜性划分为三个等级：①农业无限制或少限制，质量好，最适于农业利用的土地；②农业有限制，质量中等，一般适于农业利用的土地；③农业限制较大，质量差，临界适于农业利用的土地。据此，大致划分为 7 个土地潜力级，分别用罗马字母Ⅰ、Ⅱ、Ⅲ、Ⅳ、Ⅴ、Ⅵ、Ⅶ表示。

表 5-7 中国东北地区土地潜力等级的划分（石玉林，1979）

潜力等级		适宜性降低（从左至右）						
		宜农林牧			宜林牧	宜林	宜牧	其他用地
		农业无限制质量好的土地	农业有限制质量中等的土地	农业较大限制质量差的土地				
潜力降低（从上至下）	Ⅰ							
	Ⅱ							
	Ⅲ							
	Ⅳ							
	Ⅴ							
	Ⅵ							
	Ⅶ							

Ⅰ等地，农业无限制或少限制，质量好，最适于农业利用，同时又适于林业和牧业利用。地形平坦，土壤肥力高，机耕条件好，是高产稳产基本农田或易建成基本农田。对未垦土地不需改造或略改造即可开垦，开垦也易建成基本农田，且在正常利用下对邻区不会造成土地退化等不良后果。

Ⅱ等地，农业利用有一定限制，质量中等，一般适于农业利用，也宜于林业和牧业利用。对于农业生产有限制，或由于热量不足，或由于水分不足，或由于地形限制，或由于盐碱、沼泽、土壤侵蚀等，需要一定改造措施才能开垦和建设基本农田，或需要一定的保护措施，以免土地退化。

Ⅲ等地，农业利用受到较大的限制，质量差，临界适宜或勉强适于农业利用。或由于一年一熟不很稳定，或由于水分不足、旱作不稳定、水源又缺乏；或由于较陡的地形，较薄的土层，较重的盐碱化、沼泽化，较强烈的土壤侵蚀，需要大力改造后才能开垦和建设基本农田；或需要在严格保护下才能进行农业生产，否则易发生土地退化。但这类土地适于林业利用和牧业利用。

Ⅳ等地，农业利用受到很大限制，但林业、牧业利用无限制或少限制。一般情况下，宜于林业或牧业利用。在特殊情况下经大力改造后，部分也可作农业、林业利用，或作为人工牧草地。

Ⅴ等地，农业、林业利用受到很大限制，但牧业利用无限制或少限制。一般情况下宜为牧业用地，特殊情况下经大力改造后，部分也可作农业、林业利用或作为人工牧草地。

Ⅵ等地，农业、林业利用受到很大限制，但林业利用无限制或少限制。一般情况下宜为林业用地，特殊情况下部分可作牧业利用，经大力改造后，部分可作特殊的农业利用。

Ⅶ等地，由于特殊的性质暂时不宜于农业、林业、牧业利用的土地，或者作为特殊用途的土地，如流动沙丘、戈壁之类需改造的土地；有稀有珍贵动植物资源需保护的土地；冰川、水源涵养地区、游览区；作为工业原料、矿产、城镇建筑用地等。

其次，在等之下设亚等，表示宜林地和牧草地的适宜程度。宜林地亚等用英文大写字母 A、B、C 表示，宜牧草地亚等用英文小写字母 a、b、c 表示。

A 表示最适于造林的土地。气候良好，土壤肥沃，坡度适当，适种树种广，尤其适于优良树种的生长，森林植物生产能力高，出材率高。

B 表示一般适于造林的土地。对树种选择有一定限制，特别是对优良树种的发展，或由于地形、土壤等限制，森林生产能力不高，出材率不高。

C 表示临界适宜的造林地。对树种选择，尤其有的树种受到很大限制，仅适于少数几种树种，或者需要改造后才能造林，或者只为特殊的目的，如水土保持、防风固沙、农田防护、水源涵养等造林的土地。

a 表示质量好，最适于牲畜饲养的草地。草丛质量好，营养丰富，适口性好，产草量高，适于多种牲畜饲养，且利用率高。

b 表示质量中等，一般适于牲畜饲养的草地。或草丛质量中等；或草质虽好，但产草量低；或产草量虽高，但草丛质量差，营养价值尤其是含氮率较低；或者牲畜种类受限制，仅适于某几种牲畜饲养。

c 表示质量低，临界适于牲畜饲养的草地。草丛质量很差，或产草量很低，草场退化，载畜能力很低，需大力改造的草地；或牲畜种类受到很大限制，仅适于某一种牲畜饲养或利用率很低的草地。

最后，在土地等或亚等内，按其限制因素及相应的改造措施再划分组。同一组内的土地具有相同的主要限制因素和改造措施。组与组之间只反映限制因素的不同和改造措施的不同，没有质的区别。拟定下列 8 种限制因素，用英文小写字母表示：侵蚀限制（e）、坡度限制（p）、土壤质地限制（m）、土层厚度限制（l）、水分及排水条件限制（w）、盐碱限制（s）、热量限制（t）、降水限制（r）和无限制（o）共 9 个组。对每种限制因素，再区分出若干小类，如 e_1，e_2，e_3，…，并拟定出相应的划分指标。评价结果用符号表示，例如，ⅡBbw_2，代表农业利用质量好、林业和牧业利用质量中等并存在水分与排水限制的土地；ⅢAcl_2p_2，代表农业、牧业利用质量差而林业利用质量好并具有土层厚度和坡度限制的土地。

第五节　土地潜力评价的步骤

土地潜力评价一般包括以下四个步骤。

一、确定潜力评价的基础单位

土地潜力评价通常可在 4 种基本评价单位内进行：土地类型单位、土壤分类单位、土地利用现状的地块和地理网格。究竟采用哪一类单位作为评价的基础单元？傅伯杰（1991）认为，应根据评价项目的要求来决定。土地潜力评价单元应该是所有评价要素相互作用的产物，也就是所选取的如土壤有机质、坡度、排水条件、侵蚀及经济要素等综合叠置而成的最基本单元。只有这样，才能保证从评价单元中提取供评价所需的土地特征信息，否则，或因评价单元划分过粗而无法提取所需的信息，或因评价单元划分的过细而增大评价的工作量。因此，根据不同的评价目的和评价项目，应选择不同的评价单元。

二、建立潜力评价系统

建立潜力评价系统时，首先要考虑评价的目的和研究区的土地特点，同时也要考虑主客观条件。一般来说，可参考和借鉴与研究区土地特点类似地区的现成评价系统，这样可节省时间和少走弯路。但是在参考和借鉴之前，一定要深入分析这些系统的结构和特点，尤其是由系统结构所体现出的土地利用优先次序，看是否符合本区情况，如不符合则需酌情修正。如果在一个范围较大的区域内进行，则需先对一些典型地区进行测试，并作某些必要调整，然后再推广。如果没有类似的评价方案可供参考和借鉴，只能通过实地调查并参考有关资料建立评价系统。需要强调的是在建立潜力评价系统过程中，应访问有经验的专业技术人员和农民，将他们的实践经验加以总结，这对建立一个完善、实用的评价系统至关重要。

三、拟定潜力评价表

土地潜力评价表，又称土地限制性因素评级表，国外也称转换表（conversion table）。在进行土地潜力评价前必须要拟定这类表格。

首先，潜力评价表中要有限制因素。影响土地利用的土地性质很多，究竟选用哪些限制因素，需要对研究区的土地属性进行综合分析，力求找出影响土地利用潜力的主导限制因素。其次，要为每一种选定的限制因素划分出相应于各潜力级的界限值，如坡度与土壤侵蚀危害程度有关，常作为潜力评价中的一项重要限制因素。例如，某个地区可规定坡度＜1°为Ⅰ级、1°～3°为Ⅱ级、3°～6°为Ⅲ级；有效土层厚度＞150cm 为Ⅰ级、100～150cm 为Ⅱ级、70～100cm 为Ⅲ级。对一些限制因素一时难以定量表示，则可用定性方法表示。例如，洪涝灾害可表示为“无”、“偶尔”、“不经常”和“经常”等。当然，应尽可能用定量方式表示，如洪涝灾害可描述成“平均一年一遇”、“平均十年八遇”等。表 5-8 是福建省沙县东溪流域的土地潜力评价表，可作为土地潜力评价表的一个实例。

表 5-8 福建省沙县东溪流域的土地农业利用潜力评价表（倪绍祥，2009）

潜力级	限制因素及其划分标准									
	坡度	土层厚度/cm	障碍层深/cm	土壤质地	表土 pH	地面侵蚀程度	地下水埋深/cm	排水状况	水源保证	热量状况
1	＜5°	＞100	＞50	中壤或轻壤	6.0～5.5	无侵蚀	200～100	良好	稳定	充足，无寒害
2	5°～15°	100～60	50～40	轻壤或轻黏土	5.5～5.0	轻度，面蚀	100～50	一般	一般	较好，受早春寒或秋寒影响
3	15°～25°	60～25	40～30	砂壤或重黏土	5.0～4.5	细沟或纹沟	50～30	不良	勉强	一般，受早春寒、5 月寒和秋寒影响
4	＞25°	＜25	＜30	粗砂或砾质土	＜4.5	切沟	＜30	积水	无保证	不足，寒害严重

限制因素的分级，是土地潜力评价中的关键，它影响评价成果的科学性和实用性。同时这也是一项相当困难的工作，要求评价工作者具备广博的知识，并对研究区有比较透彻的了解。有一种比较简便的方法可以尝试应用。

（1）确定Ⅰ级的下限值。即Ⅰ/Ⅱ级的界限值，方法是通过实地调查，找出当地群众普遍认为潜力和产量高的土地，分别确定该土地的每种限制因素的变动范围，即上、下限值，然后取其下限值作为Ⅰ/Ⅱ级的界限值。以坡度为例，如果这类土地的坡度为 1°～3°，即其下限值为 3°。

（2）通过调查找出那些质量很差，但仍然勉强可用于农业耕作的土地，将这类土地限制因素的上、下限分别作为Ⅲ级和Ⅳ级的下限。以坡度为例，如果这类土地的坡度为 20°～25°，那么将 20°作为Ⅲ级下限值，即Ⅲ / Ⅳ的界限值，而将 25°作为Ⅳ级下限值。

（3）通过对Ⅰ级下限与Ⅲ级下限之间的内插，确定Ⅱ级的下限，即Ⅱ / Ⅲ级的界限值。

显然，在拟定潜力评价表时还必须考虑不同限制因素之间的相互作用和叠加效应。例如，地表侵蚀度，不仅取决于坡度，而且与风化物质和土壤类型有关。因此，坡度的分级不能千篇一律。

四、评定潜力等级

土地潜力等级的评定实际包括两级控制：第一级控制是分别对各限制因素评定相应的潜力等级，可称为单项评级；第二级控制是据各限制因素所相应的潜力等级评定土地总的潜力等级，可称为综合评级。关于综合评级，可归纳为两种方法。

（一）定性方法

基于“木桶原理”的极限条件法是常用的定性方法，即把限制程度最高的某限制因素所对应的潜力等级作为土地总的潜力等级。也就是说，在根据限制因素的等级确定土地总的潜力等级时，不能等同看待不同的限制因素，或以存在多少个限制因素为依据进行简单类比。这种方法源自“土地生产力限制律”，即由最差因子制约产量水平，用到土地潜力评价中，则指由最严重的限制因素制约土地潜力等级。这种方法比较简单，且在一般情况下可取得比较满意的结果。然而也应注意，在具体使用时要有一定的灵活性。例如，就两个或两个以上的限制因素，因其叠加效应，有可能要将土地总的潜力级再向下降一级。

（二）定量方法

定量方法，即根据各限制因素分级值之和评定土地（土壤）总的潜力等级。例如，中国科学院南京土壤研究所何同康（1980）在贵州进行土地潜力评价时就采用此方法。在评价中选定 10 种不同的限制因素，分别评定它们的级别，然后，应用限制因素的分级值之和评定总的土地潜力级（表 5-9）。

表 5-9 应用限制因素的分级值之和评定总的土地潜力级（何同康，1980）

土地潜力等级	Ⅰ	Ⅱ	Ⅲ	Ⅳ
限制因素分级值之和	0	≤3	3～4	≥4

第六节　土地潜力评价讨论

一、土地潜力评价成果的应用

土地潜力评价系统一般包括潜力级、潜力亚级和潜力单元三个级别，在一个区域开展这三个级别的潜力评价，其成果可直接或间接用于土地利用规划。

（一）土地潜力级评价成果的应用

土地潜力级评价的成果主要用于土地资源调查中的土地质量摸底，目的是查明和保护最适合农业耕作的土地。从另外的角度来说，查明高质量的农业用地之后，可鼓励、引导人们更集约地去使用这类土地，增加投入，加强管理，以增加土地的农业利用效益。

（二）土地潜力亚级成果的应用

土地潜力亚级指出了土地利用存在的主要限制因素，因此也就表明了提高土地潜力所需采取的措施。如果在一个地区已进行过土地潜力亚级的评价，那么便可利用此结果去规划农、林、牧业的发展。例如，将那些对土地条件要求最高的农作物布局在质量最高的土地上，而将那些粗放放牧用地布局在质量最低的土地上。这样，可使该区域土地的潜力得到最大限度发挥，且不会因土地利用带来生态环境问题。

（三）土地潜力单元评价成果的应用

由于在一个土地潜力单元内，土壤和其他环境因子有较大的相对一致性，因此采取的管理和改良措施也很相似。同时，如果种植类似作物，产量也相近似。所以，潜力单元对于详细的小区域土地利用规划具有重要的指导意义。土地潜力单元水平上的潜力评价更多地用于农场或村落土地利用规划，或新开辟地区的用地设计。

二、土地潜力评价的优点和不足

在美国农业部土壤保护局土地潜力评价系统的基础上发展起来的土地潜力评价，在世界各国已得到了广泛的应用。但是，与其他土地评价方法一样，土地潜力评价方法也有其优点和不足。

（一）土地潜力评价的优点

（1）土地潜力评价以定性为主。尤其是在对土地的各种属性、作物的生态特性及两者之间相互关系的研究还不太深入的情况下，土地潜力评价不失为一种与之相适应的、较实用的土地评价方法。

（2）土地潜力评价的概括程度较高。评价过程中可以根据多方面的因素加以调节，在不同比例尺或具有不同限制因素类型和强度的区域均可灵活地应用，而不需对评价方法的原理和等级系统的基本结构进行大的调整。

（3）土地潜力评价级序明了。评价客观地反映了各级土地对利用的限制性程度，揭示了土地潜在生产力的逐级变化，便于进行所有土地之间的等级比较，强调不合理的土地利用可能对环境产生不良的后果，便于进行土地保护。另外，评价系统简单易行，适应性广，级序明了，易为非专业人员理解和接受。

（4）土地潜力评价结果较为稳定。评价是一般目的的土地评价，考虑的是广泛的、标准化的土地利用和土地自然属性的变化，而未涉及社会经济条件和技术的变化。所以，评价的成果能应用较长时间，具有相对的稳定性。

（二）土地潜力评价的不足

（1）在将土地划分为某一潜力等级时，即使有一套完全定量化的土地评价因子划分标准，但因在制订这类划分标准时往往带有主观性，因此评价结果仍难免有一定程度的主观性。

（2）单项限制性因素对土地潜力等级的影响不是孤立起作用的，而是共同起作用的。而在进行土地潜力评价时，对这种相互作用不能综合考虑，也是造成潜力评价结果受评价者主观影响较明显的重要原因。

（3）土地潜力评价结果只是得出了某块土地可供利用的范围以及利用上的潜在能力，而没有指出土地的最佳利用方式。事实上，不同的土地利用方式甚至不同的作物对土地均有其不同的特殊要求，某种限制因素对某种作物可能有举足轻重的作用，但对另一种作物可能作用甚微。土地潜力评价中无法对此予以考虑。

（4）由于土地潜力评价系统没有针对特定的土地利用类型进行适宜性分析与评价，不能说明一块土地对特定作物的适宜性，因此对土地利用规划的指导作用受到一定限制。

（5）土地潜力评价偏重考虑土地的自然性质，一般不进行土地利用的经济效益分析，只将经济作为一种背景来考虑，忽视土地的区位因素和社会因素，评价不能显示土地的相对价值和获利水平。同时，在评价中不特别考虑管理水平的差异，只是假定在“中等管理水平”上进行评价。因此，要将潜力评价的结果真正应用于土地利用规划，还需做许多后续工作。

第七节　土地资源承载力

一、土地资源承载力的概念

20 世纪 60 年代以来，随着世界人口的急剧增长，给土地资源造成了越来越大的压力，并导致了一系列的生态环境问题。面对这一事实，许多学者都在关心这些问题：地球上有限的土地资源是否能够继续养活不断增加的人口？如何在有限的空间内承受越来越大的压力？如何协调人口、资源和环境三者之间的关系？如何处理好开发和保护、人口与资源以及持续发展的关系？对此，国际上许多学者和机构开始研究土地资源的承载能力问题。

土地资源承载力（land carrying capacity），又称为土地人口承载能力（population supporting capacity of land，PSCL），是从畜牧学中“载畜量”引申出来的概念。据联合国教科文组织（UNESCO）的定义，某一国家和地区的土地资源承载力是指在可预见的时期内，人类利用当地的能源和其他自然资源以及智力、技术等，在保证与其社会文化准则相符的物质生活水平下能够持续供养的人口数量。简单地说，就是在一定时期内，在维持相对稳定的前提下，区域土地资源所能承载的人口规模和经济规模。其计算公式为

$$\mathrm{PSCL}=\frac{P_{(\mathrm{e})}\times A}{N} \tag{5-44}$$

式中：PSCL 为区域人口承载力；$P_{(\mathrm{e})}$ 为土地单位面积生产潜力；A 为土地面积；N 为平均人口的基本粮食需求。

地球土地面积的有限性，决定了土地资源承载力的有限性。因此，人类活动必须保持

在地球承载力极限之内。土地资源承载力研究从人口、资源和环境三者之间的关系入手，研究生产与生态、土地资源开发与保护、开发的速度和规模容量等的关系。研究不同时期土地资源生产力与人口合理承载量的动态关系，为国家决策、规划、计划和社会协调发展提供科学依据。

二、土地资源承载力研究的原理

土地资源承载能力的研究是一个评价、规划和预测一体化的综合性研究，它以土地评价为基础，以土地生产潜力和开发前景为核心，以系统分析和动态分析为手段，以人口、资源和环境协调发展为目标。其主要研究思路和步骤可归纳如图 5-2 所示。

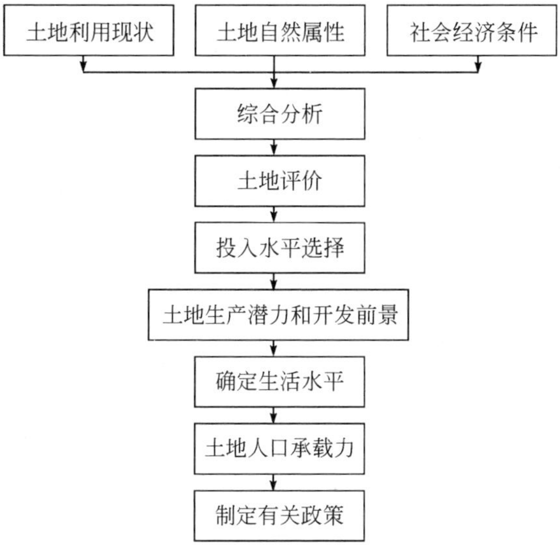

图 5-2　土地资源承载力研究思路和步骤

（一）土地评价是基础

在计算土地资源承载力时，必须要了解土地资源的数量和质量，它们是进行土地资源承载力研究的基本依据。土地的质量和数量是直接反映土地生产潜力和人口承载力的两项基本指标。而土地资源的数量和质量是通过土地评价过程获得的，所以，土地评价是土地资源承载力研究的基础。

（二）土地生产潜力和居民生活水准是核心

一定区域内的土地资源究竟能承载多少人口，主要取决于两个方面：一个是土地的生产潜力；另一个是居民的生活水准或消费水准。根据气候生产潜力、土壤生产潜力和农业生产潜力来计算土地生产潜力，土地生产潜力越大，土地资源的承载能力也越大。衡量居民的生活水准可采用实物方法（如粮食、鱼、肉、奶等），也可用能量指标（如热量、蛋白质、脂肪等）。在相同的土地生产潜力下，居民所需的生活水准越高，土地资源的承载能力越低。所以，研究土地资源的承载能力，其实质就是估算土地生产潜力，确定居民生活水准。

（三）生态安全是先决条件

土地资源的承载能力是在保持安全的生态环境条件下的承载量，绝非以牺牲生态安全为代价而提高土地的承载能力。所以，在研究土地资源承载能力时，一定要注意与生态环境之间的关系，处理好经济效益和生态效益之间的关系，充分考虑土地开发利用对生态环境产生的影响。

（四）技术经济条件也是必须考虑的因素

由于社会的进步、经济条件的发展，必然要通过投入水平（如物质和科技等）的提高来影响土地资源开发利用的深度和广度，可使土地的生物产量和承载量发生较大的变化，使得不同时期土地的承载量有较大的差异。因此，在估算未来不同时期的土地资源承载力时，必须考虑未来技术经济条件的变化，来预测区域经济投入水平的高低。

三、土地资源承载力的研究方法

土地资源承载力研究从最早期的以粮食为标志的土地资源承载力研究，到 1978～1980 年 FAO 建立的农业生态区方法，到 1996 年提出的生态足迹以及 2002 年提出的耕地压力指数方法等，研究发展迅速，方法多样。

（一）以粮食为标志的土地资源承载力

以粮食为标志的土地资源承载力是早期的研究方法。1949 年，威廉·阿伦（W.Allan）在研究非洲土地利用时提出此方法。目的是计算出某一地区的集约化农业生产所提供的粮食能养活的人口数，或者说给出承载人口的上限。所依据的定义是："在不发生土地退化的前提下，某一地区的土地能供养的最大理论人口"。其基本出发点是

$$\frac{P_t}{P_s}=\frac{A_l}{A_s} \tag{5-45}$$

式中：P_t 为理论人口（即可承载的人口数）；P_s 为现有人口数；A_l 为可供利用的耕地面积；A_s 为目前利用的耕地面积。

此方法主要考虑了土地资源的数量和开发前景，并以此来估算区域内人口承载量，把人口作为外生变量，不考虑人口对农业生产的反馈作用，也不考虑达到集约化农业生产所需要的投入量。由于没有考虑对农业的投入与整个经济系统其余部分之间的反馈作用，所以此方法只能进行在未来某个时段内该地区所能养活人口数量的粗略估计。该方法计算简单，考虑的因素少，但需要很高水平的专业知识的支持。

此外，中国学者也提出了计算土地人口承载力的方法（申元村，1990；梅成瑞，1988），计算公式概括为

$$P=\frac{Y}{L} \tag{5-46}$$

式中：P 为一定区域内的土地可承载人口数量；Y 为总产量；L 为人均生活水准。

$$Y=Y_1S_1+Y_2S_2+\cdots+Y_nS_n \tag{5-47}$$

式中：Y_1S_1 为一等地单位面积产量和面积；Y_2S_2 为二等地单位面积产量和面积，其余类推。

由于在计算过程中既考虑了土地资源的数量和质量，又考虑了投入水平等社会经济因

素，故可以根据不同的投入水平来计算土地人口承载力。简单易行，适合中国国情，便于推广应用。

（二）农业生态区法

经过许多国家的推广应用和国内大量应用研究表明，FAO 于 1978～1980 年所建立的农业生态区（agricultural ecological zone，AEZ）是研究区域土地资源人口承载力比较合理的一种方法。AEZ 是 FAO 为了获取农业发展规划资料，对世界特别是在非洲热带地区进行土地资源生产潜力评价过程中创立的方法。该方法考虑了小麦、水稻、玉米、小米、高粱、大豆、棉花、菜豆、土豆、甘薯和木薯 11 种土地利用方式，这些作物的栽培管理考虑了高中低三种投入水平。

AEZ 法的基本思路：根据比例尺将土地资源划分为一些在农业生产条件、气候和土壤等方面相对一致的生态单元。在同一生态单元内，其作物种类和种植制度也相似，因而其土地的生产潜力就取决于灌溉条件的有无和投入水平的高低。在此基础上，加入人均消耗计算，以行政单位为统计单元求算出一定行政区域内的人口承载力。步骤如下。

首先，通过气候图和土壤图叠加分析生成农业生态单元（agro-ecological cell）和农业生态区，作为评价土地生产潜力的基本单元。农业生态单元界线的划分是根据所要评价的作物或土地利用方式的生态研究的临界等值线来进行的，据此划分得到的土地评价单元可以确切地反映不同土地评价单元对所要评价作物的适宜性。

然后，计算农业生态单元的土地生产潜力，这是该方法的核心。土地生产潜力的计算按照上述“FAO 的方法”计算。由于一定气候和土壤条件下土地生产潜力还取决于各种投入水平和技术水平，因此，给出各类农业生态区的农业产出对三种投入水平（高、中、低）的响应（表 5-10），更准确地得出土地生产潜力。

表 5-10　三种投入水平的土地利用特征

属性	低水平投入	中水平投入	高水平投入
生产系统	旱作，作物生长混合	旱作，作物部分优化混合	旱作，作物优化混合
使用技术	当地栽培品种，不施用肥料，不用农药、除草剂、杀虫剂。有较长的休闲期，无长期土壤保护措施	改良的品种，有限地施用肥料、农药、除草剂和杀虫剂。较短的休闲期，有某些土壤保护措施	高产品种，施用肥料、农药、除草剂和杀虫剂，很短的休闲期，良好的水土保护措施
动力来源	手工劳动和手工农具	手工农具和大家畜牵引农具	包括收割在内的全部机械化
劳动密集度	高，包括不计成本的家庭劳动	高，包括部分不计成本的家庭劳动	低，包括家庭劳动，计成本
资本密集度	低	中等	高
市场方向	自给性生产	自给性生产加商品性生产	商品性生产
基础设施要求	基本上不受市场影响，咨询服务不健全	需要一些市场设施和咨询服务	市场设施和信息必备，高水平咨询服务和研究结果
占有的土地	零星不成片	一些成片	连为一片
收入水平	低	中等	高

最后，按照人们对粮食及其他农产品提供的热量、蛋白质和脂肪的需求，给出最优种植结构及相应的农业产出，得出每公顷土地所能承载的人口数量。在“中国土地资源生产

能力及人口承载量研究”（1986）中，假定 2000 年人均粮食消费水平为 400kg，大体可维持每天摄取 11296J 热量、75g 蛋白质和 50g 脂肪的营养水平。

AEZ 方法是一种综合探讨农业规划和人口发展的方法，将气候生产潜力和土壤生产潜力相结合，同时考虑了土地的投入水平和社会经济条件，能较好地反映一些国家的实际情况。因此，可以说 AEZ 方法在土地评价中具有里程碑式的意义。中国科学院自然资源综合考察委员会 1986 年开展的“中国土地资源生产能力及人口承载量研究”，基本沿袭了 AEZ 方法的思路。但由于 AEZ 方法是从非洲热带地区发展中国家的实践中提出来的，决定了其在中国应用不能机械照搬，需根据我国的实际情况进行以下几方面的修正（谢俊奇等，2004）。

（1）AEZ 方法涉及的国家灌溉面积普遍较小，对耕地产量的研究也很粗，重点在旱地作物生产。而我国耕地灌溉面积大，水浇地产量在总产量中占有举足轻重的地位，需详细研究。

（2）AEZ 方法在计算土地生产力时，采用的一系列参数是根据 20 世纪 80 年代在非洲国家的实验结果确定的。我国除了自然环境和作物品种与这些国家不同外，随着作物育种、基因改良的进步，作物品种的特性也有很大的变化。因此，采用通过本土化实验得出的参数来计算作物的潜在产量，才能符合我国的实际情况。

（3）AEZ 方法在土地资源开发前景中没有考虑大型土地改良措施的作用。我国人多地少，农业开发历史悠久，许多边际土地在外国能被认为是不适耕作的土地，在我国都采取了多种大型土地改良措施，如修梯田、淤地坝和排水等。

（4）由于我国同一个农业生态单元的土地并非都用来生产粮食，在计算粮食总产量时，就要明确土地总面积中粮食作物的比例。因此，应用 AEZ 方法时，需根据我国的实际情况，确定较为合理的土地利用结构参数。

（5）AEZ 方法中的投入水平只是生产条件的标志，而非一般意义上试验田式的投入产出，所以具体到一个地块或一种土地利用方式上高投入并不意味着高产出，也不能根据投入水平直接定量得出土地的产出。

（三）耕地压力指数法

切实保护耕地，确保粮食安全是区域土地资源承载力研究的核心任务。蔡运龙等（2002）从粮食安全角度出发，提出了最小人均耕地面积和耕地压力指数，作为衡量区域耕地保护的底线和调控指标。

最小人均耕地面积是在一定区域范围内，一定食物自给水平和耕地综合生产能力条件下，为了满足每个人正常生活的食物消费所需要的耕地面积。最小人均耕地面积是粮食自给率、人均食物消费水平和粮食综合生产能力等因子的函数，可用如下公式计算

$$S_{\min} = \beta \frac{G_{\mathrm{r}}}{p \times q \times k} \tag{5-48}$$

式中：$S_{\min}$ 为最小人均耕地面积（hm^2/人）；β 为粮食自给率（%）；G_{r} 为人均食物需求量（kg/人）；p 为粮食单产（kg/hm^2）；q 为粮食作物播种面积与耕地面积之比（%）；k 为复种指数（%）。

最小人均耕地面积给出了为保障一定区域食物安全而需要保护的耕地数量底线。其重要意义在于将保障人们生活所需的人均粮食水平转化为人均耕地需求量。从公式可知，在

耕地粮食生产能力不变而人均粮食消费水平及食物自给水平较高时，要求有较大的最小人均耕地面积来保障粮食安全；在保持一定食物自给率和食物消费水平条件下，随着粮食生产水平的提高，保障粮食安全所需最小人均耕地面积会逐渐减小。因此，最小人均耕地面积随着时间、人们生活消费水平和耕地生产力等因素的变化而变化，是一个动态的过程。

耕地压力指数为最小人均耕地面积与实际人均耕地面积之比，计算公式为

$$K = S_{\min} / S_{\mathrm{a}} \tag{5-49}$$

式中：K 为耕地压力指数；$S_{\min}$ 为最小人均耕地面积（hm^2/人）；S_{a} 为实际人均耕地面积（hm^2/人）。

耕地压力指数反映了一定区域为保障粮食安全所需的最小人均耕地面积与实际耕地面积的关系，反映出人均耕地警戒值和实际值的对比关系，可用来衡量一个区域耕地资源的紧张程度。由于最小人均耕地面积随着时间的变化而变化，且实际人均耕地面积也处于动态变化的过程，所以耕地压力指数实际上反映了两者的偏离程度。

耕地压力指数可作为耕地保护的调控指标，也是评价粮食安全程度的指标。当 $K>1$ 时，表示该区域的粮食供给小于需求，耕地处于过压状态，可能会危及食物安全，即耕地生产能力难以满足区域粮食需求，需要采用严格的措施来保护耕地；当 $K=1$ 时，表明该区域粮食供需平衡，耕地安全已经处于临界状态；当 $K<1$ 时，表明该区域粮食供给大于需求，人均耕地需求处于安全状态。

复习思考题

1. 何谓土地潜力和土地潜力评价？
2. 以气候要素为主的潜力评价有哪些方法？
3. 何谓土壤生产力指数和土壤潜力率？
4. 简述美国农业部土地潜力评价系统和特点，并做出评价。
5. 何谓土地评价的限制性？永久限制性和暂时限制性如何区别？
6. 土地潜力评价的优点和缺点是什么？
7. 何谓土地资源承载能力？其主要研究思路是什么？
8. 简述农业生态区法研究区域土地资源人口承载力的原理。

第六章 土地适宜性评价

第一节 土地适宜性评价的概念

一、土地适宜性的内涵

土地适宜性（land suitability）在中国又称为土宜。早在2500多年之前，中国就有关于土宜的记载，如《管子•地员篇》中指出："凡草木之适，各有谷造"。《吕氏春秋》的《任地》和《辨地》等篇的"以土宜之法，辨十有二土之名物（即12种植物）……以毓草木，以任地事"也是土宜思想的反映。1961年，R.吉本斯（Gibbons）也明确指出："对土地不能简单地按从'最好'至'最差'进行分类，而不考虑到它的利用方式"。

土地适宜性是针对一定土地利用类型而言的。这些特定的土地利用类型可以是土地利用大类，如农业、林业、牧业、城建和军事等；也可以是更详细的土地利用方式，如小麦、柑橘和杉木等。由于土地特性或土地质量千差万别，作物或土地利用方式的生态要求也是多种多样，两方面往往很难完全协调一致。我们将某种土地类型满足作物或土地利用方式生态要求的程度称为土地适宜性。

土地适宜性反映了在一定条件下土地对不同用途的适宜程度。可以是针对现有条件下的适宜性，也可以是经过改良后的潜在适宜性；可以是针对多种用途均适宜的多宜性，也可以是只针对特定用途的单宜性；在适宜性程度上，可有高度适宜、中等适宜、勉强适宜或不适宜等。

二、土地适宜性评价

土地适宜性评价（land suitability evaluation）是根据土地对不同作物或土地利用方式的适宜程度进行的土地评价。具体来说，就是指某块土地针对特定利用方式是否适宜，如果适宜，其适宜程度如何，做出等级的评定。由于土地的用途及其质量的高低实际上是土地的自然要素和社会经济要素综合特性的具体表现，土地的自然要素和社会要素相互联系、相互制约又相互促进，推动着土地利用方式及其生产力的发展和演变。从某种意义上说，土地适宜性评价是土地潜力评价的进一步发展，其针对性较强，评价成果的实用性较好，目前正得到日益广泛的应用。

土地适宜性评价的基本原理：在现有的生产力经营水平和特定的土地利用方式条件下，以土地的自然要素和社会经济要素相结合作为鉴定指标，通过考察和综合分析土地各构成要素对植物生长以及建设等用途的适应性和限制性，以此反映土地对各种用途的适宜程度、质量高低及其限制强度等，从而对土地的用途和质量进行分类定级。

按照开发利用条件，土地适宜性评价可分为现有条件下的适宜性评价和经过改良后的潜在适宜性评价两种；按适宜的广泛程度，又有多宜性评价和单宜性评价之分。根据评价的预定用途不同，适宜性评价可分为农业适宜性评价和城市适宜性评价。土地适宜性评价是进行土地利用决策，科学编制土地利用规划的基本依据。

目前，国际上影响最大、使用最广泛也最典型的土地适宜性评价方案是 FAO 于 1976 年颁布的《土地评价纲要》。

第二节　FAO《土地评价纲要》

20 世纪 70 年代前后，世界上大多数国家均已开展土地评价研究，并各自制订了土地评价的系统。由于这些评价系统很不统一，给国际学术交流带来了困难。因此，有必要进行协商讨论，以求得土地评价方法一定程度的标准化。1972 年，FAO 在荷兰瓦格宁根拟定了《土地评价纲要》，然后经过多次讨论和大量实践，并于 1976 年正式公布。这是目前世界上影响最大、使用最广泛的土地适宜性评价方案。之后 1983～1985 年，FAO 陆续出版了《雨养农业土地评价纲要》（1984）、《林业土地评价》（1984）、《灌溉农业土地评价和土地分类纲要》（1985）和《牧业土地评价》（1986）等，形成了系统、全面的土地评价体系。

一、评价系统

《土地评价纲要》所规定的评价系统分为纲、级、亚级和单元四个等级（表 6-1）。

表 6-1　FAO《土地评价纲要》评价系统

纲	级	亚级	单元
S（适宜）	S_1		
	S_2	S_{2m}、S_{2e}、S_{2me}	S_2e_{-1} S_2e_{-2}
	S_3		
S_c（有条件适宜）			
N（不适宜）	N_1	N_{1m} N_{1e}	
	N_2		

首先，分为适宜纲和不适宜纲，根据土地适宜性的程度（高度适宜、中等适宜和临界适宜），在适宜纲内划分适宜级；不适宜纲内分两级——暂时不适宜和永久不适宜。其次，在适宜级内，根据限制性因素的种类（如土壤水分亏缺、侵蚀危险等）划分适宜性亚级。最后，土地适宜性单元则表示土地的生产特征和管理要求，同一适宜性单元具有相似的生产潜力和相似的管理措施。

（一）土地适宜纲

土地适宜纲（land suitable order）表示土地对所考虑的特定利用方式评价为适宜或不适

宜。适宜纲（S）是指在此土地上按所考虑的用途进行持久利用能产生足以抵偿投入的收益，而且没有破坏土地资源的危险。不适宜纲（N）则指土地质量显示土地不能按所考虑的用途进行持久利用。土地被列入不适宜纲可能有许多原因，提出的用途可能在技术上不能实行。例如，在裸岩上进行耕作，或者在陡坡地上耕种，会引起严重的土地退化。但经济原因往往居多，即预期投资获得的效益小，得不偿失。土地的适宜与不适宜即以这些原则划分。

（二）土地适宜级

土地适宜级（land suitable class）反映适宜性的程度，可按照纲内适宜性程度递减的顺序用连续的阿拉伯数字表示。在适宜纲内，级的数目不作规定，最多可分为 5 级，但一般分为三级：S_1、S_2、S_3。

（1）高度适宜级（S_1）。土地可持续应用于某种用途而不受重要限制，或受限制较小，不至于降低生产力或效益，并且不会将投入提高到超出可接受的程度。

（2）中等适宜级（S_2）。土地有限制性，持久利用于规定的用途，会出现中等程度的不利，将减少产量和收益并增加所需的投入。但从这种用途仍能获得利益，虽尚有利可图，但明显地低于 S_1 级的土地。

（3）临界（勉强）适宜级（S_3）。土地对指定用途的持续利用有严重的限制，以致降低产量和收益或增加必需的投入，收支仅仅勉强达到平衡。

适宜性程度的差别主要取决于投入和收益的相互关系。在定量分类中，投入（基建投资、劳力、肥料和能源等）和收益（粮食、畜产品、木材和娱乐等）都必须用普通可计量的数值，一般用经济指标来表示。

在不适宜纲内通常分为两级：当前不适宜级（N_1）和永久不适宜级（N_2）。①当前不适宜级。土地有限制性，但终究可加以克服，只是在目前的技术和现行成本下不宜加以利用；或限制性相当严重，以致在一定条件下不能确保对土地进行有效而持久的利用。②永久不适宜级。土地的限制性相当严重，以致在一般条件下根本不可能利用，这一级通常是陡坡、裸岩或干旱沙漠区。

（三）土地适宜亚级

土地适宜亚级（land suitable subclass）反映土地限制性类别的差异，如水分亏缺和侵蚀危害等，亚级用小写字母附在适宜级符号之后的方法来表示，如 S_{2m}、S_{2e} 等。S_1 无适宜亚级。在实际工作中究竟如何设置亚级，一般可遵循两条原则：①亚级的数目越少越好，只要能区分开适宜类（级）内不同质量的土地即可，即经营管理条件有明显差别及针对限制因素进行改良的可行性不同的土地；②对于任何亚级而言，在符号中应尽可能少用限制因素，一般只用一个字母就够了，如果两个限制因素同样重要，就同时列出两者。

（四）土地适宜单元

土地适宜单元（land suitable unit）是适宜亚级的续分。亚级内所有的单元具有同样程度的适宜性和相似的限制性。单元与单元之间的生产特点、经营条件和管理要求的细节方面都有差别。适宜单元的划分对于农场土地利用规划很有意义。适宜单元用阿拉伯数字表示，置于适宜亚级之后，如 S_{2e-1}、S_{2e-2}。

此外，在某些情况下还可能续加划分“有条件适宜”的类别。这是指在研究区内可能有些小面积土地，在规定的经营管理条件下对某种指定用途而言是不适宜的；但是如果实现了某些条件，这类土地可变为适宜。条件的变化可能与经营方式有关，或与所需的投入有关，或与作物选择有关。设置“有条件适宜”的好处是如果土地用途发生局部变化或采取局部的改良措施，可不对土地重复进行适宜性评价。然而，为了避免人们含糊不清，除了迫不得已，一般是尽量避免“有条件适宜”这一类别。

在具体评价中，究竟划分到哪一等级，即全部评出纲、级、亚级和单元，还是只评出纲、级和亚级，取决于研究区的范围大小和研究目的与深度。如果范围较小，目的比较狭窄，那么需要划分到土地适宜单元；否则划分到纲、级和亚级就够了。

可以看出，FAO《土地评价纲要》既考虑了土地的自然属性，又考虑了土地利用方面的社会经济因素。在确定土地的用途及适宜性程度时不仅看到现在的适宜性，还看到了潜在的适宜性。对有关因素不只停留在定性描述上，还确定出明确的数量指标。它比土地潜力评价更加具有针对性，其评价结果对土地利用规划具有更加直接的指导意义。

《土地评价纲要》对土地适宜性评价分为定性评价和定量评价，以及目前适宜性评价和潜在适宜性评价。其中，目前适宜性是指土地在未经重大改良的现状下对规定利用方式的适宜性；潜在适宜性是指土地在经过重大改良后对规定利用方式的适宜性。所谓重大改良，如大片湿地的排水和疏干、干旱或半干旱地区土地的灌溉工程、盐碱土改良等。对于那些计划进行重大土地改良的地区，如有可能，可分别开展改良之前的目前适宜性评价和改良之后的潜在适宜性评价，后者属于预测性评价，开展这类土地评价，有助于预测土地改良所带来的效益的大小，从而给土地改良决策提供依据。

二、评价步骤与方法

FAO《土地评价纲要》的土地适宜性评价步骤如图 6-1 所示。

（一）规划土地评价

在委托研究的机构与承担研究的人员之间进行商讨，就评价目的以及为达到这些目的所需的评价方法与步骤进行认真的讨论和沟通。要协商并取得一致意见，包括评价目标、评价区域的有关情况及评价资料、评价计划等。

1. 评价目标

明确评价目标是开展土地适宜性评价的首要条件。评价目标多种多样，例如，为确保某区域粮食生产的自给，可能要采取增加谷类生产，发展畜牧业或扩大灌溉面积等措施。这些措施还可再分解为一些具体的措施，例如，确定机械化粮食生产农场的位置，或某一片土地的具体灌溉措施等。目标比较广泛的土地适宜性评价，如提供安置移民的土地，控制城镇发展规模以使耕地减少速度变慢，或为规划开发而进行的一个国家或区域的土地质量调查等。明确了评价目标，可对土地利用类别做出大致的规定，然后有针对性地去获取资料。

2. 评价区域的有关情况及评价资料

对某区域进行土地适宜性评价，需要对该区域进行深入的了解，应收集如下资料：地理位置和交通状况、所属气候区域、地貌地势、目前的土地改良状况（垦殖、排水措施）、人口及其变动情况、生活水准（粮食、畜产品的人均占有量）、教育状况、目前的经济基础、

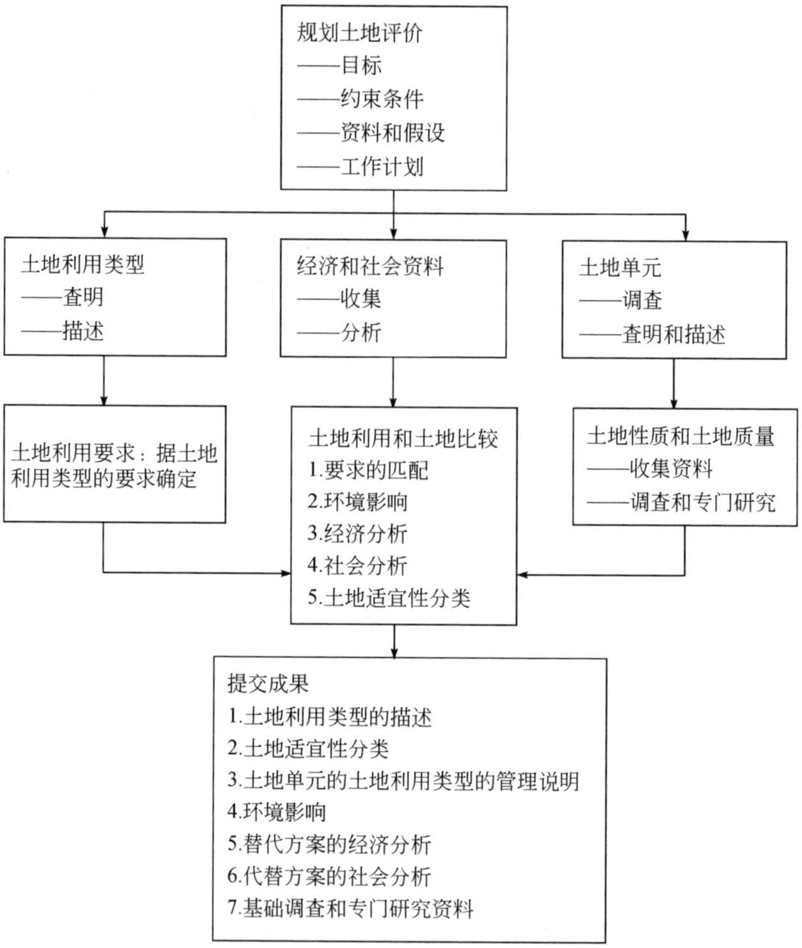

图 6-1 FAO 土地适宜性评价的步骤

基础设施（道路、城市服务）、土地所有权和使用权等。掌握了这些资料，有助于评价者在评价完成之后的一段时间内判断其评价成果是否还起作用或需要做出哪些调整。

3. 评价计划

（1）确定评价土地的范围和边界。如果是为某一行政区域拟定一项开发计划而进行的土地适宜性评价，那么范围和边界与该行政区域一致。如果是针对某种土地利用方式而言，在研究区内只是某些部分存在这种利用的前景，那么必须首先确定合适的土地利用种类，然后据其确定评价区的范围和边界。通常通过线路调查和对小比例尺图件的综合分析，为所考虑的土地利用种类勾绘出有发展前景的区域。

（2）适于考虑的土地利用种类。根据评价目的、区域的自然、社会和经济背景确定土地利用种类。评价目的指明是否包括范围比较广泛的土地利用种类，还是按照某种利用方式进行适宜性评价。自然背景如研究区的气候状况与所考虑的土地利用范围有密切关系，它往往使这种土地利用范围明显地缩小。社会经济条件包括生活水准和土地所有制等，对土地利用种类的确定也有许多限制。

（3）适宜性评价的类别。选择定性评价还是定量评价，目前适宜性评价还是潜在适宜性评价，应根据评价的目的、范围和深度而定。如为一般规划目的的土地评价，通常用定性评价；为提出比较具体的建议方案的评价，常用定量评价；如果为详细筹划大型土地改良措施，如排水、垦殖或灌溉工程计划，要用潜在适宜性评价，为了使开发方案能进行两种情况的效益比较，还需加上以当前适宜性为基础的土地评价。

（4）所需资料的性质与深度。所需资料的性质在很大程度上受土地利用种类的控制。例如，为农业利用的土地适宜性评价需要土壤考察资料；为天然放牧的土地适宜性评价则需要生态考察资料。首先筛选现有资料（如地形图、航空像片、土壤图、河流流量资料、人口、生产及其他统计资料）和预测资料。将这些资料与规定的评价类型及深度要求相比，在此基础上决定是否需要拍摄新的航片，是否要进行土壤考察，如果需要，应采用什么比例尺。

总之，规划土地评价是任何土地评价研究的重要组成部分，在明确目标和假设之后才有可能计划后续的工作，使各项活动按照既定的方向进行，最后产生与评价目标对应的成果，同时避免无效劳动。

（二）确定土地利用种类

通过对区域土地利用研究形成土地利用类型的鉴定和描述，阐明土地利用条件，如水分条件、养分供应条件和机械化条件等。土地利用种类的确定一般有两种情况：一种是在评价之初就确定了土地利用种类，尤其是在以土地利用大类进行评价时多属此类；另一种是在评价之初对土地利用种类只做大体的描述，根据评价过程中的发现再做修改和调整。例如，土地开发项目中，可能包括农业利用、畜牧业生产和林业等几种利用方式。起初只是就土地利用方式笼统地描述一下，随着评价的进行，土地利用的细节如作物选择、建议的轮作制、所需要的水土保护措施和最佳的农场规模都逐渐确定下来，在研究期末就可以对土地利用方式做出详细的描述。

确定土地利用种类的要求。每种土地用途，都需要不同的环境条件、耕作条件及保护需求，如每种作物的生态需求、机械化的土地要求或者干旱季节放牧土地的载畜量限制等。对每种土地利用方式的限制性是与其要求同时确定的，这些要求与限制性指明了评价中需要的资料类型，从而也规定了需要进行土地调查的内容。

土地利用种类对土地要求的分析，不仅要从作物本身的生理生态需求分析，而且要考虑管理需求和土地保护的需求，使之更加全面、准确。

例如，在分析雨养农业对土地的需求时，主要从以下几方面入手。

（1）作物需求：热量（辐射和光周期）；温度（作物生长期的总需求）；水分（临界期和水分循环）；土壤排水能力；养分的有效性（养分保护能力）；根系立地适应性；发芽条件；影响作物生长的大气温度；作物成熟要求；洪涝灾害；灾害性天气（冰雹和霜）；盐化度和碱化度；土壤毒性和病虫害。

（2）管理需求：土壤耕作的难易程度（可耕性）；机械化潜力；土地备耕和清理状况；影响生产时间的因素；生产单位的增长；潜在管理单位的规模及区位因素。

（3）保护需求：侵蚀危险；土地退化。

用材林的土地利用需求如下。

（1）生产需求：辐射；温度；湿度；通气性（土壤排水能力）；养分状况；根系条件；盐化度或碱化度；土壤毒性；气候灾害（火灾、霜灾、风灾）；洪水、滑坡和泥石流；病虫害。

（2）估计森林蓄积量、生长和产量的需求：目前森林的密度；估计残存率；估计非木材产品的产量。

（3）管理需求：机械化操作；采伐期操作；通路建筑和养护；林区可进入性；苗圃占地植被的清理；潜在管理单元的范围；立地条件（目前可进入性、潜在可进入性）。

（4）保护需求：土壤的抗蚀能力；溪流影响；抗御植被退化能力；植物和动物保护的需求。

在评价过程中，针对不同的土地利用类型，选取不同的评价要素，只有详细分析土地利用类型的需求，才能准确地决定土地评价的诊断指标，做出科学的土地评价。

（三）调查土地性质和土地质量

土地调查是土地评价的一个组成部分。当然也可以在现行土地调查的基础上进行，其结果是对一组土地单元进行鉴定和制图，每一土地单元都具有一定的属性，如水分有效性、养分供应状况和机械操作潜力等。在土地适宜性评价中，尤其要获得每个评价单元的土地性质和土地质量。

1. 土地性质与土地质量的概念

土地性质（land character）是土地的可计量或可估量的属性，如坡度、降水量、土壤有效水容量、植被生物量、土壤质地和土层厚度等。在资源调查中所划定的土地制图单元，一般均提供这类资料。然而土地性质对于某种土地利用方式并不是单独起作用的。例如，作物的生长状况并非受降水量或土壤质地的直接影响，而是取决于水分有效性、养分有效性或因积水而造成的土壤的不良通透性。养分有效性不仅取决于土壤中养分的含量，而且与土壤的 pH 和土壤质地等有关。再如，土壤侵蚀强度不仅与地形坡度有关，也与坡长、渗透性、土壤质地和降水强度等性质有关。因此，在进行土地适宜性评价时，要尽量使用由这些土地性质构成的土地综合属性，这类综合属性称为土地质量（land quality），可定义为“与利用有关，并由一组相互作用的简单土地性质组成的复杂土地属性”（FAO，1976）。

下面为与农业、林业、牧业三种土地利用方式有关的土地质量。

（1）与农作物生长有关的土地质量。作物产量（下列许多质量的总效应）、水分有效性、根层的氧气有效性、发芽条件、根系立足点适当性、养分有效性、土地的耕种条件、盐度和碱度、土壤毒性、土壤抗蚀性、与土壤有关的病虫害、洪涝灾害、温度状况、太阳辐射能和光照时期、影响植物生长的气候灾害、影响植物生长的空气湿度及作物成熟所需的干燥期。

（2）与畜牧生产有关的土地质量。牧草的生产能力、影响家畜的严酷气候、地方性病虫害、牧草的营养价值、牧草的毒性、抗拒植被退化的性能、在放牧条件下抗拒土壤侵蚀的性能及饮水的有效性。

（3）与林业生产有关的土地质量。年平均材积量、本地土生材种的类型和数量、影响确立幼树的立地因素、病虫害及火灾。

除上述土地质量外，农、林、牧业生产还要考虑与土地经营管理有关的土地质量，如影响机械化的地形因素，影响对外修建道路的地形因素，影响管理单位的可能规模（林场、牧场、农田），与市场及物料、人力供应有关的地理位置。

2. 土地质量的选择

上面列举的是某些主要的土地质量，在一个具体区域进行针对某一利用类型的土地适宜性评价时，需对土地质量有所选择，选择要满足三个条件：①对所研究的作物或土地利用方式有影响；②在研究区内出现对土地利用施加不利影响的临界值；③可进行计量或估量。

某些土地质量对大多数土地利用均有影响，如进入道路的难易性。对于耕作利用而言，生长期的长短、水分有效性、养分有效性、排水状况和侵蚀危害等有普遍影响。对于畜牧业而言，无一例外地要考虑牲畜饮用水有效性这一土地质量。有些土地质量则具有专门的针对性，并非普遍采用。土地质量在研究区域内是否出现对土地利用有不利影响的临界值，即是否具有重要性，很明显这是缩小土地质量考虑范围的一条重要途径。例如，土壤盐分过多和水分不足可严重影响玉米的产量；但是除了干旱、半干旱地区或沿海区域以外，一般可不考虑盐分含量。再如，茶叶要求生长于微酸性与酸性土壤中，故土壤的 pH 是茶叶适宜性评价中的一项重要土地质量。但是如果研究区土壤普遍呈现酸性至微酸性反应，那么在茶叶的土地评价中基本可不考虑 pH。至于是否存在收集土地质量的手段，是相对而言的。

对于每一项土地质量，可从下述三个方面予以考虑，并做出估计。

（1）对土地利用的影响。巨大：作物或其他用途对这个土地质量特别敏感或易受其影响。中等：此土地质量对土地用途有重要影响。轻微：此土地质量对土地用途实质上没有显著影响。

（2）研究区范围内临界值的出现。频繁：对土地用途的适宜性具有重要影响的临界值至少在 5%以上范围出现。不频繁：临界值在研究区小于 5%的面积范围内出现。罕见：临界值在研究区范围内偶尔出现或不出现。

（3）获得资料的可行性。可能获得：评定土地质量所需的资料从现有图件、报告或调查中能够获得。不可获得：评定土地质量所需的资料不可能得到。

综合上述三个方面，对这项土地质量针对特定土地利用类型的重要性做出等级归纳（表 6-2）。

表 6-2　土地质量的重要性等级评定表

对土地用途的影响	临界值的出现	资料	重要性等级
巨大	频繁	可获得	1
中等	频繁	可获得	2
巨大	不频繁	可获得	2
中等	不频繁	可获得	2 或 3B
轻微或无	任何一种	任何一种	3A
任何一种	偶见或无	任何一种	3B
任何一种	任何一种	任何一种	3C

注：重要性等级的含义为：1 为重要，评价中必须给予特别注意；2 为有意义，评价中必须考虑；3 为次要。其中，3A 为对土地用途只有轻微影响或无影响；3B 为在研究区临界值很少出现或不出现；3C 为无切实可行方法去获得该土地质量的数据。

3. 土地质量的评定

在选择好土地质量之后，需要对这些土地质量进行评定。由于土地质量是通过土地性质来说明的，因此土地质量也必须通过土地性质予以评定。有时，一种土地质量可依据某一个土地性质予以评定，如可用排水等级评定排水条件，或用生长季内霜冻的发生频率评定霜冻危害；有时，一种土地质量则需综合一组土地性质予以评定，如水分有效性、养分有效性和侵蚀危害等属于一类土地质量。

选择哪些土地性质评定土地质量，主要考虑两个方面：①能最真实地反映土地质量的土地性质；②可以取得具体资料的土地性质。前者固然是最基本的考虑，但对后者也不能忽视，因为其涉及调查费用。例如，为评定水分有效性这一土地质量，须测定土壤有效水容量这一土地性质，但因实际测定时需大量的采样分析，往往改用土壤质地和土层有效深度去综合评定土壤有效水容量。

评定土地质量的具体步骤如下：①分别为每项土地质量合理地选定土地性质；②把所选定的全部土地性质，按气候、地貌、水分、动植物和土壤等顺序排列；③逐项检查，明确各土地性质的获取是参考和利用现成资料，还是需要通过调查收集获得。

在获得所有土地性质的资料后，需要编制用土地性质评定土地质量的评价表，也称土地质量诊断表（表 6-3），是土地适宜性评价中十分关键的环节，也是技术难度很大的工作，指标要定得恰当，需要做大量细致的调查研究，当然也可适当参考农林牧等相邻学科的研究成果，一般可采用以下方法。

表 6-3　土地质量评定表的实例——对农业机械化的限制性

土地性质	对农业机械化的限制性分级			
	S_1	S_2	S_3	N
坡度	<5°	5°～10°	10°～20°	>20°
地表裸岩或巨砾分布面积	<1%	1%～4%	4%～15%	>15%
表土含石量	<1%	1%～5%	5%～20%	>20%
重黏土	无	少量	多	极多

（1）确定 S_1 和 S_2 之间的界限。通过实地调查访问和考察，确定某个指标，在此指标上，土地已处于非理想状况，限制性作用开始明显表现出来。如果土地生产物质产品，其产量开始下降，或者说需要有投入才能保持较高产量。以玉米栽培为例，根系生长状况是需考虑的土地质量之一，而有效土层厚度是构成此土地质量的一项土地性质，因为它影响玉米的扎根深度。在理想状况下，玉米的扎根深度即所要求的有效土层厚度不应小于 100cm，此时，S_1 和 S_2 的界限大致可定为 80cm，因为在此指标处，还不需要为克服土地的限制性（此处指土层浅薄）而进行投入。

（2）确定 S_3 和 N 之间的界限。S_3 和 N 之间的界限应定在这样的指标值处，在该处限制性因素的影响非常严重，以致土地效益大大下降，为克服这种情况，要求有投入，而这类投入从经济上说是不合理的（即得不偿失）。例如，在栽培玉米的例子中，可将有效土层厚度 20cm 定为 S_3 与 N 的分界值。

（3）确定 S_2 和 S_3 之间的界限。S_2 和 S_3 之间的界限确定难度大。从理论上说，S_2 土地的生产率比 S_1 低，但它对既定的土地利用方式仍有明显的吸引力。反之，S_3 土地则存在多种限制性，以致或是降低生产率，或是要求增加对它的投入（或者两种情况都有）。从投入的角度而言，S_2 土地所要求的投入是可行的和经济的，而 S_3 土地所要求的投入是困难的，而且在一些年份可能是不经济的。在玉米栽培的例子中，有效土层厚度 S_2/S_3 界限可定为 50cm。

上述土地质量指标分级方法还可用产量变幅和所需的投入作参照（表 6-4）。实际上，土地利用的限制性除影响产量和投入之外，还影响产品的质量。对茶叶和咖啡等经济作物的质量影响更为明显。而产品的质量与其价格有直接关系，从而影响土地的适宜性级别。但考虑产品质量的优劣从而划分土地适宜等级仍是一个待研究的课题。

表 6-4　单项土地质量适宜性等级评定参照表

分级	占理想条件下产量的比例	为达到和超过理想条件下产量的 80%所需的投入
S_1	＞80%	不需要
S_2	40%～80%	所需投入是可行和经济的
S_3	20%～40%	所需投入可行，但仅在顺利条件下才是经济的
N	＜20%	其限制性很难用投入或经营管理措施克服，或根本无法克服

在评定土地质量中对土地性质进行分级时还要考虑这种情况，即有些土地性质是连续的变量，如有效土层厚度、土壤 pH 和降水量，适宜级的界限可划分在某一个量级上。而有些土地性质的分级是不连续的，如土壤质地分级和土壤排水等级。在这种情况下，等级划分方法可稍有不同，例如，排水等级，“良好”属 S_1，“不完善”属 S_2，“不良”和“十分不良”均属 N。

4. 土地质量的综合

在针对某种土地利用类型进行土地适宜性评价时，如果使用不止一项土地质量，那么在针对某一土地评价单元分别评定每一项土地质量的适宜等级之后，还必须将它们加以综合，即评出总的土地适宜等级。一般可采用以下三种方法进行综合。

（1）经验法。评价人员与当地科技人员和有实际经验的人讨论，并依据研究区的具体情况，决定如何将各单项土地质量的适宜等级综合为总的土地适宜等级。例如，有两项土地质量均为 S_2，一般情况下，总的适宜级应为 S_2，但在另一些情况下，因土地质量之间的叠加效应而足以使总的适宜等级降到 S_3。其主要缺点是易造成评价结果的主观性。

（2）极限条件法。将级别最低的土地质量等级作为总的土地适宜性等级。例如，据根系状况评为 S_1，据侵蚀程度也评为 S_1，而据水分有效性则评为 S_3，那么这块土地对所评价的利用方式总的适宜等级评为 S_3。应该指出，凡是在有某项土地质量出现 N（不适宜）的情况下，均可采用这种方法，尤其是如果有某项土地质量属于“重要”的土地质量，那么它的适宜等级应作为总的土地适宜等级。由于极限条件法难以考虑不同土地质量之间的相互作用，导致评定结果在多数情况下偏于保守。

（3）运算法。常用加法或乘法，一般认为乘法效果较好。首先，给每个适宜等级规定一个数值，如 S_1 为 1.0、S_2 为 0.8、S_3 为 0.5、N 为 0，然后，将所有属于“有意义的”和“重要的”土地质量的评定值相乘，例如：

土地质量序号	3	9	12	13	15
重要性程度	2	1	2	2	2
评定的适宜等级	S_1	S_2	S_1	S_3	S_2
总的适宜等级为	$1.0\times0.8\times1.0\times0.5\times0.8=0.32$				

再根据事先规定的标准：0.8～1.0 为 S_1、0.4～0.8 为 S_2、0.2～0.4 为 S_3、0.2 为 N，其对应土地总的适宜级应为 S_3。可以看出，由于各土地质量值都在[0，1]，采用乘法时考虑

的土地质量的数目越多（S_1除外），结果便越小。例如，如果有 4 项土地质量均为 S_2，其总的适宜性（0.8）^{4}=0.41，属 S_2；要是再有第 5 种土地质量也是 S_2，则总的适宜性（0.8）^{5}=0.33，属 S_3。这是此方法在结构体系上的缺陷。另外，同一套计算标准在不同区域之间的通用性差。

（四）土地利用与土地单元质量的比较

将上述工作集中起来，进行土地利用同土地质量之间的比较，即将每一确定土地利用种类的要求与每一土地制图单元的质量进行比较。一般先从自然条件对比，如土地利用对水分的需求同水分有效性相比、机械化操作需求同机械化潜力相比、土地利用对养分的要求同养分供应状况相比等。随后进一步比较环境条件影响和社会经济分析，这些工作导致了土地适宜性分级。在此分级中，将确定的土地利用类型对每一土地制图单元的适宜性进行归纳，划分适宜性等级：S_1 高度适宜、S_2 中等适宜、S_3 临界适宜、N_1 目前不适宜、N_2 永久不适宜。具体来说，包括以下四个步骤：要求的匹配、环境影响评价、社会经济分析、实地验证。

（1）要求的匹配。匹配是一种简单的过程，即将土地适宜等级的指标（界限）与每一个土地评价单元的具体条件相比较，从而为每一个土地评价单元的每一种利用类型得出土地的适宜性等级。如果使用 GIS 进行匹配，不仅速度快，而且可将结果用图或表的形式输出。

如果评价结果表明土地质量与土地利用类型之间搭配不好，为更好地发挥土地的潜力，可考虑对原先确定的土地利用类型做出某些修改。例如，在农业有关的土地利用类型说明中，可补充采用喷灌、提高施肥水平或改变农场规模等内容；在畜牧业有关的土地利用类型说明中，可能涉及增加辅助饲养措施等；在林业相关的土地利用类型说明中，可能要放弃原先的树木品种，改用新品种。有时，为了使土地质量与土地利用类型之间更加协调，也可考虑通过土地改良设法改变土地性质及土地质量。

（2）环境影响评价。在“比较”过程中，还应考虑土地利用所带来的环境影响或可能造成的环境负效应。也就是在适宜性评价中所确定的土地利用类型是持续的，应长期维持且不致造成环境退化或恶化，如土壤侵蚀、土壤盐渍化或草场退化、沙漠化等。

土地利用的变化往往给环境带来某种程度的不利影响，如砍伐森林改营种植业会降低土壤有机质含量。另外，也要注意土地利用变化造成环境的渐进性退化。例如，在放牧中对牲畜数量不加控制，任其超载，致使草场逐渐退化。在确定有严重或渐进退化的地方，就要决定采取必要的防范措施并计算费用。一般来说，这些土地常被划为“不适宜”，因为相应的土地利用方式不可持续，或者防止退化的费用太高。另外，在环境影响分析时还要考虑区外的环境效应。例如，砍伐森林对下游河流水量季节变化的影响；修建水库引起的河流水量及泥沙含量的变化以及对航运和渔业的影响；盐碱水的排放对下游灌溉水质的影响等。

（3）社会经济分析。在定性评价中，只需进行一般性的社会经济分析，如政府发展战略目标分析，现有的宏观经济手段和指标分析，农业和农村基本经济资料如技术、人口、教育水平等的分析。

在定量评价中，经济分析必不可少，并要作为土地适宜性评价的依据之一。在一般性的评价深度上，只需进行一般的边际效益分析，结果可为所考虑的土地利用类型的经济前景提供大致说明。在较深的评价深度上，要详细计量资料有效量及其在生产者之间的分配、投入产出关系、价格与成本和信贷需求等，因此要进行详细的边际效益或其他计量经济分析。

（4）实地验证。实地验证的任务是验证评价结果的可靠性程度。具体方法是评价人员与农学、林学或其他相关领域的专业人员对研究区每个适宜或不适宜等级的土地进行抽样检验，查看评价结果与实际情况是否基本相符。如果有明显差距，则要考虑对评价方案中所采用的某些指标或界限值作必要的调整。

（五）提交评价成果

以土地适宜性图和文字资料的形式表现土地评价成果。此外，土地适宜性评价的成果还包括土地利用类型的描述、土地利用类型的管理说明、环境影响说明、土地利用替代方案的社会经济可行性分析等。下面，仅说明主要成果——表格和图。

（1）表格表示法。首先，绘制区域土地适宜性评价单元分布图，要表示出所有土地评价单元的界线和名称。然后，再附一张表格（表 6-5），说明各评价单元对不同利用方式的适宜性。从表格中，横向看可找出任何一种评价单元对不同利用方式的适宜性；纵向看可找出最适于某一种利用方式的土地评价单元。

表 6-5 马拉维戴德赞区的土地适宜性评价表

评价单元	土地利用大类					
	一年生作物	多年生作物	畜牧业	天然林地	人工林地	旅游及保持
利隆圭	S	N_2	S_2	无关	$S_2$③	无关
麦克温达	S	N_2	S_2	无关	$S_2$③	无关
西威	S_3	N_2	S_2	S_3	S_2	无关
林西佩	S_2	N_2	S_2	无关	$S_2$③	无关
奇法奇	S_2	N_1	S_2	无关	S_1	无关
贝姆贝凯	S_2/S_3	S_3	S_3	S_2	S_1	无关
戴德赞山	N_2	N_1/N_2	S_2	S_3	S_1	S_2
宽谷底草地	N_2	N_2	S_1	无关	N_2	无关
河谷	$N_2$①	N_2	S_2	无关	N_2	无关
丘	N_2	N_2	$S_3$②	S_2	N_1	S_3
岩	N_2	N_2	N_2	N_2	N_2	S_2

①蔬菜为 S_2；②作为多种利用中的组成部分则为 S_2；③仅与小型人工薪炭林地有关。

（2）图件表示法。绘制一系列的土地适宜性等级图，每一幅图表示某一种土地利用方式的适宜性等级。如果评价到适宜亚类甚至适宜单元，表示的原理相同，只是必须加上相应符号，如图 6-2 所示。

三、评价系统的特点

《土地评价纲要》的土地适宜性评价建立在两个基本指导思想之上：一个是在一个土地单元内对各种土地利用方式做出评定，另一个是不同土地利用方式对土地有不同的要求。《土地评价纲要》有以下两个显著的特点。

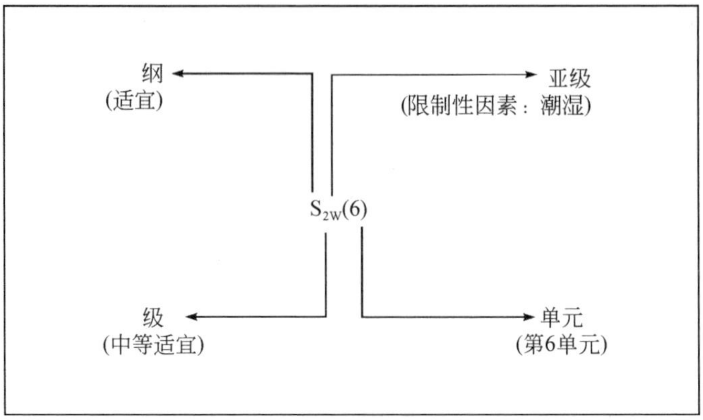

图 6-2　土地适宜性符号含义

(一) 使用土地质量进行评价

土地评价时不能简单地使用可以直接测定的土地性质，而是使用土地质量，其需通过某些土地性质的结合加以确定。土地评价中之所以不使用土地性质而使用土地质量，有两个原因：①同一土地性质对不同土地利用方式可产生不同的影响，甚至相反的影响。以地形坡度为例，坡度过大固然增加侵蚀危害，降低土地对于多数作物生长的适宜性；但是坡度过小，有时也可造成排水障碍，甚至造成泛滥危害，致使土地不适于栽种某些作物。②不同土地性质之间有相互作用，并可对土地质量产生叠加影响。例如侵蚀危害，不仅取决于坡度，还取决于坡长、土壤质地和雨量分布及强度等。因此，在衡量侵蚀危害这一土地质量时，必须同时考虑这些土地性质。如果仅用其中某一项土地性质估计侵蚀危害，所得结果与实际情况会有较大的出入。

(二) 考虑土地利用的管理水平

土地评价并不是单纯地建立在土地的自然属性基础之上的，而是在相当程度上考虑了土地利用的管理水平，尤其是为克服土地的固有限制性所需的管理水平及可能性。这方面的内容主要体现在"土地利用类型"的含义之中，这是与以往的土地评价方法明显不同之处。

总之，FAO 提出的土地适宜性评价方法，旨在为同一土地单元针对不同土地利用方式的适宜性做出比较，据此可为做出最佳土地利用规划决策提供依据。

第三节　中国的土地适宜性评价

一、《中国 1∶100 万土地资源图》的土地评价

编制《中国 1∶100 万土地资源图》是国家 1978 年制定的重点科学技术项目第一项"农业自然资源调查与农业区划"研究项目的课题。1978～1985 年，由中国科学院自然资源综合考察委员会石玉林院士领衔，全国 50 个单位、近 300 名科研人员，在系统收集、整理和综合中华人民共和国成立 30 多年来有关土地资源研究资料与遥感信息的基础上，结合实地

考察，完成了第一代《中国 1∶100 万土地资源图》，也代表了我国土地资源科学的研究水平。《中国 1∶100 万土地资源图》的评价系统基本上属于土地适宜性评价系统范畴，且是综合性土地适宜性评价。

（一）评价系统

该评价系统由土地潜力区（land potential area）、土地适宜类（land suitable type）、土地质量等（land quality rank）、土地限制型（land limited type）和土地资源单位（land resources unit）五个等级组成。

（1）土地潜力区。土地潜力区以水热条件为划分依据，作为土地评价的“零”级单位。同一区内，具有大致相同的土地生产潜力，包括适宜的农作物、牧草、林木的种类、组成、熟制和产量，以及土地利用的主要方向和措施。划分土地潜力区的指标是≥10℃积温及其持续日数、干燥度、熟制和无霜期。据此，将全国划分为 9 个潜力区：华南区、四川盆地-长江中下游区、云贵高原区、华北-辽南区、黄土高原区、东北区、内蒙古半干旱区、西北干旱区与青藏高原区。

（2）土地适宜类。土地适宜类是在土地潜力区内依据土地对于农、林、牧业生产的适宜性划分，在划分时尽可能按主要适宜方面划分，但对主要利用方向尚难明确的多宜性土地，则作多宜性评价。据此共划分 8 个土地适宜类：宜农土地类、宜农宜林宜牧土地类、宜农宜林土地类、宜农宜牧土地类、宜林宜牧土地类、宜林土地类、宜牧土地类、不宜农林牧土地类。

（3）土地质量等。土地质量等是在土地适宜类范围内反映土地的适宜程度和生产力的高低。按农、林、牧诸方面各分为三个等级，即一等、二等、三等宜农，一等、二等、三等宜林，一等、二等、三等宜牧，分别用阿拉伯数字 1、2、3 表示，不宜农林牧类用数字 0 表示。宜农耕地类用一位数字表示，其他均用三位数表示，第一位表示宜农等级，第二位表示宜林等级，第三位表示宜牧等级。例如，“1”表示一等宜农耕地；“233”表示二等宜农三等宜林宜牧土地；“010”一等宜林地。各等土地的具体内容如下。

一等宜农地：对农业无限制或少限制，质量好。通常这类土地地形平坦，土壤肥力高，在正常耕作管理措施下，能获得好收成。若是未垦土地，则不需改造或稍加改造即可开垦农用，并在正常利用下不致产生土地退化和影响邻区生态环境等不良后果。

二等宜农地：农业利用受一定限制，质量中等。这类土地需采取一定的改良措施才能较好地农业利用；或者需要一定的保护措施，以免土地退化。

三等宜农地：农业利用受较大的限制，质量差。这类土地需要在更大改造措施之后才能农业利用；或需采取重要保护措施防止土地在农业利用时发生退化现象。

一等宜林地：最适于林木生长的土地，产量高质量好。这类宜林地无明显限制，在更新或造林时只需采用一般技术即可。

二等宜林地：一般地适宜林木生长的土地，产量和质量均为中等。这类宜林地受到地形、土壤、水分或盐分等因素的一定限制；造林时要求较高的技术措施。

三等宜林地：林木生长有一定难度，产量很低。受地形、土壤、水分或盐分等因素的较大限制，造林技术要求高，并需一定的改造措施。

一等宜牧地：最适于放牧或饲养牲畜的土地。牧草品质好，产草量高。这类土地水土条件好，易于建设基本草场。

二等宜牧地：一般地适于放牧或饲养牲畜的土地。牧草品质较差或产草量较低；或草场有轻度退化，但水土条件好，较易于改良和恢复。

三等宜牧地：勉强适宜于放牧或饲养牲畜的土地，其牧草品质较劣或产量很低，草场退化较剧烈，需大力改造。

（4）土地限制型。土地限制型是在土地质量等内，按限制因素种类及其强度进行划分（表 6-6）。同一土地限制型内的土地具有相同的主要限制因素并要求相同的主要改造措施。土地限制型划分为：无限制（0），水分和排水条件限制（*w*），土壤盐碱化限制（*s*），有效土层厚度限制（*i*），土壤质地限制（*m*），基岩裸露限制（*b*），地形坡度限制（*p*），土壤侵蚀限制（*e*），水分限制（*r*），湿度限制（*t*）。土地限制型的表示方法为：用英文小写斜体字母放在土地质量等的右上角，限制强度则用小号阿拉伯字母 1、2、3、…表示，放在英文字母的右下角。例如，333^{w_2}，“333”表示三等宜农宜林宜牧，右上角“w_2”为水分和排水条件限制，限制强度为 2 级。

表 6-6　土地限制型因素评级表

评级	坡度	水侵蚀	风蚀	有效土层	障碍土层	土壤质地
0	<3°	不明显	不明显	>70cm	无	壤质
1	3°～5°	轻度面蚀（3°～5°），有少量纹沟	轻度风蚀，有沙纹	50～70cm	>50cm	壤质
2	5°～15°	中度面蚀（5°～10°），有少量纹沟	中度风蚀	30～50cm	50～40cm	偏黏或偏砂
3	15°～25°	强度面蚀（10°～20°），有少量切沟	植物根出露	10～30cm	40～30cm	黏土、砂土或含砾量较高
4	25°～35°	强度面蚀（20°～30°），切沟较密，少量冲沟，植被覆盖度 10%～30%	强度风蚀，出现沙垅	<30cm	30～20cm 20～10cm	黏土、砂土或含砾量高
5	>35°	极强度面蚀（>30°），有大量切沟，植被覆盖度<10%	极强度风蚀，出现砾垅	—	<10cm	砾质、裸露基岩 20%～50% 砾质、裸露基岩>50%

评级	土壤肥力	土壤酸碱度	盐碱化及改良条件）	地表积水	沼泽化程度	水源保证率
0	高	>6.0	无	无	潜育层距地面>60cm	有稳定保证
1	较高	6.0～7.5	轻度，30cm 土层平均含盐量<0.3%，需农业技术改良	季节积水	轻度 40～60cm	有一般保证
2	中等	4.5～6.0	中度，30cm 土层平均含盐量 0.3%～0.5%，须采取农业技术措施	每年季节积水	中度 20～40cm	水源不足，保证率低
3	较低	7.5～8.5	强度，30cm 土层平均含盐量 0.5%～1.0%，需水利改良措施	全年地面积水	强度<20cm	水源严重不足
4	低	>8.5 或<4.5	盐碱地 30cm，土层平均含盐量>1.0%，目前可以改良			
5			盐碱地 30cm，土层平均含盐量>1.0%，暂时不能改良			

（5）土地资源单位。土地资源单位，即土地资源类型，由地貌、土壤、植被与土地利用类型组成。土地资源单位用阿拉伯数字 1、2、3、…表示，放在土地质量等的右下角。按图幅的自行顺序编排。如“$333_1^{w_2}$”，右下角“1”表示土地资源单位。

以华南区为例，《中国 1∶100 万土地资源图》五级分类系统的实例如表 6-7 所示。

表 6-7 《中国 1∶100 万土地资源图》分类系统实例

土地潜力区	土地适宜类	土地质量等	土地限制型	土地资源单位
华南区	宜农土地类	1 一等宜农地	1^0 无限制型	平地草甸型水稻土水田
				平地潮沙泥土旱耕地
	宜林牧土地类	012 一等宜林二等宜牧地	012^{p_2} 坡度限制型	丘陵砖红壤禾草灌丛土地
				山地红壤禾草草地
		023 二等宜林三等宜牧地	023^{m_2} 土质限制型	海滨低地沙土草地
		033 三等宜林宜牧地	033^{b_2} 裸岩限制型	山地石灰岩土灌丛草地

《中国 1∶100 万土地资源图》编图中，按照气候和水热条件来划分土地潜力区，土地资源单位的划分指标在各土地生产潜力区内不一致，土地适宜类、土地质量等和土地限制型与土地评价因素种类（按主要限制性因素划分型）和对农林牧业生产的限制强度有关，所以土地评价因素选择及其对农林牧业生产的限制性分级是该方法的关键。

（二）评价系统的特点

《中国 1∶100 万土地资源图》的评价系统首次提出了我国土地资源分类系统，层次分明，结构严谨。把土地资源评价系统与土地资源类型系统结合起来，土地适宜性与土地限制性结合起来，使得评价结果既有全国的可比性，又有地区的差异性。具体来说，该系统有如下特点。

（1）划分土地潜力区，作为土地评价的“零”级单位，有利于解决不同区域、同一等土地之间的不可比性。中国幅员辽阔，各地自然条件差别甚大，例如，南方的一等宜农地与北方的一等宜农地在生产能力上差别甚大，而划分水热条件相对一致的潜力区，在一定程度上可解决这一矛盾。

（2）评价体系与 FAO 的《土地评价纲要》有许多相似之处。例如，“土地质量等”相当于《土地评价纲要》的“土地适宜级”，“土地限制型”相当于《土地评价纲要》的“土地适宜亚级”，而“土地资源单位”也颇相似于《土地评价纲要》的“土地适宜单元”。

（3）评价与制图较好地结合起来。评价成果在图上表示出来，一目了然，而且通过在评价图上量算出各类、等、型土地的面积，可为土地利用调整和规划等提供第一手资料。

（4）采用土地类型与土地利用现状相结合的“土地资源单位”作为评价的基本单元，有利于将评价结果与利用现状进行比较，从而发现土地利用现状的合理与否，为土地利用调整提供依据。

二、单项性土地适宜性评价

中华人民共和国成立初期，为发展经济，我国进行了大规模的单作物用地评价，如橡胶宜林地选择、柑橘适栽地和茶树适宜性评价等。改革开放以来，人们不仅要求产品产量的提高，也要求产品质量的提高。对特种作物土地评价提出了更高的要求，从作物生理生态要求、产品品质与地球化学环境关系等方面来探讨作物与土地的关系，使得土地评价越来越具有科学性、精确性和定量化。例如，对海南橡胶宜林地、河南禹县烟草地、亚热带北缘地区宜柑橘地，以及浙江温州蜜柑和名茶的评价中，除考虑一般生态条件外，还考虑特殊生态要求和生物地球化学特性等方面。

（一）宜胶地评价

橡胶树，大戟科橡胶树属植物，原产于南美亚马孙森林。橡胶树为落叶乔木，高可达30m，有乳状汁液，是制作橡胶的主要原料，被广泛运用于工业、国防、交通、医药及日常生活等领域。一般来说，橡胶树栽植 6～8 年即可割取胶液，实生树的经济寿命为 35～40 年，芽接树为 15～20 年，生长寿命约 60 年。橡胶树喜高温、高湿、静风和肥沃土壤。年平均温度 26～27℃，在 20～30℃都能正常生长和产胶。不耐寒，在 5℃以下即受冻害。要求年平均降水量 1150～2500mm，但不宜在低湿的地方栽植。适于土层深厚、肥沃而湿润、排水良好的酸性砂壤土生长。浅根性，枝条较脆弱，对风的适应能力较差，易受风害并降低产胶量。由于巴西橡胶树有较大的变异性和适应性，我国自 1904 年引种以来，植胶区主要分布于海南省和云南省西双版纳，此外在广东、广西、福建、台湾部分地区也可种植。

从 20 世纪 50 年代初期，我国为引种橡胶树在热带和南亚热带地区进行了一些橡胶宜林地评价的研究。1979～1981 年，广州地理研究所余显芳等在海南岛进行了宜胶地的评价。根据橡胶树对生境的要求和海南自然地理条件特点，选取的宜胶地评价的指标如下。

（1）年均温度超过 23℃，最低月平均温度超过 15℃，月平均温度≥20℃（适宜橡胶生长和产胶温度）超过 8 个月，热量条件能满足橡胶正常生长发育并有较长的割胶期（超过 7 个月）。

（2）多年平均极端低温超过 3℃，极值 0℃，或偶尔出现 0℃，但持续时间不超过 3h，低温寒害不重，多年平均橡胶树 4～6 级寒害率＜10%。

（3）年降水量超过 1200mm，月降水量＜50mm 的月数不超过 5 个月，年干燥度不超过 1.2。

（4）年平均风速不超过 3m/s。

（5）土层（包括半风化疏松层）超过 80cm，不是松散的砂土或瘠薄的砾质粗骨土。

（6）地下水位低于 1m，排水良好，季节积水不超过 2 个月。

（7）海南岛北部海拔不超过 350m，南部不超过 400m，坡度不超过 25°。

按照上述生态条件，海南岛除雨量少、风大、土质松散的西南沿海阶地及海拔超过 350～400m 陡坡地外，其余各地除自然保护区外，均有宜胶地分布。

在海南岛宜胶地评价中，由于风害、寒害和干害是橡胶树栽培的主要限制因素，因此首先按风、寒、旱的限制程度，将全岛的宜胶地划分为 3 个大区、15 个类型。

Ⅰ 内缘丘陵盆地宜胶区

（1）轻风微寒湿润砖红壤丘陵盆地。

（2）轻风微寒半湿润褐色砖红壤丘陵盆地。

（3）轻风轻寒半湿润褐色砖红壤丘陵盆地。

（4）中风中寒湿润赤红壤丘陵盆地。

（5）中风轻寒潮湿赤红壤丘陵盆地。

Ⅱ 沿海低丘台地宜胶区

（1）重风微寒潮湿黄色砖红壤低丘台地。

（2）中风无寒半湿润黄色砖红壤低丘台地。

（3）重风微寒湿润铁质砖红壤台地。

（4）中风轻寒湿润铁质砖红壤台地。

（5）轻风轻寒半湿润褐色砖红壤低丘台地。

（6）中风轻寒湿润砖红壤低丘台地。

（7）轻风轻寒湿润褐色砖红壤低丘台地。

Ⅲ 中部山地宜胶区

（1）中风中寒潮湿赤红壤丘陵山地。

（2）轻风中寒湿润赤红壤山间盆谷地。

（3）轻风轻寒湿润赤红壤丘陵盆地。

然后，利用热量、辐射、土壤、宜割胶天数和平均产量作为评价因素，对上述宜胶地类型做出等级评定。具体方法是：将上述评价因素各分成 4 级（表 6-8），以适宜性最高或限制性最低的级别评为 5 分，其余依次为 4 分、3 分和 2 分。

表 6-8　橡胶宜植地寒害划分标准

项目		无寒害或基本无寒害	轻寒害	中寒害	重寒害
		Ⅰ	Ⅱ	Ⅲ	Ⅳ
极端低温及持续时间	常年低温/℃	＞5	4～5	3～4	2～3
	极值	＞2℃或＜2℃（应高于0℃）不超过 2h	0～2℃或 0℃不超过 3h	0～0.15℃不超过3h	0～-3℃不超过 3h
各级临界低温/℃	≤5	1～2	1～3	2～4	3～5
	≤0	0	0～0.03	0.03～0.05	0.05～0.1
最低月平均气温/℃		≥18	≥16	≥15	≥13
最大一次降温量/℃		5～12	10～15	10～16	12～18
橡胶寒害情况（4～6）级/%	一般年份	无	无	无	基本无
	较冷年份	RRIM600 号基本无寒害	GTI 基本无寒害	GT 受害＜10	GT 受害＜20

在此基础上计算总分，并确定宜胶地等级。

宜胶地等级：	一	二	三
评价总分：	＞30	25～30	＜25

结果表明，海南岛一等宜胶地集中分布于“南四县”（包括乐东县、崖县、保亭县和陵

水县）的内侧；二等宜胶地分布比较分散，涉及的宜胶地类型也较多，内陆丘陵盆地、沿海低丘台地、中部丘陵土地均有分布；三等宜胶地主要分布于中北部丘陵山地、东北低丘台地和西北低丘台地。

（二）宜柑橘地评价

柑橘，芸香科下属植物，属典型的亚热带常绿树，喜温暖潮湿的气候，分布在北纬16°～37°。用作经济栽培的主要是柑橘属。中国是柑橘的重要原产地之一，尤其是浙江台州市黄岩区被称为“蜜橘之乡”。

柑橘树生长发育、开花结果与日照、温度、水分（湿度）、土壤以及地形等环境条件紧密相关。但种类与品种不同，对生态条件有着不同的要求。一般来说，柑橘是耐阴性较强的树种，但要优质丰产仍需好的日照。一般在年日照时数1200～2200h的地区均能正常生长。例如，日照好、热量丰富的华南与日照较少的重庆柑橘产区相比，华南果实糖含量高、酸含量低，糖酸比高。“橘生淮南则为橘，生于淮北则为枳”，反映了温度条件是柑橘生长和分布的主要限制因素。柑橘生长发育要求12.5～37℃，最低12.5～13.0℃，最适23～29℃，最高37～39℃。过低的温度会使柑橘受冻，例如，温州蜜橘-5℃时会使枝叶受冻，-6℃以下会冻伤大枝和枝干，-9℃以下会使植株冻死。气温和土温高于37℃时，柑橘的果实和根系则停止生长。柑橘种植区要求年降水量为1000～1500mm，且分布均匀，空气相对湿度75%左右。土壤含水量较稳定地保持在田间最大持水量的60%～80%，低于60%则需灌水。柑橘对土壤的适应范围较广，紫色土、红黄壤、沙滩和海涂均可，在土层厚度80～100cm、土壤质地疏松且结构良好、有机质含量2%～3%、排水与通气性良好、pH5.5～6.5的土壤中各种砧木的柑橘树都可正常生长。

1994年，华中师范大学徐樵利等在湖北省宜昌进行了适种柑橘的土地评价研究。

（1）适种柑橘土地的生态立地条件：①多年平均绝对低温-29℃；越冬极端最低温度-11℃，其持续时间不超过4h；-7℃的绝对低温出现频率小于10年一遇；②土体（土层加风化层）厚度在1.5m以上，其中土层厚度在20cm以上；③地表状况利于供水排水，积水易排干，地下水位能及时降到地表1m以下；④水源较充足，供水条件较好；⑤土壤有机质含量在0.8%以上，磷、钾及铁、锌等微量元素没有严重缺失现象；⑥橘园坡度＜30°，修建梯田不致引起滑坡崩塌；⑦土壤pH在4.5～8.0；⑧土壤质地非重黏土、重砾质土或漏沙土；⑨微地形条件良好，能避免冬季冷风的直接侵袭。

上述各项条件中，越冬极端低温最为重要，同时土体厚度、排水条件和地下水位也很重要。此外，坡度、土壤肥力等也有较大影响。据此，将这些主要因素作为进行土地质量评价和等级划分的基本指标。

（2）评价单元划分和限制因素分级。对宜昌适种柑橘的土地，根据地形、气候和岩性、土壤等影响柑橘生产的主要自然因素的不同，划分土地类型，共划分出2个土地类和29个土地单元，并阐明它们的主要自然特征。以这些土地单元作为适宜性评价的基础单元。

对选取的限制因素即冻害（越冬极端低温及出现频率）、土体厚度、排水条件与供水条件和土壤养分，进行限制强度的分级。以湖北宜昌为例，其柑橘冻害分级标准见表6-9。

表 6-9 湖北宜昌柑橘冻害分级标准

项目	I	II	III	IV
极端低温/℃	≥-9	≥-9	-9～-11	-9～-11
极端低温持续时间/h	<2	<2	<4	<4
多年平均极端低温/℃	≥-2	≥-2	-2.1～-3.5	-2.1～-3.5
≥7℃出现频率/%	<5	<5	<10	<10
-9℃出现频率/%	<1	<1	<5	<5
适种柑橘品种	甜橙	甜橙	甜橙或温州蜜橘	温州蜜橘
避冻的地形条件	辖区内海拔 300m 以下的谷旁丘陵坡地及阶地	辖区内 300～400m 谷旁坡地及逆温层下的冷空气聚集的深谷槽地与迎风浅谷槽地	辖区 400～600m 谷旁高坡地及辖区外逆温层内的坡地	80m 或 100m 逆温层下的迎风、过风谷地及 150m（或 180m）以上的高坡地

（3）柑橘地的适宜性评价。通过对限制因素分级的综合分析，并将其组合起来，便可得到柑橘地的适宜级划分标准，共划分为 4 个等级（表 6-10）。

表 6-10 宜昌适种柑橘地的等级划分

项目		一等地	二等地	三等地	四等地	等外地
基本项目	①冻害	I	II	III	IV	
	②土体厚度	I 或 II	I 或 II	II 或 III 或 IV	III 或 IV	IV（其他项目有一半达不到 IV）
	③排水状况	I 或 II	I 或 II	II 或 III 或 IV	III 或 IV	
	④供水条件	I 或 II	I 或 II	II 或 III 或 IV	III 或 IV	
	⑤土壤养分	I 或 II	I 或 II	I 或 II	I 或 II	
参考项目	⑥成熟橘园多年平均亩产量	I 或 II	I 或 II	III 或 IV	IV	

注：以投资和管理水平大致相同的各土地评价单元的柑橘亩产量为划分标准；I．>2500kg；II.1000～1500kg；III.1000～1500kg；IV.500～1000kg。

凡冻害等级为 I，其他 4 个基本项目有 3 项为 I，评为一等地；如只有两项为 I，则应参考表 6-10 中项目⑥的等级，若⑥为 I，且管理、投资等人为因素不高于一般水平，则仍评为一等地；否则一律降为二等地。

凡冻害等级为 II，其他 4 个基本项目有 3 项为 II 以上者，均评为二等地；如仅有 2 个基本项目为 II 以上，则同样按参评项目⑥评定等级；否则一律降为三等地。

凡冻害等级为 III，其他 4 个基本项目有 3 项等级为 III 以上者，评为三等地；若仅有 2 项等级在 III 以上，而参评项目⑥的等级为 II 或 IV，则评为三等地；否则一律降为四等地。

凡冻害等级为 IV，其余 4 个项目有 3 个为 IV 以上者，评为四等地；若仅有 2 项等级在 IV 以上，而参评项目⑥为 IV，则仍评为四等地。

凡冻害等级为 IV，其他项目半数以上不符合四等地标准者，评为等外地或备用地。

依据上述标准和方法，对该县适种柑橘的土地类型单元逐个评定了等级。可以看出，该系统也是参照 FAO《土地评价纲要》建立起来的。首先，确定影响柑橘生长的限制因素，然后逐项对其进行分级，最后综合成总的土地适宜等级。评价过程中适当考虑了管理、投资和柑橘产量等社会经济因素。但在将限制因素的分级归并成总的土地适宜性等级时，采用的仍是经验判断方法。

（三）城市建设用地评价

城市范围内气候的纬度地带性和经度省性的差异没有明显的变化。因此，城市建设用地评价时，一般不考虑气温、降水等气候因素的差异，按照规划与建设的要求，以及备用地在工程技术上的可能性与经济性，对用地的环境条件进行质量评价，以确定用地的适用程度。通过用地的评价，为城市用地选择与用地组织提供科学依据。

一般来说，地质地貌、土质和土壤、水文和水文地质、小气候的差异是城市范围内地域分异的因素。这些自然要素之间，有的是有着相互制约或抵消的关系，有的则相互配合叠加强化了某种作用。这些因素的空间分异，决定了不同土地地段的地形坡度、地基承载力、地貌破碎度和工程病害等建设条件的差异，影响了城市建设用地的适宜性。

（1）地貌部位：地貌部位是小范围地域分异的主导因素，可分为地貌面、初级地貌形态和复杂的初级地貌形态三种分异等级。

（2）岩性、土质和土壤：引起土地进一步分异的因素，岩性差别、岩层厚度、固结程度、地区性土均影响工程建设特性。

（3）水文和水文地质：主要指洪水淹没状况、潜水埋深、流动性和化学成分等对建设工程的影响。

（4）外动力地质过程：主要指给建设工程带来病害的地质地貌过程，如冲沟、泥石流、滑坡和塌方等工程病害。

（5）小气候：主要指地貌形态差异所引起的日照、风向和风速等的差异。

在此基础上，参照有关工程地质规范[如《城乡规划工程地质勘察规范》（CJJ 57—2012）]（表 6-11）及所在城市具体情况，拟定城市建设用地条件评价表。

表 6-11　工程建设适宜性的定性分级标准

级别	分级要素	
	工程地质与水文地质条件	场地治理难易程度
不适宜	场地不稳定；地形起伏大，地面坡度＞50%；岩土种类多，工程性质很差；洪水或地下水对工程建有严重威胁；地下埋藏有待开采的矿藏资源	场地平整很困难，应采取大规模工程防护措施；地基条件和施工条件差，地基专项处理及基础工程费用很高；工程建设将诱发严重次生地质灾害，应采取大规模工程防护措施，当地缺乏治理经验和技术；地质灾害治理难度很大，且费用很高
适宜性差	场地稳定性差；地形起伏较大，地面坡度≥25%且＜50%；岩土种类多，分布很不均匀，工程性质差；地下水对工程建设影响较大，地表易形成内涝	场地平整较困难，需采取工程防护措施；地基条件和施工条件较差，地基处理及基础工程费用较高；工程建设诱发次生地质灾害的概率较大，需采取较大规模工程防护措施；地质灾害治理难度较大或费用较高
较适宜	场地基本稳定；地形有一定起伏，地面坡度＞10%且＜25%；岩土种类较多，分布较不均匀，工程性质较差；地下水对工程建设影响较小，地表排水条件尚可	场地平整较简单；地基条件和施工条件一般，基础工程费用较低；工程建设可能诱发次生地质灾害，采取一般工程防护措施可以解决；地质灾害治理简单
适宜	场地稳定；地形平坦，地貌简单，地面坡度≤10%；岩土种类单一，分布均匀，工程性质良好；地下水对工程建设无影响，地表排水条件良好	场地平整简单；地基条件和施工条件优良，基础工程费用较低；工程建设不会诱发次生地质灾害

注：表中未列条件，可按其对场地工程建设的影响程度比照推定；划分每一级别场地工程建设适宜性分级，符合表中条件之一时即可；从不适宜开始，向适宜性差、较适宜和适宜推定，以最先满足的为准。

据此评价表，采用极限条件法为主要综合法，并配以各用地因素的综合分析，将各建筑用地地段划分成四等或四类：适宜地段、较适宜地段、适宜性差地段和不适宜地段。

下面以北京大学陈传康（1983）对山东淄博市辛店地区以城市总体规划为目的所作的用地评价为例，说明城市用地评价的方法。

Ⅰ 良好建筑用地

$Ⅰ_1$洪积冲积扇上部。基础需防湿陷，临河地带还需采取护岸措施。这类土地目前多为优良农田，应尽量避免征作建筑用地。

$Ⅰ_2$洪积冲积扇中部。基础需防湿陷，因地面过于平坦，东西向街道需修建锯齿形纵断面排水设施。辛店镇位于其上，四周为高产农田和菜园，限制了城镇的扩展。

$Ⅰ_3$洪积冲积扇下部。不要求特殊工程措施，目前都为农田好地，应避免征为建设用地。

$Ⅰ_4$沟源浅洼平地。基础需防湿陷，并防止暴雨洪流冲刷。也为农田好地，应避免征为建筑用地。

$Ⅰ_5$山间洪积冲积平原。基础需防湿陷，边缘部分需防冲沟为害。也为农田好地，缺乏工业水源，地处上游，不宜征为建筑用地。

$Ⅰ_6$河流阶地。基础需防湿陷，临河地段需采取护岸措施。沿河分布，引灌条件便利，为农田好地，不宜征为建筑用地。

$Ⅰ_7$洪积冲积平原。基础需采取防水措施，也为农田好地，应避免征为建筑用地。

Ⅱ 适于建筑，但需作简单工程处理的用地

$Ⅱ_1$坡积洪积平原。基础需防湿陷，某些冲沟甚至可以填平利用，但需注意排洪。胜利石油化工总厂的炼油厂、化肥厂、橡胶厂都位于这一地貌部位上，应避免再征用这类土地为建筑用地。

$Ⅱ_2$切割坡积洪积平原。基础需防湿陷，冲沟必须进行处理，建筑场地需修成台阶式。有引灌条件的地段为农田好地，由于坡度不大，地块面积也较大，缺乏引灌条件的地段适宜作厂房用地，但因地处上游，不宜征为污染源工厂用地。

Ⅲ 可进行建筑，但需进行适当工程处理的用地

$Ⅲ_1$坡积洪积阶地。基础需防湿陷、冲沟必须处理，建筑场地需修成台阶式。由于干旱缺水，地块面积较小，坡度较大，目前为低产田，宜征作建筑用地中的生活区用地，局部与该地相邻者可作厂房用地，以便组织生产工艺要求有高差的作业线。

$Ⅲ_2$缓丘和丘麓缓坡。建筑场地需修成台阶式，冲沟发育且起伏不平的地段需整平。目前为荒草坡，其建筑利用方向同上。

$Ⅲ_3$河漫滩阶地。应注意防洪，目前多为旱地，通过引灌和施肥可改造为菜田，易受洪水威胁，不宜作建筑用地。

$Ⅲ_4$浅冲沟和排水沟。需采取护岸措施，较宽的平底沟可改造为菜园，水分条件好的可种藕和苇等，部分小沟可填平作建筑用地。

Ⅳ 不宜于工程建筑的用地

$Ⅳ_1$石灰岩丘陵。建筑场地需修成台阶式，工程较艰巨，目前为荒草坡，适于造柏树林绿化，部分建筑物如水塔、水池等可修建于高处，配合绿化、点缀山景。

$Ⅳ_2$深冲沟。需进行防洪和排洪，沿沟底修建谷坊或小型水库，大冲沟底部宽而平坦，目前用于旱作。沟坡及小冲沟应封禁绿化，中、小冲沟可填平利用，但需注意排洪。

IV_3 小河谷。需进行护岸措施，绿化或种植苇和藕。

IV_4 河漫滩。修坝地或淤地，绿化或填淤为耕地。

可以看出，40余年来，中国开展了许多有明确针对性的农业和非农用地适宜性评价，在评价中大多工作都借鉴了FAO《土地评价纲要》的基本思路。尤其在农用地评价中，一定程度上考虑了产量和交通运输条件等社会经济因素。但是，与《土地评价纲要》相比，在以下方面仍有明显差距。

（1）评价中大多通过简单的限制因素（即“土地性质”）的评级来评定土地适宜性等级，很少采用综合反映土地属性的“土地质量”进行评定。因此，评价结果往往难以真正反映土地对某种利用方式的适宜性和适宜程度。

（2）评价多偏重于自然条件的定性评价，考虑影响土地利用的社会经济因素不多。

（3）为大农业服务的土地适宜性评价开展较多，评价方法相对比较成熟，但为城市规划和建设用地服务的土地适宜性评价还开展不多。

第四节　土地适宜性评价讨论

一、土地适宜性评价的特点

（一）评价结果的针对性较强

土地适宜性评价是针对某种特定土地利用类型的适宜性及适宜程度的评价，因此，评价结果的针对性较强，成果的实用性也较大。这也是土地适宜性评价日益受重视的重要原因。

（二）强调进行多宜性评价

尽管评价目的可能多种多样，但评价系统的结构和方法步骤是大同小异的，不需再像土地潜力评价那样对土地的利用方式设定先后次序，而是强调任何一块土地均可针对不同利用方式从不同角度进行适宜性评价，即进行多宜性评价，结果可提供给土地利用规划决策者参考。

（三）考虑了土地利用的经济背景

在描述“土地利用类型”时不仅要涉及土地的自然属性，还必须考虑土地利用的经济背景。因此，土地适宜性评价要作一定的经济分析和计算，如成本、产值、利润和收入水平等，同时还要顾及土地利用的社会效益和生态环境效益。

（四）给土地利用规划提供重要参考

用表格或图件将评价结果表示出来，更加直观地显示出：各土地单元对不同利用方式的适宜性等级的高低以及最适于某一种利用方式的土地单元。给土地利用规划提供了重要参考。

二、土地适宜性评价与土地潜力评价的关系

土地适宜性评价与土地潜力评价之间的关系，学术界大致有三种见解：两者属于不同的概念；两者含义基本相同；两者属于不同概念，但之间有相关性和可比性。

（一）两者的区别

土地潜力反映了土地在一定利用方式或一定管理实践方面的潜在能力。土地潜力评价的显著特点是事先规定出土地利用方式的先后次序：农→林→牧→其他，即把潜力最高的土地首先分配给农业利用，然后考虑林业、牧业和其他，但这并不意味着潜力最高的土地只适于农业利用，而不适于林业和牧业。

土地适宜性评价并不事先假定这种利用的先后顺序，每一块土地均可针对农业、林业、牧业或其他方式做出适宜性或适宜程度的评定，各种土地利用方式在评价中机会均等。

（二）两者的联系

尽管土地适宜性评价与土地潜力评价之间有本质的区别，但在同一区域，可将两者的评价成果进行比较或协调。例如，美国农业部的土地潜力评价，每一个潜力级的土地均可视为适于一定土地利用大类的土地，Ⅰ～Ⅳ级的土地为适于耕作利用在内的所有利用方式的土地，不过从Ⅰ→Ⅳ级，限制性逐渐增大；Ⅴ～Ⅷ级为不适于耕作，但适于牧业、林业和其他的土地。

另外，一些单项土地潜力评价也可视为土地适宜性评价，因为它们都是专门针对某一土地利用大类的土地潜力评价，不同之处在于其分级数不是FAO《土地评价纲要》的高、中、低三个适宜类。例如，加拿大20世纪60年代分别进行的农业、林业、娱乐、野生动物和淡水鱼等的土地潜力评价，将土地分为Ⅰ～Ⅶ级。由此可见，在一个区域开展多目标土地适宜性评价之后，如有必要，可将这些评价结果归纳或转化成土地潜力等级，从而使两者联系起来。

复习思考题

1. 何谓土地适宜性与土地适宜性评价？
2. 简述FAO《土地评价纲要》的评价系统及其特点。
3. 如何区别当前不适宜类和永久不适宜类？
4. 在土地适宜性评价时，如何区别 S_1、S_2 和 S_3？
5. 简述FAO《土地评价纲要》土地评价步骤与方法。
6. 辨析土地性质与土地质量的异同。
7. 简述《中国1∶100万土地资源图》土地评价系统及其特点。
8. 简述土地适宜性评价的特点。
9. 论述土地适宜性评价与土地潜力评价的联系。

第七章 土地经济评价

土地质量不仅与土地的自然条件有关，而且与土地的经济社会因素有密切的关系。因此，近年来，国内外的土地评价在继续偏重于土地质量自然评价的同时，越来越重视土地质量的经济评价，其中既包括城镇用地的经济评价，又包括农用地的经济评价。

第一节　土地经济评价概述

一、土地经济评价的内涵与意义

（一）土地经济评价的内涵

土地潜力评价和土地适宜性评价，均偏重于从土地自然属性角度对土地质量进行评价，具体来说，通过组成土地的各种自然要素的分析，揭示土地在一定的技术条件和经营管理状况下，在农业生产或非农生产方面的潜在能力或适宜性，因此可称为土地自然评价。例如，通过土地潜力评价土地在农、林、牧业利用上的潜力，或者通过土地适宜性评价土地针对某种用途的适宜性，均主要考虑土地的自然属性能否满足农作物或林木、牧草的生长要求，将土地的自然生产能力作为衡量土地质量的综合指标，一般不特别详细地定量测算土地利用的物质和劳动力等方面的投入。

土地经济评价（land economic evaluation）是运用经济指标对土地质量进行评定，即对土地进行投入和产出分析，通过比较不同土地利用的投入与效益，决定土地的适宜性类型及其适宜性等级。可以看出，土地经济评价强调从土地经济属性出发，从土地利用的经济学等方面评价土地的质量。通过一系列经济指标和经济量度，比较不同土地类型对一种确定用途的适宜性，或不同利用对一种土地类型的适宜性。其实质在于揭示在不同的自然条件与经济条件下，不同质量的土地生产耗费量与提供产品量的对比关系，或在相同投入量下取得不同产出量的经济指标。通过土地经济评价，可分析土地改良的经济有利性、社会得益性和生态合理性；比较在不同土地区域内进行投资的经济效益，比较土地改良与不加改良这两种不同情况的经济效益。所以，土地经济评价既从经济效益方面确定了土地的适宜性，又为土地改良提供了依据。

土地自然评价着重评定土地的自然属性对不同土地利用方式的潜力或适宜性，而土地经济评价不仅考虑土地所固有的自然属性差异，而且着重分析在等量劳动（包括物化劳动与活劳动）耗费下土地的产出效果。也可以说，土地自然评价是揭示土地在各种利用方式上的潜在能力或适宜性，土地经济评价则主要揭示土地在各种利用方式上的经济效果。应当指出，土地经济评价与土地自然评价两者之间并非孤立，而是存在紧密联系。例如，对具体的土地进行经济评价时，必须同时研究和选定对影响土地生产率的主导自然因素和经济因素，进而对诸因素进行量化评分，估算各自然因素和经济因素对土地生产率的影响，然后用定性方法或定量方法评定土地的级别。因此，也可以说，土地经济评价是对土地的自然属性和经济属性的综合评定，只是其重点在于揭示土地在相同的投入和经营管理水平下，在生产效率、利用效益或经济价值方面的差别。

土地经济评价的重点是揭示土地利用的经济效益。土地作为重要的自然资源和资产，具有价值和价格。土地价格的本质是土地预期经济收益的购买价格。因此，土地价值和价格的评定无疑是土地经济评价的重要组成部分。近年来，土地分等定级和价格评估成为了中国土地经济评价的一个热点领域。

（二）土地经济评价的意义

1. 确定土地生产能力，为土地立法提供依据

土地质量的优劣直接关系到土地生产能力的高低，土地经济评价科学地确定土地生产能力的高低，可为国家拟定保护土地，尤其是耕地的政策、法规及防止乱占滥用土地和随意改变土地用途等提供科学依据。

2. 确定生产耗费和产品生产的关系，为拟定土地税收标准服务

在不同的生产方式下，土地的生产能力有明显差异，而这种生产能力与生产耗费又是紧密联系的。土地纳税标准的制定，既要考虑土地自然属性特征，又要考虑土地在生产耗费上的多少，尤其要考虑生产耗费与产品生产之间的关系。因此，通过土地经济评价，阐明生产耗费和产品生产之间的关系，为土地税收和有关费用如土地使用费、征地补偿费、土地承包转包费的厘定提供基本依据。

3. 揭示土地质量和分布状况，为土地利用规划服务

土地利用规划必须具备土地质量及其分布状况的资料。同时，土地利用规划也要针对土地利用中存在的问题因地制宜地提出改造利用措施。土地经济评价可以更全面揭示土地质量，并提出土地利用规划中需要解决的社会经济方面的问题。例如，由于城市化或交通区位条件的改变，要进行土地利用方向调整。土地经济评价可从经济角度为这类土地利用的调整及其后果做出预测，从而为土地利用规划决策提供依据。

4. 采用经济指标对土地进行质量评价，为土地管理服务

体现土地利用的经济效果或效益的指标很好地反映了土地质量的动态变化。例如，陡坡毁林开荒会引起严重的水土流失；干旱和半干旱地区的过牧或开荒可导致土地沙漠化，这些都将导致土地退化和生产力下降，在土地利用经济指标上会反映出来。因此，土地经济评价是对土地可持续利用和科学管理土地所必不可少的一项重要基础工作。

5. 确定土地价值和价格，为土地管理提供更强有力的手段

土地价值和价格的确定，不仅为拟订土地税费标准提供基础，也可为调节土地供求关系提供土地质量依据，还可为土地出让、转让和出租等提供价格基础。因此，土地经济评价为运用经济杠杆管理土地提供了重要手段。

二、土地经济评价的理论基础

（一）土地生产力理论

由于自然条件和区位条件存在差异，因而土地具有不同的生产率。在一定社会发展阶段，土地生产率也受劳动投入量大小的影响。土地经济评价可视为在不同自然条件与社会经济条件下，不同土地的生产耗费量与土地提供产品量的对比关系。因此，土地生产力是土地经济评价的前提和基础。土地生产力是众多影响因素综合作用的结果。当其中某个因素的“强度”在原来的基础上脱离所有因素组合的整体效应，单独地进一步增加时，则其对于土地生产力的影响效果会变得越来越小，甚至成为土地生产力发展的限制因素。另外，在影响土地生产力的各种因素中，如果某个因素的强度过低，其他因素即使处于最佳状态，也难以提高土地生产力。换句话说，土地生产力受强度最低的影响因素所支配。这就是土地报酬递减规律。

（二）土地区位理论

区位理论是通过地球表面的几何要素（点、线、面）及其组合实体（网络、地带、地域类型、区域和土地），从空间或地域方面研究自然和社会现象，是关于人类活动，特别是经济活动的空间分布及其空间中的相互关系的学说。区位包括自然地理区位、经济地理区位和交通地理区位。无论是城镇建设用地还是农业用地，都具有一定的区位条件。土地的区位条件不仅影响土地的功能配置和利用布局，更主要的是影响土地的使用价值和土地利用的收益水平，产生土地利用的级差收益。土地区位理论关注于揭示：一定经济为什么会在特定的土地区域内进行，一定的经营设施为什么会建于特定的土地区域之内，一定的土地收益为什么与特定的区块或地段相联系等。基本目标是寻求人类在土地开发利用中从空间上所表现出来的规律，即“空间法则”。

（三）地租地价理论

“地租”（rent）来自拉丁文，原意为“报酬、收入”。现代西方经济学认为，地租是使用土地而支付的报酬。地租是直接生产者在一定产业中所创造的生产物被土地所有者占有的部分，是土地所有权在经济上实现的形式。土地的价值来源于它的劳务和产品的收益。土地的收益是确定其价值的基础，而土地价格是土地价值的货币表现。土地估价，就是根据土地质量的优劣和生产率高低等来确定其价值或价格的经济评价。根据马克思在《资本论》中阐明的原理，土地存在级差地租，它是指土地的农产品的个别生产价格和受市场调节的生产价格之间的差额所形成的超额利润。级差地租存在两种形式：级差地租Ⅰ，指等量资本投在不同自然条件下的相同面积土地上，所产生的超额利润转化而形成的级差地租；级差地租Ⅱ，是由在同块土地上连续追加不同资本的生产率所产生的超额利润转化而成的级差地租。土地经济评价的一种有效途径，就是测定这些级差地租，并通过对地租的资本化评估土地的价格，从而用货币单位对土地做出经济评定。

（四）土地供需理论

无论是对土地的投入，还是土地所提供的劳务和产品，都受到市场供求关系的制约。

一般来说，供给大于需求，价格趋低；需求大于供给，价格趋高。因此，在土地经济评价中必须要考虑投入与产出的市场供求状况。土地供求关系的另一层含义是将土地作为商品而言的。特别是在完全市场经济条件下，不仅土地的流转会受到土地供求关系的制约，而且土地价格也会受到土地供求关系变动的很大影响。当然，土地作为一种特殊商品具有与其他商品不同的特点，表现为土地的供求平衡是相对的和暂时的；反过来说，土地供不应求是绝对的和普遍的。一般而言，地价的趋势是逐步上升的。

三、土地经济评价指标与要求

（一）土地经济评价指标体系

土地经济评价必然要采用某些指标。这些指标名目繁多，含义各不相同，适用场合也不同。这里仅对农业土地经济评价所采用的指标进行简单介绍（表 7-1）。

表 7-1　土地经济评价指标体系（中国农业工程研究设计院，1986）

指标类	指标组	具体指标
土地经济效果指标	土地的生产率=产量或产值/土地面积	①单位土地面积的产量或产值；②单位农用地的产量或产值；③单位耕地的产量或产值；④单位播种面积的产量和产值；⑤单位土地面积的净产值=（农产品产值-消耗的生产资料价值）/土地面积（农用地或耕地）；⑥单位土地面积纯收入（土地盈利率）=（农产品产值-生产成本）/土地面积（农用地或耕地）
土地经济分析指标	生产资料消耗指标	①农业集约化水平；②单位面积播种量；③单位面积施肥量；④单位面积用水量；⑤单位面积用电量
	成本费用与资金占有指标	①农作物亩成本；②平均每亩耕地拥有资金量；③平均每亩耕地拥有固定资产
	土地利用及结构指标	①土地利用率；②复种指标；③播种面积比例；④草场面积比例；⑤林地面积比率；⑥耕林覆盖率
	社会经济条件指标	①每亩耕地的国家财政对农业的投资；②每平方千米的公路网密度；③每平方千米的修配网点密度；④距主要城镇的距离；⑤每平方千米的人口密度
土地经济效果分析指标	技术效果指标	①农作物良种化程度；②适时作业率；③技术措施增产率；④水利设施的保证灌溉面积；⑤水井分布密度；⑥渠系分布密度；⑦草场载畜量指数；⑧造林成活率；⑨造林密度；⑩采伐率；⑪单位面积木材蓄积增长率
	生产耗费效果指标	①每单位物质费用的农产品产值；②每单位直接生产费用的农产品产值；③成本利润率；④每千克商品肥的产量；⑤施肥的边际产量；⑥每千克种子的产量

（1）土地经济效果指标。土地经济效果指标，从农业生产角度来说又可称为土地生产率指标，它是综合反映土地质量与农业技术经济效果的指标。土地经济效果指标是土地经济评价的总体指标，可直接用于土地经济评价，尤其是用投入与产出之差来表示土地优劣的指标，如单位土地面积的净产值和纯收入（土地盈利率）。这类指标一般适用于集约化水平较低的地区，使用这类指标有助于鼓励土地利用者去挖掘土地利用的潜力。

（2）土地经济分析指标。在土地经济评价中，土地经济分析指标一般用于辅助计算与分析，用于揭示土地的具体利用特征。它包括生产资料耗费指标、成本费用与资金占有指标、土地利用及结构指标和社会经济条件指标四组。

（3）土地经济效果分析指标。土地经济效果分析指标在土地经济评价中也属辅助计算与分析指标。它包括技术效果指标和生产耗费效果指标。

（二）土地经济评价资料要求

需要指出，以上各类指标仅是农业土地评价中所涉及的一些主要指标，由于评价目的和评价方法不同，在具体使用时应有选择和取舍。在选择评价指标时，还需考虑资料的特点。一般来说，土地经济评价的资料有以下几个要求。

（1）准确性。土地经济评价的资料主要来源于各级行政单位的统计。由于种种原因这类资料往往不够准确。因此在使用这类资料之前，需要对其进行对比、分析和加工处理，以便使所使用的社会经济指标能客观地反映出土地的经济价值，满足确定土地使用费、土地税、征地费和投资补偿费等多种经济目的的需要。

（2）连续性。为了确保数据的准确和稳定，既要采用连续的数据系列，又要剔除其中某些因气候异常等引起的偶然性数据。一般选择近期连续五年的数据，在特殊情况下也可采用比此长或短的系列数据。

（3）完整性。不仅要考虑数据在计算上的要求，而且要考虑所选指标是否能在各土地评价单元内获得数据。

（4）典型性。在资料不完善的地区，通过典型分析，人为地选择若干代表性研究点的资料，处理适当，也可做出较好的概括。在资料比较完整的地区，则应通过统计抽样方法获得与评价指标有关的资料。

（5）可比性。各种指标的代表时间性要一致即具有同时性。对于投入指标来说，因投入的形式不同，常通过不变价格将各种形式的投入转化为可相比较的指标，或以主产品的常年产量相互折合为某种产品的相对值，以便相互比较。对于产出指标而言，因不同作物的产量不便于比较，故也可通过不变价格将产量转化为产值，使其成为可比指标。

第二节 土地经济评价的方法

一、毛利分析法

（一）基本原理

毛利分析（gross margin analysis）又称边际效益分析。所谓“毛利”是指产品的产值减去生产费用。毛利分析不仅要测算毛利，还要计算纯收入和纯利润，它们之间的关系如图 7-1 所示。

土地经济评价中的毛利分析是由 FAO 最先提出的，并曾在非洲马拉维共和国等国尝试使用，一般结合土地适宜性评价进行。毛利分析的结果可反映土地生产力的高低，并可通过在同一种土地评价单元上比较不同作物或其他农林牧产品的毛利收入，用单位土地面积上的收益水平确定土地的适宜性和适宜程度，以确定最佳的土地利用方式。

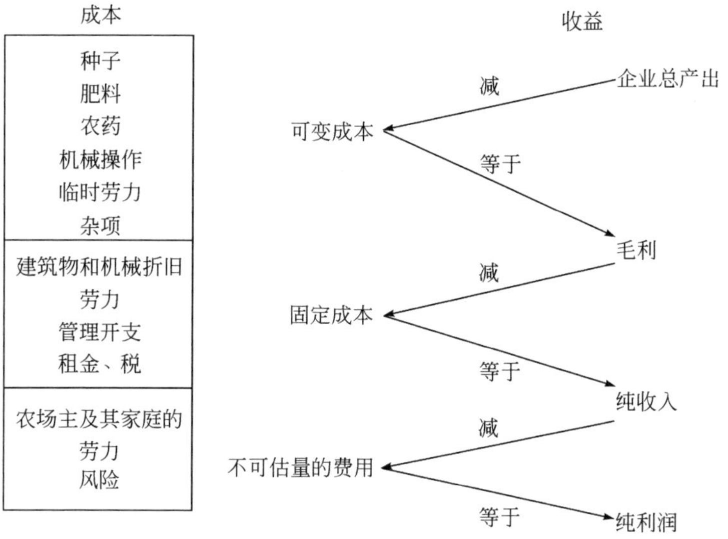

图 7-1　种植业中的成本和收益的关系（麦克雷和伯恩翰，1986）

（二）计算步骤

进行毛利分析时，首先考虑单项作物或其他林牧产品，然后将其分析结果综合起来，对整个农业（或林牧业）企业的土地经济效益做出估算。具体步骤如下。

（1）利用土地自然评价的成果，选择有发展前景的几种土地利用方式，作为毛利分析的对象。选择时包括：为每一种土地评价单元从初步确定的土地利用方式中选择最适宜（S_1）的土地利用方式；为每一种土地利用方式选择比较适宜的土地评价单元类型，即确定仅对高度适宜的土地（S_1）和中等适宜的土地（S_2）进行评价，还是也包括勉强适宜的土地（S_3）；确定考虑哪一种投入水平，是高投入水平，还是中等投入水平。

（2）为每一种已选定的土地利用方式和土地适宜性等级，估算其以实物形式的经常性投入，既包括物质的投入（如种子、肥料、农药、燃料和役畜等），又包括非物质投入，尤其是每种农事活动所需的用工量。适宜性等级低的土地往往需要较多的投入。同一适宜级但是不同适宜亚级的土地，需要的投入也不同，例如 S_{2m} 需要进行补充灌溉，S_{2n} 则需要高的肥料投入。

（3）估算实物产量。如果是种植业则估算农作物的单产，这是土地经济评价中的基本资料。可以通过试验、调查访问和查阅统计资料等获得这些资料。

（4）确定所有的投入和产出的单价。包括物质的和非物质的投入单价，尤其是劳动力单价。

（5）估计农场或其他生产经营单位的固定成本。固定成本是指不能归属于某一特定生产经营项目的成本（如农场建筑物的维修费用），或不随生产经营项目的规模大小而变的成本。

（6）进行农场或其他生产经营单位的毛利分析。分析时按以下步骤。首先，对每一种选定的土地利用经营项目（如每一种作物），把经常性投入和估算的产量与投入和产品的价格相结合起来。如上所述，投入乘以单价为可变成本，产出（产量×价格）减去可变成本为此经营项目的毛利（边际效益）。在这一步，可对不同的作物、轮作方式或其他不同土地利用项目的组合进行比较，目的是选择最佳的轮作方式或其他不同的土地利用组合方式，从而提高土地利用效益。其次，按每种土地利用项目的占地面积计算其毛利，再减去固定成本，便得到某农场或其他生产经营单位的纯收入，即农场主或其他经营管理者所得到的盈利或亏损。对于某一种土地利用方式而言，纯收入必须超过事先设定的“标准收入”。只有这样，从经济意义上讲这种利用方式才是可行的。

毛利=收益-可变成本

纯收入=毛利-固定成本

纯利润=纯收入-不可估量的费用（农场及成员的劳力、风险等）

（7）分析各种种植业模式的收益情况（先按作物种类单项分析，再综合）。

（8）划分土地的适宜等级。

（9）与经济目标比较。

（10）给出决策依据。

（三）案例

下面以 $3hm^2$ 的英国家庭农场为例说明农场毛利计算法。

（1）挑选土地利用方式和作物类型。农场的土壤类型有两大类——肥沃土壤和砂质土壤。可挑选的有希望的作物是玉米和烟草。其中，烟草在各种土地单元的自然适宜性和经济效益都较高。但种植烟草需要花费大量的人工，最多能栽培 $1hm^2$。这样，选择的利用方式为 $2hm^2$ 玉米和 $1hm^2$ 烟草。

（2）估算变动成本（经常性投入）。变动成本包括种子、肥料、农药和机械设备等物质投入和劳动力等非物质投入。估算的方法一般是先估计单位面积的投入量，再乘以单价。

（3）估计农场的固定成本。固定成本是指除了变动成本以外的用于固定设施的成本，如建筑物的折旧和维修等。对于财务管理健全的生产单位，固定成本可以通过财务分析进行估算；对于财务管理不健全的生产单位，固定成本只能通过经验进行估算。一般先估计整个生产单位，即农场的固定成本总额，然后，根据需要分摊到单位面积的土地上。本例中，农场的固定成本总额为 150 英镑，则单位面积的固定成本为 50 英镑/hm^2。

（4）估计产值（或产出）。估计作物的单产和产品的市场价格，计算其产值。

（5）计算农场的毛利和净收入，估计产值（或产出）。毛利等于产值减去变动成本；净收入等于毛利减去固定成本。

(6)进行适宜性评价。假设作物的经济适宜性等级分类方法是：毛利大于 200 英镑/hm^2 为 S_1；150～200 英镑/hm^2 为 S_2；100～150 英镑/hm^2 为 S_3；小于 100 英镑/hm^2 为 N。对于肥沃土壤，玉米的经济适宜性等级为 S_2、烟草为 S_1；对于砂质土壤，玉米为 S_3、烟草为 S_1。

假如农场的目标纯收入为 300 英镑，则对于拥有 $3hm^2$ 肥沃土壤的农场来说这种土地利用组合方式是经济适宜的，而对于 $3hm^2$ 砂质土壤的农场则不适宜。对于后者，可以通过增加雇工，进而增加烟草的种植面积，减少玉米的种植面积以达到经济适宜性的标准。

农场毛利的计算方法如表 7-2 所示。

表 7-2 农场毛利计算方法（登特和扬，1988）

土地利用	肥沃土壤		砂质土壤	
	玉米	烟草	玉米	烟草
肥料投入/（kg/hm^2）	200	100	400	200
肥料价格/（英镑/100kg）	12	12	12	12
其他变动成本/（英镑/hm^2）	20	60	20	60
变动成本合计/（英镑/hm^2）	44	72	68	84
固定成本/（英镑/hm^2）	50	50	50	50
作物单产/（kg/hm^2）	5000	1500	4500	1500
作物价格/（英镑/1000kg）	40	200	200	50
产值/（英镑/hm^2）	200	300	180	300
毛利/（英镑/hm^2）	156	228	112	216
农场毛利/（英镑/农场）	540		440	
农场固定资本/（英镑/农场）	150		150	
农场净收入/（英镑/农场）	390		290	

二、贴现现金流量分析法

毛利分析法适用于土地改良费用和其他基本建设投资费用不大的土地利用项目。如果土地改良费用和其他基本建设投资费用较大，则需要开展进一步的成本-效益分析，其目的在于把最初的土地改良费用和基本建设费用与未来各年从这种费用所得到的收入进行比较，其方法之一就是贴现现金流量（discounted cash flow，DCF）分析法。这种方法通常只适用于单项土地利用的经济评价。

（一）基本原理

在实施土地改良工程时，必然要在第一年或开头几年内支付基本建设投资费用，在以后的年份里，则以增加产量或利润的形式用收益偿还。例如，在灌溉工程或其他类似的农业改造基本建设项目中，初始的基本建设费用可导致若干年之后农作物产量的稳步增长。贴现现金流量分析，就在于对最初支付的基建费用与未来不同时段所得收益进行比较。

目前用于基本建设的投资费用，如不进行投资而存入银行则可获得利息，也就是说在未来的年份内会增值，假定利率为 10%，第一年投资 100 元，那么 1 年后便增至 110 元，2 年以后为 121 元，收益可表示为

$$P=100\times(1+r)^n \tag{7-1}$$

式中：P 为收益；n 为年份；r 为年利率，用小数表示，如 10%写成 0.1。

因此，通过以上复利，并把未来的全部金额都折算成同一时期的金额，就可进行不同时期的成本和收益的比较。然而，由于投资决策是现在做出的，所以最好倒过来算，即把全部投资和收益折算成现在的等值，称为“现值”（present value）。“贴现”，就是附加利息的逆运算。例如，贴现率（利率）为 0.1，1 年后支付或收入的 100 元费用其现值为 $100/(1+0.1)=90.9$ 元，2 年后支付或收入的 100 元其现值为 $100/(1+0.1)^2=82.6$ 元。换句话说，2 年后 100 元的开支就等于把能赚 10%复利的 82.6 元现在投资到某一土地改良项目上。

贴现方法对成本和收益的处理是相同的。在一般情况下，在几年后支付的成本或收益的货币值，折合现值 V 可表示为

$$V=\frac{P}{(1+r)^n} \tag{7-2}$$

式中：P 为实际成本或收益；$1/(1+r)^n$ 为贴现因素，可编制成表便于查阅。

经过最初一段时间之后，土地改良工程设施的养护费用和收益可达到逐年稳定的状况。在此情况下可用累计贴现因素计算，这样更为简便。

（二）计算步骤

贴现现金流量分析要从上述毛利分析的 6 个步骤作为开端，再加上以下 5 个步骤。

（1）估计必需的土地改良工作性质。例如，需挖掘的排水沟的长度和需搬动的土方数等。土地适宜类和亚类可体现土地改良方面的投入情况。

（2）做出必要的经济假设。首先，要确定采用什么贴现率。如果土地改良工程投资费用来自于银行贷款，那么可采用商业利率作为贴现率；如果投资费用由社会资金偿付，即由政府机构负担，则要采用“社会贴现率”，这是指排除通货膨胀影响的贴现率，它比商业利率要低很多。其次，关于价格和劳力。就价格而言，要决定是采用实际价格还是采用影子价格。劳力则反映社会成本，尤其要确定农场主及其家庭成员的劳力是否算在成本之内。最后，关于“项目寿命”，即项目发挥效益的时间，一般为 20 年、30 年或 50 年。在此期限之后，在贴现现金流量分析中一般不再考虑其效益。

（3）按年度分配投入和产出的现金流量。土地改良工程的规模不同，情况也不同。规模小的土地改良工程的投资可全部分配至第一年，因此可不进行贴现分析；而规模较大的土地改良工程的投资要分配于未来若干个年度之中。在后一种情况下，随着投资和新的土地投入使用，收益也会逐渐增加，最后达到这样一种状态，即在土地改良工程完成时，经常性成本费用和产出均已趋于稳定，因而产出相对于成本的年度净余额也趋于稳定。

（4）对成本和收益进行贴现。计算成本和效益的现值，求得用于成本收益分析的有关参数，包括净现值（net present value，收益现值减去成本现值）、收益成本率（收益现值除以成本现值）和内部回收率（收益现值等于成本现值时的贴现率）。

（5）进行效益分析及提供决策。

（三）案例

下面以一个灌溉工程为例，介绍现金流量贴现分析在土地经济适宜性评价中的应用。假设灌溉工程的总投资为 100 万英镑，灌溉面积为 1000hm^2，单位面积的投资额为 1000 英镑/hm^2。灌溉工程投入使用后，对于 A、B、C 三种土地利用方式，每年能增加的净收益为 60 英镑/hm^2、80 英镑/hm^2 和 100 英镑/hm^2。

假设 r=5%，项目生命期为 20 年。要分别分析三种土地利用方式条件下灌溉工程的经济适宜性，就必须将今后每年的净收益贴现为现值 VP_n，并求出今后 20 年的总收益之和 H，则有

$$\begin{aligned} H &= \sum_{n=1}^{20} VP_n = P/(1+r) + P/(1+r)^2 + \cdots + P/(1+r)^n \\ &= P[1-1/(1+r)^n]/r \end{aligned} \tag{7-3}$$

根据式（7-3），计算得 H_{A}=748 英镑/hm^2，H_{B}=997 英镑/hm^2，H_{C}=1246 英镑/hm^2。

可以看出，对于土地利用方式 A，收益现值远小于投资（即成本现值），显然不适宜；对于土地利用方式 B，收益现值接近于投资，一般也认为不适宜；对于土地利用方式 C，收益现值大于投资，一般认为适宜，至于适宜程度有多大，则需要根据一般的社会平均投资回报率和投资特点来进一步确定。

贴现现金流量分析法将未来的投资、成本费用或收益都换算成现值后，就可以获得具有可比性的投入与产出。根据投入-产出分析，就可以比较进行一定的土地改良工程的土地利用方式的经济适宜性，或者专门分析改良工程的经济可行性。

三、土地估价常用方法

2001 年，我国颁布了《城镇土地估价规程》(GB/T 18508—2001)，2012 年颁布了《农用地估价规程》(GB/T 28406—2012)，2014 年进一步修订发布了《城镇土地估价规程》(GB/T 18508—2014)，规范了基准地价和宗地地价评估的技术途径。

土地估价的基本原则：①预期收益原则，土地估价应以估价对象在正常利用条件下的未来客观有效的预期收益为依据。②替代原则，土地估价应以相邻地区或类似地区功能相同和条件相似的土地市场交易价格为依据，估价结果不得明显偏离具有替代性质的土地正常价格。③最有效利用原则，土地估价应以估价对象的最有效利用为前提。判断土地的最有效利用包括土地利用是否符合其自身利用条件、法律法规政策及规划限制、市场要求和最佳利用程度等。④供需原则，土地估价要以市场供需决定土地价格为依据，并充分考虑土地供需的特殊性和土地市场的地域性。⑤报酬递增递减原则，土地估价要考虑在技术等条件一定的前提下，土地纯收益会随着土地投资的增加而出现由递增到递减的特点。⑥贡献原则，土地总收益是土地及其他生产要素共同作用的结果，土地的价格可以由土地对土地收益的贡献大小来决定。⑦变动原则，估价人员应把握土地价格影响因素及土地价格的变动规律，准确地评估价格。

下面主要介绍常用的土地估价方法：收益还原法、市场比较法、剩余法、成本逼近法、路线价法、长期趋势预测法等。

（一）收益还原法

由于土地具有位置固定性、地块个别性和利用永续性等特性，使用者在占有某块土地时，土地不仅能提供现时的纯收益，而且能期待在未来每年持续不断地取得纯收益。当将土地在未来每年预期的纯收益以一定的还原利率统一还原为评估时日总收益时，即表现为该土地的实质价格，也是适当的客观交换价值，这就是收益还原法的原理。收益还原法适用于对有现实收益或潜在收益的土地、房屋或不动产等进行估价。

土地收益为无限年期时的土地估价公式为

$$V=\frac{a}{r} \tag{7-4}$$

式中：V 为土地收益价格；a 为土地纯收益（或地租）；r 为土地还原利率。

土地收益为有限年期时的土地估价公式为

$$V=\frac{a}{r}\left[1-\frac{1}{(1+r)^n}\right] \tag{7-5}$$

式中：V、a、r 含义同前；n 为未来土地使用年期。

收益还原法的基本程序为：收集相关资料→测算年总收益→确定年总费用→计算年纯收益→确定还原利率→选用适当的计算公式→试算收益价格→确定待估宗地地价。可以看出，其关键是如何确定适当的纯收益，如何选择适当的还原利率，以及如何修正土地纯收益的变动。

1. 确定土地纯收益

年总收益是指待估宗地按法定用途和最有效用途出租或自行使用，在正常情况下，合理利用土地应取得的持续而稳定的年收益或年租金，包括租金收入、押金利息收入等。对总收益的收益期超过或不足一年的，要统一折算为年土地总收益。

总费用是指利用土地进行经营活动时正常合理的必要年支出。在确定土地年总费用时，要根据土地利用方式进行具体分析。对总费用的支出期超过或不足一年的，要统一折算为年土地总费用。几种主要用地方式中土地年总费用的主要内容如下。

土地租赁：土地使用税、土地管理费、土地维护费及其他费用。

房地出租：经营管理费、经营维修费、房屋年折旧费、房屋年保险费、房屋出租年应交税金及其他费用。

经营性企业：销售成本、销售费用、经营管理费、销售税金、财务费用及经营利润。

生产性企业：生产成本（包括原材料费、人工费和运输费等）、产品销售费、产品销售税金及附加、财务费用、管理费用及企业利润。

纯收益按总收益扣除总费用计算。

2. 确定土地还原利率

土地还原利率的确定方法有以下几种。

土地纯收益与价格比率法。选择三宗以上近期发生交易的且在交易类型上与待估土地相似的交易实例，以交易实例的纯收益与其价格的比率的均值作为还原利率。

安全利率加风险调整值法，即还原利率=安全利率+风险调整值。安全利率可选用同一时期的一年期国债年利率或银行一年期定期存款年利率；风险调整值应根据估价对象所处地区的社会经济发展和土地市场等状况对其影响程度而确定。

投资风险与投资收益率综合排序插入法。将社会上各种相关类型投资，按它们的收益率与风险大小排序，然后分析判断估价对象所对应的范围，确定其还原利率。

在确定土地还原利率时，还应注意不同土地权利、不同土地使用年期、不同类型及不同级别土地之间还原利率的差别。

3. 收益还原法的修正

当土地纯收益在未来有可能上升或下降，或纯收益只能持续若干年时，就需要对土地价格计算公式进行修正。当纯收益 a 的变动值为 i 时，可采用修正后的公式

$$V=\frac{a}{r}\pm\frac{i}{r^2}\quad\text{（该公式只适用于 }n\to\infty\text{ 情况）}\tag{7-6}$$

纯收益递增时，

$$V=\frac{a}{r}+\frac{i}{r^2}\tag{7-7}$$

纯收益递减时，

$$V=\frac{a}{r}-\frac{i}{r^2}\tag{7-8}$$

若纯收益不是永久的，如矿山，土地使用权价格只是有限年期内纯收益的资本化，应采用以下公式

$$V = \frac{a}{r}\left[1 - \frac{1}{(1+r)^n}\right] \tag{7-9}$$

另外，顺便提及的是国外的购买年法是与收益还原法原理相同的估价方法。所谓购买年就是土地价格与土地纯收益（地租）的比值，在计算土地价格时，用纯收益去乘一定的倍数即可。如果纯收益可以永久取得，则可用利率求得此倍数，即

$$y = \frac{V}{a} = \frac{1}{r} \tag{7-10}$$

式中：y 为购买年；V 为土地价格；a 为土地纯收益；r 为还原利率。设还原利率为 5%，则土地价格为 20 个购买年，若还原利率为 4%，则土地价格为 25 个购买年。

（二）市场比较法

市场比较法是根据替代原则，将待估土地与在较近时期内已经发生交易的类似土地交易实例进行对照比较，对有关因素进行修正，得出待估土地在评估时日地价的方法。市场比较法是房地产估价最重要、最常用的方法之一，也是一种技术上成熟、最贴切实际的估价方法。适用于地产市场发达，有充足的具有替代性的土地交易实例的地区。

选用市场比较法的前提条件：①充分发育活跃的房地产市场。房地产市场上房地产交易越频繁，与估价对象相类似房地产的价格越容易获得。②参照物及估价对象可比较的指标、技术参数等可获取。运用市场比较法，重要的是能够找到与估价对象相同或相似的参照物。与估价对象完全相同的参照物不可能找到，但可以通过对类似房地产参照物进行修正调整，其修正调整的指标、参数等资料的获取和准确性，是决定市场比较法运用与否的关键。

以市场比较法评估土地价格的公式

$$V = \mathrm{VB} \times A \times B \times D \times E \tag{7-11}$$

式中：V 为待估宗地价格；VB 为比较实例价格；A 为待估宗地情况指数/比较实例宗地情况指数=正常情况指数/比较实例宗地情况指数；B 为待估宗地估价期日地价指数/比较实例宗地交易期日地价指数；D 为待估宗地区域因素条件指数/比较实例宗地区域因素条件指数；E 为待估宗地个别因素条件指数/比较实例宗地个别因素条件指数。

市场比较法的基本程序为：收集宗地交易实例→确定比较实例→建立价格可比基础→交易情况修正→估价期日修正→区域因素修正→个别因素修正→使用年期等修正→求出比准价格。

收集宗地交易实例包括：地块位置、面积、用途、成交时间、双方当事人、地块条件、使用年期、交易条件、影响地价的区域和个别因素和土地价格等。要求选取三个以上的比较实例。比较实例应选择与估价期日最接近、与估价宗地用途相同、土地条件基本一致、属同一供需圈内相邻地区或类似地区的正常交易实例。各比较实例应在付款方式、币种和货币单位、面积内涵和面积单位等方面统一，建立价格可比基础。在此基础上进行以下修正。

1. 交易情况修正

交易情况修正是排除交易行为中的一些特殊因素所造成的比较实例的价格偏差，将其成交价格修正为正常市场价格。交易行为中的特殊因素概括起来主要有下列 9 种：有利害

关系人之间的交易；急于出售或者购买情况下的交易；受债权债务关系影响的交易；交易双方或者一方获取的市场信息不全情况下的交易；交易双方或者一方有特别动机或者特别偏好的交易；相邻地块的合并交易；特殊方式的交易；交易税费非正常负担的交易；其他非正常的交易。将各特殊因素对地价的影响程度求和，得出宗地情况指数，再按公式计算。交易情况修正公式为

$$V_{\mathrm{E}}=V_0\times\frac{E_{\mathrm{P}}}{E_{\mathrm{E}}} \tag{7-12}$$

式中：V_{E}为情况修正后的比较实例价格；V_0为情况修正前比较实例价格；E_{P}为待估宗地情况指数；E_{E}为比较实例宗地情况指数。

2. 估价期日修正

估价期日修正是将比较实例在其成交日期的价格调整为估价期日的价格。主要用地价指数进行修正。修正公式为

$$V_{\mathrm{E}}=V_0\times\frac{Q}{Q_0} \tag{7-13}$$

式中：V_{E}为估价期日宗地价格；V_0为交易期日宗地价格；Q为估价期日地价指数；Q_0为交易期日地价指数。

3. 区域因素修正

区域因素修正是将比较实例在其外部区域环境状况下的价格调整为估价对象外部区域环境状况下的价格。区域因素修正的主要因子有商业繁华程度、交通条件、公用设施及基础设施水平、区域环境条件、城镇规划、土地使用限制和产业集聚程度等。不同用途的土地，影响其价格的区域因子不同，区域因素修正的具体因子应根据估价对象的用途确定。将区域因素中的各因子对地价的影响程度求和，得出区域因素条件指数，再按公式计算。修正公式为

$$V_{\mathrm{E}}=V_0\times\frac{D_{\mathrm{P}}}{D_{\mathrm{E}}} \tag{7-14}$$

式中：V_{E}为区域因素修正后的比较实例价格；V_0为区域因素修正前比较实例价格；D_{P}为待估宗地区域因素条件指数；D_{E}为比较实例宗地区域因素条件指数。

4. 个别因素修正

个别因素修正是将比较实例在其个体状况下的价格调整为估价对象个体状况下的价格。个别因素修正的主要因子包括：宗地位置、面积、形状、临街状况、宗地内基础设施水平、地势、地质、水文状况和规划限制条件等。个别因素修正的具体因子应根据估价对象的用途确定。将个别因素中的各因子对地价的影响程度求和，得出个别因素条件指数，再按公式计算。修正公式为

$$V_{\mathrm{E}}=V_0\times\frac{S_{\mathrm{P}}}{S_{\mathrm{E}}} \tag{7-15}$$

式中：V_{E}为个别因素修正后的比较实例价格；V_0为个别因素修正前比较实例价格；S_{P}为待估宗地个别因素条件指数；S_{E}为比较实例宗地个别因素条件指数。

5. 土地使用年期等修正

土地使用年期修正是将各比较实例的不同使用年期修正到待估宗地使用年期限，以消除因土地使用年期不同而对价格带来的影响。修正公式为

$$V_t = V_0 \times K \tag{7-16}$$

式中：V_t为年期修正后宗地价格；V_0为年期修正前比较实例价格；K为年期修正系数。

$$K = \frac{1-\frac{1}{(1+r)^m}}{1-\frac{1}{(1+r)^n}} \tag{7-17}$$

式中：r为土地还原利率；m为待估宗地的使用年期；n为比较实例的使用年期。

除进行上述几项修正外，还应根据比较实例与待估宗地的条件差异进行其他必要的修正，如容积率修正等。

选取的比较实例价格经过上述各项比较修正后，可选用简单算术平均法、加权算术平均法、中位数法和众数法等计算比准价格。

（三）剩余法

剩余法，又称假设开发法、倒算法、残余法或余值法等，指在估算开发完成后不动产正常交易价格的基础上，扣除建筑物建造费用和与建筑物建造、买卖有关的费用后，以价格余额来确定估价对象土地价格的一种方法。剩余法适用于具有投资开发或再开发潜力的土地估价。允许运用于以下情形：待开发房地产或待拆迁改造后再开发房地产的土地估价、仅将土地开发整理成可供直接利用的土地估价，以及现有房地产中地价的单独评估。

以剩余法评估土地价格用下列公式

$$V = A - B - C \tag{7-18}$$

式中：V为待估土地价格；A为开发完成后的土地总价值或房地产总价值；B为整个开发项目的开发成本；C为开发商合理利润。

剩余法的基本程序为：调查待估宗地的基本情况→确定待估宗地的最有效利用方式→估计开发建设周期和投资进度安排→估算开发完成后的土地总价值或房地产总价值→估算开发成本和开发商合理利润→确定待估宗地的土地价格。

剩余法估价的可靠性取决于三个确定：正确确定土地最佳利用方式，正确确定开发完成后的不动产售价，正确确定土地开发费用和正常利润等。只有用最佳利用方式所获得的未来总收益，才能准确求出目前的地价。另外，还要设定未来的最佳利用程度，估算开发后的总收益。

1. 估算开发完成后的不动产价值

根据待估宗地的最佳利用方式和当地房地产市场现状及未来变化趋势，习惯出售的不动产采用市场比较法，习惯出租的不动产采用市场比较法和收益还原法，同时结合长期趋势法进行估算。对开发完成后拟采用出租或自营方式经营的土地或房地产价值，也可以根据同一市场状况采用收益还原法与长期趋势法来确定其价值。

2. 确定开发成本

开发成本是项目开发建设期间所发生的一切费用的总和。在土地开发项目中，开发成本包括购地税费、将土地开发成熟地的开发费用、管理费用、投资利息和销售税费；在房地产开发项目中，开发成本包括购地税费、房屋建造成本、管理费用、投资利息和销售税费。

3. 计算利息和利润

地价款、土地开发费用或房屋建造成本、管理费用和购地税费等全部预付资本要计算利息。销售税费不计利息。利息的计算要充分考虑资本投入的进度安排，按复利计算。在实际评估工作中，也可把土地或房地产的未来价值及开发成本用折现的方法贴现至估价期日，从而在剩余法公式中没有利息项。折现率和利息率的选取应参照同期银行公布的贷款利率。

开发项目正常利润一般以土地或房地产总价值或全部预付资本的一定比例计算。利润率宜采用同一市场上类似土地或房地产开发项目的平均利润率。

4. 现有房地产项目的土地估价

运用剩余法评估现有房地产项目的土地价格，其公式如下

$$V = V_r - P_h - T \tag{7-19}$$

式中：V 为土地价格；V_r 为房地产交易价格；P_h 为房屋现值；T 为交易税费。

房地产交易价格可用正常交易成交价格，或采用市场比较法确定，或结合房地产的经营状况和市场条件运用收益还原法确定。

（四）成本逼近法

成本逼近法是以取得和开发土地所耗费的各项费用之和为主要依据，再加上一定的利润、利息、应缴纳的税金和土地所有权收益来确定土地价格的估价方法。成本逼近法一般用于新开发土地的估价，特别是在土地市场不发育、土地交易案例不多、无法利用市场比较法等方法进行估价时采用。同时，对于既无收益又很少有交易情况的学校、公园等公共建筑、公益设施等特殊性的土地估价也比较适用。成本逼近法不适于建成区域已开发土地的估价。

成本逼近法的基本公式如下

$$V = E_a + E_d + T + R_1 + R_2 + R_3 \quad 或 \quad V = V_E + R_3 \tag{7-20}$$

式中：V 为土地价格；E_a 为土地取得费；E_d 为土地开发费；T 为单位面积土地交纳的税费；R_1 为利息；R_2 为利润；R_3 为土地增值；V_E 为土地成本价格。

成本逼近法的基本程序为：判断待估土地是否适用成本逼近法→收集与估价有关的成本费用、利息、利润及增值收益等资料→通过直接或间接方式求取待估土地的土地取得费、土地开发费及相关的税费、利息、利润→确定土地开发后较开发前的价值增加额→按地价公式求取待估土地的土地价格→对地价进行修正，确定待估土地的最终价格。

1. 确定土地取得费

土地取得费按用地单位为取得土地使用权而支付的各项客观费用计算。征用农村集体土地时，土地取得费就是征地费用。征地中各项费用根据待估宗地所在区域政府规定的标准，或应当支付的客观费用来确定。城镇国有土地的土地取得费可按拆迁安置费计算。拆迁安置费主要包括拆除房屋及构筑物的补偿费和拆迁安置补助费。城镇拆迁安置费应根据当地政府规定的标准，或应当支付的客观费用来确定。从市场购入土地时，土地取得费就是土地购买价格。

2. 确定土地开发费

土地开发费按该区域土地平均开发程度下需投入的各项客观费用计算。宗地红线外的土地开发费要客观计算道路费、基础设施配套费、公用设施配套费和小区开发费；宗地红线内的土地开发费一般有土地平整费和小设施配套费，根据估价目的和投资主体不同，宗地红线内的小设施配套费是否计入也不同。按照待估宗地的条件、评估目的和实际已开发

程度，确定待估宗地的开发程度。属建成区内已开发完成的宗地，评估设定的开发程度最少应为宗地红线外通路、通水、通电和宗地红线内土地平整。

3. 确定各项税费和土地开发利息

征地过程中发生的税费一般有：占用耕地的耕地占用税，占用耕地的耕地开垦费，占用菜地的新菜地开发建设基金，征地管理费，政府规定的教育基金及其他有关税费。房屋拆迁过程中发生的税费一般有：房屋拆迁管理费和房屋拆迁服务费，政府规定的其他有关税费。

按照界定土地开发程度的正常开发周期、各项费用的投入期限和资本年利息率，分别估计各期投入应支付的利息。土地开发周期超过一年，利息按复利计算。

4. 确定土地开发利润和增值

土地开发总投资应计算合理的利润。土地开发总投资包括土地取得费、土地开发费和各项税费。按照开发性质和各地实际，确定开发中各项投资的正常回报率，估计土地投资应取得的投资利润。

土地增值按该区域土地因改变用途或进行土地开发，达到建设用地的某种利用条件而发生的价值增加额计算。

5. 价格修正与确定

根据待估宗地在区域内的位置和宗地条件，进行个别因素修正。当求取有限年期的土地使用权价格时，应进行土地使用年期修正。其年期修正公式为

$$K = 1 - \frac{1}{(1+r)^n} \tag{7-21}$$

式中：K 为年期修正系数；r 为土地还原利率；n 为土地使用年期。

当土地增值是由有限年期的市场价格与成本价格的差额确定时，年期修正已在增值收益中体现，不再另行修正；当土地增值是由无限年期的市场价格与成本价格的差额确定时，土地增值收益与成本价格一起进行年期修正；当待估宗地为已出让土地时，应进行剩余使用年期修正。

（五）路线价法

路线价法是对面临特定街道、使用价值相等的市街地，设定标准深度，求取在该深度上数宗土地的平均单价并附设于特定街道上，即得到街道的路线价，然后据此路线价，再配合深度指数表和其他修正率表，用数学方法算出临接同一街道的其他宗地地价的一种估价方法。与市场比较法类似，其基本原理是替代原理和区位论（可及性）的具体运用。路线价估价法适用于市街地，主要用于商业繁华区域土地价格的评估，对于道路系统完整、道路两旁的宗地排列整齐的区域和城市，效果更佳。

路线价估价法的普通计算公式为

$$宗地总价=路线价\times深度百分率\times其他条件修正率\times宗地面积 \tag{7-22}$$

路线价法的基本程序为：确定待估宗地所处的路线价区段和路线价→确定待估宗地的临街深度和其他因素条件→确定待估宗地的深度修正系数和其他因素条件→估算宗地价格。

路线价法认为城市内各宗土地价格的高低，随其距离道路的远近程度，即临街深度的增加而递减；越接近道路的宗地利用价值越大，地价也越高；距离道路越远，利用价值越小，地价也越低，这称为宗地深度价格递减比率（图 7-2）。随着土地离道路距离的增加，道路对土地利用价值影响为零时的深度称为标准深度。

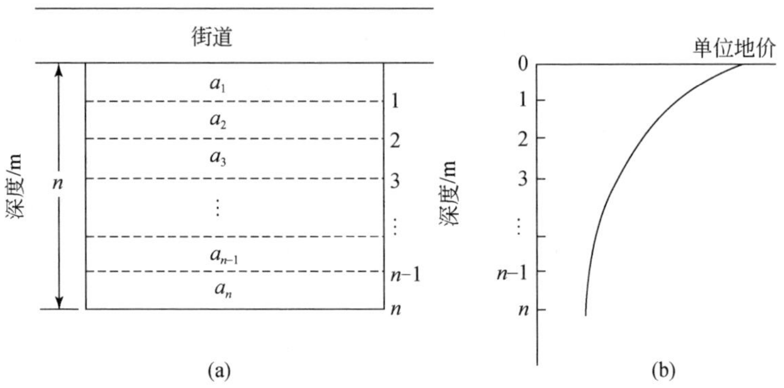

图 7-2　地价随临街深度变化曲线示意图

地价随临街深度变化的比率称为深度指数表。深度指数表的制作是路线价法的难点和关键所在。路线价法很早就在欧美流行，它们制定了许多值得参考的深度指数方法，如四三二一法则、苏慕斯法则、霍夫曼-尼尔法则、巴的摩尔法则和哈柏法则等。依据四三二一法则计算深度指数如图 7-3 所示。该法则将临街标准深度 100 英尺（ft，1ft≈3.048m）的土地划分为与街道平行的 4 等份，随着离道路距离的增加，每一等份价值占路线价的比例分别为 40%、30%、20% 和 10%，该法则又称为慎格尔法则。如果超过标准深度 100ft，可用九八七六法则来补充，即超过 100ft 的第一个 25ft 的价格占路线价的 9%，第二个占 8%，第三个占 7%，第四个占 6%。

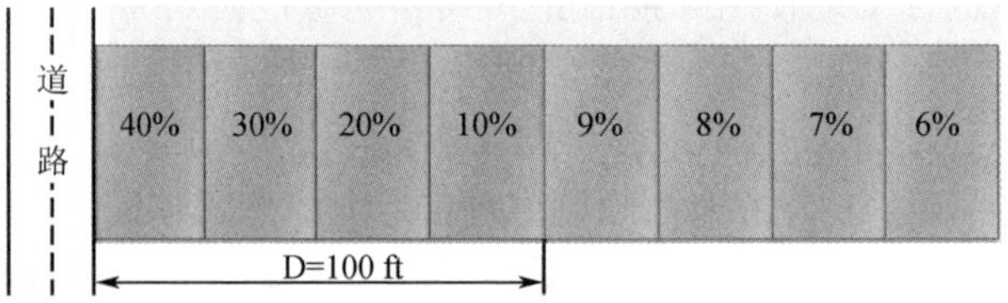

图 7-3　四三二一法则深度指数计算示意图

路线价为 12000 元，而 A、B、C、D、E 等各宗地的深度如图 7-4 所示，则各宗地的价格如下

A=12000×40%×10=48000（元）

B=12000×(40%+30%)×15=126000（元）

C=12000×(40%+30%+20%)×20=216000（元）

D=12000×(40%+30%+20%+10%)×25=300000（元）

E=12000×(40%+30%+20%+10%+9%)×25=327000（元）

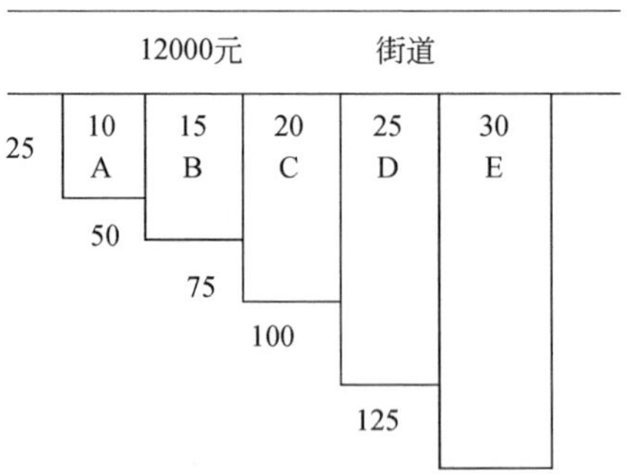

图 7-4　路线价法示意图（毕宝德，1993）

在利用路线价法进行宗地估价时，对不同形状的临街地、街角地、袋地及特殊形状土地等都有其价格计算的方法。

（六）长期趋势预测法

利用较长期的历史资料，在分析其变化趋势的基础上，运用时间序列分析和回归分析方法，对地产价格进行推测和判断。长期趋势法是将预测科学的基本理论和方法运用到房地产估价上而产生的一种估价方法。本质是让过去告诉未来。其理论依据是：房地产价格通常会有上下波动，在短期内难以看出其变动规律和发展趋势，但从长期看，会显现出一定的变动规律和发展趋势。可应用于以下方面：评估房地产价格；市场比较法中交易日期修正；收益法中对未来净收益等的预测；假设开发法中预期价值及成本等的预测；填补某些房地产价格历史资料的缺乏；地产价格发展趋势的比较。长期趋势法的适用对象是价格无明显季节性波动的房地产，运用条件是拥有估价对象或类似房地产的较长时期的历史价格资料，而且所拥有的历史价格资料要真实。

长期趋势法的基本程序是：①搜集估价对象或类似房地产的历史价格资料，并进行检查、鉴别，以确保真实、可靠。②整理上述搜集到的历史价格资料，将其转化为同一标准，并按时间的先后顺序将它们编排成时间序列，画出时间序列图。③观察、分析该时间序列，根据其特征选择适当、具体的长期趋势法，找出估价对象的价格随时间变化而出现的变动规律，得出一定的数学模型。④以此模型去推测、判断估价对象在估价时点的价格。

长期趋势法的主要建模方法有：数学曲线拟合法、平均增减量法、平均发展速度法、移动平均法和指数修匀法。例如，从长期来看，地价具有上升趋势，在一个地价波动周期内，地价变动趋势也呈直线型。因此，在一个周期内，通过对时间变量 X 和因时间而变化的因变量 Y 的观察，如果二者之间存在线性关系，就可用

$$\hat{Y}=a+bX \tag{7-23}$$

式中：$\hat{Y}$ 为土地价格；X 表示时间；a、b 为待定参数。

第三节　农用地等级评定和估价

一、农用地分等定级概述

农用地分等定级是根据农用地的自然属性和经济属性，对农用地的质量优劣进行综合评定，并划分等别和级别。20 世纪 80 年代末，国家土地管理局颁布了《农用土地分等定级规程（试行）》，提出了农用地综合分等方案。2003 年，国土资源部正式颁布了《农用地分等规程》（TD/T 1004—2003）和《农用地定级规程》（TD/T 1005—2003）。2012 年，进一步以国家标准颁布了《农用地质量分等规程》（GB/T 28407—2012）和《农用地定级规程》（GB/T 28405—2012），对我国的农用地分等定级工作进行了统一规范。农用地分等定级对象是行政区内现有农用地和宜农未利用地。其中，农用地是指直接用于农业生产的土地，包括耕地、林地、草地、农田水利用地和养殖水面等。暂不包括自然保护区和土地利用总体规划中划定的林地、牧草地及其他农用地。

（一）农用地分等定级的目的

农用地分等定级的目的表现在以下四个方面：①为科学、合理、统一和严格地管理农用土地提供依据；②为培育完善土地市场，提供完整科学的土地等级和土地价格体系标准提供依据；③科学量化农用地数量和质量，促进土地资源（尤其是耕地资源）的合理配置和农业发展的可持续性；④为土地税收、流转和征用补偿等经济活动提供合理依据。

（二）农用地分等定级的内涵

农用地等别是依据构成土地质量稳定的自然条件和经济条件，在全国范围内进行的农用地质量综合评定，侧重于反映因农用地潜在的（或理论的）区域自然质量、平均利用水平和平均效益水平不同，而造成的农用地生产力水平差异。农用地的分等建立在全国统一的标准之上。

农用地级别则是依据构成土地质量的自然因素和社会经济因素，根据地方土地管理工作的需要，在行政区内进行的农用地质量综合评定，侧重于反映因农用地现实的（或实际可能的）区域自然质量、利用水平和效益水平不同，而造成的农用地生产力水平差异。农用地定级体系建立在县域统一的标准之上。

两者的本质区别表现在：农用地分等以稳定因素为基本依据，而土地稳定因素的好坏是土地生产力高低的基础，因此农用地等别反映了土地生产力高低的总体趋势；农用地定级以易变因素为基本依据，因此农用地级别表示了土地具体生产力的高低。

（三）农用地分等定级的原则

（1）综合分析原则。农用地质量是各种自然因素和社会经济因素综合作用的结果，农用地分等应以造成等别差异的各种相对稳定因素的综合分析为基础。

（2）分层控制原则。农用地分等以建立全国范围内的统一等别序列为目的。在实际操作上，农用地分等是在国家、省和县三个层次上展开的。县级分等成果要在本县域范围内可比；省级协调汇总成果要在本省域范围内可比；国家级协调汇总成果要在全国范围内可比。

（3）主导因素原则。农用地分等应根据相对稳定的影响因素及其作用的差异进行，重点考虑对土地质量及土地生产力水平具有重要作用的主导因素，突出主导因素对分等结果的作用。

（4）土地收益差异原则。农用地分等应反映不同区域土地自然质量条件、土地利用水平和社会经济水平的差异对区域土地生产力水平的影响，也应反映对区域土地收益水平的影响。

（5）定量分析与定性分析相结合原则。农用地分等应以定量计算为主。对现阶段难以定量的自然因素和社会经济因素采用必要的定性分析，定性分析的结果可用于农用地分等成果的调整和确定工作中，提高农用地分等成果的精度。

（6）跟踪检验原则。在农用地分等工作中，应对每一步成果进行检验，并进行专家咨询、论证，确保成果与实际情况相符。

二、农用地分等

农用地分等的技术路线是根据全国统一制定的标准耕作制度，以指定作物的光温（气候）生产潜力为基础，通过对土地自然质量、土地利用水平、土地经济水平逐级订正，综合评定农用地等别（图 7-5）。农用地分等的基本方法有因素法和样地法，通常多采用因素法。下面以因素法为例，介绍农用地分等的步骤。

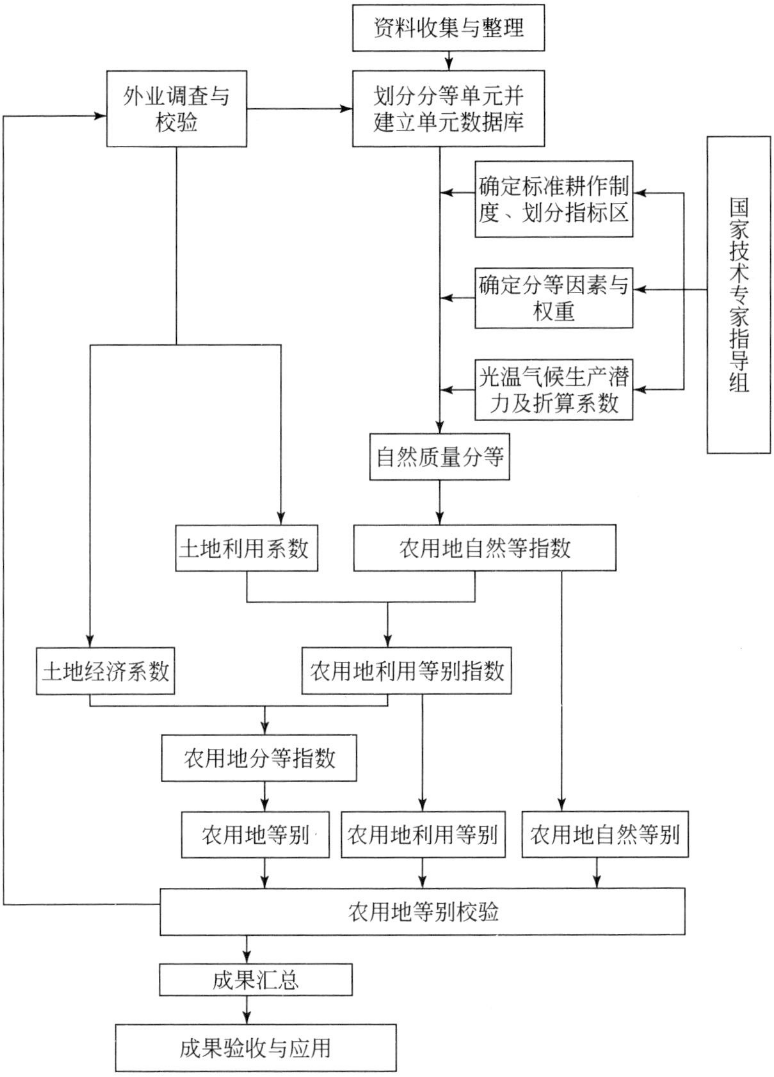

图 7-5 农用地分等的技术路线

(一) 资料收集整理与外业调查

农用地分等涉及自然、经济和社会多方面的因素，需要收集相关资料（表 7-3），并进行整理，对不满足工作要求的资料予以剔除。外业调查内容包括自然质量影响因素状况、农用地利用状况和农用地经营状况等。

表 7-3 农用地分等资料

资料类别	内容
自然条件	水文、气候、土壤、地貌、农田基本设施等
土地利用条件资料	标准耕作制度中所涉及指定作物的面积、单产和总产统计资料，土地利用条件样点基本情况资料，农业生产实测资料，农业技术实验资料等。可从当地统计部门、农业部门和农经调查部门获得这些资料

续表

资料类别	内容
土地经济条件资料	人均耕地、亩均资金投入、亩均纯收入、农民人均收入、农村道路网分布、道路等别标准、距区域经济中心距离、耕作距离、田块分散程度等资料。可从当地统计部门、农业部门和农经调查部门获得
图件资料	土地利用现状图、地形图、土壤图、土壤采样样点图、土壤有机质分布图、土壤 pH 分布图、土地利用规划图及其他相关图件
其他资料	农业区划资料、土壤普查资料、土地利用现状调查资料、土地利用规划、土地利用变更资料、农业统计资料、当地农产品市场价格资料和社会保障资料等

其中，自然因素资料包括以下方面。

（1）气候：1 月平均气温、7 月平均气温、≥10℃积温、降水量、蒸发量、无霜期和灾害气候等。

（2）水文：水源类型（地表水、地下水）、水量、保证率和水质等。

（3）土壤：土壤类型、土壤有机质含量（耕地指耕层有机质）、土壤质地（耕地指耕层质地）、土壤厚度、障碍层特征（主要障碍层的厚度及埋深）、剖面构型（主要指质地剖面层次）、土壤侵蚀状况、土壤养分情况（耕地指耕层土壤的养分情况）、土壤盐碱状况、土壤污染状况、土壤保水供水状况和土壤中砾石含量等。

（4）地形地貌：地貌类型（山地、丘陵、平原等）、海拔、坡度、坡向、坡型和地形部位（在坡的上部、中部、下部）等。

（5）农田基本建设情况：灌溉条件（水源、水质排灌系统是否完善，有无洪涝灾害、灌溉保证率）、排水条件、田间道路条件、田块大小、平整度及破碎程度等。

以上资料可以从各地土地利用现状调查、土壤普查、农业区划、地形图、土地利用总体规划和水利工程调查等资料中获取。

（二）确定光温（气候）生产潜力

气候生产潜力是指在农业生产条件得到充分保证，在当地实际光、热、水气候资源条件下，农作物群体所能达到的最高产量，即在光温生产潜力基础上进一步考虑降水的限制作用后，农作物的理论产量。土地生产潜力的高低与耕作制度有关。在不同耕作制度下，单位面积土地吸收并同化太阳辐射能的多少有很大差异。同时，土地生产潜力也与作物种类有关，不同的作物吸收并同化太阳辐射能的能力不尽相同，而且收获指数差别很大。因此，计算耕地的生产潜力时，首先要确定基准作物、标准耕作制度和指定作物，然后从“全国各县（市）光温（气候）作物生产潜力指数速查表”中查取光温（气候）生产潜力指数（α_{tj}）。

标准耕作制度是指在当前社会经济水平、生产条件和技术水平下，有利于生产或最大限度发挥当地土地生产潜力，未来仍有较大发展前景，不造成生态破坏，能够满足社会需求，并已被（或将被）当地普遍采纳的农作方式。例如，北京市的标准耕作制度：玉米一年一熟（北京平原区）、小麦-玉米一年两熟（北部山地区）。

基准作物是理论标准粮的折算基准，指全国比较普遍的主要粮食作物，如小麦、玉米和水稻。按照不同区域生长季节的不同，进一步区分为春小麦、冬小麦、春玉米、夏玉米、一季稻、早稻和晚稻等 7 种。例如，依据种植作物的普遍性，同时保证农用地分等成果与周边地区的接边需要，确定北京市的基准作物为小麦。

指定作物是指行政区所属耕作区标准耕作制度中所涉及的作物。指定作物选择的一般原则：①是否为反映本区生态特点的典型作物；②是否包括能进行区域之间对比的基准作物；③是否包括了本区主要的习惯性大宗作物。例如，根据北京市各区县的调查数据统计分析，确定北京平原区选取冬小麦和夏玉米作为指定作物，北部山地区选取春玉米作为指定作物。

由基准作物单产和指定作物单产确定作物产量比系数β_j为

$$\beta_j=\frac{B_j}{A_j} \tag{7-24}$$

式中：β_j为某区内指定作物产量比系数；B_j为基准作物单产；A_j为指定作物单产。

（三）划分指标区、确定分等因素及权重

指标区是依主导因素原则和区域分异原则划分的分等因素体系一致的区域。指标区内分等因素选取包括水文、土壤、地貌和农田基本建设等。

以推荐分等因素结合自选分等因素，初步确定各指标区的分等因素。分等推荐因素从《农用地质量分等规程》(GB/T 28407—2012)：农用地质量分等推荐因素及其分级、分值和权重中查取。例如，北京市所属二级区黄淮海区推荐因素有：有效土层厚度、表土质地、剖面构型、盐渍化程度、土壤有机质含量、土壤酸碱度和障碍层距地表深度等。内蒙古高原及长城沿线区推荐分等因素：有效土层厚度、表土质地、剖面构型、盐渍化程度、土壤有机质含量、土壤酸碱度和排水条件等。自选因素根据北京市耕地的自然和社会经济条件，选取主导因素为自选分等因素，黄淮海区为土壤污染等；内蒙古高原及长城沿线区为土壤污染、障碍层距地表深度等。各指标的权重及分值采用德尔菲法、因素成对比较法和层次分析法等方法确定（表7-4～表7-6）。

表7-4 黄淮海平原区平原耕地评价因素及权重

参评因素	障碍层距地表深度	剖面构型	表土质地	土壤有机质含量	土壤 pH	盐渍化程度	灌溉保证率	灌溉水源	排水条件
权重	0.03	0.08	0.07	0.04	0.06	0.12	0.30	0.06	0.24

表7-5 北京市平原区农用地分等因素及权重

因素	有效土层厚度	表土质地	剖面构型	盐渍化程度	土壤有机质含量	土壤酸碱度	排水条件	灌溉保证率	灌溉水源
小麦	0.02	0.14	0.10	0.12	0.13	0.09	0.15	0.15	0.10
玉米	0.01	0.13	0.09	0.12	0.13	0.11	0.14	0.14	0.13

表7-6 北京市平原区“小麦-分等因素-自然质量分”记分规则表

分值	有效土层厚度	表土质地	剖面构型	盐渍化程度	土壤有机质含量	土壤酸碱度	排水条件	灌溉保证率	灌溉水源
100	无限制	重壤土	1级	无	≥4.0%	6.0～7.9	1级	充分满足	1级
90		黏土	2级	轻度	4.0%～3.0%	5.5～6.0，7.9～8.5	2级	基本满足	2级
80	厚层	中壤土	3级		3.0%～2.0%	5.0～5.5，8.5～9.0			3级
70		轻壤土	4级	中度	2.0%～1.0%		3级	一般满足	
60	中层	砂壤土	5级		1.0%～0.6%	4.5～5.0			

续表

分值	有效土层厚度	表土质地	剖面构型	盐渍化程度	土壤有机质含量	土壤酸碱度	排水条件	灌溉保证率	灌溉水源
50		砂土	6 级		<0.6%			无灌溉条件	
40			7 级	重度			4 级		
30	薄层	砾质土				<4.5，9.0~9.5			
20									
10						≥9.5			
权重	0.02	0.14	0.10	0.12	0.13	0.09	0.15	0.15	0.10

分值确定建立在因素与农用地质量相关研究的基础上，作用分值与农用地质量优劣呈正相关，分值体系采用 0～100 分的封闭区间，作用分值只与分等因素的显著作用区间相对应。

（四）绘制分等因素分值图，划分分等单元

因素分值反映了土地的自然状况，根据分值编制出分等因子分值图，再以此为依据，综合成分等因素分值图，如表土质地图、土体构型图、土层厚度图、有机质含量分值图、盐渍化程度图、排水条件图和灌溉保证率因子图等。

分等单元是农用地等级评定和划分的基本空间单位，单元内部土地质量相对均一，单元之间有较大差异。分等单元的划分是根据因素分值的差异来确定的。划分方法有叠置法、网格法、多边形法和地块法。

（五）自然等别划分

自然等别是生产力差异的基础，是各自然因素综合的量化。自然质量分加权平均法的计算公式为

$$C_{Lij} = \frac{\sum_{k=1}^{m} W_k \cdot f_{ijk}}{100} \tag{7-25}$$

式中：C_{Lij} 为第 i 个分等单元第 j 种指定作物的农用地自然质量分；i 为分等单元编号；j 为指定作物编号；k 为分等因素编号；m 为分等因素的数目；W_k 为第 k 个分等因素的权重；f_{ijk} 为第 i 个分等单元内第 j 种指定作物第 k 个分等因素的质量分值。

自然质量等指数的计算公式为

$$R_{ij} = \alpha_{tj} C_{Lij} \beta_j \tag{7-26}$$

式中：α_{tj} 为光温生产潜力指数；β_j 为作物产量比系数。

根据自然质量等指数划分自然质量等别如表 7-7 所示。

表 7-7 农用地自然质量等别划分结果表

自然质量等别	自然质量等指数
5	800≤R<1000
6	1000≤R<1200

续表

自然质量等别	自然质量等指数
7	1200≤R<1400
8	1400≤R<1600
11	2000≤R<2200
12	2200≤R<2400
13	2400≤R<2600
14	2600≤R<2800
15	2800≤R<3000

（六）土地利用系数、经济系数计算及土地等别划分

各地的社会经济条件和集约化水平的不同，受其制约，具有同等生产潜力的土地表现出不同的实际生产能力。因此，农用地分等必须考虑当地的现实土地利用水平，即土地利用系数（K_{Lij}），它是单位面积的实际标准粮总量与理论标准粮总量之比，反映了当地开发利用土地的平均水平，代表着社会经济条件和生产集约化水平的程度。

$$K_{Lij}=\frac{Y_{ij}}{Y_{j,\max}} \tag{7-27}$$

式中：Y_{ij}为其第i个分等单元第j种指定作物单产；$Y_{j,\max}$为第j种指定作物的区域（省级二级区内）最高单产。用其修正自然质量，使产量达到接近土地的实际产出水平。

土地经济系数（K_{cij}）是当地指定作物的“产量-成本”指数与区域（省内分区）“产量-成本”指数的比值，反映了区域的投入-产出水平，体现了农用地经济效益水平的差异。其中，“产量-成本”指数

$$a_j=\frac{Y_j}{C_j} \tag{7-28}$$

式中：a_j为第j种指定作物的“产量-成本”指数（kg/元）；Y_j为样点的第j种指定作物实际单产（kg/hm^2）；C_j为样点的第j种指定作物实际成本（元/hm^2）。

土地经济系数（K_{cij}）的计算公式为

$$K_{cij}=\frac{a_{ij}}{A_j} \tag{7-29}$$

式中：a_{ij}为第i个分等单元第j种指定作物“产量-成本”指数；A_j为指定作物“产量-成本”指数的区域（省内分区）最大值。

将农用地自然等别指数通过利用水平和经济水平的逐级订正，最后得到能反映区域水平的土地等别

$$G_i=\begin{cases}\sum G_{ij} & （一年一熟、两熟、三熟时）\\ \sum G_{ij}G/2 & （两年三熟时）\end{cases} \tag{7-30}$$

式中：$G_{ij}=Y_{ij}\times K_{cj}$；$Y_{ij}=R_{ij}\times K_{lj}$；$R_{ij}=\alpha_{tj}\times C_{lij}\times\beta_j$；$G_{ij}$为第$i$个分等单元第$j$种指定作物的农用地等指数；$Y_{ij}$为第$i$个分等单元内第$j$种指定作物的土地利用等指数；$K_{cj}$为分等单元所在

等值区的第 j 种指定作物的土地经济系数；R_{ij} 为第 i 个分等单元内第 j 种指定作物的自然质量等指数；K_{lj} 为分等单元所在等值区的第 j 种指定作物的土地利用系数；α_{tj} 为光温（气候）生产潜力指数；C_{lij} 为第 i 个分等单元内第 j 种指定作物的农用地自然质量分；β_j 为第 j 种作物的产量比系数。

对于这一指标，可采用等间距法、数轴法或总分频数法进行等别的初步划分。例如，根据《农用地质量分等规程》（GB/T 28407—2012）和北京市农用地分等试点区的经验，采用等间距法，指数 200 作为一个等别间隔，划分为 6 个土地等别。

（七）农用地等别验证与调整

校验分等单元划分和边界是否合理，分等因素选取是否准确。具体方法是随机抽取不超过总数 5%的单元进行野外实测，将实测结果与分等结果进行比较。如果差异小于 5%，则认为初步分等成果总体上合格，对于不合格的初步分等结果应进行调整；如果大于 5%，则应对初步分等成果进行全面调整。需要调整等别的分等单元，重新按照分等程序进行计算。

（八）成果整理

农用地分等工作的基础资料、数据成果和电子成果等要及时进行整理、存档。

三、农用地定级

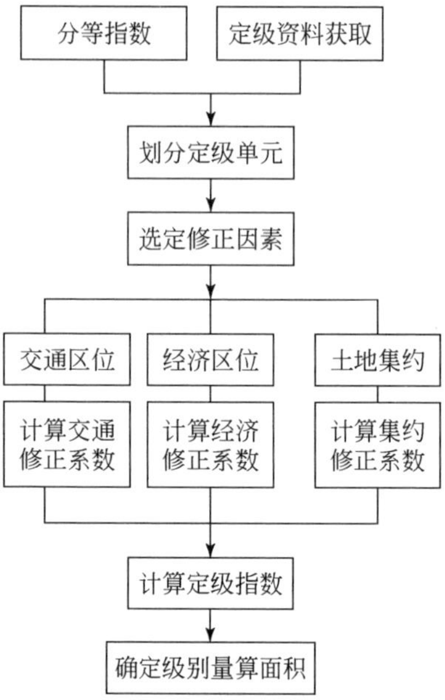

图 7-6 修正法技术路线

农用地定级的主要方法有修正法、因素法和样地法。修正法适于对进行了农用地分等的地区采用。根据地区的条件和特点，再选择定级因素，对分等的结果进行修正，获得定级结果（图 7-6）。定级因素一般选择在分等时未被选择，但在县域范围内具有明显差异且对农用地级别有显著影响的因素。因素法适于对没有进行农用地分等的地区采用。方法同分等方法，只是评价因素除了分等因素外，还包括定级因素（表 7-8）。

（一）确定修正因素

修正因素是指在分等因素之外对农用地级别有显著影响的因素。备选的修正因素如区位条件（农贸中心、交通状况等）、耕作便利条件（耕作距离、田间道路、田块形状等）和土地利用状况（土地利用现状、利用方式、经营效益、集约度等）。用德尔菲法、因素成对比较法和层次分析法等对这些因素进行筛选和补充。

表 7-8 农用地定级因素因子及其权重表

权重/%	交通区位			经济区位					土地集约化		
	合计	高速、二级公路	三级、四级公路	合计	区级市场	乡镇市场	人均财政	人均种植业产值	合计	亩均农业动力机械	亩均劳动力投入
初级	30	60	40	40	30	40	15	15	30	60	40
最终	—	18	12	—	12	16	6	6	—	18	12

（二）资料整理、量化与外业调查

对修正因素资料、分等中间成果、最终成果以及收集的各种基础资料进行复核、分类和分析论证。外业调查宜结合分等工作进行，侧重于对区位条件、耕作便利程度等修正因素的调查。修正因素资料整理与量化时，根据修正因素对农用地级别的影响方式确定量化方法。

面状因素：因素指标的优劣仅对具备此指标的地块有影响（如土壤质地），面状因素是非扩散性因素。量化方法为最大最小值法或均值度法

$$f_i = 100 \times \frac{X_i - X_{\min}}{X_{\max} - X_{\min}} \tag{7-31}$$

式中：f_i 为某因素因子指标值的作用分；$X_{\min}$、$X_{\max}$ 和 X_i 分别为指标最小值、最大值和某值。

线状因素：因素指标的优劣不仅对具备此指标的地块有影响，还对一定距离范围内的农用地产生影响（如交通条件）。线状因素是平行扩散性因素，随着距离的增加，其影响强度按一定规律衰减。量化方法有指数衰减法和直线衰减法。

指数衰减法的公式为

$$f_i = M_i^{1-r} \quad \left(r = \frac{d_i}{d}\right) \tag{7-32}$$

式中：f_i 为因素作用分值；M_i 为规模指数；d_i 为实际距离；d 为因素影响半径；r 为相对距离。

直线衰减法的公式为

$$f_i = M_i(1-r_i) \tag{7-33}$$

式中：f_i 为因素在某个相对距离上对土地的作用分值；M_i 为某个因素个体第 i 级规模指数；$r_i=d_i/d$，为地块相对距离；d_i 为实际距离；d 为因素影响半径。

点状因素：因素指标的优劣不仅对具备此指标的地块有影响，还对其周围农用地产生影响（如农贸中心），点状因素是同心圆扩散性因素。量化方法有直线衰减法或指数衰减法。

对于交叉影响因素因子，如各级农贸中心和道路等，量化方法应进行功能分割或衰减叠加处理。分值体系采用 0～100 分封闭区间赋值。保证统计口径的一致，对数据进行标准化处理，使数据具有可比性。具体因素因子量化方法参见《农用地定级规程》（GB/T28405—2012）。表 7-9～表 7-11 为北京市昌平区农用地定级相关因子的量化结果。

表 7-9　北京市昌平区人均财政收入和人均种植业产值的功能分衰减规则表

人均种植业产值/（万元/人）	人均财政收入/（万元/人）	规模指数
0.4～0.77	0.5～0.56	100
0.3～0.4	0.4～0.5	90
0.1～0.3	0.2～0.4	80
0.01～0.1	0.11～0.2	70

表 7-10　北京市昌平区集贸市场功能分衰减规则表

距区县级集贸市场中心距离/km	距乡镇级集贸市场中心距离/km	规模指数
0～0.5	0～0.2	100
0.5～1	0.2～0.5	90
1～5	0.5～1	80
5～10	1～5	50
＞10	＞5	10

表 7-11　北京市昌平区亩均劳动力投入和亩均动力机械功能分规则表

亩均劳动力投入/（人/亩）	亩均动力机械/（kW/亩）	指数
＞0.6	0.9～2.0	100
0.3～0.6	0.7～0.9	90
＜0.3	0.2～0.7	80
	0.1～0.2	70

（三）划分定级单元

定级单元是定级指数测算的基本空间单位，以农用地分等评价单元图为基础进行划分，要求单元内土地质量相对均一，单元之间有较大差异。划分方法有地块法或网格法。一般来说，不同地貌部位的土地及山脉走向两侧水热分配有明显差异的不划为同一单元；地下水、土壤条件和盐渍化程度等土地因素指标有明显差异的不划为同一单元；单元界线必须在实地明显可辨，如采用控制区域格局的地貌走向线和分界线、河流及人工线状地物等。

（四）计算修正因素系数和单元修正因素质量分

修正系数（k_{ji}）反映了修正因素在定级范围内的相对变化程度。

$$k_{ji}=\frac{K_{ji}}{K_j} \tag{7-34}$$

式中：j 为第 j 个修正因素；i 为第 i 个定级单元；k_{ji} 为第 i 个单元第 j 个修正因素修正系数；K_{ji} 为第 i 个单元第 j 个修正因素分值；K_j 为区域内第 j 个修正因素平均分值。

在单元等指数基础上，通过系数修正，求得单元修正因素质量分值

$$H_i=G_i\cdot\sum W_jK_{ij} \tag{7-35}$$

式中：H_i 为第 i 个单元的定级指数；G_i 为第 i 个单元所对应的分等指数；W_j 为第 j 个修正因素的权重；K_{ij} 为第 i 个单元第 j 个因素修正系数。

（五）实地校核与级别界线的最后确定

采用以下三种方法确定级别。等间距法：按照定级指数，每间隔 5 个级别划分一个级别。数轴法：将定级指数标绘在数轴上，选择点数稀少处作为等别界限。总分频率曲线法：对定级指数进行频率统计，绘制频率直方图，选择频率曲线突变处作为级别界限。

通过实地校验、调整，最终确定农用地级别。

（六）成果编绘、整理

定级成果包括图件、数据、文字报告及相应的电子文档，及时整理存档，为以后的更新工作提供依据。

四、农用地估价

农用地估价，即农用地价格的评估，它不同于农用地分等。农用地估价直接以货币单位表示出其质量高低，为农用地流转中的有关价格的确定以及农用地税、费标准的拟定提供了重要依据。

农用地价格有以下几个特点：①农用地价格以其收益能力为基础，收益能力即为获取纯收益大小的能力。而这种纯收益取决于生产量乘以价格再扣除生产成本。②用途上会发生变化的农用地，其收益价格与市场价格之间会有很明显的差别。所谓收益价格是指作为纯粹农用地使用时所形成的价格；而市场价格是指以用途转变后的收益为前提所形成的价格。所以在进行农用地的估价时，应该判明该农用地的用途是否会发生变更，如果不会发生变更，那么收益价格与市场价格之间的差距应该不会太大。③纯粹的农用地的收益价格与市场价格之间的差距，劣等地要大于优等地。④农用地的交易实例较少，因此难以运用市场比较法进行估价，通常主要采用收益还原法。然而，由于农用地的纯收益难以确切把握，因此农用地估价的难度较大。

随着我国农民以转包、出租、互换转让股份合作等形式流转土地承包经营权的实现，加强土地承包经营权流转管理和服务，建立土地承包经营权流转市场、科学评估农用地价格是土地承包经营权有序与合理流转的基础。2003 年，国土资源部借鉴《城镇土地估价规程》（GB/T 18508—2001），颁布了《农用地估价规程》（TD/T 1006—2003）。2012 年，进一步以国家标准颁布了《农用地估价规程》（GB/T 28406—2012），提出了农用地估价的收益还原法、市场比较法、成本逼近法、剩余法和评分估价法，规范了农用地价格评估的方法、程序和结果，详细说明了农用地价格的影响因素、估价方法、不同利用类型和交易方式农用地宗地价格评估及农用地基准地价评估的程序和方法。

目前，国内外关于农用地估价的方法主要有以下几种。

（一）收益还原法

收益还原法，或称地租资本化法。按照经济学原理，任何货币收入都可加以资本化，即把它作为想象中的一种资本的利息来对待。所谓收益还原法或地租资本化法，就是把地租收入（纯收益）作为想象中的一种资本的利息，用一定还原利率去还原出地租的购买价格即地价。计算公式为

$$V=\frac{a}{r}\pm\frac{i}{r^2} \tag{7-36}$$

式中：V 为地价；a 为每年所得地租；r 为还原利率（%）；i 为每年增加或减少若干不易觉察的价值（收益），如土地的位置、交通条件、社会情况及房屋性状等带来纯收益的增减量。

（二）收益倍数法

收益倍数法从收益还原法演绎而来，是收益还原法的一种较为简单的形式。在还原利率不变的条件下，土地价格与土地纯收益呈正相关，而土地纯收益同时又与土地总产值呈正相关，因此土地价格就可以表现为土地总产值的若干倍。其倍数根据估价区域土地利用集约程度和土地收益率而定，一般由交易双方协议或由政府根据市场实际成交情况确定，多在 10～15 倍。可以表示为

农用地价格=土地总产值×倍数　　（7-37）

收益倍数法是我国农村很早就存在的一种简易的评估方法。国家有关征用土地的法规以及土地管理法中所采用的土地补偿费基本依据此方法确定。收益倍数法简便易行，对大面积的农用地估价有一定的现实意义，但过于笼统，没有考虑利率因素，也没有考虑农用地产值的变化，同时倍数的确定带有较大主观性。

（三）标准田法

标准田法，又称地价比照法，是一种来源于发达国家和地区的农用地估价特有的方法。标准田法的原理是：首先，按农用地的状况进行分区，并在各区选定一块标准田，就此标准田依据交易实例或其他方法加以估价。然后，通过各地块与标准田的比较，测算各地块对标准田优劣程度比准率。最后，将比准率乘以标准田单位面积分值，即得各地块单位面积分值，再乘以地块总面积，便可得到各农用地块分值，进而将分值换算为地价。

计算公式为

农用地块地价=地块总面积×标准田单位地价×比准率　　（7-38）

比准率=地块单位面积分值÷标准田单位面积分值　　（7-39）

具体来说，标准田法有以下 7 步。

（1）农用地分区。基于地形图、地籍图、土壤图和土地利用现状图等的综合分析，主要根据地形、土壤和水利等状况划分若干均质区域。

（2）选定标准田。在各个所划分的农用地区域内，选定一块在日照、灌溉条件、土壤及管理水平、面积和形状、作物产量等方面较具代表性的田块作为标准田。标准田的内外部条件和产量水平并非最优，而是代表了分区内的平均水平。

（3）选定基准田。基准田是指各个分区内所选定的标准田中属于条件最好的田块，基准田的作用是便于与其他的农用地进行比较，以便控制全面的地价，使之维持均衡状态。

（4）评定标准田地价。如有近期交易实例，可采用市场比较法求取此标准田的地价；如无交易实例，可采用收益还原法估算地价。

（5）调整标准田的地价。向上级政府有关部门呈报基准田地价，经审查调整和最终核准后，以调整后最高的基准田单位面积地价折算成分值，即每分多少元。各乡（镇）根据上级所规定的基准田地价调整标准田地价，并计算各标准田的单位面积地价。

（6）计算各待评农用地田块的分值。按事先拟定的有关表格，通过待评田块与同一分

区内的标准田的比准率，求取各待评田块的分值。

（7）计算各待评农用地田块的地价。将各待评田块的分值乘以每分单价，即可求出各待评田块的地价。

可以看出，标准田法虽然吸收了收益还原法和市场比较法的一些优点，既考虑农业生产的经济收益状况，又体现各具体地块的质量差异，消除了人为因素对农用地经济收益的影响，但标准田法中两个关键性的参数——标准田和比准率在选择和确定时存在很多人为因素的影响。

此外，农用地估价还有申报法和评分法等。申报法是由土地所有者自行申报地价。其特点是作业迅速，且遵照土地所有者的意见。但所得地价难保公平、合理，因为影响地价的因素十分复杂，绝大多数土地所有者只能凭经验来猜测报价，难免出现良田低价、劣田高价的现象。评分法是按农用地所具备的各种生产条件，据其优劣进行评分，即给予一定分值，然后根据总分值换算成地价。优点是客观、公正、合理，并适于计算机操作；缺点是作业费时，而且在应用技术上有相当难度。

第四节　城镇土地分等定级和估价

与农用地相比，城镇土地具有区位的特殊重要性、资源与资产的两重性及开发经营的集约性等特殊性。因此，在城镇土地经济评价中必须要考虑这些特点，关注地租、地价对区位条件的高度敏感性；准确测算对土地的开发投入所产生的地租、地价在整个城镇土地的地租、地价中的地位和份额；细致地考虑土地的一般因素、区域因素，尤其是个别因素（指地块的位置、面积、形状等自身状况因素）在城镇土地地租、地价中的贡献等。

一、城镇土地分等定级概述

城镇土地分等定级，是指对一定地域范围内城镇土地利用效益高低的划分。早在1989年，国家土地管理局就制订了《城镇土地定级规程（试行）》；2001年颁布了《城镇土地分等定级规程》（GB/T 18507—2001），并于2014年进一步修订颁布了《城镇土地分等定级规程》（GB/T 18507—2014）。城镇土地分等（land classification）是通过对影响城镇土地质量的经济、社会和自然等各项因素的综合分析，揭示城镇之间土地质量的地域差异，运用定量和定性相结合的方法对城镇进行分类排队，评定城镇土地等。城镇土地定级（land grade）是根据城镇土地的经济和自然两方面属性及其在社会经济活动中的地位、作用，对城镇土地的使用价值进行综合分析，揭示城镇内部土地质量的地域差异，评定城镇土地级。无论是城镇土地的分等还是定级，其最终目的是揭示城镇土地的区位条件和利用效益上的差异，并为城镇土地价格的评估提供基础。因此，城镇土地分等定级从广义的角度上讲，应属于城镇土地的经济评价之列。

（一）城镇土地分等定级的内涵

城镇土地分等定级采用“等”和“级”两个层次的工作体系。

“土地等”反映城镇之间土地质量的地域差异。将各城镇看作是若干个点，研究整个城镇在社会和经济等条件影响下，从整体表现出的土地差异。土地等的顺序是在各城镇间排列的。城镇土地分等宜分层次进行：全国重点考虑对全国范围内重要的设市城市划分土地等；省区重点考虑对省区内的城市和县城镇划分土地等；直辖市重点考虑对市域内的市区、地级和县级政府驻地城镇划分土地等。城市所辖的空间上与主城区分隔的实体（如独立工矿区和开发区等），宜在城市分等的基础上，经综合平衡划定等别。

“土地级”反映城镇内部土地质量的差异。一般有综合定级和分类定级两种。综合定级是对影响城镇土地质量的各种经济、社会和自然因素进行综合分析，按综合评价值的差异划分土地级。分类定级包括商服用地定级、住宅用地定级和工业用地定级等。市区常住人口 50 万以上的大城市，宜进行综合定级和分类定级；其他城镇宜进行综合定级，必要时可同时进行分类定级。

（二）城镇土地分等定级的原则

（1）综合分析原则。城镇土地分等定级应对影响城镇土地质量的各种经济、社会和自然因素进行综合分析，按综合差异划分土地等和级。

（2）主导因素原则。城镇土地分等定级应重点分析对土地等和级具有重要作用的因素，突出主导因素的影响。

（3）地域分异原则。城镇土地分等结果要符合城镇本身的经济特征，充分考虑城镇的宏观地理位置，与区域经济发展水平保持相对一致。城镇土地定级应掌握土地区位条件和土地特性的分布与组合规律，分析由于区位条件不同形成的土地质量差异，将类似地域划归为同一土地级。

（4）土地收益差异原则。城镇土地等和级的划分应符合区域和城镇内部的土地收益分布规律。

（5）定量与定性分析结合原则。城镇土地分等定级应尽量把定性的、经验性的分析进行量化。在确定城镇土地等和级的初步方案时以定量分析为主，城镇土地等和级的调整与最终定案宜依靠定性分析。

二、城镇土地分等

城镇土地分等定级采用多因素综合评价法，以市场资料分析法等进行验证。城镇土地分等的技术程序为：①建立影响城镇间土地等的因素因子体系；②确定各因素因子的相应权重；③分析因素因子的影响方式，建立评价标准；④对各城镇因素因子的评价指标值进行标准化处理，加权计算各城镇总分值，并初步划分城镇土地等；⑤验证分等初步结果，制订分等基本方案，开展意见征求，对城镇土地等进行调整并定案；⑥编制城镇土地分等成果图件与报告和基础资料汇编。

（一）因素选择

城镇土地分等因素是指对城镇土地等有重大影响，并能体现城镇间土地区位差异的经济、社会和自然条件，一般分因素和因子两个层次（表 7-12）。

表 7-12　城镇土地分等因素权重表

因素	选择要求	因子	评价指标	选择要求
城镇区位	必选	交通区位	城镇交通条件指数	必选
		城镇对外辐射能力	城镇对外辐射能力指数	备选

续表

因素	选择要求	因子	评价指标	选择要求
城镇集聚规模	必选	城镇人口规模	城镇人口规模	必选
		城镇人口密度	城镇人口密度	备选
		城镇非农产业规模	城镇第二、第三产业增加值	备选
		城镇工业经济规模	城镇工业销售收入	备选
城镇基础设施	必选	道路状况	城镇人均铺装道路面积	必选
		供水状况	城镇人均生活用水量	备选
		供气状况	城镇气化率	备选
		排水状况	城镇排水管道密度	备选
城镇用地投入产出水平	备选	城镇非农产业产出效果	城镇单位用地第二、第三产业增加值	备选
		城镇商业活动强度	城镇单位用地批发零售贸易业商品销售总额	备选
		城镇固定资产投资强度	城镇单位用地建设固定资产投资	备选
		城镇劳动力投入强度	城镇单位用地从业人员数	备选
区域经济发展水平	必选	国内生产总值	国内生产总值综合指数	必选
		财政状况	地方财政收入综合指数	必选
		固定资产投资状况	全社会固定资产投资综合指数	必选
		商业活动	社会消费品零售总额综合指数	必选
		外贸活动	外贸出口额综合指数	备选
区域综合服务能力	必选	金融状况	人均年末银行储蓄存款余额	必选
		邮电服务能力	人均邮电业务量	备选
		科技水平	专业技术人员比	备选
区域土地供应潜力	备选	区域农业人口人均耕地	区域农业人口人均耕地	备选
		区域人口密度	区域人口密度	备选
		建设用地占行政区域的面积比例	建设用地占行政区域的面积比例	备选

（二）权重确定

权重确定要反映分等因素（因子）对城镇土地质量的影响程度。具体原则为：①权重值与因素对土地质量影响的大小成正比，数值为 0～1，各选定因素的权重值之和为 1；②因素所涉及的因子权重值为 0～1，每个因素对应的选定因子的权重值之和为 1；③权重值可单独选用德尔菲测定法、因素成对比较法或层次分析法确定，也可用德尔菲测定法结合其他两种方法来确定。城镇土地分等因素因子权重调查如表 7-13 所示。

表 7-13 城镇土地分等因素因子权重调查表

因素或因子	因素（因子）A	因素（因子）B	因素（因子）C	因素（因子）D	因素（因子）E	因素（因子）F	因素（因子）G
上一轮平均分							
上轮方差							

续表

因素或因子	因素（因子）A	因素（因子）B	因素（因子）C	因素（因子）D	因素（因子）E	因素（因子）F	因素（因子）G
重要性顺序							
权重值							

注：打分按百分制进行。

（三）分值计算

因子指标标准化处理的方法有位序标准化和极值标准化。

位序标准化的计算公式为

$$Y_{ij} = 100 \times \frac{X_{ij}}{n} \tag{7-40}$$

式中：Y_{ij}为第i个分等对象的第j项因子分值；X_{ij}为各分等对象按第j项因子指标值大小进行排序，X_{ij}为排序后第i个分等对象的位序，当指标值与土地利用效益呈正相关时，排序从小到大进行，反之亦反；n为参加分等的城镇个数。

极值标准化的计算公式为

$$Y_{ij} = 100 \times \alpha(j) \times \frac{X_{ij} - X_j}{X_{\max} - X_{\min}} \tag{7-41}$$

式中：Y_{ij}为第i个分等对象的第j项因子分值；当第j项因子指标与土地利用效益呈正相关时，$\alpha(j)=1$且$X_j=X_{\min}$；当第j项因子指标与土地利用效益呈负相关时，$\alpha(j)=-1$且$X_j=X_{\max}$；X_{ij}为第i个分等对象第j项指标值；$X_{\max}$为各分等对象X_{ij}指标的最大值；$X_{\min}$为各分等对象X_{ij}指标的最小值。城镇区位因素因子分值计算如表7-14所示。

表7-14　城镇区位因素因子分值计算表

编号	城镇名称	交通区位（城镇交通条件指数）		城镇对外辐射能力（城镇对外辐射能力指数）		城镇区位因素分值
		原始值	标准化值	原始值	标准化值	
1						
2						
3						
4						
5						
⋮						
n						
因子权重值						
标准化方法						

因素分值计算公式为

$$F_{ik} = \sum_{j=1}^{n} (W_{kj} \times Y_{ij}) \tag{7-42}$$

式中：F_{ik}为第 i 个分等对象第 k 个因素分值；W_{kj}为第 j 项因子对应上层第 k 个因素的权重值；Y_{ij}为第 i 个分等对象第 j 项因子的分值；n 为第 k 个因素包含的因子个数。

综合分值计算公式为

$$S_i = \sum_{k=1}^{n}(W_k \times F_{ik}) \tag{7-43}$$

式中：S_i为第 i 个分等对象的综合分值；W_k为第 k 个因素的权重值；F_{ik}为第 i 个分等对象第 k 个因素分值；n 为因素个数。

（四）城镇土地等的初步划分

划分原则：①按照综合分值分布状况划分，不同土地等对应不同的综合分值区间。按从优到劣的顺序对应于 1，2，3，…，n 个等别值（n 为正整数）。②土地等的数目，依不同区域的行政级别、所包含的城镇数量、差异复杂程度而定。一般来说，省（自治区）划分 5～10 等；直辖市划分 3～5 等；省级以下区域划分 2～5 等。③任何一个综合分值只能对应一个土地等。④按综合分值和区域状况确定 2～3 个不同的分等初步方案。

初步划分方法：①数轴法。将综合分值点标绘在数轴上，按土地利用效果的实际状况，选择点数稀少处作为等间分界。②总分频率曲线法。对综合分值进行频率统计，绘制频率直方图，按土地利用效果的实际状况，选择频率曲线波谷处作为等间分界。

城镇土地等划分要求：①各类分等对象的土地等高低，必须通过对总体进行分析或抽样调查来确定。②当只需确定各类的高低顺序时，可通过计算各类中所有分等对象的指标平均值，按指标对土地质量的作用大小，确定各类土地等。③如果出现各类指标值各有高低优劣的情况，按上述方法难以判定土地等顺序时，可通过抽样调查各类中相同类型的土地或房地产价格情况，确定其土地等。④需要确定各类分等对象土地等时，则需通过抽样调查各类中相同行业的土地收益、地价或房价等资料，确定各类分等对象的土地等高低。

（五）城镇土地等的调整与确定

根据多因素综合评价初步划分的城镇土地等，并结合市场资料分析和聚类分析等方法对城镇土地初步分等结果进行验证，形成基本方案，并进行专家咨询和向下级土地行政主管部门征求意见，确定最终方案。

城镇土地等调整与确定的原则：①行政建制协调原则。与我国现行的行政建制相协调：一般情况下，在省级以下（不含省级）的同一行政区域内，行政级别较高的城市土地等不宜低于行政级别较低的城市，设市城市土地等不宜低于未设市城镇。②城镇规模和职能调控原则。城镇土地分等应根据城镇人口规模和职能特征进行适当调控。③近邻平衡原则。空间相近且分属于不同行政区域的城镇之间应根据区域经济发展状况保持适当的等别平衡。④稳定性原则。新一轮土地分等应充分考虑现有土地等别的科学性和合理性，保持分等成果的连续性和稳定性。

（六）城镇土地分等成果验证

利用市场资料验证城镇土地等时，应保证参与验证的城镇数量占参加分等的城镇总数50%以上。利用聚类分析方法验证城镇土地等时，应保证参与验证的城镇数量占参加分等的城镇总数 90%以上。

三、城镇土地定级

城镇土地定级对象是指土地利用总体规划确定的城镇建设用地范围内的所有土地。城镇以外的独立工矿区、开发区和旅游区等用地可一同参与评定。城镇土地定级的技术程序为：①建立城镇土地定级的因素体系；②确定各因素的权重值；③计算各因素的指标值和作用分，编制各因素的指标值与作用分值的对照表；④划分城镇土地定级单元；⑤计算单元内各因素分值，加权求和计算总分值，按总分的分布排列和实际情况，初步划分土地级；⑥进行土地收益测算或市场交易价格定级，对初步划分的土地级进行验证和调整；⑦编制城镇土地定级图件与报告和基础资料汇编。

（一）因素选择

定级因素对土地级别有重大影响，并能体现土地区位差异的经济、社会和自然条件。综合定级因素选择如表 7-15 所示，商服、住宅和工业用地分类定级因素选择如表 7-16～表 7-18 所示。

表 7-15　城镇土地综合定级因素表

定级因素	繁华程度	交通条件			基本设施状况		环境条件		
	商服繁华影响度	道路通达度	公交便捷度	对外交通便利度	基础设施完善度	公用设施完备度	环境质量优劣度	绿地覆盖率	自然条件优劣度
选择性	必选	至少一种必选		备选	至少一种必选		备选		
重要性顺序	1	2 或 3			3 或 2		4		
权重范围	0.2～0.4	0.1～0.3			0.1～0.3		0.03～0.2		

表 7-16　城镇商服用地土地定级因素表

定级因素	繁华程度	交通条件			基本设施状况	人口状况
	商服繁华影响度	道路通达度	公交便利度	（客运）对外交通便利度	基础设施完善度	人口密度
选择性	必选	至少一种必选			必选	备选
重要性顺序	1	2 或 3			3 或 2	4 或 5
权重范围	0.25～0.45	0.05～0.25			0.05～0.25	0.1～0.2

表 7-17　城镇住宅用地土地定级因素表

定级因素	基本设施状况		交通条件			环境条件		繁华程度	人口状况
	基础设施完善度	公用设施完备度	道路通达度	公交便捷度	（客运）对外交通便利度	环境质量优劣度	绿地覆盖率	商服繁华影响度	人口密度
选择性	必选		至少一种必选		备选	至少一种必选		备选	备选
重要性顺序	1		2 或 3			3 或 2		4 或 5	5 或 4
权重范围	0.2～0.4		0.2～0.3			0.15～0.25		0.1～0.2	0.05～0.1

表 7-18 城镇工业用地土地定级因素表

定级因素	交通条件		基本设施状况	环境条件	产业集聚效益
	道路通达度	（货运）对外交通便利度	基础设施完善度	自然条件优劣度	产业集聚影响度
选择性	必选			备选	
重要性顺序	1		2	3	4
权重范围	0.2～0.35		0.2～0.3	0.1～0.2	0.05～0.15

（二）权重确定

权重要反映定级因素对土地的影响程度。权重确定原则如下：①各因素重要性顺序和权重值范围：综合定级时参照表 7-15、商服用地定级时参照表 7-16、住宅用地定级时参照表 7-17、工业用地定级时参照表 7-18。无特殊需要，不得随意打乱表中前两位因素原有的重要性顺序。②定级因素对不同类型用地的影响程度不同，各分类定级应选定相应的因素权重。③其他关于城镇土地定级因素权重值确定原则同土地分等原则。

（三）因素分值计算方法

定级因素的量化可分点、线状因素和面状因素两大类进行。

1. 点、线状因素

在城镇中，点、线状因素占地面积小，在空间分布上聚集现象明显，相对于城镇整体而言多为点状、线状形态分布，如商服中心、道路、文体设施和公交站点等。不仅对其自身客体所在位置上的土地有影响，而且通过区位的波及性和效益外溢等作用形成一定的区位关系，对其周围地块乃至整个城镇土地产生不同影响。量化步骤如下：①在各因素内按规模或类型求出各点或线的功能分，其最大值为 100。②计算因素内各相同规模或类型的点、线的平均作用或平均吸引范围，并划分若干个相对距离区间。③点、线设施边界范围内各点的因素作用分值一致，都为该设施相应功能的功能分；边界范围以外的各点，根据不同因素及其影响随距离变化的特性不同，以因素的功能分按相应的衰减公式计算或按相对距离查《城镇土地分等定级规程》（GB/T 18507—2014）获得各个相对距离上的作用分。④以因素作用分、相对距离区间编制因素作用分值表。⑤采用计算机系统为辅助手段进行定级时，可按相应的衰减公式直接计算因素对单元中心点的作用分。⑥当因素作用分衰减遇到不可直接跨越的障碍（如铁路、高速公路、河流等）时，则作用分衰减应以可通行处为结点，按结点处的因素作用分值及剩余的影响半径，再次进行衰减；当不可直接跨越的障碍有较多的通行处时，可以忽视其存在。

直线衰减公式

$$F = M\left(1-\frac{r}{R}\right) \tag{7-44}$$

指数衰减公式

$$F = M^{\left(1-\frac{r}{R}\right)} \tag{7-45}$$

式中：F 为某土地指标在某一相对距离上对土地的作用分值；M 为某因素指标的作用分基值；r 为某点、线设施距某地块的实际距离；R 为某点、线设施影响半径。

2. 面状因素

在城镇中，面状因素分布面积较大，如某些基础设施（供水和排水等）、自然条件、绿地状况等。面状因素仅对自身客体所在位置产生影响，而对周围的地块基本无外溢的影响。量化步骤如下。

（1）对因素进行整理，计算指标值。

（2）采用相对值法计算作用分

$$f_i = 100 \times \frac{X_i - X_{\min}}{X_{\max} - X_{\min}} \tag{7-46}$$

式中：f_i为某土地指标值的作用分；$X_{\min}$、$X_{\max}$和X_i分别为指标的最小值、最大值和某土地因素指标值。

（3）划分3～10个作用分区间，编制作用分值表。

各因素分值的计算按《城镇土地分等定级规程》（GB/T 18507—2014）要求进行。

（四）定级因素作用分值图

综合定级作用分值图的类型有：①商服繁华影响度作用分等值线图；②道路通达度作用分等值线图；③公交便捷度作用分等值线图；④对外交通便利度作用分等值线图；⑤基础设施完善度作用分值图；⑥公用设施作用分等值线图；⑦环境质量优劣度作用分值图；⑧绿地覆盖度作用分值图；⑨自然条件优劣度作用分值图；⑩景观条件优劣度作用分值图；⑪其他因素作用分值图。

（五）城镇土地定级单元划分

定级单元是评定土地级的基本空间单位，单元内部土地特性和区位条件基本一致。除采用网格法划分单元外，定级单元边界由线状地物或权属界线组成。

单元划分的原则：①单元内主要定级因素的影响大体一致，同一单元内的同一主要因素作用分值差异必须小于100/(n+1)（n为拟划分的土地级别数）。②单元面积确定在5～100hm^2。在城镇中心区单元面积尽量取低值，城镇郊区单元可适当放大。当采用计算机系统进行定级并按网格法直接划定单元时，划分的单元面积应不大于0.25hm^2。③划分的单元能方便地进行因素取样，并能保证分值计算的准确性和科学性。④商服中心、公用设施、交通枢纽等整体起作用的区域，不能分割为不同单元。⑤商服用地定级时，城镇主要的商服繁华街道，应按临街两侧相对应的进深，划分为条状单元。⑥住宅用地定级时，应以居住小区和居住组团为单元，保持其完整性，单元面积不宜过小。⑦工业用地定级时，可以交通道路为单元界线。⑧当采用计算机系统进行定级并按网格法直接划定单元时，划分的单元面积应不大于0.25hm^2。

定级单元边界按以下顺序优先采用：①定级底图上依比例尺表示的自然线状地物；②铁路；③交通道路（具有商业、娱乐等多重作用的道路除外）；④权属界线或权属单位内部的土地类型界线；⑤行政区划界线；⑥其他地物。

定级单元划分方法有：主导因素判定法、叠置法和动态网格法。

主导因素判定法。首先，用两个以上主要定级因素，沿城镇主要方向选一定数目的特征点作各自作用分值剖面图。其次，根据因素分值变化规律，选择突变曲线段的位置作为单元边界位置，结合经验，把因素得分基本一致的区域，划分为同一单元。

叠置法。将主要因素作用分图进行叠置，勾绘出作用基本一致的区域，形成图斑，作适当调整后得到定级单元。

动态网格法。按 1/4km^2 或 1/20km^2 网格，将城镇划分若干基本网络，选择几类不同典型网格，在四等分点检查每类网格内部两个以上主要因素的差异。某类网格内同一因素分值差异≥100/（n+1）时（n 为拟划的土地级数），对此类网格进行四等分加密，直到满足要求为止。

（六）单元总分值的计算

在单元内指标取值，测取各定级因素在每一单元内的影响值，计算单元的总分。有以下几种方法。

（1）“以点代面”法：假设单元是一个相当均匀的地域，由于其内部变化很小，可用某些点（如单元边界特征点、单元内部特征点、几何中心点、加权中心点等）的值来近似的代表全单元的值。

（2）线性内插法：通过线性内插法，在已经绘制的两条等值线间求得。

（3）面积加权法：如果单元是由若干不同值的均质区域组成，把不同值所占区域面积的比例作为权，乘以其分值，再把各不同区域加权后的值加和，其值即可认为是单元作用分值。

单元总分值

$$p = \sum_{i=1}^{n} W_i \cdot F_i \tag{7-47}$$

式中：F_i 为某指标在某一相对距离上对土地的作用分值；W_i 为其权重。

（七）城镇土地级的划分

城镇土地定级级别数目如表 7-19 所示。划分方法如下。

（1）总分数轴法。将总分值点绘于数轴上，按土地优劣的实际情况选择点稀少处为级间分界。

（2）总分频率曲线法。对总分值作频率统计，绘制频率直方图，按土地优劣的实际情况，选择频率曲线分布突变处为级间分界。

（3）总分剖面线法。沿城镇若干方向绘制总分变化剖面，按土地优劣的实际情况，以剖面线突变段作为级间分界。

表 7-19　土地定级级别数目表

定级类型	大城市	中等城市	小城市及以下
综合定级	5～10 级	4～7 级	3～5 级
商服用地定级	6～12 级	5～9 级	4～7 级
住宅用地定级	5～10 级	4～7 级	3～5 级
工业用地定级	4～8 级	3～5 级	2～4 级

（八）城镇土地级的确定和实地验证

城镇土地级别的验证有城镇土地级差收益测算和市场交易价格定级两种方法。根据验证结果，对土地级的范围、边界与级别进行修订调整。

土地级调整和确定的原则：①土地级别高低与土地相对优劣的对应关系基本一致。②级之间应渐变过渡，相邻单元之间土地级差不宜过大。③各类用途的各级土地的平均单位面积地租或地价应具有明显差异并呈正向级差。④保持自然地块及权属单位的完整性。⑤边界尽量采用具有地域突变特征的自然界线及人工界线。

（九）城镇土地定级成果整理

土地定级成果是土地管理的重要基础资料，是地籍档案的组成部分，可作为土地使用权出让、转让中评估地价的基础资料及国家收取土地使用费、税的科学依据。土地定级成果整理工作包括：面积量算、土地定级成果图件的编制及土地定级报告编写等。

四、城镇土地基准地价评估

（一）基准地价的内涵

地价是土地在出让、转让等交易活动中所表现出的价格，是土地资产属性的直观反映。基准地价（datum land price）即土地初始价，是在城镇规划区范围内，由土地管理部门或土地估价委员会在一定时间内，根据各种用地类型的收益状况或市场交易状况，对不同级别的土地或土地条件相当的均质地域，按照商服、住宅、工业等用途分别评估的土地使用权单位面积平均价格。对应的使用年期为各用途土地的法定最高出让年限，评估结果须经政府认可。基准地价不是具体的收费标准。土地使用权出让、转让、出租、抵押等宗地价格，是以基准地价为基础，根据土地使用年限、地块大小、形状、容积率和微观区位等因子，通过系统修正进行综合评估而确定的。

基准地价是平均价格，其表现形式有级别价、区片价和路线价三种：①级别基准地价是依据土地级别的划分区域制定出来的平均地价，它仅能反映同一级别区域的宏观平均地价。②区片基准地价是在级别基准地价的基础上，在空间上将同一级别进一步划分成更小的若干均质区域，然后评估出区片的基准地价。③路线价是通过对面临特定街道、使用价值相等的市街地，设定标准深度，求取在该深度上数宗土地的平均单价并附设于特定街道上，即得到该街道的路线价。

基准地价的作用表现在以下 6 个方面：①显示城镇土地在已有利用过程中所能产生的各类经济收益，同时按价格标准显示城市土地质量的优劣程度。②具有政府公告作用，为各级政府在土地出让时提供依据，同时也为土地使用权转让提供参考依据。③各地价区段及不同用途的基准地价水平，可引导土地资源在行业部门间的合理配置。④为政府征收土地税费提供客观依据。⑤政府可依据基准地价制定灵活的地价政策，引导或控制各类经济社会活动，落实城市规则、经济发展战略和产业政策。⑥基准地价的确立可进一步促进我国地价体系的建立和完善，也有利于进一步完善我国的国民经济统计和核算体系。

按照我国 2014 年颁布的《城镇土地估价规程》（GB/T 18508—2014），基准地价评估有以下两个技术途径：利用市场交易资料评估基准地价和利用土地收益资料评估基准地价。

（二）利用市场交易资料估算基准地价

1. 基准地价测算区域的划分

基准地价测算区域有两种划分方法：一种是用已划定的土地级别作为基准地价的测算区域；另一种是在没有划分土地级别的地方，将按城镇土地条件相似和样点地价相近划分的均质地域作为基准地价测算区域。划分均质地域的城镇土地条件为地价影响因素中的区域因素和个别因素，划分方法为指标判别归类，将区域因素和个别因素相同的区域或区段作为一个均质地域。当均质地域中样本数量较少，不能满足模型推断的样本需要量时，可通过均质地域同一性判别，进行适当归并。

2. 样点地价计算

不同性质的地价样点，采用不同公式计算地价，下面是几种主要地价样点的计算方法。

（1）用土地使用权出让资料估算地价。

$$V=\frac{V_{\mathrm{T}}}{S} \tag{7-48}$$

式中：V为单位面积土地使用权出让价格；V_{T}为出让宗地总地价；S为出让宗地总面积。

（2）用土地使用权转让资料估算地价。

$$V=\frac{V_{\mathrm{T}}}{S} \tag{7-49}$$

式中：V为转让宗地单位面积地价；V_{T}为转让宗地总地价；S为转让宗地总面积。

（3）用土地使用权出租资料估算地价。

$$V=\frac{R}{S}\times\frac{1}{r} \tag{7-50}$$

式中：V为单位面积出租地价；R为出租方每年得到的资金或实物现值；S为出租宗地总面积；r为土地还原利率。

（4）用商品房出售资料估算地价。以整幢楼的商品房总售价为估算地价的标准，公式为

$$V=[P_{\mathrm{r}}-(C_{\mathrm{h}}\times S_{\mathrm{h}})-I-T-B]\times(G/S_{\mathrm{b1}}) \tag{7-51}$$

式中：V为某一商品楼用地的单位面积土地价格；P_{r}为某一商品楼房总售价；C_{h}为当地同类建筑单位面积平均造价；S_{h}为楼房总建筑面积；I为开发公司利润；T为商品房开发中向国家交纳的投资及营业税等；B为开发资金应支付的利息；S_{bl}为建筑物占地面积；G为规划的建筑覆盖率。

（5）用新增城市建设用地资料估算地价。

$$V=E_{\mathrm{a}}+E_{\mathrm{d}}+T+R_1+R_2+R_3 \quad \text{或} \quad V=V_{\mathrm{E}}+R_3 \tag{7-52}$$

式中：V为土地价格；E_{a}为土地取得费（包括征地补偿费、劳力安置费、青苗补偿费及附着物补偿费等）；E_{d}为土地开发费（按开发程度差异所确定的三通一平、七通一平等土地开发费用）；T为单位面积土地交纳的税费（包括耕地占用税、耕地建设基金、城市基础设施配套费等）；R_1为利息；R_2为利润；R_3为土地增值；V_{E}为土地成本价格。

此外，还有用房地出租资料、土地联营入股资料、以地换房资料、柜台出租资料、房屋买卖资料和用联建分成资料计算地价，具体见《城镇土地估价规程》（GB/T 18508—2014）。

3. 样点地价修正

由于样点地价在交易时间及容积率等方面存在差异，因此计算后的样点地价在参与基准地价计算之前必须进行修正。修正的主要内容有：交易情况修正、估价期日修正、容积率修正、地价楼层分配修正、基础设施配套修正和出让年期修正等。

（1）出让年期修正。有限年期使用权价格修正到最高出让年期地价的计算公式为

$$V_m = V_{m_1} \times \frac{1-\dfrac{1}{(1+r)^m}}{1-\dfrac{1}{(1+r)^{m_1}}} \tag{7-53}$$

式中：V_m为最高出让年限的土地使用权价格；m_1为实际出让年期或剩余出让年期；V_{m_1}为有限年期出让地价；m为土地使用权出让最高年限；r为土地还原利率。

无限年期地价修正到法定最高出让年期地价的计算公式为

$$V_m = V_{\mathrm{E}} \times \left(1-\frac{1}{(1+r)^m}\right) \tag{7-54}$$

式中：V_{E}为土地所有权价格；V_m、r、m含义同上。

（2）交易时间修正。不同交易时间的样点地价，只有修正到基准地价估价期日的地价，才能用于基准地价评估。区别不同土地用途，计算地价的变化幅度。在已建立地价指数系统的城镇，可用地价指数计算。计算公式为

$$K_{\mathrm{t}} = \frac{Q}{Q_0} \tag{7-55}$$

式中：K_{t}为某类土地地价修正到估价期日的系数；Q为某类土地估价期日的地价指数；Q_0为某类土地交易时日的地价指数。

对不同时期发生的交易宗地价格，修正到估价期日价格的计算公式为

$$V = K_{\mathrm{t}} \times V_0 \tag{7-56}$$

式中：V为修正到估价期日的宗地价格；V_0为实际成交宗地地价；K_{t}为时间修正系数。

（3）容积率修正。容积率修正以按城市规划规定的区域容积率为标准，首先用下式计算出容积率修正系数

$$K_{\mathrm{r}} = \frac{V_{is}}{V_i} \tag{7-57}$$

式中：K_{r}为容积率修正系数；V_{is}为某一区域某一用途规定容积率下单位面积平均地价；V_i为某一区域某一用途在某一容积率时单位面积的平均地价。

对不同容积率情况下发生的交易地价，按下式将地价修正到规定容积率的价格

$$V = K_{\mathrm{r}} \times V_i \tag{7-58}$$

式中：V为修正到规定容积率时的宗地地价；V_i为某一容积率下的宗地交易价格；K_{r}同前。

（4）其他修正。根据市场地价资料情况，还可以进行如下修正：①交易情况修正，把交易情况不正常的样点地价，修正到在公开、公平的正常市场情况下交易地价；②地价楼层分配修正，样点资料若为建筑物某层的建筑售价，需根据地价楼层分配关系求出其基地价格；③基础设施配套程度修正，在不同基础设施配套程度下的样点地价，必须修正到基准地价评估所设定的基础设施配套程度下的标准地价。

（5）样点地价的同一性检验。在同一土地级或均质地域中，同一交易方式的样本地价

要通过样本同一性检验。此外，在同一均质地域中，不同交易方式计算的样本地价，也要通过样本总体同一性检验。相同用途的样点地价，在确定方差检验精度后，不符合精度的数据作为异常数据予以剔除。在同一级别或均质地域中，不同交易方式下估算的样点地价，当总体不一致时，将最有代表性、样点数量最多的作为基准地价评估的基础资料。

（6）利用样点地价估算基准地价。利用样点地价估算级别或均质地域基准地价的公式为

$$V_{la}=\frac{\sum_{i=1}^{M}V_{li}}{M}\text{或}V_{la}=\frac{\sum_{i=1}^{M}V_{li}S_i}{\sum_{i=1}^{M}S_i} \tag{7-59}$$

式中：V_{la}为某级别或均质地域内分用途单位面积基准地价；V_{li}为某级别或均质地域内各样点的单位面积地价或众多样点单位面积地价；M为级别或均质地域内可利用的地价样点数；S_i为样点宗地面积。

（三）利用土地收益资料评估基准地价

以城镇土地定级为前提，在大量占有城市各个区位有关企业收益的生产要素数量资料的基础上，运用回归分析方法，建立不同土地区位净收益与生产要素之间数量关系的科学经济模型，并对模型中各生产要素的贡献参数加以分析判断，分别求出城镇各个土地级别的土地收益估计值，据此评估出相应的基准地价。主要步骤如下。

1. 土地利用类型的划分

根据城镇特点和土地利用类型的经济效益差异，将土地利用类型分为商服、住宅、工业用地等。条件具备的地方，可将商服用地分为金融保险业、办公服务类、综合商厦类、小商店与居民服务类等用地类型。

2. 单元土地质量指数计算

根据土地级别内单元总分值进行级差收益测算时，单元土地质量指数按下式计算

$$X_{in}=\frac{f_i}{n} \tag{7-60}$$

式中：X_{in}为某单元土地质量的指数；f_i为某单元总分值；n为土地级别数。

3. 行业或类别资本效益折算系数的计算

由于不同行业或行业内部不同类别在资本的使用效益上差别较大，相互之间可比性差，因此，必须选定标准行业或行业中的标准类别对资本效益进行合理折算。分别以商服、住宅、工业中某种行业或类别的资本为标准，按下式计算各行业或类别的资本效益折算系数

$$K_{ci}=\frac{C_{rm}}{C_r} \tag{7-61}$$

式中：K_{ci}为某用地类型中的某行业或类别的资本效益折算系数；C_{rm}为该用地类型中某一行业或类别的全市平均资金利润率；C_r为该用地类型中标准行业或类别的全市平均资金利润率。

4. 规模资本效益折算系数的计算

不同规模的企业其资本使用效益相差很大，因此必须把企业实际的资本效益与最佳规模下企业的资本效益进行比较，计算规模资本效益折算系数。分别以商服、住宅、工业中

当地行业最佳企业规模或技术水平下的资本为标准，按下式计算规模资本效益折算系数

$$K_{cs} = \frac{C_{rn}}{C_{\max}} \tag{7-62}$$

式中：K_{cs} 为某一行业或类别某一规模下的资本效益折算系数；C_{rn} 为该行业或类别某一规模下全市平均资金利润率；$C_{\max}$ 为该行业或类别最佳规模下的全市平均资金利润率。

5. 企业标准资本额的计算

$$C_s = C_c \times K_{ci} \times K_{cs} \tag{7-63}$$

式中：C_s 为企业标准资本额；C_c 为企业实际使用的资本额；K_{ci} 和 K_{cs} 同前。

6. 合理工资量的计算

受历史和现实多方面影响，各行业的不同企业所有的劳动力数量波动很大，为增加可比性，必须通过计算合理工资量排除这一影响。按当地各行业不同技术水平下劳动力的定员标准，按下式计算合理的工资支出标准

$$L_{cs} = L_{ce} \times L_{ps} / L_{pe} \tag{7-64}$$

式中：L_{cs} 为某企业在标准定员情况下应支出的工资额；L_{ce} 为该企业实际支出的工资额；L_{ps} 为某一技术水平下同等规模的企业应有劳动力标准数量；L_{pe} 为企业实际占有的劳动力数量。

7. 指标选择及样本数据归类与检验

土地收益主要是对级差收益的测算。在经营管理水平一致的前提下，企业的收益与资金占有、土地质量及劳动力状况有关。因此，级差收益测算选择的指标主要有单位土地面积的净收益、单位土地面积的标准资金占有量、单位土地面积的合理工资占有量、企业所在土地的级别或单元总分值。

以土地级别为单位，分别以不同土地利用类型进行数据归类，对商服用地可继续划分金融保险业、办公服务类、综合商厦类、小商店与居民服务类等行业，进行资料归类。

数据检验以土地级别或均质区域为单位，分土地利用类型进行抽样样本的总体和方差检验。用卡方检验法、秩和检验法分别对已知数据总体分布类型和未知数据分布类型的样本进行总体一致性检验。用 t 检验法和均值-方差法分别对样本总体为正态和非正态分布的进行异常值剔除。当检验后的数据不能满足模型建立的需要时，应增加抽样数据，按以上方式重新进行数据归类。

8. 模型选择与系数估计及土地收益计算

级差收益测算的模型有多种，例如，

$$Y_n = A(1+r)^{X_{in}} \quad \text{或} \quad Y_n = A(1+r)^{\alpha X_{in}} \tag{7-65}$$

式中：Y_n 为第 n 级土地上样本每平方米土地的利润值；r 为利润级差系数；A 为常数；α为待定系数；X_{in} 为单元土地质量指数（$X_{in}=f_i/n$）。

土地质量从优到劣按等级系数 1，2，…，n 排列，土地级别指数取值为 n，…，2，1。

在确定数学模型后，将样本数据代入模型，求出各因素系数的估计值，常用的方法是用最小二乘法求解因素系数估计值。然后，对因素系数估计值做可靠性检验，包括经济意义检验、统计检验和计量经济检验。

将样本数据代入新确定的数学模型中，就可获得每一级土地上不同行业的土地收益值。在此基础上就可得到某一级土地不同行业收益的平均值，如

$$I_{ni} = A \times (1+r)^{X_{in}} \tag{7-66}$$

式中：I_{ni} 为第 n 级土地上样点单位面积的土地收益；r 为利润级差系数；X_{in} 为单元土地质量指数。

9. 土地还原利率的确定及基准地价的计算

按照收益还原法中还原利率的确定方法确定土地还原利率后，按下列公式估计各级土地不同用途的基准地价

$$V_{lb} = \frac{I_n}{r_l}\left[1 - \frac{1}{(1+r_l)^n}\right] \tag{7-67}$$

式中：V_{lb} 为某一用途土地在某一土地级上的基准地价；I_n 为某一用途土地在某一土地级上单位面积的土地收益；r_l 为土地还原利率；n 为基准地价评估年期。

根据计算结果，确定各级土地不同用途的基准地价。用该级土地上不同用途的正常交易地价进行检验。对离散度较大的测算结果，要在级别基准地价基础上，确定不同区域、地段的基准地价。每一级土地上，将商服、住宅、工业等土地利用类型的最高基准地价作为用级差收益测算的该级土地的基准地价。根据需要可用确定级别综合基准地价的方法确定区域或区段的综合基准地价。

复习思考题

1. 何谓土地经济评价？
2. 简述土地经济评价的目的和意义。
3. 土地经济评价的理论基础有哪些？
4. 如何构建土地经济评价的指标体系？
5. 简述毛利分析和贴现现金流量分析法的原理和步骤。
6. 何谓农用地的分等和定级？
7. 简述地产评估的收益还原法、市场比较法、剩余法、成本逼近法及路线价法。
8. 何谓城镇土地的分等和定级？
9. 何谓城镇土地基准地价？

第八章 土地生态评价

随着人口数量不断增加和经济高速发展，人类已显著地改变了陆地表层土地生态系统的面貌。目前，人类还在忽视自身生活和社会经济发展对土地生态系统的依赖性，以及土地生态系统为人类社会发展所做的贡献。因此，科学地评价土地生态系统的服务功能，诊断土地生态系统的健康状况及其所承受的压力，实现对土地生态系统的科学管理，是可持续发展的根本保证。

第一节　土地生态评价的概念

一、土地生态系统

土地生态系统（land ecosystem）是指一定地域范围内，土地上无生命体（环境条件）与生命体（植物、动物和微生物等）之间形成的一个能量流动和物质循环的有机综合体。

（一）土地生态系统的结构

由于土地生态系统在一定空间中的环境组分和生物群落存在着差异，所以可呈现出不同的结构。

（1）土地生态系统的类型结构。由于土地生态系统的环境条件差异显著且生物种类复杂多样，两者相互结合形成了多种多样的土地生态系统类型，主要有林地生态系统、农田生态系统、草地生态系统、水域生态系统、荒漠生态系统和城市生态系统等。

（2）土地生态系统的空间结构。由于生物组分在种类和数量等方面的差异，以及环境因素因太阳辐射和地球内能作用的不同，呈现出一定的空间结构。空间结构又包括垂直结构和水平结构两方面。在水平结构上，土地生态系统具有层次性，即由若干个小系统构成一个大系统，再由若干个大系统构成一个更大的系统，依此类推，直至构成全球陆地生态系统。

（3）土地生态系统的功能结构。生物组分与环境组分以及生物组分之间，以食物关系为纽带构成营养结构，通过营养结构把生物与环境联系起来，使生产者、消费者和还原者之间，以及它们与环境之间不断地进行物质循环与能量流动，以维持生态系统的稳定。

土地生态系统的上述三种结构使其成为一个错综复杂、相互影响和相互作用的有机整体，并产生有效的系统功能。

（二）土地生态系统的基本性质

（1）土地生态系统具有整体性。任何一个土地生态系统都是由多种因子、不同层次和多个系统构成的。在某个子系统中，无论是环境组分还是生物组分，都是由各种因子纵横交错而形成的复杂网络结构，使各个因子相互联系，彼此制约而又协调一致。土地生态系统的整体性决定了土地资源的开发利用必须具有综合性和科学性。只有全面认识土地生态系统的结构特征，才可能合理地开发利用。

（2）土地生态系统具有开放性。土地生态系统都是程度不同的开放系统，不断地从外界输入能量和物质，经过转换变为输出，从而维持系统的有序状态。土地生态系统内部的大气循环、水分循环、地质循环和生物循环等生态过程都与外界环境紧密联系，在与外界不断进行物质和能量交换的同时，土地生态系统自身状态也在不断变化发展。

（3）土地生态系统具有区域性。土地生态系统具有明显的区域性，与地域分异规律有着密切的关系。地带性分异和非地带性分异的结果，使地球表面各部分的自然地理特征发生明显的地域差异。例如，南美亚马孙河及非洲刚果河流域因终年高温多雨而形成热带雨林景观，南极大陆和格陵兰岛却以突出的严寒而长期被大陆冰川覆盖，非洲的撒哈拉及欧亚大陆腹地则因极端干旱而出现了广阔的沙漠。这些都表明，地球表层土地生态系统存在着显著的空间分异。

（4）土地生态系统具有动态性。由于土地生态系统不断受到外界驱动力的干扰，如自然灾害和人类对土地资源的利用过程等，都使得土地生态系统处于一个动态变化的过程中。一般来说，土地生态系统层次越多，结构越复杂，系统就越趋于稳定，受到外界干扰后，恢复其功能的自我调节能力也越强。相反，系统越单一，越趋于脆弱，稳定性也越差，稍受干扰，系统就可能崩溃。

总之，土地生态系统具有自身的特殊性，它遵循自身的运动规律不断地发展和演替，人类只有遵循土地生态系统的规律来利用土地，才能达到理想的目标。

二、土地生态评价

土地生态评价（land ecological evaluation）是在一般土地评价的基础上，以查明土地生态功能单元与土地生态现状间的协调程度和发展趋势为目标，选择对区域环境最有意义的典型生态特性进行补充评价，尤其着重土地生态结构、功能、价值、健康及其生态环境质量的评价，直接服务于土地生态设计和土地生态规划。

作为一项复杂的系统工程，土地生态评价需要对不同生态系统产品与服务功能之间进行权衡，对生态系统做出健康诊断与安全评价，最终为生态系统管理提供科学的依据。因此，土地生态评价的目的在于管理，而管理的基础是生态系统的现状评价和未来趋势预测，管理的任务则是对生态系统功能的现状调整。

目前，关于土地生态评价的研究还未形成系统的理论和方法体系。但近年来，地理学界和生态学界都对土地生态系统评价展开了很多研究，尤其是从土地生态系统服务功能、土地生态系统安全（如生态脆弱性、生态风险和生态健康）、土地生态承载力［如生态足迹（ecological footprint，EF）］及土地生态系统管理等方面进行了综合研究。

第二节 土地生态系统服务功能评价

一、生态系统服务功能的提出

虽然人类对生态系统服务功能的研究才刚刚起步，但是我们的祖先早已意识到生态系统对人类社会发展的支持作用。早在古希腊，柏拉图（Plato，公元前427—前347）就认识到雅典人对森林的破坏导致了水土流失和水井的干涸。在中国，风水林的建立与保护也反映了人们对森林保护村庄与居住环境作用的认识。在美国，George Marsh是第一个用文字记载生态系统服务功能的人。1864年，他在*Man and Nature*中记载："受人类活动的巨大影响，地中海地区广阔的森林在山峰中消失，肥沃的土壤被冲刷，肥沃的草地因灌溉水井枯竭而荒芜，著名的河流因此而干涸"。Marsh还意识到了自然生态系统分解动植物尸体的服务功能，在书中他写道："动物为人类提供了一项重要的服务，即消除腐臭的动植物尸体的服务功能，如果没有它们，空气中将弥漫着对人类健康有害的气体"。同时他还指出，水和肥沃的土壤，乃至我们所呼吸的空气都是大自然与其生物所赐予的。

之后，Leopold（1887—1948）开始深入地思考生态系统的服务功能。他指出："赶走狼群的牛仔们没有意识到自己已经取代了狼群控制牧群规模的职责，没有想到失去狼群的群山会变成什么样子，结果导致沙尘蔽日，肥沃的土壤流失，河流把（我们的）未来冲进了大海"。Leopold也认识到人类自己不可能替代生态系统服务功能，指出："土地伦理将人类从自然的统治者地位还原成为自然界的普通一员"。同期，Osborn与Vogt也分别研究了生态系统对维持社会经济发展的意义。1948年，Osborn指出："只要我们注意地球上可耕种、人类可居住的地方，就可以发现水、土壤、植物与动物是人类文明得以发展的条件，乃至人类赖以生存的基础"。Vogt首先提出了"自然资本"概念，他在讨论国家债务时指出："我们耗竭自然资源（尤其土壤）资本，就会降低我们偿还债务的能力"。

20世纪70年代以来，生态系统服务功能开始成为一个科学术语及生态经济学研究的分支。1970年，P. R. Ehrlich在*Man's Impact on the Global Environment*中首次使用"service"一词，并列出了自然生态系统对人类的"环境服务"功能，包括害虫控制、昆虫传粉、渔业、土壤形成、水土保持、气候调节、洪水控制、物质循环与大气组成等方面。1974年，J. P. Holdren和P. R. Ehrlich在论述生物多样性的丧失将会怎样影响生态服务功能时，首次使用了"生态系统服务功能"一词。此后，"生态系统服务功能"这一术语逐渐为人们所公认和普遍使用。2004年，美国生态学会提出"21世纪美国生态学会行动计划"，将生态系统服务科学作为面对拥挤地球的首个生态学难题。2006年，英国生态学会提出的100个与政策制订相关的生态学问题中，第一个主题就是生态系统服务功能研究。现在，人们已经深刻地认识到，生态系统服务功能是人类生存与现代文明的基础。

二、生态系统服务功能的内涵

1997年，Costanza等指出，生态系统产品（如食物）和服务（如废弃物处理）是指人类直接或者间接从生态系统功能中获得的收益，并将产品和服务两者合称为生态系统服务。将全球生态系统服务归纳为17类4个层次：生态系统的生产（包括生态系统的产品及生物多样性的维持等）、生态系统的基本功能（包括传粉、传播种子、生物防治与土壤形成等）、生态系统的环境效益（包括改良减缓干旱和洪涝灾害、调节气候、净化空气与废物处理等）和生态系统的娱乐价值（休闲、娱乐、文化、艺术素养与生态美学等）（表 8-1）。

表 8-1 生态系统效益和生态系统功能（Costanza et al.,1997）

生态系统效益	生态系统功能	举例
气体调节	调节大气化学组成	CO_2/O_2 平衡、O_3 防护 UV-B 和 SO_x 水平
气候调节	对气温、降水的调节以及对其他气候过程的生物调节作用	温室气体调节以及影响云形成的 DMS（硫化二甲酯）生成
干扰调节	对环境波动的生态系统容纳、延迟和整合能力	防止风暴、控制洪水、干旱恢复及其他由植被结构控制的生境对环境变化的反应能力
水分调节	调节水文循环过程	农业、工业或交通的水分供给
水分供给	水分的保持与储存	集水区、水库和含水层的水分供给
侵蚀控制和沉积物保持	生态系统内的土壤保持	风、径流和其他运移过程的土壤侵蚀和在湖泊、湿地的累积
土壤形成	成土过程	岩石风化和有机物质的积累
养分循环	养分的获取、形成、内部循环和存储	固氮和 N、P 等元素的养分循环
废弃物处理	流失养分的恢复和过剩养分有毒物质的转移与分解	废弃物处理、污染控制和毒物降解
授粉	植物配子的移动	植物种群繁殖授粉者的供给
生物控制	对种群的营养级动态调节	关键种捕食者对猎物种类的控制、顶级捕食者对食草动物的消减
庇护	为定居和临时种群提供栖息地	迁徙种的繁育和栖息地、本地种区域栖息地或越冬场所
食物生产	总初级生产力中可提取的食物	鱼、猎物、作物、果实的捕获与采集，给养的农业和渔业生产
原材料	总初级生产力中可提取的原材料	木材、燃料和饲料的生产
遗传资源	特有的生物材料和产品的来源	药物、抵抗植物病原和作物害虫的基因、装饰物种（宠物和园艺品种）
休闲	提供休闲娱乐	生态旅游、体育、钓鱼和其他户外休闲娱乐活动
文化	提供非商业用途	生态系统美学的、艺术的、教育的、精神的或科学的价值

2005 年，千年生态系统评估（millennium ecosystem assessment，MA）指出，生态系统服务功能是指人类从生态系统获取的效益，生态系统服务功能的来源既包括自然生态系统，又包括人类改造的生态系统；包含了生态系统为人类提供的直接的和间接的、有形的和无形的效益。生态系统服务可以分为四类：供给服务（包括食物、淡水、木材和纤维与燃料等）、支持服务（包括养分循环、土壤形成与初级生产等）、调节服务（包括调节气候、调节供水、调控疾病与净化水质等）和文化服务（包括美学方面、精神方面、教育方面与消遣方面等）。

总的来说，生态系统服务功能是指生态系统与生态过程所形成及维持的人类赖以生存的自然环境条件与效用。生态系统为人类提供了自然资源和生存环境两个方面的多种服务功能，前者如为人类所提供的食物、医药及其他工农业生产原料；后者如维持地球的生命支持系统、生命物质的生物地球化学循环与水循环、生物物种与遗传多样性、净化环境、维持大气化学的平衡与稳定等。

三、生态系统服务功能的价值评估

（一）生态系统服务功能的价值分类

生态系统服务功能的价值可以分为直接利用价值、间接利用价值、选择价值以及存在价值四个类型。评估方法因功能类型不同而异。

（1）直接利用价值。直接利用价值主要是指生态系统产品所产生的价值，包括食品、医药、其他工农业生产原料以及景观娱乐等带来的直接价值。直接利用价值可用产品的市场价格来估计。

（2）间接利用价值。间接利用价值主要是指无法商品化的生态系统服务功能，如维持生命物质的生物地球化学循环与水文循环，维持生物物种与遗传多样性，保护土壤肥力，净化环境，维持大气化学的平衡与稳定等支撑与维持地球生命支持系统的功能。间接利用价值的评估常常需要根据生态系统功能的类型来确定，通常有防护费用法、恢复费用法和替代市场法等。

（3）选择价值。选择价值是人们为了将来能直接利用与间接利用某种生态系统服务功能的支付意愿。例如，人们为将来能利用生态系统的涵养水源、净化大气以及游憩娱乐等功能的支付意愿。人们常把选择价值喻为保险公司，即人们为确保自己将来能利用某种资源或效益而愿意支付的一笔保险金。选择价值又可分为三类：自己将来利用、子孙后代将来利用（又称为遗产价值）、别人将来利用（也称为替代消费）。

（4）存在价值。存在价值又称内在价值，是人们为确保生态系统服务功能继续存在的支付意愿。存在价值是生态系统本身具有的价值，是一种与人类利用无关的经济价值。换句话说，即使人类不存在，存在价值仍然有，如生态系统中的物种多样性与涵养水源能力等。存在价值是介于经济价值与生态价值之间的一种过渡性价值，为经济学家和生态学家提供了共同的价值观。

（二）生态系统服务功能价值评估方法

目前，生态系统服务功能价值评估的方法可分为两类：一类是模拟市场技术（又称假设市场技术），以支付意愿和净支付意愿来表达生态服务功能的经济价值，其评价方法只有一种，即条件价值法；另一类是替代市场技术，以“影子价格”和消费者剩余来表达生态服务功能的经济价值，评价方法多种多样，其中有费用支出法、市场价值法、机会成本法、旅行费用法和享乐价格法。这里，主要介绍目前常用的条件价值法、费用支出法与市场价值法。

（1）条件价值法。也称调查法和假设评价法，是生态系统服务功能价值评估中应用最广泛的方法之一。适用于缺乏实际市场和替代市场交换的商品价值评估，是“公共商品”价值评估的一种特有方法，能评价各种生态系统服务功能的经济价值，包括直接利用价值、间接利用价值、存在价值和选择价值。

支付意愿可以表示一切商品价值，也是商品价值的唯一合理表达方法。西方经济学认为：价值反映了人们对事物的态度、观念、信仰和偏好，是人的主观思想对客观事物认识的结果；支付意愿是“人们一切行为价值表达的自动指示器”，因此，商品的价值可表示为

商品的价值=人们对该商品的支付意愿

支付意愿=实际支出＋消费者剩余

对于一般商品而言，由于商品有市场交换和市场价格，其支付意愿的两个部分都可以求出。实际支出的本质是商品的价格，消费者剩余可以根据商品的价格资料用公式求出。因此，商品的价值可以根据其市场价格资料来计算。实践证明：对于有类似替代品的商品，其消费者剩余很小，可以直接以其价格表示商品的价值。对于公共商品而言，由于公共商品没有市场交换和市场价格。因此，支付意愿的两个部分都不能求出，公共商品的价值也因此无法通过市场交换和市场价格估计。

目前，西方经济学发展了假设市场方法，即直接询问人们对某种公共商品的支付意愿，以获得公共商品的价值，这就是条件价值法。条件价值法属于模拟市场技术方法，其核心是直接调查咨询人们对生态服务功能的支付意愿，并以支付意愿和净支付意愿来表达生态服务功能的经济价值。在实际研究中，从消费者的角度出发，在一系列的假设问题下，通过调查、问卷和投标等方式来获得消费者的支付意愿和净支付意愿，综合所有消费者的支付意愿和净支付意愿来估计生态系统服务功能的经济价值。

（2）费用支出法。费用支出法是一种古老又简单的方法，是从消费者的角度出发，以人们对某种生态服务功能的支出费用来表示其经济价值。例如，对于自然景观的游憩效益，可以用游憩者支出的费用总和（包括往返交通费、餐饮费用、住宿费、门票费、入场券、设施使用费、摄影费用、购买纪念品和土特产的费用、购买或租借设备费以及停车费和电话费等所有支出的费用）作为森林游憩的经济价值。

（3）市场价值法。市场价值法与费用支出法类似，但可适于没有费用支出、但有市场价格的生态服务功能的价值评估。例如，没有市场交换而在当地直接消耗的生态系统产品，这些自然产品虽没有市场交换，但有市场价格，因而可按市场价格来确定它们的经济价值。市场价值法先定量地评价某种生态服务功能的效果，再根据这些效果的市场价格来评估其经济价值。

在实际评价中，市场价值法通常有环境效果评价法和环境损失评价法两类评价过程。环境效果评价法可分为三个步骤：首先，计算某种生态系统服务功能的定量值，如涵养水源的量、CO_2 固定量和农作物的增产量。其次，研究生态服务功能的“影子价格”，如涵养水源的定价可根据水库工程的蓄水成本，固定 CO_2 的定价可以根据 CO_2 的市场价格。最后，计算其总经济价值。环境损失评价法是与环境效果评价法类似的一种生态经济评价方法。例如，评价保护土壤的经济价值时，用生态系统破坏所造成的土壤侵蚀量及土地退化、生产力下降的损失来估计。

理论上，市场价值法是一种合理的方法，也是目前应用最广泛的生态系统服务功能价值的评价方法。但由于生态系统服务功能种类繁多，而且往往是很难定量的，实际评价时仍有许多困难。

1997 年，Costanza 等最先估算了全球各种生态系统的各项生态系统服务价值。2003 年，谢高地等结合中国的实际情况，采用对 200 位生态学者的问卷调查法，制定出中国平均状态的不同陆地生态系统单位面积生态服务价值（表 8-2）。

2007 年，美国斯坦福大学、大自然保护协会（the Nature Conservancy，TNC）和世界自然基金会（World Wide Fund，WWF）联合开发了 InVEST 模型（the integrate valuation of ecosystem services and tradeoffs tool，生态系统服务功能综合估价和权衡得失评估模型）。该模型可以定量化评估各项生态服务功能，并体现其空间分布特征，给自然资源管理决策提

表 8-2　中国不同陆地生态系统单位面积生态服务价值（谢高地等，2003）　（单位：元/hm^2）

服务类型	森林	草地	农田	湿地	水体	荒漠
气体调节	3097.0	707.9	442.4	1592.7	0.0	0.0
气候调节	2389.1	794.6	787.5	15130.9	407.0	0.0
水源涵养	2831.5	707.9	530.9	13715.2	180332.2	26.5
土壤形成与保护	3450.9	1725.5	1291.9	1513.1	8.8	17.7
废物处理	1159.2	1159.2	1451.2	16086.6	16086.6	8.8
生物多样性保护	2884.6	964.5	628.2	2203.3	2203.3	300.8
食物生产	88.5	265.5	884.9	88.5	88.5	8.8
原材料	2300.6	44.2	88.5	8.8	8.8	0.0
娱乐文化	1132.6	35.4	8.8	3840.2	3840.2	8.8

供科学依据。InVEST 模型发布至今，提供了包括淡水生态系统评估、海洋生态系统评估和陆地生态系统评估三大评估模块。其中，淡水生态系统评估包括产水量、洪峰调节、水质和土壤侵蚀；海洋生态系统评估包括生成海岸线、海岸保护、美感评估、水产养殖、生境风险评估、叠置分析、波能评估；陆地生态系统评估包括生物多样性、碳储量、授粉和木材生产量等。

四、千年生态系统评估

2001 年，联合国千年生态系统评估项目（2001～2005 年）正式启动，将生态系统服务研究推向了一个新的高潮。该项目的主要目标：一方面是评估生态系统变化对人类福祉所造成的后果，为改善生态系统的保护和可持续利用奠定科学基础，促进人类福祉；另一方面是通过完善决策者和公众所使用的科学信息，提高政府进行经济决策与环境决策的能力，从而提高生态系统管理水平，保障人类可持续发展。

MA 提出了评估生态系统与人类福祉之间相互关系的框架，并初步建立了多尺度、综合评估各个组分之间相互关系的方法，为生态系统学术研究做出了重要贡献。此外，MA 提供了一个用生态学知识为自然-社会复合系统决策过程服务的成功模式，推动生态系统评估在全球及其以下多种尺度上的应用与发展，并首次在全球尺度上系统、全面地揭示了各类生态系统的现状和变化趋势、未来变化的情景和应采取的对策，其评估结果为履行有关的国际公约、改进与生态系统管理有关的决策提供了充分的科学依据。

2005 年，MA 项目发布其生态系统评估成果，主要结论如下。

（1）在过去的 50 年中，人类改变生态系统的速度和规模超过人类历史上的任一时期。这主要是对食物、淡水、木材、纤维和燃料需求的迅速增长造成的，导致了地球上生物多样性的严重丧失。

（2）对生态系统造成的改变使人类福祉和经济发展得到了实质性进展，但其代价是生态系统诸多服务的退化、非线性变化风险的增加和某些人群贫困状况的加剧。这些问题如果得不到解决，将极大地削减人类后代从生态系统所获取的惠益。

（3）生态系统服务的退化在未来 50 年可能会更加恶化，并将成为实现联合国千年发展目标的障碍。

（4）为逆转生态系统服务退化的趋势，又满足人类不断增长的对生态系统服务的需求，必须在政策、机构和实践方面进行一系列的重大调整。

第三节　土地生态系统安全及其评价

土地生态系统安全是保证其服务功能的前提。土地生态系统只有保持了结构和功能的完整性，并具有抵抗干扰和恢复的能力，才能长期为人类社会提供服务。因此，土地生态系统安全是人类社会可持续发展的根本保证。生态安全评价是随着生态脆弱性评价、生态风险评价和生态系统健康评价发展起来的。

一、生态脆弱性评价

（一）生态脆弱性

生态脆弱性（ecological vulnerability）概念最早源于美国学者 Clements 提出的生态过渡带（ecotone）概念。目前，对生态脆弱性的认识还存在不同的观点：第一是自然的观点，从自然属性和生态方面的变化类型与程度来定义，认为生态系统的正常功能被打乱，超过了弹性自调节的“阈值”并导致系统发生不可逆的变化，从而失去恢复能力。第二是人文的观点，认为是当生态系统发生了变化，以至于影响当前或近期人类生存和自然资源利用。第三是广义人文的观点，把一定经济发展水平条件下的资源环境能否长期维持目前人类开发活动的能力作为判断标准。一般来说，生态脆弱性是指生态系统在特定时空尺度中相对于外界干扰所具有的敏感反应和恢复能力，是生态系统的固有属性在干扰作用下的表现，是自然属性和人类活动行为共同作用的结果，这种变化往往是向不利于人类生存、发展和利用的方向发展。它包含两层含义：一层是生态敏感性，即生态系统对威胁反应的灵敏度；另一层是生态恢复力，它反映一个生态系统对于外界干扰而产生的应变。其中，生态脆弱性与生态敏感性成正比，与生态恢复力成反比。

生态脆弱性与两个因素有关：一个是生态系统本身的特性；另一个是生态系统受到的干扰。生态系统本身的特性主要包括地质基础、地貌特征、气候水文和生物群落等因子，是生态系统形成的物质基础。生态系统受到的干扰主要是生态系统所遭受到的自然灾害及人类活动的扰动，尤其是人类对资源的开发利用。如果人类利用资源的活动在其承载能力和再生能力范围之内，生态系统在受到压力后就可以自我调节，并处于良性演替状态；如果人类对资源进行不合理的利用，超出其承载能力和再生能力的范围，生态系统将会退化，变成脆弱的生态系统。人类不合理利用资源的方式表现在：过度开垦土地、过度放牧、过度采伐、长期连续不合理的灌溉、挖矿开发及工农业污染等。

一般来说，脆弱的生态系统表现为生态系统本身的结构不够稳定，且自身的恢复和再生能力较差，对外界的干扰抵抗能力较低，易于发生逆向演替，生态系统产生退化，且这种退化已超过了人们对环境的改造能力，使生态系统不能维持人类生存和可持续发展。

（二）生态脆弱区

脆弱生态系统是一个相对的概念，世界上绝对稳定和绝对脆弱的生态系统并不存在，而且在自然演变过程中，任何生态系统总是在变化中趋于稳定。之所以称其为“脆弱生态系统”，是因为相对于稳定生态系统而言，脆弱生态系统维持稳定状态的能力较低，在同等干扰下，它更容易发生性质上的变化，表现为极易在干扰下偏离系统原有的平衡状态，从而向着生态系统恶化的方向发展，并且这种“先天的脆弱”在现有自然条件、社会经济和技术水平下不可能通过外界干扰得到根本性改变（Barrow，1991）。一般来说，生态脆弱区都具有以下基本特征。

（1）生态敏感性强，系统稳定性差。敏感性是反映生态系统扰动-响应关系的基本特性，也是环境及其组成要素对外界扰动发生响应的灵敏程度。它不仅取决于区域环境系统的内部结构，而且取决于环境系统受到的外部胁迫程度。理论上讲，系统内部结构越不稳定，环境敏感性越强，系统越容易退化。此外，环境敏感性的强弱还取决于外界扰动与环境系统响应过程的时间间隔（或速度）和响应后果（或扰动引起的环境变化）。响应时间越短，速度越快，环境敏感性越强，反之亦然；而响应越强烈，其变化幅度越大，也表明环境敏感性越强。

（2）生态弹性力小，抵御外界干扰能力差。生态弹性力是生态系统抵抗各种压力与扰动的能力大小。生态脆弱区生态弹性力小，抵御外界干扰能力差，当外界的干扰力量超出系统的弹性限度（即生态阈值）时，很容易发生环境突变，如陡坡山地，植被破坏后，遇到暴雨很容易发生水土流失，甚至引发滑坡和泥石流等自然灾害；在干旱区草地，长期超载放牧极易造成草地退化，加剧表土风蚀沙化，诱发沙尘暴，导致土地沙漠化。

（3）自然恢复能力差。自然恢复能力是生态脆弱性的主要特征之一。自然生态系统一般都具有潜在的脆弱性和自然恢复的双重功能，但生态脆弱性较高的地区，由于自身结构的不稳定性，一旦外界扰动打破自然生态平衡，就会出现系统退化加剧、生物再生能力下降、生态系统不断恶化的现实。此时，要想使退化的生态系统得到恢复，不仅要投入巨大的人力、物力、财力和漫长的时间，而且改造难度极大。例如，黄土高原重度水土流失区、北方干旱半干旱区风蚀沙化土地和南方低山丘陵红壤流水侵蚀区等侵蚀劣地，由于生态环境极为恶劣，自然再生能力极差，成为水土保持和生态恢复的“顽症区”。

（4）生态承载力能力低，环境容量小。生态承载力是生态系统的自我维持和自我调节能力，资源与环境子系统的供给能力及其可维持的社会经济活动强度和具有一定生活水平的人口数量。生态脆弱区最主要的表现就是资源承载力较小，土地生产力低下，系统可承载的人口数量有限，物质与能量的交换处于低水平状态。因此，当人口密度超过系统允许的生态阈值时，极易引起生态系统资源总量的失衡和土地退化，甚至导致环境持续恶化，如荒漠绿洲生态系统、森林草原生态系统、内陆湿地生态系统等。

目前，我国的生态脆弱区主要有：东北林草交错生态脆弱区、北方农牧交错生态脆弱区、西北荒漠绿洲交接生态脆弱区、南方红壤丘陵山地生态脆弱区、西南岩溶山地石漠化生态脆弱区、西南山地农牧交错生态脆弱区、青藏高原复合侵蚀生态脆弱区和沿海水陆交接带生态脆弱区。面临的主要问题是：草地退化、土地沙化面积巨大；土壤侵蚀强度大，水土流失严重；自然灾害频发，地区贫困不断加剧；气候干旱，水资源短缺，资源环境矛盾突出；湿地退化，调蓄功能下降，生物多样性丧失。造成我国生态脆弱区生态退化与自然环境脆弱的原因除生态本底脆弱外，人类活动的过度干扰是直接成因，主要表现在：经济增长方式粗放、人地矛盾突出、监测与监管能力低下、生态保护意识薄弱等。

（三）生态脆弱性评价内容

生态脆弱性评价就是指在区域水平上，对生态系统的脆弱程度做出定量或者半定量的分析和鉴定。评价的对象是人类活动干扰或外界环境胁迫下的生态系统，评价内容是对生态系统的不稳定性以及生态系统对人类活动和外界干扰可能的响应进行分析和预测，评价目的是研究生态脆弱性的成因机制及其变化规律，从而提出合理的资源利用方式和生态保护与生态恢复的措施，以实现资源环境与社会经济的协调发展。

生态脆弱性评价首先需要明确以下几个问题：①生态脆弱性评价是一种综合性评价，具有系统的整体性；②必须把生态系统的脆弱性因子与相关的干扰联系起来分析；③在不同时空尺度上，生态系统的结构和功能特征不同，生态系统稳定的限制因子和生态系统面临的干扰也不同，因此生态脆弱性评价的指标因子和评价方法等也不可能相同。

目前，生态脆弱性评价的概念模型主要有生态-社会-经济复合系统模型、成因-结果表现模型、压力-状态-响应模型和生态敏感性-生态恢复力-生态压力度模型等。

基于这些概念模型，构建的指标体系如下。

（1）生态-社会-经济复合系统评价指标体系。运用系统论的观点，分析生态经济系统及其子系统的特点，综合水资源、土地资源、生物资源、气候资源和社会经济等子系统脆弱因子，筛选指标，确定指标体系。该体系能够系统地反映出区域生态系统的脆弱性，但由于各子系统之间的相互作用，选择的指标之间具有相关性。因此，其是脆弱性评价中应用较多的一个指标体系。

（2）成因-结果表现指标体系。脆弱生态系统是由自然和人为因素共同作用而成的，并以一定的特征表现，因此选取脆弱生态系统的水资源、热量资源、干燥度、人均耕地面积、植被覆盖度和资源利用率等作为主要成因指标，结合其结果表现指标如退化程度、治理状况和社会经济发展状况等对生态系统进行综合评价。能够较好地体现出生态脆弱性的主要因素，而且结果表现指标的引入，也可以校正由主要成因及表现特征指标的局限性引起的误差，从而保证了评价的可操作性和准确性，也使评价结果更具有地区间的可比性。

（3）压力-状态-响应指标体系。脆弱性生态系统阻碍了可持续发展，所以选择限制可持续发展的因子建立评价指标体系。压力与状态指标描述人类活动对生态环境造成的压力和在这种压力下资源与环境的质量的状况以及社会经济状况。响应指标描述社会各层次对造成环境脆弱压力的响应，如资源的利用率、生态整治的程度、社会进步和经济发展等指标。

（4）敏感性-恢复力-压力度指标体系。生态敏感性因子包含地形因子（海拔、坡度和起伏度）、地表因子（植被覆盖度）、气象因子（多年平均太阳年总辐射、多年平均降水量和多年平均气温）和灾害因子（旱灾、水灾、雪灾、低温冷冻、沙尘暴、台风、地震、滑坡和泥石流等）。恢复力指的是生态系统受到扰动时的自身恢复能力，与其内部结构的稳定性有关，可用植被净初级生产力表征。生态压力度主要是指生态系统受到外界扰动的压力，一般为人口活动压力和经济活动压力，如用人口密度和 GDP 密度表示。

评价方法主要有综合指数法、景观生态学方法、层次分析法、模糊数学方法、灰色评价方法和熵权物元可拓方法等。

二、生态风险评价

生态风险（ecological risk，ER）是指生态系统及其组分所承受的风险，指在一定区域内，具有不确定性的事故或灾害对生态系统及其组分可能产生的作用，这些作用的结果可能导致生态系统结构和功能的损伤，从而危及生态系统的安全和健康。生态系统受外界胁迫，在目前和将来可能会减小该系统内部某些要素或其本身的健康、生产力、遗传结构、经济价值和美学价值。

（一）生态风险评价的概念

生态风险评价（ecological risk assessment）是近十几年逐渐兴起并得到发展的一个研究领域，其基于 20 世纪 80 年代出现的环境管理目标和环境管理观念的转变。20 世纪 70 年代，工业化国家的环境管理政策目标是力图完全消除所有的环境危害，或将危害降到当时技术手段所能达到的最低水平，这种“零风险”的环境管理逐渐暴露出其弱点。进入 80 年代后，产生了风险管理这一全新的环境政策。风险管理观念着重权衡风险级别与减少风险的成本，解决风险级别与一般被社会所能接受的风险之间的关系。生态风险评价因能为风险管理提供科学依据与技术支持而得到迅速发展。

生态风险评价的定义和程序表述较多，目前基本上都以美国环境保护署（Environmental Protection Agency，EPA）提出的《生态风险评价大纲》和美国国家科学院的《风险评价问题》为标准。美国国家环境保护局的定义为：对由于一种或多种应力（物理、化学或生物应力等）接触的结果而发生或正在发生的负面生态影响概率的评估过程。一般来说，生态风险评价是一个获取和分析生态环境数据、提取信息的过程，通过对各种假设和不确定因素的分析，得出生态逆向转变的可能性的评估。为了能够确切描述受体在风险源的影响下达到的生态终点，必须明确以下几个概念。

（1）风险源（stressors）。又称为压力或干扰，是指可能对生态系统产生不利影响的一种或多种化学的、物理的或生物的风险来源，包括自然、社会经济与人们生产实践等诸种因素，如气象、水文和地质等方面的自然灾害（如干旱、台风、洪水、地震、滑坡）、污染物、生境破坏、物种入侵以及严重干扰生态系统的人为活动（如火灾、核泄漏、土地沙漠化与盐渍化等）等。

（2）受体（receptors）。即风险承受者，指风险评价中生态系统可能受到来自风险源不利作用的组成部分，它可能是生物体，也可能是非生物体；可以指生物体的组织与器官，也可以指种群、群落和生态系统等不同生命组建层次。生态风险评价中，受体往往包括多个类型的生态系统，如农田生态系统、森林生态系统、草原生态系统、水域生态系统以及城市生态系统等，而不同的生态系统在区域整体的生态功能方面所发挥的作用也存在差异。

（3）生态终点（ecological end points）。在具有不确定性的风险源作用下，风险受体可能受到的损害，以及由此而发生的区域生态系统结构和功能的损伤。生态学中，从个体、种群、群落到生态系统水平上，不同组织尺度的可能生态终点不同。对于生态风险评价，生态终点应具有现实的生态学意义或社会意义，具有清晰的、可操作的定义，且易于观测和度量。除了反映生态系统的结构终点、功能终点和群落终点等要素外，更要从系统的功能出发，选择那些具有重要生态意义的受胁迫的生态过程（如流域中的水文过程）。

（二）生态风险的特点

生态风险除了具有一般意义上“风险”的含义外，还具有如下特点。

（1）不确定性。生态系统具有哪种风险和造成这种风险的灾害（即风险源）是不确定的特点。人们事先难以准确预料危害性事件是否会发生以及发生的时间、地点、强度和范围，最多有这些事件先前发生的概率信息，从而根据这些信息去推断和预测生态系统所具有的风险类型和大小。不确定性还表示在灾害或事故发生之前对风险已经有一定的了解，而不是完全未知。如果某一种灾害以前从未被认知，评价者就无法对其进行分析，也就无法推断它将要给某一生态系统带来何种风险了。风险是随机性的，具有不确定性。

（2）危害性。生态风险评价所关注的事件是灾害性事件。危害性是指这些事件发生后的作用效果对风险承受者（生态系统及其组分）具有的负面影响。有可能导致生态系统结构和功能的损伤、生态系统内物种的病变、植被演替过程的中断或改变、生物多样性的减少等。虽然某些事件发生后对生态系统或其组分可能有有利的作用，如台风带来降水缓解了旱情等，但是进行生态风险评价时不考虑这些正面的影响。

（3）内在价值性。生态风险评价的目的是评价具有危害和不确定性事件对生态系统及其组分可能造成的影响，在分析和表征生态风险时应体现生态系统自身的价值和功能。经济学上的风险评价和自然灾害风险评价，通常将风险用经济损失来表示。但针对生态系统所作的生态风险评价不能将风险值用简单的物质或经济损失来表示。虽然生态系统中物质的流失或物种的灭绝必然会给人们造成经济损失，但生态系统更重要的价值在于其本身的健康、安全和完整，正如某一物种灭绝了，很难说这一事件给人类造成了多大的经济损失，但是用再多的经济投入也是不可挽救的。因此，分析和表征生态风险一定要与生态系统自身的结构和功能相结合，以生态系统的内在价值为依据。

（4）客观性。任何生态系统都不可能是封闭和静止不变的，必然会受诸多具有不确定性和危害性因素的影响，也就必然存在风险。由于生态风险对于生态系统来说是客观存在的，所以，人们在进行区域开发建设等活动，尤其是涉及影响生态系统结构和功能活动时，对生态风险要有充分的认识，在进行生态风险评价时也要有科学严谨的态度。

（三）生态风险评价的内容

以前，生态风险评价主要是评价污染物可能给生态系统及其组分带来的概率损失。然而，环境中对生态系统具有危害作用且具有不确定性的因素不仅仅只是污染物，各种灾害，如洪水、干旱、地震、海啸、滑坡、火灾和核泄漏等，对生态系统的结构与功能都存在极大的威胁，一旦发生必然会危及生态系统及其内部组分的安全和健康，因而也是生态系统的风险源。

生态风险评价要利用地理学、生物学、毒理学、生态学和环境学等多学科的综合知识，采用数学与概率论等风险分析的技术手段来预测、评价具有不确定性的灾害或事故对生态系统及其组分可能造成的损伤。一般来说，生态风险评价包括 4 个部分：风险源分析、暴露评价、危害分析和受体分析。

（1）风险源分析。“风险源分析”是指对区域中可能对生态系统或其组分产生不利作用的干扰进行识别、分析和度量，又可分为风险识别和风险源描述两部分。根据评价目的找出具有风险的因素，即进行风险识别。区域生态风险评价所涉及的风险源可能是自然或人为灾害，也可能是其他社会、经济、政治和文化等因素，只要它可能产生不利的生态影响并具有不确定性，便是区域生态风险评价所应考虑的对象。风险源分析还要求对各种潜在风险源进行定性、定量和分布的分析，即风险源描述，以便对各种风险源有更深入的认识。

（2）暴露分析。“暴露分析”是研究各风险源在评价区域中的分布、流动及其与风险受体之间的接触暴露关系。例如，在水生态系统的生态风险评价中，暴露分析就是研究污染物进入水体后的迁移和转化过程，方法一般用数学或物理模型模拟。区域生态风险评价的暴露分析相对较难进行，因为风险源与受体都具有空间分异的特点，不同种类和级别的影响会复合叠加，从而使风险源与风险受体之间的关系更加复杂。

（3）危害分析。“危害分析”和暴露分析相关联，是区域生态风险评价的核心部分，其目的是确定风险源对生态系统及其风险受体的损害程度。传统的局地生态风险评价在评价污染物的排放时，多采用毒理实验外推技术，将实验结果与环境监测结合起来评价污染物对生物体的危害。对于区域风险评价的危害分析，显然难以在实验室进行观测，而只能根据长期的野外观测，结合其他学科的相关知识进行推测与评估。

（4）受体分析。“受体”即风险承受者，在风险评价中指生态系统中可能受到来自风险源的不利作用的组成部分，可能是生物体，也可能是非生物体。生态系统可以分为不同的层次和等级，在进行区域生态风险评价时，通常经过判断和分析，选取那些对风险因子的作用较为敏感或在生态系统中具有重要地位的关键物种、种群、群落乃至生态系统类型作为风险受体，用受体的风险来推断、分析或代替整个区域的生态风险。恰当地选取风险受体，可以在最大程度上反映整个区域的生态风险状况，又可达到简化分析和计算、便于理解和把握的目的。

三、生态系统健康评价

（一）生态系统健康的概念

生态系统健康（ecosystem health）是在20世纪70年代末，全球生态系统已普遍出现退化的背景下产生的。相对于人类和生物个体的健康诊断，Rapport等（1979）提出了“生态系统医学”，旨在将生态系统作为一个整体进行评估；随后，逐步发展形成了“生态系统健康”概念及其评价。Schaeffer等（1988）将生态系统健康定义为“没有疾病”，并提出了进行评价的原则及方法。Karr（1993）认为人类的过度干扰造成了生态系统的退化，生态系统健康就是生态完整性，并率先在对河流的评价中建立和使用了“生物完整性指标”。Rapport（1989）认为，“生态系统健康”的概念应该与人类的可持续发展联系在一起，其“健康”的目标在于为人类的生存和发展提供持续和良好的生态系统服务功能，在此意义上，生态系统健康就是生态系统的可持续性。

通常认为，功能正常的生态系统可称为健康系统，它是稳定的和可持续的，在时间上能够维持它的组织结构和自我管理，以及保持对胁迫的恢复力（Costanza，1992）。反之，功能不完全或不正常的生态系统，即不健康的生态系统，其安全状况则处于受威胁中。发展至今，生态系统健康已是一个将生态-社会经济-人类健康整合在一起的综合性概念，包含两方面内涵：满足人类社会合理要求的能力和生态系统本身自我维持与更新的能力。

（二）生态系统健康评价指标

（1）活力（vigor）。活力是指能量或活动性。在生态系统背景下，活力是指根据营养循环和生产力所能够测量的所有能量。但并不是能量越高的系统就越健康，如在一个水体生态系统中，由于土地的失调和土地养分的流失，造成水体中有过多的营养成分，但并不能认为其是健康的。

（2）组织结构（organization）。组织结构是指生态系统结构的复杂性。组织结构随系统的不同而发生变化。一般情况下，根据物种的多样性及其相互作用（如共生、互利共生和竞争）的复杂性，来衡量组织结构的复杂程度。在同一个生态系统中，生物成分和非生物成分是相互依存的。在受到干扰的情况下，这些趋势就会发生逆转。胁迫生态系统一般表现为物种多样性减少，共生关系减弱以及外来种的入侵机会增加。

（3）恢复力（resilience）。恢复力也称抵抗力，是指系统在外界压力消失的情况下逐步恢复的能力，可通过系统受干扰后能够返回的能力来测量。例如，为了证实受胁迫的生态系统恢复力弱于没有受胁迫的生态系统恢复力这个假说，在新墨西哥西南的一个半干旱的草原上进行了野外实验。在一口深井附近，通过放牧和牲畜的践踏设计了一个不同梯度压力，经过几次干旱后草原的恢复与离井的距离呈正相关，离井远的地方（受干扰小的地方）恢复速度快。

（4）维持生态系统服务。维持生态系统服务指的是服务于人类社会的功能，如涵养水源、水体净化、提供娱乐和减少土壤侵蚀等，越来越成为评价生态系统健康的一个关键性的指标。一般的胁迫将会从数量和质量上减少这些生态服务，而健康的生态系统将会更充分地提供这些生态服务。

（5）合理的土地利用方式。健康的生态系统支持许多潜在的服务功能，如提供可更新资源、娱乐和饮用水等。退化的生态系统不再具有这些服务功能。例如，干草原曾经在畜牧放养方面发挥很重要的作用，同时由于植被的缓冲作用而减少水土流失；但由于过度放牧，许多干草原景观被退化成沙丘，要承载过去那种放牧的牲畜量已不再可能。

（6）减少投入。健康的生态系统不需要另外的投入来维持其生产力。减少额外的物质和能量的投入来维持自身的生产力，是生态系统健康的指标之一。一个健康的生态系统具有尽量减少每单位产出的投入量，不增加人类健康的风险等特征。

（7）对相邻系统的危害。许多生态系统是以危害别的系统为代价来维持自身系统的发展。如废弃物排放进入相邻系统，污染物排放和水土流失（包括养分、有毒物质与悬浮物）等，造成了胁迫因素的扩散，增加了人类健康的风险，降低了地下水水质，丧失了娱乐休闲的功能等。

（8）人类健康影响。人类健康本身是测量生态系统健康的很好的指标，健康的生态系统应该有能力维持人类的健康。

（三）生态系统健康评价内容

生态系统健康评价可参考人类健康检查进行。医学诊断的程序一般是：医生检查并确定症状；检测症状的主要指标；做出初步诊断，进行进一步检测；根据以上检测报告综合判断；开处方提出治疗方案。上述医学健康检测和评估模式基本可应用于生态系统。但遗憾的是，现在并没有完整的生态系统疾病史及其造成病症的胁迫资料作为依据。

Costanza等从生态系统可持续性能力的角度，提出了描述系统状态的三个指标：活力、组织结构和恢复力及其综合评价。这是目前被普遍接受的生态系统健康指标，同时也较为全面，并与生态系统健康的概念和原则较为相符。另外，Costanza 等还构建了生态系统健康度量的指标及其度量方法（表 8-3），并提出了生态系统健康指数（health index，HI）。

表 8-3　生态系统健康度量成分、有关概念及方法（Costanza et al.，1992）

健康的成分	有关概念	相关度量	起源领域	可行的方法
活力	功能	GPP，NPP	生态学	度量法
	生产力	GNP	经济学	
	通过量	新陈代谢	生物学	
组织	结构	多样性指数	生态学	网络分析
	生物多样性	平均互信息可预测性	生态学	
恢复力		生长范围	生态学	模拟模型
联合性		优势	生态学	模拟模型

注：GPP，gross primary productivity（总初级生产量）；NPP，net primary productivity（净初级生产力）；GNP，gross national product（国民生产总值）。

生态系统健康指数的初步形式如下

$$HI=V\times O\times R \tag{8-1}$$

式中：HI为系统健康指数，也是可持续性的一个度量；V为系统活力，是系统活力、新陈代谢和初级生产力主要标准；O为系统组织指数，是系统组织的相对程度0～1的指数，包括它的多样性和相关性；R为系统恢复力，是系统弹性的相对程度0～1的指数。

从理论上说，根据上述三个方面指标进行综合运算就可确定一个生态系统的健康状况。但实际操作常常是很复杂的，因为每个生态系统都有许多组分、结构和功能，各有一套独立的系统，许多功能和指标都难以匹配。因此，必须对每个生态系统的健康成分单位加以具体度量。同时，生态系统是动态的，条件改变后生态系统内敏感物种能动性也发生相应变化，且生态健康的度量本身也往往因人而异。

四、生态安全评价

如果说生态系统健康诊断是对所研究的特定生态系统质量与活力的客观分析，那么生态安全研究则是从人类对自然资源的利用与人类生存环境辨识的角度来分析与评价自然和半自然的生态系统。

（一）生态安全的概念

安全是风险的反函数，通常指评价对象对于期望值状态的保障程度，或防止非理想的不确定性事件发生的可靠性。生态安全（ecological security）有广义和狭义两种理解。前者以国际应用系统分析研究所（International Institute for Applied Systems Analysis，IIASA）（1989）提出的定义为代表，是指在人的生活、健康、安乐、基本权利、生活保障来源、必要资源、社会秩序和人类适应环境变化的能力等方面不受威胁的状态下，包括自然生态安全、经济生态安全和社会生态安全，组成一个复合人工生态安全系统。后者则指自然和半自然生态系统的安全，即生态系统完整性和健康的整体水平的反映。

一般来说，生态安全包含两重含义：一方面是生态系统自身的安全，即在外界因素作用下生态系统是否处于不受或少受损害或威胁的状态，并保持功能健康和结构完整；另一方面是生态系统对于人类的安全，即生态系统提供的服务是否满足人类生存和发展的需要。生态安全为人类开发区域自然资源的规模制定了阈限，其意在于揭示一个国家或地区的生态环境与社会经济发展之间的相互关系，指出生态环境与社会经济之间是否出现不协调现象，并随时监控生态环境的变化，确保国家或地区社会经济的稳定。

区域生态安全是指在一定时空范围内，土地系统能够保持其结构与功能不受威胁或少受威胁的健康状态，并能够为社会经济可持续发展提供服务，从而维持复合生态系统的长期协调发展。近年来，区域生态安全问题已经成为了关乎区域可持续发展的核心问题。区域生态安全状况一方面受自然因素影响，如全球气候变化和自然灾害等；另一方面受人类活动影响，如城市化、工业化、经济发展与社会转型导致的土地利用变化等，是两方面因素共同作用的结果。在人类活动导致的生态环境问题中，土地利用变化过程对区域生态安全起着决定性的作用。1998 年长江洪水后，生态安全问题开始受到我国学者的广泛关注，大量学者从可持续发展的角度，以多指标综合评价、生态系统服务功能评价、生态格局分析以及土地利用变化的效应分析等为切入点对区域生态安全问题从理论到方法做了大量的研究。

（二）生态安全评价内容

（1）土地生态安全评价指标体系。区域土地生态安全评价涉及社会、经济和自然等各个方面，迄今尚缺乏明确的、统一的标准。现有的研究中，大多设立目标层、准则层和指标层，具体指标则从土地生态出发，按照自然因素、经济因素和社会因素进行分析确定；也有研究从土地资源生态压力、生态环境状态和生态环境响应三方面建立指标体系；或者基于 OECD 和 UNEP 提出的“压力-状态-响应”模型来构建指标；或者按照《生态环境状况评价技术规范》（HJ 192—2015），通过生物丰度指数、植被覆盖指数、水网密度指数、土地胁迫指数、污染负荷指数和环境限制指数来进行综合评价。其中，考虑各指标对生态安全的指示作用和方向有所差异，又将其分为正安全趋向性指标和负安全趋向性指标。构建土地生态安全评价指标体系时，要结合研究区的土地生态环境的特点，遵循客观性、统筹兼顾、主导因素和可操作性等原则。

（2）指标基准和标准。指标标准和等级划分是否科学合理直接影响评价结果的正确与否。目前，多选取国际公认值和世界平均值作为基准值，部分指标的基准值采用了全国平均值。除国家规定的标准和行业规范与设计标准之外，生态评价的标准大多处于探索阶段。考虑不同类型数据的特点，采用以下四种方法设定安全基准值：一是国际、国家、行业和地方规定的标准。国家标准是指国家已发布的生态、环境质量标准，如《土壤环境质量标准》（GB 15618—1995）、《生活饮用水卫生标准》（GB 5749—2006）、《食品安全国家标准粮食》（GB 2715—2016）等。行业标准是行业发布的环境评价规范、规定和设计要求等，如《土壤侵蚀分类分级标准》（SL 190—2007）、《生态环境状况评价技术规范》（HJ 192—2015）。另外，地方政府颁布的水土流失防治要求和化肥农药使用标准等，也可作为评价基准值的依据。二是以生态环境相似的和更大范围的区域平均值作为背景和本底标准，如区域植被覆盖率、区域水土流失本底值等。三是类比标准，以未受人类严重干扰的相似地区为类比标准；以类似条件的生态因子和功能为类比标准等。类比标准需根据评价内容和要求科学地选取。

四是科学研究已判定的生态效应被广泛引用的分级标准。在当地或相似条件下，以科学研究已判定的保障生态安全的指标体系等为评价的标准或参考标准应用。

（3）土地生态安全评价方法。目前，对区域的生态安全的评价还处于探索阶段，比较常用的方法有：综合指数法、土地承载力分析法（以生态足迹法和能值分析方法最具代表性）和景观生态学方法（以景观格局优化法和景观指数法最具代表性）。其中，综合指数法是目前应用较多的一种方法。该方法首先根据“PSR”模型建立表征各生态安全因子多层次的生态安全指标体系，用专家咨询法等对各指标因子的相对权重进行确定，然后通过数学计算得到生态安全程度的综合指数（或分数）。

应该说，生态安全的评价标准具有相对性和发展性，不同国家和地区或者不同的时代（发展阶段），其标准会有不同。另外，生态安全的研究要体现人类活动的能动性，在此基础上如何建立生态安全保障体系，具有更加重要的现实意义。

第四节　土地生态承载力评价

一、土地生态承载力

（一）生态承载力的概念

承载力（carrying capacity）原为力学中的概念，指物体在不产生任何破坏时的最大负载，现已演变为对发展的限制程度进行描述的最常用术语。1921 年，Park 和 Burgess 在人类生态学领域首次使用了此概念，表征环境限制因子对人类社会物质增长过程的重要影响。随着人口膨胀、资源短缺、环境污染与生态破坏等问题的出现，承载力研究范围逐渐扩展，衍生出一系列概念，如种群承载力、载畜量、土地承载力、环境承载力、资源承载力和生态承载力等（表 8-4），表征特定系统对某种承载对象的容纳能力。生态承载力概念的提出，使承载力研究从生态系统中的单一要素转向整个生态系统，更多地关注生态系统的完整性、稳定性和协调性。

表 8-4　不同背景下的承载力概念的演化

名称	背景领域	来源	定义
种群承载力	群落生态学	Hawden 和 Palmer，1922	某一特定环境条件下（主要指生存空间、营养物质、阳光等生态因子的组合），某种个体存在数量的最高极限
载畜量	草业科学	Arthur，1923	在不降低下一季度产草量的条件下，当草原基础状况良好，牧草可以采食利用时，单位面积能够承载的同种或多种家畜的数量
土地承载力	土地资源学	Allan，1949	在不发生土地退化的前提下，某一区域的土地所能供养的最大理论人口，以每平方千米人口数表示
环境承载力	人类生态学	Bishop，1974	自然或人造环境系统在不会遭到严重退化的前提下，对人口增长的容纳能力
资源承载力	人类生态学	UNESCO，1985	在可预先的时期内，利用该地区的能源及其他自然资源和智力、技术等条件，在保证符合其社会文化准则的物质生活水平下持续供养的人口数量
生态承载力	人类生态学	NASA，1996	生态系统维持其自然的、原生的与现有的状况以及生产产品和服务的总体能力，包括大气承载力、生物（多样性）承载力、对全球生态系统的贡献、文化承载力、人居承载力、生产承载力、土壤承载力和水承载力等

早期生态承载力的研究，多基于生态系统对承载对象的容纳能力，体现为一种平衡的状态。从种群生态学视角出发，在食物供应、栖息地、气候和竞争等因子共同影响下，生态系统中任何种群的数量均存在一个阈值。生态系统也存在"维持和调节系统能力的阈值"，超过此阈值，生态系统将失去平衡，以致遭到破坏。随着复合生态系统理论的提出和完善，生态承载力研究越来越强调人类的主导能动作用，"在生态系统结构和功能不受破坏的前提下，生态系统对外界干扰特别是人类活动的承受能力"，表现为"生态系统的自我维持、自我调节能力，资源与环境子系统的供容能力及其可维育的社会经济活动强度和具有一定生活水平的人口数量"。其中，资源承载力是基础条件，环境承载力是约束条件，生态弹性力是支持条件。但是，在一定社会经济条件下，生态系统维持其服务功能和自身健康的潜在能力并非固定不变，而是与社会经济发展水平直接相关。因此，生态承载力应考虑社会经济因素以及由此造成的动态性，并与管理目标紧密结合，以最大人类经济社会发展负荷（包括人口总量、经济规模及发展速度等）为承载对象。此外，生态承载力还具有明确的空间尺度性，体现为生态系统结构和过程的空间差异性。

可以看出，生态承载力的内涵至少包括三个方面：①以包括人类在内的复合生态系统为研究对象；②既考虑自然系统的自我维持和调节能力（即资源与环境的可持续供给与容纳能力），又考虑人类社会活动对系统的正负能动反馈；③具有显著的时空尺度依赖性。

（二）生态承载力的研究方法

近年来，生态承载力研究主要从两个角度开展：一是压力角度，即用种群数量、环境污染强度和人口数量等指标来表征承载力；二是支持力角度，即用资源供给量或环境容量指标直接表征。具体测度又分为两类：一类是绝对指标，即从定义出发根据可利用资源的多少和环境容量的大小来确定的可支撑的人口和社会经济发展的规模；另一类是相对指标，即将承载力无量纲化，用综合指数来衡量，确定其是否在合理阈值内。综合国内外相关研究，主要方法有 NPP 估测法、生态足迹法、供需平衡法、综合指标评价法和系统模型法等。

（1）NPP 估测法。NPP 反映了某自然生态系统的恢复能力。一般来说，特定区域 NPP 是可测定的，且在一个中心位置上下波动。通过实测，判定生态质量现状偏离中心位置的程度，以此作为自然系统生态承载力的阈值，并据此确定区域的开发类型和强度。

（2）生态足迹法。生态足迹的基本思想是以具有等价生产力的生物生产性土地面积为衡量指标，定量表征人类活动的生态负荷和自然系统的承载能力，从而判断系统是否安全。Global Footprint Network 按照收入对不同国家和地区进行分组，基于生态足迹方法研究了不同组的生态承载力及相应的可持续发展状态。国内学者也采用生态足迹法研究了不同区域的生态承载力，并进行动态预测。

（3）供需平衡法。区域生态承载力体现了一定时期、一定区域生态系统对社会经济发展和人类生存、发展和享乐需求在量与质方面的满足程度。因此，可用区域生态系统提供资源量与当前发展模式下社会经济需求之间的差量关系，以及现有的生态环境质量与当前人们所需求的质量之间的差量关系来衡量。若差值大于 0，表明区域生态承载力有盈余；差值等于 0，表明区域生态承载处于临界状态；差值小于 0，表明区域生态承载力超载。

（4）综合指标评价法。由于生态承载力涉及资源环境和社会经济等多方面因素，可通过构建指标体系模拟生态系统的层次结构，根据指标间相互关联和重要程度，对参数的绝对值或者相对值逐层加权并求和，最终在目标层得到某一绝对或相对的综合参数来反映生态系统承载状况。指标体系的构建主要源自可持续发展思想的系统理论，如从生态弹性能力、资源承载能力和环境承载能力方面进行构建；或者引入欧氏几何中三维状态空间轴的概念，从承压、压力和区际交流方面来构建。指标的综合多采用权重求和法和状态空间法等方法。

（5）系统模型法。数理模型是模拟和反映区域生态承载状况的常用方法。从早期的线性规划模型到现在广泛应用的模糊目标规划模型、系统动力学模型、门槛分析模型和空间决策支持系统等，极大地提高了承载力研究的定量化水平。近年来，发展了城市圈人口数量与生态承载力的动力学仿真模型、基于灰色关联度和灰色预测的区域环境承载力评价模型，以及基于不同政策情景的系统动力学-多目标规划整合模型（SD-MOP）等。

二、生态足迹

（一）生态足迹的概念

20 世纪 90 年代以来，国际上相继提出了一些直观的、较易于定量评价国家或地区的可持续发展程度的方法及模型，如 Daly 和 Cobb 提出的“可持续经济福利指数”、Prescoll-Allen 提出的“可持续性的晴雨表”、Cobb 等提出的“真实发展指标”，以及 William Rees 提出的生态足迹模型等。其中，生态足迹模型就是其中最具代表性的一种。

1992 年，加拿大生态经济学家 William Rees 等提出了生态足迹模型。其基本出发点是：任何人都要消费自然资产，因此对地球生态系统构成了影响；只要人类对自然系统的压力处于地球生态系统的承载力范围内，地球生态系统就是安全的，人类经济社会的发展就处于可持续的范围内。如何判定人类是否生存于地球生态系统承载力的范围内呢？通过生态足迹的计算就可以做出评判。该方法通过估算维持人类的自然资源消费量和同化人类产生的废弃物所需要的生物生产性土地面积大小，并与给定人口区域的生态承载力进行比较，来衡量区域的可持续发展状况。

生态足迹，或称生态空间占用。William Rees 曾将其形象地比喻为“一只负载着人类与人类所创造的城市、工厂……等的巨脚踏在地球上留下的脚印”（图 8-1）。1996 年以后，William Rees 和 Wackernagel 从不同的侧面对其进行了定义，“一个国家范围内给定人口的消费负荷”“……用生产性土地面积来度量一个确定人口或经济规模的资源消费和废物吸收水平的账户工具”。

生态足迹方法是衡量人类对自然资源利用程度以及自然界为人类提供的生命支持服务功能的方法。它表明各个国家（地区）消费了多少资源。将其与自然生态所能提供的生态服务相对比，如果两者之差是负值，即生态赤字（ecological deficit），也就是消耗量大于所能提供的服务，表明人类对自然的压力大于自然的承载能力，是有悖于可持续发展的；反之，即生态盈余（ecological remainder），则表明人类对自然的压力小于自然的承载能力。

（二）生态足迹的计算方法

生态足迹的计算基于以下两个事实：人类可以确定自身消耗的绝大多数资源及其所产生的废物数量；这些资源和废物可以换算成提供这些功能所需的生物生产面积。生态足迹模式为量度人类需求与自然有效供给的关系提供了评估方法。其重要的计算步骤如下。

图 8-1 生态足迹比喻（Wackernagel and Rees，1996）

（1）划分消费项目，计算各主要消费项目的消费量，如消费的食物类（包括肉类、奶脂类、鱼类、粮食谷物、动物饲料和果蔬类等）与能源类（包括煤炭、石油、天然气、汽油、柴油、煤油、重油和燃料油等）。

（2）利用世界平均产量数据，将各消费量折算为生物生产性土地面积。将各种资源和能源消费项目折算为耕地、草场、林地、建筑用地、化石能源土地和海洋（水域）等 6 类生物生产性土地面积类型。耕地提供粮食、油料等农作物和经济作物产品，草场提供肉和奶等食物，适用于发展畜牧业，林地包括人工林和天然林用地，建筑用地包括人类修建住宅、道路、水电站等所占用的土地，化石能源土地消纳化石燃料燃烧产生的 CO_2 等废物，海洋提供水产品。

（3）通过当量因子把各类生物生产性土地面积转换为等价生产力的土地面积。不同类型土地的生产力是存在差异的。当量因子（或称均衡因子）是一个使不同类型的生物生产性土地转化为在生物生产力上等价的系数，其计算公式为

某类生物生产性土地的当量因子=全球该类生物生产性土地的平均生态生产力÷全球所有各类生物生产性土地的平均生态生产力

目前，采用的当量因子分别为：耕地和建筑用地 2.8，草地 0.5，森林和化石能源用地 1.1，水域 0.2。

将不同类型的生物生产性土地转化为具有相同生物生产力的面积后，将其汇总、加和计算出生态足迹的大小。具体计算公式如下

$$\mathrm{EF} = N\mathrm{ef} = N\sum_{i=1}^{n}\mathrm{aa}_i = N\sum_{i=1}^{n}(r_j \cdot c_i / p_i) \tag{8-2}$$

式中：EF 为总的生态足迹；N 为人口数；ef 为人均生态足迹；c_i 为 i 种商品的人均消费量；p_i 为 i 种消费商品的平均生产能力；aa_i 为 i 种交易商品折算的生物生产性土地面积；i 为消费商品和投入的类型；n 为消费项目数；r_j 为当量因子。

（4）通过产量因子计算生态承载力。在生态承载力的计算中，由于不同国家或地区的资源禀赋不同，不仅单位面积耕地、草地、林地、建筑用地和海洋（水域）等的生态生产能力差异很大，而且单位面积同类生物生产面积类型的生态生产力差异也很大。因此，不同国家和地区同类生物生产面积类型的实际面积是不能进行直接对比的，需要对不同类型

的面积进行标准化。不同国家或地区的某类生物生产面积类型所代表的局地产量与世界平均产量的差异可用“产量因子”表示。产量因子是某个国家（或地区）某类土地的平均生产力与世界同类土地的平均生产力的比率，是将各国（或地区）同类生物生产性土地转化为可比面积的参数。例如，加拿大牧草地的产量因子为 2.04，表明相同面积条件下加拿大的牧草地生产力要比世界牧草地平均生产力高出 104%。出于谨慎考虑，在生态承载力计算时应扣除 12%的生物多样性保护面积。

$$\mathrm{ec} = a_j \times r_j \times y_j (j = 1,2,3,\cdots,6) \tag{8-3}$$

式中：ec 为人均生态承载力（hm^2/人）；a_j 为人均生物生产性土地面积；r_j 为均衡因子；y_j 为产量因子。

（5）将生态承载力与生态足迹比较，分析可持续发展的程度。区域生态足迹如果超过了区域所能提供的生态承载力，就出现生态赤字；如果小于区域的生态承载力，则表现为生态盈余。区域的生态赤字或生态盈余，反映了区域人口对自然资源的利用状况。

Wackernagel 等用 1999 年的数据，进行了全球生态足迹的计算（表 8-5）。可以看出，1999 年全球平均每人的生态足迹 2.33gha，每人可提供的平均面积近 1.91hm^2，生态足迹赤字为每人 0.42hm^2。

表 8-5　全球生态足迹（1999 年）（Wackernagel et al.，2002）

面积	当量因子/（gha①/hm^2）	全球需求		全球可提供的生产力面积	
		总和需求/（hm^2/人）	标准化后的需求/（gha/人）	全球面积/（hm^2/人）	标准化后的面积/（gha/人）
耕地	2.1	0.25	0.53	0.25	0.53
草地	0.5	0.21	0.10	0.58	0.27
林地	1.3	0.22	0.29	0.65	0.87
渔场	0.4	0.40	0.14	0.39	0.14
建筑用地	2.2	0.05	0.10	0.05	0.10
能源用地	1.3	0.86	1.16	0.00	0.00
合计			2.33	1.91	1.91

①“gha”即 global hectare（全球性公顷）。一个单位的 gha 相当于 1hm^2 具有全球平均产量的生产力空间。

第五节　土地生态系统管理

一、生态系统管理的概念

（一）生态系统管理

生态系统管理（ecosystem management）起源于传统的林业资源管理和利用过程。1990 年以来，生态学界开始注意生态系统管理，并将生态管理与可持续发展相联系。生态系统管理是指在对生态系统组成、结构和功能过程加以充分理解的基础上，在一定的时空尺度范围内将人类价值和社会经济条件整合到生态系统经营中，制定适应性的管理策略，以恢复或维持生态系统整体性和可持续性。可以看出，生态系统管理包括了“生态系统”

和“管理”两个重要概念。管理的基础是要求人类对于生态系统中各成分间的相互作用和各种生态过程有最佳的理解，只有充分地了解生态系统的结构和功能，包括各种生态过程，并根据这些规律性和社会经济发展情况来制定政策法令和选择各种措施，才能将生态系统管理好。

因此，一方面，生态系统管理必须要有明确的目标，它是由决策者最后确定的，但同时又具有可适应性，即可以根据实际情况进行修改。生态系统的管理目标是保持生态系统健康，为人类社会发展提供丰富的服务或产品。另一方面，生态系统管理通过制定政策、签订各种协议和具体实践活动来实施，如维护生态系统的健康，对已破坏的生态系统采取措施恢复其健康。所以，生态系统管理并非一般意义上对生态系统的管理活动，它促使人类必须重新审视自己的管理行为，使人类社会发展行为符合生态系统运行规律。由于可持续发展主要依赖于可再生资源特别是生物资源的合理利用，因而正确的生态系统管理显得更为重要，它是实现可持续发展战略的必由之路。

（二）生态系统管理的内容

生态系统管理的要素包括：有明确的管理目标，有确定的系统边界和单元，基于对生态系统的深刻理解，有适宜的尺度和等级结构，理解生态系统不确定性，可适应性管理，强调部门与个人间的合作，把人类及其价值取向作为生态系统的一个成分等。生态系统管理的目标是实现生态系统的可持续性。具体来说，生态系统管理必须包含以下几个方面。

（1）可持续性。生态系统管理必须使生态系统得以持续，要使生态系统同样能为我们的后代提供产品和服务。把长期的可持续性，即代与代之间的可持续性作为管理活动的先决条件。

（2）目标。生态系统管理必须要有明确的目标，它是由决策者最后确定的，但同时又具可适应性，可以根据实际情况进行修改。具体的目标应具有可监测性。

（3）生态系统模型。在生态学原理的指导下，构建适合的生态系统功能模型来指导管理实践；生态系统管理依赖于在不同生态组织水平上所构建的生态模型及其理解。

（4）复杂性和相关性。生态系统复杂性和相关性是生态系统功能实现的基础，生物多样性和结构复杂性可以增强生态系统的抗干扰能力，并提供适应长期变化所必要的遗传资源。

（5）动态特征。变化和演变是生态系统可持续性所固有的。生态系统管理并非试图维持生态系统某一种特定的状态和组成，动态发展是生态系统的本质特征。

（6）时空尺度。生态系统过程具有明显的空间和时间尺度。任何特定的生态系统行为都受到周围生态系统的影响，因此，生态系统管理不存在固定的空间尺度和时间框架。

（7）人类是生态系统的组成部分。人类不仅是引起生态系统可持续性问题的原因，也是寻求可持续管理目标过程中生态系统整体的重要组成。生态系统管理要评估人类在获得可持续管理目标中的积极作用。

（8）适应性和功能性。生态系统功能的现存知识是不完全的、受制于变化的，生态系统管理需要通过生态学研究和生态系统监测，不断深化对生态系统的认识，并及时调整管理策略，以保证生态系统功能的实现。

二、生态系统管理的原则和方法

（一）生态系统管理的原则

针对生态系统的多样性和复杂性，生态系统管理必须以可持续发展为目标，以健康为标准，在生态综合评价的基础上，通过政策、协议和实践进行管理，并基于生态监测与科学研究，进一步对管理措施进行修正。生态系统管理须遵循如下原则。

（1）整体性原则。整体性是生态系统的基本特性。各种自然生态系统都有其自身的整体运动规律，人为随意地分割都会给整个系统带来灾难。

（2）动态性原则。生态系统是一个动态系统。特定生态系统在不同的时空尺度上发生着各种生态过程。在划分生态系统管理边界时须综合考虑演替斑块，合理划分自然管理区将有助于实现生态系统的功能监测和管理目标。

（3）再生性原则。生态系统具有很高的生产能力和再生功能。初级生产和次级生产为人类提供了几乎全部的原料。在管理中必须高度重视该种生产能力和再造性，从而保证生态系统提供充足的资源和良好的服务。

（4）循环利用性原则。生态系统中有些资源是有限的，如水资源。在进行管理时要遵循经济、生态规律和循环利用的原则。

（5）平衡性原则。生态系统健康是生态系统管理的目标。生态系统自我调节能力受生态阈值的制约。在生态系统管理中，需要通过合理的人为管理，减缓外界压力，以保持系统的健康和平衡。

（6）多样性原则。生物多样性是生态系统持续发展和生产力的核心，在复杂的时空尺度上维持生态系统过程的运行。生物多样性是生态系统抗干扰能力和恢复能力的物质基础，是生态系统适应环境变化的物质基础。维护生物多样性是生态系统管理中不可缺少的组成部分。

（7）科研与科普相结合原则。“生物圈 2 号”试验的失败说明生态系统管理的实践与研究还处于开始阶段。但通过科学研究、教育、知识普及和公众参与等的结合，可以增加人们对生态系统过程和管理后果的理解，并增加管理决策时对不确定性、意外性和有限性的解释。

（二）生态系统管理的方法

生态系统管理要把生态学知识应用到自然资源管理活动中，进行以下基本步骤。

（1）确定可持续的目标。可持续性是生态系统管理的首要目标。在很多情况下，人们往往只注重自然资源利用，忽视生态系统的多样性和复杂性的重要作用。这种只关注自身利益的短期行为是不可能实现长期可持续发展的。

（2）收集适当的数据。在对生态系统复杂性和系统内各种要素相互作用关系充分理解的基础上，提出合理的生态系统模型，分析并检测生态系统的动态行为。

（3）调节空间尺度。如果自然生态管理区的划分和生态系统过程的发生在空间上是一致的，那么生态系统管理的实施会极大简化。由于不同生态过程在空间区域上的变化，一种确定的划分适合所有的过程肯定是不可能的。生态系统管理必须在每一生态系统的不同管理者中寻求一致性。

（4）分析和整合生态系统的生态、经济和社会信息，制定合理的生态系统管理政策、法规和法律。

（5）调整时间尺度。实施生态系统管理既要考虑超越人类生命限度的时间尺度的、长期的计划和协约，又要认识到短期决策的必要性，以应对可能发生的突变事件。

（6）建立适宜的管理体制，履行生态系统适应性管理责任分工。成功的生态系统管理需要建立管理体制，以适应生态系统特征的变化和科技知识基础的变化，使生态系统管理具有适应性和可解释性。同时，要注意协调管理部门与生态系统管理者、公众的合作关系。

（7）发挥科学家的科学研究和组织实施作用，及时对生态系统管理的效果进行正确的评价和提出生态系统管理的修正意见。

（三）生态系统管理的主要途径

生态系统管理需要依赖科学的生态系统变化动态的监测和生态系统变化的综合评估，制定生态系统管理的科学规划，确立生态系统管理的技术和措施体系。首先，应该对生态系统进行实时的动态监测，从而了解生态系统的变化，并且给予正确合理的综合评估。其次，在正确评估的基础上给予合理的生态系统科学规划，制定出相应的管理技术和管理措施。最后，加强生态系统管理立法，依法进行并监督生态系统管理。

在生态系统管理实践中，管理者可以选择多种不同的途径和切入点。例如，通过各种人为措施直接改变生态系统的结构的生态系统结构管理，通过调节生态系统的生态学过程的生态系统过程管理，在区域尺度上调整生态系统的格局的生态系统格局管理。另外，还提出了适应性管理、生态风险管理、适度干扰与恢复重建等途径。

（1）适应性管理。适应性管理是广泛倡导的生态系统管理方式。生态系统事件的发生不可能是确定的，而是具有不确定性和突发性。适应性管理是依赖于我们对于生态系统临时的和不完整的理解来进行的，允许管理者对不确定性过程的管理保持灵活性和适应性。适应性管理的主要任务是对人为活动的管理，通过确定人类活动的适度规模和合理的方式，通过人类活动对生态系统的物质、能量和信息的投入，调整生态系统的结构和过程，调节生态系统变化的进程，改变生态系统的变化方向、抑制不同层次生态环境问题的发生，维持生态系统的可持续性和适度的生态服务产出。

（2）生态风险评价。利用生态学、环境化学及毒理学的知识，定量确定一种或多种内部或外部的环境危害对人类和生物导致的不利生态影响的概率及其强度的过程。生态风险评价的目的是为生态环境保护和生态系统管理提供决策依据。由于生态风险评价能够预测未来的生态不利影响或评估以往某种因素导致生态变化的可能性，因此生态系统管理中最重要的是风险管理，针对生态风险评估的结果采取防范对策与行动，进行风险控制。风险管理的水平依赖于生态风险评价的质量和人类可使用的手段。

（3）适度干扰与恢复重建。对生态系统的适度干扰不仅不会使生态系统受损，反而会使系统的结构和功能进一步完善，系统更加稳定。适度干扰理论是目前生态系统管理实施的重要理论依据。一般来说，受损害生态系统的恢复和重建可采用两种模式途径：一种是当生态系统受到的损害没有超过系统的阈值，并且是在可逆的情况下时，外来的干扰和破坏解除后，生态系统自然恢复；另一种是生态系统受到的损害超过系统的承载力，并且发生了不可逆的变化，在这种情况下，仅靠自然过程不能使系统恢复到初始状态，必须加以人工措施才能使其迅速恢复。

此外，生态系统管理的途径和技术还有推行清洁生产、废物资源化管理、建立生态工业园区、实施标准化环境管理系列标准、开展生态工程和生态建设、加强自然保护的管理和研究、建立各种类型自然保护区及建立环境管理信息系统等。

复习思考题

1. 何谓土地生态系统？其基本性质有哪些？
2. 如何理解土地生态系统服务功能？
3. 何谓生态安全？生态脆弱性？生态风险？生态健康？
4. 生态风险评价一般包括哪些内容？
5. 生态系统健康的评价指标有哪些？
6. 何谓生态足迹，如何计算？
7. 何谓生态系统管理？包括哪些内容？

第九章 土地利用可持续性评价

土地利用可持续性评价是随着人口增长、土地退化和环境问题的日益加剧，基于土地资源为社会经济可持续发展提供支持的角度，提出的一种土地评价类型。

土地利用可持续性（evaluation sustainable land use）评价是将与土地利用有关的自然、经济和社会各个方面的因素联系起来，通过一系列的科学分析，指出土地利用的可持续性。评价的关键是对未来土地利用系统的变化趋势进行预测和分析。FAO 在《可持续土地利用评价纲要》（1993）中提出了“指示因素-标准-临界值”监测体系，并用土地质量指标体系来表征土地持续利用的状况。

本章主要从土地利用/土地覆被变化、土地质量指标体系、土地利用可持续性评价以及土地利用多功能性评价等几个相互之间存在紧密逻辑联系的方面，阐述土地利用的可持续性。

第一节 土地利用/土地覆被变化

一、土地利用与土地覆被

（一）土地利用与土地覆被的概念

土地利用和土地覆被是两个既有密切联系又有本质区别的概念。土地利用（land use）是指人类根据土地的自然属性和社会经济发展的需要，有目的地长期改造、开发和利用土地资源的一切人类活动，如农业用地、工业用地、交通用地、居住用地等。土地覆被（land cover）则是随遥感技术的应用而出现的新概念。IGBP 和 IHDP 将其定义为“地球陆地表层和近地面层的自然状态，是自然过程和人类活动共同作用的结果”；美国全球环境变化委员会（United States of Global Climate Research，USSGCR）将其定义为“覆被着地球表面的植被及其他特质”，如各类作物、土壤、冰川、水面、森林、草地、房屋、水泥及沥青路面等。

在很多情况下，土地利用和土地覆被所指的对象是相同的，导致这两个概念容易混淆。例如，对于同一片草地或作物，不考虑其目的和用途而仅将其看作植被时，它是土地覆被类型；若考虑其用于放牧或粮食生产等用途时，它就是相应的土地利用类型。

（二）土地利用与土地覆被的关系

通常认为，土地利用是土地覆被变化最重要的影响因素，土地覆被的变化反过来又作用于土地利用。土地利用与土地覆被的密切关系，可以理解成地表的两个方面：一个是发生在地球表面的过程；另一个则是各种地表过程（包括土地利用）的产物。无论是在全球尺度还是国家或者区域尺度上，土地利用的变化在不断地导致土地覆被的加速变化。

土地利用变化导致的土地覆被状况的变化主要有渐变和转换两种类型。渐变是指同一种土地覆被类型内部条件的变化，如对森林进行疏伐或农田施肥等；转换则是指一种覆被类型转变为另一种覆被类型，如森林变为农田或草地等。此外，维护（即让土地覆被保持一定的状态）也是人类活动影响土地覆被的一种形式。

土地利用与土地覆被的关系如图 9-1 所示。土地覆被（自然系统）处于土地利用及其驱动力组成的系统关系中。驱动力在不同社会条件下的相互作用产生了不同的土地利用，土地利用对土地覆被的影响则通过土地覆被的渐变、转换或维护表现出来。一方面，土地覆被变化通过环境影响反馈回路影响土地利用变化的驱动力。另一方面，土地覆被变化的影响经过累积作用可以达到全球规模，继而加速气候变化，而气候变化的结果又反馈回由土地覆被构成的自然系统，并且最终通过环境影响回路对驱动力发生作用。

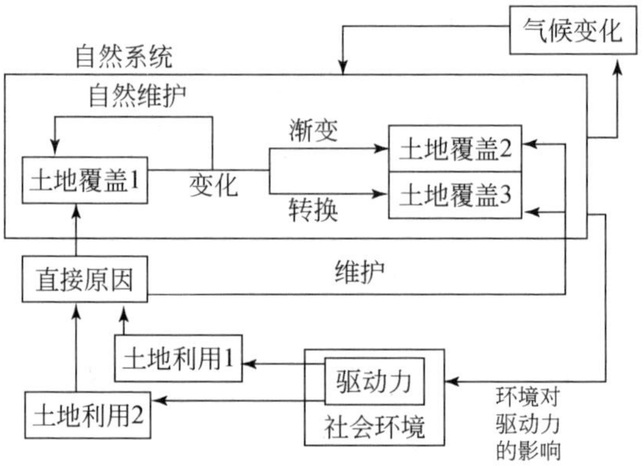

图 9-1 土地利用/覆被之间的联系（Turner et al.，1994）

由于土地利用与土地覆被之间存在着密不可分的关系，所以人们常把两者联系在一起，称为“土地利用/覆被变化”，并且对于它们所产生的广泛影响给予越来越多的关注。

二、土地利用/覆被变化研究计划

在全球环境变化研究中，LUCC 研究具有特殊的重要意义：一方面为气候变化的全球和区域模式以及陆地生态系统模式提供情景；另一方面，有助于解释人地系统相互作用的内在机制。因此，1990 年以来，隶属于“国际科学联盟组织”的“国际地圈与生物圈计划”和隶属于“国际社会科学联盟组织”的“国际全球环境变化人文因素计划”积极筹划这一全球性的综合研究计划，于 1995 年联合发起“土地利用/覆被变化”研究，并编辑出版了 LUCC 项目的《科学研究计划》。

IGBP 和 IHDP 两大国际组织之所以积极推动 LUCC 研究工作，原因如下：首先，LUCC 在全球环境变化和可持续发展中占有重要的地位。人类通过对与土地有关的自然资源的利用活动，改变地球陆地表面的覆被状况，其环境影响不只局限于当地，而远至于全球。而土地覆被变化对区域水循环、环境质量、生物多样性及陆地生态系统的生产力和适应能力的影响则更为深刻。其次，地球系统科学、全球环境变化及可持续发展涉及自然和人文多方面的问题，加强自然与社会科学的综合研究，已成为两大学科领域众多学者的共识。在全球环境变化问题中，LUCC 可以说是自然与人文过程交叉最为密切的问题。

1999 年，IGBP 开始讨论第二个 10 年发展战略，全球变化研究与可持续发展问题的联系成为其主要议题。在其 1999 年出版的 LUCC 项目《执行战略》中，指出综合性和区域性是 LUCC 研究的两大突出特征，并强调了 LUCC 研究必须与区域可持续发展问题相联系，如水资源、土地退化、环境污染、贫困以及区域自然地理环境和社会在全球变化压力下的脆弱性等问题（Lambin et al.，1999）。

IGBP 与 IHDP 的 LUCC《执行战略》指出，LUCC 研究应具体回答以下与人类的生存和发展密切相关的科学问题。

（1）近 300 年来土地覆被是如何受人类的影响而发生变化的？

（2）在不同的地区与不同的历史时期内土地覆被的变化主要受哪些人为因素的影响？

（3）在近 50～100 年来土地利用的变化是怎样影响土地覆被及其变化的？

（4）对于某一特定的土地利用类型来说，近期内有哪些人为因素或者自然环境要素的变化影响土地利用的可持续性？

（5）气候与地球生物化学圈层的变化是怎样影响土地利用/覆被及其变化的？

（6）土地利用/覆被的变化又是怎样反过来影响着人类的行为的？土地覆被的变化如何导致或者加剧了某些特定区域的脆弱性？

针对这些问题的思考，LUCC 研究计划提出三个重点领域（表 9-1）。

表 9-1　土地利用/覆被变化研究焦点

焦点	土地利用变化机制	土地覆被变化机制	区域和全球模型
研究方法	比较分析	实地调研和诊断模型	综合分析与评价
实施策略	通过案例研究，在全球范围内，对标准化研究区域的土地利用变化和土地管理，进行分析和建模	通过对解释变量的直接观察和测量，开发土地覆被的经验诊断模型	利用对研究重点的分析，发展区域或全球的整合和诊断模型
具体内容	①土地利用行为与决策 ②从过程到格局：将当地土地利用决策与区域和全球过程联系起来，以研究此过程下的土地利用格局 ③持续性和脆弱性情景	①土地覆被变化指标体系、热点和关键区域研究 ②社会化像元：给每个研究单元赋予社会属性 ③从格局到过程：从区域 LUCC 时空特点的分析出发，结合案例研究，来探讨所观测土地格局在不同尺度下的潜在过程	①区域模拟研究的回顾、总结与对比 ②区域 LUCC 模型建立的方法论问题 ③LUCC 及其关联系统的动态 ④重大环境问题的情景分析（scenario analysis）与评价

注：由于驱动未来土地利用变化的主要因子（如人口、区域需求和政策等）含有很大的不确定性，有必要清楚地定义一些未来区域发展的“情景”，从而可以通过模型分析评估 LUCC 的可能范围，以及对区域环境的可能影响。

由于土地利用是土地覆被变化最重要的影响因素，土地覆被的变化反过来又作用于土地利用。土地覆被的变化，主要表现在生物多样性、土壤质量、地表径流和侵蚀沉积及实际和潜在的土地第一性生产力等方面。同时，土地覆被及其变化又是地圈、生物圈和大气圈中多数物质循环和能量转换的过程，包括温室气体的释放和水循环的源汇。因此，国际上有关研究项目主要围绕 LUCC 以及全球环境变化与可持续发展的关系展开。

（一）土地覆被变化对全球环境变化的影响

主要回答土地利用如何通过改变土地覆被影响全球环境变化。全球变化包括系统性变化和累积性变化两种形式。前者指真正全球意义上的变化，如气候波动和碳循环等；后者指区域性的变化，但其累积效果影响全球性的环境现象，如植被破坏、生物多样性的损失及土壤侵蚀等。LUCC 对全球变化的影响主要是通过累积性方式发生作用的。土地覆被变化对系统性变化的影响研究，包括温室气体的净释放效应、大气下垫面反照率的变化等；对累积性变化的影响研究，包括土地退化、生物多样性、流域水平衡、水质和水环境、河流泥沙及海洋生态系统等。

（二）全球环境变化对土地覆被变化的影响

主要研究全球气候变化对土地利用/覆被的影响，以及土地利用/覆被对全球气候变化的响应。气候变化对土地利用/覆被的影响包括通过气温和降水波动造成的直接影响以及通过干旱、洪水产生的间接影响。土地利用/覆被对气候变化的响应包括土地对气候变化的敏感性、对气候变化具有减缓作用的土地利用等。各种土地利用方式对气候波动的敏感性差异很大，如旱作农业比灌溉农业脆弱得多。

（三）土地利用/覆被变化和可持续发展

由于地球系统自然资源的丰缺会受到 LUCC 的直接或间接影响，因此 1992 年联合国环境和发展大会所提出的许多可持续发展问题均与 LUCC 有关，包括土壤利用与侵蚀速率、土壤养分保持、水资源利用、农业生态潜力和承载力、农村规划、环境与发展及国内与国际政策等。这方面的研究主要着眼于：①协调各经济部门对土地的利用，保护那些对人类未来发展至关重要的土地利用方式和土地覆被类型，如耕地和湿地的保护；②探索有利于生态和环境的土地利用方式，如免耕和少耕农业、生态农业以及复合农林业等；③土地利用方式现状的可持续性及其调控，如河北平原地下水位降低的主要原因是耕作制度的变化，这就涉及土地利用方式本身的可持续性。

三、从 LUCC 研究到“未来地球”研究

（一）LUCC 研究计划

自 IGBP 和 IHDP 分别于 1995 年和 1999 年发表“土地利用/覆被变化科学研究计划”和“土地利用/覆被变化执行战略”以来，LUCC 研究基本遵循“压力-状态-响应”三段式的科学研究范式展开。人们对 LUCC 在各个尺度和区域条件下的变化过程、驱动力和模式都有了更深入的理解，在 LUCC 的监测、解释和效应研究方面都取得了显著进展，在理论上也经历了非常大的突破。

国际学术界对 LUCC 的认识也有了显著发展，不能简单沿袭传统土地利用研究的思路，需要进一步认识 LUCC 研究的复杂性，提出新的研究论题。LUCC 研究的广度和深度有了进一步的发展：一方面区域的、整体的、系统的研究思路越来越受到重视，土地利用变化和区域生态安全、土地持续利用等紧密结合；另一方面土地变化的过程与机理越来越受到重视，模拟与虚拟研究已成为选择解决资源、环境与灾害问题途径的重要手段。

（二）LCS 科学范式的提出

2002 年起，IGBP 和 IHDP 对以往的 LUCC 研究计划进行了总结，颁布了今后 10 年土地研究计划——IGBP Ⅱ。将研究重点转向与其他研究领域的综合，尤其是强调和全球变化

与陆地生态系统（global change and terrestrial ecosystems project，GCTE）研究计划的整合，研究对象也扩展到“陆地人类与环境系统”（terrestrial human-environment，T-H-E），更加强调生态系统功能与人类社会动态的紧密联系。同时，还提出了土地变化科学（land change science，LCS）新的科学范式及其研究的三个焦点：土地系统变化的原因和本质（强调对人类活动，尤其是对土地利用活动产生的影响）；土地系统变化的影响（强调不同程度的土地利用对生态系统产生的影响）；综合分析和建模（强调复杂系统的突变性质和非线性特征，构建适应系统复杂性的一组时空模型）。将通过定点研究、长期观测和实验、过程模型分析、决策支持模型和综合模型来进行研究，强调将区域研究和过程研究相结合，进行综合模拟。

LCS 是对 IGBP Ⅰ LUCC 计划的一种超越，体现在两方面：一个是研究对象和目标的彻底改变。研究对象由 LUCC 上升到 T-H-E，研究目标由“了解 LUCC 的途径和规律”转变为“减小人类与环境系统面对全球变化的脆弱性，实现它们的可持续性”。另一个是 LCS 的本质是综合和深化。综合体现在视角的综合（在全球生态系统的视角下研究 LUCC）、研究领域和学科间的综合（LUCC 和 GCTE 的集成）及方法的综合（LUCC 研究方法、生物地球化学研究方法、生态系统研究方法等）。深化则体现在认识上的深化（对于人类活动改变地球系统以及这一过程中各种反馈的复杂作用的重视）和方法的深化（重视机理、格局和过程耦合作用研究）等。

（三）GLP 的提出

2005 年，由 IGBP 和 IHDP 共同发起的 GLP，是当前国际全球环境变化四个核心研究计划（水系统、碳、食物、土地）之一。

GLP 的核心目标是量测、模拟和理解人类-环境耦合系统，并提出三个相互衔接的研究目标：识别陆地上人类-环境耦合系统的各种变化，并量化这些变化对耦合系统的影响；评估人类-环境耦合系统的变化对生态系统服务功能的影响；识别人类-环境耦合系统的脆弱性和持续性与各类干扰因素（包括气候变化）相互作用的特征及动态过程。在上述目标中提炼出三个主题领域：土地系统变化、土地系统变化的后果、土地可持续性的综合分析和模拟。研究聚焦于影响决策制定和土地利用管理实施的各种因素、土地系统变化对生态系统和环境动态的影响、生态系统服务功能、全球环境变化引起的土地系统脆弱性或持续性评价等。

在 2013 年 GLP 报告中，更加强调土地利用变化研究中模型预测的重要性，强调要关注模型的解释力和预测力，强调预测对决策和政策的必要性。模型是理论的形式表达，是考虑解释和分析中的可操作性而对现实中各种复杂关系的简化。而土地利用变化模型是土地利用变化成因、结果、预测的有效工具，使人们能更好地理解土地利用系统的功能，并为土地利用规划、决策和管理提供依据。因此，模型模拟和情景分析是研究土地利用格局、土地利用动态变化特征和预测土地动态走向的有效手段。

（四）“未来地球”计划

2014 年，由国际科学理事会和国际社会科学理事会发起，联合国教科文组织、联合国环境规划署以及联合国大学（United Nations University，UNU）等组织共同牵头组建，推出了“未来地球”（future earth）研究计划。该计划是对 IGBP 和 IHDP，以及世界气候研究计划（world climate research program，WCRP）和国际生物多样性计划（DIVERSITAS）这四大现有科研计划的整合，成为应对全球环境变化、推动全球可持续发展的科学联盟。“未来地球”计划为期 10 年，是基于地球系统科学联合全球各学科、各领域研究者应对全球变化问题的重大科研计划，因此该计划更加强调“综合性”和“可持续性”研究。该计划将围绕动态星球、全球发展、可持续性转变 3 个主题展开研究，重视科研活动的协同设计、侧重不同尺度的研究、提供有力的决策支持和科学的政府间评估，试图回答：全球环境变化的原因和机制；人类发展对物种多样性、粮食安全、生态安全、水资源安全等的影响；增强环境恢复力，以降低环境变化风险、保障未来地球繁荣发展的转变思路等科学问题。

四、土地利用/覆被变化研究内容概括

大量的 LUCC 研究工作可以总结为监测、解释和效应三个方面。其中，LUCC 的监测研究，主要是采用各种方法对区域或全球的土地利用、土地覆被及其变化进行分类、监测、制图及其统计分析，研究地球陆地表层景观和功能的变化。LUCC 的解释研究，则是通过各种模型和分析方法，对区域或全球的社会、经济因子进行筛选，分析造成土地利用和土地覆被变化的动力和阻力因子及其作用机制。LUCC 的效应研究，包括土地利用和土地覆被变化的资源、环境和生态效应研究。

（一）LUCC 的监测

土地利用变化主要包括土地用途转移和土地利用集约程度的变化，土地覆被变化则包括土地质量与类型的变化和土地属性的转变。LUCC 监测的主要任务包括数据的获取和分类体系的建立。土地利用/覆被数据获取的主要来源有文献调研、地面调查和遥感监测等。尤其是随着 RS 技术的快速发展，全球各种尺度的土地利用/覆被数据库都得到了充实。其中，利用 NOAA/AVHRR 数据开发的全球 1km 分辨率的土地覆被数据库为全球 LUCC 研究提供了重要数据支持。目前，可采用航片、IKONOS、SPOT、TM/MSS、中巴资源卫星、MODIS、NOAA/AVHRR 和风云卫星提供各类数据，地面分辨率从 1m 以下到几千米，适于不同尺度和空间范围的土地覆被监测研究。

目前，最常用的土地覆被评价方法是根据土地覆被类型变化进行评价，对于同一土地覆被类型质量变化则缺乏有效的探测。归一化差值植被指数（normalized difference vegetation index，NDVI）可以较好地反映地面土地覆被类型的植被覆盖率，但对诸如土地退化程度等其他重要参数则反映不理想。因此，更好地评价土地覆被质量变化及变化速度是土地覆被变化研究的重要方向。土地覆被分类体系的研究是 LUCC 计划制定之初就考虑了的重点内容。近年来各个国家、组织乃至个人根据研究对象、问题和区域特点都提出了各自的土地利用/覆被分类体系。采用具有可比性的土地利用/覆被体系是基本要求，但不顾区域环境和研究方法的差异勉强追求统一的分类体系也未必合理。

（二）LUCC 的解释

LUCC 的解释研究主要针对 LUCC 的驱动力和驱动机制展开。LUCC 的驱动力是多方面的，目前多从经济行为、社会行为及自然行为等多角度进行综合分析。由于研究背景、区域和方法各不相同，提出的人类驱动力方案也不尽相同。例如，有的学者认为人口、富裕程度和技术水平是人类驱动力的主要方面；也有学者认为至少应该考虑人口、收入、技

术、政治经济状况和文化等因素。IHDP 计划则将影响 LUCC 的因素分为间接因素和直接因素：间接因素包括人口变化、技术发展、经济增长、政治与经济政策、富裕程度和价值取向等 6 个方面；直接因素包括人们对土地产品的需求、对土地的投入、城市化程度、土地利用的集约化程度、土地权属、土地利用政策以及对土地资源的保护态度等。在各种方案中，人口、经济水平和技术被公认为人类驱动力的重要因素。当然，区域尺度上 LUCC 不仅仅受当地社会和经济技术因素的驱动，在许多地区 LUCC 更主要的驱动力来自具有全球或大区域尺度的影响因子，地方因子只是改变了大尺度因子的作用强度而已。

LUCC 作用机制和过程的分析通常以模型研究为基础，来认识和分析“人类驱动力-LUCC-全球变化-区域响应-环境反馈”之间的关系，并对未来发展趋势做出相应的预测和情景分析。目前，应用于 LUCC 分析的经典模型大致可以分为 5 类：基于经验统计和 GIS 模型（变化概率模型）、最优化模型（线性规划）、动力学仿真模型、ABM（agent-based models）和 CA（cellular automata）模型及综合模型等。在这五类模型的基础上，分别提出了各种衍生和组合模型。尽管 LUCC 模型在问题分析和决策支持中发挥了重要作用，但由于 LUCC 问题的复杂性和数据的不完备，在很长时期内基于不完备的数据研究复杂的 LUCC 问题依旧是模型研究的瓶颈，模型研究的重点应该是如何在模型中更好地实现对问题本身的理解。

（三）LUCC 的效应

土地利用导致土地覆被变化对资源、环境和生态产生多方面的深远影响。原始人类通过用火和打猎造成许多大型陆地哺乳动物和鸟类物种消失。进入农业社会后，开垦和耕作造成物种加速消失。长期的土地开发利用，造成了景观类型发生显著变化，大量自然景观类型定向转变成提供食品、燃料、用材、工业生产和生活的景观类型。近 300 年来，全球森林减少了 1200 万 km^2，草地和牧草减少了 560 万 km^2，农田增加了 1200 万 km^2。目前，世界上已有 30%的陆地表面被开发成农田、种植园或建成区，到 2050 年将增加到 45%。

土地利用/覆被状况的巨大变化势必对全球气候、生物地球化学循环、陆地生物种类的丰度和组成都产生显著的影响，地表特征如粗糙度、反射率和热通量等的变化可以影响大气环流基本格局，对区域气候产生难以预测的影响。区域尺度上土地利用变化可以引起许多自然现象和生态过程的变化，包括土壤养分和水分的变化、地表径流和土壤侵蚀、生产力和生物量的变化、生物栖息地和景观变化等，并对区域环境格局和生态安全产生直接影响。

五、土地利用/覆被变化研究特点

由于 LUCC 问题的复杂性，区域 LUCC 研究的总体趋势是综合，包括论题的综合、尺度的综合、方法的综合和理论的综合等（蔡运龙，2001）。

（一）论题的综合

LUCC 及其环境效应是一个统一的整体。“效应”的研究必须建立在“监测”和“解释”的基础之上。因此，将监测-解释-效应综合的研究是 LUCC 研究的一般程式。LUCC 在 1997～2001 年的一个重要项目 CLUE（conversion of land use and its effects），就力图集成 LUCC 的状态、变化、驱动力、效应及其情景分析。该项目由瓦格宁根大学环境科学系承担，综合分析了区域LUCC的驱动机制及其环境影响，利用系统动力学方法对未来LUCC及其环境影响进行预测和情景分析，并开发出分析工具——CLUE 模型。该模型最初是基于小区域土地利用变化分析的系统模型，理论基础是土地利用变化和社会-经济及自然驱动力相关，在空间上要求数据具有较高的分辨率，通过对土地利用变化及其驱动力、驱动机制进行分析，可以对最近的土地利用变化趋势进行预测和估计。CLUE 研究小组在马来西亚、菲律宾、中国黄土高原地区、荷兰及喀麦隆等地区不同尺度上对CLUE模型进行了成功的应用。

（二）尺度的综合

在区域尺度上，土地利用变化模式具有高度的空间异质性。例如，土地集约利用和粗放利用可能同时发生在一个地区内。因此，不能仅凭地方的案例研究就简单地得出关于区域土地覆被变化的一般性特点。需要将多个案例研究联结为一个可代表区域空间异质性的网络，进行多空间尺度的研究，从而将地方尺度和区域尺度的土地覆被动态联系起来。对土地覆被变化的研究一直关注全球尺度，因为碳循环和全球变化模拟需要这方面的数据。现在也关注 LUCC 的区域和地方尺度及其意义，因为土地覆被变化数据对地方决策有很大的参考价值，且这种尺度的变化与人类活动的联系也易于分析。不同尺度的问题是不同的。只有先搞清一定尺度上的特定问题，才能进一步搞清不同尺度上各种问题之间的关系。

（三）方法的综合

近年来，用数学模型研究 LUCC 成为一种时尚。然而，正如贝塔朗菲（Ludwig von Bertalanffy，1901—1972）所言："数学模型的优点人所共知：明确、可作严密的演绎、可用以检验观测数据；但这并不意味着可以轻视或放弃用普通语言表述的模型。语言模型……比一个用数学表示但却是强加于现实和歪曲真相的模型好"。LUCC的驱动力逻辑联系有着显著的区域差异和时间变异，使土地覆被变化的真实再现模拟面临重大挑战。因此，要生成土地覆被变化的"普适"模型以及控制其变化的"普适"对策还不太现实。LUCC 计划着力探究格局、过程及其驱动力，不仅要回答传统的 what 和 where 的问题，而且要回答 why 和 how 的问题，搞清机理和提出解决办法，应该借鉴复杂科学的方法。构建 LUCC 模型，需要对在不同地理背景和历史背景下引起土地覆被变化的主要人类因素有充分了解；也需要对气候和全球生物地球化学变化如何影响土地利用和土地覆被，以及后者对前者的反馈关系有充分了解。可通过土地利用动态案例的综合研究获得对驱动力作用机理的认识。

（四）理论的综合

LUCC 研究必须根植于人地关系中，而此类关系是很难用抽象理论框架来加以概念化的。目前，关于特定土地利用系统中某些理论已经建立起来，如家庭经营经济学、农民行为理论、土地配置理论、技术创新理论、人口再生产变化理论、土地管理体制理论和市场理论。但需要加以重新审视，将它们综合起来。在特定时间和特定区域如何将这些理论综合起来？目前的若干简单假说把LUCC归因于人口、经济结构、技术、政治结构和自然环境的影响。LUCC 的这些驱动力和其他驱动力是永远存在的，但它们之间的相互作用却视时间动态和空间动态的情况而大相径庭。因此，对LUCC来说，最重要的是要形成综合的科学理论框架。

第二节 土地质量指标体系

一、土地质量指标的内涵

土地利用/覆被变化导致不同形式的土地退化，如土壤侵蚀、土壤肥力下降、水质恶化、土地盐渍化和土地生产力下降等。合适的指标在监测和评价环境变化与经济社会发展方面具有重要的作用。建立衡量土地质量变化的指标体系，有利于更好地掌握土地质量变化及其驱动力分析，可提供土地质量逆转趋势的早期预警，及时发现土地质量出现问题的地区，对深化土地资源的科学管理非常必要。

1995年，WB、FAO、UNDP和UNEP共同发起，讨论建立土地质量指标体系项目研究的全球联盟，并于1996年详细讨论了工作计划。另外，其他的组织如国际农业研究顾问组（CGIAR）、国际地球科学信息网络中心（Center for International Earth Science Information Network，CIESIN）、国际土壤资源与信息中心（ISRIC）、美国农业部（United State Department of Agriculture，USDA）、世界资源研究所（The World Resources Institute，WRI）也参与了部分工作。

（一）土地质量的内涵

关于“土地质量”（land quality），尚未形成明确的科学内涵。FAO在《土地评价纲要》中提出：“土地质量是指满足土地利用方式适宜性或持续性的土地综合属性”。世界银行的概念认为：“土地质量是指满足土地生产、环境保护与管理等目的的土地状况和性能，包括土壤、气候和生物等特性”，这是最经典、应用最广泛的土地质量概念。一般来说，土地质量是指满足土地利用的土地状况或条件，关系到以农业生产、保护及环境管理为目的的土地的条件与能力，包括与人类需求有关的土壤、水及生物等特性。目前，关注较多的土地质量主要针对农业生产，包括种植业、畜牧业生产、放牧地管理及林业。

（二）土地质量指标体系

土地质量指标体系（land quality indicators，LQIs）是一组量度或由变量产生的数值，根据其能判断与人类需求有关的土地的状况及其变化，以及与这种状况相联系的人类活动。这种反映土地资源的指标与国民生产总值或预期寿命等反映社会经济状况的指标在概念构思、框架结构及作用上有类似之处。

简单来说，土地质量是指土地维持或发挥其功能的能力。土地的功能有很多，FAO和UNEP 1999年提出了土地的十大功能，目前大多土地质量研究涉及的功能主要包括土地的生产和环境保护与管理功能。土地生产功能主要指的是粮食、牧草地产量及木材生长量；土地环境保护与管理功能包括促进营养循环、污染物过滤、水的净化、温室气体的源-汇功能，以及动植物基因和生物多样性保护等。按不同土地利用类型划分土地质量属性，应该包括与生产相关的生产质量指标体系及和环境保护与管理相关的生态质量指标体系（表9-2）。

表 9-2　农用地和建设用地质量指标体系（朱永恒等，2005）

土地利用类型	一级指标	二级指标	三级指标
农用地	生态质量指标体系	土壤质量	物理指标：土壤质地，土层和根系深度，土壤容重和渗透率，田间持水量，土壤持水性质，土壤含水量，土壤温度 化学指标：有机质，pH，电导率，全 N、P 和 K
		气候	太阳辐射，温度，降水量，气象灾害
		生物多样性质量	杂草，土壤动物，微生物
		水质	pH、总悬浮物、COD、BOD、亚硝态氮、硝态氮、挥发性酚、氰化物、砷、汞、铬、镉、铅、铜、锌等
		景观生态质量	景观生态稳定性指标：土地退化面积比，自然灾害发生频率，水土流失率，林木覆盖率
	生产质量指标体系	土地生产潜力	耕地生产潜力（草地畜牧业生产潜力、林木生产潜力等）
		土地基础地力	耕地基础地力（草地基础地力、林地基础地力等）
		土地现实生产力	单位面积耕地产量（单位面积草场产量、单位面积林地产量等）
建设用地	生态质量指标体系	土壤质量	污染指数
		植被状况	生长状况，植被物种多样性指数
		水质	pH、总悬浮物、COD、BOD、亚硝态氮、硝态氮、挥发性酚、氰化物、砷、汞、铬、镉、铅、铜、锌等
		景观生态质量	景观异质性指标：多样性指数，优势度指数，破碎化指数
		抵御自然灾害能力	地质环境：地质灾害发生率，地质灾害危险区，断裂带状况 防御自然灾害的设施建设：排水设施，防洪能力
	生产质量指标体系	地价水平	基础地价
		承载量	地面承载力，抗压强度，抗地震效应，地下水状况液化指标，基岩厚度，基岩硬度，土层紧实度
		生活生产空间	人口承载力，生活满意度

二、土地质量指标体系研究的意义

（一）可持续土地管理和利用决策的需求

土地质量指标体系的建立，有利于监测与评价国家或地区的土地资源质量变化。对于把握土地资源现状和动态、评价土地利用的可持续性等，均具有重要的意义。建立土地质量指标体系的最终目的是指导管理和决策。指标体系还有助于监督区域的农业、林业及自然资源管理项目，评价国家环境政策的影响。从国家或国际角度来看，指标体系还有助于指导政府的科学政策与投资倾斜重点。

（二）联系科学家、管理者和使用者的桥梁

建立土地质量指标体系，是指导土地管理决策系统的一个重要部分。对土地开发项目管理来说，可以衡量项目措施的成效，并对可能产生的结果进行早期预警；对国家政府来说，是监测政策变化对土地资源影响的一种有效工具，并为国家的环境保护工作提供指导性依据。不同国家之间土地质量指标体系的对照为比较农业与环境的潜力及其变化提供了

方法。而这种比较是确定优先开发地区的基础。

（三）土地质量指标体系研究在中国的重要性

土地退化现象在中国不同地区普遍存在。严重土地退化的地区主要集中在典型脆弱生态区，包括北方半干旱-半湿润农牧交错带、西北干旱区绿洲边缘、藏南河谷地区、西南石灰岩地区、西南横断山谷地与盆地等地区。此外，其他地区也有土地退化现象发生，有些地区土地退化问题还相当突出，如华北平原的地下水位下降、水污染、土壤污染、盐渍化与沙化问题；南方红壤丘陵地区的土壤肥力下降、耕地砂砾化和土壤水蚀严重等问题。因此，研究土地质量指标体系可以把 LUCC 及其驱动力研究、水土流失与水土保持理论和实践、脆弱生态整治及恢复研究与实践等多项工作紧密结合起来，并使之深化。

三、土地质量指标模型

目前，在土地质量指标体系的构建中，有针对区域建立的土地质量指标体系，也有针对问题（如土地退化）建立的土地质量指标体系。前者由于是针对某一区域，指标体系中包含了与区域土地有关的许多问题，如土地质量、土地利用、农业生产、人口、资源、社会响应等。后者则主要是为地区和国家层次的应用而建立的，某些指标考虑了地方和农场层次。绝大多数指标可以定量，但有些指标也不能用精确的定量方式表达，主要是为了说明问题的本质，便于实际应用。总的来说，可以归结为以下两类模型。

（一）PSR 模型

PSR（pressures-state-responses，压力-状态-响应）模型，由加拿大统计学家 Anthony Friend 于 1970 年提出，并由 OECD 发展为环境系统分析和评价的概念性模型，得到了广泛的应用。世界银行发起的 LQIs 项目，就是以“压力-状态-响应”模型为基础开展的土地质量指标研究。“压力-状态-响应”模型是基于因果关系的模型，能够衡量土地资源所承受的压力、这种压力对土地质量状态的影响，以及社会对此变化的响应（图 9-2）。

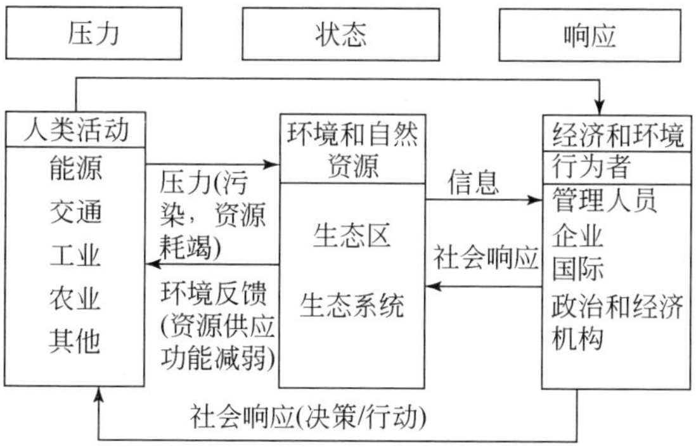

图 9-2　土地质量的“压力-状态-响应”框架（Pieri et al.，1995）

（1）压力（pressures）。描述人为活动对土地资源造成的压力。压力指标一般指的是对土地质量有直接影响，不采取措施就会对土地质量带来危害的指标，如地下水的开采超过补给、木材砍伐超过再生、没有土壤保护的坡地开垦等。

（2）状态（state）：描述土地资源状态及土地质量变化，如地下水下降、森林退化或土壤侵蚀；也包括由于成功地采取管理措施，土地质量得到改善的现象。

（3）响应（responses）：各级层次的管理者、决策者和政策制订者对土地压力、土地质量状态及其变化所做出的响应。既包括期望的正向响应，如水资源利用率的提高或者土壤保护措施的应用，又包括负面的响应，如土地撂荒。

压力指标、状态指标与响应指标之间有时没有明确的界线。决策者在解译土地质量指标时应该注意，必须把压力指标、状态指标和响应指标结合起来考虑，而不能仅仅依赖一个或几个指标，否则可能得出完全错误的结论。

（二）DPSIR 模型

DPSIR 模型是欧盟统计局和欧洲委员会欧洲环境局在有关环境系统分析和环境指标制定工作中，采纳并扩展了 PSR 模型后建立的新模型，称为“驱动力-压力-状态-影响-响应（DPSIR）模型”。

2000 年，由全球环境基金（Global Environment Fund，GEF）、UNEP 和联合国全球机制（Global Mechanism，GM）支持，并由 FAO 执行的干旱区土地退化评价（LADA）计划中，采用 DPSIR 模型为主要分析方法，对全球干旱区土地退化进行了系统分析。在 DPSIR 的框架下，提出近 400 个指标，在统计上分为自然生态、社会经济、政治文化 3 类。

（1）驱动因子（driving forces）：包括宏观经济、政策、土地利用、发展、人口、增长、贫困、土地利用（所有）期限状况、极端气象事件和气候变化、自然灾害及水的压力等。

（2）压力（pressures）：各部门的需求、农业和城市用地等；废物处理中营养矿物的需求；人口增长；过度农垦；过度放牧与水资源需求等。

（3）状态（states）：土地生产力下降、土壤退化、土壤污染、土壤侵蚀、土壤盐碱化、植被损失和生物多样性的损失等。

（4）效应（impact）：土地生产力下降、贫困和移民、土地产品和服务、水循环和质量、固碳能力下降、生境破坏和生物多样性的丧失、对人类本身状况的影响和其他影响等。

（5）响应（responses）：宏观经济政策、土地政策和政策手段、保护和恢复、预警和报警系统、在国际组织中承担义务及土地和水资源投资等。

四、国际相关研究项目

（一）世界银行的 LQIs 项目

世界银行是 LQIs 项目最初倡议者之一。其项目主要是为热带、亚热带及温带主要农业生态带的人工生态系统（农业及林业）建立土地质量指标体系，通过综合信息系统为这些地区所在国家的土地管理决策提供依据；为参加项目的国家提供 LQIs 源数据；为项目涉及的国家提供土地质量指标的目标和阈值，以指导他们实现可持续的土地管理。

WB 研究计划提出的指标有 11 个，其中计划近期要开发的有 4 个，分别是：养分平衡指标、产量差额指标、土地利用强度与多样性指标、土地覆盖指标。计划远期要开发的指标有 3 个：土壤质量指标、土地退化指标、农业生物多样性指标。此外还有 4 个指标，即水质量指标、林地质量指标、牧草地质量指标、土地污染指标。

（1）养分平衡指标。描述与土地利用系统相关的养分存量与流量情况。养分平衡指标反映的主要问题是：因产品收获、侵蚀、渗漏而造成的养分超采、不平衡和产量下降问题；

因过量施用化肥或家肥而导致的养分超载与环境退化问题。

（2）产量差额指标。反映三个关键问题：土地质量变化对产量变化及生产风险的真实影响程度；如何可靠地估计发展中国家的产量差额，以及消除这一差距的管理对策是什么；要保证可持续生产系统，在产量及其波动方面是否存在实际的生物学与经济学阈值。产量差额指标一方面表示土地生产潜力没有充分实现，在需求相同的情况下，这意味着要占用更多的土地资源用于生产，从而可能损害区域土地利用总的可持续性，另一方面也反映了生物生产系统受压的程度。如果生产系统满负荷运行甚至超过其生物学阈值，那么它崩溃的可能性就很大。

（3）农业土地利用强度与利用多样性。土地利用强度指标旨在反映农业集约化对土地质量的影响。土地利用多样性是指一定景观区域上生产系统的多样化程度。这两方面指标要反映的主要问题是：当前的土地利用管理是导致越来越多的土地退化，还是改良了土地质量；当前的农业管理措施是否有助于改善全球的环境管理。

（4）土地覆被指标。可用作反映主要土地过程如侵蚀、沙漠化、林地萎缩等的替代指标。将其与土地利用强度及农业多样性指标一起使用，可以加深人们对农业与环境可持续性的理解。该指标要反映的关键问题是：当前的地表覆被是否足够，能否在关键的侵蚀期防止土地退化；土地覆被的类型、范围与持续时间随时间如何变化；什么压力引发土地覆被的变化。

（5）土壤质量指标。要反映的关键问题是：当前的土地利用管理是维持、提高还是降低了土壤有机质发挥土壤功能的能力；当前的土地利用管理是否保持了土壤的生物多样性，进而提高了土壤的环境恢复力，以利于全球生命支持功能的维持。土壤有机质是反映土壤健康最好的替代指标，因为它反映了曾经生活并死于土壤中的植物与微生物的残余。由于土地改良措施影响的多面性，土壤质量指标应该与土地利用强度、农业多样性、土地覆被等指标紧密联系起来使用。

（6）土地退化指标。要反映的关键问题是：当前的土地利用管理措施是否导致了农业生产潜力的损失；当前的土地利用管理措施是否导致了系统环境破坏，进而削弱了环境恢复力。

（7）农业生物多样性。要反映的主要问题有：如何更好地把生物多样性与农业生产集约化有机地结合起来，提高动植物基因库的管理水平；如何保护多样性，改善土壤（微）生物的健康生存条件，实现它们的生物固氮和抗生素来源的功能；如何处理好自然物种的共存，尤其是农业地区野生物与家禽的共存关系。

（8）水质量。主要关注与土地利用相关的水资源供给与质量问题，如河口与内陆水、灌溉水的质量等。

（9）林地质量。主要关注与环境管理及森林生产相关的土地质量问题，尤其是与森林管理相关的土地质量变化。

（10）牧草地质量。主要关注与土地利用强度和多样性相关的牧草地质量，以及畜牧在混合生产系统中的作用等问题。

（11）土地污染。主要反映因人类活动造成的土地污染的类型、程度与影响，特别是重金属污染、有机污染和辐射污染等问题。

（二）FAO 的 LQIs 项目

FAO 也是 LQIs 项目的最初倡议者之一。FAO 项目人员认为，数据及信息来源应该是多方面、多层次的。短期内恐怕不能建立起一整套核心指标体系。但是，在综合、全面地实现土地利用决策与管理的框架中，应着重考虑能代表所监测土地单元重要的自然及社会经济特性的普通指标，主要包括：土地资源状况的变化，不同土地利用方式面积的变化，建议或推荐的农业措施的适应性及采用率，农业管理措施的变化，由于项目或开发活动的介入，产量及其他产出量的变化，农村发展问题，如土地所有权、人口密度和水资源、渔业及水产养殖、森林管理、土壤养分等。

FAO 认为，不同层次的指标体系，指标的详细程度也不同。建立农场一级的指标体系，最好用该农场的观测和记录资料。同时，还要研究所取得的资料适用的范围。层次越低，指标应越详细。FAO 基本上接受 PSR 模型，但也注意到它在反映因果关系、反馈环及全面反映自然、社会与经济问题上的局限性。在信息搜集方面，FAO 认为，变化与趋势信息比静态、评价类型的信息更有用。做两个时段的比较，应该用相同地点的数据直接进行。FAO 还拟开展一些野外项目以检验所选择的衡量土地质量的指标是否合理，在哪些方面需要改进；或者支持有能力开展 LQIs 项目的国家开展此项研究工作。

（三）加拿大土壤健康项目

加拿大农业部于 20 世纪 80 年代中期开始“土壤健康”（the health of our soil）研究项目。1989 年在全国 23 个地方设立实验站，监测土壤变化；1995 年完成基础数据库，并且开始新一轮的取样。经过 10 年左右的实验研究，不仅弄清了加拿大土壤的健康状况，在描述土壤健康的指标体系方面取得了进展，深化了对土壤健康机理的了解；而且，某些土壤整治措施取得了很好的效果。

加拿大所建立的土地质量指标体系以土壤性状为主，主要包括：土壤有机质与土壤结构、土壤退化过程（包括土壤侵蚀、盐渍化及化学污染）、地下水污染、土地利用及土地管理措施在土壤质量退化、保持或改善方面的作用。在比较了大草原诸省和南安大略省的可耕地及耕地状况后发现，所有质量好的以及大部分边际耕地都已投入生产。土壤质量正在下降的地区包括草原省干旱及盐渍化地区，主要是夏季休耕地区、集约种植地区以及南安大略省的成行作物区。草原省 60%以上的耕地、南安大略省 40%以上的耕地采取了保护性耕作措施；草原省 2.4%的耕地及南安大略省 7.3%的耕地的土壤质量受土壤-景观条件及土地利用、土地管理状况的制约。在过去 10 年中，由于增加了保护性的耕作措施，加拿大的土壤健康正在改善，对侵蚀及其他破坏力不再像从前那么敏感。农业土壤健康的保持与进一步改善还必须选择合适的土地利用与管理措施。为实现可持续农业的发展目标，政府应该出台新的土壤保护政策。

可以看出，土地质量指标体系研究基本以 LUCC 及其驱动力研究为切入点。因为土地质量变化既是土地利用方式变化的结果，又是土地覆被变化的一种重要表现形式。同时，土地质量的优劣还会引起土地利用方式的不同，进而表现为不同的土地覆被状况。

第三节 土地利用可持续性评价

一、土地利用可持续性的概念

（一）土地利用可持续性

随着人口增长、土地退化和环境问题的日益加剧，土地利用可持续性问题已成为研究的焦点。土地利用可持续性评价是将土地适宜性评价和土地潜力评价等传统土地评价与景观生态学原理（景观结构和过程、景观异质性）结合起来，评价土地利用的可持续性（傅伯杰等，1997）。一般认为，土地利用可持续性评价源于土地适宜性评价，是对土地适宜性在时间维的延伸趋势进行的一种判断和评估。

进入20世纪90年代，随着可持续发展的思想和理论在各个学科领域的渗透，FAO于1976年颁布的《土地评价纲要》已不能满足现代土地评价和土地利用规划的需要。国际上一些土壤学家和土地评价专家将可持续发展的概念引伸到土地利用，提出了可持续土地利用管理（sustainable land management）的概念。

持续土地利用（sustainable land use，SLU）的思想是1990年2月在新德里由印度农业研究委员会（India Council of Agricultural Research，ICAR）、美国农业部（United States Department of Agriculture，USDA）和美国Rodale研究中心共同组织的首次国际土地持续利用系统研讨会上正式确认的。之后又分别于1991年9月在泰国清迈举行了“发展中国家持续土地管理评价”和1993年6月在加拿大Lethbridge大学举行了“21世纪持续土地管理”的国际学术讨论会，这两次会议的主要结果是提出了持续土地管理（利用）的明确概念、五大基本原则和评价纲要。

（二）《可持续土地管理评价纲要》

1993年，FAO颁布了《可持续土地管理评价纲要》（Framework for Evaluation Sustainable Land Management，FESLM，简称《纲要》），确定了土地可持续利用的基本原则、程序和五项评价标准，即土地生产性（productivity）、土地的安全性或稳定性（security）、水土资源保护性（protection）、经济可行性（viability）和社会接受性（acceptability），并初步建立了土地可持续利用评价在自然、经济和社会等方面的评价指标。其五项评价标准具体如下。

（1）土地利用方式有利于保持和提高土地的生产能力（生产性），包括农业的和非农业的土地生产力以及环境美学方面的效益。

（2）有利于降低生产风险的水平，使土地产出稳定（安全性或稳定性）。

（3）保护自然资源的潜力和防止土壤与水质的退化（保护性），即在土地利用过程中必须保护土壤与水资源的质与量，以公平地给予下一代。

（4）经济上可行（可行性）。如果某土地利用方式在当地是可行的，那么这种土地利用一定有经济效益，否则，不能存在下去。

（5）社会可以接受（可接受性）。如果某种土地利用方式不能为社会所接受，那么，这种土地利用方式必然失败。

因此，土地利用可持续性可以这样来理解：“获得最高的产量并保护土壤等生产赖以进行的资源，从而维护其永久的生产力”。此概念包括以下四个方面：①生产可持续性——为获得最大的可持续产量并使之与不断更新的资源储备保持协调；②经济可持续性——实现稳定状态的经济，需要解决对经济增长的限制和生态系统的经济价值问题；③生态可持续性——生物遗传资源和物种的多样性以及生态平衡得到保护和维持，可持续的资源利用和非退化的环境质量；④社会可持续性——保障可持续的土地产品供给，同时还要既能使经济维持下去，又能被社会所接受，土地利用收益分配的公平性至关重要。简单来说就是，在生态方面应具有适宜性，经济方面应具有获利能力，环境方面能实现良性循环，社会方面应具有公平性。

由于土地可持续利用研究成果是土地利用规划的重要基础，以及作为土地管理决策支持与效果评价的主要依据，因此，土地可持续利用研究应突破土地利用研究停留在概念和一般理论以及局部性案例研究的局面，通过全面具体的指标体系及其评价标准研究使可持续利用走向实质性深入，同时要密切服务于应用目标，突出可操作性；在重视现状分析的基础上，注重生态经济社会过程的研究，探讨土地利用可持续与否的深层次原因。

（三）土地利用可持续性的特点

（1）时间尺度。土地利用可持续性是适宜性在时间上的扩展（Smyth and Dumansky，1993）。土地适宜性是评价一定土地单元是否适于某种土地利用方式及其适宜程度，在很大程度上是一种现状评价。而土地利用可持续性是评价土地在更长时期内是否适于某种土地利用方式。影响土地适宜性评价和可持续性评价的环境因子基本相同，土地利用可持续性评价要求对某种土地利用方式下，各种环境因子和生态过程的变化趋势做出预测，而土地适宜性评价仅仅是对各种环境因子的现状特征进行评价。一种土地利用方式，只要在未来可预见的较长时期内，未引起明显的或永久性的土地退化，通常就认为这种土地利用方式是可持续的。

（2）空间尺度。尽管土地持续利用都需从生态、经济和社会三方面综合考虑，但不同的尺度上侧重点不同。从田块-农场-流域或景观-区域或国家-全球，土地持续利用的主要约束因素分别是农业技术-微观经济-生态因子-宏观经济和社会因子-宏观生态因子。例如，对于具体的地块，土地利用的目的是提高土地的生产力和生产效益，制约的主要因子是农业技术。在区域水平上，生态因素则成为制约土地利用可持续性的主导因子，要考虑区域的环境容量与承载能力、生态系统和生物多样性保护。在国家尺度上，发展的目标不仅包括国内食品供应、出口赢利和人口供养，而且要考虑整个国家的总体规划、区域分配和在国际上的地位。制约性因子主要为宏观的社会经济政策。在全球尺度上，土地利用可持续性要考虑全球气候变化和环境演变，影响这一尺度的限制因子主要是生态因子。

另外，还有区域性、土地利用方式的特定性和系统的开放性等特点，这些特点与其他土地评价类型的特点基本一致，此处不再赘述。

二、土地利用可持续性评价

（一）土地利用可持续性评价的指标

1. 土地利用可持续性评价指标的结构

土地利用可持续性评价不仅包括对生态、经济和社会各要素现状的调查与评价，而且需要评价不同的土地利用方式所导致生态过程、经济结构及社会组成的动态变化是有益的还是有害的，其目的是维持土地利用系统的持续发展。由于生态、经济和社会三方面的因子有许多指标，且不同因子因其性质和特征不同，对土地利用可持续性的影响不同，其评价的指标和方法也有差别。一般来说，土地利用可持续性评价指标的确定可分五步进行（图 9-3）：①确定土地利用的目标；②确定土地利用的方式；③确定影响土地利用可持续性的因子；④确定土地利用可持续性的评价指标；⑤确定土地利用可持续性评价指标的诊断标准（即指标的变化范围和阈值）。

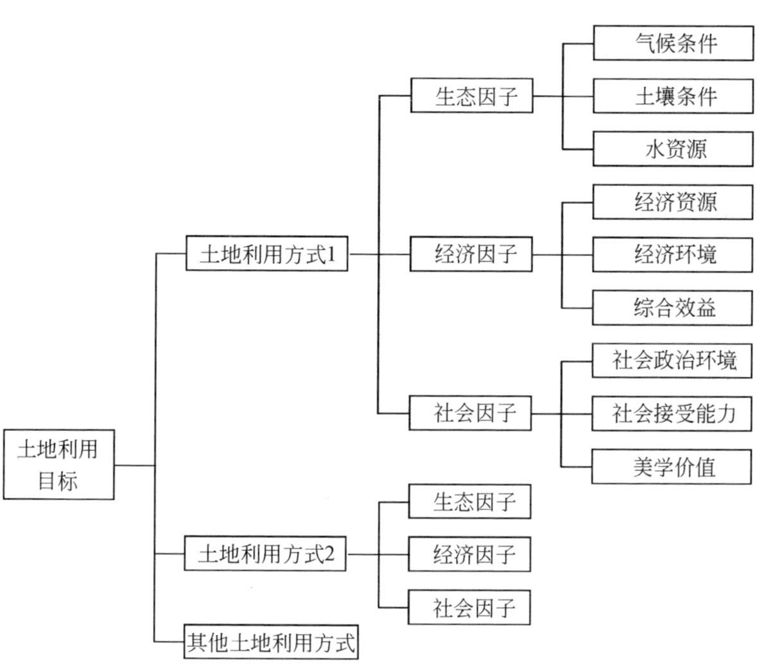

图 9-3　土地利用可持续性评价指标结构（傅伯杰等，1997）

2. 土地利用可持续性评价的指标体系

目前，“生态-经济-社会”指标体系是国内最为普遍采用的方案。另外，FAO 提出的“生产性-安全性-保护性-经济性-社会性”指标体系也受到了国内学者的普遍重视与不同程度的接受。下面主要从生态、经济和社会三个方面来讨论。

（1）生态指标。生态适宜性是土地利用可持续性的基础。通常包括气候条件、土壤条件、水资源、立地条件和生物资源等，各指标中又包含了一系列细化指标，如气候条件中有太阳辐射、温度、降水和气象灾害等，而太阳辐射中又有辐射强度、季节分布、日照天数及日均照射时间等指标。在土地利用可持续性评价时，尤其要强调土地利用对生态过程的影响。即使目前各生态要素没有发生明显的恶化，但随着时间的演替，生态要素的变化可能会影响土地利用的持续性和稳定性。

（2）经济指标。土地利用可持续性评价的经济指标主要包括经济资源、经济环境和综合效益三个方面。其中，经济资源包括劳动力资源、资金资源、智力资源、动力资源及效率等；经济环境包括生产成本、产品结构、信贷环境、市场状况和人口环境等；综合效益包括经济收入、利润和消耗等。经济评价的指标常常可以给出定量的预测结果，评价一种土地利用方式在近期和未来所产生的经济效益。但往往由于人类活动中所产生的生态影响和社会影响是隐性的和潜在的，随着时间的推移，会对经济发展过程产生显著的影响。因而，进行土地利用可持续性评价时，在满足了经济评价指标的同时，还必须评价一种土地利用方式在生态和社会上的可行性与可接受性。

（3）社会指标。影响土地利用可持续性的社会指标主要包括宏观的社会政治环境、社会的承受能力、社会的保障水平和公众参与程度等。其中，宏观社会政治环境包括政策法规、总体规划与政策保障等，社会的承受能力包括个人接受能力、团体接受能力与美学价值等。社会影响评价因子是难以定量的指标，在评价中通常利用专业判断法和调查评价法，比较分析和定量评价土地利用对社会环境的影响，以及社会因素对土地利用可持续性的影响。

另外，中国科学院地理科学与资源研究所陈百明（2002）在研究区域土地可持续利用指标体系时，基于FAO“生产性-安全性-保护性-经济性-社会性”指标体系设计了包括准则层、因素层、元素层三个层次的结构框架（表9-3）。

表9-3 区域土地可持续利用评价指标体系框架（陈百明，2002）

准则层	因素层	元素层
生产性	农作物生产力指数	农作物潜在生产力、现实生产力
	草地畜牧业产值指数	区域及全国的平均单位面积产值
	林木生长指数	区域及全国的平均单位面积蓄积量、生长量
	农用地产值指数	区域及全国平均的单位面积产值
	建设用地产值指数	区域及全国平均的单位面积第二、第三产业净产值
保护性	土壤肥力指数	土壤有机质、速效氮、速效磷、速效钾指数
	水土保持指数	水土流失强度指数、水土流失面积指数
	沙化治理指数	沙地扩展面积、沙化土地总面积
	盐渍化指数	土壤盐渍化面积、耕地面积
	潜育化指数	水田潜育化面积、水田总面积
	水质指数	不同级别的水面面积、比例
	超载过牧指数	现实牲畜头数、理论载畜量
	水资源平衡指数	可供水量、实际需水量（75%保证率）
	土壤环境质量指数	受污染的耕地面积、耕地总面积
	基本农田保护指数	实际保护的基本农田面积、基本农田总面积
稳定性	农业生产稳定指数	有效灌溉面积、旱涝保收面积、旱涝抗逆指数
	粮食稳定性指数	单产年际变异系数
	草地畜牧业稳定性指数	产值年际变异系数
	森林稳定性指数	消长比、森林覆盖率
	建设用地稳定性指数	产值年际变异系数
经济活力	种植业收益指数	投入成本、产出量
	草地畜牧业收益指数	投入成本、产出量
	林业收益指数	区域及全国的林业产值与中间消耗值
	土地GDP指数	区域及全国的单位面积土地GDP
可接受性	人口压力指数	土地的人口承载量、实际人口
	收入差异指数	区域及全国的基尼系数
	人均耕地指数	人均耕地、区域性人均耕地阈值
	土地案件指数	区域及全国平均的土地案件立案件数

（二）土地利用可持续性评价的内容

（1）生态评价。生态评价是土地利用可持续性评价的基础。生态评价是评价一种土地利用方式在目前及其较长时期内对土地的基本属性和生态过程的影响。一般认为，生态可持续性与自然环境中的物质和能量循环相关，如水分和养分循环、能量交换、物种丰度、多样性在生物种群动态变化中的地位和作用。通常，从研究水分循环、养分循环、能量流动和生物多样性四种生态过程开始。评价时要强调过程，而非现状。正因如此，评价中对生态因子阈值的确定更加困难。评价一种典型的土地利用方式产生的经济效益是正还是负相对简单，但评价其对水分和养分循环、生物多样性产生的影响则相当复杂。生态评价在土地利用可持续性中起着重要作用，因为只有土地利用在生态上的持续性才能保证土地利用经济和社会的可持续性。

（2）经济评价。经济评价是评价一种土地利用方式所产生经济效益的大小。通常认为，定量指标如利润、成本、产量和商品率是土地经济评价的指标，对各种评价指标的重视程度取决于具体决策者的认识态度。而定性指标如可行性和可接受性则强调了土地利用的另一侧面。实际决策中，如果一种新的土地利用方式生态不可行、社会不可接受，即使满足了所有的经济指标，仍然需要调整，否则将被放弃。目前，全球土地退化的主要原因还在于急功近利的短期行为。当区域居民收入的增长长期低于其对生产活动投入的增长时，土地利用始终受到较大压力，人类往往会对土地进行过度开发，导致土地退化过程的加速。土地退化现象表明，追求土地经济效益而忽视其生态特征将无法保证土地的可持续利用。

（3）社会评价。社会评价是评价一种土地利用方式是否符合社会的文化观和价值观，以及能否满足社会发展的需求。土地不仅是一种可利用的资源，而且是一种自然-经济-社会复合生态系统。土地利用优化模式是社会、经济、生态以及美学的综合体现。市场经济未必能有效保护土地资源，防止土地退化。人们利用土地资源的同时，往往忽略了土地属性的变化和对人类社会的反馈作用。社会评价时，通常表现为社会对土地利用方式的干预。当一个地区选择了一些社会公认的具有生态可持续性的土地利用方式时，必须在土地税费方面给予减免，或给予资金补偿和技术支持（如生态补偿）。对于满足了经济指标，而不一定满足生态指标和社会指标的土地利用方式（如建设用地扩张），应进行必要干预，以确保土地的可持续利用。

（三）土地利用可持续性评价的程序

FAO 在《可持续土地管理评价纲要》中提出了一个详细的评价步骤：①确定评价目标；②分析土地本身因素的可持续性；③分析生物因素的可持续性；④分析解决因素的可持续性；⑤分析社会因素的可持续性；⑥环境效应评价；⑦综合上面的分析判断持续性；⑧得出结论。如果是持续性的，判断可能保持持续性的时间；如果不是持续性的，提出改进的措施。

为进行土地利用的预测、监测和分析，需建立“指示因素-标准-临界值”的监测体系：指示因素（indicators）反映环境状况或条件变化的关于土地或环境因素；标准（criteria）决定对环境条件进行判断的标准或尺度；临界值（threshold）表明某一因素超过一定水平时，系统就会出现很大变化。

土地利用可持续性评价过程的核心是综合生态评价、经济评价和社会评价。由于土地利用可持续性的空间特点，在全面考虑生态、经济和社会因素的基础上，不同的空间尺度强调不同的因子，也反映了决策过程中综合分析与主导因素相结合的原则。图 9-4 为傅伯杰等（1997）构建的区域土地利用可持续性的评价过程。

第一，针对区域的土地利用方式，在景观尺度上进行生态评价，主要从水分、养分、能量和生物多样性四个方面评价，评价得出每一土地单位的土地自然适宜性，以及从生态过程和物质能量交换、循环等方面提出区域内的土地利用配置。生态评价也可进行多宜性评价，供经济和社会评价选择。第二，在农场尺度上进行经济评价，从利润、成本、产量和商品率四个方面诊断每一土地单位自然适宜性在经济上的可行性。第三，若经济上可行，在整个区域尺度上进行社会评价，评价土地利用大类是否符合区域的社会经济政策（如基本农田保护、商品粮棉基地等）、文化传统和美学价值，使其达到社会可接受性。第四，只

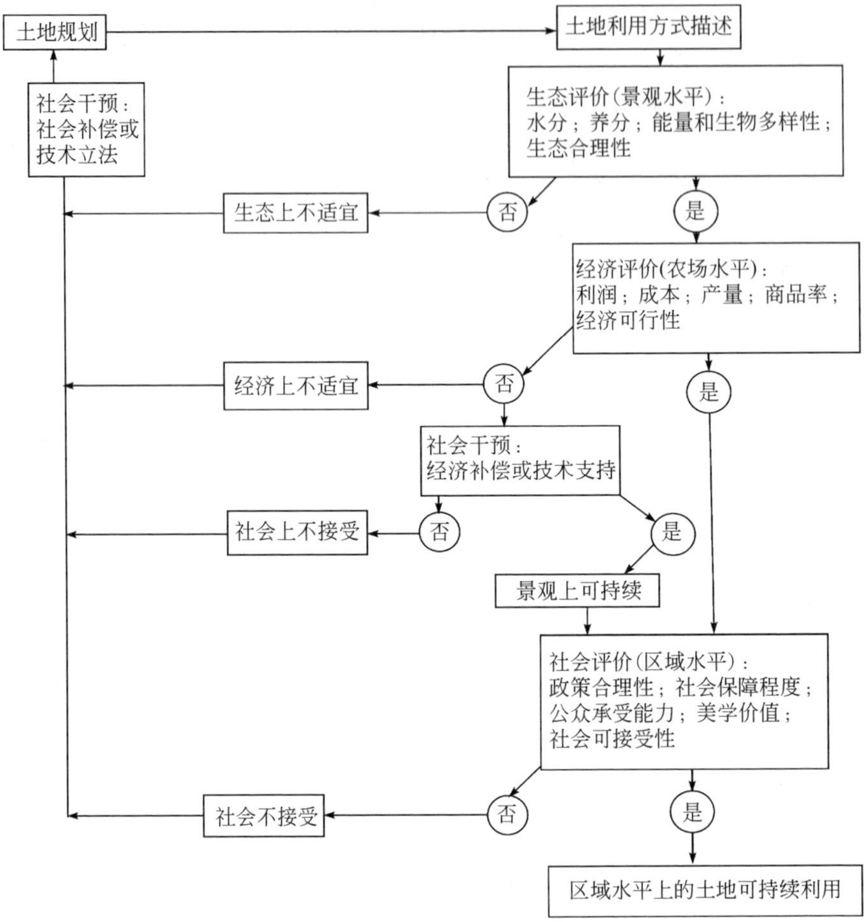

图 9-4　土地利用可持续性评价程序（傅伯杰等，1997）

有满足生态合理性、经济可行性和社会可接受性，才能保证区域土地利用的可持续性。这一评价过程将生态、经济和社会评价结合在一起，既突出了综合性，又强调了不同层次中的主导因子，具有一定的可操作性。

三、土地利用可持续性评价的讨论

土地利用可持续性评价中，需要解决的一个关键问题是如何综合判定和度量土地利用的可持续性。众多学者从不同的角度提出了评价指标体系和评价模式，但具有普适性的指标和方法尚显缺乏，在具体的评价实践中甚至在评价的理论和方法上也莫衷一是。究其原因，一方面是因为土地利用系统及其作用机制的复杂性；另一方面是因为对此自然-社会-经济复合系统可持续性的评价需要多学科的视角，但由于各学科的视角和知识结构的差异，很难得到共同的认可。此外，指标选取与评价方法的科学性和实际数据的可得性之间也常常难以兼顾。

因此，完善土地利用可持续性的评价方法仍是学术界面临的任务。正如 FAO 的《可持续土地管理评价纲要》（简称《纲要》）指出："本《纲要》只是一个建议，因为可持续性的概念不是僵死的，它需要根据不同地区和不同时期的情况而改变……《纲要》呼吁各方面的专家进一步判断和解释影响可持续性的因素，从而为本《纲要》的完善做出贡献"（Smyth and Dumansky，1993）。

（一）可持续性指标的选择方法

由于土地利用涉及自然、经济和社会诸多因素，可用于其可持续性评价的指标有很多。究竟选取哪些来构建指标体系取决于用什么方法。迄今所见的指标体系，在方法上皆可归纳为枚举法和综合法。

（1）枚举法。枚举法是按照一定的分类和层次，将有关的因素尽可能地列举，并分别赋予相应的权重，判断其对可持续性的影响程度，最后得到一个总的度量。但由于可持续性涉及的直接、间接因素太多且太复杂，指标体系很难穷尽所有的影响因素；而要对每一因素的影响程度做出准确判断，就应该弄清其影响机理；即使穷尽了所有因素而且判断出其影响程度，由于指标太多，再考虑数据要有足够的时间序列，可操作性可见一斑。

（2）综合法。综合法不考虑土地利用系统的内部结构和机理，只根据少数能反映其表现的综合指标来评价可持续性，相当于系统方法论中的黑箱法。例如，UNDP 的人类发展指数（human development index，HDI），提供了对 GNP 的三个替代指标——平均期望寿命、文化素质、人均 GDP（UNDP，1995）；资源与环境的社会会计矩阵 SAMRE 用资源净产值、环境净产值、真实储蓄来评价发展的可持续性（杨友孝和蔡运龙，2000）。综合法避免了枚举法的局限，是一种简单、易操作的方法，但目前还没有做完整时间序列的评价。

（二）关于可持续评价的对象

（1）评价状况还是评价过程。按照 FAO 的定义，土地利用的可持续性是指“如果预测到一种土地利用在未来相当长的一段时间内不会引起土地适宜性的退化，则认为这样的土地利用是可持续的”。土地利用的可持续性只能从土地利用变化过程中判断，评价指标必须展示变化过程。但迄今所见的大多数指标都是反映土地利用在某一时段的状况，没有体现变化过程，因此就不可能判断是否具有可持续性。

（2）纵向比较还是横向比较。在时间尺度上，任何土地利用系统都在发展，只有用同样的指标，对土地利用系统自身的纵向比较，表现出来的可持续性才是合乎逻辑的。若评价结果显示彼地比此地得分高，就认为彼地具有更高水平的可持续性，则是不合逻辑的。例如，长江三角洲比西北干旱区的土地利用可持续性更高的说法，显然不合理。

（3）评价地块还是评价区域。在区域内，得出彼地块比此地块（如河川地比山坡地、耕地比林地）的土地利用可持续性更高也不合逻辑。因为在一定区域内，各地块有各自的作用和功能，它们在一定的结构中共同作用，实现区域土地利用的可持续性。因此，土地利用可持续性评价的对象应该是以各种土地按一定结构组成的区域，而非地块。

（三）显示过程的系统综合指标

基于上述方法论分析，借鉴农业生态系统评价（Conway，1985）、人地关系地域系统评价（蔡运龙，1995）和社会公平性评价（Marten，1988）的方法，采用系统综合指标（即生产力、稳定性、恢复力、公平性、自立性和协调性）来度量土地利用的可持续性（图 9-5）。

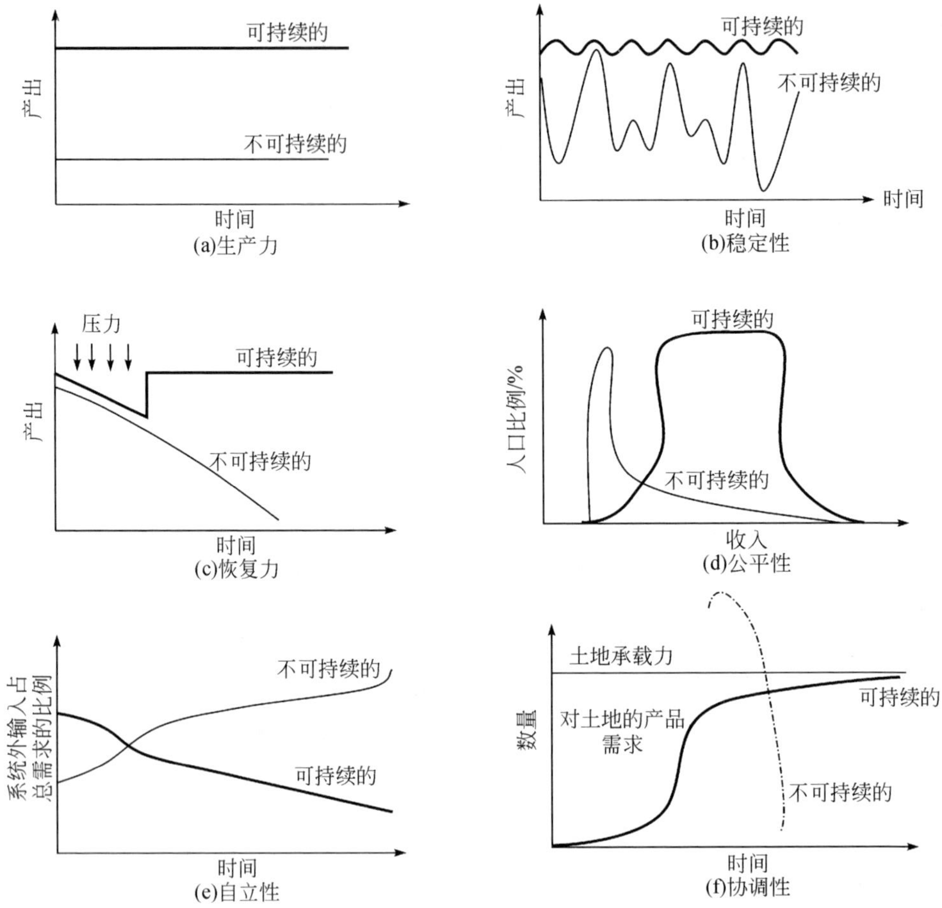

图 9-5　土地利用可持续性评价的综合指标（蔡运龙和李军，2003）

（1）生产力。生产力指土地利用系统能为人类提供的产品和服务的数量。可持续的土地利用系统应该长期保持高产，低产的系统不能认为是可持续的［图 9-5（a）］。土地利用系统的生产力可以用多种指标度量，如生物量、能量、物质数量和货币价值等，应用得最普遍的指标是货币价值。当然，不同土地利用系统的生产力对比只有在度量指标一致时才有意义。显然，更合理的指标是单位投入的产出——土地利用系统的生产率。投入的形式有土地、劳动、资金、物资和能源等，如单位水资源投入的产出、单位能源投入的产出、单位资金投入的产出及单位劳动投入的产出等。人口密度大，劳动力充裕而资源相对稀缺的土地利用系统，很可能土地生产率高而劳动生产率低；人烟稀少，土地广阔的系统则相反，能源投入密集或资金投入密集的系统，很可能土地生产率高而能源或资金的产出率低。

（2）稳定性。土地利用系统的稳定性是指系统生产的一致性和连贯性。可持续的土地利用系统，其生产应该长期保持在一定水平上，或在某一水平上下略有波动；而生产大起大落的系统则缺乏稳定性，不能认为是可持续的［图 9-5（b）］。由于土地利用系统内外自然、社会和经济诸条件都是动态的，如自然要素、人口、价格及政策等都会有正常波动，其生产力也难免有所波动，稳定性要根据系统生产围绕某一长期平均水平或长期趋势的波动来评价。由于稳定性是系统生产力长期波动状态的度量，而生产力可用多种指标度量，因此稳定性也可是多维的。土地利用系统用某种生产力指标衡量是稳定的，而用另一种指标衡量则可能欠稳定。例如，某系统实物产量是稳定的，但由于市场价格变化，用货币价值来衡量则是不稳定的。可持续的土地利用系统要求通过科学调控，把这种波动控制在正常范围内。

（3）恢复力。土地利用系统的恢复力是指系统对抗内外压力和冲击而维持生产力的能力，如自然灾害和政策变动等，与稳定性所涉及的各种要素的正常波动不同。一个系统的恢复力是靠系统本身的调控能力实现的。当内外压力和冲击使系统生产趋于下降时，依靠科学技术，通过加强经营管理和增加投入等，系统能够抵消压力和冲击的影响或消除压力、减缓冲击而把生产恢复到正常水平，这样的土地利用系统就具有恢复力，因而是可持续的。反之，若在巨大压力和不可逆冲击下，系统生产一蹶不振乃至“崩溃”，则是不可持续的［图 9-5（c）］。恢复力也是联系生产力来度量的，同样可用多种衡量指标，而依据不同的指标就会有不同的恢复力表现。例如，为了维持某种产品单位土地产出的恢复力，需要增加某种要素的投入，于是单位土地产出虽有了恢复力，但该要素的单位投入产出则缺乏恢复力。无论用哪种指标衡量，可持续的土地利用系统都应该避免出现崩溃的状况，或出现不可逆的后果。

（4）公平性。土地利用系统的公平性指土地资源和土地开发利用的收益是否被公正平等地分配，可用一定收入水平上的人口比例来衡量。如图 9-5（d）所示，若大多数人获得中等收益，获得低收益和高收益的人都占少数，则该系统具有相对公平性。如果大多数人都只能获得低收益，少数人获得高收益，则该系统是不公平的。公平性还包括代际公平，目前正在开发利用的土地资源，也是今后世世代代赖以生存的基础，如果过度开发或不合理地利用土地资源及其环境而损害了后代利用同一资源和环境的权利，那么这样的系统是不公平的。

（5）自立性。土地利用系统的自立性指该系统自我供给、自我完善、自我调节和自我恢复的能力。自立性是由系统内各组成部分之间的物质、能量和信息的运动，进出系统的物质能量流和信息流，以及对这些运动的控制来反映的。过多地依赖外部物质、能量和信息投入维持运转的系统缺乏自立性。很多外部投入是不可靠的或代价昂贵的，一旦有变就会危及系统的正常运转。因此，一个可持续的土地利用系统应该有较高的自立性［图 9-5（e）］。

（6）协调性。土地利用系统的协调性是指人类对土地产品的需求（主要由人口数量与人均消费水平决定）与土地承载力和环境容量相适应。根据这个原理，必须把人口数量和人均消费控制在土地承载力和环境容量之下，人与环境才能协调，土地利用系统才能具备可持续性［图 9-5（f）］。当然，土地承载力和环境容量是动态的，土地产品的需求与承载力的关系也要辩证地分析。

总之，FESLM 的颁布在土地可持续利用研究上具有里程碑的意义，提出的土地可持续利用评价的基本思想和原则，成为指导各国土地可持续利用管理的纲领，但 FESLM 只是一个高度概括的框架，在具体的评价指标体系和评价方法上还有待深入研究。

第四节 土地利用多功能性评价

一、土地多功能利用的概念

（一）土地多功能利用的涵义

“多功能性”的概念最早源自多功能农业研究、生态系统产品和服务研究以及景观功能研究。20 世纪中期，部分欧洲国家对土地利用功能展开了分析，认为土地具有生产、生态、社会、政治和美学等功能。20 世纪 80 年代开始提出农业多功能概念后，“多功能”概念在生态系统管理、农业发展、景观管理及土地系统变化等领域被广泛使用。1997 年，生态系统服务概念的提出，尤其是千年生态系统评估从环境角度理解生态系统产品和服务的内涵，使人们认识到了土地利用变化对其可持续性的多维度影响。2001 年 OECD 在“多功能性：一个分析框架”中提出了较为完整的农业土地多功能概念及其分析框架。此后，越来越多的研究者关注土地多功能性，将多功能性分析运用到农田和森林等多种土地系统中，从而形成了土地系统多功能分析的范式。土地利用多功能概念在 2004 年启动的全球土地计划（GLP）支持的欧盟第六框架项目“可持续性影响评估：欧洲多功能土地利用的环境、社会、经济效应”（SENSOR）中被正式提出，该项目认为土地利用变化引起的功能变化将直接影响区域的可持续发展，使得多功能性的概念与土地利用的关系越发密切，同时引出了“景观功能”的概念，并有研究者根据不同功能提出功能分类中所对应的各种用途。Mander 等（2007）在此基础上首次将“生态系统服务”作为理论框架的重要组成部分应用于区域可持续性评价，一些学者认为由土地利用变化所引起的功能变化是决定区域可持续发展的重要因子。

土地利用多功能概念的提出与生态系统服务和景观功能有着紧密的联系。从本质上看，生态系统服务与景观功能侧重于可持续性的环境维度。为了平衡可持续性的经济、社会和环境三大维度，基于生态系统服务和景观功能，并结合多功能性概念，土地利用多功能性（multifunctional land use）概念应运而生。从本质上讲，土地利用功能是对土地利用方式多样性的宏观概括。近年来，不同学者从多角度对土地利用功能进行了定义。其中，OECD 的定义主要以人类社会为对象，因涵盖区域中密切相关的经济、社会和环境三个维度而受到广泛的认可，即“不同的土地利用方式所提供的私人的或公共的产品和服务”。当土地利用功能被多角度描述为环境、经济和社会功能时，就形成了土地利用多功能性的概念，即土地利用功能的多样性，是一个区域不同土地利用类型相互联系与作用而形成的多种功能，反映了区域土地利用功能及其环境、经济和社会功能的状态和表现，是度量土地资源提供生态环境和社会经济功能的重要手段，体现着土地利用功能满足人类多种需求的程度和能力，也是确定和度量土地多元化利用所提供的产品、服务和功能及其带来的环境和社会经济效应的工具。因此，土地利用多功能性是土地可持续性利用和管理的重要组成部分。

（二）土地多功能利用研究框架

土地多功能利用分析框架是目前国内外应用较多的分析土地利用可持续性的方法之一。其目的在于界定和衡量土地多元化利用所提供的环境、经济和社会等方面的功能，确定这些功能的可持续性限制/阈值/目标，探讨政策选择对土地利用可持续性的影响。

2004 年启动的 SENSOR 项目提出了土地利用功能概念框架，并开发了用于评估欧洲土地利用多功能可持续的模型工具 SIAT（sustainability impact assessment tools）。其概念框架的具体步骤为：①根据区域情况建立指标体系，确定指标与土地功能之间关系的性质，描述每种土地功能的指标矩阵；②确定影响每个小区域可持续性的关键指标的权重；③确定区域每个指标的可持续性阈值，将指标值标准化；④综合评价政策情景对区域土地利用可持续性的影响。这一概念框架将区域层面上经济、环境和社会文化关键指标的变化融入 9 项土地利用功能中，极大地推动了土地利用多功能性评价方法体系的应用与发展。

结合中国实际情况，甄霖等（2009）综合考虑经济、社会、环境和生态功能，构建了土地利用多功能性评价框架并进行了中国土地利用的多功能性动态分析，为土地利用多功能评价提供了新的视角。其建立的评价框架为：①建立土地利用评估指标与土地多功能利用的关系属性；②确定指标阈值和指标标准化处理；③土地多功能利用综合分析。在此基础上，其他学者进一步深化了多功能评价的方法。另外，还有一些学者建立了耕地多功能综合解释框架。

（三）土地多功能利用的意义

土地利用多功能性有利于确定和衡量土地多元化利用所提供的人类福祉。20 世纪 80 年代，欧洲国家已经认识到了多功能在土地可持续利用中的重要性，土地利用多功能研究也成为了国家管理层对可持续发展决策和管理的核心组成部分，尤其在农业多功能利用等领域积极开展了相关研究。近年来，以多功能利用来缓解当前的土地利用冲突被引入土地景观规划领域，从土地多功能角度寻求土地管理策略成为研究的新范式。由于区域空间多功能协调利用是应对土地资源不足、缓解土地利用冲突的必然选择，因此土地多功能利用研究对区域土地可持续利用具有重要的现实意义。

二、土地多功能利用评价

（一）土地多功能利用识别与分类

土地利用功能具有综合性、多元性、动态变异性和空间异质性等特点，识别土地利用多功能性并进行分类是土地利用多功能性研究的基础。

土地利用功能和生态系统服务、景观功能之间存在交叉。由于侧重点不同，不同学者在多功能识别及其功能分类方面的理解存在差异。2003 年，千年生态系统评估（MA）提出了由 4 个一级分类（即供给服务、调节服务、文化服务和支持服务）和 30 个二级分类组成的分类系统。根据中国国情，谢高地等（2008）提出了由 4 个一级类别（即供给服务、调节服务、支持服务和社会服务）、14 个二级类别和 32 个三级类别组成的分类系统。Mander 等（2007）将景观多功能总结为供给功能、调节功能、生境功能和文化功能等。Kienast 等（2009）则将景观功能归纳为生产功能、调节功能、生境功能和信息功能。Fleskens 等（2009）将土地功能分为经济功能、社会功能、文化功能、生态功能和生产功能 5 大类。de Groot 等（2002）将人类生存所必需的功能分为调节功能、居住功能、生产功能、信息功能 4 类 23 项。

很多学者基于土地利用系统角度从生产、生态和社会三个维度展开土地利用功能的分类，还有学者将土地功能划分为四个维度，如生产功能、空间功能、生态功能和社会保障功能，以及生产功能、经济功能、生态功能和社会功能等；也有学者将其细化为经济、社会、文化、生态和生产五个维度。甄霖等（2009）基于可持续发展框架从社会功能、经济功能和环境功能构建的分类系统在国内的应用较为广泛。当然，土地利用的诸多功能并非相互独立的，各功能往往交织在一起才使得土地利用具有多功能性。

（二）土地多功能利用评价

目前，大多数土地利用多功能性研究都是按照如下思路展开评价的：①建立土地利用多功能性评估关键指标体系；②确定指标对区域可持续发展的重要性（权重 w）矩阵；③确定指标阈值及数据标准化处理；④土地利用多功能性综合评价。此类方法操作相对简单，在定量评价中应用得最多。指标权重的确定多采用专家评价法和层次分析法等常规方法。

针对评价结果，学者们构建了很多指标来分析土地利用多功能性的特点。例如，甄霖等（2010）采用土地利用功能实现率测算区域土地利用某项功能的实现程度，采用土地利用功能量倍比系数（γ）与增长量（β）反映土地利用功能的相对变化程度和绝对变化程度；李德一等（2011）采用相关分析研究了不同土地利用功能之间的消涨关系；张晓平等（2014）采用功能实现率（r）、功能变化动态度（d）、功能标准差（σ）、功能变化优势度（s）测算土地利用多功能状态及变化。另外，还有学者将土地多功能利用与持续性结合起来，进行土地利用功能的可持续性研究（王枫和董玉祥，2015）。

此外，还有研究采用较为复杂但系统性强的方法拓展了土地利用多功能性评价研究的方法体系。例如，张乐敏（2012）采用模糊综合评价法对土地利用多功能进行了评价。党丽娟等（2014）构建了由五形偏离度指标和结构视图表达的五形向量空间结构评价方法来测算土地利用多功能性变化偏离度。杨雪和谈明洪（2014）运用改进的灰色 T 关联度分析了农用地各功能之间的关联性。王枫和董玉祥（2015）采用灰色关联投影法和改进突变级数法对土地利用多功能时空动态及影响因子进行了研究。张路路等（2016）则采用全排列多边形图示指标法进行了土地多功能性评价。

（三）土地多功能利用的权衡

由于土地功能存在多样化的类型、不均衡性的空间分布，以及人类对土地利用和管理的选择性和多样性，不同土地功能之间往往存在着复杂的相互作用，表现为此消彼长的权衡和相互促进的协同。土地系统一种功能的提升常常以牺牲其他功能为代价，对土地系统功能权衡/协同关系的忽视可能会导致某些生态系统服务供给能力下降，甚至威胁整个生态系统的稳定和安全。因此，土地资源管理不能仅仅追逐单一的土地功能，而必须权衡和兼顾多种功能，使其综合效益最大。近年来，生态系统服务权衡研究已成为生态学、地理学和生态经济学等学科的热点和前沿。从研究内容来看，主要集中在生态系统服务权衡/协同的理论基础、表现形式、驱动机制、尺度效应、效益优化以及不确定性研究；从研究方法来看，主要有统计学方法（如相关性分析、回归分析、聚类分析与冗余分析等）、空间分析方法（如地理信息系统技术）、情景模拟方法（如 Clue-s、SWAT、InVEST 等情景模拟模型）和生态系统服务流动性分析方法（如 ARIES 模型）。可以看出，国内外学者对生态系统服务权衡/协同关系已开展了大量的研究，但对土地多功能利用权衡的研究还很鲜见。

复习思考题

1. 何谓土地覆被与土地利用？有何异同？
2. LUCC 的主要科学问题和研究焦点是什么？
3. 如何理解 LUCC 研究的综合性特点？

4. 土地质量指标体系构建的意义是什么?
5. 目前土地质量指标体系的模型有哪些?
6. 何谓土地持续利用? 有哪些基本原则?
7. 何谓土地多功能利用?
8. 讨论土地利用多功能性评价框架。

下篇　土地管理

中国的土地管理源自俄罗斯的“Землеустройство”（土地整理）。1982年，根据中国国情和土地管理工作的实践需要，正式定名为“土地管理学”。土地管理学（land administration）是一门实用性、实践性和技术性都比较强的学科。土地管理是国家用来维护土地所有制度，调整土地关系，合理组织和监督土地利用，以及贯彻和执行国家在土地开发、整治和保护等方面的决策，而采取的行政、经济、法律和工程技术的综合性措施。

土地管理包含如下含义：①土地管理的主体包括各级政府的土地行政主管部门、行政人员和公务员；②土地管理的客体包括农用地、建设用地和未利用地；③土地管理的任务是维护土地公有制、调整土地关系、合理组织土地利用和监督土地利用；④土地管理的手段和方法包括行政、经济、法律与技术等；⑤土地管理的职能包括计划、组织、指挥、控制和协调等方面。总之，土地管理具有鲜明的阶级性。

现阶段中国土地管理的中心内容是：认真贯彻《土地管理法》和“十分珍惜和合理利用每一寸土地，切实保护耕地”的基本国策，维护土地的社会主义全民所有制，保护土地所有者和使用者的合法权益，合理组织土地利用，切实保护耕地。具体包括：①维护土地权益。依法保护土地所有者和使用者的合法权益，保障土地权利人的合法权益不受侵犯，是土地管理的根本任务。②保护土地资源。我国人口多、耕地少、后备资源不足及生态环境不断恶化的基本国情，决定了土地管理的主要任务之一就是要保护好土地资源。只有在合理开发利用土地资源的过程中加强对土地的保护，才能实现土地资源的可持续利用和社会的可持续发展。③合理利用土地。合理利用土地资源，满足国民经济各部门对土地需求的同时，防止滥占耕地及其他浪费土地现象，不断提高土地的经济、社会和生态效益，促进经济社会稳定健康发展是土地管理的最终目标。④规范土地利用行为。通过法律、技术、经济和行政等方面的手段规范土地利用行为，使各项土地利用活动均在法律法规规定的范围内进行，确保维护土地权益、保护土地资源及合理利用土地等土地管理目标的实现。⑤健全土地管理制度。健全的土地管理制度是合理利用和保护土地资源的基础。根据土地管理的需要，建立健全土地管理制度，保证土地管理有章可循，有法可依，是土地管理的重要任务。

土地管理是一项复杂的综合性措施。可以从不同的视角、并按不同的需要对土地管理进行分类。例如，按照功能来分，可分为规划管理、交易管理和利用管理；按照属性来分，可分为资源管理和资产管理；按照产权来分，可分为集体土地管理和国有土地管理等；按照内容来分，可分为地权管理、地籍管理、地价管理和地用管理等。总之，不仅可以按照土地的某一属性和特点形成相应的管理体系，而且可设立管理机构采用不同的管理模式。本篇主要从土地制度、土地利用规划和土地行政管理等内容来阐述土地管理这一复杂的问题。

第十章　土地制度

土地制度（land institution）是反映人与人、人与地之间关系的重要制度。它既是一种经济制度，又是一种法权制度，是土地经济关系在法律上的体现，是构成上层建筑的有机组成部分。

第一节　土地制度概述

关于土地制度，目前还没有形成统一的定义。一般认为："土地制度是人们在一定社会条件下，因利用土地而产生的对土地的所有、占有、使用和处分等诸方面关系的总称。土地所有制及土地使用制是土地关系中最重要的两个方面，土地所有制是土地关系的核心"。土地制度的基本目标是保证土地资源的合理分配和有效使用。一方面，土地制度是一种经济制度，是经济基础的组成部分；另一方面，其又是一种法权制度，具有反映、规范、确认、保护和强化土地经济关系的作用。广义上，土地制度包括一切土地问题的制度，如土地所有制度、土地使用制、土地规划制度、土地保护制度、土地征用制度、土地税收制度和土地管理制度等。狭义上，土地制度仅包括土地所有制、土地使用制和土地管理制度。

一、土地所有制

土地所有制（the system of land ownership）是指在一定社会条件下，由国家确认的土地所有权归属的制度。土地所有制是整个土地制度的核心，是土地关系的基础，是生产资料所有制的重要组成部分。土地所有权是土地所有制的法制体现形式，是土地所有者所拥有的、受到国家法律保护和限制的排他性的专有权利，可以细分为占有权、使用权、收益权和处分权等组成部分。

（一）土地所有制由生产力决定

土地所有制作为社会生产关系的组成部分，是由社会生产方式所决定的，而社会生产方式归根到底是由生产力状况决定的。因此，不同的土地所有制，最终也是由生产力水平所决定的。人类社会初期，地广人稀，生产力水平很低，以采集和渔猎为生，没有固定的生产生活用地，还谈不上对土地的开发利用，因而也不存在土地所有制问题。到了游牧时代后期，随着生产力的发展，逐渐形成了天然草地的循环轮牧制度，于是各个氏族部落之间渐渐形成了各自的土地利用势力范围，从而出现了土地所有制的萌芽。以后随着人口的增加和原始农业的产生与发展，人类有了固定的生产生活用地，才最终出现了土地的所有制。

（二）土地所有制的类型

土地所有制产生于原始社会中期，伴随人类社会生产方式不断发展与变化。迄今，人类社会已经历了五种不同的发展阶段，相应地也产生过五种不同的土地所有制形式：原始社会的氏族公社土地所有制、奴隶主土地所有制、封建土地所有制、资本主义土地所有制和社会主义土地所有制。从本质上可归并为公有制和私有制两大类。其中，氏族公社土地所有制和社会主义土地所有制属于公有制，其他则属于私有制。

（三）土地所有制的法律体现

自从产生了阶级和国家以后，任何一种土地所有制都必须有国家法律的确认和保护才能得以实施。土地作为一种生产资料或财产，如果没有国家法律的保护，土地所有制难以得到实现。国家确认并予以保护的土地所有制，都要通过一定的法律文件——土地所有权证书来体现。当土地所有权转移时，出让方和受让方签订的契约——地契，经国家的登记认可，也可以作为土地所有权的法律文件。如现阶段的中国农村，经土地详查，查明土地权属后发的集体土地所有权证书就是这类法律文件。土地所有权证书（或地契）要载明土地的坐落、四至、面积、土地质量等级、周围地块状况及土地价格等内容。

（四）土地所有权的转移

随着经济的发展和社会关系的变化，必然发生土地所有权的转移。土地所有权的转移，一般情况下是有偿的，即土地买卖；有时也可以是无偿的，如赠与和遗赠等，这是土地所有者处分权能的体现。在土地私有制下，土地作为商品进行买卖非常普遍。现阶段中国实行土地公有制，土地的所有权不能买卖。国家建设需占用农村集体土地，须遵照有关规定实行有偿征用，即国家通过对集体土地所有者的一定的经济补偿，将集体土地转为国家所有。

土地所有制不仅要受国家政权的限制，而且必要时可通过国家政权的强制力量而对土地所有权进行再分配，通常称为土地改革（land reform）。土地改革不仅在社会主义国家中可以进行，即使在资本主义国家和地区，也有不少当政者从社会经济发展的需要出发，主张对土地制度进行某些改革。当然，不同国家所进行的土地改革，其性质、目的和手段都可能不同。一般来说，土地改革都是以政权的力量为后盾，并与政治经济革命相结合。中国最著名的土地改革是1950～1952年的土地改革运动，全国3亿多无地和少地的农民分得了约7亿亩土地，彻底结束了封建土地所有制。

二、土地使用制

土地使用制（the system of land use）是在一定土地所有制下，土地所有者、使用者和经营者在土地占有、使用与收益过程中形成的经济关系和法律关系的行为规范。土地使用制是土地制度的另一个重要组成部分，它涉及土地所有者与土地使用者之间的关系，涉及双方的权利、义务以及国家对土地使用的管理。土地使用权是土地使用制的法律体现形式，它是依法对一定土地进行利用、管理并取得收益的权利。

任何一个社会，只要存在着土地所有权，土地的使用便从来都不是自由的、任意的。在土地所有权与使用权分离的情况下，土地所有者和土地使用者要按一定的规范来确定双方的权利和义务。而这种经济行为又要受到国家政权的干预、调节和必要的限制。

(一)土地所有制决定土地使用制

土地使用制是在一定的土地所有制下形成的，两者必然存在紧密的依存关系。一方面，在土地制度中，土地所有制是核心，具有决定土地使用制的作用。不同的土地所有制都存在与之相适应的土地使用制及其具体形式。另一方面，某种土地使用制不仅是相应的土地所有制的反映和体现，而且也是实现、巩固和发展土地所有制的一种形式和手段。如在社会主义土地公有制下，要求建立并实现与土地公有制相适应的土地使用制，以使社会主义土地公有制得以实现和巩固。中国从1982年开始进行的土地使用制度改革，目的就是寻找更适于社会主义土地公有制要求、并能促进土地资源合理利用的土地使用制度。当然，同一种土地所有制也可派生出多种土地使用制及其形式，且不同的土地使用制对土地所有制的实现和巩固，对土地资源的利用会产生不同的作用和影响。因此，一种土地使用制对于特定的土地所有制来说，具有相对的独立性。

(二)土地使用制的类型

一般来说，就土地所有权与使用权两者之间的关系而言，土地使用制大致可分为土地所有权与使用权相结合(即"两权"合一)及土地所有权与使用权相分离(即"两权"分离)两大类。前者如中国土地改革前的自耕农、经营地主，合作化后中国农村的集体经济组织等；后者如佃农、租地农业资本家和目前中国土地使用制等。"两权"分离又可分为有偿使用制和无偿使用制两类。我国曾长期实行土地无偿使用制度，但实践证明，土地无偿使用制度不利于土地资源合理利用和优化配置，更不利于土地公有制的实现与巩固。土地有偿使用制度，无论具体形式如何，本质上都是土地的租佃关系，因此土地使用者和所有者之间的利益矛盾是普遍存在的。

(三)土地使用制的法律体现

与土地所有制一样，土地使用制也要以一定的法律形式加以确认和保护才能得以实施。在实行土地租佃制、承包制的情况下，双方要签订土地租佃契约(如佃契、租约、租契与协议等)。目前，在中国城市签订的土地出让合同，在农村签订的土地承包合同，实质而言就是一种土地租佃契约。土地租佃契约要载明土地坐落、四至、面积、质量等级、租金和双方权利义务等内容。城市签订的土地出让合同，除了载明上述内容外，还要规定土地用途、建筑要求(如容积率、覆盖率、建筑物高度和建筑密度等)以及土地转让条件等内容。

三、土地管理制度

土地管理制度(the system of land management)，是国家对全国或某一区域的土地权属、地籍、土地利用、土地市场和土地税费等，在宏观上进行管理、监督和调控的制度、机构和手段的综合。国家土地管理由中央和各级地方政府来组织实施。任何国家，无论实行何种土地所有制，国家政权都要以社会代表的身份，对全国的土地在宏观上进行管理、监督和调控。这是由土地资源地位的重要性、供给的稀缺性和利用后果的社会巨大性所决定的。

（一）土地管理的基本内容

土地管理的基本内容是权属管理和利用管理。土地权属管理是国家保护土地所有者和使用者合法权益及调整土地关系的一种管理，其中包括国家对土地所有权和使用权的必要限制。土地利用管理是国家通过一系列法律、法规和政策，采用行政的、经济的、技术的和计划规划等手段，确定并调整土地利用结构、布局和方式，以保证土地资源合理利用的一种管理。

（二）土地管理的基本任务

土地管理的基本目的是维护已经确定的土地所有制和使用制，最大限度地满足全社会对土地的需求，保证全国土地资源合理和有效的利用，充分发挥土地资产的最佳效益，并使社会生态效益达到最佳状态。为达到上述目的，土地管理的具体任务如下。

（1）维护土地权益。依法保护土地所有者和使用者的合法权益，保障土地权利人的合法权益不受侵犯，这是土地管理的根本任务。加强土地登记管理，依法保护土地所有者、使用者及相关权利人的合法权益，承办并组织调处重大权属纠纷，查处重大违法案件。

（2）保护土地资源。保护和合理开发利用土地资源是土地管理的根本任务；只有在合理开发利用土地资源的过程中加强对土地的保护，才能实现土地资源的可持续利用和社会的可持续发展。

（3）合理利用土地。合理利用土地资源，在满足国民经济各部门对土地需求的同时，防止滥占耕地及其他浪费土地现象，不断提高土地的经济、社会和生态效益，促进经济社会稳定健康发展是土地管理的最终目标，也是土地管理的基本任务。

（4）规范土地利用行为。通过法律、技术、经济和行政等方面的手段规范土地利用行为，使各项土地利用活动均在法律、法规规定的范围内进行，确保维护土地权益、保护土地资源及合理利用土地等土地管理目标的实现。

（5）健全土地管理制度。健全的土地管理制度是合理利用和保护土地资源的基础。因此，根据土地管理的需要，建立健全土地管理制度，保证土地管理有章可循、有法可依，是土地管理的重要任务。

（三）土地管理的模式

国家实施土地管理，必须设置一定的土地管理机构并确定其职能分工。世界上很多国家都根据各自不同的社会制度、自然地理条件、经济发展水平、土地资源状况，以及法律体系、文化背景和风俗习惯等，选择了不同的管理模式，设置了不同的管理机构。概括起来大致可以分为以下三大类型。

（1）分层次管理模式。主要在一些多元化土地所有制国家，如美国和加拿大等，土地所有制以私有制为主，土地管理机构的设置及职能分工是以保护土地私有制为前提。其基本特点是中央政府不设统一的土地管理机构，由政府各部委和地方行政机构设立土地管理机构，分层次各负其责，分别管理各自地区范围所属的土地。例如，美国在内政部设有国家土地管理局，主要负责对联邦政府土地的管理，并对州和私人土地进行协调；州和私人所有土地则由州政府有关部门和私人分别负责。各州土地主管部门设置不同，20 多个州设自然资源部，主管土地、矿产、水和森林等自然资源，有的州则由环境保护部门主管土地。加拿大也是典型的分层次管理模式，联邦政府管理联邦公有土地，省政府管理省公有土地，私有者管理私有土地。

（2）分类别管理模式，如荷兰、英国和澳大利亚等。其基本特点是中央不设统一的土地管理机构，对全国土地资源采取按用途（如牧业、工业和城市）分别设立机构，采取分别管理的模式，或者是在地价昂贵的情况下，按土地利用类型进行分级管理，以充分发挥有限土地资源的生产效率。荷兰的土地管理主要按土地利用类型进行分级管理，分国家土地调查测量局（主要负责农村土地的地籍管理和地籍图的编制工作）、省级土地调查测量局（主要负责各省的土地测量工作，建立地籍档案，负责土地登记与地产买卖注册等）和区级土地调查测量局（负责辖区的地产测量与土地调整工作）。通过这种分配按类管理，机构分明，目的明确，充分利用了有限的土地，提高了土地的生产效率。英国在中央没有设置统一的土地管理机构，而是由若干部委按类分级管理。如农用地由农渔食品部土地管理局管理，负责农用地的使用、统计、地籍管理与测绘；森林和林业用地由林业委员会管理，主要负责林业用地的使用和统计；城市用地则由环境部管理。

（3）垂直统一管理模式，如中国、日本和俄罗斯等，日本最为典型。由于人多地少，土地资源紧缺，日本采用了城乡土地自上而下的统一垂直管理，以加强土地资源的保护和合理利用。1974 年成立了国土厅，从此全国土地问题都划归国土厅土地局管理。土地局是日本土地的唯一管理机构，行使统一的垂直管理职能。下设四个科——土地政策科、土地利用调整科、地价调整科和国土调查科。由于机构健全，人员精干，政策落实，措施得当，在土地管理中取得了良好的效果。

另外，还有些国家实行土地多部门分管模式，如印度、巴西等，经济处于发展阶段，以土地私有制为基础，土地管理权限及机构设计与职能仍以保护、巩固私有制为前提。

第二节 土地产权及权利设置

土地制度的核心问题是土地产权（land property right）问题。土地归谁所有决定了一个社会土地制度的性质。产权，是“财产权”一词的简称，是指一定解决主体依法对待定经济客体所有、使用、处分并获取相应收益的权利。《中国大百科全书（法学卷）》对其定义为：“人身权的对称，即民事权利主体所享有的具有经济利益的权利”“一定社会的物质资料占有、支配、流通和分配关系的法律表现”。所谓“法律表现”，就是对财产的享有及支配等经济活动的经济利益，进行立法反映、记载和承认。土地产权即土地财产权，它属于民法和经济法范畴，土地产权制度属于社会上层建筑。

一、土地产权及产权制度

（一）土地产权

目前，国内外学者对土地产权的认识不太一致。有人认为土地产权就等于土地所有权；有人认为，土地产权等于土地财产支配权，与所有权、经营权并列；也有人认为土地产权包括所有权、使用权及土地权利调控权三大方面；更多的人则认为土地产权是指所有权以外的各项财产权利。一般来说，土地产权是指权利人在其权利存在的土地上，为实现其利用土地的目的，分别依法行使其权利时对土地的用益、流转和管理权。

土地是人类社会最古老的财产，也是一种供给有限但用途无限的特殊的自然经济资源。

随着社会经济和科学技术的不断发展，土地的用途越来越多。虽然土地的物质实体只有一个，但由于用途的多样性，其上的权利便有多种。因此，土地产权应包含土地所具有的各具特色的利益或权利，它们可以分散拥有；当它们聚合在一起时，则代表一个“权力束”。因此，土地产权是指存在于土地之上的排他性完全权利，是有关土地财产的一切权利的总和，是一个“权利束”，包括土地所有权及与其相联系的、相对独立的各种权利，如土地使用权、土地租赁权、土地抵押权、土地继承权、地役权等多项权利。

土地产权也像其他财产权一样，必须有法律的认可并得到法律的保障，以法律的形式来明确规定人们关于土地财产的各种权利、对这些权利的限制以及破坏这种权利时的处罚。但产权又不仅仅是法律的名义上的，还是一种实际的行为权利，可以行使。

（二）土地产权制度

土地产权制度是指一个国家土地产权体系构成及其实施方式的制度规定，是土地财产制度的重要组成部分。土地产权制度反映了人与人之间的权利关系，即有关土地占有和使用的权利规范，包括对各种土地权利运用和限制的法律规定以及被社会认可的行为规范。

不同的国家、不同的历史发展阶段，土地产权制度是不同的，即使在同一个国家，其土地产权制度也是在不断变化的，只有这样才能维护一定的土地所有制。土地产权制度与土地所有制之间既有明显的区别，又有紧密的关系。土地所有制反映了土地归谁所有的问题，而土地产权制则界定了经济运行中土地权利主体之间的责、权、利的关系。土地所有制反映土地社会经济的本质，土地产权关系居于社会经济运行层次，强调遵循市场经济的一般规律和原则，不直接决定或反映社会经济制度的特性。因此，土地产权关系是由一定的所有制决定的。

由于土地所有制决定土地产权制度，因此，对土地产权制度可以从四个层次上去认识：第一个层次是土地所有制的性质，如中国目前实行社会主义全民所有的土地所有制性质。第二个层次是土地所有制的形式，如中国有国家所有和集体所有两种形式。第三个层次是土地产权结构。明确具体设置哪几种权利，并使其法律化，明确什么权利受到国家法律保护，什么行为会受到国家法律的制裁。第四个层次是界定土地产权。只有产权边界清晰，才能明确界定有关经济行为当事者的责、权、利，规范经济活动，确立合理的产权交易规则，促使土地资源合理利用和配置。

二、土地权利设置

土地权利设置在构建土地制度中占有极其重要的地位。对土地应当设置哪些权利，一般都是由法律明确规定的，且主要是民法对物权创设的规定。

（一）国外土地权利的设置

受土地所有制的性质、形式的制约，各个国家或地区在其土地上设定的土地权利的名称、内容和含义及权利的多少不尽相同。

法国民法中设有：①所有权；②用益权；③使用权；④居住权；⑤地役权；⑥质权[①]；

---

① 质权，是指为了担保债权的履行，债务人或第三人将其动产移交债权人占有，或者将其财产权利移交债权人占有或进行登记，当债务人不履行债务时，债权人依法享有的就该特定的财产或权利出卖的价金优先得到清偿的物权。

⑦抵押权；⑧留置权[①]；⑨先取特权[②]。

德国民法中设有：①所有权；②役权（地役权、用益权、制限的人役权）；③地上权；④先买权；⑤土地负担；⑥抵押权、土地债务及定期土地债务；⑦质权（动产质权与权利质权）；⑧占有权。

瑞士民法中设有：①所有权；②役权（地役权、用益权及其他役权）及土地负担；③不动产担保（抵押担保附债务及定期金动产担保附债务的发行）；④动产担保（质权、留置权、权利权、当业质、证券质）。

荷兰民法中设有：①地役权；②用益权；③永佃权；④地上权；⑤抵押权。

日本民法中设有：①占有权；②所有权；③地上权；④永小作权[③]；⑤地役权；⑥留置权；⑦先取特权；⑧质权（动产质、不动产质、权利质）；⑨抵押权；⑩入会权（分列于所有权及地役权章之末）。

韩国民法中设有：①所有权；②占有权；③地上权；④地役权；⑤留置权；⑥抵押权；⑦租赁权。

（二）中国土地权利设置

根据《中华人民共和国宪法》、《中华人民共和国土地管理法》（简称《土地管理法》）和《中华人民共和国物权法》等有关条款的规定，我国土地产权总体上可以分为：土地所有权、土地用益物权（包括土地承包权、建设用地使用权、宅基地使用权）和土地他项权利三大类。其中，他项权利包括土地抵押权、土地承租权、土地租赁权、土地继承权和地役权等多项。

（三）土地权利的内涵

可以看出，各国在土地上基本都设定了所有权、使用权、租赁权、地役权、地上权和抵押权，但其含义，尤其是土地所有权的含义，差异较大。

1. 土地所有权

土地所有权是土地所有者在法律规定的范围内自由使用和处理其土地的权利，受国家法律的保护。这包含了三个含义：一是土地所有者可以自由使用和处理其所有的土地并有权获得收益；二是受法律的限制；三是得到法律的确认和保护。土地所有权具有以下基本属性：①完全性——是土地产权权利束中最充分的一项物权，由土地占有权、使用权、收益权和处分权组成；②排他性——排斥其他人对土地的权利，土地所有者对自己的土地具有垄断性；③恒久性——土地所有权的存在没有一定的存续期限，无限期地由土地所有者保有；④归一性——土地所有者可以在自己的土地上为别人设定使用权、地役权、抵押权、租赁权及其他权利，但土地所有者仍拥有最终的统一支配权；⑤社会性——土地所有者在行使自己的权利时必须受到社会的限制。

2. 土地使用权

土地使用权是依法对一定土地加以利用并取得收益的权利，是土地使用制的法律体现

---

① 留置权，是指债权人按照合同约定占有债务人财产，在与该物有牵连关系的债权未受清偿前，有留置该财产，并就该财产优先受偿的权利。

② 先取特权，是债权人所享有的就债务人的特定不动产先于其他债权人受清偿的权利。

③ 永小作权，又叫永佃权，土地关系中佃方享有长期耕种所租土地的制度。佃农在按租佃契约交纳地租的条件下，可以无限期地耕作所租土地，并世代相承。即使地主的土地所有权发生变化，佃农的耕作权一般仍不受影响。

形式。土地使用权是与土地所有权有关的财产物权。土地使用权有狭义和广义之分。狭义的土地使用权是指依法对土地的实际使用，包括在土地所有权之内，与土地占有权、收益权和处分权是并列关系；广义的土地使用权是指独立于土地所有权能之外的含有土地占有权、狭义的土地使用权、部分收益权和不完全处分权的集合。由于土地使用权也是一种物权，因此土地使用权也可以买卖、继承、转让、抵押和租赁。土地使用权的设定必须依法律而成立，其取得可以是有偿的，也可以是无偿的。

3. 土地租赁权

土地租赁权是指土地承租人依法按照租赁合同的约定支付租金，对土地进行占有和使用的权利。土地租赁权有以下几个特征：①土地租赁权具有债权性质，出租土地的一方有提供土地的义务和收取租金的权利；承租土地的一方有支付租金的义务和使用土地的权利。②法律对土地租赁有限制要求。根据我国法律规定，土地使用权人通过出让方式取得的土地可以出租，承租人享有所承租土地的土地租赁权；而划拨土地一般不能出租。③土地租赁权的取得方式通过合同设定。土地的出租人和承担人要签订土地租赁合同，土地租赁的期限、租金的给付数额和方式、出租人和承租人的权利义务，都由合同明确约定。④土地租赁权须进行登记。

4. 地役权

地役权是传统民法上的一个概念，也是房地产相邻权的一种。由于相邻关系最早出现在农业生产对土地的利用过程中，所以由土地关系产生出来的地役权是比较古老的一种相邻权。地役权是指为自己土地的便利在他人土地上设定的权利。担负和提供便利的土地称供役地，利用和享受便利的土地称需役地，需役地所有人享有在供役地上地役权所赋予的权利，供役地所有人负有在供役地上地役权所加限制的义务。地役权的内容：一是合理使用供役地。例如，为耕作处于他人土地包围之中的自己的土地，而从他人土地上通行；为排灌自己土地的水，而从他人土地上引水通过。地役权人使用供役地时，应当选择对供役地损害最小的地点、路线和方法，尽量避免降低供役地效用。二是实施必要的附属行为。地役权人为行使其权利，可以在供役地内为必要的附属行为，如为行使通行地役权而在供役地上开辟道路。地役权人为附属行为，为行使其权利所必需，否则不得实施。

5. 地上权

地上权又称“借地权”，是指以在他人土地上有建筑物或其他工作物为目的而使用他人土地的权利。地上权是用益物权的一种。它因具有物权的性质和物权的一切法律特征，而与作为债权的土地租赁区别开来。地上权设定、丧失和变更，非经登记，不产生效力。地上权还具有长期稳定的特点。在地上权存续期间，地上权人有对土地的占有、使用和收益的权利，还有对地上权本身的处分权。一般来说，地上权人需要支付地租，但也有当事人自行协议的。

6. 土地抵押权

抵押权是土地受押人对于土地抵押人不转移占有关系并继续使用收益而提供担保的土地，在债务不能履行时可将土地的拍卖价款作为受清偿的担保物权。土地受押人称为土地抵押权人。设定土地抵押权时，作为土地并不发生转移，仍为土地抵押人占有使用，只以其代表经济价值的某项权利作担保。只有当抵押人到期不能履行债务时，抵押权人有权将土地拍卖并优先受到清偿。抵押人如果按规定的方式和期限偿还债务，则土地如期赎回，受抵押的权利又回到抵押人手中，抵押权自动消失。

三、中国土地产权制度改革

（一）土地产权制度存在问题

1. 土地产权内涵不清晰

土地产权内涵不清晰尤其表现在集体所有权名不副实。理论上农村集体拥有法定所有权，集体应当可以行使占有、使用、收益和处分的权利。但在客观事实上，集体所有权是一种不完全的权利，集体经济组织没有最具实质意义的处分权。主要表现在以下两个方面：一是农村集体土地所有权的最终处分权属于国家。最典型的就是国家建设需要使用集体所有土地时，国家只要通过征用即可，集体土地所有权的经济利益得不到保障。二是国家通过行政权力侵占农村集体土地流转收益。根据现行法律规定，集体所有的土地，只有经国家征用转为国家土地后，才能出让、转让。国家垄断土地一级市场，政府对农村集体土地"先征后让"，征用后的土地所有权属于国家，用地单位只享有使用权。国家征用土地，虽然也给农村集体一定的价款补偿，但补偿价款的数额远远低于土地的市场交易价格。这不仅使集体土地所有者失去了土地出让权，同时使本应属于集体的土地收益流入国库，集体土地所有者的主体地位无从体现。

2. 土地产权主体不明确

土地是一种特殊财产，当事人对财产的义务、权力、利益和责任必须界定清楚，才能履行法律手续，进行法庭诉讼和法律监督等。因此，土地产权主体应该是法人。但至今，中国尚未明确国有土地产权的法人代表。城市土地属于国家所有，但所有权主体不明确。中央人民政府和地方人民政府都代表国家行使主权利益，国家的内涵在法律上并不清楚，导致中央对城市土地的所有权无法实现，中央与地方应该如何划分产权？地方政府的角色应该是所有者还是管理者？至于农村土地，虽然法律规定属于集体所有，但实际上只有少数地方存在具有法人资格的社区合作经济组织，绝大部分农村土地是由村民委员会等组织控制的，造成土地所有权的主体虚位。土地产权主体中最重要的一方——所有权主体的模糊，必然造成土地的无主状况及他人对所有者产权的侵犯，结果导致土地利用的低效和公有土地收益的流失。

3. 土地产权关系模糊

依照法律规定，农村集体所有的土地属于村农民集体所有，但却没有最具实质意义的处分权。农户通过承包方式取得的集体土地使用权，应包括实际占有权、经营使用权、部分收益权和部分处置权。但农民拥有的土地使用权实际上只有土地的种植权，无明确的占有权和处分权。农民缺乏对土地独立、稳定和受保障的产权。农户的经营自主权未充分确立，生产活动中各种不必要的行政干预仍频繁出现，使用权很不稳定。虽然中央一再强调已经形成的土地承包关系一般不再变动，但各地迫于人口增长和劳动力变化的压力，仍不同程度地调整承包土地，甚至打乱重分，扼制了农民通过改变土地承包关系而获取土地使用权的欲望，抑制了土地市场化流转机制的形成，也降低了农户对承包土地的投资预期。城市土地属于国家所有，用地单位或个人只有土地使用权，但土地隐形市场的客观存在则使所有者的收益权和处分权都受到侵犯。土地产权关系的混乱必然导致各利益主体市场行为不规范，互相侵权。

4. 土地产权主体权利义务不明确

土地产权界定不明确。一方面土地所有权高度集中而缺乏明确的人格化代表，土地集体所有制赋予每个集体组织成员平等拥有土地的权利，名义上归集体所有，实际上人人都无份，从而严重背离了产权的排他性原则，即所有权缺位。为此，农民很少愿意对土地进行长期投资，并进行掠夺式经营，导致农业资源无序配置。另一方面，土地使用权分属于不同的利益主体而其对土地的合理使用及对所有者又不承担任何经济的和法律的责任关系，这就使土地资源得不到充分利用和合理使用，由此造成土地资源的浪费和使用上的不经济，一些地方出现了非法买卖土地的现象。例如，农户无视合同，任意改变土地的用途，土地经营行为短期化，往往采取粗放耕作或掠夺性经营，使地力普遍下降，加剧了耕地资源的毁损与减少。

（二）土地产权制度改革任务

中国土地产权制度改革的核心思想是明晰的产权关系。只有土地产权界定合理，各利益主体的权利、义务明确，国家和集体的土地所有权才能得到经济实现，土地使用者才能获得稳定的经济预期，形成土地利用的激励机制，从而提高土地使用的效率和效益，珍惜和保护土地资源。

1. 明确土地产权主体

中国法律规定土地的社会主义公有制有国家所有制和农村集体所有制，但谁来代表国家行使土地所有权目前并不明确，而农村集体所有制下的产权主体存在三种形式：村农民集体所有、乡（镇）农民集体所有及村以下农业集体经济组织的农民集体所有，土地产权主体呈现出多元化的特征。况且集体经济组织目前也仅在农村少数地方存在。现实中，有些地方对土地产权主体和所有者代表机构确认不清，所有权主体不明确是一种产权主体的缺位。因此，明确土地产权主体是我国土地产权制度改革的重要内容。在农村，要明确界定哪一级（乡、村、组）和哪些组织对土地拥有所有权，确认每块土地的具体主人，并以土地所有权证书这一法律形式予以体现，从而解决“人人有权，农民无权”，确保产权主体明确到位。

2. 建立合理的产权结构

我国土地产权体系过于粗略，已不能适应市场经济对土地资源优化配置的要求。借鉴国外土地权利设置的成功经验，结合中国的实际情况和社会经济发展的需要，进一步细分土地产权：所有权、占有权、地役权、开发权、地上权、收益权、出售权、转让权、租赁权、赠与权和押抵权等。土地产权的细分将有利于土地资源的优化配置和土地利用效率的提高。另外，为保证国民经济长期持续发展，保护耕地，还可设置土地发展权。针对城市地下空间的开发，以及航空航天、通信等事业的发展可设置地下空间开发权和空中权；针对中国西北水资源缺乏区和地下矿产资源丰富区，设置地下水权和采矿权等。另外，要规范国有土地市场，培育农村土地市场，严格规范国家对集体土地的征用程序和交易行为。适应国家经济发展的需求，构建合理的土地产权结构，促进土地资源的优化配置。

3. 完善农村土地承包经营权

建立多元化的土地产权主体制度，更有利于满足多元化主体的利益需求，并且能够更大程度地调动广大农民的生产积极性。具体来说，就是要实现土地承包期永续化，延长土地承租期是完善土地制度的必然选择。要明确农民享有生产经营的决策权。农户乃是生产主体，只要其是在相关法律规定的合理范围内开展适当的土地生产、开发、利用等活动，就必然会受到法律的尊重与保护。要明确界定承包情境下农户合理的土地收益权。农户在规定的承包期内，要承担依法上缴税收和约定的承包金的义务，但同时依法享有各项合法收益。要明确农户对土地的转让权限。在经营承包期限之内，农户作为使用权主体，依法享有转让土地使用权并获得相应收益的权利。同时，建立并完善土地使用权流转的制度，农户在承包期内可依法、自愿、有偿流转土地承包经营权，促进农村集体土地适度规模经营。

4. 明确界定各种土地权利的内涵

要明晰各项权利主体的责任、义务和权利，以形成规范的土地市场行为，加强国家和集体对土地的管理和控制。迄今，农村集体土地所有权和农民土地承包权的法律地位一直不明确，相关权利和义务的界定也不清晰。农村集体土地使用权是基于使用者集体组织的成员权，由集体组织根据家庭人口和劳力无偿分配取得，土地无偿使用，土地所有权的权能被弱化，土地得不到珍惜。农村土地承包经营权分散管理，不利于对农村土地权属的管理。只有深化土地产权制度改革，才能促进土地资源的优化配置和合理利用。明确界定土地产权内涵，就是在现有的家庭承包经营的基础上，把集体的所有权、农户的经营权、占有权、出租权、买卖权、继承权、抵押权、收益权、规划权和转作他用权等权利的主体、内容、界限及实现方式等加以明确和规范。近年来，我国开展的“三权分置”思想，就是形成土地所有权、承包权和经营权分置，经营权流转的格局，放活经营权，明晰经营权应有的法律地位和权能。

第三节　中国现行土地制度

一、中国现行土地所有制度

（一）中国现行土地所有制的形式

根据《中华人民共和国宪法》和《中华人民共和国土地管理法》的规定，中国现行的土地所有制为社会主义土地公有制，有社会主义全民所有制和社会主义劳动群众集体所有制两种形式。

1. 全民所有制

全民所有制的土地采取的是国家所有制的形式，简称国有土地，其所有权由国务院代表国家行使占有属于全民的土地，行使占有、使用、收益和处分等的权利。《土地管理法》规定：“城市市区的土地属于国家所有”，这里所说的城市是指国家设立市建制的城市。关于镇的土地所有权问题，1982 年《关于中华人民共和国宪法修改草案的报告》指出：“草案第 10 条中原来是把镇的土地和农村、城市郊区一律看待的。全民讨论中有人指出，全国各地情况不同，有些地方镇的建制较大，今后还要发展，实际上是小城市。因此删去了有关镇的规定。镇的土地所有权问题，可以根据实际情况分别处理”。

2. 劳动群众集体所有制

劳动群众集体所有制的土地采取的是农民集体所有制的形式，具体采取的是集体经济组织所有制的形式，该种所有制的土地被称为农民集体所有土地，简称集体土地。由各个社会主义集体经济组织代表该集体经济组织的全体劳动人民占有属于该集体的土地，行使占有、使用、收益和处分等的权利。农民集体的范围有下列三种：①村农民集体；②村内两个以上农村集体经济组织的农民集体；③乡（镇）农民集体。《土地管理法》第 10 条规定："农民集体所有的土地依法属于村农民集体所有的，由村集体经济组织或者村民委员会经营、管理；已经分别属于村内两个以上农村集体经济组织的农民集体所有的，由村内各该农村集体经济组织或者村民小组经营、管理；已经属于乡（镇）农民集体所有的，由乡（镇）农村集体组织经营、管理"，进一步明确了各集体土地的所有权问题。

3. 土地所有制的范围

《中华人民共和国宪法》第 9 条规定："矿藏、水流、森林、山岭、草原、荒地、滩涂等自然资源，都属于国家所有，即全民所有，由法律规定属于集体所有的森林和山岭、草原、荒地、滩涂除外"。第 10 条规定："城市的土地属于国家所有。农村和城市郊区的土地，除由法律规定属于国家所有的以外，属集体所有；宅基地和自留地、自留山，也属于集体所有"。《土地管理法》第 8 条规定："城市市区的土地属于全民所有即国家所有。农村和城市郊区的土地，除法律规定属于国家所有的以外，属于集体所有；宅基地和自留山、自留地，也属于集体所有"。《土地管理法实施条例》第 2 条进一步明确了国有土地的范围，包括：城市市区的土地；农村和城市郊区中已经依法没收、征收、征购为国有的土地；国家依法征收的土地；依法不属于集体所有的林地、草地、荒地、滩涂及其他土地；农村集体经济组织全部成员转为城镇居民的，原属于其成员集体所有的土地；因国家组织移民、自然灾害等原因，农民成建制地集体迁移后不再使用的原属于迁移农民集体所有的土地。农村和城市郊区的土地，除法律规定属于国家所有的以外，属于农民集体所有。另外，根据《土地管理法》、《森林法》、《草原法》和《渔业法》等有关法律和条例的规定，农村中的国有土地还有：①名胜古迹、自然保护区等特殊土地（不包括区内集体所有的土地）；②国营农、林、渔场拨给国家机关、部队、学校和非农业企业、事业单位使用的土地；③国家拨给国家机关、部队、学校和非农业企业、事业单位使用的土地；④国家拨给农村集体和个人使用的国有土地。

（二）中国现行土地所有制的建立

1. 中国农村土地集体所有制的建立

第一阶段：农民土地所有权形成时期（1949～1954 年）。1949 年，我国尚有 2.64 亿农业人口的地区没有进行土地改革。中国人民政治协商会议第一届全体会议通过中华人民共和国成立初期曾经起着临时宪法作用的《中国人民政治协商会议共同纲领》，明确规定："要有步骤地将封建半封建的土地所有制改变为农民的土地所有制"，并规定："凡已实行土地改革的地区，必须保护农民已得土地的所有权；凡尚属实行土地改革的地区，必须发动农民群众，建立农民团体，经过清除土匪恶霸，减租减息和分配土地等项步骤，实行耕者有其田"。

1950 年，中央人民政府颁布了《中华人民共和国土地改革法》，明确指出土地改革的基本目的是：废除封建地主的土地所有制，实行农民的土地所有制，解放农村生产力。规定将没收地主的土地，按人口分给农民，实行农民土地所有制。到 1952 年年底，全国农村中农民占有的耕地占全部耕地的 90%以上，地主和富农占有的耕地只有 8%左右。这种以农民土地所有制为核心的土地制度，实现了"耕者有其田"，激发起农民前所未有的生产积极性，使农业生产得到迅速恢复和发展。

第二阶段：农民的土地所有制开始向集体所有制转变（1955～1979 年）。1955 年以后，农村经济在经历短暂的恢复后，随即又暴露出个体农民经济两极分化的问题。因此，在土地改革还未结束之前，开始了对个体农民经济的社会主义改造，1956 年发布实施《高级农业生产合作社示范章程》，开展了分三步走的农业合作化运动：第一步，建立农业生产互助组，即在保持农民对土地和其他生产资料私人占有的条件下实行劳动互助；第二步，建立初级农业生产合作社，即在土地和其他生产资料仍归农民私人占有的条件下，实行土地入股，统一经营，集中劳动，统一分配；第三步，建立高级农业与生产合作社，即取消了土地分红，土地等生产资料归集体所有，实行统一经营，并按“按劳分配”原则统一分配产品，最终把农民的土地私有制改造成了合作化性质的劳动群众集体所有制。

1958年，将国家行政权力和社会权力高度统一的政社合一的人民公社制度得以建立，标志着我国社会主义土地公有制的建立。1962年，《农村人民公社工作条例修正草案》确定了农村人民公社以生产队为基本核算的单位，生产队范围内的土地，都归生产队集体所有的公社集体、大队集体、生产小队集体三级所有，队为基础的制度。人民公社制度一直持续到1979年。农村的土地为集体所有制，土地的集体所有制得到巩固。

第三阶段：不断发展的农村土地集体所有制（1979年至今）。1978年，安徽省凤阳县小岗村18位农民在土地承包责任书上按下了红手印，拉开了中国改革开放的序幕，也揭开了农村改革的大幕。农村经济体制改革，给我国农村的土地制度带来重大的变化。家庭联产承包责任制在全国得到普遍推行。实行家庭联产承包责任制，为与之相适应将原来的集体共同所有、集体共同使用的土地制度改为“集体所有，农户承包经营”的土地制度。通过实行“集体所有，农户承包经营”的土地制度，集体土地使用权与所有权发生了分离，也为以后通过的法律、政策所确认并继续发展。

1982年，第五届全国人民代表大会第五次会议通过的《中华人民共和国宪法》重申了这一制度。1986年，第六届全国人民代表大会常务委员会第十六次会议通过的《中华人民共和国土地管理法》便正式确立了现行农村土地所有制。

2. 城市土地国有制的建立

1949年，中华人民共和国成立时，全国城市土地所有制形式复杂多样，主要有：外国资本家、土地产业主所有的土地；以蒋、宋、孔、陈四大家族为首的官僚资本家所有的土地；有民族资本主义性质的房地产公司和大房地产业主所有的土地；资本主义工商业、银行业等民族资本家所有的土地。为此，针对不同性质的城市土地的所有权形式，分阶段采取接管、没收、赎买、征用和法律宣布等方式，逐步实现城市土地社会主义国家所有制。

第一阶段：通过接管和没收等方式奠定了土地国有化的基础。1949～1952年，中央政府根据不同时期的特点，采取一系列的措施对城市土地进行改革。随着全国各大城市的先后解放，各城市人民政府根据《中国人民解放军布告》、《中国人民政治协商会议共同纲领》等政策、法令，相继接管和没收了国民政府、官僚资本家、大地主和战争战犯等的地产，将其转为国有，外国资本在中国城市的领地大多是殖民侵略的产物，是通过不平等的政治条约而掠夺获取的，特别是大城市中的所谓“租界地”等，也进行了没收，奠定了社会主义城市土地国有化的基础。

第二阶段：采用赎买、公私合营、国家经租加速土地的国有化。1953～1966年，首先根据《关于城市房产、房租的性质和政策》，对中国民族资本主义工商业、私营房地产公司和私营房地产业主所占有的房地产采取了保护政策，后来通过赎买办法才逐步将其转变为国有。对城市资本主义工商业的地产的赎买，是通过对民族资本主义企业实行全行业公私合营，支付定息后连同他们的其他财产一起收归国有的。1966年停止支付利息，其地产也就完全变成了国家的财产。对城市资本主义私有房地产业主和私营房地产公司的改造，是根据1956年中央《关于目前城市私有房地产基本情况及进行社会主义改造的意见》和1958年中央主管机关负责人就私有出租房屋的社会主义改造的精神，除少数大城市对私营房地产公司和某些房地产业主实行公私合营外，大多数采取国家经租的形式，即由国家占有和使用其房地产，并按期支付租金的20%～40%给房地产主。1960年停止支付，其房地产所有权完全归国家所有。这些改造，逐步使得城市土地实现了基本国有化。城市土地国家所有权迅速上升为主要权种。

第三阶段：通过征用城市私人和集体土地的方式获得国有土地。1966～1976年，全国各地相继实现了城市土地的国有化。另外，为了满足社会经济发展的需要，国家通过征用的方式获得国有土地。1982年以前征用的主要是城市私人和集体土地，1982年以后仅征用农村集体所有的土地。对于征用土地的原则、程序、审批权限及各项补助费的标准等国家都有严格的规定。至此，中国城市土地绝大部分已属于国家所有，并在1982年通过的《中华人民共和国宪法》中第10条规定："城市的土地属于国家所有"。

二、中国现行土地使用制度

（一）中国现行土地使用制的基本格局

现行的土地使用制度包括城镇国有土地使用制度和农村集体土地使用制度。

1. 城镇国有土地使用制度

根据《中华人民共和国宪法》、《中华人民共和国土地管理法》和《中华人民共和国城镇国有土地使用权出让和转让暂行条例》等法令文件规定，城镇国有土地使用制度为行政划拨与市场化配置并行的双轨制。

土地使用权行政划拨，是指经县级以上人民政府依法批准，在用地者缴纳补偿和安置费用后将土地交付其使用，或者将土地使用权无偿交给土地使用者使用的行为。以划拨方式取得土地使用权的使用者，其目的是实现社会公益事业的需要，具有社会公益性。除法律、法规另有规定外，划拨土地没有使用期限的限制。取得划拨土地使用权，必须由有批准权的人民政府核准，并按规定程序办理。划拨土地使用权的范围：国家机关用地和军事用地；城市基础设施用地和公益事业用地；国家重点扶持的能源、交通和水利等项目用地；法律、行政法规规定的其他用地。"商业、金融、旅游、服务业、商品房屋和涉外工程建设用地"不再采用划拨方式。

土地市场化配置是指在土地所有权归国家所有的情况下，国家可采用协议、招标、拍卖和挂牌出让的方式将土地使用权有偿、有限期地出让给土地使用者。2002年，国土资源部《招标拍卖挂牌出让国有土地使用权规定》规定："商业、旅游、娱乐和商品住宅等各类经营性用地，必须以招标、拍卖或者挂牌方式出让"，"同一宗地有两个以上意向用地者的，也应当采取招标、拍卖或者挂牌方式出让"。

（1）土地使用权出让权的年限。居住用地70年；工业用地50年；教育、科技、文化卫生和体育用地50年；商业、旅游和娱乐用地40年；综合或其他用地50年。

（2）土地使用者的土地使用权在使用年限内可以依法转让、出租、抵押或者用于其他经济活动，其合法权益受国家法律保护。

（3）土地使用权的收回。土地使用权期满，土地连同土地上的建筑物由政府无偿收回；在特殊情况下，根据社会公共利益的需要，国家可以依照法律程序提前收回，并根据土地使用者已使用的年限和开发、利用土地的实际情况给予相应的补偿；或者因土地使用者不履行土地使用者权合同而收回土地使用权。

（4）土地使用权续期。土地使用权出让合同约定的使用年限届满，土地使用者需继续使用土地的，应当最迟于期满前 1 年向土地管理部门提出申请，同时按当时市场行情补交出让金。

2. 农村集体土地使用制度

现行农村集体土地使用制是在土地所有权归集体的前提条件下，把土地使用权承包给本集体经济组织的村民，土地承包经营期限为 30 年，以户为单位独立经营，自负盈亏，简而言之是家庭联产承包责任制。也可以由本集体经济组织以外的单位或个人承包经营，从事种植业、林业、畜牧业和渔业生产。发包方和承包方应当订立承包合同，约定双方的权利和义务。

集体土地使用权不得出让、转让或者出租用于非农业建设。但农村集体建设用地，在符合规划和用途管制前提下，允许农村集体经营性建设用地出让、租赁、入股，实行与国有土地同等入市流转、同权同价。

随着农村市场经济的建立和完善，集体土地经济也逐渐繁荣，农用地流转日趋活跃。农村家庭承包的土地通过合法的形式，保留承包权，将经营权或使用权转让给其他农户或其他经济组织的行为，是农村经济发展到一定阶段的产物，通过土地流转，可以开展规模化、集约化和现代化的农业经营模式。2003 年颁布的《农村土地承包法》第 37 条规定，“土地承包经营权采取转包、出租、互换、转让或者其他方式流转”。近年来，我国农村相继出现了如下流转方式。

（1）土地转包。承包农户将部分或全部土地的使用权，以一定条件自发转让给第三方经营，收取一定的转包金，从事种植业生产。

（2）土地出租。承包户将部分或全部土地的使用权出租给本集体经济组织以外的法人或个人经营农业，承租人向承包方缴纳租金。

（3）土地互换。各农户为方便耕种相互调剂承包的地块。

（4）土地转让。承包农户将部分或全部土地使用权转让给发包方或本集体经济组织其他成员经营，已在非农产业就业并有比较稳定收入的农户自愿放弃承包地，一般采用这种转让方式，养殖业一般也通过这种方式获取土地。

（5）土地入股。承包农户将土地使用权折成股权，农户凭股权入股组成合作社或股份公司，农民按股分红。园艺场或大棚蔬菜种植的设施大多通过这种方式获得土地。

（二）中国现行土地使用制度的形成

现行土地使用制度的形成过程与现行土地所有制形成过程紧密联系在一起，因而现行城市土地使用制度与农村集体土地使用制度的形成也不一样。

1. 城市土地使用制度的形成

第一阶段：行政划拨使用制度。1979 年经济体制改革以前，我国以苏联土地配置模式为蓝本，采用单一的行政划拨模式，城市土地实行无限期、无偿、无流动使用制度。从政府强制性的征用农地到以行政方式划拨的全部过程中，不经过市场，也没有公开、公平的竞争。由于土地使用免费，使用者长期占用土地而没有时间限制，用地者之间不能直接自行解决土地流动而把土地处置给其他使用者。土地配置过程从属于基本建设投资计划，缺乏必要的土地计划体系的约束与协调。导致土地使用者多占地、占好地；不准土地转让，导致使用者宁可将土地荒芜，也不能将土地转让给他人使用，使得土地配置低效，土地收益流失，掩盖了我国土地资源严重稀缺的事实，不利于正确地评价企业的生产效益，造成土地使用者利益不均等。1979 年以后，随着经济体制的改革，市场因素迅速向各个领域渗透，城市土地使用制度已暴露出明显的缺陷。为此，中国开始进行城市土地管理体制和使用制度的改革。

第二阶段：行政划拨与市场配置相结合。1979 年后，随着计划经济体制向市场经济体制转化，市场规律在经济运行中逐渐发挥作用。我国理论界对城市土地的特征和土地的有偿使用等问题展开了热烈讨论，土地的价值被重新认识。首先在一些城市进行了土地有偿使用、土地管理体制改革、土地价格评估和土地市场构建等试点工作。尤其是 1982 年深圳率先开征土地使用费，接着辽宁抚顺、广州也陆续开征土地使用费。深圳是首先进行土地使用权有偿出让和转让的试点，1987 年，中国首块土地在深圳出让。效仿深圳经营，1988 年后，福州、厦门、海口、广州、上海和天津相继进行土地出让。此后，各地先后制定和颁发了地方性的土地使用权有偿出让和转让的条例或规定。1988 年，宪法修正案中，确立了“土地使用权可以依法转让”的制度。同年，国务院还颁布了《城镇土地使用税暂行条例》，开始对城市、县城、建制镇和工矿区按土地不同等级征收土地使用税。1990 年，国务院颁布《中华人民共和国城镇国有土地使用权出让和转让暂行条例》，明确提出了土地使用权可以“出让、转让、出租、抵押”。此阶段土地使用制度以行政划拨为主、市场配置比例相对很小。

第三阶段：招、拍、挂为主的土地使用制度。1992 年，中国共产党第十四次全国代表大会确定了社会主义市场经济体制，提出运用价格杠杆和引进竞争机制配置土地资源到效益较好的用地部门和方式中去，以提高资源配置效益和使用效益。包括存量划拨土地使用权的重新配置在内，招标、拍卖成为土地资源的主要配置者，行政划拨仅发挥市场的补充和局部替代作用。该土地使用制度促进了土地配置与社会需求的结合，提高了土地配置的经济效益，使土地配置的经济效益与产业、企业的经济权力、经济责任及经济利益相结合，大大提高了我国城市土地使用的效率。2002 年，国土资源部颁布了《招标拍卖挂牌出让国有土地使用权规定》，商业、旅游、娱乐和商品住宅等各类经营性用地，必须以招标、拍卖或者挂牌方式出让。至此，基本形成了现行城市土地使用制度的格局。

2. 现行农村土地使用制度的形成

第一阶段：人民公社制度。1949～1952 年的土地改革，将封建地主土地所有制变为劳动人民土地所有制，农民第一次拥有了自己的土地产权。从 1950 年农业社会主义改造开始，我国农村历经了互助组、初级社和高级社形式的合作化，农村土地所有权仍归农民所有，但使用权归合作社。自留地和宅基地仍由社员个人经营使用。尽管法律上没有禁止土地买卖，但在实际工作中已防止农民不必要的出卖和出典土地，农村土地买卖日趋减少。1956 年农村合作化完成以后，农民私有土地转为农业生产合作社集体所有，由合作社集体种植，土地的使用权与所有权相统一，最终确立了人民公社制度。1962 年发布的《农村人民公社工作条例修正草案》规定：生产队范围内的土地都归生产队所有，生产队所有的土地，包括社员的自留地、自留山和宅基地等，一律不准出租和买卖。这种使用制度一直延续到 1978 年。但是，由于土地产权的模糊性，土地既是集体的，又是国家的，国家在某种程度上以产权主体资格参与分配，农民的利益不可避免被侵占。同时，“一大二公”的单一产权制度必然导致劳动监督成本、组织成本过高和劳动激励过低的弊端。

第二阶段：家庭联产承包责任制。1978 年，安徽省凤阳县小岗村率先将全村土地经营权划分到户，掀起了我国农村以土地资产产权结构重建为核心的经济改革。将集体所有、统一经营使用的土地制度变革为集体所有、家庭联产承包经营使用的土地制度，确立了多元产权格局，所有权和承包权分离。农民事实上成为生产经营权主体。在这种新的产权制度格局下，农民在分配中作为拥有部分产权的一方权利主体而存在，农户通过"交够国家的，留足集体的，余下都是自己的"利益承诺，换取了土地的使用权。但随着农村市场化进程的加快，家庭联产承包责任制的局限性也逐渐显露出来。由于它对传统体制下形成的土地集体所有制的固有缺陷采取了回避态度，试图通过经营形式的改善来克服根源于所有制的产权缺陷，不仅没有从根本上解决土地产权制度对农业持续增长的激励和对各经济主体的约束，还引发诸如集体所有权对经营权的侵蚀、农民土地承包权不稳定等新的矛盾。

第三阶段：农村土地流转。1984 年前后，随着家庭联产承包责任制对农业激励作用由潜能释放进入消散阶段，农村土地制度的又一次变革"土地流转"应运而生。土地使用权流转，是指拥有土地承包经营权的农户将土地经营权（使用权）转让给其他农户或经济组织，即保留承包权，转让使用权。其实质是让农民不仅拥有土地使用权，而且拥有在承包期内的转让权。农户家庭承包取得的土地承包经营权，可采取转包、出租、互换、转让或者其他方式流转。2002 年 8 月通过的《中华人民共和国农村土地承包法》对"土地承包经营权的流转"作出了进一步规范。由于土地流转可鼓励农民将承包地向专业大户和合作社等流转，大大促进了我国农业的规模化经营。与此同时，农村集体建设用地使用权以转让、出租、抵押等自发流转的现象频繁发生。2003 年，《中国共产党中央国务院关于做好农业和农村工作的意见》中提出，通过集体建设用地流转、土地置换、分期缴纳土地出让金等形式，解决企业进镇问题；要完善农村集体建设用地流转的程序。2013 年 11 月，中国共产党十八届三中全会审议通过的《中共中央关于全面深化改革若干重大问题的决定》进一步指出：要建立城乡统一的建设用地市场；在符合规划和用途管制前提下，允许农村集体经营性建设用地出让、租赁、入股，实行与国有土地同等入市、同权同价。2016 年，国务院发布《关于完善农村土地所有权承包权经营权分置办法的意见》，指出现阶段深化农村土地制度改革，顺应农民保留土地承包权、流转土地经营权的意愿，将土地承包经营权分为承包权和经营权，实行所有权、承包权、经营权分置并行。

三、中国现行土地管理体制

（一）中国现行土地管理格局

2018 年 3 月，为统一行使全民所有自然资源资产所有者职责，统一行使所有国土空间用途管制和生态保护修复职责，着力解决自然资源所有者不到位、空间规划重叠等问题，将国土资源部的职责，国家发展和改革委员会的组织编制主体功能区规划职责，住房和城乡建设部的城乡规划管理职责，水利部的水资源调查和确权登记管理职责，农业部的草原资源调查和确权登记管理职责，国家林业局的森林、湿地等资源调查和确权登记管理职责，国家海洋局的职责，国家测绘地理信息局的职责整合，组建自然资源部，作为国务院组成部门。自然资源部对外保留国家海洋局牌子。

自然资源部的主要职责是：对自然资源开发利用和保护进行监管，建立空间规划体系并监督实施，履行全民所有各类自然资源资产所有者职责，统一调查和确权登记，建立自然资源有偿使用制度，负责测绘和地质勘查行业管理等。自然资源部内设机构有：办公厅、综合司、法规司、自然资源调查监测司、自然资源确权登记局、自然资源所有者权益司、自然资源开发利用司、国土空间规划局、国土空间用途管制司、国土空间生态修复司、耕地保护监督司、地质勘查管理司、矿业权管理司、矿产资源保护监督司、海洋战略规划与经济司、海域海岛管理司、海洋预警监测司、国土测绘司、地理信息管理司、国家自然资源总督察办公室、执法局、科技发展司、国际合作司（海洋权益司）、财务与资金运用司和人事司。

自然资源部设下列派出机构：①根据中央授权，向地方派驻国家自然资源督察局（北京局、沈阳局、上海局、南京局、济南局、广州局、武汉局、成都局、西安局），承担对所辖区域的自然资源督察工作；②派出陕西测绘地理信息局、黑龙江测绘地理信息局、四川测绘地理信息局、海南测绘地理信息局，实行由自然资源部与所在地省政府双重领导、以自然资源部为主的管理体制；③自然资源部在北海、东海、南海 3 个海区分别设立派出机构。

自然资源部的成立标志着整个国家土地管理体制和管理机构的重大变化，形成了现行土地资源管理的格局。自然资源部主管全国土地资源的统一管理工作，负责制订土地政策、法规，统一管理土地资源和城乡地籍、地政工作，制定土地利用规划、计划和土地后备资源开发规划、计划，统一审核、征用、划拨建设用地，统一查处土地权属纠纷，实施土地监察。

随着自然资源部的成立，各省（自治区、直辖市）成立相应的自然资源厅，城市设立自然资源局，县（市）建立自然资源局，在乡镇一级政府设立自然资源管理所或土地管理员。形成了国家、省、地、县、乡五级土地管理网络。

（二）中国现行土地管理体制的演变过程

中国历史上各个朝代都十分重视土地制度，都设立土地管理机构，重视土地管理制度建设，建立了一套土地管理方法。下面简要介绍 1949 年后我国土地管理体制的演变过程。

1949 年，土地行政机构沿用民国时的机构，在内政部设置地政局，统管城乡土地。1950 年后，依据《中华人民共和国土地改革法》和《城市郊区土地改革条例》等，在全国进行土地改革，消灭了封建地主土地私有制，土地管理体制和机构也相应地进行了改革。在内政部设立地政局，主管全国地籍、登记、造册等事项。在省（市）设立相应的机构。在城市建立直属于市政府的地政局，负责对全市房地产的清理、测量、登记、造册、发证等工作，并处理征收房地产税等事项。同时在军管会下设房产处。军管会撤销时将房产处与地政局合并成立房地产管理局。1954 年土地改革结束后，撤销了地政局，在农业部内设立土地利用总局，进行土地利用为主的土地行政管理。

1956 年，对私营工商业个体农民经济的社会主义改造基本完成后，出现了土地行政分管的局面。城市土地基本上属于国家所有，农村土地属于集体所有。在机构设置上，农林部门管理农地林地，军队管理军事用地，矿业部门管理矿地，铁路部门管理铁路用地，城市建设机构管理城市用地，推行谁使用、谁管理的分管制度。可以说在 1957～1982 年，全国没有统一的土地行政管理机构，国家建设用地的征用审批工作，由城建部门和农业部承办，或由用地单位的上级部门批准，与被征地单位直接进行协商解决补偿问题。城市的房地产管理部门，一般只管理城市的房产，负责居民房屋的维修和供暖等事项。在农村，对农业的管理代替和包含了对土地的管理，农业耕作制度掩盖了土地管理制度。

1982 年，国务院机构改革，在农牧渔业部内设立土地管理局，行使国务院授权管理全国土地的职能。1986 年，为了建立市场经济体制，并与国际接轨，国务院决定成立国家土地管理局，负责全国土地、城乡地政的统一管理。各地根据实际情况成立了土地管理局。直到 1990 年，全国各省（自治区、直辖市）基本都成立了土地管理机构，实现了城乡土地和地政的统一管理。

1998 年，根据土地资源、矿产资源与海洋资源等统一规划、利用、保护和管理的客观要求，国务院进行机构改革，由地质矿产部、国家土地管理局、国家海洋局和国家测绘局共同组建国土资源部，其中保留国家海洋局和国家测绘局作为国土资源部的国家局。国土资源部主管全国土地的统一管理工作。各省（自治区、直辖市）成立相应的国土资源厅，城市设立国土资源管理局，县（市）建立国土资源管理局，在乡一级政府设立国土管理所或土地管理员。

2018 年，国务院整合国土资源部、国家发展和改革委员会、住房和城乡建设部等 8 部门的相关职能组成了自然资源部，从而确立了现行土地管理体制。

四、港台土地制度

（一）香港土地制度

香港（Hong Kong）作为中国的一个特别行政区和国际自由贸易港，陆地面积 1106km^2，由香港岛、九龙半岛、新界及 262 个外岛组成，人口约 740.98 万（2017 年），人口密度 7039 人/km^2，是全世界人口最为稠密的地区之一。

香港自古以来就是中国的领土。1842～1997 年，香港受英国殖民统治。第二次世界大战以后，香港经济和社会迅速发展，不仅被誉为“亚洲四小龙”之一，更成为全球最富裕、经济最发达和生活水平最高的地区之一。1997 年 7 月 1 日，中国政府对香港恢复行使主权，成立香港特别行政区。中央拥有对香港的全面管治权，香港保持原有的资本主义制度和生活方式，并可享受外交及国防以外所有事务的高度自治权。“一国两制”、“港人治港”和高度自治是中国政府的基本国策。

1. 土地所有制

1）具有殖民地特色的起源

香港现行的土地制度源于 19 世纪英国侵占香港以后，根据三个不平等条约——《南京条约》（1842 年）、《北京条约》（1860 年）和《拓展香港界址专条》（1898 年）确立的。按照当时英国的殖民理论，对英国本土以外领地的统治是“英王行使王权征服所得”，香港的一切土地都置于英国女王的“属主权”之下。香港土地制度的基本原则是：在承认和保证“香港所有土地归属女王”的前提下，由港督代表女王行使属主权，统辖土地的产业和权益。由于法律上规定香港的任何土地均为英国女王所有，因此港英政府向任何个人或法人授予的只是土地租业权，而不是产业权。香港政府对租业权的广泛授予，实际上形成了土地使用权与所有权分离的状况。1997 年香港回归后，除土地所有权由英皇所有转变为中国国家政府所有外，其余都将维持 50 年不变。

2）“一国两制”特色的现状

《中英联合声明》（1984 年）和《香港特别行政区基本法》（1990 年）都对香港未来的

土地制度作了专门规定。其中,《中英联合声明》组成部分的附件之一——“关于土地契约”,不仅对香港“土地契约”有关问题进行了原则规定,而且设立了“中英土地委员会”,以保证有关规定的具体落实。《香港特别行政区基本法》总则第 7 条规定:香港特别行政区境内的土地和自然资源属于国家所有,由香港特别行政区政府负责管理和使用,其收入也全归香港政府支配。第 120 条规定:“香港特别行政区成立以前已批出、决定或续期的超越 1997 年 6 月 30 日年期的所有土地契约和与土地契约有关的一切权利,均按香港特别行政区的法律继续予以承认和保护”。第 123 条规定:“香港特别行政区成立以后满期而没有续期权利的土地契约,由香港特别行政区自行制订法律和政策处理”。显然,《中英联合声明》和《香港特别行政区基本法》的有关规定,对香港现行地权法律制度是肯定的。香港特别行政区成立以后,现行地权法律制度中,除土地所有权由英皇所有变为中国国家所有外,其余都将基本维持不变,并会进一步完善。这是维持香港繁荣与稳定的重要法律保障。

2. 土地使用制

1)批租制度

香港的土地属中国香港政府所有,只租不卖,其出租的具体办法是沿袭英国的“批租”制。所谓批租,是批准租予的意思,即香港政府凭借对土地的所有权,将土地的使用权有限制、有期限地出租给使用者。香港政府通过土地立法,使土地所有权与使用权相分离。一方面,土地法规严格规定政府的土地所有权不得转让,另一方面,又大量“出让”土地的使用权,利用闲置的土地资源,造福社会。由于这种“出让”是有偿的,政府通过“出让”土地,可从中获得巨额的财政收入。100 多年来,香港政府仅有一次出让土地所有权的例外,那就是将港岛中区花园道一大片土地出让给圣约翰大教堂,归其永久所有。而其他都采取“租借保有权”的方式,业主只向香港政府租用一个土地使用权的期限,每年交纳地税,期满归还。而政府由于握有土地的“最终业权”,不仅可对业已出让土地的规划、使用、房屋营造实行有效监督,而且能在必要时对某些未满使用期限的土地实行征用。这一法律原则奠定了此后香港政府出售土地使用权的基本模式。

香港土地批租的核心内容有五个方面:以土地所有权归政府为前提,批出去的只是土地的使用权而非所有权;使用者通过批租取得土地使用权必须付出经济代价,即按市场或香港政府规定的标准缴纳地价;批出的土地使用权有年期限制,年期届满,土地连同地上建筑物一并无偿交归香港政府,若要续期,一般需按市值补缴地价;在规定年期内允许土地使用权的横向转让;香港政府对批出的土地的用途有限制权力。

上述核心内容的概括就是“有偿、有期和有条件使用土地”。香港政府通过立法,明确规定土地使用权的出让,必须以有偿、有期、有条件为前提。所谓“有偿”,香港政府把土地视为最宝贵的资源和最有利可图的事业,在保留土地的所有权的前提下,有计划地有偿出让土地的使用权。有偿出让,也叫出售或出卖、出租或批租。所谓“有期”,是指香港政府出让或批租的土地是有限期的,并非永久性的。香港政府对于一些特殊用地,采用较短的批租期,一般为 10~21 年不等;短的为 1~3 年不等,届满不再续期。所谓“有条件”,是指土地的使用,必须严格遵守香港政府制订的所涉土地的发展蓝图。任何违法使用土地的行为,都可能导致政府注销批租契约,充公所涉土地,甚至诉诸法律的严重后果。

2)回收制度

在中国对香港恢复行使主权之前,其全部土地统称为“官地”。“官地回收”体现了香港政府行使土地属主权的基本特征。按照港英政府的法律理解，既然英国拥有对香港土地的所有权，那么政府应有官地回收的绝对权力。但香港政府与租业权人的“租地契约”是有法律约束力的，合约双方都有责任依法履行契约。就是说，在契约规定的租借期内，政府也不得随意收回官地。因此，在保留政府对官地回收权力的前提下，法律对需要提前回收官地的条件和程序作了必要的限制。

3. 土地管理制度

1）统一的管理体制

香港为维护其土地制度，制定了一整套土地管理制度。香港在特区政府下设置了一个直接参与土地管理的体系和一套机构，包括有关土地决策、实施、保障和监督等四个系统。各系统内组织严密，各系统间分工明确、职责分明。

（1）决策系统。香港土地管理的决策系统包括土地发展政策委员会、城市设计委员会及规划环境地政科等。土地发展政策委员会是土地管理的最高决策机构，委员会成员包括政府主要部门领导人，负责制定有关土地的政策与策略，并协调土地管理部门同其他机构的关系。城市设计委员会是制定规划及未来发展的策划机构，由专业人员组成，负责审批分区规划大纲，提出合理利用土地的意见。规划环境地政科是管理地政策划方面的主要决策机构。另外，与决策系统并列的还有咨询机构，如土地及建设咨询委员会、环境污染问题咨询委员会等。设置咨询委员会是香港政府体制的一大特色。

（2）实施系统。香港土地管理的实施系统主要是规划环境地政科下属的规划署和屋宇地政署等，都是政府行政机构，执行土地发展政策委员会和城市设计委员会的决策。规划署具体负责城市的设计和规划。屋宇地政署负责统筹一切有关管理全港土地与屋宇发展的事务。该署下设三个处：建筑物条例执行处，负责监管拟建及现有的私人建筑物，确保新旧建筑物符合建筑物条例的规定等；测绘处，负责土地测量、制图和绘图等事宜；地政处，负责执行批租土地，征用私人土地，以进行公务计划、市区重建及环境改善等计划，并负责评估政府土地在交易时的价值，以及进行与土地立法有关的工作等。地政处还下设有分区地政处。分区内的地政工作，由各个区的地政专员主管。

（3）保障系统。为保障土地管理的实施，香港政府还有田土注册处、差饷物业估价署和土地审裁处。田土注册处属注册总署管辖，负责一切有关土地契约的登记、续期、更改和注销等事宜，包括土地买卖、转让、换地及有关权益变动等；差饷物业估价署隶属于财政科，按照“差饷条例”规定，差饷物业估价署有权在一定时间内对全部物业（农地与其他豁免差饷区除外）作出其差饷值的估算；土地审裁处隶属于司法机构，聆听受理受发展计划影响的人向政府追讨赔偿的申请，以及有关业主与住客的租务纠纷。

（4）监督系统。香港政府在土地管理机构中设置有监督职能的部门，以保证政策、法规、官契、规划及法定图则和财政计划等的实施。例如，在有关委员会中设财政小组委员会和建筑小组委员会，监督各项财政开支是否合理，建筑计划是否推行；差饷物业估价署下设租务管理科，负责监督私人楼宇的租金是否合理等。由于有较完备的监督系统，土地资源的利用能按政府既定的计划执行。

2）完善的法律规范

香港政府一贯重视土地立法。从英国占领港岛之日起，香港政府即以土地“最终业权人”的身份，开始制定土地法规。至今已制定《官地条例》等20多个法规。这些土地法规调整的对象，涉及地产的所有、转让、租赁、按揭、抵押、管理等各种权利义务关系。并且清楚地界定了土地交易中各方的权利和义务，使得每项行为都有法可依，从而顺利地解决了回收土地、道路兴建和市区改造等棘手问题。其中最有意义的是土地批租契约，通过土地批租契约，香港政府加强了对土地的管理，在市政府建设中发挥了极大的作用。

（二）台湾土地制度

台湾是中国最大的海岛，由台湾岛、周围属岛和澎湖列岛等 88 个岛屿组成，总面积约 3.6 万 km^2，人口 2355.6 万（2017 年）。

1. 土地制度的形成

台湾现行的土地制度是以“平均地权”思想为理论依据。按照孙中山“三民主义”，“平均地权是文明的福祉，国民平等以享之。当改良社会经济组织，核定天下地价，其现有之地价，属原主所有，其革命后社会改良进步之增价则归于国家，为国民所共享”。1949 年以来，台湾先后进行了三次土地改革，奠定了其现在的土地制度。

第一次土地改革。1949 年后，台湾工商业萧条，严苛过时的土地制度与不合理的土地资源分配造成生产效率低落，佃农生活条件恶劣，影响社会稳定和生产积极性。台湾开展了第一次土地改革，以农地所有权变革为中心，将台湾原有的封建地主土地所有制变为小生产者土地所有制。具体采取了以下措施：①三七五减租，土地租金额不得超过全年主要作物收成的 37.5%，推行长期书面契约，明确所有权与使用权，保护佃农的土地使用权；②公地放领，将第二次世界大战后清查的公有耕地放给农民承领，非无偿（放领低价为耕地主要作物全年产量的 2.5 倍）以实物计算，不负担利息；③耕者有其田，通过操作地主私有土地产权的转让，让无地和少地的农民取得土地所有权。

第二次土地改革。1979 年，随着农业生产的发展，一家一户式小规模分散经营衍生的小生产与规模效益之间的矛盾及社会化服务功能滞后等问题，越来越显示出既有土地制度的不完善，台湾开展了第二次土地改革。在不变更土地所有权前提下开展土地重划，在不触及土地所有权实质的前提下，经过互换土地、直线划分农田地界，把零散不规则的土地连成片，旨在解决小生产土地所有制和机械化大生产之间的矛盾。到 1990 年年底，农地重划累积达 701 个区，面积 368679hm^2，占当时所有耕地面积的 41.42%，推进了共同经营、委托经营与合作经营等农业合作制度的实施。

第三次土地改革。1991 年，随着城市发展对用地需求的扩展，充分利用区域范围内的土地成为趋势。放宽农地管制，在确保农地资源、保障稻米供给前提下，有计划地释放农地，满足农业产业转型和工商业发展用地的需要。1993 年正式废止“耕者有其田”政策，实施农地释出方案，并对所谓的“土地法”、农业发展条例、平均地权条例、“都市计划法”、“区域计划法”、“土地税法”、“遗产及赠与税法”及农村社区土地重划条例等相关法律进行修订，废除购买者必须是农民的资格，有计划地推动农地转移、农业多元化，开展以土地流转为中心内容的土地改革。2008 年，实施“小地主大佃农计划”，鼓励无力耕作的老农、不在农村的农民及无意经营农业的农民将农地长期租给农民团体或农业企业机构，集中农地经营权，推动农业企业化、集团化经营。

2. 土地所有制

台湾现行土地所有制，既非单一的公有制，又非纯粹的私有制，而是两者的综合发展。其大致分三种形式：国有、公有和私有。其中，国有和公有土地统称公有土地，包括国有土地与地方政府所有的土地，但土地所有权都属于国家；私有土地是指人民依法取得所有权的土地。按照台湾相关规定如下。

（1）富源地国有。“富源地属于全体国民所公有，富源地之范围之广，惟其中为人力较宜控役的，可概括为矿地、森林地、水资源及地上高空之使用四者”。

（2）市地市有。“市地属于市民公有，而由‘公法人’之市政府管理之”但“既成都市之私有土地，如果一律收为公有，则手续既繁，财政上负担亦重，故除为公共建设如公园、道路之修筑及其他合理的都市计划之实行，必需征用者外，无妨暂维现状，而运用土地税制，做到涨价归公可矣。至于新建都市或既成都市之扩展区域，则宜先将土地收归公有，按照都市计划加以重划改良后，租于需地者使用”。

（3）农地农有。“农地归农民所有、所耕，耕作所获的成果归农民所享，是即‘耕者有其田’，不耕者不得有其田也”。

同时，台湾当局对私人所有土地面积规定了最高限额，以达到“平均地权”的目的。台湾相关规定：“限制土地面积最高额之标准，应分别宅地、农地、兴办事业等用地”，宅地以 10 亩（市亩）为限，农地以其纯收益足供一家十口之生活为限，兴办事业用地视其事业规模之大小定其限制。对于超限的土地，规定由县市政府规定办法，限令于一定期限内将额外土地分划出卖，不出卖者，县市政府得依法征收。

3. 土地使用制

台湾土地使用的基本原则是“地尽其利、地利共享”“平均地权、照价纳税、照价收买、涨价归公”等。

（1）土地产权设置。台湾设立的土地物权，除土地所有权以外，还包括地上权、永佃权、地役权、典权、抵押权、耕作权和租赁权等。台湾土地可以买卖，也可以将土地的其他权利单独转让、出租、买卖。地上权是指在他人土地上有建筑物，或其他工作物，或植木为目的而使用其土地的权利；永佃权是支付佃租永久在他人土地上耕作或畜牧的权利；地役权是以他人土地供自己土地便利使用的权利；典权是指支付典价，占有他人不动产，而为使用及收益的权利；抵押权是对于债务人或第三人不转移占有而供担保的不动产，并就其卖得价金受清偿的权利；耕作权是指荒地承垦人自垦竣之日起，无偿取得所领垦地的耕作权；租赁权是指对土地的租赁权利。

（2）土地使用限制。台湾当局对土地使用有许多限制规定。市县对于其所管公有土地，非经该管区内民意机关同意，并经行政院核准，不得处分或设定负担或为超过 10 年期间的租赁。同时，为了保护土地合理利用，禁止土地过分细分变小，规定各市县地政单位必须根据各地具体经济、土地性质和使用种类等问题，规定最小面积单位，禁止再行分割面积。对于私有土地所有权的转移，有以下限制：不得妨害政府政策；农地、林地、渔地、牧地、狩猎地、盐地、矿地、水源地、要塞军备区域及领域边境的土地，均不得移转、设定负担或租赁于外国人；私有农地所有权的移转，其承受人以能自耕者为限，不能用作非农用途；农地转为非农用途严格按照土地规划执行，非农用地的交易依照累进税率征收增值税，为全民所有，体现了“均田”和“涨价归公”的制度。

（3）土地征收征用。根据台湾相关规定，因公共事业需要，或者政府机关因实施国家经济政策，可以征收私有土地。但征收范围，应以公共事业所需或者以法律规定为限。对私有土地超过最高面积限制、对私有空地及荒地，对新设立都市的用地，规定了市、县政府可以依法征收。为实施经济政策、新设都市地域或者举办国防事业、公用事业，实行区段征收。将城市划定范围内的土地全部予以征收，并重新分宗整理、规划开发，由政府取得开发目的所需要的土地，其他土地再进行放领、出卖或者租赁，以偿还开发成本，改善地区土地开发利用。为开辟交通路线、兴办公用事业、新设都市地域和国防事业等则可实施保留征收。所谓保留征收，是指为将来需用的土地，在未需用以前，预为呈请核定公布其征收的范围，并禁止妨碍征收的使用。

4. 土地管理制度

（1）自上而下分层级管理制度。自 1949 年进行第一次土地改革以来，台湾的土地管理制度在保障公共利益与个人权利的基础上形成了完善的、自上而下分层级管理制度。一般国有土地由政府直接管理，地政机关设地政司，下分 14 科室：地籍科、地价科、地权科、地用科、测量科、方域科、土地登记科、不动产交易科、公地行政科、土地使用编定管制科、土地重划科、区段征收科、地政资讯作业科与卫星测量中心，负责全台湾土地管理，包含土地法规修订、政策规划与审核。各级地方政府公有土地，由各级政府管理。“直辖市”级地政机关为地政局，下设 6 科：测绘科、土地登记科、地价科、地权及不动产交易科、地用科、土地开发科；“县”级地政机关设地政处，办理全县地政事宜，县（市）内分市（区）设置地政事务所，办理市（区）内地政事务。

（2）完善的土地法规体系。台湾土地管理制度参考德国和日本等大陆法系国家注重土地资源管理与个人产权保障的立法精神，最早起源于 1930 年所公布的所谓的“土地法”。时至现在所谓的“土地法”历经八次修订，并在其立法基础上分别针对地权、地价、征收和管理等不同方向以及不同用地类型颁布了相应的法规条例，从而形成了完善的土地法规体系。以分区使用管制（zoning）制度为基础概念，由中央地政机关、中央营建机关依照土地类型、资源分布与未来政策统筹发布国土计划，各地方政府在国土计划框架下结合各层级地政、营建与立法机关制订县市国土计划并据此实施；同时以地方地政机关为单位建立土地违规使用管理机制。任何土地开发的用途与方式必须依照国土计划所规定的内容，由上而下的管理制度严密控制了地方土地利用状态、确保开发利用过程中个人产权不受损失与土地资源的可持续发展，从而避免无序开发与政策失调等问题。

（3）都市土地使用管制。台湾所谓的“都市计划法”第 6 条规定：“‘直辖市’及县（市）（局）政府对于都市计划范围内之土地，得限制其使用人为妨碍都市计划之使用”。都市计划对土地使用的管理，主要是采用土地使用分区管制，即对都市土地依据现有特性及未来政策发展的模式，划分为不同的使用分区，再对分区内的土地及建筑物予以使用性质及使用强度的管制。对土地使用性质的管制，主要是规定土地的用途，以排除妨碍主要用途的其他使用。对土地使用强度的管制，主要是通过规定容积率和建蔽率（覆盖率）来实行。不同的用途和位置，一般规定有不同的容积率和建蔽率。

（4）土地重划制度。包括市地重划和农地重划。市地重划是依照都市计划，将畸零细碎、形状不整的土地，就原有位次予以交换分合，兴办各项公共设施，所需费用及公共设施用地由土地所有权人按受益比例共同负担，政府无需负担开发费用，而重划后各宗土地形状都方整，可立即供建设使用。在市地重划中一般用于基础设施改造的土地约占重划区面积的 40%，可提供给原土地所有权人处分的土地也约占 40%。剩余的 20%左右由政府或重划实施单位以拍卖的方式实现，偿还拆迁和基础设施改造的贷款。农地重划则是为改变农地不规则，灌溉、排水不顺畅，无法实现农业生产机械化的问题，通过对农地实行重划，将个人零星分散的地块整合调整，形成排列整齐、能直接灌溉、排水，规则的农用地块，方便机械化耕作，对农业产生较好的效果。

第四节　国外土地制度

世界各国土地制度各不相同，这里仅介绍美国、英国、加拿大和日本等国家的土地所有制、土地使用制和土地管理制度。

一、美国土地制度

美国，全称美利坚合众国（the United States of America），土地总面积 937.3 万 km^2，占世界总面积的 7%，居世界第 4 位，人口 3.28 亿（2017 年），人口密度 35.7 人/km^2。

自哥伦布 1492 年到达美洲以后，西班牙、英国和法国等欧洲国家陆续向美洲移民并建立殖民地。18 世纪 30 年代，英国人在北美东海岸建立起 13 个殖民地。1775 年，波士顿首先爆发独立战争，各殖民地开始联合反英。1776 年，在费城召开了第二次大陆会议，组成由乔治・华盛顿任总司令的“大陆军”，并通过《独立宣言》，正式脱离英国，宣布建立美利坚合众国。1783 年独立战争结束，1787 年美国通过第一部宪法《美利坚合众国宪法》并一直沿用至今。19 世纪中叶，北部工业化发展迅速，南部则发展以奴隶劳动为主的棉花种植业，南北矛盾不断加深，1861 年爆发南北战争，持续四年，以北方胜利而告终，统一的联邦共和国继续维持。战争期间，林肯于 1862 年颁布了《解放黑奴宣言》。南北战争后的 35 年中，美国工业化发展突飞猛进，同时大批移民涌入美国。从 20 世纪初起，美国已成为世界上最大的经济强国之一。1917 年，美国参加第一次世界大战；1941 年“珍珠港事件”以后，美国从中立国转为正式参加第二次世界大战。通过两次大战，美国的军事和经济力量急剧膨胀，登上世界霸主地位。

（一）土地所有制

1873 年，美国独立战争结束以后，军功授地法令、《土地法令》和《宅地法》的相继颁布和实施，对美国土地所有制产生了深远的影响。

军功授地是美国土地制度中的一项重要制度。1776 年以后，美国国会先后颁布了上百个军功授地法令，为奖励或补偿军队官兵为国家提供军事服务而无偿授予的土地。依据此类法令，在短短几十年的时间里，处理掉近 7000 万英亩[①]国家土地。到 1784 年，美国的退伍军人（包括华盛顿在内）、金融家及许多其他阶层的人士都在呼吁邦联国会采取实际步骤来分配西部的国有土地。1800 年颁布的《土地法令》为美国土地制度史上最重要的一项法令。该法令确立的分期付款售地制度有力地促进了联邦土地的销售，活跃了联邦的土地市场，促进了西部的快速开发。但该法令又造成了购地者大量拖欠联邦地款的问题，致使购地者和政府处于两难的窘境。因此，国会被迫于 1820 年废除了该法令中的分期付款制度。1862 年颁布《宅地法》以前，美国国有土地的分配一直以土地出售的方式进行，国有土地市场的建立和发展是美国土地制度的一大特点。1862 年林肯政府颁布《宅地法》，土地分配的重点转向拓荒者赠送土地。根据法案的规定，凡是年满 21 岁的美国公民，只要交付 10 美元的手续费，就可以在西部得到一块相当于 64hm^2 的公有土地；连续耕种五年以上，这块土地即成为个人的私有财产。从这部法令开始，美国开启了长达几十年以无偿分配西

① 1 英亩=0.004047km^2。

部国有土地为主的土地流转时代。

美国是现代资本主义国家的典型，但土地并非全部私有。其土地所有制有三种形式：私人所有土地、联邦政府土地和州政府土地。其中，私人所有土地占美国国土面积的58%，主要分布在最为繁荣，且人口密集的东部和中部。联邦政府土地约为34%，主要集中在西部地区人口较少的州；州政府土地为6%，另外还有2%为印第安人保留地。在50个州中，土地所有制状况不同。其中，有25个州的联邦公共土地不多于5%，有35个州的联邦公共土地不多于10%。例如，在罗德岛、纽约州与康涅狄格州，联邦政府分别拥有0.8%、0.7%与0.3%的土地；而在内华达州、犹他州、阿拉斯加州、俄勒冈州和怀俄明州，联邦政府则分别拥有高达81.1%、66.5%、61.8%、53%、48.2%和47.7%的土地。

（二）土地使用制

（1）土地产权边界明晰。目前，美国土地的所有权形式有三种：联邦政府所有、州政府所有和私人所有。虽然在某些区域政府仍保留了部分对土地的所有权和收益权，但美国非常注重保障土地所有者对土地依法享有的权利，如土地的收益、分配、处分权利及土地的转让、抵押、租赁和继承等权益。同时土地租用者也依法享有因租佃而来的土地权益，主要通过转租、转让和继承等方式使土地流转。正因为土地所有者具备了明晰的土地产权边界，在美国私有土地的侵权及土地合同纠纷等很少见。

（2）租佃制为主要流转方式。美国土地流转的主要方式是租佃制，出租的形式主要有固定地租和分成地租两种。美国土地流转过程中，通常都是土地使用权和经营权的有偿转让，一般不涉及土地的所有权。美国通过信贷支持、政策引导、利息调节和价格补贴等经济手段以及各种优惠政策来鼓励和引导家庭农场规模适度扩大。

（3）土地实行有偿使用。美国法律明确规定土地可以买卖和出租。联邦政府为了国家和社会公益事业，兴建铁路、公路及其他设施，需要占用州属公有土地或私人土地，也要通过交换或购买的方式取得。通信、输电和输油等管线要通过公有土地的地上或地下，都必须向土地管理局通行权处申请批准，并支付租金。目前，美国联邦政府的公有土地收入，是仅次于税收收入的政府第二大财政来源。

（4）土地市场非常发达。美国土地市场十分发达，制度健全，所有土地都实行有偿使用。美国流转市场的交易主体是私人，交易形式有官方、民间与半官方三种。在政策规定许可的范围内，土地无论公私可以自由买卖、出租、抵押和继承。私有土地之间买卖手续十分简单，在双方自愿签订协议之后，只需向政府缴足规定的税金，进行注册登记即可。政府可以向民间征购土地，但须经规划许可且出于公众利益，必须进行地价评估，通过购买、交换或捐赠来获得各种地上权益。私人向联邦政府购买土地，其程序较为复杂，必须先由购买人提出申请，经审核后，报总统专职秘书签名批准才能生效。总体来看，在美国的土地流转中的政府、土地需求者和土地供给者的“三方博弈”里，美国政府相对中立，除了对土地买卖投机这些行为进行必要的监管之外，更多的是为买卖双方提供服务。

（5）土地私有化须在法律规定规范内。在美国，私有土地的所有权并不是绝对的私有，必须在合法的范围内，遵守法律程序规定的义务。因此，美国法律赋予了政府对土地使用权的终决权，包括占有、控制、管理和优先购买权等。美国对土地私有权的限制和管理主要表现为：对土地拥有权的限制，包括土地的取得与征收，拥有土地的种类、数量和位置等；对土地使用的限制，包括土地用途、建筑高度、容积率、覆盖率、规划布局和禁止闲置土地等；对土地交易的限制，包括变更登记、租赁期限和对土地投机的控制等；对公共用地的管理，包括对某些行业提供廉价的土地，为中低产收入者提供优惠住房用地等。另外，美国的《联邦土地政策》和《土地管理法》都对城市土地的功能和利用做出了原则性规定，要求业主在土地交易中不得违反规定。

（6）土地征用实际上是一种买地行为。美国征地的主体除了政府外，从事公益事业建设和经营的法人组织也可以根据其目的征用一定的土地。美国联邦法律规定，政府拥有的土地只能用于政府办公用房、公立大学、公办实验农场、公园、道路、车站和军用设施等。如果政府要进行经济建设和公益事业发展，只要理由证据充分就可强制征用私有土地，土地价格按当时市场价格计算，充分考虑了土地所有者的利益，不仅补偿被征土地现有的价值，而且补偿了其可能预期的未来价值，同时对由于征地给邻近土地造成的损失也进行了补偿。

（三）土地的管理制度

（1）分层次的土地管理体制。强调土地的社会职能和利益高于一切，实现土地资产的可持续利用，是美国土地管理的根本宗旨和主要目标。1812 年，美国成立了土地管理办公室。为强化土地管理职能，1946 年把土地管理办公室和放牧局合并，成立了国家土地管理局（Bureau of Land Management，BLM）。BLM 隶属联邦内政部，在全国各地设立派出机构，共有（包含联邦、州、县、市四级在内）13 个区域性办公室、58 个地区性办公室、143 个资源区办公室，地方政府无专门土地管理机构。美国土地管理总的来说是一种分层次、按类别的管理体制。BLM 主要职能是：代表国家对城乡土地的利用与保护实行统一规划管理；除直接管理联邦政府拥有的土地外，统一管理全国的森林、河流、沼泽、珍稀动物、自然保护区和地表以下所有的矿产资源与水资源；对各州和私人的土地利用行为进行指导、协调和规范；规范全国土地交易行为。州政府所有土地由州政府的有关部门负责管理。私人所有土地由私人即土地所有者负责利用管理。1976 年，美国国会通过了《联邦土地政策和管理法》，对土地管理的地位和职责，以法律的形式给予了进一步的明确和界定。另外，美国还按照不同的土地利用类型，分别设置土地利用管理机构，如林务署、渔业及野生动物署与国家公园署也参与联邦土地的管理。

（2）形散而神不散的土地利用规划体系。严格来说，美国没有制定统一的全国土地利用总体规划，各州一般也没有具体详细的土地利用规划；也不强求各级政府必须制定土地利用规划。联邦政府主要通过制定相关的法律法规和政策来约束引导、影响地方的土地利用及规划管理。这些相关法律法规和政策的核心与实质在于：宏观控制、科学开发、集约利用土地资源，确保全美社会、经济的可持续发展与国家安全。各州、县、市、乡有关土地利用规划方面的内容常包含、融汇在各地制定的交通和海洋污染资源保护等规划及土地利用方针或规划政策之中，可以说是形散而神不散。应该说明的是，土地利用方针或规划都是自下而上、在公众参与下完成的。美国的土地利用规划编制是从基层的社区、市做起，逐级向上归并，一般只到县一级。公民有权决定是否编制土地利用规划，主要通过公告、召开听证会等形式，让专家学者、社区民众提意见，一般要经过半数以上民众讨论同意，方可进行。

（3）分类实施用途管制的农地保护制度。美国的农地保护始于 20 世纪 30 年代，到 20 世纪 60 年代，随着城市化进程加快和西部荒漠化的日趋严重，美国政府进一步重视对农地的保护。1981 年美国政府制定了《农地保护政策法》，并据此将全国的农地划分为四大类，实行严格的用途管制：基本农地（最适于生产粮食、饲草、纤维和油料作物的土地，总面积 1.588 亿 hm^2，禁止改变用途）；特种农地（生产特定的高价值粮食、纤维和特种作物的土地，禁止改变用途）；州重要农地（各州的一些不具基本农地条件而又重要的农地，可有条件改变用途）；地方重要农地（有很好的利用和环境效益，并被鼓励继续用于农业生产的其他土地，可以或有条件改变用途）。1983～1994 年，各州、县、市完成了对农地的划分。农场主在与政府签定协议保证农地农用后，可获得政府减免税费等一些优惠待遇和政策。

此外，从建国初到 20 世纪 30 年代，140 余年的长期土地开发，美国意识到土地资源保护的重要性。因此，美国土地管理采取推行建立植被、防护林和草地等生态保护缓冲带的做法，一方面注重扩大农业生产面积，实行集约化和规模化运行，提高其农业生产效率与竞争力；另一方面注重保护生态环境，维护公共权益。

二、英国土地制度

英国，全称大不列颠及北爱尔兰联合王国（the United Kingdom of Great Britain and Northern Ireland），由大不列颠岛（包括英格兰、苏格兰、威尔士）、爱尔兰岛东北部和周围一些小岛组成。国土总面积为 24.41 万 km^2，人口为 6602.2 万（2017 年），人口密度 272.9 人/km^2。

公元 1～5 世纪，英格兰被罗马帝国所占领。8 世纪末到 9 世纪中，丹麦人侵袭英格兰，865 年，对其发动全面入侵。10 世纪，魏萨王朝挫败入侵丹麦人，建立广阔权域。丹麦人又于 1017 年在第二次入侵中征服英格兰，使之成为松散的丹麦海盗帝国的一部分。1042 年，帝国瓦解，恢复英国王统。15 世纪下半叶进入资本主义原始积累时期。17 世纪中爆发资产阶级革命。1649 年 5 月 19 日宣布为共和国。1660 年王朝复辟，1668 年发生“光荣革命”，确定了君主立宪制。1707 年英格兰与苏格兰合并，1801 年又与爱尔兰合并。18 世纪后半叶至 19 世纪上半叶，是生气勃勃的经济变革时期，英国成为世界上第一个完成工业革命的国家。19 世纪是大英帝国的全盛时期，它的工商业居世界领先地位，殖民地遍布五大洲，1914 年占有的殖民地比本土大 111 倍，是世界上最有政治权势的国家，号称“日不落帝国”。第一次世界大战后其开始衰败。19 世纪末，由于德国和美国在工业生产方面超过英国，英国称霸世界的时代逐渐结束。英国于 1920 年设立北爱尔兰郡，并于 1921～1922 年允许爱尔兰南部脱离其统治，成立独立国家。第二次世界大战中其经济实力大为削弱，到 20 世纪 60 年代，英帝国殖民体系瓦解。1949 年英国加入北大西洋公约组织，1973 年加入欧洲经济共同体（1993 年欧共体改称欧盟）。

（一）土地所有制

（1）特殊的土地所有制。自 1066 年以来，英国的全部土地在法律上都归英王或国家所有，也就是说英王（国家）是唯一绝对的土地所有人，个人、企业和各种机构团体仅拥有土地的使用权（或占有权）。拥有土地使用权者被称为土地持有人或租借人。持有土地所受的条件限制总称为“土地保有条件”，土地持有人所保有的有关他的土地权利的总和，叫做土地产业权。英国土地有四种产业权：无条件继承的土地产业权、限定继承的土地产业权、终身保有的土地产业权和限期保有的土地产业权。其中，前三者属于永业权，最后一种属于租业权。虽然从英国法学理论角度讲，英国所有土地都属国家所有，但实际上，全英国有 90%左右的土地归私人所有，土地持有者对土地享有永久业权。只要不违反土地法、土地规划或侵犯他人利益，就可以随心所欲地利用和处分土地。英国土地所有制的另一个特点是土地所有权包括对地下矿藏的所有权。

（2）英王具有双重资格。在英国的法律概念中，英王就是国家的代称。英王作为国家的象征对土地的拥有权和英王作为个人所拥有的地产不一样。英王具有双重资格，政治制度中的英王是一个抽象的职位，与具体的英王个人的生死存亡无关。中央政府的活动除法律另有规定外，都以英王的名义进行。英国法律中为区别英王两种不同的资格，称制度中的英王为王权，英王个人为君主。

（二）土地使用制

（1）永久土地使用权和租赁土地使用权。英国大部分土地，其产权主要有永久土地使用权和租赁土地使用权两种形式，属于国王所有的土地所有权逐步变成了只是在理论上和法律上的存在。因此，从本质上看，英国是典型的土地私有制国家。永久土地使用权，其权能几乎相当于土地所有权，可以分属于国家、单位和个人所有，拥有人永久享有该宗土地使用权。除如何开发利用受到法律限制，如规划法等，以及英国议会可通过法令进行限制外，具有使用、开发、排除他人、继承和转让等各项权能，与土地所有权权能基本一致。租赁土地使用权则是向永久土地使用权人支付租金取得使用土地的权利，其权利受到永久土地使用权人的限制，具有一定的期限（最长 125 年），需承担合同约定的各项义务，包括支付租金等，且经常发生转让。与 20 世纪相比，两种使用权所占的比例已发生较大的变化，形成了以永久土地使用权为主，租赁土地使用权为辅的权利结构。如 35%农业用地为通过租赁方式取得；30%住宅用地为通过租赁方式取得，其他均为永久土地使用权。

（2）土地的买卖与租赁。买卖依据市场价格，谁也不能使对方的权益受损，各级政府买进卖出（含出租土地），由代表该政府行使土地所有权的职能部门办理，并签定土地契约。英国的土地买卖有私人协议、招标投标和公开拍卖三种方式。为了给中央政府、地方政府以及公共社团买卖土地提供咨询服务，英国政府于 1910 年成立了“地产估价局”。该局有权对社会上每一家地产买卖的成交情况进行调查了解。但限于作研究地产市场行情用，不向外透露具体当事人。另外，“地产估价局”于每年春秋两季出版不动产市场报告，公布各地区、城市中不同土地用途、土地类型、房屋近期买卖和租赁的价格，描述价格的实际演变曲线和对调控地方市场提供建议。英国的土地出租是指定期出让土地使用权，土地租期最短为 1 年，长的为 999 年或更长，甚至是无限期的。

（3）政府的强制征购制度。英国土地虽然实行的是私有制，但是由于公共利益的需要，基础设施建设（如铁路和船运等）需要征用大量的土地，政府需要通过立法对土地征用活动进行管理。在英国，土地征用被称为“强制征购”。《强制征购土地法》规定，土地征用必须符合公共利益需要，并且征地部门必须证明该项目是“一个令人信服的符合公众利益的案例”。征地主体是英国的法定机构，如政府机关以及自来水等公用设施单位，征地程序主要包含四个阶段：申请、核准、补偿的议定或裁决、让与合同的订立与补偿的给付。关于土地征用补偿，以市场价为基础，以相等为原则，作了较为详尽的规定，包括土地征用补偿原则、补偿范围和标准、补偿的估价日期以及补偿支付与安置的处理等。

（4）发展权归国家所有。英国的《城乡规划法》规定所有土地的发展权归国家所有，任何人欲开发土地，均须申请并取得开发许可，以获得土地发展权及更高强度或者更高价值的土地使用权。

（三）土地管理制度

英国在中央一级没有统一的土地管理机构，而是实行土地分类监管方式，并由下列机构执行土地管理的职能。副首相办公室负责城市发展和住房用地的管理；环境、食品和农村事业部负责农地和农村发展用地；林业委员会负责森林的管理；土地登记局是政府唯一从事土地所有权的审查、确认、登记、发证以及办理过户换证的部门，由英国内阁司法大臣领导，不受地方政府领导。

（1）以权属管理为核心。英国设置政府土地登记局，行使土地权属的审查、确认登记、发证以及办理过户换证等事项。权属登记工作的基本依据是《土地登记法》、《地方管理法》和《财产法》等。法律规定，不论是“私”地还是“公”地的买卖都必须到土地登记机关过户、登记、换证，否则不受法律保护。土地租赁期限在 21 年以上的，也必须登记，由承租方登记租用权。对于承载建筑的土地，房地产一并登记，颁发土地权属证书。

（2）重视土地利用管理。第二次世界大战后，英国开始重视对土地的利用管理，采用了“条块式”的土地管理体制：由块块、条块分别编制区域规划和部门规划。一般的农地、林地如果改变为建设用地，必须经地方规划机构批准。另外，为了鼓励进行土地开发，1980 年英国实行了空地登记制度，登记后再进行开发的，政府拨款补贴；如果不进行开发的，由地方负责登记的机构，强行其出售。

（3）土地用途管制。英国的土地用途管制制度是发达国家中比较具有代表性的，也是在用途管制方面立法最早的国家。其土地用途管制制度的核心是土地开发许可制度。英国的土地开发许可制度规定：土地所有权人或土地开发者欲从事地中、地表、地下及地上进行建筑、土木工程、采矿或其他工程，或土地、建筑物任何使用作实质性改变的土地开发行为，均必须向地方规划机构申请开发许可；地方规划机构根据相关政策和对公共利益的影响程度而分别决定是准许开发，还是有限制条件的准许开发，或是不准许。土地开发许可制度确保将开发建设活动对环境的影响降到最低，更加有效地利用土地资源。英国的城乡规划虽然也对不同地块进行了功能分区。但是土地所有权人或土地开发者要改变土地的用途即使与发展计划不冲突，也必须得到规划机构的开发许可。还规定，土地开发者得到市镇村规划机构的开发许可后，必须在 1 年内着手开发，以确保规划的实施。另外，英国还在程序和权力上对农地转用地进行了限制，规划机构在审批开发申请时若是对农地的用途变更利用，应向农业部部长咨询；因开发而损失过多的农地，环境大臣有权收回地方规划机构的申请核准权，以限制开发活动对农地的过度侵占。

三、加拿大土地制度

加拿大（Canada），土地总面积 997 万 km^2，居世界第 2 位，人口 3674 万（2017 年），人口密度 4 人/km^2。其中，英裔居民占 42%，法裔居民约占 26.7%，其他欧洲人后裔占 23%，土著印第安人和因纽特人占 5%，其他民族占 1.5%。官方语言为英语和法语。

“Canada”一词出自休伦-易洛魁语，意为“村落、小房或棚屋”。加拿大最早的居民是印第安人和因纽特人。17 世纪起，法英殖民主义者先后入侵，建立了殖民地。1756～1763 年，英国、法国在加拿大爆发“七年战争”，法国战败，将殖民地割让给英国。1848 年英属北美殖民地成立了自治政府。1867 年 7 月 1 日英国议会通过“不列颠北美法案”，将加拿大省、新不伦瑞克和新斯科舍合并为一个联邦，成为英国最早的一个自治领，称加拿大自治领，1870～1949 年其他省陆续加入联邦。1926 年英国承认加拿大在国际谈判和国际事务上的主权，使其获得了外交上的独立。1931 年成为英联邦成员国，其议会也获得了同英议会平等的立法权。1967 年魁北克人党提出了要求魁北克独立的问题，1976 年该党在省选举中获胜。1980 年魁北克就独立一事举行了公民投票，结果反对者居多，但该问题最后并未解决。1982 年 3 月，英国上院和下院通过《加拿大宪法法案》，4 月法案经女王批准生效，加拿大从此获得了立法和修案的全部权力。

（一）土地所有制

加拿大为英联邦成员国之一，仍保留着英王是加拿大国家元首的名义。在土地问题上，也仍保留着法律上加拿大的全部土地与英国本土一样，最终所有权均属于英王。但是，实际上女皇拥有的土地是很有限的。如果从现实的土地所有、占有角度来看，加拿大现行土地所有制有联邦公有、省政府公有和私人所有三种形式。私有土地比例不大，约占全国土地的 10%，但主要分布在国土南端土地肥沃地带。全国的城镇土地、上好良田和牧场等经济效益较高的土地，大部分被私人占有。公有土地约占 90%以上，其中 40%属联邦政府所有，50%属各省政府所有。公有土地主要是林地、未开发土地、水面、公园、自然保护区和印第安人保留地，以及政府和公营企事业建筑用地。

（二）土地使用制

（1）土地可以自由买卖。在加拿大，个人对其所有的土地有充分的处分权，可以继承，允许买卖。私人可以通过买卖或租赁从政府中获得新的土地，并且可以通过对获得土地的投资开发和转移获得收益。不过，私人的土地交易，要向政府纳税，其税息由各省确定。一般来说，在土地交易前，需进行估价。在加拿大，土地估价机构有两种：一种是官方估价组织，是政府为征收土地赋税而设立的；另一种是私人估价公司，是为土地交易双方提供咨询服务的估价公司。

（2）公有土地实行有偿使用。加拿大的公有土地实行有偿使用制度，私人或企业要使用公有土地必须交付使用费，即使联邦政府为公共利益需要使用公有土地，有权征用省公有土地，也必须按规定交纳费用。加拿大法律规定，联邦公有土地、省公有土地可以买卖和出租，省公有土地必须制定出利用规划后才能出租或出卖。

（3）政府使用私人土地须向私人购买。政府为了公益的需要，向私人购买其部分或者全部产权，在征用私人土地时，如遇到阻碍，政府还享有强征权。

（三）土地管理制度

（1）分层次土地管理模式。加拿大的土地资源管理涉及多个部门，并且加拿大为联邦国家，各省政府对国土资源的管理拥有相当大的权力。加拿大实行分层次土地管理模式：联邦政府环境部主管联邦公有土地；省政府主管省公有土地，并负责对私有土地的登记；私有土地由土地所有者支配。联邦政府环境部下设内陆水域和土地局，内设土地处，具体负责土地利用和土地政策分析、土地生态分类、土地监测和管理等方面的业务活动。省政府的土地管理机构，全国没有统一的名称和隶属单位。其管理职能：一是法律管理，运用立法权，制定各种土地管理的法律规范，确保土地资源的合理利用；二是规划管理，制定各省的土地利用规划，指导土地利用方向；三是地政管理，即进行土地登记、土地确权、土地价格、土地利用计划和土地处置等管理工作。

（2）联邦政府与省政府之间的协调。为了更好地进行土地资源管理，协调联邦各部门间、中央与地方、产业部门与政府部门的关系以及相应的政策，联邦政府与各地省政府建有一些协调机构，协调各方面的关系。例如，环境部、农业部、运输部、渔业海岸部、加拿大抵押与住房公司、内陆水域资源公司、国家公园和野生生物服务公司等 15 家单位组成了“联邦政府土地利用委员会”，以协调各部门的土地利用。另外，在加拿大还有协调机构——“加拿大土地利用委员会”，其任务主要是体现联邦政府与省政府之间在土地管理上的合作关系。

（3）对土地资源实行规划管理。政府通过制定一系列规划来进行土地资源管理。土地利用规划权主要集中在省以下地方政府，大体分为省级、地区级和市（包括县和乡镇级规划）。省级规划是一种政策性和战略性文件，主要是划分城市和农村地区的界线，强调保护农业用地，增强土地管理的经济社会服务功能等。例如，安大略省土地政策宣言主要坚持以下三条原则：一是确定一种能够促进经济强劲增长的土地利用模式；二是保护自然资源以确保其经济效益和环境效益，其中特别强调一类农用地不可用于非农业用途；三是通过引导对公共健康和安全潜在危险的开发项目远离居住区来减少潜在风险。地区级规划，又称土地利用大纲或者总体规划方案。土地利用大纲由地方政府制定，省政府批准，是政策性文件。主要目的是将省级政策宣言变成自己的行动纲领，以指导地方政府以下几项工作：制定《用地分区管理法》对分成小块出售的成片开发地产进行控制和管理；制订公共建设和基础设施计划。市级规划，又称《土地分区管理法》，由省政府授权市级政府制定。与省级政策宣言和地区级土地利用大纲不同，《土地分区管理法》是法律条文，非常详细和具体，具有强制性。主要内容包括用途住宅、商业和工业、密度与建筑体积等。

四、日本土地制度

日本，全称日本国（Japan），由北海道、本州、四国与九州四个大岛和 3900 多个小岛组成。土地总面积 37.78 万 km^2，人口 1.268 亿（2017 年），人口密度 347.8 人/km^2。

公元 4 世纪中叶，日本出现统一的国家——大和国。5 世纪初，大和国发展到鼎盛时期，势力曾扩大到朝鲜半岛南部。公元 645 年发生大化革新，仿照唐朝律令制度，建立起以天皇为绝对君主的中央集权国家体制。12 世纪末进入由武士阶层掌握实权的军事封建国家，史称“幕府”时期。19 世纪中叶，英国、美国和俄国等国家迫使日本签订许多不平等条约，民族矛盾和社会矛盾激化，实行封建锁国政策的德川幕府统治动摇，具有资本主义改革思想的地方实力派萨摩和长州两藩，在“尊王攘夷”“富国强兵”的口号下倒幕。1868 年，革新派实行“明治维新”，废除封建割据的幕藩体制，建立统一的中央集权国家。明治维新后，日本资本主义发展迅速，对外逐步走上侵略扩张的道路。1894 年，日本发动甲午战争；1904 年挑起日俄战争；1910 年侵吞朝鲜。1926 年，裕仁天皇登基，日本进入昭和时代。日本在第二次世界大战中战败，1945 年 8 月 15 日宣布无条件投降。战后初期，美军对日本实行单独占领。1947 年 5 月实施新宪法，其成为以天皇为虚位元首的议会内阁制国家。

（一）土地所有制

现代日本的土地制度是在明治政府时期奠定的。1868 年明治维新之前，日本的土地为封建领主所有，土地所有权掌握在幕府、大名（诸侯）以及家臣手中，土地不得买卖。明治维新以后，政府宣布私人可以拥有土地，解除了土地买卖禁令，对土地发放地契，使土地所有者获得占有土地的权利凭证，在法律上承认土地私有。1873 年，废除实物抵租，改行向政府交纳货币土地税的制度。1889 年，取消地契，改制为土地登记制度。1890 年，制定了详细规定私人权利的宪法，确立了土地私有的制度。第二次世界大战以后，1946～1950 年，日本进行了农地改革，消灭了封建土地所有制，确立了以土地的小规模家庭占有和经营为基础的自耕农体制，保证了农地所有权与经营权的统一。1952 年制定了《农地法》，从法律上确立了农民所有制的永久地位。

日本现行的土地制度是土地私有制，但并不意味着全部土地都为私人所有。在日本，除个人或法人占有土地外，国家和都、道、府、县、市、町、村等地方公共团体也占有土地。其现行土地所有制可分为三种形式：国家所有、公共所有和个人与法人所有制。土地的个人所有和法人所有都属于私人所有，构成私有制的主体，占全国土地总面积的 65%（其中，个人所有为 57%，法人所有为 8%），主要为宅地（住宅地、工厂用地、办公楼和商店用地的总称）和农用地；国家和地方公共团体所有占 35%，多为森林、原野、河川和海滨等。

（二）土地使用制

（1）农地流转与产权明晰。第二次世界大战后，在建立农民土地所有制的同时，基本形成了小规模家庭经营为特征的农业经营方式，并在农地小规模家庭占有的基础上发展协作企业，扩大经营规模，鼓励农地所有权和使用权的分离。以租赁为主要形式的农地规模经营战略，加快了土地流转，提高了土地利用效率。日本的非土地所有人利用土地主要体现在其民法的地上权和永佃权中。例如，日本《民法典》第 265 条规定：“地上权人，因于他人土地上有工作物或竹木，有使用该土地的权利”。第 270 条规定：“永佃权人有支付佃租，而在他人土地上耕作或牧畜的权利”。第 272 条规定：“永佃权人可以将其权利让与他人，或于其权利存续期间，为耕作或牧畜而出租土地。但是，以设定行为加以禁止时，不在此限”。

（2）土地价格公示与交易许可证制度。根据日本的《不动产法》，凡是土地买卖，都必须进行不动产鉴定和估价，并经过不动产鉴定官批准。为了增强地价的透明度，抑制地价暴涨，日本于 1969 年制定了《地价公示法》，实行地价公示制度。政府有关部门从经济、建筑和规划等方面对确定的标准地（1000m×1000m）进行评价，提出公示地价，以供土地买卖参照之用。一旦土地卖价大大高于公示地价；国土管理部门就运用行政上的“指导、劝说”手段，劝导卖主降价，或者借助公众舆论迫使卖主降低地价。另外，地方政府根据《国土利用计划法》的原则把那些投机过度和地价上涨太快的地区确定为“限制区域”，在“限制区域”内土地交易的规模超过一定限度，就必须获得政府的许可。政府对土地交易实行审查，发放交易许可证，以监控土地交易的价格、范围与数量。

（3）严格管制农地转用。为了保护优良农地，日本对农地的购买转用都作出了严格的管制。通过农业振兴区域的整治法律和农地法来对农业区域中的农地加以特殊的管制，依法划定农业振兴区域范围，在农业振兴区域范围内的优良农地不准任意转用。另外，农业法从促进土地在农业上的有效利用和提高生产力的目标出发规定了限制耕作目的农业用地等的权力移动及农业用地等的转移措施。凡进行以农地转用为目的的土地买卖，必须得到都道府县知事或农林水产大臣的许可。

（4）土地征用补偿。日本《土地征用法》规定，国家为“公共目的”可以实施强制取得原土地权利人的土地权利，并给予合理补偿的土地征用。包括建设公园、修建公路铁路、港湾河道建设和修建学校社会福利设施等。土地征用补偿为“需用土地人就征用取得土地后对权利人的损失的补偿，是对国家所履行的公法上的经济负担”，主要分为征用损失补偿、赔偿所有者因为被征地所造成的损失、残地补偿、离职者赔偿和事业损失赔偿五种。此外，日本政府为使失地农民获得适应新的工作环境和劳动技能在农村推行了一套职业训练制度，提供学习机会和相关职业技能训练。

（5）空闲土地的管制。为了提高土地利用程度，使土地发挥更大效用，也为了防止投机性囤积土地，日本建立了空闲地制度，以对空闲地加以管制。当某一土地符合空闲地条件时，都道府县知事能够以有必要促进这块土地的利用为由，通知所有者这块土地已属于空闲地，需要提出这块土地的利用处理计划，然后对所有者提出必要的建议或劝告，以使土地得到积极而灵活的利用。

（三）土地管理制度

（1）典型的垂直统一管理模式。2001 年，日本政府机构再编，将运输省、建设省、北海道开发厅和国土厅等机构合并，成立了直属内阁府的国土交通省，作为国土的统一管理机关，负责合理利用国土资源，确保健康而文明的生活环境，均衡地发展国土，以利于创造舒适的社会环境，综合地开展有关国土行政事务。国土交通省下设国土政策局、土地建设产业局、都市局等机构，负责城乡土地的管理。主要任务是保证城乡土地合理利用和稳定地价，主要工作包括：制定土地管理政策，编制和实施全国城乡土地利用计划；控制土地交易；管理全国休闲土地；编制国土利用形态分布图；管理地价；组织国土调查。另外，还设有东北、关东、北陆、中部、近畿、中国、四国和九州地方整备局。

（2）土地立法统一完善，执法严明。日本的国土资源管理，强调以法治来约束和指导国土管理工作的进行，因此十分重视土地立法，具有量多、面广和条文要求明确、具体等特点。国土资源管理法律与法规相互补充，综合配套；其制定、颁布和实施都是全国统一的，任何部门、单位和个人都必须遵守；其法律与法规条文具体、目的明确、针对性强，具有较强的可操作性。据统计，现行有关土地的法律、法令和条例达 500 多个。

（3）规划体系完善、分工明确。日本政府在制定和实施土地利用规划时，十分重视以法律手段保障规划工作的顺利开展和具体实施，如分别制定《国土综合开发法》、《国土利用计划法》、《都市计划法》、《农业振兴地域整备法》、《森林法》、《自然公园法》和《自然环境保护法》等，以确保相关规划的实施。日本的土地利用规划体系非常完善，包括国土综合开发规划、国土利用规划、土地利用基本规划和部门土地利用规划几大类。国土综合开发规划又分为全国国土综合开发规划、大都市圈整治建设规划、地方开发促进规划和特定地域发展规划等。各种规划分工明确，重视部门协调、专家审议和公众参与。任何土地未经规划不得开发，使用土地必须按照规定的用途，未经规划盲目开发以及违反规划规定的用途皆属违法，规划的修改也必须按照原制定规划的程序等。

（4）严格保护农用地，倡导土地可持续利用。日本的耕地资源有限，政府不断制定各种法律以保护农地。例如，《国土利用计划法》明确划定保护的农业地域，《农地法》规定了“农地转用许可制”，《农地转用许可标准制定办法》规定了农地转用许可条件，《农业振兴地域整备法》规定了在农业地域内的开发限制，《土地改良法》对土地改良和农地整理进行了规定，《土地利用促进法》则对促进农用地所有权、使用权转让和规模经营进行了规定，《农住组合法》规定了农民住宅由分散建设向集中、按规划建设。国有和公有土地大部分是山林、河川和原野等，主要是为了国家及国民的利益而使用的，更强调生态保护。《国土利用计划法》明确规定了优先发展公共福利、保护自然环境的国土利用基本方针，并强调要防止公害、保护自然环境及农林地等。

复习思考题

1. 何谓土地制度？其包括哪些内容？
2. 何谓土地所有制及土地所有权？其有什么特点？
3. 何谓土地使用制及土地使用权？其有什么特点？
4. 何谓土地产权？一般国家土地产权包括哪些类型？
5. 何谓土地管理制度？目前有哪些模式？
6. 区别地役权、用益权、抵押权、地上权？
7. 简述中国现行的土地制度。
8. 论述中国土地产权制度改革的必要性和方向。
9. 论述西方国家土地制度对中国土地制度改革的借鉴意义。

第十一章 土地利用规划

土地利用规划（land use planning）是土地资源科学管理的重要途径。它是以土地合理利用为核心，以最佳综合效益为目标，依据土地的自然地理特点、社会经济条件和发展用地需求，对研究区域内全部土地资源进行开发、利用、整治和保护，在时间和空间上所做出的具体部署和安排。

第一节 土地利用规划概述

一、从土地利用到土地规划

土地自然和社会经济的二重属性使它和人类的生存发展有着密切的关系。这种关系在不同的社会发展阶段表现为不同形式。

人类出现在 200 万～300 万年前的更新世，地球上的岩石圈、大气圈、生物圈及水圈已形成，处于这些圈层交接部位的地球表层形成了土地自然综合体。从人类出现一直到大约 1 万年前的漫长岁月里，人类只能靠采食和渔猎为生，维持着个体的延续，完全依赖大自然，适应大自然，土地是生存环境，土地与人的关系可用“土地覆被”（land cover）来表达。

人类进入农业文明时代，开始自发地利用土地，一方面人类使用简单的工具开垦土地，种植农作物和养殖牲畜，另一方面还不能摆脱大自然的控制。人类对土地的利用是自发性的、局部的，人地关系进入“土地利用”（land use）阶段，但人类仍然受制于自然。

工业革命推动了社会的发展，土地利用的广度和深度大大加强，生产力的提高增强了人类控制自然的能力。在土地利用方面，人们按自己的意愿主动地去安排土地，即进行土地规划（land planning）。

目前，地球上不同的区域处于不同的发展阶段，即“土地覆被”、“土地利用”和“土地规划”三种形态并存。但从总体看，随着社会的发展和生产力水平的提高，人类作用于土地的程度不断增强，从几乎无作用的土地覆被状态到自发的土地利用，再到自觉的土地规划，进而在“人地和谐”思想指导下进行合理的土地开发、利用、治理和保护。

二、土地利用规划的概念与性质

任何学科的产生和发展，一开始都是由生产决定的，在利用土地的生产过程中，产生了对土地合理利用的需求，这正是产生土地利用规划这门学科的原因和依据。

（一）土地利用规划的概念

规划（planning）是指对客观事物和现象未来的发展进行超前性的调配和安排。规划的重要特征是未来导向性，是依据过去和现在研究未来，属于未来学的研究范畴。正因为此，规划中存在许多不确定性因素。“土地利用规划”又称“土地规划”。现代土地利用规划的概念起源于 1948 年美国数学家诺伯特 • 维纳（Norbert Wiener）（1894—1964）创立的控制论。它是土地利用管理系统发展战略的总体谋划，是在众多的抉择中经过合理的评估和选择确定组合目标的过程。一般来说，土地利用规划是对一定区域未来土地利用和空间引导的战略安排，是依据区域的社会经济发展和土地的自然特性，进行部门间土地资源分配和时空组织土地利用的综合技术经济措施。

土地利用规划具有战略性，强调近期开发的可行性论证、中期开发的可靠性发展及远期开发的前瞻性的基本思路。也就是说，它既是调整产业结构、保障人民生活基本要求和促进经济发展的蓝皮书，又是编制年度土地利用保护计划及审批各项用地指标的依据。总之，土地利用规划的目的是通过合理组织土地利用，寻求最佳土地利用结构、土地利用布局和土地利用方式，提高土地利用的效率，达到土地利用综合效益最优。所要解决的特殊矛盾是：社会经济发展对土地利用的要求与限制土地利用的自然社会经济诸要素之间的矛盾，简言之，就是土地利用中需要与可能的矛盾。

（二）土地利用规划的性质

研究土地利用问题将涉及多种学科，合理组织土地利用也必将涉及自然、社会经济、技术及其边缘学科的诸多知识领域。因此，土地利用规划需要的知识跨度很大，需要综合运用有关学科的技术和知识。

（1）学科方面，要了解和掌握地理学、农学、畜牧学、耕作学、植物生理学、气象学、水文学和土壤学等学科知识，这是规划设计的基础。

（2）专业方面，要掌握土地资源学、土地经济学、土地法学、城镇规划和地籍管理，这是设计的必要专业基础。

（3）技术方面，要掌握编图、绘图、规划设计技术、数学、遥感图像处理和 GIS 技术等。

土地利用规划是一门综合性学科。它以自然为基础，社会经济为主导，技术法律为手段，从本质上讲，它是土地利用经济的一个分支，性质上属于经济学科，是一门融自然性、社会性、技术性和法律性为一体的综合经济学科。

三、土地利用规划的体系

土地利用规划体系是由不同种类、不同级别和不同时序的土地利用规划所构成的相互联系的网状系统。体系划分可以有不同的标准。按规划时限划分，一般分为长期规划、中期规划和短期规划。长期规划一般属于战略性规划，年限一般为 10 年或 20 年，如总体规划；短期规划小于 5 年；中期规划介于两者之间，属于过渡性规划，是长期规划的深化和补充。

（一）国外土地利用规划的体系

（1）苏联模式。国民经济计划和土地利用规划两个体系共同发生作用，有计划地利用土地。土地规划分为五年计划和年度计划，以及企业间土地规划和企业内土地规划。该模式以土地国家所有制和高度集权的计划经济为基础，对土地利用活动的具体组织比较详细，着重为微观管理提供良好的基础，但在宏观的调控上缺乏目标，土地利用结构和方式被详细的规划所固定，难以适应不断变化的社会经济发展的要求。

（2）美国模式。主要通过法律法规形式制定土地利用目标和规划；其规划形式包括城市和大都市规划、联邦州和区域规划以及农村土地利用规划。从规划体系来看，可以分为三大类（总体规划、专项规划和用地增长管理规划）和六个层次（国家级、区域级、州级、亚区域级、县级和市级）。从规划内容看，一般包括土地利用形式（公有地、农业用地、林业用地、城市用地和乡村用地）、交通、居住地、空旷地（绿地）、保护地、安全设施和防噪声污染七个方面。总的规划思想有三种：保护农业用地、控制大城市扩大用地规模、保护森林及生态系统。

（3）英国模式。土地利用规划分为四级：国家级规划（规划政策指南）、区域规划（区域规划指南）、郡级规划（结构规划）和区级规划（地方规划）；土地利用规划的实施大多依靠制定专门的法律，主要控制手段为土地用途管制或规划许可。

（4）日本模式。土地利用规划分为全国规划、都道府县规划和市镇村规划三级；在都道府县范围内，还要制定“土地利用基本规划”，主要内容有：确定土地利用的基本方向，按照城市、农业、森林、自然公园和自然保护的五种地域类型进行土地利用区划。除了上述两个规划外，还通过法律和行政手段，使宏观管理和微观管理结合起来，形成一个比较完整的体系。该模式以土地私有制和自由市场经济为基础，通过土地利用规划和土地利用基本规划对土地资源进行宏观调控，以法律和行政手段实现土地利用的微观调控，着重于宏观的直接调控，间接实行微观调控。

此外，荷兰、德国和瑞士等国的土地利用规划体系大致也是3～4层次：全国性的土地利用规划、区域性的土地利用规划和地区性的土地利用规划。

（二）中国土地利用规划的体系

按空间范围划分，中国土地利用规划分为区域土地利用规划和城镇土地利用规划。区域土地利用规划可分为全国、省级、市级、县级和乡镇级五个层次；城镇土地利用规划是在城市或建制镇范围内进行的土地利用规划。通常，按规划性质和作用划分，中国土地利用规划分为总体规划、专项规划和详细规划三种类型。

1. 土地利用总体规划——“区域感”

土地利用总体规划一般按国家行政管理体系编制，分国、省、市、县和乡镇五级。上一级规划是下一级的依据，下一级是上一级的具体实现。土地利用总体规划是以区域经济发展战略为依据，对土地的开发、利用、治理和保护在空间上、时间上所作的总体安排和布局。由于土地利用总体规划覆盖区域内全部土地，对农业用地和非农建设用地实行控制、协调、组织和监督，所以具有“区域感”特点。土地利用总体规划一经上级主管部门审核批准，将具有一定的法律效力，是国家实行土地用途管制的基础。

2. 土地利用专项规划——“类型感”

土地利用专项规划一般指在总体规划控制下，为解决某个特定的土地利用问题而编制的规划，以土地资源的开发、利用、整治和保护为主要内容，是土地利用总体规划的深化、继续和补充。由于土地利用专项规划属于部门、地区编制的多学科单项规划，所以具有“类型感”特点，如，基本农田保护区规划、农村土地整理规划、盐碱地综合治理规划和地区防护工程规划等。在不具备编制总体规划而又急需对某些经济价值或社会、生态价值较高的土地进行控制和保护的情况下，也可以编制某些专项规划，但其实质是总体规划的组成部分。

3. 土地利用详细规划——“地段感”

土地利用详细规划又称土地利用规划设计，是微观的土地利用规划，是总体规划和专项规划的深化。它以总体规划和专项规划为依据，详细规定农业用地或建设用地的各项控制指标和规划管理要求，直接对用地项目做出具体的安排和设计，因此具有“地段感”特点。例如，城镇用地规划设计要详细确定商服、住宅、工业、交通、仓储与绿化等各类用地的界线和适用范围，提出容积率和绿地覆被率等控制指标；耕地的田块机械化作业规划设计要详细确定田块的长度、宽度、轮廓形状和田块质量参数等，提出作业边长和作业坡度等控制指标。

四、土地利用规划的任务、内容和原则

（一）土地利用规划的任务

土地利用规划在合理组织土地利用过程中承担控制、协调、组织和监督土地利用的任务。

（1）控制土地利用。从数量上控制其他用地（如非农用地）占用农业用地，保护耕地资源；从质量上控制土地的退化，防止水土流失、土地沙化和污染等，提高土地生产力。

（2）协调土地利用。土地资源的有限性造成各部门、各行业对土地的争夺。土地规划可根据国民经济发展战略从总体上协调各部门对土地的需求，保证各部门的协调发展。

（3）组织土地利用。宏观上对国民经济各部门合理分配土地资源，并在用地上加以具体落实，并为合理开发、利用、整治和保护制定相应战略政策措施，以法律形式予以固定。微观上通过各种形式的专项规划和详细设计，为土地的开发、利用、整治和保护制定具体措施，如基本农田保护区规划、土地复垦规划、农村居民点规划、耕地规划与牧草地规划等。

（4）监督土地利用。土地利用规划是实行土地用途管制的依据。以土地利用规划为依据，对各部门土地开发、利用、保护等进行监督和检查，以保证土地资源的合理利用。

（二）土地利用规划的内容

由于规划的对象、范围和任务不同，土地利用规划的内容有所差异。例如，在农业区，土地利用规划要以农业用地规划、农田水利规划、居民点规划和交通干线规划为主要内容；在新垦区，确定或调整土地使用范围为规划的控制性项目；在土地破坏严重的地区，土地复垦与整理是规划的重点；在农用地被占用严重的地区，基本农田保护规划是主要内容等。总体来说，从宏观到微观，从整体到细部。

一般来讲，土地利用规划应包含下列内容：①土地利用现状分析；②土地利用潜力分析；③土地供给与需求预测；④土地供需平衡和土地利用结构优化；⑤土地利用规划分区和重点用地项目布局；⑥城乡居民点用地规划；⑦交通运输用地规划；⑧水利工程用地规划；⑨农业用地规划；⑩生态环境建设用地规划；⑪土地利用专项规划；⑫土地利用规划

设计；⑬土地利用规划的论证与实施。

（三）土地利用规划的原则

土地利用规划是一项综合性很强的系统工程，涉及人口、经济、社会和环境诸多方面，要使规划科学、合理、有效、可行，必须有一些原则约束。

（1）因地制宜原则。由于各地条件千差万别，直接影响土地利用的方向、方式、深度和广度，使土地利用具有明显的地域差异，因此，必须因地制宜。这一原则也表明，土地利用规划没有固定的模式和标准设计，必须紧密结合实际。

（2）逐级控制原则。土地利用规划是一个分级体系，各级都有其任务，起不同的作用，但上下级之间存在紧密联系，即是自上而下逐级控制的。

（3）弹性原则。规划在很大程度上具有明显的不确定性。尤其是在当代社会经济环境急剧变化的背景下，大量的随机因素进一步增加了这种不确定性。应对这种变化，规划必须有一定的可调性。

（4）动态平衡原则。首先，由于影响土地利用的人口增加、经济增长和技术进步等因素是不断变化的，所以不存在一个永恒的土地利用理想模式。土地利用规划只是在一定时期内把现存的土地利用状况改变为更适于经济发展状况的措施之一。其次，规划重在实施。当实际土地利用的变化同规划的土地利用不一致时，要能对改变了的条件做出灵敏的反应，及时调整政策措施或修改规划。因此，土地利用规划应当寻求系统在时间序列上处于不断变动中的平衡状态。

（5）综合效益原则。土地利用是人们按照土地的特性，为满足自身的需要所进行的有目的的活动，注重社会、经济和生态效益的综合统一，当前与长远利益的综合统一，部门与全局利益的综合统一。

另外，土地利用规划还有目的性原则、整体性原则和公众参与原则等。

五、土地利用规划的历史

（一）国外土地利用规划的历史

国际上，俄罗斯的土地利用规划体系较为完善，已有 200 多年历史，但其作为一门学科得到充分发展是在“十月革命”以后。土地规划的技术方法不断发展和完善，对土地规划的概念、内容、种类、项目和原则等一般性理论问题，土地利用规划工作的组织与计划等一系列问题，都有一定程度的研究。相继出版了一些专著和教学参考书，建立了专门的土地规划学院和若干土地规划系，培养了一批土地规划方面的科技人才。

欧美国家和地区土地利用规划的发展相对缓慢，规模较小。20 世纪 70 年代之前，偏重于城市土地利用规划，其主要内容是土地利用分区。20 世纪 70 年代以后，偏重于土地利用设计，其主要内容是土地分类规划。土地利用规划编制委员会是规划的主导者。编制规划不是地方政府的法定义务，政府缺乏统筹不同土地利用方式协调发展的机制。第二次世界大战后，大规模的城市建设对土地利用规划提出了许多难以处理的问题，人们逐渐意识到：规划应是政府机构的职能；规划是立法的一部分，必须在议会中协调产生。据此，土地利用规划开始由地方政府管辖，市政立法机构和管理人员开始全面重视规划的编制和实施。

20 世纪 80 年代初，FAO 就开始着手编写“土地利用规划指南”，经过 1986 年和 1989 年在罗马举行的两次咨询专家会评论后，在 1993 年正式出版了 *Guidelines for Land Use Planning*，其对土地利用规划发展具有重大意义。指南指出：土地利用规划的目标在于如何理解“最佳土地利用”。最佳土地利用意味着可持续的、社会和环境相容的、社会期望的和经济合理的方式，即平衡目标之间的冲突性。规划的目标包括三个方面：效率性、公平和可接受性、持续性。土地利用规划可分为国家、地区和地方三个层次。不同等级的政府部门决策内容有所不同。因此，不同的层次上规划的方法和内容有所不同。但在每一层次上都应指明规划的优先序列、响应的项目以及操作的土地利用战略和政策。各层次规划之间的关系越紧密越好。各层次规划之间是连续的，而且越是低一层次，规划的内容越详细，越有更多的公众参与。指南拓展并规定了土地利用规划的内容体系，包括：确定目标、分析问题、鉴别变化的机会、土地适宜性评价、编制和评价不同的供选方案、最佳方案的选择、编图并编写报告、实施规划与监测并修编规划 9 个方面。对各国在制定土地利用规划政策时具有重要的参考价值。

（二）中国土地利用规划的历史

中国土地利用规划源于何时，现难以确切考证。但早在周朝，我国就有土地利用规划的萌芽。《禹贡》对因地制宜整治土地进行了论述，西周后期对田块的规划已注意到日照和水源等条件的影响，出现了“井田制”，井田规划是我国早期土地利用规划的雏形，它反映了当时田赋管理对组织土地利用的需要。历史上最著名的规划，为公元前 256～前 251 年规划的都江堰水利工程。下面主要介绍 1949 年以来，中国土地利用规划的工作。

1. 土地利用规划的产生阶段（1980 年以前）

1949～1980 年，重点开展针对人民公社土地规划、国有农场土地规划和灌溉地区土地规划等方面的土地利用规划的相关研究。此外，有关土地利用规划的概念、对象及性质也得到一定的探讨。20 世纪 50 年代初，土地利用规划由苏联传入我国，当时称为“土地整理”，20 世纪 50 年代后期改称为“土地规划”。初期以农村土地利用和农业生产的布局和组织为重点，以耕地规划为主要内容，规划的理念和方法主要借鉴苏联土地整理经验。1954～1958 年农业合作化阶段，为创造最适宜的土地组织条件，开展了以农村土地利用规划为重点的国有农场规划，并先后向苏联派出了三批共 38 名留学生专攻农业土地整理工程专业。1958～1962 年人民公社化期间，农业部土地利用局向全国发布《关于开展人民公社土地利用规划工作的通知》，开展与农林牧副渔、工农兵学商全面安排相结合的土地利用规划。1963～1966 年，土地利用规划的任务是继续巩固人民公社经济，为实现农村技术改革创造土地组织条件。“文化大革命”期间，土地利用规划学科受到批判，土地利用规划专业被撤销，相关工作和研究也全面停止。

2. 以重点发展农业为目标的土地利用规划（1980～1994 年）

1980 年以后，我国土地利用规划研究以农业发展服务为主，这一时期土地利用的规划模式主要是指标调整和分区结合模式。土地利用规划的内容在深度和广度方面较上一阶段有了很大的发展。最具代表性的是开展了全国第一轮土地利用总体规划。十一届三中全会后，我国经济快速发展，人多地少的矛盾加剧。1986 年，国家土地管理局成立，《中华人民共和国土地管理法》开始实施，规定：“各级人民政府编制土地利用总体规划，地方人民政府的土地利用总体规划经上级人民政府批准执行”。1987 年，我国土地主管部门第一次尝试编制全国土地利用总体规划，同时开展省、市、县、乡的土地利用规划的编制工作。1993 年 2 月，国务院正式批准了《全国土地利用总体规划纲要（草案）》。第一轮土地利用总体规划的主要特点是采取了自上而下的数量调控与流量控制；规划重点是耕地保护；在认识土地利用现状的基础上，突出土地适宜性评价。但由于编制缺乏经验和技术力量，导致规划编制和实施情况各地差异较大，规划水平参差不齐。

3. 以加强耕地保护为重点的土地利用规划（1994～2000 年）

20 世纪末，我国进入快速城市化阶段，城市人口持续增加，耕地逐年减少。国家提出施行世界上最严格的管理土地和保护耕地措施，加强土地宏观管理和实行土地用途管制，土地利用总体规划成为关键。1998 年，对《中华人民共和国土地管理法》进行修订，确立了土地利用总体规划的法律地位，对土地利用规划的目标、内容和技术方法作了详细的规定。这一时期土地利用规划从侧重农业用地配置的县域土地利用总体规划走向加强耕地保护的城乡土地统一管理下的土地利用规划，土地利用规划模式强调规划指标控制。最具代表性的是开展了全国第二轮土地利用总体规划。到 2000 年年底，全国五级规划基本完成，并开始正式实施。第二轮土地利用规划强调刚性控制，实施土地用途管制，主要特点是由以往指标式的流量控制转向有限目标的管理；规划核心内容包括耕地总量动态平衡、建设用地总量控制、土地开发整理和土地生态环境改善等。

4. 以土地用途管制为核心的土地利用规划（2000 年至今）

2000 年以后，随着我国社会经济向市场经济体制、现代化工业社会、开放多元文化社会以及主动加入经济全球化的转型。土地利用规划内容也随之不断完善且发生转变。重视土地规划用途分类、土地用途分区和建设用地空间管制。通过规划纲要、编制规程和制图规范等文件的调整和约束，土地利用规划走向科学发展阶段。最具代表性的是开展了全国第三轮土地利用总体规划。第二轮规划实施以来，暴露了以下问题：一是耕地资源减少过快，我国人均耕地只有 1.39 亩，部分省市已经低于人均 0.8 亩的警戒线。中央要求："一定要守住 18 亿亩耕地红线"；二是建设用地增长过快，占用耕地较多；三是城乡建设用地利用效率有待提高。第三轮土地利用规划解决的重点问题是：加强耕地特别是基本农田的保护；优化城乡用地结构和布局；促进节约和集约利用土地；统筹区域土地利用；协调土地利用和生态环境建设。2008 年 10 月，国务院批准并颁布《全国土地利用总体规划纲要（2006～2020 年）》。规划共分成 7 章内容：土地利用面临的形势、指导原则与目标任务、保护和合理利用农用地、节约集约利用建设用地、协调土地利用与生态建设、统筹区域土地利用、规划实施保障措施，并确定了约束性指标和预期性指标体系。其中约束性指标包括耕地、基本农田、城乡建设用地规模、人均城镇工矿用地、新增建设用地占用耕地和整理复垦开发补充耕地指标等。

另外，2017 年，国务院发布了《全国国土规划纲要（2016～2030 年）》，进一步推动了我国国土空间开发、资源环境保护、国土综合整治和保障体系的建设。规划强化国土空间用途管制，提升能源资源保障能力，设置"生存线"，严格保护耕地和水资源；设置"生态线"，将用途管制扩大到所有自然生态空间；设置"保障线"，保障经济社会发展必要的建设用地、能源和重要矿产资源安全。国土空间用途管制成为我国土地利用规划研究领域的新动向。

第二节　土地利用规划的理论和方法

土地规划是一门理论性和实践性都很强的工作，要使规划具有科学性，无论是规划程序的制定、规划目标的确定，还是规划方案的设计，都需要有相应的理论基础为依据和指导，这些理论包括规划的基本理论和方法论两部分。

一、土地利用规划的基本理论

土地规划的基本理论有系统工程理论、生态经济学理论、土地经济学理论以及人地关系协调理论等。

（一）系统工程理论

系统工程是为了最好地实现系统的目的，对系统的组成要素、组织结构、信息流和控制机构等进行分析研究的科学方法。它运用各种组织管理技术，使系统的整体与局部之间的关系协调和相互配合，实现总体的最优运行。系统工程不同于一般的传统工程学，它所研究的对象不限于特定的工程物质对象，而是任何一种系统。它是在现代科学技术基础之上发展起来的一门跨学科的边缘学科。

系统工程把对象系统看成是一个整体，同时把研究过程也视为一个整体。把系统作为若干子系统有机合成的整体来设计，对每个子系统的技术要求都首先从实现整体技术协调的观点来考虑，对研究过程中子系统与子系统之间或子系统与系统整体之间的矛盾都要从总体协调的需要来选择解决方案。同时，把系统作为它所从属的更大系统的组成部分来研究，对它的所有技术要求，都尽可能从实现这更大系统技术协调的观点来考虑。如对于土地资源十分紧缺的地区，有限的土地资源如何分配给各个产业和部门，就需要从全局来协调考虑。

系统工程的技术内容非常广泛。运筹学是研究在既定条件下对系统进行全面规划、统筹兼顾，合理利用资源，以期达到最优目标的数学方法；概率论是研究大量随机事件的基本规律；数理统计学是用来研究取得数据、分析数据、整理数据和建立数学模型的方法；控制论是研究各种控制系统的共同控制规律，探讨系统状态的动态优化；信息论是应用计算机研究信息的提取、传递、变换、存储和流通。

系统工程一般分为开发、研制和运用三大阶段，每个阶段又可分为规划和实施两个时期。其处理问题的基本方法，就是根据系统的概念、构成和性质，把对象作为系统进行充分了解和分析，将分析结果加以综合，使之最有效地实现系统的目标。

（二）生态经济学理论

生态经济学是研究生态规律和经济规律相互交织的新兴科学，研究对象是生态经济系统。土地系统是典型的生态经济系统，在进行土地利用规划时，要顾及系统要素具有自然和社会经济两方面因素，土地利用的安排既要考虑自然条件的地域差异，又要考虑社会经济因素的区域限制，既要取得最优的经济效益，又要保持土地系统的生态平衡。

（1）地域分异规律。影响土地利用的因素包括自然的（如土壤、气候等）、经济的（如经济水平、集约化程度）、社会的（如生活习惯、开发历史）因素等。土地属性和土地利用具有明显的地域分异，表现为地带性分异、区域性分异和地方性分异等。由于土地利用的主体——农业用地，其作物的生产强烈地依赖外部环境和条件，所以其用地安排更要遵循地域分异规律。

（2）生态经济规律。在利用土地过程中，既要使土地提供人类以最佳经济效益，又要保持生态系统的良性循环，取得最佳生态效益。在人类的活动中，常常难以同时获取两个效益。生态经济学的理论，要求在土地利用规划中要合理考虑土地生态经济系统的各要素，合理安排土地的利用，保持土地系统的良性循环，在取得经济效益的同时，还要保持最佳的经济效益。

（三）土地经济学理论

土地经济学是运用经济学原理研究和解决土地问题的土地经济理论，包括级差地租理论、土地报酬递减理论、土地的区位理论和土地利用的比较利益原则，这些都对土地的合理利用有着指导意义，是做好土地规划的理论依据。

（1）级差地租理论。级差地租是由于土地肥沃程度不同，距离市场远近和土地经营集约度不同带来收入的差别而形成的。同量投入在不同土地上所得报酬不同，形成的级差地租Ⅰ的收入反映了土地本身的一种自然属性，土地规划中则要充分体现这一属性，协调用地矛盾，以获得最大级差地租Ⅰ。由于集约利用的程度不同，而形成的级差地租Ⅱ的收入，反映了土地经济供给的弹性，在土地规划中，则要充分体现这一特性，安排适当土地利用方向、方式和集约度，搞好后备资源的开发，已利用土地的潜力挖潜，以获得最大级差地租Ⅱ。

（2）土地报酬递减理论。土地报酬递减理论是关于土地利用投入和所得报酬之间相互关系的理论。其基本思想是，当土地的投入不断增加时，在一定的社会生产力和技术条件下，人们从土地上获得的报酬也随之增加，但当投入达到一定量时，报酬将不再随土地的投入而增加，相反趋于减少，只有当科学技术有突破性进展时，才能重新出现报酬递增现象，一定程度后，又呈报酬递减现象。土地报酬递减理论告诉我们，在土地利用中：①对土地的投入不能盲目，要寻求土地资源与其他生产资源的最佳配合比例，优化土地、劳力和资本三种资源的配合比例，这是合理组织土地利用中必须考虑的内容；②由于土地报酬并不随投入的增加而始终增加，因此，有限的土地资源更显得重要，要求人们必须十分珍惜土地，节约土地，做到地尽其利，合理利用。

（3）土地的区位理论。按照各种土地利用特点来选择相应区位，保证资源得到合理利用，获得最大经济效益。因为，一般来说，任何土地，除本身的资源条件外，总是与其周围其他经济因素，如距城市远近、交通便利程度及环境条件好坏等因素有关，这就要求组织土地利用时，必须遵循区位规律。区位规律是指在特定地点或在某几个同类地点进行一种经济活动，比在其他地方进行同类经济活动，能够取得更大的效益。经典的理论如杜能的农业区位论、韦伯的工业区位论、克里斯泰勒的中心地理论以及廖什的市场区位论等。土地利用规划，特别是在总体规划中，对各种用地和各种建设项目进行布局时，其合理程度及规划方案的质量高低，在很大程度上取决于区位因素。

（4）土地利用的比较利益原则。农业、林业、畜牧、工矿和城镇等用地都在有限的土地自然供给内相互竞争。按照经济学原则，当某种用途的需求增加，该用途的经济效益提高时，原供它用的土地必有一部分转作该用，使其土地的供给量增多。经济效益指导土地利用，土地用途必然不断向高效益的用途转移。土地的比较利益差异较大。由于耕地的比较利益较低，在市场经济体制下，效益低下的耕地就有向效益较高的其他用地转换的可能。

（四）人地关系协调理论

人地关系的发展经历了“决定论”、“或然论”和“协调论”的阶段。人地关系协调论也称和谐论（harmony），它是正确人地关系的探求，包括两层含义：一是在人地关系中，强调人类利用自然界时，要保持自然界的平衡与协调；二是在研究人地关系时，强调人类在开发利用自然过程中，要保持人类与自然环境之间的平衡和协调。协调论已成为当今世界共同探索的主要人地关系理论。土地数量的有限性和土地需求日益增加之间的矛盾，从人地关系理论角度来看，属于人类社会发展与自然环境之间的矛盾。协调土地供给和需求是土地资源持续利用的永恒主题，是土地利用规划的重要内容。

人地关系协调论的基本内涵包括三层含义：①地与地的协调，即在人地关系中强调人类利用自然界时要保持自然界的生态平衡与协调；②人与地的协调，即强调人类在开发利用自然的过程中要保持人类与自然环境之间的平衡与协调；③人与人的协调，即强调在开发利用自然界的各种人类之间保持的和睦、妥协与协调和人类生态活动与生产活动的平衡与协调。目前，可持续发展的思想深入人心，土地的可持续利用也成为其重要组成部分。1993 年，FAO 颁布了《可持续土地利用评价纲要》，确定了土地可持续利用的 5 个基本原则：土地生产性、土地的安全性或稳定性、水土资源保护性、经济可行性和社会接受性。

二、土地利用规划的方法论

土地利用规划是一个复杂的大系统，由许多子系统组成，其边界模糊，关系复杂，要解决好如此复杂的系统问题，应当运用系统工程方法。要把系统内外的各种联系和关系整理好，使其发挥整体效益，必须遵循一定的规划工作程序（图 11-1）。

（1）明确任务。明确规划目标与任务、规划范围与边界、规划性质与期限，以指导后继规划项目的数量、内容和规划深度，以及规划的组织工作。

（2）组织团队。规划团队应由多层次、多学科、多方面的人才组成，应包括主管部门的领导和决策人员，还要吸收综合经济部门和主要生产部门有关人员参加，主要由调研、咨询和统计三个工作团队构成，由其具体负责基础资料收集、整理、分析和规划的编制工作。

（3）收集资料。资料收集是开展规划的最主要的准备工作。土地利用规划所需资料包括：①社会经济资料（土地、人口、生产、经济和区位等）；②自然条件资料（土壤、地形、水文、植被和气候等）；③有关规划资料（农业区划、土壤普查、区域规划、国土规划、部门发展规划等有关规划报告和图件）；④野外实地调查（最新土地调查数据、土地利用变更调查数据、座谈访问和专家咨询等）。

（4）明确问题。明确问题是编制规划的前提。通过分析以及与有关决策部门多次沟通，识别规划目标与利用现状之间的差距，明确主要的问题。另外，还需明确规划区域社会经济发展规划、国土规划、区域规划，以及上一层次土地利用规划与待编制土地利用规划之间的关系。

（5）总体构想。在明确问题和分析所收集资料的基础上，结合近期和远期的发展前景，提出区域土地利用模式（如生态型、城郊型、农村型、资源型、旅游型、加工型等）和拟

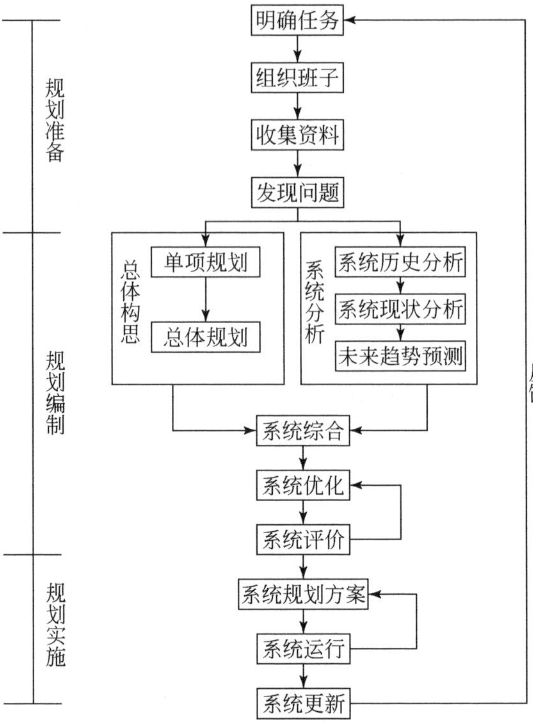

图 11-1 土地利用规划的编制程序（王万茂等，2013）

定规划目标评价指标体系（如社会目标、经济目标、生态环境目标），以保证规划目标的先进性、实施规划的可能性、规划数据的可靠性、规划方案的科学性及应变能力和规划政策的合理性。

（6）系统分析。根据土地利用系统的组成与边界范围，研究分析组成系统的各要素（或子系统）之间相互关系，系统与周围环境之间的联系。系统分析在时序上可分为历史分析、现状分析和未来趋势预测；在内容上包含社会、经济和生态环境三个层次。在时序分析中要注意与本地、省内、国内甚至国外同类系统状况之间的比较，找出差距，揭示优势，为制订规划方案指明方向和途径。

（7）系统综合。在构建各种单项用地规划方案的基础上，揭示其内在的关联性和差异性，在土地利用大系统与子系统、子系统与子系统之间进行多次反馈组合，以求得各层次系统与系统、系统与环境之间的总体协调，在此基础上产生数个符合规划目标的供选方案。系统综合时要参照规划目标评价指标体系，使规划尽可能满足各项预期要求。

（8）系统优化。在各层次用地系统和系统之间的多次反馈、协调和组合的基础上，选用适当的数学方法对土地利用规划方案加以优选，寻求更贴近规划目标的方案。常用的方法有线性规划、非线性规划、动态规划、模糊规划和灰色预测规划等。

（9）系统评价。采用技术经济方法综合论证与分析各项供选方案，以确定其系统的合理性和实施的可能性，为决策者提供科学依据。应用费效分析法论证规划方案的可行性。

（10）系统运行。规划方案旨在实施，借助土地利用运行机制，把“纸上谈兵”变成“实际成效”，把“规划方案”变成“现实的生产力”。通过对土地利用系统运行的监控，不断协调规划方案与实际情况之间差异，使规划方案逐步得以实施。

（11）系统更新。借助监测反馈系统，不断提供系统运行中的动态变化情况，以便决策者根据反馈信息进行追踪决策，采取政策的、经济的和法律的措施，调节控制系统的运行，依据变化了的规划参数重新运算，以达到系统更新的目的。

第三节 土地利用总体规划

一、土地利用总体规划的概念

（一）土地利用总体规划的内涵

土地利用总体规划（master planning of land use）是在各级行政区域内，为贯彻执行国家的土地利用政策，根据国民经济和社会发展对土地的需求以及区域土地资源特点，而编制的未来一段时期内（通常为 15 年），在各部门间分配土地资源，合理调整土地利用结构和布局的战略构思和设计方案。简单来说，它是对一定地域范围内全部土地的开发、利用、整治与保护在时间上和空间上所作的总体的、战略的部署和统筹安排，是国家实行土地用途管制的基础。

土地利用总体规划是土地管理工作的“龙头”，是国民经济和社会发展计划体系的重要组成部分，是各级政府对土地利用进行协调和指导以及行政控制的重要手段。

（二）土地利用总体规划的特点

（1）总体性。表现在规划对象是区域内全部土地资源，其内容是全部土地资源的开发、利用、整治和保护，而不是部分土地资源；规划的作用是综合各部门对土地的需求，协调各部门用地矛盾，保证国民经济持续、稳定和协调发展，而不是只规划某部门或行业的用地。

（2）长期性。土地利用总体规划一般以 10 年或更长的时间为时段，要与土地利用有关的重要经济和社会活动（如工业化、城镇化、农业现代化、旅游发展以及人口增长等）紧密结合，并对土地利用做出远景预测，制订长远的土地利用方针、政策和措施，并将其作为土地利用计划的基础。

（3）战略性。表现在研究的问题具有战略意义，如社会经济各部门的用地总供给与总需求的平衡问题、土地利用结构与布局的调整问题、土地利用方式的重大变化等。

（4）层次性。中国地域辽阔，为了在全国范围内形成逐步控制的土地利用规划体系网络，在上一级政府的控制下，发挥地方的独立性和能动性，土地利用的宏观调控实行的是分级调控、分级管理的办法。实际工作中按从属关系划分为五级。

（三）土地利用总体规划的任务

编制土地利用总体规划，通过对土地利用现状和后备资源潜力进行综合分析，在预测土地利用变化的基础上，根据需要和可能提出规划期内土地利用的目标和基本方针，并协调各部门的用地需求，提出各类用地的控制性指标，调整土地利用的结构和布局，以及提出实施规划的政策、措施和主张。概括起来，有以下三个方面。

（1）土地利用的宏观调控。土地利用总体规划是土地利用宏观管理体系的重要基础，是土地利用宏观控制的主要依据。国家通过土地利用总体规划协调国民经济各部门的土地利用活动，从而建立适应经济、社会发展的合理的土地利用结构，合理配置土地资源，从而有效地利用土地资源。

（2）土地利用的合理组织。通过土地利用总体规划在时空上对各类用地进行合理布局，如对农业用地和建设用地以及自然保护区、风景旅游区等专项用地的布局，并对后备土地资源潜力进行综合分析，制定相应的配套政策，引导土地资源的开发、利用、整治和保护，以保证充分、合理、科学、有效地利用有限的土地资源，防止对土地资源的盲目开发。

（3）土地利用的规范监督。土地利用总体规划具有法律效力，任何机构和个人不得随意变更规划方案，各项用地审批必须依据规划。土地利用总体规划是监督各部门土地利用的重要依据。规划方案的修改也必须按编制规划的法定程序进行。

（四）土地利用总体规划的模式

土地利用总体规划的模式是指土地利用总体规划的标准形式或样式。在实践中，比较普遍使用的有指标控制模式、总体蓝图模式、土地利用分区模式、用地分区和用地指标相结合模式。

（1）指标控制模式。其主要成果是确定各项土地利用控制指标，包括规划前后土地利用面积和结构，规划期末各部门用地规模控制性指标。该模式仅限于制订规划区内国民经济各部门土地利用指标，包括农业用地指标和非农建设用地控制指标，内容可大大简化。采用宏观土地利用指标层层分解下达的办法，把具体的土地利用控制、协调职能下达给有关的职能部门去完成，因而可发挥部门的能动性和积极性。其优点是编制不需要组织庞大的规划团队，任务完成周期短，规划成果具有较大的弹性和应变能力；其缺点是由于只考虑用地数量的分配、调整和平衡，缺乏区位、质量的匹配，对土地利用的空间布局缺乏必要的控制和监督。因此只有与其他模式结合，才能发挥效果。

（2）总体蓝图模式。其主要成果是“土地利用总体规划图”，详尽而准确地反映规划期末国民经济各部门的远景用地规模与布局。该模式是传统的规划模式，至今发挥较大作用。由于土地利用总体规划受自然、社会和经济因素影响较大，该模式在计划经济下尚可发挥一定的作用，但在市场经济下，就显得缺乏弹性和应变能力。因而在土地利用总体规划中较为少用，而在专项土地利用规划中不乏其积极作用。

（3）土地利用分区模式。主要成果是根据区域的自然、社会、经济特点和土地利用方式划分土地利用控制分区，制定相应的土地利用方针和配套政策，结合土地利用控制指标，形成比较严谨的土地利用宏观控制体系。其突出特点是把工作重点放在土地适宜性评价、土地生产潜力研究、土地人口承载力研究和区域土地利用方式的研究等有关土地自然、社会和经济属性基础研究方面，从而大大提高了土地利用总体规划的科学性。

（4）用地分区和用地指标相结合的模式。该模式融总平面布置、用地指标控制和土地利用分区于一体，与其他模式比较，有以下特点：第一，通过用地分区对规划对象细化和具体化，使规划指标因不同分区而异，具有较好的针对性，在各自的规划目标控制下所作的土地利用调整和生产力布局，能够充分发挥各种土地资源的优势，做到适地适用；第二，能够从空间布局上落实规划，协调产业间用地矛盾，为各个产业提供长期稳定的用地条件，用地分区与用地指标相结合，体现了土地空间分配与按质、按量分配的统一，使各项用地指标的落实更为具体实际；第三，可使规划在实施中具有一定弹性，在同类用地分区内，在用地的时间、单位、规模和位置上具有较大的伸缩性；第四，能够针对各用地分区的特征制定相应的土地利用管理措施及实施监督。用地分区与用地指标相结合，增强了规划的可操作性，使规划目标和任务易于掌握并分解落实到乡镇和用地单位，也有利于实施情况的反馈和监督。

二、土地利用总体规划的内容

土地利用总体规划范围大，综合性强，内容丰富，关系复杂。不同级别的土地利用总体规划，由于区域差异和级别不同，侧重点和内容深度也不同。一般来说，土地利用总体规划主要包括以下内容。

（1）土地利用现状分析。通过现状分析，提供土地利用的基础数据，分析土地利用结构和布局、土地利用率和土地生产率及土地利用的经济效益、生态效益和社会效益等，总结土地利用变化的规律和经验教训，发现土地利用中存在的和规划期间可能出现的重要问题，提出合理利用土地的建议，其是进行土地利用结构和布局调整的依据。

（2）土地适宜性与潜力评价。土地资源评价是确定合理的土地利用结构的客观依据，包括土地适宜性评价和后备土地资源潜力评价。通过土地潜力评价，预测区域规划期内的土地利用，主要是建设用地和农用地的利用潜力，测算各类土地供给量和未利用上地的开发潜力，了解各类后备土地资源和用途需作调整的土地资源的数量、质量、分布和适宜性。

（3）土地需求量预测与供需平衡分析。通过对人口预测、未来各部门用地需求量的预测来发现未来土地利用的要求和趋势。一般可由各用地主管部门提交规划期间各部门用地变化预测报告和用地分布图，并对预测数据进行必要的分析和校核。在土地利用现状及潜力分析、土地适宜性评价与土地需求量预测的基础上，计算各类用地预期的供给量和需求量，进行土地供需平衡分析。

（4）确定规划目标和任务。明确规划需要解决的土地利用问题，掌握土地供需的总体状况，即可着手确定土地利用目标。规划目标多以数量指标进行表达，分为约束性指标和预期性指标，约束性指标是规划期内必须完成的指标。在确定目标的过程中要注意：一是与上级规划目标和指标的协调；二是与本地区社会经济发展计划的协调。

（5）土地利用结构与布局调整。根据规划目标和用地方针，对各类用地的供给量和需求量进行综合平衡，依据土地利用调整次序和土地利用结构与布局调整的步骤及方法，调整各类用地结构和布局，统筹协调土地开发、利用、保护和整治措施。一般要编制 2～3 个供选方案。方案设计有两种方法：一种是综合平衡法，以各用地部门的具体要求为基础，结合土地利用规划方案的有关要求，进行土地利用结构的综合平衡，并在此基础上，确定土地利用总体规划方案；另一种是数学方法，用数学模型来模拟土地利用活动和其他社会活动的关系，借助计算机技术，得到多种可供选择的解式，揭示土地利用系统对各种政策、措施的反映，从而得出各种规划方案。择优时要对各种供选方案全面评价，对比优选，选择效益较好、最有可能实施的方案作为规划方案。规划方案确定之后，要组织有关部门进行论证和协调。

（6）土地利用分区。土地利用分区是遵循一定原则、依据一定方法，在空间上对土地进行的一种利用划分，目的是指明规划区内不同区域的土地利用方向，并为调整土地利用结构和合理组织土地利用或制定土地开发整治战略提供依据。通过土地利用分区规划与土地利用控制指标相结合的方法，把规划目标、内容、土地利用结构和布局的调整及实施的各项措施落实到土地利用分区，有利于规划的实施。省级以上规划的土地利用分区，提出各区土地利用的特点、结构和今后利用的方向及提高土地利用率的主要措施；县级以下的土地利用分区，提出土地利用的具体用途和制定各分区土地利用管制规则；市级分区可结合实际情况，参照省级或县级规划要求进行。

（7）编制用地指标平衡表。用地指标平衡表反映了各类土地的调整情况和调整前后的平衡关系（表 11-1），一般采用对角线形式编制，纵横两个方向上的用地分类一一对应，有利于计算、校核和应用。在编制用地指标平衡表的基础上，通过分解下达下一级规划各项用地的控制性指标，为编制下一级规划提供依据。

表 11-1　浙江富阳用地指标平衡表　（单位：hm^2）

编号	基期土地面积	土地利用类型								期内减少
		耕地	园地	林地	草地	城镇村工矿	交通用地	水域	未利用	
耕地	25662.8	24987.6	—	—	—	483	192.3	—	—	675.3
园地	9518.60	548.63	8647.45	—	—	289.50	33	—	—	871.13
林地	111821.91	—	1337.53	1110314.9	—	96.50	73	—	—	1507.0
草地	53.04	—	—	—	53.04	—	—	—	—	0
城镇村工矿	8894.50	—	—	—	—	8894.5	—	—	—	0
交通用地	1688.54	—	—	—	—	—	1688.54	—	—	0
水域	9845.16	126.67	—	—	—	—	—	9718.48	—	126.67
未利用	15638.09	—	—	11963.03	200	—	7.37	—	3467.69	12170
规划期总面积		25662.8	9985	122277.91	253.04	9763.5	1994.21	9718.48	3467.69	
期内增加		675.3	1337.53	11963.03	200	869	305.67	0	0	
收支相抵		0	+466.4	+10456	+200	+869	+305.67	−126.67	−12170.4	

（8）制定实施规划的措施。土地利用总体规划的实施必须要有相应的政策措施做保障。实施规划的措施主要包括各种法规、行政、经济和技术的措施。土地利用总体规划获得批准后，即具有法律效力，有关部门必须严格遵守。同时，应该把土地利用年度计划纳入地方政府国民经济计划中，保证规划的顺利实现和落实。

综上所述，土地利用总体规划内容的核心是土地利用分区和编制用地指标平衡表，前者反映各类用地的空间布局，后者反映土地利用结构的调整，是规划思想的客观反映。因篇幅所限，下面主要对土地需求量预测、土地利用分区和各种用地的配置的相关方法进行介绍。

三、土地需求量预测

土地需求量预测是土地利用规划的前期工作。包括农业用地和建设用地需求量预测。土地需求量与人口规模、消费水平、经济发展水平、城市化水平和作物产量等项因素有着密切的联系。因此，预测时必须充分考虑区域内自然条件及社会经济发展和土地资源状况，进行人口预测、各类用地的需求预测等。一般来说，预测方法有以下三种：①定性预测，主要根据预测对象的性质、特点、过去和现状的延续情况等，对土地进行非数量化的分析，然后依靠人们的主观判断，对土地利用的未来发展趋势做出预测和判断。因素分析法是常用的方法。②定量预测，主要是通过建立数学模型和应用计算机运算，对土地利用进行定量分析，然后据此对未来土地利用的发展趋势做出预测和判断。③综合预测，由于任何一种预测方法都有一定的适用范围，都有一定的局限性。为了克服这些缺点，往往采用多种预测方法进行综合预测。

（一）人口规模预测

土地利用规划的各项指标，都必须以区域的人口状态和人口参数为基本依据，如人口规模和年龄构成、人口的自然增长率和妇女生育模式。人口规模和年龄构成直接关系社会对农畜产品的需求及对农业用地的需求，并对城镇建设用地规模、农村居民点用地规模及其他基础设施建设都有重大影响。从某种意义上讲，人口是决定各项用地的最基本因素，人口的预测结果直接关系土地利用预测结果。

1. 总人口预测

常用的总人口预测方法有人口自然增长法、回归方程预测法以及马尔萨斯人口增长生物繁殖模型等。

（1）人口自然增长法。又称直接推算法，是一种简单实用的人口预测模型，它根据基年人口总数，通过预测期内人口的自然增长率和机械增长率来直接推算未来人口总数。使用这种方法的前提是地区的人口数基本按一定的比例增长，且对预测的精度要求不太高，使用的基础资料较少，计算较简单。

$$P_{(t)}=P_{(t_0)}(1+K)^{(t-t_0)}+(C-D) \tag{11-1}$$

式中：$P_{(t)}$为预测期末人口数；$P_{(t_0)}$为基期人口数；C为预测期内迁入人口数；D为预测期内迁出人口数；K为人口自然增长率

$$K=\sqrt[t-t_0]{\frac{P_{(t)}}{P_{(t_0)}}}-1 \tag{11-2}$$

（2）回归方程预测法。根据人口统计资料，将人口数（y）和年代（x）在直角坐标系中绘出散点图；根据散点图找出拟合曲线，若是线性趋势，建立回归方程

$$P=B_0+B_t \tag{11-3}$$

式中：B_0、B为待定系数；P为人口数；t为时间段。求解回归方程，进行相关性检验，预测规划期人口数。

（3）马尔萨斯人口增长生物繁殖模型。此模型适合于短期内的人口预测

$$P_{(t)}=P_{(t_0)}\mathrm{e}^{k(t-t_0)} \tag{11-4}$$

2. 城镇非农人口预测

建立在按一定比例分配社会劳动力的基础上，是以基本人口、服务人口和被抚养人口三者之间比例关系为根据来预测的，又称劳动平衡法。模型为

$$P_{(t)}=\frac{A}{F}=\frac{A}{1-(B+C)} \tag{11-5}$$

式中：A 为预测期末的基本人口，是指直接参加生产活动的劳动力人数；B 为行政管理及服务人口的百分比；C 为被抚养人口的百分比；F 为基本人口占总人口的百分比；$F=1-(B+C)$。

应用此法，首先需要了解预测期的生产规模、劳力管理定额、服务人口和被抚养人口的百分比等。因此此法适用于城镇和国有农场的人口预测。

3. 农业人口预测

用总人口减去城镇人口。在计算农村居民总人口后，要进行农村居民总的户数预测，新增户数计算公式为

$$A=P_{(t)}/B-M \tag{11-6}$$

式中：A 为规划期末新增户数；B 为每户平均人口数；M 为现有总户数。

（二）农用地预测

农用地直接向人类提供粮食产品，是人们赖以生存的基础，因此也是土地预测的核心内容，其大小取决于人口发展规模和人口消费水平。农用地预测包括耕地、林地、园地、牧草地和水产养殖等用地的预测。

耕地需求量的预测以满足一定时期、一定人口数量对粮食需求量为基础，分别测算影响粮食需求量的各种因素，以达到预测耕地需求量的目的。具体来说，影响粮食需求量的因素有：粮食播种面积单产、复种指数、粮经比（粮食作物播种面积与经济作物播种面积之比）和粮食自给水平。

各类种植作物的亩产量预测有趋势预测和回归预测。农作物单产水平受土壤、气候、肥料、农田建设状况和农业技术水平等因素的影响，可通过回归方程建立及求解运算，找出农作物产量与影响产量的多种因素之间的相关关系。例如江苏太湖地区，根据历史资料判断，与粮食亩产密切相关的因素有复种指数、亩化肥施用量、有机肥施用量、机械化与水利化程度等，以此建立回归方程

$$Y=b_0+b_1x_1+b_2x_2+b_2x_3+b_4x_4+u \tag{11-7}$$

式中：Y 为亩产；x_1 为复种指数；x_2 为亩化肥施用量；x_3 为亩耕地载畜量（用于表示有机肥施用情况），x_4 为亩机耕、灌溉费用（表示机械化与水利化程度）；u 为随机因素，一些不确定因素或关系不密切因素对产量的影响；b_i 为回归系数。

代入数据解得　$Y=32.995+166.38x_1+0.628x_2+613.568x_3+43.099x_4$

各类种植产品的需求量预测。在总人口预测的基础上，进行人口消费水平的预测，再考虑农业再生产消费（种子消耗和10%的田间消耗）、商品化程度、储备和工业加工原料消费，国家下达指标、出口创汇、计划调入调出等各种需求，结合起来便可求得总的需求量。

根据下面方法来测算未来时期耕地的需求量

$$Q=\frac{1}{F}\sum_{i=1}\frac{D_i}{A_i} \tag{11-8}$$

式中：Q 为耕地面积需求量；F 为耕地总复种指数；D_i 为规划年 i 种作物需求量；A_i 为规划年 i 种作物单产。

$$Q = S_{\min} \times P = \beta \frac{G_{r}}{p \times q \times k} \times P \tag{11-9}$$

式中：Q 为耕地面积需求量；$S_{\min}$ 最小人均耕地面积（hm^2/人）；P 为规划年人口数；β 为粮食自给率（%）；G_r 为人均食物需求量（kg/人）；p 为粮食单产（kg/hm^2）；q 为粮食作物播种面积与耕地面积之比（%）；k 为复种指数（%）。

总需求和总供给的平衡协调，便可求出耕地需求量。

同理，可根据产品需求量和单产水平求得园地需求量预测。经济林、薪炭林等可根据各林地的产品需求和单产水平预测林地面积。林地需求量还可根据土地自然条件以及森林覆盖率水平的设计要求计算，求得规划期末年的林地面积。根据牲畜产品需求预测牧草需求量，再由草地、草原生产水平求得牧草地需求量。水产养殖严格受气候、水文和水生动植物生态特性等诸多自然条件的限制。对水产养殖业用地规模起决定作用的是区域的自然经济社会条件，而不是需求量，关键是水源的保证程度。

（三）建设用地预测

建设用地是以工程营造的物质建设为目的的用地方式，主要是从土地的垂直方向取得建筑空间。包括城乡居民点用地、独立工矿用地、水利工程建设用地、交通运输用地、风景旅游用地和名胜古迹及自然保护区用地等。由于建设用地往往占用大量农业用地，直接影响人类赖以生存的基础。所以，建设用地规划要遵循下列原则：最大限度地节约用地和提高土地利用率；注重保护耕地；预测被占耕地的数量，将被占耕地的规模控制在必须保护的范围内。

1. 居民点用地预测

居民点用地预测，是在对区域居民点体系现状分析的基础上，根据规划期内社会经济发展对居民点建设提出的要求，对区域内城镇化速度等情况进行测算，确定居民点占地规模。按城镇发展规划和村镇发展规划分别进行城镇居民点和农村居民点用地预测。将已得到政府批准的规划成果资料加以充分利用，并结合现实情况的变化，在进行调查研究的基础上，与规划部门协商，共同确定用地规模。可以采用下面两种方法。

（1）人口定额指标法。按城镇和农村人口预测以及不同类型居民点的人均占地或平均占地控制指标进行预测

$$Z = C \times J \tag{11-10}$$

式中：Z 为规划目标年居民点用地规模；C 为规划目标年人口数量；J 为人均用地定额指标。

（2）人口与用地面积回归法。虽然居民点用地与居民点性质、地区人口密度、经济发展水平、交通条件、水文地质条件、历史发展过程等有关系，但与人口规模的关系最密切。可以建立回归方程

$$Y = A + Bx \tag{11-11}$$

式中：Y 为居民点用地面积；x 为人口规模；A 为回归常数；B 为回归系数。

2. 交通运输用地预测

交通运输用地预测包括铁路、公路、水运和航运等用地预测，其中用地量的多少可按照不同用地的占地定额、长度和其他设施的占地规模来计算。铁路用地定额指标：路基高度在 3m 以内者，双轨线自路中心起，两旁各留 30m，单轨线自中心起，两旁各留 20m。不同等级的公路用地定额指标路基宽度不同：高速公路 45m，一级公路 34.5m，二级公路

12m，三级公路 10m，四级公路 6.5m。工矿建设用地预测需对电力、冶金、煤炭、建材、纺织和石化等各工矿建设的用地进行预测，不同行业、不同规模也都有不同的用地定额指标。水利设施占地预测需根据农田建设和各项水利工程建设的需要，如修建水库、加固扩建河通和建闸等分别测算占地面积。

四、土地利用分区

《中华人民共和国土地管理法》第 20 条明确指出：“县级土地利用总体规划应当划分土地利用区，明确土地用途。乡（镇）土地利用总体规划应当划分土地利用区，根据土地使用条件，确定每一块土地的用途，并予以公告”。

（一）土地利用分区概念

由于规划区域内的自然和社会经济条件客观上存在着区域差异性，土地利用的方式和结构受自然和社会经济条件的影响，也具有区域差异性。土地利用上的差异性表现为土地质量、土地利用方式、利用潜力、利用特点和利用方向上的区域差异性。在此基础上进行土地利用分区，以指导今后土地利用的合理组织和科学管理。土地利用分区的意义体现在以下方面：①可以揭示土地利用的地域分异规律，优化土地利用的空间结构，反映区位差异，发挥区位优势，有利于生产和建设的区域化和专业化；②有利于土地利用的宏观控制、协调、组织和监督；③不同区域分别确定该区的土地利用方向、限制条件和管理措施，因地制宜，既保证了土地利用的经济效益和规划的科学性，又易于规划的实施和操作；④分区使总体规划具有弹性和应变能力。

（二）土地利用分区的层次

（1）地域分区。基于土地利用的自然与社会经济条件的空间差异性，根据土地利用中存在问题的共同性，保持行政界线的完整性，将区域分成若干地域，进而揭示各地域特征，并确定各地域的土地利用方向、土地利用结构调整原则、用地控制区域及保护和改造的途径。例如，黑龙江省的土地利用总体规划中，分为六个区域：大兴安岭地域、小兴安岭地域、三江平原地域、张广才岭地域、松嫩平原东部地域和松嫩平原西部地域。

（2）用地分区。土地利用用地分区又称土地利用控制分区。用地分区是在土地适宜性特点的基础上，结合国民经济与社会发展以及今后土地利用结构调整的需要划分的用地区域，如城乡建设用地区、农业用地区、林业用地区、牧业用地区、特种用地区和其他用地区。每个用地区类型的确定是以土地主导用途为主，并不表示其中的用地类型是单一的，允许有少量零星的其他非主导用途的用地类型出现。在土地利用总体规划中采用用地分区与土地利用指标相结合的规划模式，是目前我国编制土地利用总体规划，落实土地利用规划结构和地域分解用地指标的基本方法。

（三）土地利用分区的方法

（1）综合分析法。又称经验法，是一种定性分区法，主要适用于土地利用方式区域差异显著、分区界限明显易定的情况，要求具体操作人员非常熟悉当地的实际状况。

（2）主导因素法。主导因素法是在基层乡镇土地利用方式划分的基础上，适当加以归并，逐步扩大土地利用类型区，再将地域相连的类型区合并成为土地利用用地区域，以主导土地用途作为用地区域名称。将各类用地结构作为划区的主要指标，然后对这些指标作如下处理：①以县或乡为单元，计算各个单元的用地结构比例；②将用地比例从大到小进行顺序编号，即 1，2，3，…；③将为“1”序号的各类用地所在的单元并为一组，作为此类用地的用地区域；④为保证区域的完整性，依据地域连片原则，参考其他用地类型的分布情况，把各个用地区域归并成几大主要土地利用区域。

（3）叠置法。又称套图法，适用于规划图和区划图齐全的情况。尽量参考已有的各种规划界线（如农业区划、域镇规划、村镇规划和风景区规划等），将有关的成果图件（如土地利用现状图、土地适宜性评价图、基本农田保护区图、城镇规划图和地形图等）叠置在一起，以确定共同的区界。对于不重叠的部分要具体分析其将来的主导土地用途并进行取舍。这是分区的一种较为科学、简便和有效的方法。

（4）指标法。选取反映土地利用区域差异性的指标，如土地利用方式差异指标，土地利用结构差异指标，土地质量区位差异的土地适宜性评价指标，土地生产效益差异的土地产出量指标及土地利用的其他自然、社会、经济指标（图 11-2）。给出每类指标的权重；计算分区单元加权指标指数和；同（1）法进行分区。

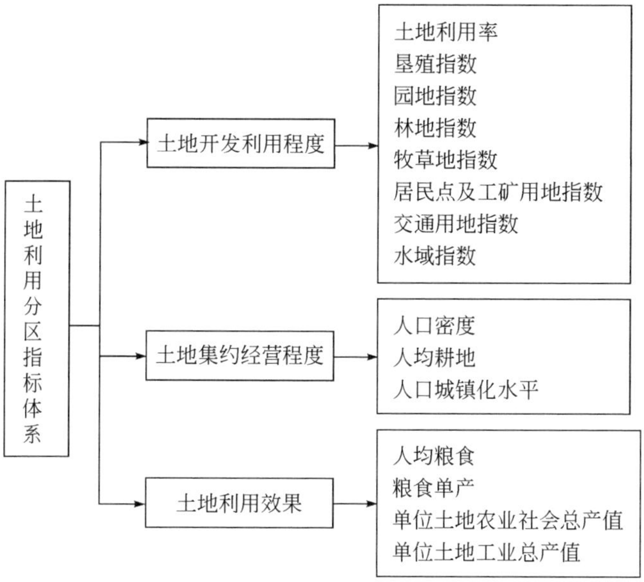

图 11-2　土地利用分区指标体系

（5）聚类分析法。聚类分析法是一种定量的分区方法，是根据“物以类聚”的道理，对土地利用指标进行分类的一种多元统计分析方法。由于模糊数学和灰色系统理论的引进，常常应用模糊聚类法和灰色多元聚类法。聚类分析的思路是：设有 N 个样本，将每一个样本看作是 m 维空间的一个点，初始这 N 个样本就是 N 点。然后计算样本之间的空间距离，将距离最小的两类合并为一新类，如此反复，直至将 N 个样本合并成一类为止，形成一个由小到大的分类系统，然后绘制谱系图，表示样本间的亲疏关系，结合需要进行分类。

该法用于土地利用分区时，首先将各土地利用子区（县或乡）作为一个样本，找出决定这些小区类型归属的 m 个参数指标构成 m 维空间坐标系，然后根据调查数据进行样本间距离计算。据此对样本小区进行分类。多数指标如土地利用结构指标（各类用地占总面积的比例)、土地适宜性评价结果指标（各乡镇一等、二等、三等、四等、五等土地占总面积的比例）和土地综合产出效益的粮棉产量指标。

土地利用分区后，要对各地域或用地区进行论述。阐述不同区域土地利用的特点，以指导土地的合理利用，分区的论述主要侧重于对区内土地利用的有利条件和不利因素、土地利用方针和限制条件及管理措施的分析论述。

五、各种用地的配置

土地利用结构预测和变更计划的制定，是各项用地配置的必要前提条件。用地配置就是把各项用地结构及农用地的变更和改良的面积，逐一落实到地段上。一般来说，主要是对农业生产用地、非农业生产用地和暂不能利用土地三种用地类型进行配置（图 11-3）。

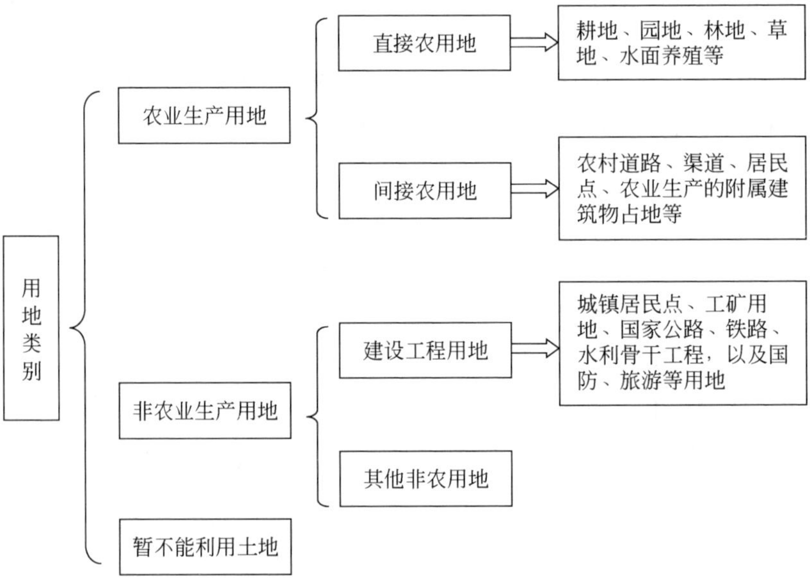

图 11-3　各项用地类型

（一）农用地的配置

农用地是农业生产用地的简称，它是根据土地的自然特性和企业经营方向的需要，用于一定农业生产目的的土地。

农用地配置属各级土地利用总体规划内容，它对各项农用地的内部规划起到控制和指导的作用。农用地配置主要是指直接农用地的配置，间接农用地的配置可结合其他各项用地的配置进行。

1. 配置农用地时应考虑的因素

（1）土地的自然特性。土地的地形、土壤、水文地质和植被等特性，对各项用地的配置起着不同的制约作用。而各项用地配置是否得当也会影响土地诸特性的变化和发展，进而会影响整个生态系统，影响土地资源的合理利用与保护。所以在配置农用地时，应按照土地质量评价分级图，具体分析土地特性诸因素，最大限度地满足各种农作物的生物学特性和用地对土地质量的要求。

（2）生产中心和居民点的位置。生产中心和居民点同各种农用地及农作物种植区之间，存在着紧密的生产组织联系。这种联系，对不同的农用地和作物种植地段是不一样的，它们的差异主要表现为：货物的运输量不等；往返工时的消耗不等；放牧牲畜的驱赶距离不等，因而对畜产品产量的影响也不同。

（3）各生产部门之间的联系。配置农用地时，应考虑把生产联系密切的各部门用地尽可能配置在一起，以便组织生产和综合利用。

（4）农业机械效率。配置各农用地时，应把田间作业机械化水平高的农用地，配置在地势平坦、开阔、连片、外形规整及有利于机械作业的地段上。

（5）节约基建投资和提高基建投资的经济效果。以上配置农用地时要考虑的因素，不可能全部满足，有时还会出现矛盾。因此要设计几种配置方案进行对比，在比较中选择能满足农用地配置主导因素的方案。

2. 主要农用地的配置

（1）耕地。耕地应配置在土壤肥沃、水源充足、土层深厚、地形平缓、坡度一致、外形规整、地块连片和有利于机械作业的地段上。并根据各种农作物的生物学特性、田间管理与耕作制度的差别，补充不同的配置要求。

配置以种植粮食、经济作物为主的耕地，应着重考虑土地肥力、排灌条件和发挥机械作业的效率。其中以种植水稻为主的耕地，要求地势低平，灌溉水源充足，耕作层厚度不少于 25cm，富有养分，有机质不少于 2%，含氮水平为 1%，而且略有漏性，土壤酸碱度（pH）为 5.5～7.0，含盐量不超过 0.1%。以种植棉花等经济作物为主的耕地，应具有较深厚的土层，土壤疏松，排水良好，土壤酸碱度（pH）6.5～7.5，地下水位应离地面 1～1.5m 以下。

配置蔬菜地。蔬菜是高度集约经营的作物，对土壤、水分和阳光的要求比较严格，一般要配置在土壤肥沃、水源充足、排灌条件良好、地下水距地面 1.5～2.0m 以下和地势平坦、阳光充足的熟耕地上；或靠近河流、湖泊的滩地上。蔬菜含水分多（85%～95%），一般不耐储藏，运输量大，所以应尽可能配置在居民点和畜牧场附近。蔬菜塑料大棚（温室、温床），要配置在蔬菜大田附近，如有条件，温室应尽可能配置在工厂附近，以便利用工厂的余热。温床要配置在有天然或人工屏障、光照充足、地势平坦和地下水位低于温室土面或温床土面以下 1.5m 的地方。

青贮、多汁饲料地应尽可能同蔬菜地结合配置在畜牧场附近。

种子田应选择在土壤肥力适中（不宜含氮过多），排灌条件良好，避风向阳和便于品种隔离，无病虫威胁的地段。种子田面积（不包括供应大田一级的种子留种地）占耕地总面积的 2%左右。

（2）园地。园地是指果、桑、茶园及热带作物地区的橡胶园等的用地。

果树生产具有费工、耗肥，果品运输量大，不耐储存的特点。所以，果园应尽可能配置在居民点附近和运输条件好的地段上。同时，还应力求在地形、土壤、光照、温度、地下水位和避风等条件方面有利于果树的生长。

桑树适应性强，具有喜湿耐寒的特性，对土壤要求不严，也较耐盐碱。因此，桑园可以配置在山坡地、河滩地、轻微盐碱地或梯田地坎上。但桑园要远离工厂 1km 以上，特别是要离铅制厂 10km 以上，不能与烟草同园栽培，以免蚕被污染和中毒。

茶树是喜温、好湿、耐阴性强的植物，一般可配置在 10°～20°的山坡地上，在 25°～30°的山坡地上，必须建立梯田式茶园。

橡胶是热带地区的一种多年生乔木，对气温、雨量和风力等都有特殊的要求，一般宜配置在“依山靠林、静风环境”里。

（3）林地。林地主要指薪炭林、经济林和各种用材林等。林地宜配置在“四旁”、三角地和山丘等不宜种植农作物的土地上，或结合各项防护措施配置防护林。

（4）牧草地。牧草地主要指放牧地和割草地。一般河滩草地和地势低平、排干的沼泽草地都适宜配置割草地。在干旱草原地带，割草地可配置在河谷地和湖滩地上。为便于提高机械、畜力割草效率，应尽量选择在地势平坦、集中连片和障碍物较少的土地上。放牧地则应尽量配置在通风、排水良好和阳光充足的地方。同时，牧地配置要注意防疫卫生条件的要求和缩短牲畜的驱赶距离。

（5）水面养殖用地。水面养殖用地主要是指人工水面养殖用地，要选择在水源充足，无工厂污水注入，水质良好（含盐含铁量少），渗漏少，地形平坦开阔，无洪水和大风威胁的地方。

由于农用地配置方案受多种因素的影响，诸因素之间有时会出现矛盾或相互牵制，因此要编制两个以上方案，并选择有关项目与指标进行评价对比，从中选择最佳方案。

（二）非农用地的配置

非农用地主要指城镇居民点用地、工矿用地（在城镇范围以外的工矿基本建设和原料、材料、产品生产存放场地）、水利工程用地（水库、水电站、水利枢纽工程、大型灌排干渠及其建筑物的占地）、水产用地（指在农、林、牧场和农村集体经济组织以外的天然湖泊、人工养殖场，以及可供水产养殖的海涂等）、交通用地（国家公路、铁路、运河、民用机场、车站、码头和港口等）、军事国防用地和其他特殊用地（自然保护区、旅游、疗养区用地）等。非农用地的配置，应满足以下要求。

（1）符合用地单位生产和使用的特定要求。包括划给的土地面积、位置、外形及其自然条件等，要与用地部门的生产性质、用途及其规模、生产技术、经济等的特殊要求相适应。例如，水库坝址的选择，要在地貌上满足肚大口小、集水面积和收益面积最大的位置。

（2）有利于建筑物的平面布置和建设，保证基本建设投资的投入量最少。

（3）尽可能保存永久性建筑物，不占或少占耕地，节约农用地，为农业生产建立较好的土地组织条件。

（4）考虑对环境保护和人民生活的影响。

（5）确定地界时，应尽可能利用天然固定性地物，以保证地界的准确性、明显性和稳定性。在对上述各项用地进行配置时，均需考虑改善土地生产条件和提高土地生产力的途径以及改善生态环境的措施。

第四节　土地利用专项规划

一、土地利用专项规划的概念

土地利用专项规划（special planning of land use）是指单项用地的利用规划，或为解决土地的开发、利用、整治、保护中某一单项问题而进行的规划，如土地开发规划、土地整理规划、基本农田保护规划、绿色食品基地规划、自然保护区用地规划和旅游地开发规划等。

土地利用专项规划是土地利用总体规划的深入和补充，是实现土地利用总体规划的重要技术措施，具有如下基本特点。

（1）针对性强。土地利用专项规划一般是对土地利用总体规划中重要的或未能涉及的方面进行深入研究并提出规划，制定出更具体、更完善的专项土地利用规划，同时提出具体的实施管理办法和政策法规等。例如，宜农荒地开发规划和蔬菜地保护区规划等，其内容和目标较单一，针对性较强。

（2）实用性强。土地利用专项规划较总体规划能更直接、更准确地接触规划对象，且规划的时空范围比总体规划短小，规划机制运行简单，同时又有明确的实施措施和政策法规作为辅助，具有较强的实用性。

土地利用专项规划的类型很多，可以根据每一种土地用途制定相应的专项规划。从专项规划的目的、性质出发，可分为基本农田保护区规划、土地整理规划、土地复垦规划、土地整治规划等。

二、基本农田保护区规划

（一）基本农田保护区的概念

基本农田，是指按照一定时期人口和社会经济发展对农产品的需求，以及对建设用地的预测而确定的、长期不得占用的耕地，又称“活命田”。基本农田保护区是指为对基本农田实行特殊保护，依照土地利用总体规划和法定程序，以乡（镇）为单位进行划区定界，由县人民政府土地行政主管部门会同同级农业行政主管部门组织实施确定的特定保护区域。

基本农田等级分为三级：一级为生产条件好、产量高、长期不得占用的耕地；二级是生产条件较好、产量较高、规划期内不得占用的耕地；三级是低产田，如有待改造治理的坡耕地和涝洼地等。

按照《中华人民共和国土地管理法》规定，下列耕地应当根据土地利用总体规划划入基本农田保护区，并进行严格管理：①经国务院有关主管部门或者县级以上地方人民政府批准确定的粮、棉、油生产基地内的耕地；②有良好的水利与水土保持设施的耕地，正在实施改造计划以及可以改造的中、低产田；③蔬菜生产基地；④农业科研、教学实验田；⑤国务院规定应当划入基本农田保护区的其他耕地。

（二）基本农田保护区规划原则

（1）切实保护耕地的原则。“十分珍惜和合理利用每一寸土地，切实保护耕地”是中国的一项基本国策。

（2）综合协调的原则。正确处理好吃饭与建设的关系，使非农建设用地与农业用地得到合理配置，形成最佳的社会经济效益。

（3）双轨并行的原则。基本农田保护控制指标由省、市、县、乡镇逐级下达，以乡镇为基本核定单位。基本农田保护区的保护与管理实行由下对上逐级负责的保护方法，逐级签订基本农田保护责任书。

（4）区划完整性的原则。为便于划界、建档和管理，以及完善和巩固地籍管理体系，其划定不宜打破村级行政界线。

(三)基本农田保护区规划程序

(1)耕地现状和后备资源潜力分析。

(2)耕地需求量预测。

(3)基本农田保护面积指标的确定。

(4)基本农田的布局。

(5)规划成果整理和绘图。

(四)基本农田保护区面积测定

基本农田保护区面积的测定方法有直接测定法和间接测定法两种方法。

(1)直接测定法。直接测定法是按照目标年农产品需求量和供给量来测算基本农田的保护面积,分以下三步。

第一,农作物单产预测。农作物单产是光、热、气、土壤等因素与科技、投入水平和政策等因素综合作用的结果,从时间序列可反映历史趋势和规律,建立回归方程求算。

第二,农产品需求量预测。根据国民经济发展规划以及有关部门对人民生活不同发展水平的消费需求预测。测定满足人口发展所需的农副产品的数量,再加上一定的输入输出产品量,即可求得目标年全社会的农副产品需求总量。

第三,面积测定。将目标年总供给量与总需求量进行平衡,即可测定出基本农田保护面积(一级保护面积)。

(2)间接测定法。间接测定法的具体思路是基本农田保护面积为现有耕地面积与预测建设用地面积之差,又有人口预留法和系数预测法两种。

人口预留法。按历年人口增长趋势,参照计划生育部门人口发展规划,预测人口增长高峰年和高峰年的人口总数;然后按照建设部门规定的人均用地标准,测算出建设用地总需求量,它与现有耕地面积之差即为基本农田保护面积,其关键在于测算人口高峰年、人口(总量、城镇、农村)和建设用地标准(城镇居民用地标准和农村居民用地标准)。

系数预测法。国家对各地建设用地占用耕地面积每年都有控制指标,根据这一指标可以测算出从现在至总人口增长高峰年期间的耕地减少量,据此即可计算出基本农田保护面积。

(五)基本农田保护区划区定界

由县级人民政府土地管理部门会同同级农业行政主管部门组织实施,经上一级人民政府批准的基本农田保护区规划,将规划的一级、二级保护区及建设预留地的范围在实地确定界线,并落实保护标志位置。划区定界的程序如下。

(1)实地勘察。以乡(镇)为单位,通过实地勘察,落实一级、二级基本农田保护片、块、区实地界线和建设预留地的范围。

(2)编号登记。对划定的农区和建设预留地进行编号登记,内容包括四至、面积、利用类型和保护级别。

(3)签订公约。签订保护公约,确定保护责任人,明确责任人的保护面积、界线、责任和奖惩制度。

（4）设置标志。在保护片、块、区的界线上设置标志，标志牌上应有保护片、块、区的分布示意图、范围、面积、等级、期限和保护措施。一般以县为单位统一编号。

（六）基本农田保护区规划成果

（1）乡（镇）土地利用现状图（1∶10000）。
（2）行政村土地利用现状图（1∶5000）。
（3）乡（镇）基本农田保护区分布图（1∶10000）。
（4）行政村基本农田保护区分布图（1∶5000 或 1∶2000）。
（5）基本农田保护区的工程建设规划图。
（6）乡（镇）和村基本农田保护区划定说明书。

三、土地整理规划

（一）土地整理的概念

土地整理（land consolidation），在不同的国家有不同的称谓，如德国、俄罗斯、法国等称“土地整理”，日本称为“土地整治”，韩国称为“土地调整”，但整理对象都是闲散土地。土地整理是指合理组织土地利用，通过对土地利用条件的改善和生态建设，消除土地利用中的限制因素，促进土地利用的集约化。2000 年，国土资源部颁发了《土地开发整理规划编制规程》（TD/T 1011—2000）、《土地开发整理项目规划设计规范》（TD/T 1012—2000）和《土地开发整理项目验收规程》（TD/T 1013—2000）。

土地整理的实质是合理组织土地利用，是通过对土地利用环境的建设，不断提高土地利用率和生产率，来满足社会经济可持续发展对土地资源的要求。土地整理是实现土地资源可持续利用的具体措施和手段。土地整理具有政府行为的主导性、整理目标的多元性、整理过程的长期性、整理工作的复杂性和整理区域的差异性等特点。

一般来说，土地整理的组织模式有两种：一种是综合整理模式，把整理区域内的全部土地作为整体进行统一规划，侧重对土地深度的整理，强调土地的生态设计与建设。这种模式一步到位，见效快，成效显著，但一次性投资较大，必须有较强的经济实力做后盾，适于经济发达地区。另一种是专项整理模式，根据各地目前的社会经济水平和自然条件，本着先易后难、重点突破的原则，对田、水、路、林、村的某几项进行整理，待发展到一定阶段，逐步向综合整理完善。这种模式特点是因地制宜，一次性投资小，易于操作，资金易落实，见效快，适于经济欠发达地区。

（二）土地整理的类型

按照实施区域，土地整理分为农地整理和市地整理两种。

1. 农地整理规划

农地整理的特点在于以增加有效耕地面积并提高质量为中心，通过对田、水、路、林、村实施综合整治开发，改善土地利用条件和居住环境，包括以下内容。

（1）农田整治。如兴建和改造沟渠和田间道路，建立节水、节地、高效的排灌系统、平整土地、填平农田中的废坑塘。

（2）农地改造。改造中低产田、改造盐碱地、提高土壤肥力、坡地改为梯田等。

（3）地块调整。重点是把细碎、零散的地块集中起来，便于规模化经营和机械化作业。

（4）土地结构调整。主要是开发利用滩涂、水域和荒草地等，以替换占用良田的园田、鱼池和荒草地，从而保护和增加耕地面积。

（5）宜农荒地的开发。通过对未利用土地的适宜性评价，确定宜农地的分布和数量，然后有序地进行开发复垦。

（6）农村建设用地的整理。包括村庄的治理，如治理“空心村”，充分利用村内空闲地与空宅，缩并零散的小村落到中心村或集镇，乡镇企业的整理，划定工业园区，工矿废弃地和砖窑的复垦还田等。

2. 市地整理规划

城镇土地整理的主要特点是立足于内部挖潜，集约利用土地，充分利用建成区内的闲散地，并对已利用土地结合产业结构调整和提高城市功能的需要，在用途、布局和产出率方面重新进行优化配置，从而全面提高城市整体功能，并改善城市环境。另外，交通、工矿用地整理也是建设用地整理的重要方面。

城市土地整理是指在城镇规划区内，对经过长期演变形成的城镇土地利用布局，按城镇发展的规律和新时期城市发展的要求进行调整和改造。城市土地整理重点关注城市建成区和城乡接合部（或城市边缘区），通过该区域公共设施和基础设施建设，改善整理区的土地生态环境，使每一宗地块都能得到高效合理的利用，并重新划定其边界，土地产权以原位或交换方式进行再分配，是改善生产和生活条件，提高土地资产价值和维护生态环境的整体性、综合性的土地利用调整和整治过程。

城市土地整理不仅要调整土地利用的平面布局，而且要科学调整其三维利用空间。目前已开展的旧城改造、开发区建设和存量土地的盘活等都属于城市土地整理的范畴。

3. 土地整理规划的要点

（1）处理四种关系。近期与长远的关系；节约挖潜与发展经济的关系；土地管理与其他部门的协作关系；人们意愿与客观实际的关系。

（2）掌握四条原则。节约和合理利用空间资源尤其是耕地资源的原则；政府统一组织，各部门协调，人民代表大会与群众民主监督的原则；因地制宜，保护区域特色，量力而行，循序渐进的原则；三种效益统一的原则，尤其要注重土地管理投入与产出的效益分析。

（3）注重四大要素。为了使土地整理健康有序地进行，应把握四大要素：一是时间，先整哪里，后整哪里，时间安排上有前后顺序与衔接问题，如农忙与农闲不同的安排，整治渠系要考虑防洪排涝的问题，植树造林的季节要求，建新居与撤村、复垦衔接等；二是空间，如先从哪个区域开始整理，然后逐渐扩大到什么范围，空间布局如何优化配置等；三是数量，如整理规模与整理出的耕地面积，投入与产出比率等；四是质量，通过整理，提高土地利用率和生产率。

四、土地复垦规划

（一）土地复垦的概念

2011年，国务院发布的《土地复垦条例》中明确了土地复垦（land rehabilitation）的涵义和范围。土地复垦是指对生产建设活动和自然灾害损毁的土地，采取整治措施，使其达到可供利用状态的活动。土地复垦的范围包括：露天采矿、烧制砖瓦、挖沙取土等地表挖掘所损毁的土地；地下采矿等造成地表塌陷的土地；堆放采矿剥离物、废石、矿渣和粉煤灰等固体废弃物的土地；能源、交通、水利等基础设施建设和其他生产建设活动临时占用所损毁的土地。另外，历史遗留损毁土地和自然灾害损毁土地也属于土地复垦范围。开展土地复垦对于增加土地资源，改善生态环境，改善工农关系，保障农民群众的生产和生活均具有重要意义。

（二）土地复垦规划内容

（1）复垦区土地现状调查。矿区内人口、耕地、社会经济环境指标的调查与分析，尤其要对塌陷区进行全面调查分析。

（2）土地复垦预测。进行采前规划的要进行复垦预测，土地破坏程度的预测。

（3）确定复垦方向和治理目标。根据矿区的特点、市场要求、群众能接受、综合效益较高，在废弃地适宜性评价的基础上来确定复垦方向，如农田、鱼池和公园等。治理目标可采用一定的指标来反映，如开发利用率、复田比和水面率等。

（4）编制复垦总体性规划。在时空上安排各种最佳的复垦工作，并对与复垦有关的工程如村庄搬迁、水域规划和兴修道路等做出全面规划。

（5）编制复垦小区试验规划。在复垦之前就要做出示范工作，所以进行试验。对复垦小区首先要进行可行性论证，然后确定土地利用方向和地面整治措施，最后提出分期实施措施。

（6）编制复垦实施计划。提出分期实施项目、主要工程总耗材量、设备类型和数量、工程总投资、单位面积复垦费、人员定额、年经营费预测、年收益预测及计算还本年限等。

（7）复垦效益评价。评价实施复垦工程后可以达到的经济、社会和环境效益。

（8）土地复垦验收。根据《土地复垦条例》规定，由国土资源主管部门会同同级农业、林业、环境保护等有关部门进行验收。

1993 年，冶金部颁布了《化工矿山土地复垦规划设计内容和深度的规定》（HG/T 22804—1993）。2011 年，国土资源部进一步颁布了《土地复垦方案编制规程》（TD/T 1031—2011）。这两个规定内容详尽，要求规范明确，可作为各行业编写土地复垦规划和设计的蓝本。

五、土地整治规划

土地整治是指对低效利用、不合理利用、未利用以及生产建设活动和自然灾害损毁的土地，通过改变土地利用中的不利生态环境条件来提高土地利用效率的综合措施。土地整治规划是指为了使土地资源得到永续利用，旨在创造土地生态良性循环所采取的途径和措施的总体安排。2012 年，国务院颁布实施《全国土地整治规划（2011—2015 年）》。提出了土地整治的五项主要任务：①以大规模建设旱涝保收高标准基本农田为重点，大力推进农用地整治；②以改善农村生产生活条件为前提，稳妥推进农村建设用地整治；③以推进土地节约集约利用为出发点和落脚点，积极开展城镇工矿建设用地整治；④以合理利用土地和改善生态环境为目的，加快土地复垦；⑤保护和改善生态环境，保障土地可持续利用。

一般来讲，土地整治类型有水土流失地、盐碱地、风沙地、红黄壤低产地和海涂整治等，在此主要介绍水土流失地和风沙地的整治规划（王万茂和韩相魁，2013）。

（一）水土流失地整治规划

1. 水土流失的概念

水土流失，是指在水力、重力和风力等外营力作用下，水土资源和土地生产力的破坏和损失，包括土地表层侵蚀和水土损失，又称水土损失。根据产生水土流失的动力来源，常见的水土流失可分为水力侵蚀、重力侵蚀和风力侵蚀三种类型，这也是广义的水土流失。狭义的水土流失特指水力侵蚀现象。形成水土流失的原因既有自然因素，又有人文因素。自然因素主要有地形、降水、地面物质组成和植被等；人为因素则主要是指人类对土地不合理的利用，破坏了地面植被和稳定的地形，以致造成严重的水土流失，如植被的破坏、不合理的耕作制度和开矿等。

我国是世界上水土流失最为严重的国家之一，特殊的自然地理和社会经济条件，使水土流失成为主要的环境问题。我国水土流失面广量大，据第一次全国水利普查（2010～2012年），现有水土流失面积 294.91 万 km^2。尤其是黄土高原，其是我国水土流失的重灾区，高原上植被稀少，沟壑纵横，流失的土壤进入黄河，造成了黄河中下游泥沙淤积。严重的水土流失，威胁国家生态安全、饮水安全、防洪安全和粮食安全。

2. 水土流失的测定

国际上一般将 200～1100t/（km^2 • a）视为土壤允许流失量范围。水利部颁发的《土壤侵蚀分类分级标准》（SL 190—2007）指出，由于各流域的成土自然条件的差异，可按实际情况确定允许流失量的大小，可以从 200t/（km^2 •a）（如东北黑土区和北方土石山区）、500t/（km^2 • a）（如南方红壤丘陵区和西南土石山区）、1000t/（km^2 • a）（如西北黄土高原区）算起。也就是说，在允许侵蚀范围内可以不采取水保措施，超过了允许范围一定要采取水保措施。

水土流失测定的方法较多。如野外进行坡面、沟谷典型地区侵蚀量调查，利用小型水库和坑塘的多年淤积量进行推算，最好获得下游水文站的输沙量资料，淤积量和输沙量之和为上游水流域面积的侵蚀量。一般可采用美国“通用土壤侵蚀方程式”（universal soil-loss equation）进行计算

$$A=R\times K\times L\times S\times C\times P \tag{11-12}$$

式中：A 为单位面积土壤侵蚀量；R 为降水侵蚀力因子；K 为土壤可蚀性因子；L 为坡长因子；S 为坡度因子；C 为作物经营管理因子；P 为水土保持措施因子（如梯田耕作等）。

3. 水土保持生物措施规划

生物措施是解决水土流失的根本措施之一。通过植被保持水土，降低地面径流。植树种草的类型主要有水土保持林、水源防护林和护堤护岸林等。

（1）水土保持林的配置。水土保持林具有减小地表径流速度，使水大量渗入土层变为地下水，以及利用树木根系固结土壤等作用。造林时应根据不同的地貌部位进行布局，一般有分水岭防护林、水流调节林和沟谷防护林等类别。

分水岭防护林：分水岭防护林主要配置在丘陵区的“梁”和“峁”上。营造这种防护林，可控制径流起点，涵养水源，防止侵蚀发展与保护农田。根据梁峁类型及土地利用特点，分水岭防护林有顶部浑圆形梁峁防护林和顶部尖削分水岭防护林之分。

水流调节林：为了防止地表径流破坏作用的扩大，并使之转化为地下水，在坡耕地上每隔一定距离配置具有特殊功能的水流调节林。使地表水受到阻滞，以减缓流速，分散水

坡，增加渗透，防止冲刷，并减少进入溪流中的泥沙量。根据斜坡地形起伏的不同，林带配置可分为如下四种形式：凸形坡、凹形坡、直线坡和阶梯形坡。水流调节林带的宽度，在能有效阻滞斜坡径流的原则下，尽量少占地，一般带宽 20～30m，防护林距离为林带宽的 4～6 倍，最大为 10 倍。林带组成以乔灌混交林为主。

沟谷防护林：在丘陵山区，为防止沟头、沟岸及沟底受地表径流的侵蚀、冲刷而继续塌陷下切，并带走大量泥沙淤塞河流、水库，在水土流失严重地区，应沿侵蚀沟的边沿、沟坡和沟底全部造林。沟谷防护林包括沟头、沟岸、沟坡及沟底造林四部分，以减缓进入沟头的水流速度，稳定沟坡，防止侵蚀扩张和制止沟底继续下切淤淀泥沙。作为水土保持的树种，应具备易繁殖、生长快、保土能力强，并有一定的经济价值等特点，同时为了适应水土流失区陡坡上的立地条件，还应有耐旱、耐瘠薄等特点。

（2）水源防护林的配置。为了防止池塘和水库等水源地的淤积和边坡崩塌，应在塘库周围地区营造保护林以延长塘库的寿命和保护塘库的安全。水源防护林一般由库岸、沟道和坝坡造林三部分组成。

（3）护堤护岸林的配置。为了阻止河流两岸土地崩塌，防止河水泛滥，应结合工程治理营造护堤护岸林，以保护附近农田，扩大耕地，保障河流附近村镇的安全，同时建立用材林、薪炭林基地。

4. 水土保持工程措施规划

水土保持工程措施主要是通过改变局部地形，蓄水保土，建设基本农田等一整套工程措施，以达到制止水土流失和提高地力的目的。其特点是实施周期短、见效快，但一次性投资较大和用工多。最有效的办法是修建不同形式和不同规格的梯田。梯田的规划设计和实施，是治坡工程的主要内容。

（1）梯田的种类。按照梯田的断面形式，可分为水平梯田、坡式梯田、隔坡式梯田和波浪梯田，其中以水平梯田为主。按照田坎的建筑材料，可分为土坎梯田和石坎梯田，其中以土坎梯田为主。按照种植的作物，可分为水稻梯田、旱作梯田、果园梯田、茶园梯田、橡胶园梯田以及其他各种经济种植园梯田等，其中以水稻和旱作梯田为主。

（2）梯田配置。梯田配置时应考虑下列要求：梯田一般应规划在 25°以下的坡耕地上，25°以上的坡耕地原则上应退耕还林还牧，发展多种经营；配置时要统筹兼顾，对离水源、村庄近的坡地，应优先考虑修筑梯田，使梯田尽快发挥其增产效果；注意坡地机械化和水利化。在进行梯田规划设计时，充分利用当地一切水源发展灌溉，合理布置灌溉渠系。一般梯田长度最好在 150m 以上，有条件可达 300～400m；山地和丘陵地形破碎的地段，也应达到 100m 左右。此外，为了灌溉输水方便，梯田的纵向应保持 1/100～1/500 的比降。

（3）水平梯田设计。水平梯田设计主要是确定田面宽度、田坎高度和田坎坡度的规格。梯田的宽度和田坎的高度需根据原地面坡度、土壤情况而定，并考虑省工、机耕和灌溉的要求。一般来说，田面宽度要适当，过窄不能适应机耕和灌溉；过宽则造成工程量太大，浪费人力、物力和财力。

梯田断面要素中，除地面坡度是客观存在外，其余各数值都可以通过三角函数关系求得。其断面设计从本质上看，主要是田面宽度和田坎坡度的设计，这两个数值确定后，其余数据只要进行一般计算就可求得。

（二）风沙地整治规划

风沙地是指气候干燥、沙源丰富、植被稀疏、风大且频繁的地区，在风蚀下砾石残留，细土飞扬，沙粒在地表流动以至蔓延的土地。对于风沙地整治的主要措施有生物措施和工程措施。

1. 生物措施及其配置

生物措施整治风沙地是控制和固定流沙量的一项根本而又经济的措施。在风沙区栽植固沙的草、灌木和乔木，不仅能起到长期固定流沙和防止风沙危害的作用，而且能生产出饲料、燃料和材料。因此，生物固沙能达到除害兴利相结合一举两得的效果，应因地制宜因害设防，根据风沙区不同的部位选择不同的生物整治措施，如“三北”防护林体系、防风固沙林和护村林等。

（1）“三北”防护林体系。被誉为“世界生态工程之最”的“三北”防护林工程，是指在西北、华北和东北（简称“三北”）建设的大型人工林业生态工程。1979 年被列为国家经济建设的重要项目。“三北”防护林体系东起黑龙江宾县，西至新疆的乌孜别里山口，包括 13 个省份的 559 个区县，总面积 406.9 万 km^2，占我国陆地面积的 42.4%。工程规划期限为 70 年，分七期工程进行。到 2050 年，“三北”地区的森林覆盖率将由 1977 年的 5.05% 提高到 15.95%。

“三北”地区分布着我国的八大沙漠、四大沙地和广袤的戈壁。“三北”防护林体系工程建设，将成为改善“三北”地区农牧业生产条件，促使生态系统良性循环和改善整个产业结构的关键性环节。采取人工造林、飞机播种造林和封山封沙育林育草等方法，营造防风固沙林、水土保持林、农田防护林、牧场防护林以及薪炭林和经济林等，形成乔、灌、草植物相结合，林带、林网、片林相结合，多种林、多种树合理配置，农、林、牧协调发展的防护林体系。

（2）防风固沙林。营造防风固沙林可以固定流沙，变沙地为农、牧业生产用地，是风沙地区发展农、牧业生产的重要条件。

沙漠造林不易成活，或虽成活，但生长不良。必须实行乔、灌、草结合的方法，以促进幼林正常发育，如柽柳、沙拐枣、梭梭树等造林树种。具体造林方法有人工沙堆法、拉平沙丘两次造林法和利用前挡后拉造林法。

（3）护村林带。当沙漠未被固定时，为防止流沙威胁村庄，常在沙流边缘营造护村林带。为了防止林带被流沙埋没，采用高秆造林或使林带距沙丘有一定距离。待沙丘移动至林带时，林木已长高，不怕沙埋。林带距离（L）由下式求得

$$L=(h/S)\times V \tag{11-13}$$

式中：L 为林带距沙丘的距离（m）；h 为沙丘高度（m）；S 为林木每年生长高度（m/年）；V 为沙丘每年前进速度（m/年）。

一般林带宽 20～50m，多为乔灌混交紧密型结构，树种与农田防护林相同，以杨、柳、沙枣为主，灌木用各种适生品种。

2. 工程措施及其配置

风沙地整治的工程措施种类繁多，材料各异。中国在风沙区试验的有草方格沙障、黏土沙障、乳化沥青固沙、卵石砾石固沙及引水拉沙等工程措施。总的来说，工程措施都是一种临时性的措施，需要与生物治沙措施结合。工程措施见效快，但需要大量材料，也很

费工，成本较高，一般在局部风沙严重威胁交通线和主要工矿基地的情况下采用，如草方格沙障、乳化沥青固沙和引水拉沙等。

（1）草方格沙障。草方格沙障是一种防风固沙、涵养水分的治沙方法，用麦草、稻草和芦苇等材料在沙漠中扎成方格形状，使地面粗糙，减小风力，同时又可截留雨水，提高沙层含水量，利于固沙植物的存活。此方法最典型的应用是宁夏沙坡头的治理。

（2）乳化沥青固沙。乳化沥青固沙是指在风沙危害区，利用乳化沥青对易产生沙害的沙丘或沙质地表建造一层能够防止风力吹扬，又具有保持水分和改良沙地性质的固结层，以达到控制和改善沙害环境，提高沙地生产力的技术措施。此种方法见效快，便于机械化作业，但成本高，多用于严重风沙危害地区的开发建设项目的防护，如铁路、公路、机场、国防设施和油田等，往往作为植物固沙的辅助性和过渡性措施。

（3）引水拉沙。引水拉沙是在风沙区，利用水流冲拉沙丘，把起伏不平的沙丘削高填低，形成平地，降低风蚀危害，改良土壤，开发利用沙丘的重要工程措施。此方法在陕西榆林、内蒙古磴口、甘肃安西、宁夏中卫等地应用较广，且积累了丰富的经验。

第五节　土地利用规划设计

土地利用规划设计（detail planning of land use）是土地利用规划的重要组成部分，它是指在土地利用总体规划控制下，具体地进行各种用地的内部组织。土地利用规划设计是微观的土地利用规划，是土地利用总体规划的继续和延伸，是对各项用地的山、水、田、路、林、渠的综合规划。它的基本任务是为各项用地创造良好的组织条件。土地利用规划设计按其规划对象而言可分为以下几方面。

一、耕地规划

耕地是土地利用中最重要形式之一。因而耕地规划在土地利用规划设计中占有非常重要的地位。耕地规划的基本任务是为适应农业生产力的发展，采取一系列综合性的农业技术措施，有效利用农机具，合理地组织劳动力和改善劳动条件创造良好的土地组织条件。主要内容包括：①耕地组织形式，指作物种植结构和作物轮作制度的耕地利用方式；②耕作田块的配置，长度、宽度、规模、外形和方向；③田间灌排系统配置，井灌区（井数、井距和井位）和喷灌区（管道和喷头的布置）；④田间道路，拖拉机路、主要田间路和田间小道；⑤农田防护林，林带结构、方向、间距、宽度和树种选择。

二、林地规划

林地是一种具有特殊性质的土地利用形式。其特性就是周期长，区域性强，与工业联系紧密等。林地规划也是土地利用规划设计的重要形式之一。林地规划的任务是为林木生长及生产运输创造良好的土地组织条件。主要内容包括：①林地分类，如防护林、用材林、经济林、薪炭林和特种林；②林地配置，包括树种选择、立地要求。

三、园地规划

园地既具有耕地特性，又具有林地特性。园地主要包括果园、茶园、桑园和橡胶园等。园地规划任务是为园地树木生长及生产管理创造良好土地组织条件。主要内容包括：①果树树种与品种的选择与配置，要考虑气候、环境、距离城市、坡向和授粉树等；②果园小区规划，如面积、长度、宽度、方向和形状；③防护林配置，包括垂直主风向和树种选择；④灌排渠系配置；⑤道路配置；⑥果树栽植方式。

四、牧草地规划

牧草地在中国土地总面积中占有很大的比例。牧草地的合理规划对促进中国牧业发展具有很大意义。牧草地规划的基本任务是为牧草的生长及牲畜的繁育和生产管理创造良好土地组织条件。主要内容包括：①牧草地规划，如放牧草地和割草地；②季节牧地划分，如冬季牧场、春季牧场、夏季牧场和秋季牧场；③放牧地段的配置，如畜群规模、编组（品种、性别、畜龄）和面积；④轮牧小区设计；⑤割草地规划。

五、水面规划

水面是一种特殊的土地存在形式。水面利用规划的基本任务是充分利用水源，提高水资源利用率，为水产养殖创造良好条件。主要内容包括：①水体类型，如水库、池塘、水田和沼泽；②人工养鱼场配置，如水质环境、防洪、防漏、交通和鱼池布局；③珍惜水产品养殖池配置，如龟、鳖、虾、蟹和蚌等的养殖池配置；④水生植物用地配置，如莲藕、荸荠、菱白、莼菜、芦苇、蒲草和水葫芦等用地配置。

六、居民点规划

居民点规划主要指农村集镇和村庄的内部规划。其基本任务是对人民的生产和生活创造良好的土地条件。包括城镇体系规划、村镇体系规划、居民点规模、居民点布局和居民点用地的总体布局等内容。

此外，还有交通运输地（公路、铁路、水运、空运）规划和水利工程用地规划等。

第六节　土地利用规划的管理

“三分规划，七分管理”。土地利用规划能否达到预期目的，关键在于规划的实施和管理。依据土地利用规划，实行土地用途管制，控制农业用地转为建设用地，切实保护耕地，提高土地利用率和增加土地产出率，是土地利用规划管理的主要任务。

根据 2004 年修订的《中华人民共和国土地管理法》，土地利用规划管理一般可包括下列内容：土地用途管制制度的实施、土地利用计划管理、农用地规划管理、建设用地规划管理、土地开发整理管理、土地复垦管理和土地利用动态监测。下面主要介绍土地用途管制、土地利用计划管理和土地利用动态监测。

一、土地用途管制

（一）土地用途管制的基本概念

土地用途管制（land use regulation），美国、加拿大、日本等国称为“土地使用分区管制”，英国称为“土地规划许可制”，法国、韩国等称为“建设开发许可制”。土地用途管制是指国家为保证土地资源的合理利用以及经济、社会发展和环境的协调，通过编制土地利用总体规划，划定土地用途区域，确定土地使用限制条件，土地所有者和使用者严格按照国家确定的用途利用土地的制度。

长期以来，我国的“分级限额审批制”难以制止“化整为零”和随意“下放土地审批权”所造成的非法批地用地行为，造成建设用地审批权主要集中在市、县政府，中央和省级审批权基本空置的局面，致使土地利用不能按照土地利用总体规划确定的用途进行管制，特别是造成耕地大量转化为建设用地。鉴于此，国家提出了对农地和非农地实行严格的用途管制制度，即土地用途管制，并写入《中华人民共和国土地管理法》第四条。

土地用途管制制度是目前世界上广泛采用的土地管理制度，由一系列的具体制度和规范组成。土地按用途分类是实行用途管制的基础；土地利用总体规划是实行用途管制的依据；农用地转为建设用地预先进行审批是关键；而保护农用地则是国家实行土地用途管制的目的，核心是切实保护耕地，保证耕地总量动态平衡，对基本农田实行特殊保护，防止耕地的破坏、闲置和荒芜，开发未利用地、进行土地的整理和复垦；强化土地执法监督，严肃法律责任是实行土地用途管制的保障。

（二）土地用途管制的主要内容

（1）对土地进行分类。这是实施土地用途管制的基础。要按照《中华人民共和国土地管理法》的规定和土地的自然属性及土地的利用状况，将土地分为农用地、建设用地和未利用地。农用地可分为耕地、林地、牧草地和农田水利用地、养殖水面等；建设用地可分为城乡居民住宅用地、公共设施用地、工矿用地、交通水利设施用地、旅游用地和军事设施用地等。

（2）编制土地利用总体规划。各级人民政府要按照《中华人民共和国土地管理法》的要求，编制土地利用总体规划，对土地利用做出长远的计划和安排。县级和乡（镇）土地利用总体规划要划分土地利用区，明确土地用途，乡（镇）土地利用总体规划要根据土地使用条件，确定每一块土地的用途。为土地利用、农用地转用审批提供依据。

（3）严格按用途审批用地。各种建设项目使用土地都必须严格遵守和执行土地利用总体规划，各级土地行政主管部门必须严格按照土地利用总体规划确定的用途审批用地，要严格控制农用地转为建设用地。不符合土地利用总体规划确定的用途，不得批准建设项目用地。要严把用地审批权关。

（4）对违反规划用地的行为要严厉处罚。要按照《中华人民共和国土地管理法》、《中华人民共和国土地管理法实施条例》和《基本农田保护条例》等土地管理法律、法规的规定，对违反土地利用总体规划的行为给予严厉处罚，以法律强制力保证土地利用总体规划的实施。

（三）土地用途管制的原则与意义

（1）土地用途管制的原则。农地转为非农地要经中央和省级政府批准；农村村庄用地实行规划管理和面积管制；小城镇和乡镇企业用地实行与农村居民点缩并和复垦成耕地挂钩的办法；中央批准的建设项目，由中央直接下达占地指标；地方建设项目用地以补充相应的耕地为前提，实行占用耕地与开发复垦挂钩。国家控制发展的项目原则上不供地。

（2）土地用途管制的意义。土地用途管制是国家为了保护土地资源和耕地，确立土地利用的约束机制，防止土地滥用、土地投机、土地垄断和在土地上谋取非法利益而对土地利用进行严格控制的一项法律制度。在现实中，土地用途管制的意义表现在两个方面：第一是按照土地集约利用、实现耕地总量动态平衡的要求修编土地利用规划，把未来时期全国耕地保有的数量分级落实，对城市用地规模提出控制性意见，县、乡级规划要按土地用途落实到地块；第二是各行业用地都要符合土地利用总体规划，对农地和非农地实行严格的用途管制。

二、土地利用计划管理

（一）土地利用计划的概念

土地利用计划是指国家和地方根据土地利用总体规划及经济社会发展需要，编制中期和年度用地计划，对国民经济各部门的用地做出具体的部署和安排，并且确定调整土地利用结构的规模和速度，研究制定实施用地计划的政策措施，保证计划的顺利进行。土地利用计划是土地利用总体规划的具体实施。其中，土地利用中期计划一般为五年计划，它是土地利用总体规划的阶段性实施计划。年度计划是以一年为期的计划，是中期计划的具体细化，是具体的执行计划。土地利用计划指标具体包括农用地转为建设用地指标；土地开发整理增加耕地指标；生态退耕指标；耕地保有量指标等内容。

我国土地利用计划分为 4 级：最高的全国级；省、自治区、直辖市（含计划单列的省辖市、区）为第二级；省辖市、地区、自治州、盟为第三级；县、区、县级市为第四级。土地利用计划按管理方式可分为国家计划和地方计划，国家计划是全国土地利用计划，地方计划是国家计划的具体细化。地方计划必须服从国家计划。

（二）土地利用计划的内容

土地利用计划管理是指国家或地方通过编制计划和下达控制指标，对土地资源的开发、利用、整治和保护进行统筹安排，宏观地指导和约束人们有计划地合理组织土地利用的一项行政调控措施。土地利用计划管理主要包括：计划编制、指标下达和计划实施三部分内容。土地利用计划编制的任务是：①通过编制土地利用年度计划，实现土地利用总体规划的目标和任务；②合理确定各类用地的计划指标，调整土地利用结构、规模和速度，促进国民经济均衡协调发展；③研究制定用地计划的政策措施，保证计划顺利实施。

目前，我国土地利用计划的编制采用自上而下、上下结合的方法。上报计划建议数首先由县级以上地方人民政府土地行政主管部门会同有关部门，提出本行政区域计划期（下一年度）的土地利用计划建议数（预报数），经同级人民政府审查后，报上一级人民政府土地行政主管部门。下达计划指标由国土资源部会同国务院有关部门，在各地和国务院有关部门提出的土地利用年度计划建议的基础上，综合平衡，编制土地利用年度计划，报国务院批准。

编制土地利用计划应在“一要吃饭，二要建设，三要保护环境”的原则下，遵循以下具体原则：严格依据土地利用总体规划，控制建设用地规模，保护耕地；以土地供给制约与引导需求，合理利用土地；优先保证国家重点建设项目的基础设施项目用地；占用耕地与补充耕地相平衡；保护和改善生态环境，保障土地的可持续利用。

三、土地利用动态监测

土地利用规划的实施是实时、动态和不断反馈的过程，通过土地动态监测可以发现问题，找出规律，得以改善。现代遥感技术和土地信息系统的发展为动态监测提供了技术手段。土地利用动态监测的目的在于为国家和地区有关部门提供准确的土地利用变化情况，便于及时进行土地利用数据更新与对比分析，以及编制土地利用变化图件等。它是开展土地利用动态变化预测，农作物产量预测，自然灾害防治及合理组织土地利用，加强土地管理与保护的一项不可缺少的基础性工作。

（一）土地利用动态监测的概念

土地利用动态监测是指运用遥感、土地调查等技术手段和监测仪器，将土地详查的数据和图件作为本底资料，对一个国家或地区土地利用状况的动态变化进行定期或不定期的监视和测定，并对土地利用的动态变化进行全面系统的反映和分析的科学方法。

土地利用动态监测包括耕地、林地、草地、水面、交通与城市用地等各类生产建设用地面积的变化和各种自然灾害对土地利用所造成的破坏和影响等的分析。其中，尤其关注土地利用变化的动态信息、耕地总量的动态平衡情况、农业用地内部的结构调整情况、基本农田保护区情况及后备土地资源的开发利用监测等。需要进行的监测分析包括地类变更分析、权属变更分析、耕地变更分析、土地利用结构变更分析。

（二）土地质量的动态监测

土地质量也是动态监测的主要方面。用一定的标准方法，以一定的时间间隔，测量土地的微观特性，以观测和分析在不同土地利用情况下土地质量的变化情况。监测内容包括：土壤特性状况（如养分、结构等）；气候情况（如光照、降水、气温）；环境及环境污染情况。可通过建立基准点的方法来进行监测。随着遥感、遥测技术的日益发展，利用航空、航天遥感技术所获得的图像和数据，已成为开展土地利用监测的一种最为迅速可靠和理想有效的手段，受到世界各国的广泛关注和重视。

复习思考题

1. 简述土地利用规划的概念与性质。
2. 简述土地利用规划的体系、内容和原则。
3. 土地利用总体规划的概念、特点和模式？
4. 土地利用总体规划包含哪些内容？
5. 何谓土地利用预测？包括哪些内容？
6. 何谓土地利用分区，如何确定？
7. 何谓基本农田保护区？
8. 何谓土地整理、土地复垦和土地整治？
9. 什么是土地用途管制？其主要内容是什么？
10. 什么是土地利用计划？其主要内容是什么？

第十二章 土地行政管理

土地管理可以从不同的视角并按不同的需要进行分类。然而，从建立科学合理并且行之有效的管理目标出发，土地行政管理是土地管理中基础的、核心的、主要的管理途径。

第一节 土地行政管理的概念

一、行政管理的概念

行政是随着国家的出现而产生的。早在2000多年前的《左传》中，就有“行其政事”“行其政令”的记载。在通用字典里，“行政”被界定为国家政务的管理，又称国家行政管理，简称行政管理。在西方，“administration”意为执行事务，在某种意义上与管理是同义词，专指政府事务的管理，以区别于私营企业的管理。

（一）行政管理的内涵

一般来讲，行政管理是指以国家的名义，运用国家权力依法对社会公共事务的一种管理活动。它通过法律的形式实施，并以国家强制力为保证。也可以泛指一切企业、事业单位的行政事务管理工作。随着社会的发展，行政管理的对象越来越广泛，包括经济建设、文化教育、市政建设、社会秩序、公共卫生和环境保护等各个方面。

行政的实质是统治阶级运用所掌握的国家机器，按照其意志对整个社会实行管理，以保证实现其阶级利益。简单概括，行政包含以下几层含义：①行政的主体是国家权力的执行机关，承担行政职责；②行政是一种国家职能，一切行政活动都是直接或间接地与国家权力相联系；③行政是一种执法活动，要依据相关的法律、法令和政策进行，即依法行政；④行政是对整个社会事务的公共管理。

行政管理是由多部门和多个环节有机组成、并有效运作的过程。其基本内容包括：行政体制、行政组织、行政决策、行政执行、行政协调、行政信息和行政监督等。其中，以行政组织和行政领导为核心，贯穿于行政的基本过程和基本环节，体现了行政的基本规律，形成行政各个部分有机联系的整体。

（二）行政管理的特征

一是阶级性。不同社会制度的行政组织和管理方式各有特点，但无论何种社会制度，其行政均为政治统治服务，具有明显的阶级性。国家的统治职能均通过政府行政管理来承担和实现。

二是社会性。属于社会管理的一部分，以提供公共服务为目的，不以营利为目的。它是政府的管理行为，区别于企业的管理活动，其活动经费是由国家财政支持的。

三是共同性。依法行使，维护宪法、法律和法规等的权威性。一般的规律、原则和方法可为不同阶级、不同政治倾向的管理者所接受和共享，具有一定的共同性。

四是公平性。公平是对公民权利最基本的保障，是人与人关系平等准则的体现。公平行政是维护公民权利和社会稳定的基本准则。

（三）行政管理的职能

从行政管理过程来看，其主要有四项基本职能。

（1）计划。包括制定计划、下达指示、做出决议和进行安排等。

（2）组织。组织工作是行政最主要的特点，把已经确定的计划和决策付诸实施。同时，组织还包括对机构的设置、调整和有效运用，对人员的选拔调配、培训和考核。

（3）协调。通过政策、法令和各种具体措施，不断改善和调整组织之间、人员之间、活动之间的各种关系。使各项工作分工明确、配合密切、步调一致，以实现预定目标。

（4）控制。即监督、检查的职能。可以通过对统计资料和实时信息的分析，如人事、组织和财务等情况进行控制。

（四）行政管理的发展阶段

自从人类社会产生了国家和政府便有了行政。早期的行政只限于对外御侮和维持国内社会秩序，国家行政组织的构成也很简单。随着社会的发展，行政的组织形式和活动方式日趋复杂，行政管理也日益专门化。大致可分为以下几个阶段。

（1）封赠式的行政管理。官僚制度形成以前，由原始国家首领将土地分封给部下或亲属的行政管理。

（2）早期官僚制度的行政管理。中央集权的国家形成以后，由专职人员进行的制度化的行政管理，如中国秦始皇以后的历代封建王朝和古罗马帝国等的国家管理。

（3）近现代法制化的科层组织行政管理。资产阶级革命以后，出现了以法律为依据、以科层组织为正式国家机构组成形式，以文官为主体的近现代行政管理。

二、土地行政管理

（一）土地行政管理的内涵

土地行政，简称地政。土地行政管理，是国家行政管理的一部分，是指国家和地方人民政府行政主管机关，依照国家的有关法律、法规和政策，对土地及其所有者、使用者和经营者等进行规划、组织、协调和控制等方面的行政管理行为。简单来说，土地行政管理是国家管理土地行政事务的活动，其实质是国家行政权力在土地配置领域的运用和实现。

土地行政管理的主体是各级政府的土地行政机关，它代表国家和地方政府对土地实行统一的行政管理。《中华人民共和国土地管理法》第 5 条："国务院土地行政主管部门统一负责全国土地的管理和监督工作。县级以上地方人民政府土地行政主管部门的设置及其职责，由省、自治区、直辖市人民政府根据国务院有关规定确定"。土地行政管理的客体是土地及对土地进行开发、经营使用的单位和个人。土地行政管理的依据是国家宪法、法律及土地法规和规章，依法管理是土地行政管理的基本要求。土地行政管理的机制是对土地所包含的社会经济行为进行计划、组织、指导、协调和控制等一系列管理活动，每一活动都是土地行政管理过程中不可缺少的环节。

（二）土地行政管理的性质

土地行政管理的性质取决于国家政权和所有制性质，属于上层建筑范畴，具有较强的政治性、政策性、社会性和强制性。

（1）政治性。行政管理是国家和地方政府的职能。因此，政府的各项行政管理职能均带有强烈的政治性和目的性。特别是在我国经济快速发展、城市建设日新月异、人地矛盾日益尖锐的背景下，更要发挥土地行政管理的宏观调控职能，促进国家社会经济的可持续发展。

（2）政策性。行政管理职能的实施从某种程度上说就是贯彻和落实国家的各项方针和政策。土地行政管理的实现也必须有相应的法律、政策、法规和条例做保障。因此，土地行政管理的全部活动，都带有很强的政策性，都属于政策管理活动。

（3）社会性。土地是人类生产、生活必不可少的基本物质资料。土地行政管理以土地及其所有者、经营者和使用者为管理对象，其政策、法规以及各项行政管理活动，都会涉及不同单位和个人的切身利益。因而，土地行政管理具有广泛的社会性。

（4）强制性。土地行政管理是依据一定的法律、法规和政策来进行对社会事务的管理。政策、法规和条例是在反映绝大多数人利益的基础上制订出来的，是强制人们都必须遵守的行为准则。因此，土地行政管理是一种具有强制性的管理手段。

（三）土地行政管理的特点

土地本身的特殊性，决定了土地行政管理不同于一般的行政管理，它属于一种专业行政管理，具有自己独特的特点。

一是管理地位的重要性。土地资源是国家、社会发展的基础和源泉。对土地的占有和利用，关系国家经济的健康发展、社会的繁荣稳定和人民福祉的提高。土地行政管理部门通过执行宪法和法律，制订土地行政规章，实施土地行政管理行为，达到对土地占有和利用管理的目的。

二是具有较强的专业性。土地资源的管理和利用过程，都需要有专门技术，表现在土地调查技术、评价技术、地籍管理技术和土地规划技术等。同时，土地资源的管理还需要不断创新和发展土地理论。因此，土地行政管理过程中，要求土地行政管理人员要具有较高的理论知识和较强的专业技术。

三是管理范围的宽广性。由于土地不仅具有生产功能、承载功能和资源功能等，还具有生态功能、社会功能、政治功能以及美学功能等，不仅渗透到国民经济各行各业的生产、流通、交换与消费的各个环节，而且涵盖了自然、经济和社会的各个方面，因此，与其他部门相比，土地行政管理内容更复杂，范围更广泛。

四是较强的地方属性。自然地理条件和社会经济发展的差异，导致不同区域之间差异较为显著。因此，土地行政管理中既要考虑国家土地管理的总体要求，又要考虑不同地区的实际情况，制订适合当地土地利用特点的政策法规，组织适合当地的土地行政活动，体现出较强的地方属性。

第二节　土地行政管理的方法和途径

一、土地行政管理的方法

为实现土地管理的目标，提高土地管理效率，土地行政管理有不同的方法。近年来，我国土地行政管理的方法已经由单一的行政管理方法变为行政、经济、法律和技术等多种方法的综合运用。

（一）行政方法

土地管理的行政方法是指政府运用行政权力，通过强制性的行政命令，直接指挥管理对象，按照行政系统自上而下实施管理的方法。通常来说，国家机关通过发布决定、指标、命令、计划和条例、法规、规章、通知等形式，由行政机关逐级下达，贯彻并监督执行。行政方法是依靠国家行政权力，以上级授予必要的权力和下级必须服从为前提的一种管理方法，具有权威性、强制性、垂直性、直接性、单一性和无偿性等特点，其实质是国家凭借权力对土地使用活动的直接干预。行政方法能使管理系统达到高度的集中统一，通过行政层次和行政手段，对下属管理机构和土地利用进行组织、指挥、协调和控制。科学的行政方法要以科学决策为依据，才能在管理中发挥重要的作用。但是，行政方法也有其局限性，如受领导水平的限制；横向沟通困难；行政层次多，手续繁杂，影响效率；不利于发挥下级系统的积极性等。

（二）经济方法

土地管理的经济方法不是依靠国家行政机关的强制力，而是运用经济手段来引导、调节土地利用活动。其实质上是贯彻经济利益原则，按照符合经济发展规律的办法来处理国家、集体和个人三者之间的经济关系。经济手段是经济方法的根据，在调节经济利益、实现管理目标方面有着不可替代的作用。经济手段的形式比较广泛，如地租、价格、金融、税收、利率和经济处罚等都是其组成部分，其中，价格是最重要的经济杠杆。经济方法的成功运用能有效地促进土地的合理利用，优化土地资源的配置。但其局限性在于：通过调节人们的经济利益关系来指导土地利用，并不直接干预、控制人们的行为，故不能用来解决管理中许多需要严格规定或立即采取措施的问题；除了物质利益外，人们还有精神和社会的需要，故不能单纯依靠该方法来调动人们的积极性。

（三）法律方法

法律方法是指通过贯彻执行各种有关土地的法律、法令和条例，或者通过司法和仲裁等手段，调整人们在土地开发、利用、治理和保护中所发生的各种土地关系，规定人们必须遵守的准则来进行管理的方法。作为管理手段，其实施主要包括两个环节：一是建立和健全各种法律和法规，法律规范应具备条件、规则和制裁三部分内容，以体现管理的相对封闭原理；二是注重土地监察执法及相应的司法工作。司法是行使法律手段的保证。国家司法机关依照法规，通过侦查、调解、制裁、起诉和审判等手段，确保各种法规的实施。法律方法比行政方法具有更大的强制性、严肃性和权威性。一般来说，土地行政机关通过行政方法或经济方法不能解决的问题，最后大部分都是通过法律来解决的。因此，法律方法是土地行政管理中的最高方法。但其局限性也是显而易见的。法律只能在合法与非法之间调整与控制人的活动，这个范围毕竟是有限的，其对于很多超越法律范围的活动来说就显得无能为力了。

（四）技术方法

技术方法是土地管理者按照土地的自然和经济规律，运用现代化的科学科技手段，如遥感技术、地籍信息系统、系统工程等提高土地行政管理的技术水平，达到更有效地管理土地的目的。运用技术方法进行土地管理，必须做到收集资料的客观性、分析方法的系统性和科学性及手段的先进性。目前，在土地管理中已经广泛使用了“3S”技术，尤其是将RS、GIS和GNSS三种技术综合集成，形成了一种新的技术体系，RS和GNSS作为快速获取和更新土地信息的手段，而GIS作为存储、管理和分析土地空间信息和数据的基础平台。“3S”技术已经在土地资源调查、土地利用动态监测和地籍管理中发挥了重要的作用。

二、土地行政管理的途径

土地行政管理是由多个环节有机组成并有效运作的过程。主要有行政决策、行政执行、行政执法和行政监督等几个途径。

（一）土地行政决策

土地行政决策是指土地行政机构根据实际需要，依据有关法律法规，在可能的范围内，对土地事务做出分析、判断、选择和决定。土地行政决策广泛地体现在政策文件、法规条例、计划规划、措施办法和日常管理之中，是土地行政管理职能的主要表现形式。决策的正确与否直接影响着土地行政管理的成败。因此，土地行政决策具有极其重要的地位和作用。

（二）土地行政执行

土地行政执行简单来说就是对土地行政决策的实施，是国家土地行政机关及其行政人员贯彻和实现土地行政决策以达到预期目标的整个过程。土地行政执行过程中具有明显的强制性、目的性、经常性、连续性和时效性等。土地行政领导不仅要制定决策和发布决策指令，更重要的是要抓好贯彻实施。决策是行政领导的根本性工作，执行是经常性的工作。土地行政执行的好坏直接关系行政决策的实施。因此，土地行政领导要既善于决策又善于执行。

（三）土地行政执法

土地行政执法是土地行政管理的重要内容，是指土地行政管理部门依照土地法律和法规采取的具体的直接影响相对一方权利义务的行为，或者对相对人的权利义务的行使和履行情况进行监督检查的行为。其行政执法主体是国务院土地管理部门和县级以上地方政府土地管理部门；行政执法客体是行政管理相对人从事与土地有关的活动或者行为；行政执法的内容由法律和法规决定，如土地登记和确权、耕地保护、用地审批及土地市场监管等均按照相关法律和法规来做出具体的行政行为。

（四）土地行政监督

土地行政监督是指对土地行政机关及其公务员的行政行为实施的监察和督导，如渎职行为、违法违纪行为、滥用职权行为及官僚主义的行为等。土地行政监督是确保行政机关及公务员依法、高效、廉洁行政的重要环节，也是实现土地行政管理法制化、高效化的重要保证。

第三节 土地行政管理的体制

一、土地行政管理体制的概念

土地行政管理体制是为了更好地完成土地行政管理任务而设置的各级管理机构及其职责范围和管理权限划分的制度。

纵观古今中外，根据土地行政管理机构的设置及相应的职责和职权划分，土地行政管理体制可分为三种模式：①集权模式，指国家依法设立专门的土地管理机构，统一管理全国的土地和城乡地政。国家级的土地行政管理机构直属中央政府，为厅（局）级机构。②分权模式，指根据各行各业用地的需要，由各职能部门分别建立土地管理机构，分别管理本系统、本部门所使用的土地。③集权与分权相结合模式，指国家设置统一管理全国土地的职能机构，负责组织协调各部门用地关系，在此前提下各部门也设立土地管理机构，负责管理本部门的用地。上述土地行政管理体制模式各有利弊，究竟采取哪种模式应从各个国家自身具体特点出发加以选择。中国目前采用了集权模式，加强对城乡土地的集中统一管理。

此外，各职能部门与上级部门之间的职权关系，可划分为垂直领导、双重领导和业务指导三种类型（曲福田，2002）。垂直领导关系是指土地行政管理部门上下对口，下级部门直接受上级业务主管部门的领导，与同级政府没有直接领导关系。双重领导关系是指土地行政职能部门既受上级业务主管部门领导，同时又受本级政府的领导。一般对这种双重领导还要明确一定的主从领导关系。业务指导关系是指行政职能部门受本级政府领导，与上级业务主管部门没有直接领导关系，只进行业务上的指导。

二、土地行政管理机构的构建

土地行政管理机构的设置是土地行政管理体制的核心，直接影响土地行政管理的效果。

（一）构建原则

（1）决策与管理相分离原则。凡涉及土地决策方面的事务由专门的决策机构负责，管理机构只承担日常行政管理职能。

（2）管地与用地分离原则。土地管理机构不负责涉及使用土地建造房屋及其他设施的业务，建设部门不管理任何土地。

（3）集中统一原则。对城市土地和农村土地、生地和熟地、集体土地和国有土地，对各类用途的土地实行集中统一管理。

（4）政企分离原则。土地管理机构必须保持其行政机关独立性，不管辖企业。

（二）目标模式

（1）土地利用综合效益最大化。土地管理机构的主要职能是对土地的行政管理，通过行政管理，使土地得到优化配置，使土地利用综合效益最大化。

（2）土地与房产管理的统一性。土地附着物依附于土地管理，土地是可以独立存在的，而土地附着物（包括建筑物、构筑物）是不能离开土地而独立存在的。因此，当两者成为一体而同时存在时，土地是基础，附着物处于依附地位。

（3）土地管理机构的统一性。从中央到省、市、县直到乡镇，设立土地行政统一管理机构，负责城乡土地的统一管理，土地资源和资产的统一管理，地政地籍的统一管理，土地征用的统一管理，地价的统一管理，土地权属纠纷的统一查处等。

（三）管理职能

一般来说，土地行政管理机构的职能包含：贯彻执行国家和地方保护与合理利用土地资源的法律、法规以及政策和办法；组织编制和实施国土规划、土地利用总体规划、土地利用年度计划和其他专项规划；实施农地用途管制制度，指导土地整理和基本农田建设；对建设用地土地使用权划拨和土地流转的管理；组织土地资源调查，进行地政、地价和地籍管理；以及依法对土地资源法律、法规等的贯彻实施进行监督检查等。

长期以来，我国从国家到省、市、县的土地行政管理部门，涉及土地管理方面的主要科室有：土地利用规划科、耕地保护科、建设用地科、地籍科和土地监察科等，承担了各级政府土地行政管理的主要职能。

三、中国土地管理体制

（一）土地管理体制

长期以来，土地管理部门对地方政府的土地违法行为难以形成有效的制约，特别是国土资源管理部门在法律上并没有土地违法案件的查处权。土地管理部门应当实行垂直领导的管理体制，加大土地执法监督力度。地方各级土地管理部门只在上一级土地管理部门领导下，负责本行政区域内的土地管理和监督工作。上一级土地管理部门对下一级土地管理部门领导的任免无须征求下一级土地管理部门所在地政府的意见。

2004年，为进一步加强国家对土地资源的宏观调控，实行最严格的耕地保护制度，防止地方保护主义，营造公平竞争的经济发展环境，国务院决定对省级以下国土资源管理体制实行垂直管理。也就是说，省级以下基层国土管理部门的领导干部的任免由地方党委管理为主改为上级国土部门管理为主。目前，只垂直到了区县级国土局领导，业务属于市局指导，区县级垂直到原乡镇国土所。省国土厅只管理市国土局业务，不管理领导的任免，市政府管理市国土局，所以只能称之为半垂直管理。省级人民政府土地管理部门摆脱不了同级人民政府的领导，现行土地垂直管理体制存在的弊端就不可能根除。

（二）自然资源部的组建

2018年，为统一行使全民所有自然资源资产所有者职责，统一行使国土空间用途管制和生态保护修复职责，着力解决自然资源所有者不到位和空间规划重叠等问题，实现山水林田湖草整体保护、系统修复及综合治理，国务院组建了自然资源部。自然资源部是全国土地资源管理的主要机构。随之，各省、市、县级地方政府相应地建立了自然资源管理机构。

自然资源部将国土资源部的职责、国家发展和改革委员会的组织编制主体功能区规划职责、住房和城乡建设部的城乡规划管理职责、水利部的水资源调查和确权登记管理职责、农业部的草原资源调查和确权登记管理职责、国家林业局的森林、湿地等资源调查和确权登记管理职责、国家海洋局的职责及国家测绘地理信息局的职责整合起来。自然资源部统一对自然资源开发利用和保护进行监管，建立空间规划体系并监督实施，履行全民所有各类自然资源资产所有者职责，统一调查和确权登记，建立自然资源有偿使用制度，负责测绘和地质勘查行业管理等。

（三）自然资源部的机构组成

根据国务院批准，由国务院办公厅下发的《自然资源部职能配置、内设机构和人员编制规定》（2018），自然资源部设下列内设机构。

（1）办公厅。负责机关日常运转工作。承担信息、安全保密、信访、新闻宣传和政务公开工作，监督管理部政务大厅。承担机关财务和资产管理等工作。

（2）综合司。承担组织编制自然资源发展战略、中长期规划和年度计划工作。开展重大问题调查研究，负责起草部重要文件文稿，协调自然资源领域综合改革有关工作。承担自然资源领域军民融合深度发展工作。承担综合统计和部内专业统计归口管理。

（3）法规司。承担有关法律法规草案和规章起草工作。承担有关规范性文件合法性审查和清理工作。组织开展法治宣传教育。承担行政复议与行政应诉有关工作。

（4）自然资源调查监测司。拟订自然资源调查监测评价的指标体系和统计标准，建立自然资源定期调查监测评价制度。定期组织实施全国性自然资源基础调查、变更调查、动态监测和分析评价。开展水、森林、草原、湿地资源和地理国情等专项调查监测评价工作。承担自然资源调查监测评价成果的汇交、管理、维护、发布、共享和利用监督。

（5）自然资源确权登记局。拟订各类自然资源和不动产统一确权登记、权籍调查、不动产测绘、争议调处及成果应用的制度、标准、规范。承担指导监督全国自然资源和不动产确权登记工作。建立健全全国自然资源和不动产登记信息管理基础平台，管理登记资料。负责国务院确定的重点国有林区、国务院批准项目用海用岛、中央和国家机关不动产确权登记发证等专项登记工作。

（6）自然资源所有者权益司。拟订全民所有自然资源资产管理政策，建立全民所有自然资源资产统计制度，承担自然资源资产价值评估和资产核算工作。编制全民所有自然资源资产负债表，拟订相关考核标准。拟订全民所有自然资源资产划拨、出让、租赁、作价出资和土地储备政策。承担报国务院审批的改制企业的国有土地资产处置。

（7）自然资源开发利用司。拟订自然资源资产有偿使用制度并监督实施，建立自然资源市场交易规则和交易平台，组织开展自然资源市场调控。负责自然资源市场监督管理和动态监测，建立自然资源市场信用体系。建立政府公示自然资源价格体系，组织开展自然资源分等定级价格评估。拟订自然资源开发利用标准，开展评价考核，指导节约集约利用。

（8）国土空间规划局。拟订国土空间规划相关政策，承担建立空间规划体系工作并监督实施。组织编制全国国土空间规划和相关专项规划并监督实施。承担报国务院审批的地方国土空间规划的审核和报批工作，指导和审核涉及国土空间开发利用的国家重大专项规划。开展国土空间开发适宜性评价，建立国土空间规划实施监测、评估和预警体系。

（9）国土空间用途管制司。拟订国土空间用途管制制度规范和技术标准。提出土地和海洋年度利用计划并组织实施。组织拟订耕地、林地、草地、湿地、海域和海岛等国土空间用途转用政策，指导建设项目用地预审工作。承担报国务院审批的各类土地用途转用的审核与报批工作。拟订开展城乡规划管理等用途管制政策并监督实施。

（10）国土空间生态修复司。承担国土空间生态修复政策研究工作，拟订国土空间生态修复规划。承担国土空间综合整治、土地整理复垦、矿山地质环境恢复治理、海洋生态、海域海岸带和海岛修复等工作。承担生态保护补偿相关工作。指导地方国土空间生态修复工作。

（11）耕地保护监督司。拟订并实施耕地保护政策，组织实施耕地保护责任目标考核和永久基本农田特殊保护，负责永久基本农田划定、占用和补划的监督管理。承担耕地占补平衡管理工作。承担土地征收征用管理工作。负责耕地保护政策与林地、草地、湿地等土地资源保护政策的衔接。

（12）地质勘查管理司。管理地质勘查行业和全国地质工作，编制地质勘查规划并监督检查执行情况。管理中央级地质勘查项目，组织实施国家重大地质矿产勘查专项。承担地质灾害的预防和治理工作，监督管理地下水过量开采及引发的地面沉降等地质问题。

（13）矿业权管理司。拟订矿业权管理政策并组织实施，管理石油天然气等重要能源和金属、非金属矿产资源矿业权的出让及审批登记。统计分析并指导全国探矿权和采矿权审批登记，调处重大权属纠纷。承担保护性开采的特定矿种和优势矿产的开采总量控制及相关管理工作。

（14）矿产资源保护监督司。拟订矿产资源战略、政策和规划并组织实施，监督指导矿产资源合理利用和保护。承担矿产资源储量评审、备案、登记、统计和信息发布及压覆矿产资源审批管理、矿产地战略储备工作。实施矿山储量动态管理，建立矿产资源安全监测预警体系。监督地质资料汇交、保管和利用，监督管理古生物化石。

（15）海洋战略规划与经济司。拟订海洋发展、深海和极地等海洋强国建设重大战略并监督实施。拟订海洋经济发展、海岸带综合保护利用、海域海岛保护利用、海洋军民融合发展等规划并监督实施。承担推动海水淡化与综合利用、海洋可再生能源等海洋新兴产业发展工作。开展海洋经济运行综合监测、统计核算、调查评估和信息发布工作。

（16）海域海岛管理司。拟订海域使用和海岛保护利用政策与技术规范，监督管理海域海岛开发利用活动。组织开展海域海岛监视监测和评估，管理无居民海岛、海域、海底地形地名及海底电缆管道铺设。承担报国务院审批的用海、用岛的审核和报批工作。组织拟订领海基点等特殊用途海岛保护管理政策并监督实施。

（17）海洋预警监测司。拟订海洋观测预报和海洋科学调查政策和制度并监督实施。开展海洋生态预警监测、灾害预防、风险评估和隐患排查治理，发布警报和公报。建设和管理国家全球海洋立体观测网，组织开展海洋科学调查与勘测。参与重大海洋灾害应急处置。

（18）国土测绘司。拟订全国基础测绘规划和计划并监督实施。组织实施国家基础测绘和全球地理信息资源建设等重大项目。建立和管理国家测绘基准、测绘系统。监督管理民用测绘航空摄影与卫星遥感。拟订测绘行业管理政策，监督管理测绘活动和质量，管理测绘资质资格，审批外国组织和个人来华测绘。

（19）地理信息管理司。拟订国家地理信息安全保密政策并监督实施。负责地理信息成果管理和测量标志保护，审核国家重要地理信息数据。负责地图管理，审查向社会公开的地图，监督互联网地图服务，开展国家版图意识宣传教育，协同拟订界线标准样图。提供地理信息应急保障，指导监督地理信息公共服务。

（20）国家自然资源总督察办公室。完善国家自然资源督察制度，拟订自然资源督察相关政策和工作规则等。指导和监督检查派驻督察局工作，协调重大及跨督察区域的督察工作。根据授权，承担对自然资源和国土空间规划等法律法规执行情况的监督检查工作。

（21）执法局。拟订自然资源违法案件查处的法规草案、规章和规范性文件并指导实施。查处重大国土空间规划和自然资源违法案件，指导协调全国违法案件调查处理工作，协调解决跨区域违法案件查处。指导地方自然资源执法机构和队伍建设，组织自然资源执法系统人员的业务培训。

（22）科技发展司。拟订自然资源领域科技发展战略、规划和计划。拟订有关技术标准和规程规范，组织实施重大科技工程、项目及创新能力建设。承担科技成果和信息化管理工作，开展卫星遥感等高新技术体系建设，加强海洋科技能力建设。

（23）国际合作司（海洋权益司）。拟订自然资源领域国际合作战略、计划并组织实施。承担双多边对外交流合作和国际公约、条约及协定履约工作，指导涉外、援外项目实施。负责外事管理工作，开展相关海洋权益维护工作，参与资源勘探开发争议、岛屿争端和海域划界等谈判与磋商。指导极地、公海和国际海底相关事务。承担自然资源领域涉外行政许可审批事项。

（24）财务与资金运用司。承担自然资源专项收入征管和专项资金、基金的管理工作。拟订有关财务和资产管理的规章，负责机关和所属单位财务及国有资产监管，负责部门预决算、政府采购、国库集中支付及内部审计工作。管理基本建设及重大专项投资、重大装备。承担财政和社会资金的结构优化和监测工作，拟订合理利用社会资金的政策措施，提出重大备选项目。

（25）人事司。承担机关、派出机构和直属单位的人事管理、机构编制、劳动工资和教育培训工作，指导自然资源人才队伍建设等工作。

（四）自然资源部的主要职能

（1）履行全民所有土地、矿产、森林、草原、湿地、水与海洋等自然资源资产所有者职责和所有国土空间用途管制职责。拟订自然资源和国土空间规划及测绘、极地、深海等法律法规草案，制定部门规章并监督检查执行情况。

（2）负责自然资源调查监测评价。制定自然资源调查监测评价的指标体系和统计标准，建立统一规范的自然资源调查监测评价制度。实施自然资源基础调查、专项调查和监测。负责自然资源调查监测评价成果的监督管理和信息发布。指导地方自然资源调查监测评价工作。

（3）负责自然资源统一确权登记工作。制定各类自然资源和不动产统一确权登记、权籍调查、不动产测绘、争议调处、成果应用的制度、标准和规范。建立健全全国自然资源和不动产登记信息管理基础平台。负责自然资源和不动产登记资料收集、整理、共享、汇交管理等。指导监督全国自然资源和不动产确权登记工作。

（4）负责自然资源资产有偿使用工作。建立全民所有自然资源资产统计制度，负责全民所有自然资源资产核算。编制全民所有自然资源资产负债表，拟订考核标准。制定全民所有自然资源资产划拨、出让、租赁、作价出资和土地储备政策，合理配置全民所有自然资源资产。负责自然资源资产价值评估管理，依法收缴相关资产收益。

（5）负责自然资源的合理开发利用。组织拟订自然资源发展规划和战略，制定自然资源开发利用标准并组织实施，建立政府公示自然资源价格体系，组织开展自然资源分等定级价格评估，开展自然资源利用评价考核，指导节约集约利用。负责自然资源市场监管。组织研究自然资源管理涉及宏观调控、区域协调和城乡统筹的政策措施。

（6）负责建立空间规划体系并监督实施。推进主体功能区战略和制度，组织编制并监督实施国土空间规划和相关专项规划。开展国土空间开发适宜性评价，建立国土空间规划实施监测、评估和预警体系。组织划定生态保护红线、永久基本农田和城镇开发边界等控制线，构建节约资源和保护环境的生产、生活、生态空间布局。建立健全国土空间用途管制制度，研究拟订城乡规划政策并监督实施。组织拟订并实施土地和海洋等自然资源年度利用计划。负责土地、海域和海岛等国土空间用途转用工作。负责土地征收征用管理。

（7）负责统筹国土空间生态修复。牵头组织编制国土空间生态修复规划并实施有关生态修复重大工程。负责国土空间综合整治、土地整理复垦、矿山地质环境恢复治理、海洋生态、海域海岸线和海岛修复等工作。牵头建立和实施生态保护补偿制度，制定合理利用社会资金进行生态修复的政策措施，提出重大备选项目。

（8）负责组织实施最严格的耕地保护制度。牵头拟订并实施耕地保护政策，负责耕地数量、质量和生态保护。组织实施耕地保护责任目标考核和永久基本农田特殊保护。完善耕地占补平衡制度，监督占用耕地补偿制度执行情况。

（9）负责管理地质勘查行业和全国地质工作。编制地质勘查规划并监督检查执行情况。管理中央级地质勘查项目。组织实施国家重大地质矿产勘查专项。负责地质灾害预防和治理，监督管理地下水过量开采及引发的地面沉降等地质问题。负责古生物化石的监督管理。

（10）负责落实综合防灾减灾规划相关要求，组织编制地质灾害防治规划和防护标准并指导实施。组织指导协调和监督地质灾害调查评价及隐患的普查、详查与排查。指导开展群测群防、专业监测和预报预警等工作，指导开展地质灾害工程治理工作。承担地质灾害应急救援的技术支撑工作。

（11）负责矿产资源管理工作。负责矿产资源储量管理及压覆矿产资源审批。负责矿业权管理。会同有关部门承担保护性开采的特定矿种和优势矿产的调控及相关管理工作。监督指导矿产资源合理利用和保护。

（12）负责监督实施海洋战略规划和发展海洋经济。研究提出海洋强国建设重大战略建议。组织制定海洋发展、深海和极地等战略并监督实施。会同有关部门拟订海洋经济发展、海岸带综合保护利用等规划和政策并监督实施。负责海洋经济运行监测评估工作。

（13）负责海洋开发利用和保护的监督管理工作。负责海域使用和海岛保护利用管理。制定海域海岛保护利用规划并监督实施。负责无居民海岛、海域和海底地形地名管理工作，制定领海基点等特殊用途海岛保护管理办法并监督实施。负责海洋观测预报、预警监测和减灾工作，参与重大海洋灾害应急处置。

（14）负责测绘地理信息管理工作。负责基础测绘和测绘行业管理。负责测绘资质资格与信用管理，监督管理国家地理信息安全和市场秩序。负责地理信息公共服务管理。负责测量标志保护。

（15）推动自然资源领域科技发展。制定并实施自然资源领域科技创新发展和人才培养战略、规划和计划。组织制定技术标准、规程规范并监督实施。组织实施重大科技工程及创新能力建设，推进自然资源信息化和信息资料的公共服务。

（16）开展自然资源国际合作。组织开展自然资源领域对外交流合作，组织履行有关国际公约、条约和协定。配合开展维护国家海洋权益工作，参与相关谈判与磋商。负责极地、公海和国际海底相关事务。

（17）根据中央授权，对地方政府落实党中央、国务院关于自然资源和国土空间规划的重大方针政策、决策部署及法律法规执行情况进行督察。查处自然资源开发利用和国土空间规划及测绘重大违法案件。指导地方有关行政执法工作。

（18）管理国家林业和草原局。

（19）管理中国地质调查局。

（20）完成党中央、国务院交办的其他任务。

第四节　土地行政管理的内容

土地行政管理的内容要适应社会经济发展的需要，更要符合客观经济规律。土地行政管理的主体是确定的，但管理的具体内容会随着客观社会经济的发展而变化。一般来说，现阶段我国土地行政管理的内容包括：地权行政管理，地籍行政管理，地价行政管理，地用行政管理，地税行政管理，土地权属争议的调解及土地的行政争议、复议和诉讼等。

一、地权行政管理

（一）地权的含义

地权，即指土地财产权，也就是人们常说的土地产权。按《牛津法律大辞典》对产权的解释："对土地获得的最广泛和最完全的财产权"，"不要把财产权视为单一的权利，而应当把它视作若干独立权利的集合体，其中的一些独立权利可以在不丧失所有权的情况下予以让与"。因此，土地产权是将土地作为财产客体的各种权利的总和，包括对土地的所有权以及构成土地所有权权能的各项他项权利，如使用权、收益权、处分权、地上权和地役权等。

（二）地权管理的原则

（1）依法进行地权管理。维护产权人的合法权益，依法对土地所有权、使用权和他项权利进行确认登记是每个行政管理机关必须遵循的基本原则。保护产权人的合法权益，实现宪法赋予土地行政管理机关的基本职责。

（2）国有土地权利与集体土地权利相一致。我国有关土地的法律和法规规定，国有土地可以进入地产市场。而国有土地经常通过征用集体土地而取得，它们之间经常发生着权利流转和利益分配问题，因而在土地权利管理上应遵循一致原则。

（3）房产地产产权管理相一致。房地是有机的统一体，其权利主体必须一致。除法律法规另有规定外，不得分离权利主体。

（三）地权管理的内容

地权管理表现为土地行政管理机关采用适当的方法和管理手段，用以确定、调整和处理有关土地产权及其权属变更的一系列行政管理活动，其中包括国家对土地所有权和使用权的必要限制。现阶段我国地权行政管理的主要内容为：土地产权的审查和确认，土地产权的登记与产权证核发及土地产权变更管理等。

1. 土地产权的审查和确认

产权的审查和确认是产权管理的核心，是根据申请者的申请书、权属证明材料和地籍调查成果，对土地所有者、使用者和他项权利拥有者所申请登记的土地权利进行确认的过程。审查确认产权政策性很强，核心内容是审查确认产权关系是否真实、合法。

土地确权须遵循以下原则：尊重历史，面对现实原则；利于生产和生活，利于社会稳定原则；政策和法律并用原则；分阶段、分情况处理原则；权利设定一般法定原则。

土地确权证据依据有：土地详查形成的土地权属协议书、认定书和人民政府下达的土地权属争议处理决定；城镇地籍调查资料；人民政府关于建设用地的批准文件；土地出让合同；土地利用现状调查资料；人民政府颁发的房产证明；中华人民共和国成立之后双方签订的土地和山林等权属或界线的协议；危改、安居计划的联建房合同和公证书；法院判决使用土地的事实情况，是占有还是侵占，是善意的还是恶意的，是长期还是暂时等。

针对不同的情况，审查内容如下。

（1）建设用地，应提交建设用地的批准文件，以出让、转让取得国有土地使用权的，应提交出让、转让合同及按法律规定需要交验的出让金支付凭证、投资情况证明材料等。

（2）土地使用权依法抵押、出租的，应提交抵押合同、出租合同及原土地使用权的出让或转让合同。

（3）因宗地合并、分割引起的土地使用权，除提交有关法律文件外，还应提交有关分割、合并宗地的协议书或能够证明分割、合并宗地后土地使用权分配比例的合法证明，涉及单位之间宗地分割合并的，应有范围主管部门的批准文件。

（4）受赠应具有赠与书。若属私人赠与单位，还须具有主管机关准予受赠的批件。

（5）继承，应具有继承公证书。

（6）他项权利应提交权利涉及宗地的土地证书和权利人、义务人双方的协议。

（7）土地的主要用途及土地使用者、所有者更改名称等，应提交有关部门的批准文件。

2. 土地产权的登记与产权证核发

土地产权登记（或称土地权属登记）是指国家依照法律对国有土地使用权、农村集体土地所有权、农村集体建设用地使用权和他项权利进行注册登记的一种制度。土地登记是土地产权管理中的重要内容，它是国家用以确立或认可土地所有者或土地使用者拥有土地所有权或使用权的法律措施。土地登记制是国家设立专门机构，对不动产的权利取得及变更进行登记，以保护产权的制度，登记具有公信力。

3. 土地产权变更管理

土地产权作为一种财产权在地产市场不断流转，由此产生土地流转过程中的权属变更管理以及产权非法流转的制止及代管等问题。土地产权非法流转的制止是指对产权持有者有争议的、产权取得不合法的，以及其他一些法律和法规规定不得流转的产权流转进行制止。产权代管是政府或土地产权主管机关做出的对特定的土地行使产权和强制措施。

二、地籍行政管理

地籍是记载土地的位置、界址、数量、质量、权属和用途（地类）等基本状况的簿册。籍有簿册、清册、登记之说。地籍的最小单元是宗地[①]。

地籍管理是国家为了获取土地的位置、权属、界址、数量、质量和用途等信息，建立完整的地籍图、簿册，而按统一的方法、要求和程序实施的一系列行政、经济、法律和技术工作措施体系。地籍管理的对象是作为自然资源和生产资料的土地，地籍管理的核心是土地的权属问题。地籍管理按其任务和时间，可分为初始地籍和日常地籍。初始地籍是在一定时间对行政区域内全部土地进行普遍的调查、定级、估价、登记和统计等工作，建立新的地籍图、簿册资料系统；日常地籍是在初始地籍的基础上，根据土地的变化情况，随时进行的土地变更调查、变更登记、年度统计，以及对土地重新定级估价等日常的地籍管理工作。建立健全地籍管理制度，不仅可以及时掌握土地数量和质量的动态变化规律，而且可以对土地利用及权属变更进行监测，为土地管理的各项工作提供、保管、更新有关自然、经济和法律方面的信息。

（一）地籍管理的原则

随着社会经济的发展和国家对地籍资料需求的增强，地籍管理的内容不断地变化和充实。为保证地籍管理工作的顺利开展，在进行地籍管理工作时，一般遵循以下原则。

（1）地籍管理制度的统一性。作为国家土地行政管理，地籍管理必须按照国家有关土地管理和地籍管理方面的统一法规制度进行。所谓“统一”，即各项工作均须按全国统一内容、统一政策、法规和技术规范进行，如土地统计表格，其内容、格式、项目的含义与项目的填写都必须有统一的标准。

（2）地籍资料的连续性和现势性。土地面积、质量、用途和利用状况等都在发生变化，土地的权属也会发生转移，因此地籍管理工作必须跟踪土地的变化，采集变更的现势资料，以保持地籍的连续、系统和完整。初始地籍和日常地籍之间，各种簿册及图簿之间，年度报表中的各项内容及数字之间，应相互关联，构成承上启下和不间断的完整系统。只有保持地籍资料的连续性和现势性，地籍资料才能发挥其功能。

（3）地籍资料的可靠性和准确性。地籍资料涉及土地所有者、使用者的权益和利害冲突，提供错误的资料会造成土地权利人的损失，同时政府也要对此承担风险和责任。因此，要保证地籍资料的可靠性和准确性，其基础资料必须是具有一定精度要求的测量、调查和土地分等定级的成果资料，凡是涉及权属的，必须以相应的法律文件为依据，宗地的界址线和界址拐点的位置，应达到可随时在宗地得到复原的要求等。

（4）地籍资料的完整性和概括性。地籍资料的完整性不仅要保证地籍管理的对象必须是完整的土地区域空间，而且，宗地地块的地籍也必须保持其完整性。省级、县级和县级以下地籍资料的覆盖面必须是省级、县级和县级以下乡镇、村范围的全部土地。地籍资料的概括性是指地籍资料内容包含所需的全部资料。

---

① 宗地是指以权属界线组成的封闭地块。通常，一宗地是一个权利人所拥有或使用的一个地块。一般都以宗地为基本单位统一编号，即宗地号（又称地号），其包含了四层含义：区、带、片和宗，从大范围逐级体现其所在的地理位置。例如，B107-24，表示深圳市福田区第1带07片第24宗地。

（二）地籍管理的内容

根据目前我国土地行政管理的整体要求和社会经济发展的需要，地籍行政管理的主要内容包括：土地调查、土地登记、土地统计和地籍档案管理等。

（1）土地调查。土地调查是以查清土地的数量、质量、分布、利用和权属状况而进行的调查。根据土地调查的内容侧重的不同，可分为土地利用现状调查、地籍调查和土地条件调查三种。土地利用现状调查主要是以县为单位，按土地利用现状分类调查各类用地的面积分布和利用状况为主要内容的调查；地籍调查的核心是土地权属调查和地籍测量，其内容包括权属、位置、界址、用途（类别）、等级和面积等的调查；土地条件调查主要是对土地的土壤、植被、地貌、气象、水文和水文地质以及对土地的投入、产出、收益、交通与区位等土地的自然和社会经济条件的调查和资料的搜集整理，土地条件调查为揭示土地质量及其分布状况，为开展土地评价或土地分等定级与估价提供基础资料和依据。

（2）土地登记。土地登记是国家用以确认土地的所有权、使用权，依法实行土地权属的申请、审核、登记造册和核发证书的一项法律措施。土地登记的基本原则包括依法原则、申请原则、审查原则和属地管辖原则。目前，中国依据土地法律的规定，主要开展国有土地使用权、集体土地所有权和农村集体建设用地使用权三种土地登记。土地登记的程序分为土地登记申请、地籍调查、权属审核、注册登记和核发证书。申请人向土地登记机关申请土地登记，应当提交的文件资料有：《土地登记申请书》；单位、法定代表人证明，个人身份证明或户籍证明；土地权属来源证明；地上附着物权属证明。委托代理人申请土地登记的，还应当提交授权委托书和代理人资格身份证明。

（3）土地统计。土地统计是指国家以数据和图表为主要形式，对土地类型、数量、质量、分布、利用、权属和动态变化进行统计调查、汇总、统计分析和提供土地统计资料的制度。土地统计的特点有数量性、总体性、时空性、综合性和实用性。土地统计的主要内容包括土地统计设计、土地统计调查、土地统计整理和土地统计分析等几个方面。土地统计在土地行政中的重要意义体现在：首先，土地统计是更新和反馈土地信息，体现和监督土地管理政策执行情况的主要途径。其次，土地统计是对土地资源利用和保护实现计划管理的重要手段。最后，土地统计是认识土地资产和社会经济现象的工具。

（4）地籍档案管理。地籍档案是土地档案的核心，指国家和地方各级土地管理部门及其所属单位在地籍管理活动过程中直接形成的，具有保存和参考价值的地籍簿、册、图件、声像和电子等资料。地籍档案管理是以地籍档案为对象所进行的收集、整理归档、鉴定、保管、统计和利用等一系列工作的总称。与其他档案管理一样，地籍档案管理围绕土地信息这一中心开展，以积累信息为管理活动的起点，以提供信息服务和利用为目的，促进信息传播及信息价值的实现。

三、地价行政管理

地价，即土地权利的价格。它在地产市场中处于核心地位，既是一种地产市场的供求信号，作为能够灵敏反映土地市场变化的“晴雨表”，又是一种有效的经济杠杆。地价行政管理是指土地行政管理部门通过地产流转过程中的地价信号，对地产市场进行宏观调控与微观管理。地价行政管理具有以下重要作用：抑制地价暴涨，防止土地投机；规范交易双方的行为，建立规范的市场；规范土地估价方法，提高土地估价精度；防止国有土地收益流失。

（一）地价行政管理的原则

（1）遵从地租地价规律。土地的价格不像一般商品的价格那样由价值决定，而具有显著的地域性。土地的价格主要是地租的资本化，受自然、社会、经济和政策诸多因素的综合影响，并可通过地租形式予以表现。因而在地价行政管理中，应遵从地租地价特定的内在规律。

（2）保持地价相对稳定。稳定地价是政府和国家物价工作的总目标、总方法。稳定地价有两层含义：①相对稳定不是不变。土地价格有不断上涨趋势，有保值增值作用，在一定时期应保持增长率相对稳定。②土地价格上涨除自身应持稳定的增幅外，还要与国民经济的发展水平相一致，与收入、物价等具体水平变化保持动态的平衡。总之，使土地价格符合国家制定的地价政策，使地价起伏变动较小，从而保持土地市场的稳定和繁荣。

（3）按质论价，等价交换。对城市土地而言，土地质量的好坏主要取决于土地区位条件；对农村土地而言，土地质量的优劣主要是指土地肥力。不同区位的土地和不同肥力的土地，其价格都是不同的，应采取按质论价、优质优价、劣质劣价，以实现土地优化配置。

（二）地价行政管理的内容

地价行政管理是整个市场价格体系管理的一部分，属于专业性管理的范畴，其内涵极为丰富。土地的征用、出让和转让等都需要价格管理，土地资产的处置也需要价格管理。

（1）完善土地分等定级估价工作。土地分等定级是指在特定的目的下，在土地利用分类和土地条件调查的基础上，对土地的自然和经济属性进行综合鉴定，并使鉴定结果等级化的过程。土地估价是在一定的市场条件下，根据土地的权利状况和经济、自然属性，按土地在经济活动中的一般收益能力，综合评定出在某一时点某宗土地或某一等级土地在某一权利状态下的价格。土地分等定级和土地估价是从不同角度对土地特性进行评定，前者评定的是土地使用价值及价值，后者是评定这些价值在土地市场中反映出的价格。土地分等定级可为合理收取土地税（费），确定征地补偿标准，为制定土地经济政策和合理组织土地利用提供科学依据。

（2）建立完善的地价体系。目前，我国的《城镇土地估价规程》（GB/T 18508—2014）、《城镇土地分等定级规程》（GB/T 18507—2014）、《农用地质量分等规程》（GB/T 28407—2012）、《农用地定级规程》（GB/T 28405—2012）、《农用地估价规程》（GB/T 28406—2012）均已作为国家标准正式实施，建立起了以土地等、土地级和地价组成的土地质量和价值评价体系，建立了以基准地价和标定地价[①]为核心，宗地地价和市场交易价等多种形式相互影响、相互联系的地价体系。从地价行政管理的角度来说，应该着重于基准地价、标定地价、土地使用权出让底价和土地使用权交易价格。

（3）建立基准地价定期公布制度。基准地价是指在一定时日、一定条件下不同土地级别或均质地域某种用途的平均地价。土地行政管理部门应当定期组织或委托评估机构，将

① 标定地价是在各级各类用地中，根据宗地本身状况（如大小、形状、地貌等）、微观区位状况、容积率限制等条件挑选出的若干具有代表性的宗地，在基准地价的基础上进行调整而求出的宗地价格。简而言之，标定地价就是代表性的宗地价格。

根据国家规程测算的基准地价定期公布，并定期调整或公布地价指数。公布基准地价有利于发挥政府对价格的导向作用，有利于投资者了解投资地区的地价水平，以便选择投资地点和方向；同时可以使土地交易双方和土地管理部门了解真实的市场行情，有利于达成正常的市场交易；也便于社会了解地价信息以加强监督，增强政府行政透明度和改善投资环境，充分发挥地价的经济导向作用。

（4）实施城市地价动态监测。城市地价动态监测是为了及时了解城市地价动态变化状态和趋势，发挥地价的市场"晴雨表"的作用，及时准确反映城市地价水平及其变化趋势。土地使用权出让、转让、出租和抵押均要到土地管理部门办理土地登记手续。在土地登记时，土地行政管理机关可依据基准地价和标定地价，对申报地价进行审核，防止隐价、瞒价，确保土地增值税等税费措施的实施。另外，还可依据基准地价或标定地价，对申报交易地价进行检核。对于转让土地价格低于国家公布的基准地价的，政府可采取优先购买的政策，对于转让土地价格不合理上涨的，市、县人民政府可以采取必要措施平抑地价。对转让、出租、抵押土地使用权的，应以评估地价为标准，确定应补交的出让金及土地收益。土地管理部门对地价申报登记资料要及时进行统计分析，掌握市场交易价格和土地交易情况，监测地价水平和地价变化，并及时建议政府采取必要措施，正确调控土地市场和地价水平。

（5）加强对土地估价机构和人员的监管。1993 年，我国颁布了《土地估价师资格考试暂行办法》，并由此建立了土地估价师资格认证制度。目前，已形成了一个不断发展壮大的土地估价行业，成为重要的中介服务力量，对加强土地资产管理、规范土地市场发挥了重要作用。为了加强对估价机构和人员的监督管理，规范地价评估行为，促进土地正常交易，应进一步规范估价人员认证制度。凡独立从事土地估价的人员，必须取得土地估价师资格证书后，方能从事土地估价业务和签署土地估价报告。土地估价师不能以个人名义承接土地估价业务，也不得允诺他人以其名义开展土地估价业务。对于从事中介服务的土地估价机构，必须符合《中华人民共和国城市房地产管理法》所具备的规定的服务机构的要求，即有自己的名称和组织机构，有必要的财产和经费，有固定的服务场所，有足够数量的专业人员，以及法律、行政法规规定的其他条件。土地估价机构和人员必须遵循公正、公平和公开的原则，按照《城镇土地估价规程》（GB/T 18508—2014）和《农用地估价规程》（GB/T 28406—2012），以基准地价和标定地价为基础，参照当地的市场价格进行估价，评估的地价结果必须报送土地管理部门认可或备案。

四、地用行政管理

地用，即土地利用。人类根据土地的自然特点，按一定的社会经济目的，采取一系列生物与技术手段，对土地进行的开发、利用、整治和保护等活动，统称为土地利用。地用行政管理是土地利用行政管理的简称，是指土地行政主管部门为合理组织土地利用，依照国家的有关法律、法规和政策，通过技术的、经济的、行政的和法律的措施，对各种土地利用过程所实施的全面的、系统的管理行为。

（一）地用行政管理的原则

（1）有偿使用。土地是一种重要的生产要素，更是国有资产的重要组成部分。土地的无偿使用不仅造成国有资产大量流失，而且导致土地资源浪费严重。因此，地用行政管理应坚持土地有偿使用原则，开放地产市场，这也是中国土地使用制度改革的核心。

（2）节约使用。中国虽然土地资源总量较大，但人均占有量较少，且耕地资源不足，后备资源缺乏。因此，地用行政管理要贯穿“十分珍惜和合理利用每一寸土地，切实保护耕地”的基本国策。

（3）合理利用。遵循土地生态经济系统的规律，根据土地自然生态特征合理利用土地资源，改善生态环境条件，防止土地退化；依据土地利用规划严格控制城镇和工矿生产随意占用耕地，实现土地资源的最优、最佳使用。

（二）城市地用行政管理

现阶段我国城市地用行政管理涉及面广、内容多，按照土地流转过程，可把地用行政管理分为以下几个部分：土地征用管理，拆迁用地管理，土地划拨管理，土地使用权出让管理，土地使用权转让、出租、抵押管理以及土地使用权终止管理等。

1. 土地征用管理

土地征用，简称“征地”。国家政府因“公共目的”或城市建设需要，强制将集体土地转化为国有土地的过程[①]。土地征用具有强制性。国家对集体土地的征用权是宪法赋予国家的一项权利。土地征用不必征得集体土地所有者的同意，被征地单位必须服从国家对土地的征用。国家征用土地是有偿的，但补偿责任多数情况下由用地单位承担。土地被征用后，土地权属性质由原来的集体所有变为国家所有。

根据《中华人民共和国土地管理法实施条例》（2014 年）和《建设用地审查报批管理办法》（2016 年），一般土地征用程序如下。

（1）申请用地。建设单位应当向建设项目批准机关的同级国土资源主管部门提出建设项目用地预审申请。受理预审申请的国土资源主管部门应当依据土地利用总体规划、土地使用标准和国家土地供应政策，对建设项目的有关事项进行预审，出具建设项目用地预审意见。在土地利用总体规划确定的城市建设用地范围外单独选址的建设项目使用土地的，建设单位应当向土地所在地的市、县国土资源主管部门提出用地申请，同时填写《建设用地申请表》，并附下列材料：建设项目用地预审意见；建设项目批准、核准或者备案文件；建设项目初步设计批准或者审核文件。建设项目拟占用耕地的，还应当提出补充耕地方案；建设项目位于地质灾害易发区的，还应当提供地质灾害危险性评估报告。

（2）受理申请并审查有关文件。市、县国土资源主管部门对材料齐全、符合条件的建设用地申请，应当受理，并在收到申请之日起 30 日内拟订农用地转用方案、补充耕地方案、征收土地方案和供地方案，编制建设项目用地呈报说明书，经同级人民政府审核同意后，报上一级国土资源主管部门审查。

（3）审批用地。有批准权的人民政府土地行政管理部门，收到上报的土地审批文件，按规定征求有关部门意见后，实行土地管理部门内部会审制度审批土地。

（4）征地实施。经批准的建设用地，由被征用土地所在地的市、县人民政府组织实施。发布征地公告。公告内容包括：批准征地的机关、文号、土地用途、范围、面积、征地补偿标准、农业人员安置办法和办理补偿的期限等；支付土地补偿费、地上附着物和青苗补

---

① 在计划经济的影响下，我国很多地方还出现了代征地的概念。如《北京市城市规划条例》第 31 条规定，代征地是指城市建设工程沿道路、铁路、河道、绿化带等公共用地安排建设的，建设单位按照北京市有关法规、规章的规定代征的公共用地。

偿费[①]；安置农业人口；征收用地单位的税费；直辖市征地争议。

（5）签发用地证书。有偿使用土地的，应签订土地使用合同；以划拨方式使用土地的，向用地单位签发《国有土地划拨决定书》和《建设用地批准书》；用地单位持使用土地证书办理土地登记。

（6）征地批准后的实施管理。建设用地批准后直至颁发土地使用权证书之前，应进行跟踪和管理，其主要任务是：会同有关部门落实安置措施；督促被征地单位按期移交土地；处理征地过程中的各种争议；填写征地结案报告。

（7）颁发土地使用证。用地单位向当地土地管理部门提出土地登记申请，经测绘部门测绘，核定用地面积、确定权属界限，地籍管理部门注册登记后，由人民政府颁发土地使用证，作为使用土地的法律凭证。

2. 拆迁用地管理

拆迁用地管理即对国有土地上拆除其附着物后的土地管理。

（1）申请拆迁和动员拆迁。用地部门必须持有市、县人民政府的建设用地批准书等，向房地产管理部门提出申请，经批准获得房屋拆迁许可证后，方可进行拆迁。申请领取房屋拆迁许可证的，应当提交下列资料：建设项目批准文件；建设用地规划许可证；国有土地使用权批准文件；拆迁计划和拆迁方案；办理存款业务的金融机构出具的拆迁补偿安置资金证明。

（2）拆迁补偿。拆迁单位对被拆迁房屋及其附属物的所有人的补偿形式，可采用产权调换、货币补偿或产权调换和货币补偿相结合等方式。货币补偿的金额，根据被拆迁房屋的区位、用途和建筑面积等因素，以房地产市场评估价格确定。房屋产权调换，拆迁人与被拆迁人应当计算被拆迁房屋的补偿金额和所调换房屋的价格，结清产权调换的差价。

（3）拆迁安置。房管部门要协助有关部门，视具体情况分别对有关人员予以安置。拆迁人与被拆迁人应当就补偿方式和补偿金额、安置用房面积和安置地点、搬迁期限、搬迁过渡方式和过渡期限等事项，订立拆迁补偿安置协议。拆迁人实施房屋拆迁的补偿安置资金应当全部用于房屋拆迁的补偿安置，不得挪作他用。县级以上地方人民政府房屋拆迁管理部门应当加强对拆迁补偿安置资金使用的监督。

3. 土地划拨管理

土地划拨是指国家将土地使用权无偿地让与土地使用者，使用者只要按照一定的程序提出申请，经法定机构批准后即可取得土地使用权，而不必向国家政府交付任何费用和租金。划拨土地具有以下特征：一是土地划拨采用行政划拨手段，需经县级以上人民政府批准，再由同级土地管理部门实施划拨行为；二是除特别规定外，划拨土地使用权无使用期限的限制；三是土地使用者需缴纳征地补偿和拆迁安置等费用，通常免征城镇土地使用税和耕地占用税。划拨土地的使用具有以下几方面的规定。

（1）划拨土地使用权不得转让、出租和抵押，只有当划拨土地使用权按有关规定的程序转换成出让土地使用权后，经市、县人民政府土地管理部门批准，划拨土地使用权才允

① 征用耕地补偿费用包括：土地补偿费、安置补助费、地上附着物和青苗的补偿费。征用耕地的补偿费为该耕地被征用前三年平均年产值的6～10倍；其他由省级政府规定。安置补助费按照需要安置的农业人口数计算。每一个需要安置的农业人口的补偿费标准，为该耕地被征用前三年平均年产值的4～6倍，但每公顷被征用耕地的安置补助费，最高不得超过被征用前三年平均年产值的15倍。对人均耕地特别少的地区，由省级政府批准，可增加安置补助费，但土地补偿和安置补助费之和，不得超过被征用前三年平均年产值的30倍。地上附着物和青苗的补偿费标准由省、自治区、直辖市规定。城市郊区菜地，指连续3年以上常年耕作的。

许转让、出租和抵押。

（2）划拨土地使用权的土地使用者，因迁移、解散、撤销、破产或者其他原因而停止使用土地的，市、县人民政府应当无偿收回其划拨土地使用权。

（3）划拨土地使用权，市、县人民政府根据城市建设发展需要和城市规划的要求，可以无偿收回，并可依照本条件的规定予以出让。无偿收回划拨土地使用权时，对其地上建筑物和其他附着物，市、县人民政府应当根据实际情况给予适当补偿。

4. 土地使用权出让管理

土地使用权出让是指国家将国有土地使用权在一定年限内出让给土地使用者，由土地使用者向国家支付土地使用权出让金的行为。土地使用权出让是国家按照土地所有权与使用权分离的原则处置土地的一种法律行为。一般有协议、招标、拍卖和挂牌出让等形式。出让方与受让方应按规定签订土地使用权出让合同，其中出让方按合同规定提供土地使用权，受让方应按合同规定交纳出让金，颁发土地使用证，并按合同规定使用土地，不得私下改变土地用途或转让。

（1）协议，即土地出让前，土地的使用条件完全明确或部分明确，土地的使用者已经确定，且只有一个的前提下，由出让人和受让人根据各自的需要取得一致的价格。由于价格受出让人意愿的影响较大，且受让人也可以控制土地价格水平，所以对改善一个地区的投资环境和吸引外资有很好的作用。但因其公开性、透明度差，主观性大，缺乏公开竞争，难以推动土地市场的发育。

协议出让土地使用权的程序是：①用地者向政府申请取得出让土地使用权；②用地申请经政府同意后，用地者与政府协商出让土地的用地面积、使用年限和出让地价等用地条件，双方就有关内容达成一致后，草签土地使用权出让合同；③土地使用权出让合同草签完毕后，持有关材料，按审批管理的规定报有批准权限的政府批准出让土地使用权；④土地使用权受让人按合同约定支付出让金价款，政府按合同约定提供土地使用权；⑤办理土地登记的有关手续。

（2）招标，即由土地管理部门代表政府以公开招标的方式出让土地使用权，引进了市场机制，体现了商品交换的原则，但获得土地使用权者，并不一定是出价最高者，政府在确定中标者时，既要充分考虑投标价，又要对投标规划实际方案和企业的业绩进行全面、综合的评价，择优而定。

招标出让土地使用权的程序是：①准备招标文件，如招标书、投标书、土地使用和规划条件等；②发布招标公告；③有意受让人办理竞标手续；④政府确定中标人并签订出让合同；⑤中标人按合同约定支付出让金并办理土地登记手续。

（3）拍卖，即在指定的时间、地点，在公开场合由土地管理部门代表政府就某块土地的使用权公开叫价出让，价高者获得土地使用权。这种方式充分引进了竞争机制，地价完全由供求关系决定，比较真实地反映出一个城市的地价水平，尤其适用于区位条件好、交通便利的地块。

拍卖土地使用权的程序是：①准备拍卖文件；②发布拍卖公告；③有意受让人索取有关文件，办理竞投手续；④在指定地点、时间竞投；⑤签订出让合同；⑥支付土地出让金，办理土地登记手续。

（4）挂牌出让，是指出让人发布挂牌公告（公告期限不少于 30 日），按公告规定的期限将拟出让宗地的交易条件在指定的土地交易场所挂牌公布，接受竞买人的报价申请并更新挂牌价格，根据挂牌期限截止时的出价结果确定土地使用者的行为。

挂牌出让与招标、拍卖等方式既有共同点，又有不同点。共同点是无论是招标、拍卖，还是挂牌，均同样具备公开、公平、公正特点。不同点是：挂牌时间长，且允许多次报价，有利于投资者理性决策和竞争；操作简便，便于开展；有利于土地有形市场的形成和运作。为此，国土资源部将挂牌出让与招标、拍卖方式并列，将挂牌出让作为招标、拍卖方式出让国有土地使用权的重要补充，并对挂牌出让的适用范围、程序等做了较为详细的规定。考虑在挂牌截止时有可能出现众多竞价人竞相竞价的情况，为了实现土地效益的最大化，《中华人民共和国城市房地产管理法》等法律法规，规定："在挂牌期限截止时仍有两个或者两个以上的竞买人要求报价的，出让人应当对挂牌宗地进行现场竞价，由出价最高者取得土地使用权"。

5. 土地使用权转让、出租、抵押管理

（1）转让，指土地使用者将土地使用权再转移的行为。包括出售、交换和赠与。未按土地使用权出让合同规定的期限和条件投资开发、利用土地的，土地使用权不得转让。土地使用权转让应办理变更登记，并签订转让合同。土地使用权转让时，土地使用权出让合同载明的权利、义务随之转移。通过转让方式取得的土地使用权，其使用年限应是土地使用权合同规定的使用年限减去土地使用者已使用年限的剩余年限。土地使用权转让时，其地上建筑物、其他附着物所有权随之转让。土地使用权转让价格明显低于市场价格的，市、县人民政府有优先购买权。

（2）出租，指土地使用者作为出租人将土地使用权随同地上附着物租赁给承租人使用，由承租人向出租人支付租金的行为。按规定，未按土地使用权出让合同规定的期限和条件投资开发、利用土地的，土地使用权不得出租。土地使用权出租时，出租人与承租人必须签订租赁合同，其租赁合同不得违背土地使用权出让合同的规定。土地使用权出租后，出租人必须继续履行土地使用权出让合同。

（3）抵押，指抵押人以其合法的土地以不转移占有的方式向抵押权人提供债务履行担保的行为。土地使用权抵押时，其地上建筑物、其他附着物随之抵押。地上建筑物、其他附着物抵押时，其使用范围内的土地使用权随之抵押。抵押人与抵押权人必须签订抵押合同，抵押合同不得违背土地使用权出让合同的规定。如抵押到期未能履行债务或者在抵押期内宣告解散、破产者，抵押权人有优先受偿权。由抵押权人处分抵押财产而取得土地使用权的，应及时办理过户登记并注销抵押登记。抵押权因债务清偿或者其他原因而消灭的，应当依照规定办理注销抵押登记。

6. 土地使用权终止管理

土地使用权终止是指因土地使用权出让合同的使用年限已满、提前收回及土地灭失等原因而终止的土地使用权。土地使用权期满，土地使用者可申请续期，续期时应重新签订土地使用权出让合同，支付土地使用权出让金，并办理续期登记手续。土地使用期满，不办理续期者，其土地使用权及地上附着物等所有权由国家无偿收回，土地使用者交还土地使用证，并办理注销登记。国家对土地使用者依法取得的土地使用权不得提前收回。在特殊情况下，根据社会公共利益的需要，国家可以依照法律程序提前收回，并根据土地使用者已使用的年限和开发、利用土地的实际情况给予相应的补偿。

（三）农村集体用地行政管理

1. 集体土地所有权管理

我国农村集体土地所有权归农村集体经济组织的农民集体所有。《中华人民共和国土地管理法》第 10 条规定："农民集体所有的土地依照法律属于村农民集体所有的，由村集体经济组织或者村民委员会经营、管理；已经分别属于村内两个以上农村集体经济组织的农民集体所有的，由村内各农村集体经济组织或者村民小组经营、管理；已经属于乡（镇）农民集体所有的，由乡（镇）农村集体经济组织经营、管理"。由于我国农村中客观存在着三种形式的集体组织，集体土地所有权主体对应上述三种类型。

集体土地所有权的内容是集体经济组织对其所有的土地行使占有、使用、收益和处分的权利。上述权利可由某一集体经济组织统一行使，也可以通过某种方式将某些权利分离出去，由其他集体组织代农民个人行使。

集体经济组织在行使土地所有权时，必须接受国家的监督管理。国家则通过颁布法规、文件，制定和实施土地利用总体规划等法律、行政与经济手段，对集体土地所有权的行使进行决策、控制、指导、调节和监督，以实现土地利用的社会经济目标。但国家的这一监督管理应建立在充分保护农民集体土地所有权的基础上。

2. 集体土地使用权管理

（1）农用集体土地使用权的管理。我国现行农村集体土地使用制是家庭联产承包责任制，是指农户以家庭为单位向集体组织承包土地等生产资料和生产任务的农业生产责任制形式。其基本特点是在保留集体经济必要的统一经营的同时，集体将土地和其他生产资料承包给农户，承包户根据承包合同规定的权限，独立做出经营决策，并在完成国家和集体任务的前提下分享经营成果。一般做法是将土地等按人口或劳动力比例根据责、权、利相结合的原则，承包给本集体经济组织的农户经营，承包户和集体经济组织签订承包合同，土地承包经营期限为 30 年。

近年来，随着我国社会经济的发展和产业结构的转换，农村集体土地使用权流转越来越普遍。农村集体土地使用权流转是指农村集体土地使用权在不同的主体之间的流动和转移。农村集体土地使用权流转仅限于农用地之间的流转，原来是农用地，流转给他人使用以后也必须是用于农业用途，不得用于建设用地等用途。从我国农村集体土地使用权流转情况来看，流转方式主要有土地转包、土地出租、土地互换、土地转让和土地入股 5 种类型，具体管理方法按照《中华人民共和国农村土地承包法》（2002 年）。

（2）非农用集体土地使用权的管理。集体土地的非农利用主要包括农村宅基地用地、乡镇企业用地以及联营、合资、合作企业和乡（镇）村公共设施、公益事业使用集体土地等。《中华人民共和国土地管理法》对非农用集体土地使用权管理进行了较为系统的规定。乡镇企业、乡（镇）村公共设施、公益事业和农村村民住宅等乡（镇）建设，应当按照村庄和集镇规划，合理布局，综合开发，配套建设。农村村民宅基地是集体土地非农利用的主要形式。在《中华人民共和国土地管理法》中，对农村宅基地使用权管理规定：①农村村民住宅建设，应当按乡（镇）土地利用规划进行，并尽量使用原有的宅基地和村内的空闲地；使用耕地的，经乡级人民政府审核后，报县级人民政府批准；使用原有的宅基地、村内空闲地和其他土地的，由乡级人民政府批准。②农村村民一户只能拥有一处宅基地，其宅基地面积不得超过省、自治区、直辖市规定的标准。③农村居民出卖、出租住房后再申请宅基地的，不予批准。④农村村民住宅用地，经乡（镇）人民政府审核，由县级人民政府批准。其中涉及占用农地的，应办理农用地转用审批手续，从而通过一定的审批程序，接受国家或政府的管理。

2013 年，我国开始试点建立城乡统一的建设用地市场，在符合规划和用途管制的前提下，允许农村集体经营性建设用地出让、租赁、入股，实行与国有土地同等入市、同权同价。在此，需要强调三点：一是集体经营性建设用地，并非集体所有的建设用地，因为农村还有公益性建设用地和宅基地；二是符合规划，即使取得土地使用权，要建设什么也要符合规划；三是用途管制，允许入市的只是农村集体经营性建设用地，必须在符合规划和用途管制的前提下，农村集体的经营性建设用地才可以出让、租赁、入股，并非所有的农村建设用地都可以自由入市。

五、地税行政管理

税收是国家凭借行政权力，依据法律强制手段，对部分国民收入进行再分配，强制、无偿地取得财政收入的一种形式。各个社会形态下的税收均具有缴纳带有强制性、征收具有无偿性、税收具有固定性等共同的特征。土地税收是国家税收中最悠久的税种，是国家凭借行政权力，以土地为征税对象，强制、无偿地向土地使用者收取部分收益的一种特定分配关系。土地税收是对物税，具有税源稳定、不易逃漏、不易转嫁和政策性强等特点。土地税收具有以下几方面的作用：①国家财政收入的重要保障，对于筹集公共设施建设资金具有重要的意义；②合理的土地税收具有引导土地利用方向的功能，进而促进土地资源的合理利用；③土地税收是调节土地收益分配的重要手段；④土地税收能防止地价上涨过快，防止国有土地资产收益流失，起到抑制土地投机的作用。

目前，中国直接以土地为课税对象的主要税源有：耕地占用税、城镇土地使用税、土地增值税、城市房地产税/房产税和契税等。

（一）耕地占用税

耕地占用税是国家对占用耕地建房或者从事其他非农业建设的单位和个人征收的一种税，属于资源税类。1987 年，根据国务院发布的《中华人民共和国耕地占用税暂行条例》的规定，全国普遍开征耕地占用税。随着经济的发展，此条例越来越不适应新的发展形势的需要，保护耕地的作用日益弱化。2008 年，开始施行新修订的《中华人民共和国耕地占用税暂行条例》。

耕地占用税的征税对象是占用耕地建房或者从事其他非农业建设的行为，包括国家机关、企业、事业单位、农村居民和其他公民都是纳税人，由当地财政机关负责征收。

中国耕地占用税根据各地人均耕地数量来实行差别定额税率。税率分为四类：①人均耕地 1 亩以下地区（以县级行政区域为单位，下同），征收 10～50 元/m^2；②人均耕地 1～2 亩的地区，征收 8～40 元/m^2；③人均耕地 2～3 亩的地区，征收 6～30 元/m^2；④人均耕地超过 3 亩的地区，征收 5～25 元/m^2。以纳税人实际占用耕地面积为计税依据，按照规定税率一次性计算征收。

军事设施占用耕地，以及学校、幼儿园、养老院和医院占用耕地免征耕地占用税。农村居民占用耕地新建住宅，按照当地适用税额减半征收耕地占用税。

土地管理部门在通知单位或者个人办理占用耕地手续时，应当同时通知耕地所在地同级地方税务机关。获准占用耕地的单位或者个人应当在收到土地管理部门的通知之日起 30 日内缴纳耕地占用税。土地管理部门凭耕地占用税完税凭证或者免税凭证和其他有关文件发放建设用地批准书。

（二）城镇土地使用税

城镇土地使用税是指国家在城市、县城、建制镇、工矿区范围内，对使用土地的单位和个人，以其实际占用的土地面积为计税依据，按照规定的税额计算征收的一种税。城镇土地使用税属于以有偿占用和调节级差收入为特点的资源税类。我国自 1988 年开始征收城镇土地使用税，至 2013 年，国务院已对《中华人民共和国城镇土地使用税暂行条例》经过三次修订。

根据土地使用税暂行条例规定，凡在城市、县城、建制镇、工矿区范围内的土地，不论是国家所有，还是集体所有，都是其课税对象。由土地所在地的税务机关征收，采用定额税率，以纳税人实际占用的土地面积为计税依据。依照当地规定的税额标准按年征收，分期缴纳。税额标准一般为以下四种：大城市年纳税额为 1.5～30 元/m^2，中等城市年纳税额为 1.2～24 元/m^2，小城市年纳税额为 0.9～18 元/m^2，县城、建制镇、工矿区的年纳税额为 0.6～12 元/m^2。土地使用税收入应纳入财政预算管理，但它不是中央税，而是地方税或中央和地方共享税。因此，土地使用税收入的大部分应纳入地方财政收入，主要用于地方城市基础设施建设。

（三）土地增值税

土地增值税是对有偿转让国有土地使用权、地上建筑物及其他附属产权并取得增值收益的单位和个人征收的一种税。1993 年，国务院发布了《中华人民共和国土地增值税暂行条例》，并从 1994 年起执行。1995 年，财政部发布了《中华人民共和国土地增值税暂行条例实施细则》。

土地增值税的纳税义务人是转让国有土地使用权、地上建筑物及其他附着物并取得收入的单位和个人。不包括继承和赠与等没有取得增值收益的房地产转让行为。计税依据是转让国有土地使用权、地上建筑物及附着物产权所取得的增值额，即转让房地产收入减去取得土地使用权时所支付的金额、土地开发成本、地上建筑物成本及有关费用、转让房地产有关的税金以及财政部规定的其他扣除项目后的余额。

土地增值税的征收是采用超额累进税率（表 12-1），即增值税未超过扣除项目金额 50%的部分，税率为 30%；超过 50%、未超过 100%部分，税率为 40%；超过 100%，未超过 200%，税率为 50%；增值额超过扣除项目金额 200%，税率为 60%。

表 12-1　《中华人民共和国土地增值税暂行条例》中的超额累进税率

级数	增值额占扣除金额的比率	税率/%	速算扣除率/%
1	增值额未超过扣除项目金额 50%的部分	30	0
2	增值额超过扣除项目金额 50%的部分，未超过扣除项目金额 100%的部分	40	5
3	增值额超过扣除项目金额 100%的部分，未超过扣除项目金额 200%的部分	50	15
4	增值额超过扣除项目金额 200%的部分	60	35

土地增值税由土地所在地的税务机关负责征收，纳税人应当自转让房地产合同签订之日起七日内向税务机关办理纳税申报，并在税务机关核定的期限内纳税。但是下列两种情况的除外：一是建造普通标准住宅出售，增值额未超过扣除项目金额20%的；二是国家建设依法征用、收回的房地产，可免征土地增值税。

（四）城市房地产税/房产税

城市房地产税是指以城市中的房屋、土地为征税对象，按照标准房价、地价或租价向产权所有人征收的一种税。1951年，政务院颁发《中华人民共和国城市房地产税暂行条例》，规定对房产征收房产税；对土地征收地产税；对房价、地价不易划分的，征收房地产税。1986年，国务院颁布《中华人民共和国房产税暂行条例》，对内资企业和个人适用新的房产税；对外国侨民、外国企业和外商投资企业则继续按《中华人民共和国城市房地产税暂行条例》的规定征收城市房地产税。对外国人，港、澳、台同胞和华侨购置的非营业用房产，暂免征收城市房地产税。随着中国对外经济合作的发展，外商投资企业逐渐增多，财政部确定对外国企业和外商投资企业的自有房产，按《中华人民共和国城市房地产税暂行条例》的规定征收房产税。对外国企业和外商投资企业使用的土地，由有关部门征收土地使用费，不再征收地产税。2008年年底，国务院宣布《中华人民共和国城市房地产税暂行条例》废止。自2009年1月1日起，外商投资企业、外国企业和组织以及外籍个人，依照《中华人民共和国房产税暂行条例》缴纳房产税。

房产税属于财产税，是以房屋为征税对象，以房屋的计税余值或租金收入为计税依据，向产权所有人征收的一种财产税。征税范围是城市、县城、建制镇和工矿区用于经营活动的房屋，不包括农村的房屋。房产税只针对经营性用房征税，个人拥有非营业用的房产免纳房产税。房产税区别房屋的经营使用方式规定征税办法，对于自用的按房产计税余值征收，一般是房屋原值的70%，适用1.2%的税率；对于出租、出典的房屋按租金收入征税，适用12%的税率；个人出租住房和企事业单位、社会团体以及其他组织按市场价格向个人出租用于居住的住房，按4%的税率。

国家机关、人民团体和军队自用的房产，由国家财政部门拨付事业经费的单位自用的房产，宗教寺庙、公园和名胜古迹自用的房产，个人所有非营业用的房产，经财政部批准免税的其他房产等，均免纳房产税。

（五）契税

契税是一种古老的税种，起源于东晋的“估税”，至今已有1600多年的历史。契税是以不动产所有权发生转移变动时，向产权承受人征收的一种财产税。与其他税种相比，契税属于财产转移税，由财产承受人缴纳。1997年，国务院发布了《中华人民共和国契税暂行条例》，于1997年10月1日起征收契税。

契税的征税对象是发生土地使用权和房屋所有权属转移的土地和房屋。具体征税范围包括：土地使用权出让、土地使用权转让（包括出售、赠与和交换）、房屋买卖、房屋赠与、和房屋交换。有下列情形之一的，减征或者免征契税：国家机关、事业单位、社会团体、军事单位承受土地、房屋用于办公、教学、医疗、科研和军事设施的，免征契税；城镇职工按规定第一次购买公有住房的，免征契税；因不可抗力灭失住房而重新购买住房的，酌情准予减征或者免征契税；财政部规定的其他减征、免征契税的项目。

契税的税率实行幅度比例税率，税率幅度为3%～5%，具体由各省区市政府来确定。

六、土地权属争议的调解

（一）土地权属争议

土地权属争议是指有关土地所有权、使用权以及其他权利归属的争议。包括两种情况：一种是依法取得的土地所有权、使用权或他项权利受到侵害时引起的权属纠纷；另一种是对现有权属界线的争议。土地所有权的争议一般发生在国家和集体之间、集体和集体之间；土地使用权的争议则是发生在国家和集体之间、集体和集体之间，也有发生在国家或集体和个人以及个人和个人之间。土地权属争议牵涉面较广，情况也较复杂，严重影响相关单位的生产，影响争议地段的合理利用，有时还会爆发群众性的斗殴事件，影响社会安定团结。因此，对土地权属争议必须依法妥善解决。土地管理部门对土地纠纷进行行政调解，是处理土地权属争议的方式之一，也是一项必经程序。

（二）土地权属争议产生的原因

土地权属争议产生的主要原因有以下几方面：①相邻单位或个人之间土地权属紊乱，地界无明显标志；②以前农村政策多次变化以及在土地问题上“吃大锅饭”无偿占有造成的权属争议；③行政区划变更、社队归并、调整插花地等造成的土地权属不清；④水利建设、围湖造田、更改河道、开荒、平整土地、铲除了原有地界，又无新的用地协议；⑤征用土地审批手续不完备、界址不清或一地多征引起的纠纷；⑥历史上存在的地权争议延续至今，年代久远、查证难度大；⑦土地所有权和使用权受到侵害，有关补偿、安置等措施未落实；⑧土地隐形交易，土地使用权非法转移等。

（三）土地权属争议调解的原则

土地权属争议调解时必须遵循四条原则：①查明事实，分清是非，明确责任。调解不是“和稀泥”，必须以事实为根据，在查明事实、分清是非的前提下明确双方应承担的责任。②依照法律、法令和政策进行耐心细致的说服工作，法律、法令和政策是解决土地争议的准绳，双方都要遵守。③调解过程既要有原则性，又要有灵活性，即在分清是非、坚持法律、政策规定原则的基础上，具体考虑双方实际情况，实事求是地解决。④争取有关部门的配合与支持，土地争议涉及有关各方的，要主动与他们联系，听取他们的意见，取得他们的配合与支持，妥善解决问题。

（四）土地权属争议解决的程序

土地权属争议的处理采用属地管辖的原则，由争议土地所在地的县级以上人民政府负责。解决土地权属争议的方式主要包括协商、政府处理和诉讼，按照《土地权属争议调查处理办法》（2003年）进行。

程序如下：①先由当事人协商解决，协商不成再申请由人民政府处理，当事人对人民政府处理决定不服的，可向人民法院起诉。若争议各方当事人经协商取得一致意见，就签订土地权属协议书，即具有法律效力，但注意协议不得损害第三方利益，包括国家利益，否则协议无效。协商不成，则由当事人向土地管理部门提出处理申请。②土地管理部门接到申请后 15 日内决定是否受理；进行调查取证；在查清事实、分清责任的基础上先行调解；调解不成，由土地管理部门提出处理意见，报人民政府做出处理决定。③对处理决定不服，可申请行政复议或提起行政诉讼；最后报上一级人民政府土地管理部门备案。因此，为了避免和减少土地纠纷的发生，必须强化土地的统一管理，进行地籍调查和明确权属地界，依法办理土地登记和核发证书工作。

七、土地的行政争议、复议和诉讼

（一）土地行政争议

土地行政争议，又称土地行政纠纷，是指公民、法人或者其他组织，针对土地行政管理机关的具体行政行为是否合法和适当提出异议而形成的争议，如因土地行政处罚产生的争议；因确权产生的争议；因土地行政赔偿或补偿产生的争议；因土地审批而产生的争议；因其他土地行政处理决定产生的争议。

构成土地行政争议的条件有三个：①争议的一方必须是土地行政管理机关（或人民政府），没有土地行政管理机关作为一方争议当事人的争议不是土地行政争议；②争议必须是针对土地行政管理机关实施的具体行为，不是针对具体土地行政行为进行的争议不是土地行政争议；③争议要解决的问题是确定土地行政管理机关的具体行政行为是否合法和适当。其中，土地行政管理机关的具体行政行为是否合法和适当，是土地行政争议的焦点。

土地行政争议的出现往往基于以下两方面原因：①土地行政管理机关在实施土地的行政管理过程中，由于各种原因不可避免地出现这样或那样的违法行为或不当行为；②土地行政管理机关的行政决定往往直接影响相对一方的权利和利益，因而对违法或不当行为的出现，相对一方都会做出反应。

土地行政争议的存在是土地行政复议和土地行政诉讼产生的前提。没有土地行政争议，土地行政复议和土地行政诉讼也就无从谈起。土地行政复议和土地行政诉讼，是解决土地行政争议的两种重要法律制度。

（二）土地行政复议

土地行政复议，也称土地管理行政复议，是指公民、法人或者其他组织，对土地行政主管部门的具体行政行为不服，或者认为其行政行为侵犯其合法权益，依法向上一级行政机关或者法律规定的行政机关提出土地行政复议申请，由受理土地行政复议申请的行政机关对原具体行政行为依法进行审查并做出土地行政复议决定的法律制度。

土地行政复议具有以下基本特征：①土地行政复议是国家行政机关的活动，是上级土地管理机关对下级土地管理机关进行行政监督的行政活动。②提出土地复议申请的只能是与管理行为有利害关系的管理相对一方。行政复议对于行政相对人来说是一种权利，而对于应受理的复议机关来说是一种职责和义务。③土地行政复议申请必须在法律、法规规定的期间内提出，一般为 60 日内。④土地行政复议必须是上级土地管理机关对下级土地管理机关的具体行政行为做出明确的裁定。正确的予以维持，错误的予以撤销，失当的予以更改。

（三）土地行政诉讼

土地行政诉讼，是指公民、法人或其他组织对土地管理机关的具体土地管理的行政行为不服，依照《行政诉讼法》向人民法院提起诉讼，由人民法院进行实现并做出判决和裁定的活动。土地行政诉讼和土地行政复议虽然都是以解决土地行政争议为目的，但是，土地行政诉讼是一种诉讼活动，而土地行政复议是一种非诉讼的行政行为。

一般来说，土地管理部门对土地权属争议案件做出处理决定后，当事人如果不服可以先向有管辖权的行政机关申请复议，对复议不服的，再向人民法院提起诉讼，也可直接向人民法院起诉。

复习思考题

1. 何谓土地行政管理？其有些什么性质？
2. 土地行政管理的方法及途径有哪些？
3. 土地行政管理的内容包括哪些方面？
4. 何谓地权，地权行政管理的内容有哪些？
5. 何谓地籍？地籍的行政管理的内容有哪些？
6. 地价行政管理的原则和内容有哪些？
7. 何谓地用？地用行政管理的内容有哪些？
8. 何谓地税？地税行政管理的主要内容是什么？
9. 何谓土地的行政争议、复议和诉讼？

主要参考文献

毕宝德. 1993. 土地经济学. 北京：中国人民大学出版社

蔡运龙. 1995. 持续发展：人地系统优化的新思路. 应用生态学报，6（3）：329-333

蔡运龙. 2001. 土地利用/土地覆被变化研究：寻求新的综合途径. 地理研究，20（6）：645-652

蔡运龙，李军. 2003. 土地利用可持续性的度量：一种显示过程的综合方法. 地理学报，58（2）：305-313

蔡运龙，傅泽强，戴尔阜. 2002. 区域最小人均耕地面积与耕地资源调控. 地理学报，57（2）：127-134

曹国庆. 2015. 农村土地流转的探索与实践. 南昌：江西人民出版社

陈百明. 2002. 区域土地可持续利用指标体系框架的构建与评价. 地理科学进展，21（3）：204-215

陈传康. 1965. 鄂尔多斯自然区划及其农业评价//中国地理学会自然地理专业委员会. 中国地理学会 1963 年会论文集（自然地理学）. 北京：科学出版社

陈传康. 1983. 城市建设用地综合分析和分等问题. 自然资源，5（2）：18-25，37

程天文. 1980. 农田蒸发与蒸发力的测量及其计算方法//中国科学院地理所. 地理集刊（2）. 北京：科学出版社

戴尔阜，吴绍洪. 2004. 土地持续利用研究进展. 地理科学进展，23（1）：79-88

戴旭. 1995. 农业土地评价的理论与方法. 北京：科学出版社

党丽娟，徐勇，高雅. 2014. 土地利用功能分类及空间结构评价方法：以燕沟流域为例. 水土保持研究，21（5）：193-197，203

登特 D，扬 A. 1988. 土壤调查与评价. 倪绍祥译. 北京：农业出版社

董玉祥，刘琦，刘小航. 2001. 土地利用与管理. 西安：陕西人民教育出版社

封志明. 2001. 一个基于土地利用详查的中国土地资源利用区划新方案. 自然资源学报，16（4）：325-333

付梅臣，袁春，吴克宁. 2008. 土地行政管理学. 北京：地质出版社

傅伯杰. 1991. 土地评价的理论与实践. 北京：中国科学技术出版社

傅伯杰，陈利顶，马诚. 1997. 土地可持续利用评价的指标体系与方法. 自然资源学报，2（12）：112-118

傅伯杰，陈利顶，马克明. 1999. 黄土丘陵区小流域土地利用变化对生态环境的影响——以延安市羊圈沟流域为例. 地理学报，54（3）：241-246

何同康. 1980. 贵州省土壤资源的评价方法的初步研究. 土壤学报，17（2）：156-164

胡星池，蒋建明. 1991. 土地科学的几个理论问题探索. 中国土地科学，5（4）：12-15

冷疏影，李秀彬. 1999. 土地质量指标体系国际研究的新进展. 地理学报，54（2）：177-185

李德一，张树文，吕学军，等. 2011. 基于栅格的土地利用功能变化监测方法. 自然资源学报，26（8）：1207-1305

李团胜，王丽霞，马超群. 2013. 土地评价与估价. 北京：化学工业出版社

李孝芳. 1989. 土地资源评价的基本原理与方法. 长沙：湖南科学技术出版社

李秀彬. 1996. 全球环境变化研究的核心领域——土地利用/土地覆被变化的国际研究动态. 地理学报，51（6）：543-548

林超. 1986. 国外土地类型研究的发展. 北京：科学出版社

林超，李昌文. 1980. 北京山区土地类型研究的初步总结. 地理学报，35（3）：188-199

林坚，刘文. 2015. 土地科学研究对象和学科属性的思考. 中国土地科学，29（4）：4-10

刘超，许月卿，孙丕苓，等. 2016. 土地利用多功能性研究进展与展望. 地理科学进展，35（9）：1087-1099

刘黎明. 2005. 土地资源调查与评价. 北京：中国农业大学出版社
龙斯玉. 1985. 江苏省农业气候资源生产潜力及区划的研究. 地理科学，5（3）：218-226
麦克雷 S G，伯恩翰 C P. 1986. 土地评价. 厉为民译. 北京：中国展望出版社
梅成瑞. 1990. 中国干旱区土地人口承载力发展的预测研究. 干旱区资源与环境，4（3）：124-133
蒙吉军. 2011. 综合自然地理学. 2 版. 北京：北京大学出版社
蒙吉军. 2013. 自然地理学方法. 北京：高等教育出版社
蒙吉军，赵春红，刘明达. 2011a. 基于土地利用变化的区域生态安全评价研究——以鄂尔多斯为例. 自然资源学报，26（4）：578-590
蒙吉军，周婷，刘洋. 2011b. 区域生态风险评价——以鄂尔多斯为例. 北京大学学报（自然科学版），47（5）：935-943
倪绍祥. 2003. 近 10 年来中国土地评价研究的进展. 自然资源学报，18（6）：672-678
倪绍祥. 2009. 土地类型与土地评价概论. 3 版. 北京：高等教育出版社
彭补拙，周生路. 2003. 土地利用规划学. 南京：东南大学出版社
曲福田. 2002. 土地行政管理. 北京：中国农业出版社
申元村. 1990. 土地人口承载力研究理论与方法探讨. 自然资源，12（1）：21-26
石玉林. 1979. 东北地区三幅百万分之一土地资源图的土地资源分类系统. 自然资源，1（1）：77-90
石玉林. 1982. 关于《中国 1∶100 万土地资源分类工作方案要点》（草案）的说明. 自然资源，4（1）：63-69
王宝铭. 1996. 城乡土地评价. 天津：天津社会科学院出版社
王枫，董玉祥. 2015. 基于灰色关联投影法的土地利用多功能动态评价及障碍因子诊断. 自然资源学报，30（10）：1698-1710
王万茂. 2011. 中国土地科学学科建设：历史与未来. 南京农业大学学报（社会科学版），11（2）：15-19
王万茂，韩桐魁. 2013. 土地利用规划学. 北京：中国农业出版社
王万茂，王群. 2015. 土地管理学. 北京：北京师范大学出版社
吴次芳. 2008. 土地资源调查与评价. 北京：中国农业出版社
吴次芳. 2014. 土地科学学科建设若干基本问题的反思与探讨. 中国土地科学，28（2）：22-28
吴次芳，徐保根. 2003. 土地生态学. 北京：中国大地出版社
吴次芳，叶艳妹. 1995. 土地科学导论. 北京：中国建材工业出版社
吴次芳，叶艳妹. 2002. 土地科学的基础理论、学科结构及其技术支持体系研究. 中国土地科学，16（4）：4-9
向芸芸，蒙吉军. 2012. 生态承载力研究及应用进展. 生态学杂志，31（11）：2958-2965
肖笃宁，陈文波，郭福良. 2002. 论生态安全的基本概念和研究内容. 应用生态学报，13（3）：354-358
谢高地，鲁春霞，冷允法，等. 2003. 青藏高原生态资产的价值评估. 自然资源学报，18（2）：189-196
谢高地，甄霖，鲁春霞，等. 2008. 生态系统服务的供给、消费和价值化. 资源科学，30（1）：93-99
谢俊奇，蔡玉梅，郑振源，等. 2004. 基于改进的农业生态区法的中国耕地粮食生产潜力评价. 中国土地科学，18（4）：31-37
徐樵利，谭传凤. 1994. 山地地理系统综论. 武汉：华中师范大学出版社
许学工. 1998. 黄河三角洲地域结构综合开发与可持续发展. 北京：海洋出版社
杨雪，谈明洪. 2014. 近年来北京市耕地多功能演变及其关联性. 自然资源学报，29（5）：733-743
杨友孝，蔡运龙. 2000. 中国农村资源、环境与发展的可持续性评估：SEEA 方法及其应用. 地理学报，55（5）：596-606

尤南山，蒙吉军，李枫，等. 2017. 1980—2017 年中国土地资源学发展研究. 中国土地科学，31（11）：3-15
尤文郁. 1991. 对土地科学学科建设的几点认识. 中国土地科学，5（4）：1-3
余显芳，陈朝辉，鲁争寿. 1985. 海南岛土地类型与土地资源//广州地理研究所. 海南岛热带农业自然资源与区划（论文集）. 北京：科学出版社
张路路，郑新奇，蔡玉梅，等. 2016. 基于全排列多边形图示指标法的湖南省土地多功能性评价. 水土保持研究，23（5）：298-309
张晓平，朱道林，许祖学. 2014. 西藏土地利用多功能性评价. 农业工程学报，30（6）：185-194.
赵松乔. 1986. 中国 1∶100 万土地类型划分和制图//中国 1∶100 土地类型编辑委员会. 中国土地类型研究. 北京：科学出版社
赵松乔，陈传康，牛文元. 1979. 近三十年来我国综合自然地理学的进展. 地理学报，34（3）：187-199
甄霖，曹淑艳，魏云洁，等. 2009. 土地空间多功能利用：理论框架及实证研究. 资源科学，31（4）：544-551
甄霖，魏云洁，谢高地，等. 2010. 中国土地利用多功能性动态的区域分析. 生态学报，30（24）：6479-6761
中国地理学会. 1981. 中国自然地理（土壤地理）. 北京：科学出版社
中华人民共和国国土资源部土地整理中心. 2000. 土地开发整理标准. 北京：中国计划出版社
朱德举. 1996. 土地评价. 北京：中国大地出版社
Acton D F，Gregorich L J. 1996. Executive summary of the health of our soil towards sustainable agriculture in Canada. Research Branch：Center for Land and Biological Resources Research，Ariculture and Agri-Food Canada，Ottawa
Barrow. 1991. Land Degradation. New York：Cambridge University Press
Costanza R. 1998. Predictors of ecosystem health//Rapport D J，Costanza R，Epstein P R，et al. Ecosystem Health. Malden and Oxford：Blackwell Science：240-250
Costanza R，Arge R，Groot R，et al. 1997. The value of the world's ecosystem services and natural capital. Nature，387：253-260
Costanza R，Norton B G，Haskell B D. 1992. Ecosystem health：new goals for environmental management. Washington：Island Press
de Groot R S，Wilson M A，Boumans R M J. 2002. A typology for the classification，description and valuation of ecosystem functions，goods and services. Ecological Economics，41（3）：393-408
FAO. 1976. A framework for land evaluation. Soils Bulletin，No. 32，Roma
FAO. 1993. FESLM：an International framework for evaluating sustainable land management. World Soil Resources Report No. 73，Roma
FAO/UNEP. 2002. Expert Consultation on Strategies for Global Land Cover Mapping and Monitoring Report. Rome
Fleskens L，Duarte F，Eicher I. 2009. A conceptual framework for the assessment of multiple functions of agro-ecosystems：a case study of Trás-os-Montes olive groves. Journal of Rural Studies，25（1）：141-155
Karr J R. 1993. Defining and assessing ecological integrity：beyond water quality. Environmental Toxicology and Chemistry，12：1521-1531
Kates R W，Clark W C，Corell R，et al. 2001. Sustainability science. Science，292：641-642
Kienast F，Bolliger J，Potschin M，et al. 2009. Assessing landscape functions with broad-scale environmental data：insights gained from a prototype development for Europe. Environmental Management，44（6）：1099-1120

Lambin E F，Baulies X，Bockstael N，et al. 1999. Land use and land cover change（LUCC）：implementation strategy. IGBP Report 48 and HDP Report 10. Stochkholm：IGBP

Lambin E F，Turner B L，Helmut J G，et al. 2001. The cause of land use and land cover change：moving beyond the myths. Global Environmental Change，11：261-269

Mander U，Helming K，Wiggering H. 2007. Multifunctional land use：meeting future demands for landscape goods and service. Berlin：Springer

Millennium Ecosystem Assessment（Program）. 2003. Ecosystems and human wellbing：a framework for assessment. Washington：Island Press

Moran E F. 2003. News on the land project. Global Change Newsletter Issue

Moran E F，Ojima D S，Buchmann B，et al. 2005. Global Land Project—Science Plan and Implementation Strategy Stockholm：IGBP Secretariat

Ojima D，Lavorel S，Graumich L，et al. 2002. Terrestrial human environment systems：the future of land research in IGBP Ⅱ. Global Change Newsletter Issue

Rapport D J. 1989. What constitutes ecosystem health? Perspectives in Biology and Medicine，33：120-132

Rapport D J，Costanza R，Michael A J M. 1998. Assessing ecosystem health. Trends in Ecology and Evolution，13：397-402

Schaeffer D J，Henricks E E，Kerster H W. 1988. Ecosystem health. Measuring ecosystem health. Environmental Management，12：445-455

The World Bank. 1995. Land Quality Indicators. Washington

Turner Ⅱ B L，Clark W C，Kates R W，et al. 1990. The Earth as Transformed by Human Action Global and Regional Changes in the Biosphere Over the Past 300 Years. Cambridge：Cambridge University Press

Turner II B L，Meyer W B，Skole D L. 1994. Global Land use/ Land cover change：towards an integrated study. Ambio，23（1）：91-95

UNDP. 1995. Human Development Report 1995. New York：UNDP

Verburg P H，Veldkamp T. 1999. Land use change under conditions of high population pressure：the case of Java. Global Environmental Change，(9)：303-312

Verweij P，Knapen M，Winter W，et al. 2010. An IT perspective on integrated environmental modelling：the SIAT case. Ecological Modelling，221（18）：2167-2176

Wackernagel M，Rees W E. 1996. Our Ecological Footprint：Reducing Human Impact on the Earth. Gabriola Island：New Society Publishers

Wackernagel M，Monfreda C，Deumling D. 2002. Ecological Footprint of Nations，Redefining Progress

Xie G D，Zhen L，Zhang C X，et al. 2010. Assessing the multifunctionalities of land use in China. Journal of Resources and Ecology，1（4）：311-318

Zonneveld I S. 1996. Land Ecology：an Introduction to Landscape as a Base for Land Evaluation，Land Management and Conservation. Amsterdam：SPB Academic Publishing

附录一 土地利用现状分类及其含义（1984）

一级类型	二级类型	含义
1 耕地	种植农作物的土地。包括新开垦地、休闲地、轮歇地、草田轮作地；以种植农作物为主的间有零星果树、桑树或者其他树木的土地；耕种三年以上的滩地和海涂。耕地中包括南方宽小于1.0m，北方宽小于2.0m的沟、渠、路、田埂	
	11 灌溉水田	有水源保证和灌溉设施，在一般年景能正常灌溉，用以种植水稻、莲藕、席草等水生作物的耕地，包括灌溉的水旱轮作地
	12 望天田	无灌溉工程设施，主要依靠天然降雨，用以种植水稻、莲藕、席草等水生作物的耕地。包括无灌溉措施的水旱轮作地
	13 水浇地	指水田、菜地以外，有水源保证和灌溉设施，在一般年景能正常灌溉的耕地
	14 旱地	无灌溉设施，靠天然降水生长作物的耕地。包括没有固定灌溉设施，仅靠引洪淤灌的耕地
	15 菜地	以种植蔬菜为主的耕地，包括温室、塑料大棚用地
2 园地	种植以采集果、叶为主的集约经营的多年生木本和草本作物，覆盖度＞50%，或每亩株数大于合理株数70%的土地。包括果树苗圃等用地	
	21 果园	种植果树的园地
	22 桑园	种植桑树的园地
	23 茶园	种植茶树的园地
	24 橡胶园	种植橡胶的园地
	25 其他园地	种植可可、咖啡、油棕和胡椒等其他多年生作物的园地
3 林地	生长乔木、竹类、灌木、沿海红树林等林木的土地。不包括居民绿化用地，以及铁路、公路、河流、沟渠的护路、护岸用地	
	31 有林地	树木郁闭度大于30%的天然、人工林地
	32 灌木林	覆盖度大于40%的灌木林地
	33 疏林地	树木郁闭度为10%～30%的疏林地
	34 未成林造林地	造林成活率大于等于合理选林株数的41%、尚未郁闭但有成林希望的新造林地（一般指造林后不满3～5年或飞机播种后不满5～7年的造林地）
	35 迹地	森林采伐、火烧后，5年内未更新的土地
	36 苗圃	固定的林木育苗地
4 牧草地	生长草本植物为主，用于畜牧业的土地	
	41 天然草地	以天然草本植物为主，未经改良，用于放牧或割草的草地。包括以牧为主的疏林和灌木草地
	42 改良草地	采用灌溉、排水、施肥、松肥和补植等措施进行改良的草地
	43 人工草地	人工种植牧草的草地。包括人工培植用于畜牧业的土地

续表

一级类型	二级类型	含义
5　居民点及工矿用地	城乡居民点、独立居民点以外的工矿、国防、名胜古迹等企业事业单位用地。包括其内部交通、绿化用地	
	51　城镇	市、镇建制的居民点用地，不包括市、镇范围内用于农、林、牧和渔业生产用地
	52 农村居民点	镇以下的居民点用地
	53　独立工矿用地	居民点以外独立的各种工矿企业、采石场、砖瓦窑、仓库及其他企业单位的建设用地。不包括附属于工矿企事业单位的农副业生产基地
	54　盐田	以经营盐业为目的的包括盐场及附属设施的用地
	55　特殊用地	居民点以外的国防、名胜古迹、风景旅游点、墓地和陵园等用地
6 交通用地	居民点以外的各种道路及其附属设施和民用机场用地。包括护路林用地	
	61　铁路	铁道线路及站场用地。包括路堤、路垫、道沟、取土坑及护路林用地
	62　公路	国家和地方公路用地。包括路堤、路堑、道沟和护路林用地
	63　农村道路	农村南方宽大于等于 1m，北方宽大于等于 2m 的道路用地
	64　民用机场	民用机场及其附属设施用地
	65　港口、码头	专供客货运船泊停靠的场所用地。包括海运、河运及其附属建筑物用地，但不包括常水位下部分
7 水域	陆地水域和水利设施用地。不包括滞洪区和多年种的滩区耕地、林地、居民点、道路等	
	71　河流水面	天然形成或人工开挖河流常水位岸线以下的面积
	72　湖泊水面	天然形成的积水区常水位岸线以下的面积
	73　水库水面	人工修建总库容大于等于 10 万 m^3 的正常蓄水位岸线以下的面积
	74　坑塘水面	天然形成或人工挖掘、蓄水量小于 10 万 m^3 的常水位岸线以下的蓄水面积
	75　苇地	生长芦苇的土地。包括滩涂地上的苇地
	76　滩涂	包括沿海大高潮位与低潮位之间的潮浸地带，河流、湖泊常水位以下的滩地，时令湖、河洪水位以下的滩地，水库、坑塘的常蓄水位与最大洪水位间的面积。常水位线一般按地形图，不另行调绘
	77　沟渠	人工修建、用于排灌的沟渠占地。包括渠槽、渠堤、取土坑、护堤林用地，不包括南方宽小于等于 1m，北方宽小于等于 2m 的沟渠用地
	78　水工建筑物	人工修建、用于除害兴利的闸、坝、堤、路林、水电厂房、扬水站等常水位岸线以上的建筑物用地
	79　冰川及永久积雪	表层被积雪常年覆盖的土地
8 未利用地	目前还未利用的土地。包括难利用的土地	
	81　荒草地	树木郁闭度小于 10%、表层为土质、生长杂草的土地。不包括盐碱地、沼泽地和裸地
	82　盐碱地	表层盐碱聚集、只生长天然耐盐植物的土地
	83　沼泽地	经常积水或渍水、一般生长湿生植物的土地
	84　沙地	表层为沙覆盖、基本无植被的土地。包括沙漠，不包括水系中的沙滩
	85　裸土地	表层为沙覆盖、基本无植被覆盖的土地
	86　裸岩、石砾地	表层为岩石或石砾，其覆盖面积大于 50%的土地
	87　田坎	主要指耕地中南方案大于等于 1m，北方宽大于等于 2m 的地坎或堤坝地
	88　其他	其他未利用的土地。包括高寒荒漠、苔原等

资料来源：全国农业区划委员会. 1984. 土地利用现状调查技术规程. 北京：测绘出版社

附录二　城市用地分类与规划建设用地标准（GB 50137—2011）

附表 2.1　城乡用地分类和代码

类别代码			类别名称	内容
大类	中类	小类		
H			建设用地	包括城乡居民点建设用地、区域交通设施用地、区域公用设施用地、特殊用地、采矿用地及其他建设用地等
	H1		城乡居民点建设用地	城市、镇、乡、村庄建设用地
		H11	城市建设用地	城市内的居住用地、公共管理与公共服务用地、商业服务业设施用地、工业用地、物流仓储用地，道路与交通设施用地、公用设施用地、绿地与广场用地
		H12	镇建设用地	镇人民政府驻地的建设用地
		H13	乡建设用地	乡人民政府驻地的建设用地
		H14	村庄建设用地	农村居民点的建设用地
	H2		区域交通设施用地	铁路、公路、港口、机场和管道运输等区域交通运输及其附属设施用地，不包括城市建设用地范围内的铁路客货运站、公路长途客货运站以及港口客运码头
		H21	铁路用地	铁路编组站、线路等用地
		H22	公路用地	国道、省道、县道和乡道用地及附属设施用地
		H23	港口用地	海港和河港的陆域部分，包括码头作业区、辅助生产区等用地
		H24	机场用地	民用及军民合用的机场用地，包括飞行区、航站区等用地，不包括净空控制范围用地
		H25	管道运输用地	运输煤炭、石油和天然气等地面管道运输用地，地下管道运输规定的地面控制范围内的用地应按其地面实际用途归类
	H3		区域公用设施用地	为区域服务的公用设施用地，包括区域性能源设施、水工设施、通信设施、广播电视设施、殡葬设施、环卫设施、排水设施等用地
	H4		特殊用地	特殊性质的用地
		H41	军事用地	专门用于军事目的的设施用地，不包括部队家属生活区和军民共用设施等用地
		H42	安保用地	监狱、拘留所、劳改场所和安全保卫设施等用地，不包括公安局用地
	H5		采矿用地	采矿、采石、采沙、盐田、砖瓦窑等地面生产用地及尾矿堆放地
	H9		其他建设用地	除以上之外的建设用地，包括边境口岸和风景名胜区、森林公园等的管理及服务设施等用地

续表

类别代码			类别名称	内容
大类	中类	小类		
E			非建设用地	水域、农林用地及其他非建设用地等
	E1		水域	河流、湖泊、水库、坑塘、沟渠、滩涂、冰川及永久积雪
		E11	自然水域	河流、湖泊、滩涂、冰川及永久积雪
		E12	水库	人工拦截汇集而成的总库容不小于10万m^3的水库正常蓄水位岸线所围成的水面
		E13	坑塘沟渠	蓄水量小于10万m^3的坑塘水面和人工修建用于引，排，灌的渠道
	E2		农林用地	耕地、园地、林地、牧草地、设施农用地，田坎，农村道路等用地
	E9		其他非建设用地	空闲地、盐碱地、沼泽地、沙地、裸地、不用于畜牧业的荒草地等用地

附表2.2　城市建设用地分类和代码

类别代码			类别名称	内容
大类	中类	小类		
R			居住用地	住宅和相应服务设施的用地
	R1		一类居住用地	设施齐全、环境良好，以低层住宅为主的用地
		R11	住宅用地	住宅建筑用地及其附属道路、停车场、小游园等用地
		R12	服务设施用地	居住小区及小区级以下的幼托、文化、体育、商业、卫生服务、养老助残、公用设施等用地，不包括中小学用地
	R2		二类居住用地	设施较齐全、环境良好，以多、中、高层住宅为主的用地
		R21	住宅用地	住宅建筑用地（含保障性住宅用地）及其附属道路、停车场、小游园等用地
		R22	服务设施用地	居住小区及小区级以下的幼托、文化、体育、商业、卫生服务、养老助残、公用设施等用地，不包括中小学用地
	R3		三类居住用地	设施较欠缺、环境较差，以需要加以改造的简陋住宅为主的用地，包括危房、棚户区、临时住宅等用地
		R31	住宅用地	住宅建筑用地及其附属道路、停车场、小游园等用地
		R32	服务设施用地	居住小区及小区级以下的幼托、文化、体育、商业、卫生服务、养老助残、公用设施等用地，不包括中小学用地
A			公共管理与公共服务设施用地	行政、文化、教育、体育、卫生等机构和设施的用地，不包括居住用地中的服务设施用地
	A1		行政办公用地	党政机关、社会团体、事业单位等办公机构及其相关设施用地
	A2		文化设施用地	图书、展览等公共文化活动设施用地
		A21	图书展览设施用地	公共图书馆、博物馆、档案馆、科技馆、纪念馆、美术馆和展览馆、会展中心等设施用地
		A22	文化活动设施用地	综合文化活动中心、文化馆、青少年宫、儿童活动中心、老年活动中心等设施用地

续表

类别代码			类别名称	内容
大类	中类	小类		
A	A3		教育科研用地	高等院校、中等专业学校、中学、小学、科研事业单位及其附属设施用地，包括为学校配建的独立地段的学生生活用地
		A31	高等院校用地	大学、学院、专科学校、研究生院、电视大学、党校、干部学校及其附属设施用地，包括军事院校用地
		A32	中等专业学校用地	中等专业学校、技工学校、职业学校等用地，不包括附属于普通中学内的职业高中用地
		A33	中小学用地	中学、小学用地
		A34	特殊教育用地	聋、哑、盲人学校及工读学校等用地
		A35	科研用地	科研事业单位用地
	A4		体育用地	体育场馆和体育训练基地等用地，不包括学校等机构专用的体育设施用地
		A41	体育场馆用地	室内外体育运动用地，包括体育场馆、游泳场馆、各类球场及其附属的业余体校等用地
		A42	体育训练用地	为体育运动专设的训练基地用地
	A5		医疗卫生用地	医疗、保健、卫生、防疫、康复和急救设施等用地
		A51	医院用地	综合医院、专科医院、社区卫生服务中心等用地
		A52	卫生防疫用地	卫生防疫站、专科防治所、检验中心和动物检疫站等用地
		A53	特殊医疗用地	对环境有特殊要求的传染病、精神病等专科医院用地
		A59	其他医疗卫生用地	急救中心、血库等用地
	A6		社会福利用地	为社会提供福利和慈善服务的设施及其附属设施用地，包括福利院、养老院、孤儿院等用地
	A7		文物古迹用地	具有保护价值的古遗址、古墓葬、古建筑、石窟寺、近代代表性建筑、革命纪念建筑等用地。不包括已作其他用途的文物古迹用地
	A8		外事用地	外国驻华使馆、领事馆、国际机构及其生活设施等用地
	A9		宗教用地	宗教活动场所用地
B			商业服务业设施用地	商业、商务、娱乐康体等设施用地，不包括居住用地中的服务设施用地
	B1		商业用地	商业及餐饮、旅馆等服务业用地
		B11	零售商业用地	以零售功能为主的商铺、商场、超市、市场等用地
		B12	批发市场用地	以批发功能为主的市场用地
		B13	餐饮用地	饭店、餐厅、酒吧等用地
		B14	旅馆用地	宾馆、旅馆、招待所、服务型公寓、度假村等用地
	B2		商务用地	金融保险、艺术传媒、技术服务等综合性办公用地
		B21	金融保险业用地	银行、证券期货交易所、保险公司等用地
		B22	艺术传媒产业用地	文艺团体、影视制作、广告传媒等用地
		B29	其他商务用地	贸易、设计、咨询等技术服务办公用地

续表

类别代码			类别名称	内容
大类	中类	小类		
B	B3		娱乐康体用地	娱乐、康体等设施用地
		B31	娱乐用地	剧院、音乐厅、电影院、歌舞厅、网吧以及绿地率小于65%的大型游乐等设施用地
		B32	康体用地	赛马场、高尔夫、溜冰场、跳伞场、摩托车场、射击场，以及通用航空、水上运动的陆域部分等用地
	B4		公用设施营业网点用地	零售加油、加气、电信、邮政等公用设施营业网点用地
		B41	加油加气站用地	零售加油、加气、充电站等用地
		B49	其他公用设施营业网点用地	独立地段的电信、邮政、供水、燃气、供电、供热等其他公用设施营业网点用地
	B9		其他服务设施用地	业余学校、民营培训机构、私人诊所、殡葬、宠物医院、汽车维修站等其他服务设施用地
M			工业用地	工矿企业的生产车间、库房及其附属设施用地，包括专用铁路、码头和附属道路、停车场等用地，不包括露天矿用地
	M1		一类工业用地	对居住和公共环境基本无干扰、污染和安全隐患的工业用地
	M2		二类工业用地	对居住和公共环境有一定干扰、污染和安全隐患的工业用地
	M3		三类工业用地	对居住和公共环境有严重干扰、污染和安全隐患的工业用地
W			物流仓储用地	物资储备、中转、配送等用地，包括附属道路、停车场以及货运公司车队的站场等用地
	W1		一类物流仓储用地	对居住和公共环境基本无干扰、污染和安全隐患的物流仓储用地
	W2		二类物流仓储用地	对居住和公共环境有一定干扰、污染和安全隐患的物流仓储用地
	W3		三类物流仓储用地	易燃、易爆和剧毒等危险品的专用物流仓储用地
S			道路与交通设施用地	城市道路、交通设施等用地，不包括居住用地、工业用地等内部的道路、停车场等用地
	S1		城市道路用地	快速路、主干路、次干路和支路等用地，包括其交叉口用地
	S2		城市轨道交通用地	独立地段的城市轨道交通地面以上部分的线路、站点用地
	S3		交通枢纽用地	铁路客货运站、公路长途客运站、港口客运码头、公交枢纽及其附属设施用地
	S4		交通场站用地	交通服务设施用地，不包括交通指挥中心、交通队用地
		S41	公共交通场站用地	城市轨道交通车辆基地及附属设施，公共汽（电）车首末站、停车场（库）、保养场，出租汽车场站设施等用地，以及轮渡、缆车、索道等的地面部分及其附属设施用地
		S42	社会停车场用地	独立地段的公共停车场和停车库用地，不包括其他各类用地配建的停车场和停车库用地
	S9		其他交通设施用地	除以上之外的交通设施用地，包括教练场等用地

续表

类别代码			类别名称	内容
大类	中类	小类		
U			公用设施用地	供应、环境、安全等设施用地
	U1		供应设施用地	供水、供电、供燃气和供热等设施用地
		U11	供水用地	城市取水设施、自来水厂、再生水厂、加压泵站、高位水池等设施用地
		U12	供电用地	变电站、开闭所、变配电所等设施用地，不包括电厂用地。高压走廊下规定的控制范围内的用地应按其地面实际用途归类
		U13	供燃气用地	分输站、门站、储气站、加气母站、液化石油气储配站、灌瓶站和地面输气管廊等设施用地，不包括制气厂用地
		U14	供热用地	集中供热锅炉房、热力站、换热站和地面输热管廊等设施用地
		U15	通信用地	邮政中心局、邮政支局、邮件处理中心、电信局、移动基站、微波站等设施用地
		U16	广播电视用地	广播电视的发射、传输和监测设施用地，包括无线电收信区、发信区以及广播电视发射台、转播台、差转台、监测站等设施用地
	U2		环境设施用地	雨水、污水、固体废物处理等环境保护设施及其附属设施用地
		U21	排水用地	雨水泵站、污水泵站、污水处理、污泥处理厂等设施及其附属的构筑物用地，不包括排水河渠用地
		U22	环卫用地	生活垃圾、医疗垃圾、危险废物处理（置），以及垃圾转运、公厕、车辆清洗、环卫车辆停放修理等设施用地
	U3		安全设施用地	消防、防洪等保卫城市安全的公用设施及其附属设施用地
		U31	消防用地	消防站、消防通信及指挥训练中心等设施用地
		U32	防洪用地	防洪堤、防洪枢纽、排洪沟渠等设施用地
	U9		其他公用设施用地	除以上之外的公用设施用地，包括施工、养护、维修等设施用地
G			绿地与广场用地	公园绿地、防护绿地、广场等公共开放空间用地
	G1		公园绿地	向公众开放，以游憩为主要功能，兼具生态、美化、防灾等作用的绿地
	G2		防护绿地	具有卫生、隔离和安全防护功能的绿地
	G3		广场用地	以游憩、纪念、集会和避险等功能为主的城市公共活动场地

附表 2.3　镇建设用地分类

类别代码			类别名称	所包含的用途
大类	中类	小类		
R			居住用地	各类居住建筑及相应的服务设施、宅间路和绿化等用地； 不包括路面宽度等于和大于 6m 的道路用地
	R1		一类居住用地	设施齐全、环境良好，以低层住宅为主的用地
	R2		二类居住用地	设施较齐全、环境良好，以多、中、高层住宅为主的用地
	R3		四类居住用地	设施较欠缺、环境较差，以需要加以改造的简陋住宅为主的用地，包括危房、棚户区、临时住宅等用地

续表

类别代码			类别名称	所包含的用途
大类	中类	小类		
A			公共管理与公共服务设施用地	行政、文化、教育、体育、卫生等机构和设施的用地，不包括居住用地中的服务设施用地
	A1		行政办公用地	党政机关、社会团体、事业单位等办公机构及其相关设施用地
	A2		文化设施用地	文化站（室）、图书馆、科技站、展览厅等文化设施用地
	A3		教育用地	幼儿园、托儿所、小学、中学、专业学校及其附属设施用地，包括为学校配建的独立地段的学生生活用地
		A31	中学用地	初中、高中、完全中学及职业高中机器附属设施用地
		A32	小学用地	小学及其附属设施用地
		A33	幼托用地	幼儿园、托儿所及其附属设施用地
		A34	专业学校用地	专业学校及其附属设施用地
	A4		体育用地	体育场馆和体育场地等用地，不包括学校等机构专用的体育设施用地
	A5		医疗卫生用地	医疗、保健、卫生、防疫、康复和急救设施等用地
	A6		社会福利用地	为社会提供福利和慈善服务的设施及其附属设施用地，包括福利院、养老院、孤儿院等用地
	A7		文物古迹用地	具有保护价值的古遗址、古墓葬、古建筑、石窟寺、近代代表性建筑、革命纪念建筑等用地。不包括已作其他用途的文物古迹用地
	A9		其他公共管理与公共服务设施用地	除以上设施用地以外的公共管理与公共服务设施用地，如科研用地等
B			商业服务业设施用地	商业、商务、娱乐康体等设施用地，不包括居住用地中的服务设施用地
	B1		商业商务用地	商业、餐饮、旅馆、娱乐、康体等服务业用地，包括集市等专用建筑和场地，银行、信用、保险等商务办公用地，及其附属设施用地；不包括临时占用街道、广场等设摊用地
	B2		公用设施营业网点用地	零售加油、加气、电信、邮政等公用设施营业网点用地
	B9		其他服务设施用地	提供良种、农资、农技、信息等农业服务的设施用地（如农技站、兽医站等），非公益性的业余学校、培训机构、医疗机构、宠物医院、汽车维修站等其他服务设施用地
M			工业用地	独立设置的各种生产建筑及其设施和内部道路、场地、绿化等用地
	M1		一类工业用地	对居住和公共环境基本无干扰、无污染的工业，如缝纫、工艺品制作、农产品加工、产业研发、中试为主兼具小规模生产的工业用地
	M2		二类工业用地	对居住和公共环境有一定干扰和污染的工业，如纺织、食品、机械等工业用地
	M3		三类工业用地	对居住和公共环境有严重干扰、污染和易燃易爆的工业，如采矿、冶金、建材、造纸、制革、化工等工业用地
W			物流仓储用地	物资的中转仓库、专业收购和储存建筑、堆场及其附属设施、道路、场地、绿化等用地
	W1		一类物流仓储用地	对居住和公共环境基本无干扰、污染和安全隐患的仓储、物流、转运中心、农业堆场用地
	W2		二类物流仓储用地	对居住和公共环境有一定干扰、污染和安全隐患的物流仓储用地
	W3		三类物流仓储用地	对居住和公共环境有严重干扰、污染和安全隐患的物流仓储用地

续表

类别代码			类别名称	所包含的用途
大类	中类	小类		
S			道路与交通设施用地	道路、交通设施等用地，不包括居住用地、工业用地等内部的道路、停车场以及交通指挥中心、交通队等用地
	S1		道路用地	路面宽度不小于6m的各种道路、交叉口等用地
	S2		交通设施用地	包括铁路客货运站、公路长途客运站、港口客运码头、公交枢纽及其附属设施等交通枢纽用地，以及交通服务设施用地，如公共汽（电）车首末站、停车场（库）等用地
U			公用设施用地	各类公用工程和环卫设施以及防灾设施用地，包括其建筑物、构筑物及管理、维修设施等用地
	U1		供应设施用地	供水、供电、供燃气和供热等设施用地
	U2		环境设施用地	雨水、污水、固体废物处理等环境保护设施及其附属设施用地
	U3		安全设施用地	消防、防洪等保卫镇安全的公用设施及其附属设施用地
	U4		殡葬设施用地	殡仪馆、火葬场、骨灰存放处和墓地等设施用地
G			绿地与广场用地	公园绿地、防护绿地、广场等公共开放空间用地
	G1		公园绿地	向公众开放，以游憩为主要功能，兼具生态、美化、防灾等作用的绿地
	G2		防护绿地	具有卫生、隔离和安全防护功能的绿地
	G3		广场用地	以游憩、纪念、集会和避险等功能为主的城市公共活动场地

附表 2.4　村庄建设用地分类

类别代码			类别名称	内容
大类	中类	小类		
R			村庄住宅用地	村庄辖区范围内各形式的住宅及其附属设施用地
	R1		一类住宅用地	村民户独家使用的低层住宅用地，及其附属设施、户间间距、进户小路用地
	R2		二类住宅用地	适应新型农村社区建设形成的多层、中层、高层为主的村民集中居住用地，以及村庄范围内的其他成片或零星居住设施用地
	R3		混合式住宅用地	兼具小卖部、小超市、农家乐、民宿等功能的村庄住宅用地
A			村庄公共服务用地	用于提供基本公共服务的各类集体建设用地，包括村庄公共服务设施用地、农业生产服务设施用地
	A1		村庄公共服务设施用地	包括公共管理、文体、教育、医疗卫生、社会福利、民俗、宗教等设施用地
		A11	办公用地	乡政府、村委会、各类村民自治组织的办公用地
		A12	文体设施用地	村庄范围内文化设施与体育设施用地
		A13	中小学用地	中学、小学用地
		A14	幼儿园用地	幼儿园用地
		A15	医疗卫生用地	乡卫生院、村卫生室及其他村级医疗卫生服务设施用地
		A16	社会福利用地	福利院、养老院、孤儿院等社会福利设施用地
		A17	文物古迹用地	具有保护价值的古遗址、古墓葬、古建筑、石窟寺、近代代表性建筑、革命纪念建筑等用地。不包括已作其他用途的文物古迹用地
		A19	其他公共服务设施用地	除以上设施用地以外的其他村庄公共服务设施用地
	A2		农业生产服务设施用地	兽医站、农机站、育秧房、打谷场、农具存放处等农业生产服务及其附属设施用地

续表

类别代码			类别名称	内容
大类	中类	小类		
B			村庄产业用地	用于生产经营的各类集体建设用地，包括商业设施用地、旅游设施用地、工业生产用地、物流仓储用地
	B1		村庄商业设施用地	包括各类商业服务业的店铺，银行、信用、保险等机构，小超市、小卖部、小饭馆等以及集贸市场用地
	B2		村庄旅游设施用地	村集体独立设置的用于旅游接待服务的设施用地
	B3		村庄工业生产用地	村集体独立设置的工业生产性建筑及其设施和内部道路、场地、绿化等用地
	B4		村庄物流仓储用地	用于物资中转、专业收购和存储的各类集体建设用地，包括仓库、堆场等用地
U			村庄基础设施用地	村庄道路、交通和公用设施等用地
	U1		村庄道路用地	村庄内的各类道路用地
	U2		村庄交通设施用地	包括停车场、公交站点等交通设施用地
	U3		村庄公用设施用地	包括给排水、供电、供气、供热、殡葬和能源等工程设施用地；公厕、垃圾站、粪便和垃圾处理设施等用地；消防、防洪等防灾设施用地
		U31	供水用地	各类集中式或分散式的村庄供水设施用地
		U32	供电用地	变电站、开闭所、变配电所等供电设施用地
		U33	供气用地	天然气、液化石油气、沼气等供气设施用地
		U34	供热用地	村庄集中供热采暖设施用地
		U35	通信用地	邮政所、移动基站、微波站等通信设施用地
		U36	排水用地	雨水泵站、污水泵站、各类农村污水处理设施及其附属的构筑物用地，不包括排水河渠用地
		U37	环卫用地	农村生活垃圾站，粪便和垃圾处理，以及垃圾转运、公厕等设施用地
		U38	防灾设施用地	消防、防洪、人防等防灾设施用地
		U39	其他公用设施用地	除以上设施用地以外的其他村庄公用设施用地
G			村庄绿地与公共空间用地	用于村民活动的公共绿地和广场等公共开放空间用地及生产防护绿地
	G1		村庄绿地	面向村民、有一定游憩设施的公共绿地，以及用于安全、卫生、防风等的防护绿地。不包括各类用地内部的绿地
	G2		村庄公共空间用地	用于村民活动的公共开放空间用地，不包括各类用地内部的场地
X			村庄其他建设用地	未利用及其他村庄集体建设用地。包括村庄集体建设用地内的未利用地、边角地、宅前屋后牲畜棚和菜园等

附录三　全国土地分类（试行）（2001）

<table>
<tr><th colspan="2">一级类</th><th colspan="2">二级类</th><th colspan="2">三级类</th><th colspan="3" rowspan="2">含义</th></tr>
<tr><th>编号</th><th>三大类名称</th><th>编号</th><th>名称</th><th>编号</th><th>名称</th></tr>
<tr><td rowspan="21">1</td><td rowspan="21">农用地</td><td colspan="7">指直接用于农业生产的土地，包括耕地、园地、林地、牧草地及其他用地</td></tr>
<tr><td rowspan="6">11</td><td rowspan="6">耕地</td><td colspan="5">指种植农作物的土地，包括熟地、新开发复垦整理地、休闲地、轮歇地、草田轮作地；以种植农作物为主，间有零星果树、桑树或其他树木的土地；平均每年能保证收获一季的已垦滩地和海涂。耕地中还包括南方宽小于1.0m，北方宽小于2.0m的沟、渠、路和田埂</td></tr>
<tr><td>111</td><td>灌溉水田</td><td colspan="3">指有水源保证和灌溉设施，在一般年景能正常灌溉，用于种植水生作物的耕地，包括灌溉的水旱轮作地</td></tr>
<tr><td>112</td><td>望天田</td><td colspan="3">指无灌溉设施，主要依靠天然降雨，用于种植水生作物的耕地，包括无灌溉设施的水旱轮作地</td></tr>
<tr><td>113</td><td>水浇地</td><td colspan="3">指水田、菜地以外，有水源保证和灌溉设施，在一般年景能正常灌溉的耕地</td></tr>
<tr><td>114</td><td>旱地</td><td colspan="3">指无灌溉设施，靠天然降水种植旱作物的耕地，包括没有灌溉设施而仅靠引洪灌溉的耕地</td></tr>
<tr><td>115</td><td>菜地</td><td colspan="3">指常年种植蔬菜为主的耕地，包括大棚用地</td></tr>
<tr><td rowspan="11">12</td><td rowspan="11">园地</td><td colspan="5">指种植以采集果、叶、根茎等为主的集约经营的多年生木本和草本作物（含其苗圃），覆盖度大于50%或每亩有收益的株数达到合理株数70%的土地</td></tr>
<tr><td rowspan="2">121</td><td rowspan="2">果园</td><td colspan="3">指种植果树的园地</td></tr>
<tr><td>121k</td><td>可调整果园</td><td>指由耕地改为果园，但耕作层未被破坏的土地*</td></tr>
<tr><td rowspan="2">122</td><td rowspan="2">桑园</td><td colspan="3">指种植桑树的园地</td></tr>
<tr><td>122k</td><td>可调整桑园</td><td>指由耕地改为桑园，但耕作层未被破坏的土地*</td></tr>
<tr><td rowspan="2">123</td><td rowspan="2">茶园</td><td colspan="3">指种植茶树的园地</td></tr>
<tr><td>123k</td><td>可调整茶园</td><td>指由耕地改为茶园，但耕作层未被破坏的土地*</td></tr>
<tr><td rowspan="2">124</td><td rowspan="2">橡胶园</td><td colspan="3">指种植橡胶树的园地</td></tr>
<tr><td>124k</td><td>可调整橡胶园</td><td>指由耕地改为橡胶园，但耕作层未被破坏的土地*</td></tr>
<tr><td rowspan="2">125</td><td rowspan="2">其他园地</td><td colspan="3">指种植可可、咖啡、油棕、胡椒、花卉、药材等其他多年生作物的园地</td></tr>
<tr><td>125k</td><td>可调整其他园地</td><td>指由耕地改为其他园地，但耕作层未被破坏的土地*</td></tr>
<tr><td rowspan="3">13</td><td rowspan="3">林地</td><td colspan="5">指生长乔木、灌木、竹类、沿海红树林的土地。不包括居民点绿地，以及铁路、公路、河流、沟渠的护路及护岸林</td></tr>
<tr><td rowspan="2">131</td><td rowspan="2">有林地</td><td colspan="3">指树木郁闭度大于等于20%的天然、人工林地</td></tr>
<tr><td>131k</td><td>可调整有林地</td><td>指由耕地改为有林地，但耕作层未被破坏的土地*</td></tr>
</table>

续表

一级类		二级类		三级类		含义
编号	三大类名称	编号	名称	编号	名称	
1	农用地	13	林地	132	灌木林地	指覆盖度大于等于40%灌木林地
				133	疏林地	指林木郁闭度大于等于10%但小于20%的疏林地
				134	未成林造林地	指造林成活率大于或等于合理造林数的41%，尚未郁闭但有成林希望的新造林地（一般指造林后不满3～5年或飞机播种后不到5～7年的造林地）
				134k	可调整未成林造林地	指由耕地改为未成林造林地，但耕作层未被破坏的土地*
				135	迹地	指森林采伐、火烧后，5年内未更新的土地
				136	苗圃	指固定的林木育苗地
				136k	可调整苗圃	指由耕地改为苗圃，但耕作层未被破坏的土地*
		14	牧草地			指生长草本植物为主，用于畜牧业的土地
				141	天然草地	指以天然草本植物为主，未经改良，用于放牧或割草的草地，包括以牧为主的疏林、灌木草地
				142	改良草地	指采用灌溉、排水、施肥、松耙、补植等措施进行改良的草地
				143	人工草地	指人工种植牧草的草地，包括人工培植用于牧业的灌木地
				143k	可调整人工草地	指由耕地改为人工草地，但耕作层未被破坏的土地*
		15	其他农用地			指上述耕地、园地、林地、牧草地以外的农用地
				151	畜禽饲养地	指以经营养殖为目的的畜禽舍及其相应附属设施用地
				152	设施农业用地	指以工厂化作物栽培或水产养殖的生产设施用地
				153	农村道路	指农村南方宽大于等于1.0m，北方宽大于等于2.0m的村间、田间道路（含机耕道）
				154	坑塘水面	指人工开挖或天然形成蓄水量小于10万m^3（不含养殖水面）的坑塘常水位以下的面积
				155	养殖水面	指人工开挖或天然形成的专门用于水产养殖的坑塘水面及相应附属设施用地
				155k	可调整养殖水面	指由耕地改为养殖水面，但可复耕的土地*
				156	农田水利用地	指农民、农民集体或其他农业企业家等自建或联建农田排灌沟渠及相应附属设施用地
				157	田坎	主要指耕地中南方宽大于等于1.0m，北方宽大于等于2.0m的梯田田坎
				158	晒谷场等用地	指晒谷场及上述用地中未包含的其他农用地
2	建设用地					指建造建筑物、构筑物的土地。包括商业、工矿、仓储、公用设施、公共建筑、住宅、交通、水利设施、特殊用地等
		21	商服用地			指商业、金融业、餐饮旅馆业及其他经营性服务业建筑及其相应附属设施用地
				211	商业用地	指商店、商场、各类批发、零售市场及其相应附属设施用地
				212	金融保险用地	指银行、保险、证券、信托、期货及信用社等用地

续表

一级类		二级类		三级类		含义
编号	三大类名称	编号	名称	编号	名称	
2	建设用地	21	商服用地	213	餐饮旅馆业用地	指饭店、餐厅、酒吧、宾馆、旅馆、招待所、度假村等及其相应附属设施用地
				214	其他商服用地	指上述用地以外的商服用地，包括写字楼、商业性办公楼和企业厂区外独立的办公楼用地；旅行社、运动保健休闲设施、夜总会、歌舞厅、俱乐部、高尔夫球场、加油站、洗车场、洗染店、废旧物资回收站，维修网点、照相、理发、洗浴等服务设施用地
		22	工矿仓储用地	指工业、采矿、仓储业用地		
				221	工业用地	指工业生产及其相应附属设施用地
				222	采矿地	指采矿、采石、采矿场、盐田、砖瓦窑等地面生产用地及尾矿堆放地
				223	仓储地	指用于物资储备、中转的场所及相应附属设施用地
		23	公用设施用地	指为居民生活和第二、第三产业服务的公用设施及瞻仰、游憩用地		
				231	公共基础设施用地	指给排水、供电、供气、供热、邮政、电信、消防、公用设施维修及环卫等用地
				232	瞻仰景观休闲用地	指名胜古迹、革命遗址、景点、公园、广场及公用绿地等
		24	公共建筑用地	指公共文化、体育、娱乐、机关、团体、科研、设计、教育、医卫及慈善等建筑用地		
				241	机关团体用地	指国家机关、社会团体、群众自治组织、广播电台、电视台、报社、杂志社、通讯社、出版社等单位的办公用地
				242	教育用地	指各种教育机构，包括大专院校、中专、职业学校、成人业余教育学校、中小学校、幼儿园、托儿所、党校、行政学院、干部管理学院、盲聋哑学校、工读学校等直接用于教育的用地
				243	科研设计用地	指独立的科研、设计机构用地，包括研究、勘测、设计及信息等单位用地
				244	文体用地	指为公众服务的公益性文化、体育设施用地。包括博物馆、展览馆、文化馆、图书馆、纪念馆、影剧院、音乐厅、青少老年活动中心、体育场馆及训练基地等
				245	医疗卫生用地	指医疗、卫生、防疫、急救、保健、疗养、康复、医检药检及血库等用地
				246	慈善用地	指孤儿院、养老院及福利院等用地
		25	住宅用地	指供人们日常生活居住的房基地（有独立院落的包括院落）		
				251	城镇单一住宅用地	指城镇居民的普通住宅、公寓及别墅用地
				252	城镇混合住宅用地	指城镇居民居住为主的住宅与工业或商业等混合用地
				253	农村宅基地	指农村村民居住的宅基地
				254	空闲宅基地	指村庄内部的空闲宅基地及其他空闲土地
		26	交通运输用地	指用于运输通行的地面线路、场站等用地，包括民用机场、港口、码头、地面运输管道和居民点道路及其附属设施		
				261	铁路用地	指铁路线路及场站用地，包括路堤、路堑、道沟、护路林和地铁地上部分及出入口等用地
				262	公路用地	指国家和地方公路（含乡镇公路），包括路堤、路堑、道沟、护路林及其他附属设施用地

续表

一级类 编号	一级类 三大类名称	二级类 编号	二级类 名称	三级类 编号	三级类 名称	含义
2	建设用地	26	交通运输用地	263	民用机场	指民用机场及其相应附属设施用地
				264	港口码头用地	指人工修建的客运、货运、捕捞船舶停靠的场所及其相应附属建筑物，不包括常水位以下的部分
				265	管道运输用地	指运输煤炭、石油和天然气等管道及其相应附属设施地面用地
				266	街巷	指城乡居民点内公用道路（含立交桥）、公共停车场等
		27	水利设施用地			指用于水利、水工建筑的土地
				271	水库水面	指人工修建总库容大于等于 10 万 m^3，正常蓄水位以下的面积
				272	水工建筑用地	指除农田水利用地以外的人工修建的沟渠（包括渠槽、渠、堤、护堤林）、闸、坝、堤路林、水电站、扬水站等常水位岸线以上的水工建筑用地
		28	特殊用地			指军事设施、涉外、宗教、监教、墓地等用地
				281	军事设施用地	指专门用于军事目的的设施用地，包括军事指挥机关和营房等
				282	使领馆用地	指外国政府及国际组织驻华使领馆、办事处等用地
				283	宗教用地	指专门用于宗教活动的庙宇、寺院、道观、教堂等宗教自用地
				284	监教场所用地	指监狱、看守所、劳改场、劳教所、戒毒所等用地
				285	墓葬地	指陵园、墓地、殡葬场所及附属设施用地
3	未利用地					指农用地和建设用地以外的土地
		31	未利用土地			指目前还未利用的土地，包括难利用土地
				311	荒草地	指树木郁闭度小于 10%，表层为土质，生长杂草，不包括盐碱地、沼泽地和裸土地
				312	盐碱地	指表层盐碱聚集，只生长天然耐盐植物的土地
				313	沼泽地	指经常积水或渍水，一般生长湿生植物的土地
				314	沙地	指表层为沙覆盖，基本无植物的土地，包括沙漠，不包含水系中的沙滩
				315	裸土地	指表层为土质，基本无植物覆盖的土地
				316	裸岩石砾地	指表层为岩石或砾石，其覆盖面积大于等于 70%的土地
				317	其他未利用土地	指包含高寒荒漠，苔原等尚未利用的土地
		32	其他土地			指未列入农用地、建设用地的其他水域地
				321	河流水面	指天然形成或人工开挖河流常水位岸线以下的土地
				322	湖泊水面	指天然形成的积水区常水位岸线以下的土地
				323	苇地	指生长芦苇的土地，包括滩涂上的苇地
				324	滩涂	指沿海大潮高潮位与低潮位之间的潮浸地带；河流、湖泊常水位至洪水位间的滩地；时令潮、河洪水位以下的滩地；水库、坑塘的正常蓄水位与最大洪水位间的滩地，不包括已利用的滩涂
				325	冰川和永久积雪	指表层为冰雪常年覆盖的土地

*指生态退耕以外，按照国土资发（1999）511 号文件规定，在农业结构调整中将耕地调整为其他农用地，但未破坏耕作层，不作为耕地减少衡量指标。

附录四　全国土地分类（过渡时期适用）（2002）

一级类		二级类		三级类	
编号	名称	编号	名称	编号	名称
1	农用地	11	耕地	111 112 113 114 115	灌溉水田 望天田 水浇地 旱地 菜地
		12	园地	121 122 123 124 125	果园 桑园 茶园 橡胶园 其他园地
		13	林地	131 132 133 134 135 136	有林地 灌木林地 疏林地 未成林 选择地 迹地 苗圃
		14	牧草地	141 142 143	天然草地 改良草地 人工草地
		15	其他农用地	151 152 153 154 155 156 157 158	畜禽饲养地 设施农业 农村道路 坑塘水面 养殖水面 农田水利 田坎 晒谷场等

一级类		二级类		三级类	
编号	名称	编号	名称	编号	名称
2	建设用地	20	居民点及工矿用地	201 202 203 204 205 206	城市 建制镇 农村居民点 独立工矿用地 盐田 特殊用地
		26	交通运输用地	261 262 263 264 265	铁路用地 公路用地 民用机场 港口码头用地 管道运输用地
		27	水利设施用地	271 272	水库水面 水工建设物
3	未利用地	31	未利用土地	311 312 313 314 315 316 317	荒草地 盐碱地 沼泽地 沙地 裸土地 裸露石砾地 其他未利用地
		32	其他	321 322 323 324 325	河流水区 湖泊水区 苇地 滩涂 冰川及常年积雪

资料来源：国土资源部，全国土地分类（过渡时期适用）（2002）。

附录五　土地利用现状分类(GB/T 21010—2017)

一级类		二级类		含义
编码	名称	编码	名称	
01	耕地			指种植农作物的土地，包括熟地，新开发、复垦、整理地，休闲地（含轮歇地、休耕地）；以种植农作物（含蔬菜）为主，间有零星果树、桑树或其他树木的土地；平均每年能保证收获一季的已垦滩地和海涂。耕地中包括南方宽度<1.0m，北方宽度<2.0m 固定的沟、渠、路和地坎（埂）；临时种植药材、草皮、花卉、苗木等的耕地，临时种植果树、茶树和林木且耕作层未破坏的耕地，以及其他临时改变用途的耕地
		0101	水田*	指用于种植水稻、莲藕等水生农作物的耕地。包括实行水生、旱生农作物轮种的耕地
		0102	水浇地*	指有水源保证和灌溉设施，在一般年景能正常灌溉，种植旱生农作物（含蔬菜）的耕地。包括种植蔬菜的非工厂化的大棚用地
		0103	旱地*	指无灌溉设施，主要靠天然降水种植旱生农作物的耕地，包括没有灌溉设施，仅靠引洪淤灌的耕地
02	园地			指种植以采集果、叶、根、茎、汁等为主的集约经营的多年生木本和草本作物，覆盖度大于 50%或每亩株数大于合理株数 70%的土地。包括用于育苗的土地
		0201	果园*	指种植果树的园地
		0202	茶园*	指种植茶树的园地
		0203	橡胶园*	指种植橡胶树的园地
		0204	其他园地*	指种植桑树、可可、咖啡、油棕、胡椒、药材等其他多年生作物的园地
03	林地			指生长乔木、竹类、灌木的土地，及沿海生长红树林的土地。包括迹地，不包括城镇、村庄范围内的绿化林木用地，铁路、公路征地范围内的林木，以及河流、沟渠的护堤林
		0301	乔木林地*	指乔木郁闭度≥0.2 的林地，不包括森林沼泽
		0302	竹林地*	指生长竹类植物，郁闭度≥0.2 的林地
		0303	红树林地*	指沿海生长红树植物的林地
		0304	森林沼泽*	以乔木森林植物为优势群落的淡水沼泽
		0305	灌木林地*	指灌木覆盖度≥40%的林地，不包括灌丛沼泽
		0306	灌丛沼泽*	以灌丛植物为优势群落的淡水沼泽
		0307	其他林地*	包括疏林地（树木郁闭度≥0.1、<0.2 的林地）、未成林地、迹地、苗圃等林地
04	草地			指生长草本植物为主的土地
		0401	天然牧草地*	指以天然草本植物为主，用于放牧或割草的草地，包括实施禁牧措施的草地，不包括沼泽草地
		0402	沼泽草地	指以天然草本植物为主的沼泽化的低地草甸、高寒草甸
		0403	人工牧草地*	指人工种植牧草的草地
		0404	其他草地**	指树木郁闭度<0.1，表层为土质，不用于放牧的草地

续表

一级类		二级类		含义
编码	名称	编码	名称	
05	商服用地			指主要用于商业、服务业的土地
		0501	零售商业用地	以零售功能为主的商铺、商场、超市、市场和加油、加气、充换电站等的用地
		0502	批发市场用地	以批发功能为主的市场用地
		0503	餐饮用地	饭店、餐厅、酒吧等用地
		0504	旅馆用地	宾馆、旅馆、招待所、服务型公寓、度假村等用地
		0505	商务金融用地	指商务服务用地，以及经营性的办公场所用地。包括写字楼、商业性办公场所、金融活动场所和企业厂区外独立的办公场所；信息网络服务、信息技术服务、电子商务服务、广告传媒等用地
		0506	娱乐用地	指剧院、音乐厅、电影院、歌舞厅、网吧、影视城、仿古城以及绿地率小于65%的大型游乐等设施用地
		0507	其他商服用地	指零售商业、批发市场、餐饮、旅馆、商务金融、娱乐用地以外的其他商业、服务业用地。包括洗车场、洗染店、照相馆、理发美容店、洗浴场所、赛马场、高尔夫球场、废旧物资回收站、机动车、电子产品和日用产品修理网点、物流营业网点，及居住小区及小区级以下的配套的服务设施等用地
06	工矿仓储用地			指主要用于工业生产、物资存放场所的土地
		0601	工业用地	指工业生产、产品加工制造、机械和设备修理及直接为工业生产等服务的附属设施用地
		0602	采矿用地	指采矿、采石、采砂（沙）场，砖瓦窑等地面生产用地，排土（石）及尾矿堆放地
		0603	盐田	指用于生产盐的土地，包括晒盐场所、盐池及附属设施用地
		0604	仓储用地	指用于物资储备、中转的场所用地，包括物流仓储设施、配送中心、转运中心等
07	住宅用地			指主要用于人们生活居住的房基地及其附属设施的土地
		0701	城镇住宅用地	指城镇用于生活居住的各类房屋用地及其附属设施用地，不含配套的商业服务设施等用地
		0702	农村宅基地	指农村用于生活居住的宅基地
08	公共管理与公共服务用地			指用于机关团体、新闻出版、科教文卫、公用设施等的土地
		0801	机关团体用地	指用于党政机关、社会团体、群众自治组织等的用地
		0802	新闻出版用地	指用于广播电台、电视台、电影厂、报社、杂志社、通讯社、出版社等的用地
		0803	教育用地	指用于各类教育用地，包括高等院校、中等专业学校、中学、小学、幼儿园及其附属设施用地，聋、哑、盲人学校及工读学校用地，以及为学校配建的独立地段的学生生活用地
		0804	科研用地	指独立的科研、勘察、研发、设计、检验检测、技术推广、环境评估与监测、科普等科研事业单位及其附属设施用地
		0805	医疗卫生用地	指医疗、保健、卫生、防疫、康复和急救设施等用地。包括综合医院、专科医院、社区卫生服务中心等用地；卫生防疫站、专科防治所、检验中心和动物检疫站等用地；对环境有特殊要求的传染病、精神病等专科医院用地；急救中心、血库等用地
		0806	社会福利用地	指为社会提供福利和慈善服务的设施及其附属设施用地。包括福利院、养老院、孤儿院等用地
		0807	文化设施用地	指图书、展览等公共文化活动设施用地。包括公共图书馆、博物馆、档案馆、科技馆、纪念馆、美术馆和展览馆等设施用地；综合文化活动中心、文化馆、青少年宫、儿童活动中心、老年活动中心等设施用地

续表

一级类		二级类		含义
编码	名称	编码	名称	
08	公共管理与公共服务用地	0808	体育用地	指体育场馆和体育训练基地等用地，包括室内外体育运动用地，如体育场馆、游泳场馆、各类球场及其附属的业余体校等用地。溜冰场、跳伞场、摩托车场、射击场，以及水上运动的陆域部分等用地，以及为体育运动专设的训练基地用地，不包括学校等机构专用的体育设施用地
		0809	公用设施用地	指用于城乡基础设施的用地。包括供水、排水、污水处理、供电、供热、供气、邮政、电信、消防、环卫、公用设施维修等用地
		0810	公园与绿地	指城镇、村庄范围内的公园、动物园、植物园、街心花园、广场和用于休憩、美化环境及防护的绿化用地
09	特殊用地			指用于军事设施、涉外、宗教、监教、殡葬、风景名胜等的土地
		0901	军事设施用地	指直接用于军事目的的设施用地
		0902	使领馆用地	指用于外国政府及国际组织驻华使领馆、办事处等的用地
		0903	监教场所用地	指用于监狱、看守所、劳改场、戒毒所等的建筑用地
		0904	宗教用地	指专门用于宗教活动的庙宇、寺院、道观、教堂等宗教自用地
		0905	殡葬用地	指陵园、墓地、殡葬场所用地
		0906	风景名胜设施用地	指风景名胜景点（包括名胜古迹、旅游景点、革命遗址、自然保护区、森林公园、地质公园、湿地公园等）的管理机构，以及旅游服务设施的建筑用地。景区内的其他用地按现状归入相应地类
10	交通运输用地			指用于运输通行的地面线路、场站等的土地。包括民用机场、汽车客货运场站、港口、码头、地面运输管道和各种道路以及轨道交通用地
		1001	铁路用地	指用于铁道线路及场站的用地。包括征地范围内的路堤、路堑、道沟、桥梁、林木等用地
		1002	轨道交通用地	指用于轻轨、现代有轨电车、单轨等轨道交通用地，以及场站的用地
		1003	公路用地	指用于国道、省道、县道和乡道的用地。包括征地范围内的路堤、路堑、道沟、桥梁、汽车停靠站、林木及直接为其服务的附属用地
		1004	城镇村道路用地	指城镇、村庄范围内公用道路及行道树用地。包括快速路、主干路、次干路、支路、专用人行道和非机动车道，及其交叉口等
		1005	交通服务场站用地	指城镇、村庄范围内交通服务设施用地，包括公交枢纽及其附属设施用地、公路长途客运站、公共交通场站、公共停车场（含设有充电桩的停车场）、停车楼、教练场等用地，不包括交通指挥中心、交通队用地
		1006	农村道路*	在农村范围内，南方宽度≥1.0m、≤8m，北方宽度≥2.0m、≤8m，用于村间、田间交通运输，并在国家公路网络体系之外，以服务于农村农业生产为主要用途的道路（含机耕道）
		1007	机场用地	指用于民用机场、军民合用机场的用地
		1008	港口码头用地	指用于人工修建的客运、货运、捕捞及工程、工作船舶停靠的场所及其附属建筑物的用地，不包括常水位以下部分
		1009	管道运输用地	指用于运输煤炭、矿石、石油、天然气等管道及其相应附属设施的地上部分用地
11	水域及水利设施用地			指陆地水域，滩涂、沟渠、沼泽、水工建筑物等用地。不包括滞洪区和已垦滩涂中的耕地、园地、林地、城镇、村庄、道路等用地
		1101	河流水面**	指天然形成或人工开挖河流常水位岸线之间的水面，不包括被堤坝拦截后形成的水库区段水面
		1102	湖泊水面**	指天然形成的积水区常水位岸线所围成的水面
		1103	水库水面*	指人工拦截汇集而成的总设计库容≥10 万 m^3 的水库正常蓄水位岸线所围成的水面

续表

一级类		二级类		含义
编码	名称	编码	名称	
11	水域及水利设施用地	1104	坑塘水面*	指人工开挖或天然形成的蓄水量＜10 万 m^3 的坑塘常水位岸线所围成的水面
		1105	沿海滩涂**	指沿海大潮高潮位与低潮位之间的潮浸地带。包括海岛的沿海滩涂。不包括已利用的滩涂
		1106	内陆滩涂**	指河流、湖泊常水位至洪水位间的滩地；时令湖、河洪水位以下的滩地；水库、坑塘的正常蓄水位与洪水位间的滩地。包括海岛的内陆滩地。不包括已利用的滩地
		1107	沟渠*	指人工修建，南方宽度≥1.0m、北方宽度≥2.0m 用于引、排、灌的渠道，包括渠槽、渠堤、护堤林及小型泵站
		1108	沼泽地**	指经常积水或渍水，一般生长湿生植物的土地。包括草本沼泽、苔藓沼泽、内陆盐沼等。不包括森林沼泽、灌丛沼泽和沼泽草地
		1109	水工建筑用地	指人工修建的闸、坝、堤路林、水电厂房、扬水站等常水位岸线以上的建（构）筑物用地
		1110	冰川及永久积雪**	指表层被冰雪常年覆盖的土地
12	其他土地			指上述地类以外的其他类型的土地
		1201	空闲地	指城镇、村庄、工矿范围内尚未使用的土地。包括尚未确定用途的土地
		1202	设施农用地*	指直接用于经营性畜禽养殖生产设施及附属设施用地；直接用于作物栽培或水产养殖等农产品生产的设施及附属设施用地；直接用于设施农业项目辅助生产的设施用地；晾晒场、粮食果品烘干设施、粮食和农资临时存放场所、大型农机具临时存放场所等规模化粮食生产所必需的配套设施用地
		1203	田坎*	指梯田及梯状坡地耕地中，主要用于拦蓄水和护坡，南方宽度≥1.0m、北方宽度≥2.0m 的地坎
		1204	盐碱地**	指表层盐碱聚集，生长天然耐盐植物的土地
		1205	沙地**	指表层为沙覆盖、基本无植被的土地。不包括滩涂中的沙地
		1206	裸土地**	指表层为土质，基本无植被覆盖的土地
		1207	裸岩石砾地**	指表层为岩石或石砾，其覆盖面积≥70%的土地

注：为将土地利用现状分类与《中华人民共和国土地管理法》“三大类”进行对照，农用地标注*，建设用地不标注，未利用地标注**。